O
Essencial
Chomsky

O Essencial Chomsky

Noam Chomsky

Organização
Anthony Arnove

Tradução
Claudio Carina

Revisão técnica
Aquiles Tescari Neto, Clariana Vieira
e Thiago Motta Sampaio

CRÍTICA

Copyright (compilação e prefácio) © Anthony Arnove, 2008
As páginas 537 a 539 constituem uma extensão desta página de direitos autorais.
Publicado mediante acordo com The New Press, Nova York, 2008
Copyright © Editora Planeta do Brasil, 2024
Copyright da tradução © Claudio Carina, 2024
Todos os direitos reservados.
Título original: *The Essential Chomsky*

Coordenação editorial: *Sandra Espilotro*
Preparação: *Tiago Ferro*
Revisão técnica de "Uma resenha de *Comportamento verbal*, de B. F. Skinner": *Thiago Motta Sampaio*
Revisão técnica de "Prefácio de *Aspectos da teoria da sintaxe*", "Preliminares metodológicos", "Introdução ao *Programa Minimalista*", "Novos horizontes no estudo da linguagem e da mente" e "A linguagem e o cérebro": *Aquiles Tescari Neto*
Revisão técnica de "Uma visão do futuro": Clariana Vieira
Revisão: *Ana Cecilia Agua de Melo e Carmen T. S. Costa*
Diagramação: *A2*
Capa: *Michael Salu*
Adaptação de capa: *Renata Spolidoro*

Dados Internacionais de Catalogação na Publicação (CIP)
Angélica Ilacqua CRB-8/7057

Chomsky, Noam
  O Essencial Chomsky / Noam Chomsky ; organizado por Anthony Arnove ; tradução de Claudio Carina. - São Paulo : Planeta do Brasil, 2024.
  656 p.

  ISBN 978-85-422-2602-7
  Título original: The Essential Chomsky

  1. Linguística 2. Política e governo – Século XX 3. Linguagem e línguas – Filosofia I. Título II. Arnove, Anthony, 1969- III. Carina, Claudio

24-0139   CDD 410

Índice para catálogo sistemático:
1. Linguística

 Ao escolher este livro, você está apoiando o manejo responsável das florestas do mundo

2024
Todos os direitos desta edição reservados à
EDITORA PLANETA DO BRASIL LTDA.
Rua Bela Cintra, 986, 4º andar – Consolação
São Paulo – SP CEP 01415-002
www.planetadelivros.com.br
faleconosco@editoraplaneta.com.br

SUMÁRIO

PREFÁCIO..7
1. UMA RESENHA DE *COMPORTAMENTO VERBAL*, DE B. F. SKINNER.....11
2. PREFÁCIO DE *ASPECTOS DA TEORIA DA SINTAXE*...................49
3. PRELIMINARES METODOLÓGICOS...............................51
4. A RESPONSABILIDADE DOS INTELECTUAIS.......................59
5. SOBRE A RESISTÊNCIA......................................89
6. LINGUAGEM E LIBERDADE..................................105
7. NOTAS SOBRE O ANARQUISMO...............................125
8. O PAPEL DA FORÇA NAS QUESTÕES INTERNACIONAIS...........141
9. WATERGATE: UMA VISÃO CÉTICA.............................177
10. A RECRIAÇÃO DA HISTÓRIA................................187
11. POLÍTICA EXTERNA E A INTELLIGENTSIA......................211
12. OS ESTADOS UNIDOS E TIMOR LESTE.........................245
13. AS ORIGENS DAS "RELAÇÕES ESPECIAIS".....................259
14. PLANEJANDO A HEGEMONIA GLOBAL.........................291
15. UMA VISÃO DO FUTURO: PERSPECTIVAS DO ESTUDO DA MENTE....303
16. CONTENDO O INIMIGO....................................335
17. INTRODUÇÃO AO *PROGRAMA MINIMALISTA*...................361

18. NOVOS HORIZONTES NO ESTUDO DA LINGUAGEM E DA MENTE 371
19. IGNORÂNCIA INTENCIONAL E SEUS USOS 391
20. UM MUNDO SEM GUERRA. 423
21. REFLEXÕES SOBRE O 11 DE SETEMBRO 443
22. A LINGUAGEM E O CÉREBRO. 451
23. ESTADOS UNIDOS — ISRAEL — PALESTINA 477
24. A GRANDE ESTRATÉGIA IMPERIAL 483
25. POSFÁCIO DE *ESTADOS FRACASSADOS* 521

AGRADECIMENTOS 535
PERMISSÕES 537
NOTAS 541
BIBLIOGRAFIA SELECIONADA DE TRABALHOS DE NOAM CHOMSKY.... 625
ÍNDICE REMISSIVO 633

PREFÁCIO

Desde seus primeiros ensaios na revista liberal e intelectualizada *New York Review of Books* até seus livros mais recentes — *Hegemonia ou sobrevivência*, *Estados fracassados* e *Interventions* [Intervenções] —, Noam Chomsky produziu um corpo singular de crítica política.[1] *O poder americano e os novos mandarins* (1969), sua primeira coletânea de textos políticos publicada (dedicada "Aos bravos jovens que se recusam a servir em uma guerra criminosa"), contém ensaios que, quase quatro décadas depois, ainda se destacam por sua perspicácia e pelo humor mordaz. "É fácil se deixar levar pelo puro horror do que a imprensa diária revela e perder de vista o fato de que isso é meramente o exterior brutal de um crime mais profundo, de compromisso com uma ordem social que garante sofrimento e humilhação sem fim e negação dos direitos humanos elementares", escreveu Chomsky no livro, diferenciando-se da grande maioria dos críticos da guerra, que a viam como um "erro trágico", não como parte de uma longa história do imperialismo dos Estados Unidos.[2]

Desde 1969, Chomsky produziu uma série de livros sobre a política externa dos Estados Unidos na Ásia, América Latina e no Oriente Médio, mantendo seu compromisso com a pesquisa linguística, a filosofia e o ensino. E sempre se mostrou coerente em seu apoio a movimentos e organizações envolvidos em esforços de mudança social, seguindo uma tradição de ativismo social e intelectual desenvolvida desde a juventude.

Avram Noam Chomsky nasceu na Filadélfia, em 7 de dezembro de 1928, e foi criado entre imigrantes judeus da Europa Oriental. Seu pai, William Chomsky, fugiu da Rússia em 1913 para escapar do recrutamento do exército czarista. A mãe, Elsie Simonofsky, deixou a Europa Oriental com um ano de idade. Chomsky cresceu durante a Depressão e a ascensão internacional da ameaça fascista. Como ele se recordaria mais tarde: "Algumas das minhas primeiras lembranças, que são muito vívidas, são de pessoas vendendo trapos na nossa porta, de violentas repressões policiais a greves e outras cenas da Depressão".[3] Desde cedo, Chomsky foi imbuído de um senso de solidariedade e de luta de classes. Enquanto seus pais eram, como ele diz, "democratas normais de Roosevelt", suas tias e seus tios eram trabalhadores afiliados ao Sindicato Internacional dos Trabalhadores de Vestuário Feminino, ao lado de comunistas, trotskistas e anarquistas. Quando criança, Chomsky foi influenciado pela cultura intelectual judaica radical da cidade de Nova York, onde frequentava regularmente bancas de jornais e livrarias que ofereciam literatura anarquista. Segundo Chomsky, era uma "cultura da classe trabalhadora com valores da classe trabalhadora, solidariedade, valores socialistas".[4]

Depois de quase abandonar a Universidade da Pensilvânia, onde se matriculou como estudante de graduação aos dezesseis anos, Chomsky foi tocado pelo estímulo intelectual e político do linguista Zellig Harris. Chomsky gravitava em torno do ambiente intelectual incomum de Harris, que ministrava seminários sobre linguística envolvendo debates filosóficos, leituras e pesquisas independentes, sem as restrições-padrão da estrutura universitária. Chomsky começou seu trabalho de pós-graduação com Harris, e em 1951 ingressou na Harvard's Society of Fellows, onde continuou suas pesquisas em linguística. Em 1953, rompeu "quase inteiramente com o campo existente" e estabeleceu um caminho que o levaria a reexaminar os ricos insights da linguística do século XVII da escola de Port--Royal, do filósofo francês René Descartes e o trabalho posterior do filósofo prussiano Wilhelm von Humboldt, sobre o "aspecto criativo do uso da linguagem".[5] Apesar de às vezes minimizar ou negar, suas obras políticas e linguísticas se basearam na filosofia tradicional, que remetem às correntes contemporâneas do anarquismo, passando pelo "liberalismo clássico" até o Iluminismo e os primeiros racionalistas do século XVII.

Embora tenha ingressado no corpo docente do Instituto de Tecnologia de Massachusetts em 1955, aos 26 anos, e tenha recebido um enorme reconhecimento precoce por seu trabalho linguístico, Chomsky começou a deixar uma marca política mais ampla quando passou a escrever na *New York Review of Books*, e depois em publicações de esquerda como *Liberation*, *Ramparts*,

New Politics e *Socialist Revolution* (depois *Socialist Review*), longos e detalhados ensaios denunciando a guerra e o papel de intelectuais *mainstream* que a apoiaram. Esses ensaios documentavam e condenavam de forma brilhante as ações do governo dos Estados Unidos na Indochina, relacionando o esforço de guerra à história do imperialismo do país de modo mais geral. Chomsky tornou-se um dos críticos mais importantes e respeitados do esforço de guerra dos Estados Unidos, ganhando um lugar na infame "lista de inimigos" do presidente Nixon. Desde então, foi objeto de intensa demonização por parte de vários apologistas do sistema, assim como mais tarde seria submetido a repetidos ataques por causa de seus textos críticos a Israel. Nesses primeiros ensaios, é possível observar Chomsky desenvolvendo os temas básicos de seus melhores trabalhos: análises rigorosamente detalhadas de documentos de planejamento dos Estados Unidos, registros sigilosos tornados públicos, declarações oficiais e fontes difíceis de encontrar; críticas impiedosas a liberais, a intelectuais do *establishment* e a comentaristas da mídia que acobertavam o imperialismo dos Estados Unidos; e uma análise demonstrando que a Guerra do Vietnã não era resultado de "erros", "mal-entendidos honestos", "tentativas de fazer o bem que deram errado" ou de funcionários incompetentes que poderiam ser substituídos por outros melhores. Para ele, a guerra contra a Indochina fora produto de características sistemáticas e profundamente enraizadas do Estado capitalista.

Não apenas um crítico intelectual da guerra contra o povo da Indochina, Chomsky participou de ações diretas para apoiar suas convicções. Integrou os primeiros esforços de resistência fiscal no início de 1965 e de uma das primeiras manifestações públicas de protesto contra a guerra em Boston, em outubro de 1965, quando os manifestantes foram superados em número por opositores e pela polícia, e se tornou um importante organizador do dia a dia do movimento. Esse compromisso se estendeu para muito além do Vietnã, chegando ao movimento de solidariedade à América Central, protestos contra as intervenções dos Estados Unidos em 1991 e em 2003 no Iraque e muito mais. Chomsky continuou falando, escrevendo, dando entrevistas, assinando petições e atuando individualmente sempre que sentisse que poderia fazer alguma diferença. Mas também manteve seu envolvimento apaixonado com seus alunos e outros estudiosos no campo da linguística, área em que continuou a questionar e a revisar suas próprias teorias e trabalhos.[6]

Pessoas do mundo todo se inspiram no exemplo de Chomsky, e com razão. Ele nos lembra de um mundo que vê os Estados Unidos através das lentes da Fox News, ou que conhece os Estados Unidos basicamente por seus instrumentos contundentes de controle na política externa, sobre os quais o povo do país tem valores e ideais muito diferentes dos da elite política. Chomsky parte de uma tradição vital, mas muitas vezes negligenciada, de dissidência e de uma visão solidária com pessoas de todo o mundo, engajadas em lutar por justiça e transformações sociais. Suas viagens a países como Colômbia e Nicarágua, geralmente com sua companheira da vida toda, Carol Chomsky, serviram mais para aprender com as lutas dos outros do que para ensinar ou instruir, mas suas palavras ainda têm a imensa força que o melhor da crítica e da análise pode exemplificar: o poder das pessoas de entender o mundo para entender melhor como mudá-lo.

Anthony Arnove

1
UMA RESENHA DE *COMPORTAMENTO VERBAL*, DE B. F. SKINNER

1. Um grande número de linguistas e filósofos interessados na linguagem tem expressado a esperança de que seus estudos possam em última análise ser incorporados em uma estrutura fornecida pela psicologia comportamental, e que áreas refratárias de investigação, particularmente aquelas em que significado está envolvido, estarão por isso abertas a explorações frutíferas. Como esse livro é a primeira tentativa em larga escala de incorporar os principais aspectos do comportamento linguístico em uma estrutura behaviorista, merece, e sem dúvida receberá, uma cuidadosa atenção. Skinner é conhecido por suas contribuições ao estudo do comportamento animal. O livro em análise é produto do estudo do comportamento linguístico que se estende por mais de vinte anos.[*] Versões anteriores foram amplamente divulgadas e há muitas referências da área da psicologia às suas principais ideias.

Este capítulo foi publicado pela primeira vez em *Language* 35, n. 1 (jan.-mar. 1959), p. 26-58.

[*] *Comportamento verbal* (Cultrix, Universidade de São Paulo, 1978, trad.: Maria da Penha Villalobos). Todas as citações feitas do livro foram retiradas dessa edição, inclusive as das notas, e estão identificadas no corpo do texto com os números das páginas a que se referem na edição brasileira. [N.T.]

O problema abordado pelo livro é o de fazer uma "análise funcional" do comportamento verbal. Por análise funcional, Skinner se refere à identificação das variáveis que controlam esse comportamento e à especificação de como elas interagem para determinar uma resposta verbal específica. Ademais, as variáveis de controle devem ser descritas inteiramente em termos de noções como estímulo, reforço, privação, que ganharam um significado razoavelmente claro em experimentos com animais. Em outras palavras, o objetivo do livro é fornecer uma forma de prever e controlar o comportamento verbal observando e manipulando o ambiente físico de quem fala.

Skinner acredita que os recentes avanços nos estudos do comportamento animal no laboratório nos permitem abordar o problema com certo otimismo, uma vez que "Os processos e as relações básicas que dão ao comportamento verbal suas características especiais são agora bastante bem compreendidos [...] os resultados [deste trabalho experimental] revelaram-se surpreendentemente livres de restrições quanto às espécies. Trabalhos recentes revelaram que os métodos podem ser estendidos ao comportamento humano sem sérias modificações" (17).[1]

É importante observar claramente o que há no programa e nas afirmações de Skinner que os faz parecer tão ousados e notáveis. Não é tanto o fato de ele ter enunciado o seu problema como uma análise funcional ou de se limitar ao estudo de "observáveis", isto é, relações output-input de informações. O mais surpreendente são as limitações específicas que ele impôs ao modo como os observáveis do comportamento devem ser estudados e, acima de tudo, a natureza particularmente simples da "função" que, segundo ele, descreve a causa do comportamento. Seria de esperar que a previsão do comportamento de um organismo complexo (ou de uma máquina) exigisse, além de informações sobre estimulação externa, o conhecimento da estrutura interna do organismo, as maneiras como processa informações recebidas e organiza seu comportamento. Essas características do organismo são em geral um produto complicado da estrutura inata, do curso de maturação geneticamente determinado e de experiências passadas. Na medida em que evidências neurofisiológicas independentes não estão disponíveis, é óbvio que as inferências sobre a estrutura do organismo são baseadas na observação do comportamento e de eventos externos. No entanto, a estimativa da importância relativa dos fatores externos e da estrutura interna na determinação do comportamento terá um efeito importante na direção da pesquisa sobre o comportamento linguístico (ou qualquer outro) e sobre os tipos de analogias dos estudos do comportamento animal que serão considerados relevantes ou indicativos.

Dito de outra forma, qualquer um que enfrente o problema de analisar a causa do comportamento (na ausência de evidência neurofisiológica independente) irá considerar os únicos dados disponíveis, ou seja, o registro de inputs ao organismo e a resposta presente do organismo, e tentará descrever a função especificando a resposta em termos do histórico de inputs. Isso nada mais é que a definição do seu problema. Não há argumentos possíveis aqui, se aceitarmos o problema como legítimo, ainda que Skinner tenha várias vezes anunciado e defendido essa definição do problema como se fosse uma tese rejeitada por outros pesquisadores. As diferenças surgidas entre os que afirmam e os que negam a importância da "contribuição do organismo" para o aprendizado e para o desempenho dizem respeito ao caráter particular e à complexidade dessa função, e aos tipos de observações e pesquisas necessárias para se alcançar uma especificação precisa. Se a contribuição do organismo for complexa, a única esperança de predizer o comportamento, mesmo grosso modo, será por meio de um programa de pesquisa muito indireto, que começa estudando o caráter detalhado do próprio comportamento e as capacidades específicas do organismo envolvido.

A tese de Skinner é a de que os fatores externos que consistem na estimulação presente e o histórico do reforço (em particular a frequência, o arranjo e a retenção de estímulos de reforço) são de extrema importância, e que os princípios gerais desses fenômenos, revelados em estudos de laboratório, fornecem a base para compreender as complexidades do comportamento verbal. Ele expressa com confiança, e repetidamente, a afirmação de ter demonstrado que a contribuição do falante é bastante trivial e elementar, e que a previsão exata do comportamento verbal envolve apenas a especificação dos poucos fatores externos isolados por ele experimentalmente com organismos inferiores.

Um estudo cuidadoso desse livro (e da pesquisa em que se baseia) revela, contudo, que essas surpreendentes afirmações estão longe de ser justificadas. Indica, além disso, que os insights alcançados nos laboratórios pelos teóricos do reforço, embora bastante genuínos, só podem ser aplicados ao comportamento humano complexo da maneira mais grosseira e superficial, e que as tentativas especulativas de discutir o comportamento linguístico apenas nesses termos deixam de considerar fatores de fundamental importância, que são, sem dúvida, passíveis de estudo científico, embora suas características específicas não possam ser formuladas com precisão no momento. Como o trabalho de Skinner é a tentativa mais abrangente de acomodar o comportamento humano envolvendo faculdades mentais superiores dentro de um estrito esquema behaviorista que atraiu muitos linguistas e filósofos, bem como psicólogos, sua documentação detalhada é, por si só, interessante. A magnitude do fracasso dessa tentativa de explicar o comportamento verbal serve como uma espécie de medida da importância dos fatores de consideração omitidos, e uma indicação de quão pouco realmente se sabe sobre esse fenômeno notavelmente complexo.

A força do argumento de Skinner está na enorme riqueza e variedade de exemplos para os quais ele propõe uma análise funcional. A única maneira de avaliar o sucesso de seu programa e a exatidão de suas suposições básicas sobre o comportamento verbal é revisar esses exemplos detalhadamente e determinar as características exatas dos conceitos em termos de qual análise funcional é apresentada. O §2 desta resenha descreve o contexto experimental em relação ao qual esses conceitos são originalmente definidos, e os §§3-4 lidam com os conceitos básicos de "estímulo", "resposta" e "reforço", e os §§6-10 com a nova maquinaria descritiva desenvolvida especificamente para a descrição do comportamento verbal. No §5, consideramos o status da afirmação fundamental, extraída do laboratório, que serve de base para as suposições analógicas sobre o comportamento humano propostas por muitos psicólogos. A seção final (§11) considera algumas maneiras pelas quais o trabalho linguístico adicional pode desempenhar um papel no esclarecimento de alguns desses problemas.

2. Embora esse livro não faça referências diretas ao trabalho experimental, pode ser entendido somente em termos do quadro teórico geral que Skinner desenvolveu para a descrição do comportamento. Skinner divide as respostas do animal em duas categorias principais. As *respondentes* são respostas puramente reflexas, eliciadas por estímulos específicos. As *operantes* são respostas emitidas sem que nenhum estímulo óbvio possa ser identificado. Skinner se preocupou principalmente com o comportamento operante. A disposição experimental por ele introduzida consiste basicamente em uma caixa com uma barra presa a uma parede de tal forma que,

quando a barra é pressionada, uma pastilha de comida cai numa bandeja (e a pressão da barra é registrada). Um rato posto na caixa logo irá pressionar a barra, liberando uma pastilha na bandeja. Esse estado de coisas, resultante da pressão na barra, aumenta a *força* do operante ao pressionar a barra. A pastilha de comida é chamada de *estímulo reforçador*; o evento, um acontecimento reforçador. A força de um operante é definida por Skinner em termos da taxa de resposta durante a extinção (ou seja, após o último reforço e antes do retorno à taxa anterior ao condicionamento).

Vamos supor que a liberação da pastilha esteja condicionada ao piscar de uma luz. Nesse caso, o rato só irá pressionar a barra quando a luz piscar. Isso é chamado de *discriminação de estímulo*. A resposta é chamada de um *operante discriminado* e a luz é chamada de *ocasião* para sua emissão; isso deve ser diferenciado da eliciação de uma resposta por um estímulo no caso do respondente.[2] Vamos supor que o aparato seja organizado de forma que apenas certa característica da pressão na barra (por exemplo, a duração) libere a pastilha. O rato virá então pressionar a barra da maneira estabelecida. Esse processo é chamado de *resposta diferencialmente reforçada*. Por pequenas mudanças sucessivas nas condições sob as quais a resposta será reforçada, é possível moldar a resposta de um rato, ou de um pombo, de maneiras bastante surpreendentes em um tempo muito curto, de modo que um comportamento bastante complexo possa ser produzido por um processo de sucessivas aproximações.

Um estímulo pode se tornar reforçador pela associação repetida com um estímulo já reforçador. Tal estímulo é chamado de *reforço indireto*. Assim como muitos behavioristas contemporâneos, Skinner considera o dinheiro, a aprovação e coisas semelhantes como reforços indiretos, que se tornaram reforçadores por causa da associação com alimentação etc.[3] Reforços indiretos podem ser *generalizados*, associando-os a uma variedade de reforçadores primários distintos.

Outra variável que pode afetar a taxa da pressão da barra pelo operante é a motivação, que Skinner define operacionalmente em termos de horas de privação. Seu principal livro científico, *Behavior of Organisms*, é um estudo dos efeitos da privação de alimentos e condicionamento na força da resposta de pressionar a barra em ratos maduros saudáveis. Provavelmente, a contribuição mais original de Skinner para os estudos do comportamento animal foi sua pesquisa dos efeitos do reforço intermitente, organizado de várias maneiras diferentes, apresentado em *Behavior of Organisms* e ampliado (com bicadas de pombos como o operante sob investigação) no recente *Schedules of Reinforcement,* de Ferster e Skinner (1957). Aparentemente, são esses os estudos que Skinner tem em mente quando se refere aos recentes avanços no estudo do comportamento animal.[4]

As noções de "estímulo", "resposta" e "reforço" são relativamente bem definidas no caso dos experimentos de pressão na barra e outros com restrições semelhantes. Antes que possamos estendê-los ao comportamento da vida real, no entanto, certas dificuldades devem ser levadas em consideração. Devemos determinar, em primeiro lugar, se qualquer evento físico ao qual o organismo é capaz de reagir deve ser chamado de estímulo em determinada ocasião, ou se não é apenas um evento ao qual o organismo de fato reage; e, de maneira correspondente, devemos determinar se qualquer aspecto do comportamento deve ser chamado de resposta, ou apenas uma resposta relacionada a estímulos de maneira legítima. Perguntas desse tipo suscitam um dilema para o psicólogo experimental. Se aceitar as definições abrangentes, caracterizando qualquer evento físico imposto ao organismo como estímulo e qualquer aspecto do comportamento do organismo como resposta, deve-se concluir que o comportamento não foi demonstrado como legítimo. No estado atual do nosso conhecimento, precisamos atribuir uma enorme influência sobre o comportamento real a fatores mal definidos de atenção, situação, volição e capricho. Se aceitarmos as definições mais restritas, o comportamento será legítimo por definição (se consistir em respostas); mas é um fato de importância limitada, pois a maior parte do que o animal faz não será meramente considerado comportamento. Portanto, o psicólogo deve admitir que o comportamento não é legítimo (ou que não pode, no momento, demonstrar que o é — de forma alguma trata-se de uma admissão prejudicial para uma ciência em desenvolvimento), ou deve restringir sua atenção às áreas altamente limitadas em que seja legítimo (por exemplo, com controles adequados, com ratos pressionando uma barra; a legitimidade do comportamento observado fornece, para Skinner, uma definição implícita de um bom experimento).

Skinner não adota de forma consistente nenhum dos dois cursos. Utiliza os resultados experimentais como evidência do caráter científico de seu sistema de comportamento e suposições analógicas (formuladas em termos de uma extensão metafórica do vocabulário técnico do laboratório) como evidência do seu escopo. Isso cria a ilusão de uma teoria científica rigorosa e de grande escopo, embora na verdade os termos usados na descrição da vida real e do comportamento em laboratório possam ser meros homônimos, com no máximo uma vaga semelhança de significado. Para substanciar essa avaliação, uma resenha crítica de seu livro deve mostrar que com uma leitura literal (em que os termos do sistema descritivo têm algo em comum com os significados técnicos dados nas definições de Skinner) o livro não cobre quase nenhum aspecto do comportamento linguístico, e que com uma leitura metafórica não é mais científico que as abordagens tradicionais da questão, e raramente tão claro e meticuloso.[5]

3. Considere primeiro o uso que Skinner fez das noções "estímulo" e "resposta". Em *Behavior of organisms* (9), ele se atém a definições restritas desses termos. Uma parte do ambiente e uma parte do comportamento são chamadas de estímulo (eliciando, discriminando ou reforçando) e resposta, respectivamente, só se estiverem legitimamente relacionados; isto é, se as "leis dinâmicas" que os relacionam apresentarem curvas suaves e reprodutíveis. Evidentemente, estímulos e respostas, assim definidos, não têm se mostrado muito presentes no comportamento humano normal.[6] Em face das evidências atualmente disponíveis, só podemos continuar afirmando a legitimidade da relação entre estímulo e resposta privando-os de seu caráter objetivo. Um exemplo típico de "controle de estímulos" para Skinner seria a resposta a uma peça musical com o enunciado *Mozart* ou a uma pintura com a resposta *Flamenga*. Essas respostas são consideradas como "controladas por propriedades sutis" do objeto ou do evento físicos (108). Vamos supor que, em vez de dizer *Flamenga*, tivéssemos dito *Não serve como papel de parede, Eu pensei que você gostasse de arte abstrata, Nunca vi antes, Torto, Pendurado muito baixo, Bonito, Medonho, Lembra-se do nosso acampamento no verão passado?*, ou qualquer outra coisa que nos viesse à cabeça ao olhar para uma imagem (na tradução skinneriana, quaisquer outras respostas que existam com força suficiente). Skinner só poderia dizer que cada uma dessas respostas está sob o controle de alguma outra propriedade do estímulo do objeto físico. Se olharmos para uma cadeira vermelha e dissermos *vermelho*, a resposta está sob o controle do estímulo "vermelhidão"; se dissermos *cadeira*, está sob o controle do conjunto de propriedades (para Skinner, do objeto) de "cadeira" (136), e da mesma forma para qualquer outra resposta. Esse artifício é tão simples quanto vazio. Como as propriedades estão

abertas a perguntas (temos tantas delas quantas expressões descritivas não sinônimas na nossa linguagem, seja lá o que isso signifique exatamente), podemos contar com uma ampla gama de respostas em termos de análise funcional skinneriana identificando o "estímulo controlador". Mas a palavra "estímulo" perdeu toda a objetividade nesse uso. Os estímulos não são mais parte do mundo físico exterior; são devolvidos para o organismo. Identificamos o estímulo quando ouvimos a resposta. Fica claro a partir desses exemplos, que são abundantes, que falar de "controle de estímulos" apenas disfarça um total recuo para a psicologia mentalista. Não podemos prever o comportamento verbal em termos de estímulos no ambiente de quem fala, pois não sabemos quais são os estímulos vigentes até que ele responda. Além disso, como não podemos controlar a propriedade de um objeto físico ao qual um indivíduo responderá, exceto em casos altamente artificiais, a afirmação de Skinner de que seu sistema, diferentemente do tradicional, permite o controle prático do comportamento verbal[7] é bem falsa.

Outros exemplos de controle de estímulos só aumentam a mistificação geral. Assim, um nome próprio é considerado a resposta "sob o controle de uma coisa ou de uma pessoa específica" (como estímulo controlador, 143). Muitas vezes usei as palavras *Eisenhower* e *Moscou*, que presumo serem nomes próprios, se é que alguma coisa o é, mas nunca fui "estimulado" pelos objetos correspondentes. Como esse fato pode ser compatível com essa definição? Suponha que eu use o nome de um amigo que não está presente. Será um exemplo de um nome próprio sob o controle do amigo como estímulo? Outro trecho afirma que um estímulo controla uma resposta no sentido de que a presença do estímulo aumenta a probabilidade da resposta. Mas é obviamente falso que a probabilidade de alguém dizer um nome completo aumenta quando o referido está diante de quem fala. Ademais, de que forma o nome de alguém pode ser um nome próprio nesse sentido? Uma infinidade de perguntas semelhantes surge imediatamente. Parece que aqui a palavra "controlar" é meramente uma paráfrase enganosa dos tradicionais "denotar" ou "referir". A afirmação (145) de que, no que diz respeito ao falante, a relação de referência é "simplesmente a probabilidade de que o falante venha a emitir uma resposta de uma dada forma na presença de um estímulo com propriedades específicas" é certamente incorreta, se considerarmos as palavras "presença", "estímulo" e "probabilidade" no sentido literal. O fato de não se pretender que sejam tomadas literalmente é indicado por muitos exemplos, como quando se diz que uma resposta é "controlada" por uma situação ou estado de coisas como "estímulo". Assim, expressões como *Uma agulha no palheiro* "podem ser controladas como uma unidade num tipo particular de situação" (147); as palavras em um trecho destacado do discurso, por exemplo, todos adjetivos, estão sob o controle de um único conjunto de propriedades sutis de estímulos (132). "A sentença *O menino gerencia uma loja* está sob o controle de uma situação-estímulo extremamente complexa" (400); "*Ele não está nada bem* pode funcionar como uma resposta padronizada sob o controle de uma situação que pode controlar também *Ele está enfermo*" (389); quando um enviado observa eventos em um país estrangeiro e os relata ao voltar, seu relato está sob "controle remoto de estímulo" (496); "Uma situação internacional confusa assume um modelo-padrão com a declaração oficial *Isto é guerra*" (524); o sufixo *-ado* [*-ed*, em inglês] é controlado pela "sutil propriedade dos estímulos dos quais falamos como ações no passado" (152), assim como o *-a* em *O rapaz gerencia* está sob o controle de características específicas da situação "presente". Nenhuma caracterização da noção de "controle de estímulos" remotamente relacionada ao experimento de pressionar a barra (ou que preserve a mais tênue objetividade) pode abranger um conjunto de exemplos como esses, em que, por exemplo, o "estímulo controlador" nem mesmo precisa ser impingido ao organismo respondente.

Consideremos agora o uso que Skinner faz da noção "resposta". Com certeza o problema de identificar unidades no comportamento verbal é uma questão essencial para os linguistas, e parece bastante provável que os psicólogos experimentais deveriam prover uma ajuda muito necessária para esclarecer as muitas dificuldades ainda existentes na identificação sistemática. Skinner reconhece (37) a característica fundamental do problema de identificação de uma unidade do comportamento verbal, mas se satisfaz com uma resposta tão vaga e subjetiva que realmente não contribui para sua solução. A unidade do comportamento verbal — o operante verbal — é definida como uma classe de respostas de forma funcionalmente identificável relacionada a uma ou mais variáveis de controle. Nenhum método é sugerido para determinar quais são as variáveis de controle em uma instância específica, quantas dessas unidades ocorreram ou onde estão seus limites na resposta total. Tampouco é feita qualquer tentativa de especificar quanto ou que tipo de similaridade na forma ou "controle" é necessário para que dois eventos físicos sejam considerados instâncias do mesmo operante. Em suma, não são sugeridas respostas para as perguntas mais elementares que devem ser feitas a qualquer um que proponha um método de descrição do comportamento. Skinner se contenta com o que chama de uma "extrapolação" do conceito de operante desenvolvido em laboratório para o campo verbal. No experimento skinneriano típico, o problema de identificar a unidade de comportamento não é tão crucial. É definido por decreto, como o registro de uma bicada ou uma pressão na barra, e as variações sistemáticas na taxa desse operante e sua resistência à extinção são estudadas em função da privação e da programação do reforço (pastilhas). Assim, o operante é definido em relação a um procedimento experimental específico. Isso é perfeitamente razoável e levou a muitos resultados interessantes. No entanto, não faz absolutamente nenhum sentido falar em extrapolar esse conceito de operante para o comportamento verbal comum. Tal "extrapolação" não nos indica como justificar uma ou outra decisão sobre as unidades do "repertório verbal".

Skinner especifica "força de resposta" como o dado básico, a variável contingente básica na sua análise funcional. No experimento de pressionar a barra, a força da resposta é definida em termos da taxa de emissão durante a extinção. Skinner argumentou[8] que esse é "o único dado que varia significativamente e na direção esperada sob condições que são relevantes para o 'processo de aprendizagem'". No livro em questão, a força de resposta é definida como "probabilidade de emissão" (38). Essa definição fornece uma reconfortante impressão de objetividade, que, no entanto, é rapidamente dissipada quando examinamos a questão mais de perto. O termo "probabilidade" tem um significado bastante obscuro para Skinner no livro.[9] Por um lado, somos informados de que "nossa evidência para a contribuição de cada variável [para a força de uma resposta] baseia-se exclusivamente na observação das frequências" (45). Ao mesmo tempo, parece que a frequência é uma medida de força muito enganosa, uma vez que, por exemplo, a frequência de uma resposta pode ser "atribuída à frequência de ocorrência de variáveis de controle" (44). Não está claro como a frequência de uma resposta pode ser atribuída a qualquer coisa ALÉM da frequência de ocorrência de suas variáveis de controle, se aceitarmos a visão de Skinner de que o comportamento que ocorre em uma dada situação é "totalmente determinado" pelas variáveis de controle relevantes (253, 274). Além disso, apesar de a evidência da contribuição de cada variável a cada força de resposta se basear apenas na observação das frequências, acontece que "baseamos a noção de força em vários tipos de evidência" (38), em especial (38-124): emissão de respostas (particularmente em circunstâncias incomuns), nível de energia (estresse), nível de altura, rapidez e atraso de emissão, tamanho das letras etc., na escrita, repetição imediata e — um fator final, relevante, porém enganoso — a frequência como um todo.

É claro que Skinner reconhece que essas medidas não são covariantes, porque (entre outras razões) a altura, o estresse, a quantidade e a reduplicação podem ter funções linguísticas internas.[10] No entanto, ele não considera esses conflitos muito importantes, pois os fatores indicativos de força propostos são algo "percebido de forma tão clara por qualquer pessoa" de uma cultura (43). Por exemplo, "Se nos mostram uma apreciada obra de arte e exclamamos *Que beleza!* a velocidade e a energia da resposta não serão desperdiçadas com o proprietário". Não parece totalmente óbvio que nesse caso a maneira de impressionar o proprietário seja gritar *Que beleza!* em voz alta e aguda, repetidamente e sem atraso (alta força de resposta). Pode ser igualmente efetivo olhar para a imagem em silêncio (atraso longo) e depois murmurar *Que beleza* com uma voz suave e grave (por definição, força de resposta muito baixa).

Não é injusto, acredito, concluir da discussão de Skinner sobre a força da resposta, o "dado básico" na análise funcional, que sua "extrapolação" da noção de probabilidade pode ser mais bem interpretada como, de fato, nada mais do que uma decisão de usar a palavra "probabilidade", com suas conotações favoráveis de objetividade, como um termo de cobertura para parafrasear palavras de baixo status como "interesse", "intenção", "crença" e similares. Essa interpretação é plenamente justificada pela forma como Skinner usa os termos "probabilidade" e "força". Para citar apenas um exemplo, Skinner define o processo de confirmação de uma afirmação na ciência como um processo pelo qual "geramos variáveis adicionais para aumentar sua probabilidade" (506) e, mais genericamente, sua força (506-10). Se aceitarmos essa sugestão literalmente, o grau de confirmação de uma afirmação científica pode ser medido como uma simples função do volume, da altura e da frequência com que é proclamada, e um procedimento geral para aumentar seu grau de confirmação seria, por exemplo, apontar metralhadoras a grandes multidões que foram instruídas a gritar. Uma melhor indicação do que Skinner provavelmente tem em mente aqui é dada por sua descrição de como a teoria da evolução, por exemplo, é confirmada. Esse "simples conjunto de respostas verbais [...] torna-se mais plausível — é reforçado — por vários tipos de construção, baseados em respostas verbais, na geologia, na paleontologia, na genética e assim por diante" (508). Sem dúvida, devemos interpretar os termos "força" e "probabilidade" nesse contexto como paráfrases de locuções mais familiares, como "crença justificada" ou "assertividade garantida", ou algo do tipo. Presume-se uma latitude de interpretação semelhante a quando lemos que "a frequência da ação eficiente, por seu lado, explica aquilo que podemos chamar de 'crença' do ouvinte" (115), ou que "Nossa crença naquilo que alguém nos diz é, da mesma forma, uma função da ou idêntica à nossa tendência para agir segundo os estímulos verbais que ela nos proporciona" (196).[11]

Me parece evidente, então, que o uso de Skinner dos termos "estímulo", "controle", "resposta" e "força" justifica a conclusão geral declarada no último dos onze parágrafos acima. A maneira como esses termos são aplicados aos dados reais indica que devemos interpretá-los como meras paráfrases do vocabulário popular, comumente usadas para descrever o comportamento, sem nenhuma conexão específica com as expressões homônimas usadas na descrição de experimentos de laboratório. Naturalmente, essa revisão terminológica não acrescenta objetividade ao conhecido modo de descrição "mentalista".

4. A outra noção fundamental emprestada da descrição dos experimentos de pressionar barras é a de "reforço". Ela levanta problemas semelhantes e ainda mais graves. Em *Behavior of organisms*, "a operação de reforço é definida como a apresentação de um certo tipo de estímulo numa relação temporal com um estímulo ou uma resposta. Um estímulo reforçador é definido como tal por seu poder de produzir a mudança resultante [na força]. Não há circularidade nisso: percebe-se que alguns estímulos produzem a mudança, outros não, e são classificados como reforçadores e não reforçadores, respectivamente" (62). Trata-se de uma definição perfeitamente apropriada[12] para o estudo dos programas de reforço. É perfeitamente inútil, contudo, na discussão do comportamento na vida real, a menos que possamos de alguma maneira caracterizar os estímulos reforçadores (e as situações e condições sob as quais são reforçadores). Consideremos em

primeiro lugar o status do princípio básico que Skinner chama de "lei do condicionamento" (lei do efeito). Lê-se: "se a ocorrência de um operante é seguida pela presença de um estímulo reforçador, a força é aumentada" (*Behavior of organisms* 21). Da forma como "reforço" foi definido, essa lei torna-se uma tautologia.[13] Para Skinner, aprender é simplesmente mudar em resposta à força.[14] Apesar de a afirmação de que a presença de reforço é uma condição suficiente para o aprendizado e a manutenção do comportamento ser inócua, a afirmação de que é uma condição necessária pode ter algum conteúdo, dependendo de como a classe de reforçadores (e situações apropriadas) for caracterizada. Skinner deixa bastante claro que em sua opinião o reforço é uma condição necessária para o aprendizado da linguagem e para a disponibilidade contínua de respostas linguísticas no adulto.[15] No entanto, a imprecisão do termo "reforço", como usado por Skinner no livro, torna inteiramente inútil investigar a verdade ou a falsidade dessa afirmação. Examinando as instâncias do que Skinner chama de "reforço", nota-se que nem mesmo a exigência de que um reforçador seja um estímulo identificável é levada a sério. Na verdade, o termo é usado de tal forma que a afirmação de que o reforço é necessário para o aprendizado e a disponibilidade contínua do comportamento é igualmente vazia.

Para mostrar isso, consideremos alguns exemplos de "reforço". Em primeiro lugar, encontramos um forte apelo ao autorreforço automático. Assim, "Um homem fala consigo mesmo [...] por causa do reforço que recebe" (200); "a criança é reforçada automaticamente quando reproduz o som de aviões, carros..." (201); "A criança pequena, sozinha em seu quarto de brinquedos, pode reforçar automaticamente seu comportamento vocal exploratório quando produz sons ouvidos na fala de outras pessoas" (81); "O falante, que é também um bom ouvinte, 'sabe quando imitou corretamente uma resposta' e é reforçado por isso" (92); pensar é "comportamento, caso que afeta automaticamente o autor dos comportamentos e que, por isso, é reforçador" (521; portanto, cortar o dedo deveria ser reforçador, e um exemplo de pensamento); "A fantasia verbal, aberta ou encoberta, é automaticamente reforçadora para o falante enquanto ouvinte. Assim como o músico toca ou compõe aquilo que o reforça auditivamente, e o artista pinta aquilo que o reforça visualmente, assim também o falante engajado numa fantasia verbal diz ou escreve aquilo que o reforça ao ser ouvido ou lido" (522); da mesma forma, lidar com resolução de problemas e a racionalização são automaticamente reforçadores (526-7). Também podemos reforçar alguém emitindo comportamento verbal como tal (já que isso exclui uma classe de estímulos aversivos, 183), não emitindo comportamento verbal (mantendo silêncio e prestando atenção, 239), ou agindo apropriadamente em alguma ocasião futura (187: "a força do comportamento [do falante] é determinada principalmente pelo comportamento que o ouvinte exibirá em relação a um certo estado de coisas"; isso Skinner considera como o caso geral de "comunicação" ou "informar o ouvinte"). Na maioria desses casos, é claro, o falante não está presente no momento em que o reforço ocorre, como quando "O artista [...] é reforçado pelos efeitos de seu trabalho sobre [...] as pessoas" (268), ou quando o escritor é reforçado porque seu "comportamento verbal pode alcançar milhares de ouvintes ou de leitores ao mesmo tempo [...] O escritor pode não ser reforçado com frequência ou de imediato, mas seu reforço líquido pode ser grande" (247; isso explica a grande "força" do seu comportamento). Um indivíduo também pode achar reforçador magoar alguém fazendo críticas ou dando más notícias, ou publicando um resultado experimental que discorde da teoria de um rival (189), descrever circunstâncias que seriam reforçadoras se ocorressem (202), para evitar a repetição (265), para "ouvir" seu próprio nome mesmo sem ter sido mencionado ou ouvir palavras inexistentes no balbucio do filho (310), para esclarecer ou intensificar o efeito de um estímulo que serve a uma importante função discriminativa (496) etc.

A partir dessa amostra, percebe-se que a noção de reforço perdeu totalmente qualquer significado objetivo que possa ter tido. Examinando esses exemplos, vemos que uma pessoa pode ser reforçada mesmo sem emitir nenhuma resposta, e que o "estímulo" de reforço não precisa ser impingido à "pessoa reforçada" ou nem mesmo precisa existir (basta ser imaginado ou desejado). Quando lemos que uma pessoa toca a música de que gosta (202), diz o que gosta (202), pensa o que gosta (521-2), lê os livros de que gosta (200) etc., PORQUE acha reforçado fazê-lo, ou que escrevemos livros ou informamos os outros de fatos PORQUE somos reforçados pelo que esperamos ser o comportamento final do leitor ou do ouvinte, só podemos concluir que o termo "reforço" tem uma função puramente ritual. A frase "X é reforçado por Y (estímulo, estado de coisas, eventos etc.)" está sendo usada como termo de cobertura para "X quer Y", "X gosta de Y", "X deseja que Y fosse o caso" etc. Invocar o termo "reforço" não tem força explanatória, e qualquer ideia de que essa paráfrase possa introduzir qualquer novo esclarecimento ou objetividade na descrição de desejar, gostar etc. é uma grave ilusão. Seu único efeito é obscurecer as importantes diferenças entre as noções parafraseadas. Quando percebemos a latitude com que o termo "reforço" está sendo usado, muitos comentários surpreendentes perdem seu efeito inicial — por exemplo, que o comportamento do artista criativo é "controlado inteiramente pelas contingências do reforço" (185). O que tem sido esperado do psicólogo é alguma indicação de como a descrição casual e informal do comportamento cotidiano pode ser explicada no vocabulário popular ou esclarecida em termos das noções desenvolvidas em minuciosas experiências e observações, ou talvez substituída em termos de um esquema melhor. Uma mera revisão terminológica, na qual um termo emprestado do laboratório é usado com toda a imprecisão do vocabulário comum, não tem qualquer interesse concebível.

Tudo indica que a afirmação de Skinner de que todo comportamento verbal é adquirido e mantido em "força" por meio de reforço é muito vazia, pois sua noção de reforço não tem um conteúdo claro, funcionando apenas como um termo de cobertura para qualquer fator, detectável ou não, relacionado à aquisição ou manutenção do comportamento verbal.[16] O uso do termo "condicionamento" por Skinner sofre de dificuldade semelhante. Os condicionamentos pavloviano e operante são processos sobre os quais os psicólogos desenvolveram uma compreensão real. Mas não no caso da instrução de seres humanos. A afirmação de que a instrução e a transmissão de informações são simplesmente uma questão de condicionamento (427-36) não faz sentido. A afirmação é verdadeira, se estendermos o termo "condicionamento" para abranger esses processos, mas não sabemos mais sobre eles depois de revisar esse termo de forma a privá-lo de seu caráter relativamente claro e objetivo. Até onde sabemos, é falso usarmos "condicionamento" no sentido literal. Da mesma forma, quando dizemos que "é função da predicação facilitar a transferência da resposta de um termo para outro, ou de um objeto para outro" (432), não dissemos nada de significativo. Em que sentido isso é verdade para a predicação *Baleias são mamíferos*? Ou, para usar o exemplo de Skinner, que sentido há em dizer que o efeito de *O telefone não está funcionando* no ouvinte é evocar o comportamento anteriormente controlado pelo estímulo *não está funcionando* sob o controle do estímulo *telefone* (ou do próprio telefone) por um processo de simples condicionamento (433)? Quais leis de condicionamento se afirmam nesse caso? Ademais, que comportamento é "controlado" pelo estímulo *não está funcionando*, no abstrato? Dependendo do objeto predicado, do estado presente da motivação do ouvinte etc., o comportamento pode variar de raiva a prazer, de consertar o objeto a jogá-lo fora, de simplesmente não usá-lo a tentar usá-lo da maneira normal (por exemplo, verificar se realmente não está funcionando) e assim por diante. Falar de "condicionamento" ou "evocar um comportamento previamente disponível sob o controle de um novo estímulo" em tal caso é apenas uma espécie de encenação na ciência. Cf. também nota 43.

5. A afirmação de que a organização meticulosa das contingências de reforço pela comunidade verbal é uma condição necessária para o aprendizado da linguagem apareceu, de uma forma ou de outra, em muitos lugares.[17] Como não se baseia em observações de fato, mas em analogias com estudos laboratoriais de organismos inferiores, é importante determinar o status da afirmação subjacente no âmbito da psicologia experimental propriamente dita. A caracterização mais comum de reforço (rejeitada, aliás, explicitamente por Skinner) é em termos de redução da motivação. Essa caracterização pode ganhar substância definindo a motivação de alguma forma, independentemente do que de fato é aprendido. Se uma motivação for postulada com base no fato de que o aprendizado ocorre, a afirmação de que o reforço é necessário para o aprendizado se tornará novamente tão vazia quanto na formulação skinneriana. Há uma farta literatura sobre a questão da possibilidade da aprendizagem sem redução da motivação (aprendizagem latente). A experiência "clássica" de Blodgett indicou que os ratos que exploravam um labirinto sem recompensa mostraram uma queda acentuada no número de erros (em comparação a um grupo de controle que não explorou o labirinto) após a introdução de uma recompensa alimentar, indicando que o rato aprendeu a estrutura do labirinto sem redução da motivação da fome. Teóricos da redução da motivação rebateram com uma motivação exploratória que foi reduzida durante o aprendizado pré-recompensa, afirmando que um leve decréscimo nos erros pôde ser observado antes da recompensa alimentar. Uma grande variedade de experimentos, com resultados um tanto conflitantes, foi realizada com projeto semelhante.[18] Poucos pesquisadores ainda duvidam da existência

do fenômeno. Hilgard, em sua revisão geral da teoria do aprendizado,[19] conclui que "não há mais dúvida de que, sob circunstâncias apropriadas, a aprendizagem latente é demonstrável".

Trabalhos mais recentes mostraram que a novidade e a variedade de estímulos são suficientes para despertar a curiosidade do rato e motivá-lo a explorar (visualmente), e de fato aprender (pois se apresentado a dois estímulos, um novo, um repetido, o rato vai preferir o novo);[20] que ratos vão aprender a escolher a ramificação de um labirinto de escolha única que leve a um labirinto complexo, sendo esta a sua única "recompensa";[21] que macacos podem aprender a discriminar objetos e manter sua performance em alto nível de eficácia com exploração visual (olhando por uma janela por trinta segundos) como única recompensa;[22] e, talvez o mais impressionante de todos, que macacos e símios resolvem problemas de manipulação bastante complexos que forem simplesmente inseridos em suas jaulas, e resolvem problemas de discriminação tendo apenas a exploração e a manipulação como incentivos.[23] Nesses casos, a solução do problema parece ser a própria "recompensa". Resultados desse tipo só podem ganhar a atenção dos teóricos do reforço que estiverem dispostos a aceitar a curiosidade, a exploração e a manipulação como motivações, ou especular sobre motivações adquiridas de alguma forma[24] para as quais não há evidências além do fato de o aprendizado ocorrer nesses casos.

Há uma variedade de outros tipos de evidências que foram apresentadas para confrontar a visão de que a redução da motivação é necessária para o aprendizado. Os resultados no condicionamento sensório-sensorial foram interpretados como demonstrativos de aprendizado sem redução da motivação.[25] Olds falou de reforço por estimulação direta do cérebro, a partir do qual conclui que a recompensa não precisa satisfazer uma necessidade fisiológica ou retirar um estímulo de motivação.[26] O fenômeno de *imprinting*, há muito tempo observado por zoólogos, é de particular interesse nessa conexão. Alguns dos padrões mais complexos de comportamento das aves, em particular, são direcionados a objetos e animais do tipo a que foram expostos em certos períodos iniciais críticos da vida.[27] O *imprinting* é a evidência mais impressionante dos dispositivos inatos dos animais para aprender seguindo uma determinada direção, e a reagir adequadamente a padrões e objetos de certos tipos restritos, muitas vezes só muito tempo depois de o aprendizado original ter ocorrido. É, consequentemente, um aprendizado não recompensado, embora os padrões de comportamento resultantes possam ser refinados em termos de reforço. A aquisição dos cantos típicos dos pássaros canoros é, em alguns casos, um tipo de *imprinting*. Thorpe relata estudos que mostram "que algumas características do canto normal foram aprendidas na mais tenra juventude, antes de o pássaro ser capaz de produzir qualquer tipo de canto completo".[28] O fenômeno do *imprinting* vem sendo recentemente investigado em condições de laboratório e controle, com resultados positivos.[29]

Fenômenos desse tipo geral são certamente familiares na experiência cotidiana. Reconhecemos pessoas e lugares aos quais não demos atenção especial. Podemos procurar algo em um livro e entendê-lo perfeitamente sem outro motivo além de refutar a teoria do reforço ou por tédio, ou por curiosidade ociosa. Qualquer um envolvido em pesquisa deve ter tido a experiência de trabalhar com uma intensidade febril e prolongada para escrever um artigo que ninguém mais lerá ou para resolver um problema que ninguém mais considera importante e que não trará nenhuma recompensa concebível — o que pode apenas confirmar uma opinião geral de que o pesquisador está perdendo tempo com irrelevâncias. O fato de ratos e macacos fazerem o mesmo é interessante, e é importante que seja demonstrado em experimentos meticulosos. Na verdade, estudos de comportamento do tipo mencionado acima têm um significado independente e positivo que supera em muito sua importância incidental de questionar a afirmação de o aprendizado ser impossível sem redução da motivação. Não é de todo improvável que insights decorrentes de estudos de comportamento animal com esse escopo ampliado possam ter relevância para atividades tão complexas como o comportamento verbal, que a teoria do reforço, até agora, não conseguiu apresentar. De qualquer forma, à luz das evidências atualmente disponíveis, é difícil entender como alguém pode se dispor a afirmar que o reforço é necessário para o aprendizado, se o reforço for levado a sério como algo identificável independentemente da mudança de comportamento resultante.

Da mesma forma, parece inquestionável que crianças adquirem boa parte do seu comportamento verbal e não verbal pela observação casual e imitação de adultos e de outras crianças.[30] Simplesmente não é verdade que crianças só possam aprender linguagem sob uma "meticulosa atenção" por parte dos adultos que moldam seu repertório verbal por meio de um cuidadoso reforço diferencial, embora esse cuidado possa ser comum em famílias de acadêmicos. É uma observação comum que o filho pequeno de pais imigrantes pode aprender uma segunda língua nas ruas, com outras crianças, com incrível rapidez, e que seu discurso pode ser fluente e correto até o último alofone, enquanto as sutilezas que se tornam uma segunda natureza para a criança podem eludir os pais, apesar da alta motivação e da prática contínua. Uma criança pode adquirir grande parte do seu vocabulário e "sentir" a estrutura das frases pela televisão, pela leitura, ouvindo adultos etc. Mesmo uma criança muito nova, que ainda não adquiriu um repertório mínimo a partir do qual formar novos enunciados, pode imitar uma palavra muito bem numa tentativa inicial, sem nenhuma tentativa por parte dos pais de ensiná-la. Também é perfeitamente óbvio que, em um estágio posterior, a criança será capaz de elaborar e compreender enunciados novos e que são, ao mesmo tempo, sentenças aceitáveis em sua língua. Cada vez que um adulto lê um jornal, sem dúvida se depara com incontáveis sentenças novas que não são nada semelhantes, num sentido simples e físico, a qualquer frase que já tenha ouvido antes, e que ele reconhecerá como sentenças e as compreenderá; também será capaz de detectar pequenas distorções ou erros de impressão. Falar de "generalização de estímulos" nesse caso simplesmente perpetua o mistério sob um novo título. Essa capacidade indica que deve haver processos fundamentais em funcionamento, independentemente da "retroalimentação" do ambiente. Não consegui encontrar nada que comprove a doutrina de Skinner e de outros de que moldar lenta e meticulosamente o comportamento verbal pelo reforço diferencial é uma necessidade absoluta. Se a teoria do reforço realmente exigir a suposição de haver uma atenção tão meticulosa assim, seria melhor considerar isso simplesmente como um argumento *reductio ad absurdum* contra essa abordagem. Também não é fácil encontrar qualquer base (ou, nesse caso, anexar muito conteúdo) à afirmação de que as contingências de reforço estabelecidas pela comunidade verbal são o único fator responsável para manter a força do comportamento verbal. As fontes da "força" desse comportamento são quase um mistério total no momento. O reforço, sem dúvida, desempenha um papel significativo, mas há também uma variedade de fatores motivacionais sobre os quais nada de sério é conhecido no caso dos seres humanos.

No que diz respeito à aquisição da linguagem, parece claro que o reforço, a observação casual e a curiosidade natural (juntamente com uma forte tendência à imitação) são fatores importantes, assim como a notável capacidade da criança de generalizar, formular hipóteses e "processar informações", de maneiras muito específicas e aparentemente muito complexas, que ainda não conseguimos descrever ou começar a entender, e que podem ser em grande parte inatas, ou podem se desenvolver por meio de algum tipo de aprendizado ou amadurecimento do sistema nervoso. A maneira como tais fatores operam e interagem na aquisição da linguagem é totalmente desconhecida. É claro que o mais necessário nesse caso são pesquisas, não afirmações dogmáticas e perfeitamente arbitrárias, baseadas em analogias com a pequena parte da literatura experimental que casualmente nos interesse.

A inutilidade dessas afirmações fica clara quando consideramos as conhecidas dificuldades em determinar em que medida a estrutura inata, a maturação e o aprendizado são responsáveis pela forma específica de um desempenho habilidoso ou complexo.[31] Para dar um só exemplo,[32] a resposta de abrir o bico de um filhote de tordo é inicialmente despertada pelo estremecimento do ninho, e num estágio posterior por um objeto em movimento de tamanho, forma e posição específicos em relação ao filhote. Nesse estágio posterior, a resposta é direcionada para a parte do objeto de estímulo correspondente à cabeça dos pais e caracterizada por uma configuração complexa de estímulos que pode ser descrita com precisão. Com esse conhecimento apenas, seria possível elaborar uma explicação especulativa e teórica do aprendizado sobre como essa sequência de padrões de comportamento pode ter se desenvolvido por meio de um processo de reforço diferencial, e, sem dúvida, seria possível treinar ratos para fazer algo parecido. No entanto, parece haver boas evidências de que essas respostas a "estímulos sinalizadores" muito complexos são geneticamente determinadas e amadurecem sem aprendizado. Claramente, a possibilidade não pode ser descartada. Considere agora o caso comparável de uma criança imitando novas palavras. Em um estágio inicial, podemos encontrar correspondências bem grosseiras. Em um estágio posterior, descobrimos que a repetição ainda está longe de ser exata (ou seja, não se trata de mimetismo, um fato interessante em si), mas reproduz a configuração altamente complexa de características sonoras que constituem a estrutura fonológica da língua em questão. Mais uma vez, podemos propor uma explicação especulativa de como esse resultado pode ter sido obtido por meio de arranjos elaborados de reforços contingenciais. Aqui também, no entanto, é possível que a capacidade de selecionar, a partir do insumo auditivo complexo, características tão fonologicamente relevantes, possa se desenvolver independentemente do reforço, pela maturação geneticamente determinada. Na medida em que isso seja verdade, uma explicação do desenvolvimento e da causa do comportamento que não considerar a estrutura do organismo não proporcionará nenhuma compreensão dos verdadeiros processos envolvidos.

Argumenta-se com frequência que a experiência, mais do que a capacidade inata de lidar com a informação de certas maneiras específicas, deve ser o fator de dominância esmagadora na determinação do caráter específico da aquisição da linguagem, uma vez que a criança fala a língua do grupo em que vive. Mas esse é um argumento superficial. Enquanto estivermos especulando, podemos considerar a possibilidade de o cérebro ter evoluído a um ponto em que, dado um insumo de sentenças em chinês, ele produza (por uma "indução" de complexidade e rapidez aparentemente fantásticas) as "regras" da gramática chinesa, e dado um insumo de sentenças em inglês, ele produza (talvez exatamente pelo mesmo processo de indução) as regras da gramática inglesa; ou que, dada a aplicação de um termo a certas instâncias, o cérebro automaticamente prediga a extensão a uma classe de instâncias relacionadas de forma complexa. Se reconhecida como tal, essa especulação não é irracional nem fantástica; nem, aliás, está além dos limites dos estudos possíveis. É claro que não há nenhuma estrutura neural conhecida capaz de realizar essa tarefa das maneiras específicas que a observação do comportamento resultante pode nos levar a postular; mas, por falar nisso, estruturas que poderiam explicar até mesmo os tipos mais simples de aprendizado também vêm eludindo a detecção.[33]

Resumindo essa breve discussão, parece não haver evidências empíricas nem qualquer argumento conhecido para apoiar qualquer afirmação ESPECÍFICA sobre a importância relativa da "retroalimentação" do ambiente e da "contribuição independente do organismo" no processo de aquisição da linguagem.

6. Vamos nos voltar agora para o sistema que Skinner desenvolve especificamente para a descrição do comportamento verbal. Como se baseia nas noções de "estímulo", "resposta" e "reforço", podemos concluir das seções anteriores que esse sistema será vago e arbitrário. Por razões observadas no §1, no entanto, penso que é importante observar em detalhes o quanto

qualquer análise formulada apenas nesses termos deve errar muito o alvo e o quanto esse sistema falha ao explicar os fatos do comportamento verbal.

Consideremos primeiro o próprio termo "comportamento verbal". Este é definido como "comportamento reforçado pela mediação de outras pessoas" (16). A definição é claramente muito genérica. Incluiria como "comportamento verbal", por exemplo, um rato acionando a barra de uma caixa de Skinner, uma criança escovando os dentes, um boxeador recuando ante um oponente e um mecânico consertando um automóvel. Exatamente quanto do comportamento linguístico comum é "verbal" nesse sentido, no entanto, é uma questão: talvez, como indiquei acima, uma fração bem pequena, se algum significado substantivo for atribuído ao termo "reforçado". Essa definição é subsequentemente refinada pela provisão adicional de que a resposta mediadora da pessoa que reforça (o "ouvinte") deva ela mesma "estar respondendo de uma forma já condicionada *precisamente com o fim de reforçar o comportamento do falante*" (268, destaque do original). Isso ainda cobre os exemplos acima, se pudermos supor que o comportamento "reforçador" do psicólogo, dos pais, do boxeador oponente e do cliente pagante é resultado de um treinamento adequado, o que talvez não deixe de ser razoável. Contudo, uma parte significativa do fragmento de comportamento linguístico coberto pela definição anterior será sem dúvida excluída pelo refinamento. Vamos supor, por exemplo, que, ao atravessar a rua, eu ouço alguém falar *Cuidado com o carro* e pulo para sair da frente. Dificilmente se pode propor que o meu pulo (a resposta mediadora e reforçadora no uso de Skinner) foi condicionado (ou seja, que fui ensinado a pular) especificamente para reforçar o comportamento do falante. O mesmo se aplica a uma grande variedade de casos. A afirmação de Skinner de que com essa definição refinada "nós limitamos nosso assunto ao que tem sido tradicionalmente reconhecido como campo verbal" (268) parece grosseiramente equivocada.

7. Operantes verbais são classificados por Skinner em termos de sua relação "funcional" com estímulos discriminados, reforço e outras respostas verbais. Um *mando* é definido como "um operante verbal no qual a resposta é reforçada por uma consequência característica e está, portanto, sob o controle funcional de condições relevantes de privação ou estímulo aversivo" (56). Isso deve incluir perguntas, comandos etc. Cada um dos termos dessa definição levanta uma série de problemas. Um mando como

Passe o sal é uma classe de respostas. Não podemos dizer, ao observar a forma de uma resposta, se ela pertence a essa classe (Skinner é muito claro quanto a isso), a não ser identificando as variáveis de controle. Isso geralmente é impossível. A privação é definida no experimento de pressão da barra em termos do período de tempo em que o animal não se alimenta ou bebe água. No contexto presente, contudo, trata-se de uma noção bem misteriosa. Nenhuma tentativa é feita para descrever um método para determinar "condições relevantes de privação" independentemente da resposta "controlada". Não ajuda em nada dizer (50) que pode ser caracterizado em termos da previsão e controle do observador. Se definirmos privação em termos de tempo decorrido, então a qualquer momento uma pessoa está em incontáveis estados de privação.[34] Parece que devemos decidir que a condição relevante de privação foi (digamos) privação de sal, com base no fato de o falante ter pedido sal (a comunidade de reforço que "configura" o mando está em situação semelhante). Nesse caso, a afirmação de que um mando está sob o controle de uma privação relevante é vazia, e estamos (ao contrário da intenção de Skinner) identificando a resposta como um mando puramente em termos de forma. A palavra "relevante" na definição acima esconde algumas complicações muito sérias.

No caso do mando *Passe o sal*, a palavra "privação" não está fora de lugar, embora pareça ser de pouca utilidade para uma análise funcional. Suponha, no entanto, que o interlocutor diga *Dê-me o livro*, *Leve-me para um passeio* ou *Deixe-me consertar isso*. Que tipos de privações podem ser associadas a esses mandos? Como determinamos ou medimos a privação relevante? Me parece que devemos concluir nesse caso, como antes, que a noção de "privação" no máximo é relevante para um pequeno fragmento do comportamento verbal, ou então que a afirmação "X está sob privação de Y" é apenas uma paráfrase estranha para "X quer Y", com uma conotação de objetividade enganosa e injustificável.

A noção de "controle aversivo" é igualmente confusa. Pretensamente serve para cobrir ameaças, espancamentos e similares (51). A maneira como a estimulação aversiva funciona é simplesmente descrita. Se um falante teve um histórico de reforço apropriado (por exemplo, se determinada resposta foi seguida pela "suspensão de uma ameaça de tal injúria — de fatos que foram previamente seguidos de tal injúria e que daí em diante condicionaram estímulos aversivos"), o falante tenderá a dar a resposta adequada quando diante da ameaça que anteriormente foi seguida pela injúria. Parece resultar dessa descrição que um falante não responderá adequadamente ao mando *A bolsa ou a vida* (58), a menos que tenha um histórico de ter sido morto. Mas mesmo que as dificuldades em descrever o mecanismo de controle aversivo sejam de alguma forma eliminadas por uma análise mais criteriosa, de pouco servirá para identificar os operantes, por razões semelhantes às mencionadas no caso da privação.

Assim, parece que, nos termos de Skinner, na maioria dos casos não há como decidir se uma dada resposta é uma instância de um mando específico. Portanto, não faz sentido, nos termos de seu sistema, falar das consequências *características* de um mando, como na definição acima. Além disso, mesmo que estendamos o sistema de forma que os mandos possam ser identificados de alguma forma, teremos de encarar o fato óbvio de que a maioria de nós não tem a sorte de termos nossos pedidos, comandos, conselhos etc. caracteristicamente reforçados (eles podem, no entanto, existir em "força" considerável). Essas respostas, portanto, não poderiam ser consideradas mandos por Skinner. Na verdade, Skinner estabelece uma categoria de "mandos mágicos" (69-70) para cobrir o caso de "mandos que não podem ser explicados, mostrando-se que eles jamais tiveram o efeito especificado, ou qualquer outro efeito similar em ocasiões semelhantes" (a palavra "jamais" nesta declaração deveria ser substituída por "caracteristicamente não"). Nesses pseudomandos, "o falante simplesmente descreve o reforço apropriado a um estado de privação ou de estimulação aversiva". Em outras palavras, dado o sentido que fomos levados a atribuir a "reforço" e "privação", o falante pede o que quer. A observação de que "o falante parece criar novos *mandos* na analogia com os antigos" também não é muito útil.

A afirmação de Skinner de que seu novo sistema descritivo é superior ao tradicional "porque seus termos podem ser definidos em relação a operações experimentais" (66) é, vemos mais uma vez, uma ilusão. A afirmação "X quer Y" não é esclarecida ao indicar uma relação entre a taxa da pressão na barra e as horas de privação de alimento; substituir "X quer Y" por "X está privado de Y" não acrescenta nenhuma nova objetividade à descrição do comportamento. Sua afirmação adicional da superioridade da nova análise de mandos é a de fornecer uma base objetiva para a classificação tradicional em termos de pedidos, comandos etc. (58-61). A classificação tradicional é feita em termos da intenção do falante. Mas a intenção, afirma Skinner, pode ser reduzida a contingências de reforço e, correspondentemente, podemos explicar a classificação tradicional em termos de reforço do comportamento do ouvinte. Assim, uma questão é um mando que "especifica a ação verbal, e o comportamento do ouvinte permite-nos classificá-la como uma solicitação, uma ordem ou um pedido" (59). É um pedido quando "o ouvinte é independentemente motivado a reforçar o falante", um comando quando "o comportamento do ouvinte é assim reforçado pela redução da ameaça", um pedido no caso de um mando que "proporcione reforço gerando uma disposição emocional". O mando é um conselho se o ouvinte for positivamente reforçado pelas consequências da mediação do reforço do falante; é um aviso quando "realizando o comportamento especificado pelo falante, o ouvinte escapa de uma estimulação aversiva" e assim por diante. Tudo isso está obviamente errado se Skinner estiver usando as palavras "*request*" [pedido], "*command*" [comando] etc., como algo semelhante ao sentido das palavras correspondentes em inglês. A palavra "pergunta" não abrange comandos. *Por favor, passe o sal* é um pedido (mas não uma pergunta), esteja ou não o ouvinte motivado a cumpri-lo; nem todos os destinatários de um pedido têm uma disposição favorável. Uma resposta não deixa de ser um comando se não for atendida; nem uma pergunta se torna um comando se o falante responder por causa de uma ameaça implícita ou imaginada. Nem todo conselho é um bom conselho, e uma resposta não deixa de ser um conselho se não for atendida. Da mesma forma, um aviso pode ser equivocado; atendê-lo pode causar estimulação aversiva e ignorá-lo pode ser positivamente reforçador. Em suma, toda essa classificação não se aplica. Um momento de reflexão é suficiente para demonstrar a impossibilidade de distinguir entre pedidos, comandos, conselhos etc., com base no comportamento ou disposição do ouvinte específico. Tampouco podemos fazer isso com base no comportamento típico de todos os ouvintes. Alguns conselhos nunca são aceitos, são sempre ruins etc., e o mesmo acontece com outros tipos de mandos. A evidente satisfação de Skinner com essa análise da classificação tradicional é tremendamente enigmática.

8. Os mandos são operantes sem nenhuma relação especificada com um estímulo prévio. Um *tacto*, por outro lado, é definido como "um operante verbal, no qual uma resposta de certa forma é evocada (ou pelo menos reforçada) por um objeto particular ou um acontecimento ou propriedade de objeto ou acontecimento" (108). Os exemplos citados na discussão

do controle de estímulos (§3) são todos tactos. A obscuridade da noção de "controle de estímulos" torna o conceito de tacto um tanto místico. Contudo, como o tacto é "o mais importante operante verbal", é importante investigar o desenvolvimento desse conceito mais detalhadamente.

Primeiro, perguntamos por que a comunidade verbal "estabelece" tactos na criança — ou seja, de que forma o pai é reforçado ao estabelecer o tacto. A explicação básica para esse comportamento do genitor (110-11) é o reforço que obtém pelo fato de seu contato com o meio ambiente ser estendido; para usar o exemplo de Skinner, a criança pode mais tarde ligar para ele pelo telefone. (É difícil entender, então, como os primeiros filhos adquirem tactos, já que o genitor não tem o histórico apropriado do reforço.) Raciocinando da mesma forma, podemos concluir que o pai induz o filho a andar para ele poder ganhar algum dinheiro entregando jornais. Da mesma forma, os pais estabelecem um "repertório ecoico" (por exemplo, um sistema fonêmico) no filho porque isso torna mais fácil o ensino de um novo vocabulário, e aumentar o vocabulário do filho é útil para os pais. "Em todos estes casos, explicamos o comportamento do ouvinte reforçador apontando para uma melhoria da possibilidade de controle do falante que ele reforça" (79). Talvez isso forneça a explicação para o comportamento do pai ao induzir o filho a andar: o pai é reforçado pela melhora do seu controle do filho quando a mobilidade da criança aumenta. Subjacente a esses modos de explicação encontra-se uma visão curiosa, a de que de alguma forma é mais científico atribuir a um pai um desejo de controlar o filho ou aumentar suas próprias possibilidades de ação do que um desejo de ver o filho desenvolver e ampliar suas capacidades. Escusado dizer que nenhuma evidência é apresentada para apoiar essa afirmação.

Considere agora o problema de explicar a resposta do ouvinte a um tacto. Vamos supor, por exemplo, que B ouve A dizer *raposa* e reage adequadamente, olhando ao redor, fugindo, apontando uma espingarda etc. Como podemos explicar o comportamento de B? Skinner rejeita com razão as análises feitas por Watson e Bertrand Russell. Mas sua análise, igualmente inadequada, procede da seguinte forma (114). Pressupomos (1) "que na história do ouvinte [B] descrito por Russell o estímulo *Raposa* tenha sido a ocasião na qual o olhar em redor foi seguido pela visão de uma raposa" e (2) "que o ouvinte tivesse algum 'interesse em ver raposas' — assim sendo, o comportamento dependente da visão de uma raposa para sua execução é forte e o estímulo proporcionado por uma raposa é, portanto, reforçador". B então tem o comportamento apropriado, porque "ouvir o estímulo *raposa* constitui ocasião na qual voltar-se e olhar ao redor é frequentemente seguido pelo reforço de ver uma raposa", ou seja, seu comportamento é um operante discriminado. Essa explicação não convence. B pode nunca ter visto uma raposa, pode não ter nenhum interesse presente em ver uma raposa, e mesmo assim reagir apropriadamente ao estímulo *raposa*.[35] Uma vez que esse exato comportamento pode acontecer quando nenhuma das suposições forem cumpridas, deve haver aqui algum outro mecanismo operativo.

Skinner ressalta várias vezes que sua análise do tacto em termos de controle de estímulos é uma melhoria em relação às formulações tradicionais em termos de referência e significado. Isso simplesmente não é verdade. Sua análise é fundamentalmente a mesma que a tradicional, embora formulada com muito menos critério. Em particular, difere apenas pela paráfrase indiscriminada — de noções como denotação (referência) e conotação (significado), que foram mantidas claramente separadas em formulações tradicionais, em termos do vago conceito de "controle de estímulos". Em uma formulação tradicional, diz-se que um termo descritivo denota um conjunto de entidades e conota ou designa uma certa propriedade ou condição que uma entidade deve possuir ou cumprir para que o termo se aplique a ela.[36] Assim, o termo *vertebrado* se refere (denota, na verdade) aos vertebrados e conota a propriedade de "ter uma coluna vertebral", ou algo do tipo. Essa propriedade definidora conotada é chamada de significado do termo. Dois termos podem ter a mesma referência, mas diferentes significados. Assim, aparentemente é verdade que as criaturas com coração são todas e só os vertebrados. Se assim for, o termo *criatura com coração* se refere aos vertebrados e designa a propriedade de "ter um coração". Essa é uma propriedade presumivelmente diferente (uma condição geral diferente) de ter uma coluna vertebral; portanto, diz-se que os termos *vertebrado* e *criatura com coração* têm significados diferentes. A análise não é incorreta (ao menos em um sentido de significado), mas suas muitas limitações têm sido apontadas com frequência.[37] O principal problema é que não há uma boa maneira de decidir se dois termos descritivos designam a mesma propriedade.[38] Como acabamos de ver, não basta que se refiram aos mesmos objetos. *Vertebrado* e *criatura com coluna vertebral* designariam a mesma propriedade (diferente daquela designada por *criatura com coração*). Se perguntarmos por que é assim, a única resposta parece ser que os termos são sinônimos. A noção de "propriedade", portanto, parece ser de alguma forma limitada à linguagem, e o apelo a "propriedades definidoras" lança pouca luz sobre questões de significado e sinonímia.

Skinner aceita a explicação tradicional no todo, como pode ser visto em sua definição de tacto como uma resposta sob o controle de uma propriedade (estímulo) de algum objeto ou evento físico. Já vimos que a noção de "controlar" não tem substância real e talvez seja mais bem entendida como uma paráfrase de "denotar" ou "conotar" ou, ambiguamente, de ambos. A única consequência de adotar o novo termo "controle de estímulos" é que as diferenças importantes entre referência e significado são obscurecidas. Não resulta em nenhuma nova objetividade. O estímulo que controla a resposta é determinado pela própria resposta; não existe um método de identificação independente e objetivo (ver §3 acima). Consequentemente, quando Skinner define "sinonímia" como o caso em que "o mesmo estímulo leva a respostas bastante diferentes" (150), não podemos fazer objeção. As respostas *cadeira* e *vermelho* dadas alternadamente para o mesmo objeto não são sinônimas, pois os estímulos são chamados de diferentes. As respostas *vertebrado* e *criatura com coluna vertebral* seriam consideradas sinônimas, porque são controladas pela mesma propriedade do objeto investigado; em termos mais tradicionais e não menos científicos, evocam o mesmo conceito. Da mesma forma, quando a extensão metafórica é explicada como devida ao "controle exercido pelas propriedades do estímulo, as quais, embora presentes no reforço, não se incorporam à contingência respeitada pela comunidade verbal" (120; tradicionalmente, propriedades acidentais), nenhuma objeção pode ser levantada que já não tenha sido comparada com a consideração tradicional. Assim como poderíamos "explicar" a resposta *Mozart* a uma peça musical em termos de propriedades sutis de estímulos controladores, podemos, com igual facilidade, explicar a aparição da resposta *sol* quando não houver sol, como em *Julieta é [como] o sol*. "Nós o explicamos notando que Julieta e o sol possuem algumas propriedades comuns, pelo menos em seu efeito sobre o falante" (121). Uma vez que dois objetos quaisquer têm indefinidamente muitas propriedades em comum, podemos ter certeza de que nunca estaremos perdidos para explicar uma resposta na forma de *A é como B*, para A e B arbitrários. Porém, fica claro que a recorrente afirmação de Skinner de que sua formulação é mais simples e mais científica do que a tradicional não tem base em fatos.

Os tactos sob o controle de estímulos privados (o "discurso deslocado" de Bloomfield) formam uma classe grande e importante (162-78), incluindo não apenas respostas como *familiares* e *belas*, mas também respostas verbais referentes a eventos ou comportamentos passados, potenciais ou futuros. Por exemplo, a resposta a *Havia um elefante no zoológico?* "deve ser entendida como uma resposta a estímulos correntes, incluindo acontecimentos no interior do próprio falante" (178).[39] Se agora nos perguntarmos qual a proporção dos tactos na vida real que são respostas para (descrições de) verdadeiros estímulos externos, podemos ver quão grande é o papel que deve ser atribuído a estímulos privados. Uma quantidade mínima de comportamento verbal, fora do quarto da criança, consiste em observações como *Isto é vermelho* e *Aquilo é um homem*. O fato de que a "análise funcional" deve fazer um apelo tão forte a estímulos internos obscuros é mais uma vez uma medida do real avanço sobre formulações tradicionais.

9. As respostas sob o controle de estímulos verbais prévios são consideradas sob uma rubrica diferente das do tacto. Um *operante ecoico* é uma resposta que "gera um padrão sonoro semelhante ao do estímulo" (78). Cobre apenas casos de imitação imediata.[40] Nenhuma tentativa é feita para definir em que sentido a resposta ecoica de uma criança é "semelhante" ao estímulo falado na voz grave do pai; parece que, embora não haja afirmações claras sobre isso, Skinner não aceitaria a visão de um fonólogo a esse respeito, mas nada mais é explicado. O desenvolvimento de um repertório ecoico é atribuído inteiramente ao reforço diferencial. Como o falante não fará, segundo Skinner, mais do que aquilo que lhe for exigido pela comunidade verbal, o grau de precisão que essa comunidade insistir determinará os elementos do repertório, sejam quais forem (não necessariamente fonemas). "Numa comunidade verbal que não insiste numa correspondência precisa, um repertório ecoico pode permanecer descuidado e será aplicado a novos modelos com menos sucesso." Não há discussão de fenômenos tão conhecidos como a precisão com que uma criança aprende uma segunda língua ou um dialeto local ao brincar com outras crianças, o que parece claramente em conflito com essas afirmações. Nenhuma evidência antropológica é citada para apoiar a afirmação de que um sistema fonêmico eficaz

não se desenvolve (esta é a substância da observação citada) em comunidades que não insistem em uma correspondência precisa.

Uma resposta verbal a um estímulo escrito (leitura) é chamada de "comportamento textual".

Outras respostas verbais a estímulos verbais são chamadas de "operantes intraverbais". Exemplos do paradigma são a resposta *quatro* ao estímulo *dois mais dois*, ou a resposta *Paris* ao estímulo *capital da França*. O simples condicionamento pode ser suficiente para explicar a resposta *quatro* para *dois mais dois*,[41] mas a noção de resposta intraverbal perde todo o significado quando a vemos estendida para cobrir a maioria dos fatos da história e muitos dos fatos da ciência (99, 161); todas as associações de palavras e "voo de ideias" (98-101); todas as traduções e paráfrases (103); relatos de coisas vistas, ouvidas ou lembradas (378); e, de maneira geral, grandes segmentos do discurso científico, matemático e literário. Obviamente, o tipo de explicação que poderia ser proposta para a capacidade de um estudante responder *Paris* à *capital da França*, após um ensino adequado, dificilmente pode ser apresentado seriamente para explicar sua capacidade de fazer uma suposição criteriosa ao responder às perguntas (para ele novas) *Qual é a sede do governo francês?*, *a fonte do dialeto literário?*, *o principal alvo da blitzkrieg alemã* etc., ou sua capacidade de demonstrar um novo teorema, traduzir um novo trecho ou parafrasear uma observação pela primeira vez ou de uma nova maneira.

O processo de "transmitir um ponto de vista", de fazer alguém ver algo do seu jeito, ou entender um estado de coisas complexo (por exemplo, uma difícil situação política ou uma demonstração matemática) é, para Skinner, simplesmente uma questão de aumentar a força do comportamento já disponível do ouvinte.[42] Uma vez que "o processo, frequentemente, é exemplificado pelos discursos relativamente intelectuais, científicos ou filosóficos", Skinner considera "que é mais surpreendente o fato de ele poder ser reduzido a uma suplementação ecoica, textual ou intraverbal" (321). Mais uma vez, apenas a imprecisão e a latitude com que as noções de "força" e "resposta intraverbal" são usadas salvam isso do absurdo. Se usarmos esses termos no sentido literal, fica claro que entender uma afirmação não pode ser equiparado a gritar com frequência em uma voz aguda (alta força de resposta), e um argumento inteligente e convincente não pode ser explicado com base em uma história de respostas verbais pareadas.[43]

10. Uma classe final de operantes, chamados *autoclíticos*, inclui aqueles que estão envolvidos na asserção, na negação, na quantificação, na qualificação de respostas, na construção de frases e nas "manipulações altamente complexas do pensamento verbal". Todos esses atos devem ser explicados "em termos de comportamento, que é evocado por outro comportamento do falante" (375). Assim, autoclíticos são respostas a respostas já dadas, ou melhor, como notamos ao ler esta seção, são respostas a comportamentos verbais encobertos, incipientes ou potenciais. Entre os autoclíticos estão listadas as expressões como *Eu me lembro, imagino, por exemplo, suponho, que X seja igual...*, os termos de negação, o *é* do predicativo e da asserção, *todos, alguns, se, então* e, em geral, todos os morfemas que não sejam substantivos, verbos e adjetivos, bem como os processos gramaticais de ordenação e arranjo. Dificilmente alguma observação nessa seção pode ser aceita sem uma séria qualificação. Para dar apenas um exemplo, considere a explicação de Skinner do autoclítico *todos* em *Todos os cisnes são brancos* (393-4). Obviamente, não podemos supor que isso seja um tacto para todos os cisnes como estímulo. Sugere-se, portanto, que consideremos *todos* como um autoclítico modificando toda a frase *Cisnes são brancos*. *Todos* pode então ser considerado equivalente a *sempre*, ou *sempre é possível dizer*. Observe, no entanto, que a frase modificada *Cisnes são brancos* é tão genérica quanto *Todos os cisnes são brancos*. Além disso, a tradução proposta de *todos* está incorreta se considerada literalmente. É igualmente possível dizer *Cisnes são verdes* quanto dizer *Cisnes são brancos*. Mas nem sempre é possível dizer ambos (por exemplo, quando se estiver dizendo outra coisa ou dormindo). Provavelmente o que Skinner quer dizer é que a sentença pode ser parafraseada como "*X é branco* é verdade, para cada cisne X". Mas essa paráfrase não pode ser enunciada dentro do seu sistema, que não tem lugar para *verdade*.

A definição de Skinner da gramática e da sintaxe como processos autoclíticos (Capítulo 13) difere de uma definição tradicional conhecida principalmente pelo uso dos termos pseudocientíficos "controlar" ou "evocar" no lugar do tradicional "referir". Assim, em *The boy runs* [O menino corre], o *s* final de *runs* é um tacto sob o controle de "traços específicos de uma dada situação", como "a natureza de correr como uma *atividade*, e não como um objeto ou propriedade de um objeto".[44] (Presumivelmente, então, em *The attempt fails* [A tentativa fracassa], *The difficulty remains* [A dificuldade permanece], *His anxiety increases* [A ansiedade dele aumenta] etc., devemos também dizer que o *s* indica que o objeto descrito como a tentativa está realizando a atividade de fracassar etc.) Em *the boy's gun* [a arma do rapaz], contudo, o *s* denota posse (como, presumivelmente, *the boy's arrival* [a chegada do menino], *story* [história], *age* [idade] etc.) e está sob o controle desses "aspectos relacionadores da situação" (401). O "autoclítico de relação de ordem" (o que quer que possa significar chamar a ordem de um conjunto de respostas de resposta a elas) em *The boy runs a store* está sob o controle de uma "situação-estímulo extremamente complexa", a saber, que o menino está gerenciando a loja (400). *E no chapéu e o sapato* está sob o controle da propriedade "par". *The dog went through the hedge* [O cachorro passou através da cerca] está sob o controle da "relação entre o cão que passa e a cerca viva" (409). De maneira geral, os substantivos são evocados por objetos, os verbos pelas ações e assim por diante.

Skinner considera uma sentença como um conjunto de respostas-chave (substantivos, verbos, adjetivos) num frame esqueletal (413). Se estivermos nos referindo ao fato de Sam ter alugado um barco furado, as respostas cruas à situação são *alugar*, *barco*, *furado* e *Sam*. Autoclíticos (inclusive ordem) que caracterizam essas respostas, expressam relações entre elas e semelhantes, são então adicionados por um processo chamado "composição", e o resultado é uma sentença gramatical, uma das muitas alternativas entre as quais a seleção é bastante arbitrária. A ideia de que sentenças consistem em itens lexicais colocados em um frame gramatical é obviamente tradicional, tanto na filosofia quanto na linguística. Skinner só acrescenta a ela a especulação muito implausível de que, no processo interno de composição, substantivos, verbos e adjetivos são primeiro escolhidos e depois organizados, qualificados etc., por respostas autoclíticas a essas atividades internas.[45]

Esta visão da estrutura de uma sentença, seja formulada em termos de autoclíticos, expressões sincategoremáticas ou morfemas gramaticais e lexicais, é inadequada. *Sheep provide wool* [Ovelhas dão lã] não tem nenhuma estrutura (física), mas nenhum outro arranjo dessas palavras é uma sentença em inglês. As sequências *furiously sleep ideas green colorless* [furiosamente dormem cores sem verdes ideias] e *friendly young dogs seem harmless* [jovens cães amigáveis parecem inofensivos] têm as mesmas estruturas, mas só uma delas é uma sentença em inglês (da mesma forma, só uma das sequências é formada quando lida de trás para a frente). *Struggling artists can be a nuisance* [Artistas na luta podem ser uma chatice] tem a mesma estrutura de *marking papers can be a nuisance* [corrigir provas de alunos pode ser uma chatice], mas é bem diferente em estrutura da sentença, como pode ser visto substituindo-se *pode ser* por *são* ou *é* nos dois casos. Existem muitos outros exemplos semelhantes e igualmente simples. É evidente que isso envolve mais a estrutura da sentença do que a inserção de itens lexicais em estruturas gramaticais; nenhuma abordagem da linguagem que não leve em consideração esses processos mais profundos pode ter muito sucesso na explicação do verdadeiro comportamento linguístico.

11. A discussão anterior cobre todas as principais noções que Skinner introduz em seu sistema descritivo. Meu propósito ao discutir os conceitos um a um foi mostrar que em cada caso, se interpretarmos seus termos em seus significados literais, a descrição não cobre quase nenhum aspecto do comportamento verbal, e se os interpretarmos metaforicamente, a descrição não melhora em nada as diversas formulações tradicionais do comportamento verbal. Os termos emprestados da psicologia experimental simplesmente perdem seu significado objetivo com essa extensão, e assumem toda a imprecisão da linguagem comum. Como Skinner se limita a tal pequeno conjunto de termos para paráfrase, muitas distinções importantes ficam obscurecidas. Acho que essa análise apoia a visão expressa no §1 acima, que a eliminação da contribuição independente do falante e do aprendiz (um resultado que Skinner considera de grande importância, cf. 373-4) só pode ser alcançada ao custo de eliminar toda a significância do sistema descritivo, que então opera em um nível tão tosco e grosseiro que nenhuma resposta é sugerida para as questões mais elementares.[46] As questões às quais Skinner dirigiu suas especulações são irremediavelmente prematuras. É fútil investigar a causação do comportamento verbal antes de se saber muito mais sobre o caráter específico desse comportamento; e há pouco sentido em especular a respeito do processo de aquisição sem uma compreensão muito melhor do que é adquirido.

Qualquer um que se dedique seriamente ao estudo do comportamento linguístico, seja linguista, psicólogo ou filósofo, deve se conscientizar rapidamente da enorme dificuldade de enunciar um problema que definirá o campo de suas investigações, e que este não seja totalmente trivial ou irremediavelmente além do alcance da compreensão e das técnicas atuais. Ao selecionar a análise funcional como seu problema, Skinner propôs a si próprio uma tarefa do último tipo. Em um artigo extremamente interessante e esclarecedor,[47] K. S. Lashley delimitou implicitamente uma classe de problemas que podem ser abordados de maneira frutífera por linguistas e psicólogos, e que são claramente preliminares aos abordados por Skinner. Lashley reconhece, como qualquer um que leve seriamente os dados em consideração, que a composição e produção de um enunciado não é simplesmente uma questão de encadear uma sequência de respostas sob o controle de estimulação externa e associação intraverbal, e que a organização sintática de um enunciado não é algo diretamente representado de maneira simples na estrutura física do próprio enunciado. Uma variedade de observações o leva a concluir que a estrutura sintática é "um padrão generalizado imposto aos atos específicos à medida que ocorrem", e que "uma consideração da estrutura da sentença e de outras sequências motoras mostrará [...] que há, por trás das sequências abertamente expressas, uma multiplicidade de processos integrativos que só podem ser inferidos a partir dos resultados finais de sua atividade". Ele também comenta a grande dificuldade de determinar os "mecanismos seletivos" utilizados na própria construção de um determinado enunciado.

Embora a linguística atual não consiga formular uma explicação precisa desses processos integrativos, dos padrões impostos e dos mecanismos seletivos, ela pode ao menos colocar-se o problema de caracterizá-los propriamente. É razoável considerar idealmente a gramática de uma língua L como um mecanismo que fornece uma enumeração das sentenças de L de forma semelhante à maneira como uma teoria dedutiva fornece uma enumeração de um conjunto de teoremas. ("Gramática", no sentido da palavra, inclui fonologia.) Ademais, a teoria da linguagem pode ser considerada um estudo das propriedades formais de tais gramáticas e, com uma formulação precisa, essa teoria geral pode fornecer um método uniforme para determinar, a partir do processo de geração de uma determinada sentença, uma descrição estrutural que pode fornecer uma boa visão de como essa frase é usada e compreendida. Em suma, deve ser possível derivar de uma gramática adequadamente formulada um enunciado dos processos integrativos e padrões generalizados impostos aos atos específicos que constituem um enunciado. As regras de uma gramática da forma apropriada podem ser subdivididas em dois tipos, opcionais e obrigatórias; somente as últimas devem ser aplicadas na geração de um enunciado.

As regras opcionais da gramática podem ser vistas, então, como os mecanismos seletivos envolvidos na produção de um enunciado específico. O problema de especificar esses processos integrativos e mecanismos seletivos não é trivial e não está além do alcance da investigação possível. Os resultados de tal estudo podem, como sugere Lashley, ser de interesse independente para a psicologia e a neurologia (e vice-versa). Ainda que tal estudo, mesmo que bem-sucedido, não consiga responder aos principais problemas envolvidos na investigação do significado e da causação do comportamento, certamente não deixará de estar relacionado à questão. É pelo menos possível, além disso, que noções como "generalização semântica", à qual se faz tão forte apelo em todas as abordagens da linguagem em uso, ocultem complexidades e estruturas específicas de inferência não muito diferentes das que podem ser estudadas e exibidas no caso da sintaxe, e que consequentemente o caráter geral dos resultados das investigações sintáticas possa ser um corretivo para abordagens extremamente simplificadas da teoria do significado.

O comportamento do falante, do ouvinte e do aprendiz da linguagem constitui, sem dúvida, os dados reais para qualquer estudo da linguagem. A construção de uma gramática que enumera sentenças de tal forma que uma descrição estrutural significativa possa ser determinada para cada sentença não fornece por si só uma explicação desse comportamento real. Meramente caracteriza abstratamente a capacidade de alguém que domine a língua de distinguir sentenças de não sentenças, de entender novas sentenças (em parte), de notar certas ambiguidades etc. São habilidades muito notáveis. Estamos constantemente lendo e ouvindo novas sequências de palavras, reconhecendo-as como sentenças e as entendendo. É fácil mostrar que os novos eventos que aceitamos e entendemos como sentenças não estão relacionados àqueles com os quais estamos familiarizados por nenhuma noção simples de similaridade formal (ou semântica ou estatística) ou de identidade de estrutura gramatical. Falar de generalização nesse caso é totalmente inútil e vazio. Parece que reconhecemos um novo item como uma sentença não porque ele corresponde a algum item conhecido de uma maneira simples, mas porque é gerado pela gramática que cada indivíduo de alguma forma internalizou. E entendemos uma nova sentença, em parte, porque somos de alguma forma capazes de determinar o processo pelo qual essa sentença é derivada nessa gramática.

Vamos supor que consigamos construir gramáticas tendo as propriedades formuladas acima. Nesse caso poderíamos tentar descrever e estudar as realizações do falante, do ouvinte e do aprendiz. O falante e o ouvinte, devemos pressupor, já adquiriram as capacidades caracterizadas abstratamente pela gramática. A tarefa do falante é selecionar um determinado conjunto compatível de regras opcionais. Se soubermos, a partir do estudo gramatical, quais escolhas estão disponíveis para ele e quais condições de compatibilidade as escolhas devem atender, podemos estudar os fatores que o levam a fazer uma ou outra escolha. O ouvinte (ou leitor) deve determinar, a partir da expressão de um enunciado, quais regras opcionais foram escolhidas na construção do enunciado. Deve-se admitir que a capacidade de um ser humano para fazer isso ultrapassa em muito a nossa compreensão atual. A criança que aprende uma língua construiu, em certo sentido, a gramática por si mesma com base em sua observação de sentenças e não sentenças (isto é, correções pela comunidade verbal). O estudo da capacidade real de um falante de distinguir sentenças de não sentenças, de detectar ambiguidades etc. aparentemente nos leva a concluir que essa gramática é de caráter extremamente complexo e abstrato, e que a criança pequena conseguiu realizar o que, pelo menos do ponto de vista formal, parece ser um tipo notável de construção de teoria. Além disso, essa tarefa é realizada em um tempo surpreendentemente curto, em grande parte independentemente da inteligência e de maneira comparável por todas as crianças. Qualquer teoria do aprendizado deve lidar com esses fatos.

Não é fácil aceitar a visão de uma criança ser capaz de construir um mecanismo extremamente complexo para gerar um conjunto de sentenças, algumas das quais ela já ouviu, ou que um adulto pode determinar instantaneamente se (e se sim, como) um determinado item é gerado por esse mecanismo, que tem muitas das propriedades de uma teoria dedutiva abstrata. No entanto, essa parece ser uma descrição justa do desempenho do falante, do ouvinte e do aprendiz. Se isso estiver correto, podemos prever que uma tentativa direta de explicar o comportamento real do falante, do ouvinte e do aprendiz, não baseada em um entendimento prévio da estrutura das gramáticas, terá um sucesso muito limitado. A gramática deve ser considerada como um componente no comportamento do falante e do ouvinte que só pode ser inferido, como explicou Lashley, dos atos físicos resultantes. O fato de todas as crianças normais adquirirem gramáticas essencialmente comparáveis de grande complexidade com notável rapidez sugere que os seres humanos são de alguma forma especialmente projetados para fazer isso com habilidade de manipulação de dados ou "formulação de hipóteses" de caráter e complexidade desconhecidos.[48] Em última análise, o estudo da linguística pode gerar alguns insights significativos sobre essa questão. No momento, ela não pode ser seriamente colocada, mas em princípio seria possível estudar o problema de determinar qual deve ser a estrutura interna de um sistema de processamento de informação (formação de hipóteses) para permitir que ele chegue à gramática de um idioma a partir dos dados disponíveis no tempo disponível. De qualquer forma, assim como a tentativa de eliminar a contribuição do falante leva a um sistema descritivo "mentalista", que só consegue obscurecer importantes distinções tradicionais, a recusa em estudar a contribuição da criança para o aprendizado da linguagem permite apenas uma explicação superficial da aquisição da linguagem, com uma contribuição vasta e não analisada atribuída a uma etapa chamada "generalização", que na verdade inclui quase tudo que interessa nesse processo. Se o estudo da linguagem for assim limitado, parece inevitável que os principais aspectos do comportamento verbal permaneçam um mistério.

2
PREFÁCIO DE *ASPECTOS DA TEORIA DA SINTAXE*

A ideia de que uma língua se baseia em um sistema de regras que determinam a interpretação de suas infinitas sentenças não é absolutamente nova. Há muito mais de um século atrás, ela foi expressa com razoável clareza por Wilhelm von Humboldt, em sua famosa, porém raramente estudada, introdução à linguística geral (Humboldt, 1836). A visão dele de que uma língua "faz uso infinito de meios finitos" e de que sua gramática deve descrever os processos que tornam isso possível é, além disso, fruto de uma preocupação persistente, dentro da filosofia racionalista da linguagem e da mente, com esse aspecto "criativo" do uso da linguagem (para uma discussão, ver Chomsky, 1972, *Linguística cartesiana*). Ademais, parece que até a gramática de Panini* pode ser interpretada como um fragmento dessa "gramática gerativa", essencialmente no sentido contemporâneo do termo.

No entanto, no âmbito da linguística moderna, foi principalmente nos últimos anos que foram feitas tentativas mais substanciais para construir gramáticas gerativas explícitas para línguas específicas e explorar suas consequências. Nenhuma grande surpresa deveria ser ocasionada pela extensiva discussão e debate sobre a formulação adequada da teoria da gramática

---

Este capítulo foi publicado pela primeira vez em *Aspects of the Theory of Syntax* (Cambridge, MA, MIT Press, 1965), p. v-vii [*Aspectos da teoria da sintaxe* (Coimbra, PT, Editora A. Amado, 1975)].

* Gramática sânscrita elaborada pelo gramático indiano Panini (460 a.C.) com o nome Aṣṭādhyāyī, constituída por 8 mil sutras ou aforismos, cuja consistência e encadeamento lógico apresentam notável rigor. [N.T.]

gerativa e a descrição correta das línguas que foram mais intensamente estudadas. O caráter provisório de quaisquer conclusões que agora possam ser adiantadas em relação à teoria linguística, ou, nesse caso, à gramática inglesa, certamente deveria ser óbvio para qualquer um que trabalhe nessa área. (Basta considerar a vasta gama de fenômenos linguísticos que resistiram a formulações esclarecedoras em quaisquer termos.) Ainda assim, parece que certas conclusões bastante substanciais estão surgindo e recebendo apoio cada vez maior. Em particular, o papel central das transformações gramaticais em qualquer gramática generativa empiricamente adequada me parece estabelecido com bastante firmeza, embora permaneçam muitas questões quanto à forma adequada da teoria da gramática transformacional.

Esta monografia é um estudo exploratório de vários problemas surgidos no decorrer dos trabalhos sobre gramática transformacional, que se pressupõem como um quadro geral para a discussão. O que está em questão aqui é precisamente como essa teoria deve ser formulada. Assim, este estudo trata de questões que estão na fronteira da pesquisa em gramática transformacional. Para alguns, serão propostas respostas definitivas; porém, mais frequentemente, a discussão irá meramente levantar questões e considerar possíveis abordagens sem chegar a qualquer conclusão definitiva.

3
PRELIMINARES METODOLÓGICOS

§l. Gramáticas gerativas como teorias sobre a competência linguística

Este estudo abordará uma variedade de tópicos em teoria sintática e sintaxe do inglês, alguns mais detalhadamente, vários de forma bastante superficial e nenhum de forma exaustiva. Tratará do componente sintático de uma gramática gerativa, isto é, das regras que especificam as sequências bem formadas de unidades mínimas sintaticamente funcionais (*formativas*) e atribuem informações estruturais de vários tipos tanto a essas sequências quanto a sequências não tão bem formadas sob alguns aspectos.

O quadro geral dentro do qual esta investigação irá se dar foi apresentado em muitos lugares, e pressupõe-se alguma familiaridade com os estudos teóricos e descritivos listados na bibliografia. Neste capítulo, examinarei brevemente algumas das assunções básicas principais, sem fazer qualquer tentativa séria de justificá-las aqui, mas apenas de esboçá-las de maneira clara.

Este capítulo foi publicado pela primeira vez na parte 1 de "Methodological Preliminaries", em *Aspects of the Theory of Syntax* (Cambridge, MA, MIT Press, 1965), p.3-9 [*Aspectos da teoria da sintaxe* (Coimbra, PT, Editora A. Amado, 1975)].

A teoria linguística foca principalmente em um falante-ouvinte ideal — em uma comunidade de fala inteiramente homogênea — que conhece sua língua perfeitamente e não é afetado por condições gramaticalmente irrelevantes como limitações de memória, distrações, mudanças de atenção e de interesse e erros (aleatórios ou característicos) na aplicação do seu conhecimento da língua no desempenho real. Esta me parece ter sido a posição dos fundadores da linguística moderna em geral, e nenhuma razão convincente para modificá-la foi apresentada. Para estudar o desempenho linguístico real, devemos considerar a interação de uma variedade de fatores, dos quais a competência subjacente do falante-ouvinte é apenas um. A esse respeito, o estudo da linguagem não é diferente da investigação empírica de outros fenômenos complexos.

Assim, fazemos uma distinção fundamental entre competência (o conhecimento que o falante-ouvinte tem de sua língua) e desempenho (o uso real da língua em situações concretas). Somente sob a idealização prevista no parágrafo anterior, o desempenho é reflexo direto da competência. Na verdade, obviamente, não poderia refletir diretamente a competência. Um registro de fala natural mostrará diversas partidas falsas, desvios de regras, mudanças de plano em meio ao curso e assim por diante. O problema do linguista, assim como o da criança que está aprendendo a língua, é determinar, a partir dos dados do desempenho, o sistema subjacente de regras dominado pelo falante-ouvinte e posto em uso no desempenho real. Portanto, no sentido técnico, a teoria linguística é mentalista, uma vez que se preocupa em descobrir uma realidade mental subjacente ao comportamento real.[1] O uso constatado da linguagem ou de disposições hipotéticas para responder, de hábitos e assim por diante podem fornecer evidências quanto à natureza dessa realidade mental, mas certamente não podem constituir o assunto real da linguística, se esta for uma disciplina séria. A distinção que estou destacando aqui está relacionada com a distinção *langue-parole* de Saussure;* mas é necessário rejeitar seu conceito de *langue* como meramente

---

* Os termos *langue* e *parole* são comumente utilizados como em francês. Há traduções em manuais introdutórios de linguística brasileiros que optam pelos termos em português, respectivamente *língua* e *fala*. Para Saussure, a *langue* (língua) é um sistema de regras, cujo conhecimento — compartilhado com a comunidade — é "incrustado" na mente do usuário de língua; a *parole* (fala), por sua vez, refere-se às execuções individuais. A esse propósito, veja-se: Ferdinand Saussure, *Curso de linguística geral* (org. Charles Bally e Albert Sechehaye, trad. A. Chelini, J.P. Paes & I. Blikstein, 27. ed., São Paulo, Cultrix, 2006). [N.R.]

um inventário sistemático de itens e retornar à concepção de Humboldt da competência subjacente como um sistema de processos gerativos.²

Uma gramática de uma língua tem o propósito de ser uma descrição da competência intrínseca do falante-ouvinte ideal. Se a gramática for, além disso, perfeitamente explícita — em outras palavras, se não se baseia na inteligência do leitor compreensivo, mas propicia uma análise explícita de sua contribuição —, podemos (de forma um tanto redundante) chamá-la de *gramática gerativa*.

Uma gramática totalmente adequada deve atribuir a cada uma de uma gama infinita de sentenças uma descrição estrutural, indicando como essa sentença é compreendida pelo falante-ouvinte ideal. Esse é o problema tradicional da linguística descritiva, e as gramáticas tradicionais fornecem uma riqueza de informações sobre descrições estruturais de sentenças. Contudo, por mais valiosas que obviamente sejam, as gramáticas tradicionais são deficientes na medida em que deixam de expressar muitas das regularidades básicas da língua de que estão tratando. Esse fato é particularmente claro no nível da sintaxe, em que nenhuma gramática tradicional ou estruturalista vai além da classificação de exemplos específicos para o estágio de formulação de regras gerativas em qualquer escala significativa. Uma análise das melhores gramáticas existentes logo mostrará que se trata de um defeito de princípio, e não apenas uma questão de detalhe empírico ou precisão lógica. No entanto, parece óbvio que a tentativa de explorar esse território amplamente desconhecido pode começar com mais proveito com um estudo do tipo de informação estrutural apresentada pelas gramáticas tradicionais e o tipo de processos linguísticos exibidos, ainda que informalmente, nessas gramáticas.³

As limitações das gramáticas tradicionais e estruturalistas devem ser claramente avaliadas. Embora tais gramáticas possam conter listas completas e explícitas de exceções e irregularidades, elas fornecem apenas exemplos e sugestões sobre os processos sintáticos regulares e produtivos. A teoria linguística tradicional não desconhecia esse fato. Por exemplo, James Beattie observa que:

> As línguas, portanto, assemelham-se aos homens nesse aspecto, no sentido em que, embora cada uma tenha peculiaridades, pelas quais se distingue das outras, todas têm certas características em comum. As peculiaridades de cada

língua são explicadas em suas respectivas gramáticas e dicionários. Essas coisas que todas as línguas têm em comum, ou que são necessárias a todas as línguas, são tratadas em uma ciência, que alguns chamaram de gramática *Universal* ou *Filosófica*.[4]

Um pouco antes, Du Marsais define gramática universal e particular da seguinte maneira:

> *Il y a dans la grammaire des observations qui conviènnent à toutes les langues; ces observations forment ce qu'on appelle la grammaire générale: telles sont les remarques que l'on a faites sur les sons articulés, sur les lettres qui sont les signes de ces sons; sur la nature des mots, et sur les différentes manières dont ils doivent être ou arrangés ou terminés pour faire un sens. Outre ces observations générales, il y en a qui ne sont propres qu'à une langue particulière; et c'est ce qui forme les grammaires particulières de chaque langue.*[*][5]

Além disso, no âmbito da teoria linguística tradicional, entendia-se claramente que uma das características que todas as línguas têm em comum é seu aspecto "criativo". Assim, uma propriedade essencial da linguagem é a de que ela fornece os meios para expressar indefinidamente muitos pensamentos e para reagir apropriadamente em uma gama indefinida de novas situações.[6] Assim, a gramática de uma língua específica deve ser complementada por uma gramática universal que acomode o aspecto criativo do uso da língua e expresse as regularidades profundas, que, sendo universais, são omitidas da própria gramática. Portanto, é bastante apropriado que uma gramática discuta somente exceções e irregularidades em qualquer detalhe. Só quando complementada por uma gramática universal é que a gramática de uma língua fornece uma descrição completa da competência do falante-ouvinte.

---

* "Há observações na gramática que se adaptam a todas as línguas; essas observações formam o que se chama gramática geral: tais são as observações feitas sobre os sons articulados, sobre as letras que são os signos desses sons; sobre a natureza das palavras e sobre as diferentes maneiras como elas devem ser organizadas ou terminadas para fazer sentido. Além dessas observações gerais, existem algumas que são exclusivas de uma determinada língua; e é isso que forma as gramáticas particulares de cada língua." [N.T.]

A linguística moderna, contudo, não reconheceu explicitamente a necessidade de complementar uma "gramática particular" de uma língua por uma gramática universal para chegar à adequação descritiva. Na verdade, na maioria das vezes rejeitou o estudo da gramática universal como algo equivocado; e, como observado, não tentou lidar com o aspecto criativo do uso da linguagem. Portanto, não sugere nenhuma maneira de superar a inadequação descritiva fundamental das gramáticas estruturalistas.

Outra razão para o fracasso das gramáticas tradicionais, específicas ou universais, na tentativa de uma definição precisa de processos regulares de formação e interpretação de sentenças, reside na convicção amplamente difundida de que existe uma "ordem natural de pensamentos", que é espelhada pela ordem das palavras. Então, as regras de formação de sentenças não pertencem realmente à gramática, mas a algum outro assunto dentro do qual se estuda a "ordem dos pensamentos". Assim, em *Grammaire générale et raisonnée*, afirma-se que, além do discurso figurativo, a sequência das palavras segue uma "*ordre naturel*", que se conforma "*à l'expression naturelle de nos pensées*".[7] Consequentemente, poucas regras gramaticais precisam ser formuladas além das regras de elipse, de inversão etc., que determinam o uso figurativo da linguagem. A mesma visão aparece em muitas formas e variantes. Para citar apenas mais um exemplo, em um interessante ensaio dedicado em grande parte à questão de como o conjunto simultâneo e sequencial de ideias se reflete na ordem das palavras, Diderot conclui que o francês se destaca entre as línguas no grau em que a ordem das palavras corresponde à ordem natural dos pensamentos e das ideias.[8] Assim, "*quel que soit l'ordre des termes dans une langue ancienne ou moderne, l'esprit de l'écrivain a suivi l'ordre didactique de la syntaxe française*";*[9] "*Nous disons les choses en français, comme l'esprit est forcé de les considérer en quelque langue qu'on écrive*".**[10] Com admirável consistência, ele conclui que "*notre langue pédestre a sur les autres l'avantage de l'utile sur l'agréable*";***[11] assim, o francês é apropriado para

---

* "qualquer que seja a ordem dos termos em uma língua antiga ou moderna, a mente do escritor seguiu a ordem didática da sintaxe francesa." [N.T.]

** "Dizemos coisas em francês, pois a mente é forçada a considerá-las em qualquer idioma que escrevemos." [N.T.]

*** "a nossa língua *pedestre* tem a vantagem sobre as outras do útil sobre o agradável." [N.T.]

as ciências, enquanto o grego, o latim, o italiano e o inglês "*sont plus avantageuses pour les letres*".* Além disso,

> *le bons sens choisirait la langue française; mais [...] l'imagination et les passions donneront la préférence aux langues anciennes et à celles de nos voisins [...] il faut parler français dans la société et dans les écoles de philosophie; et grec, latin, anglais, dans les chaires et sur les théâtres; [...] notre langue sera celle de la vérité, si jamais elle revient sur la terre; et [...] la grecque, la latine et les autres seront les langues de la fable et du mensonge. Le français est fait pour instruire, éclairer et convaincre; le grec, le latin, l'italien, l'anglais, pour persuader, émouvoir et tromper: parlez grec, latin, italien au peuple; mais parlez français au sage.***12

De todo modo, na medida em que a ordem das palavras é determinada por fatores independentes da linguagem, não é necessário descrevê-la em uma gramática específica ou universal e, portanto, temos fundamentos de princípio para excluir da gramática uma formulação explícita de processos sintáticos. Vale a pena notar que essa visão ingênua da estrutura da linguagem persiste até os tempos modernos em várias formas, por exemplo, na imagem de Saussure de uma sequência de expressões correspondente a uma sequência amorfa de conceitos ou na caracterização comum do uso da linguagem como meramente uma questão de uso de palavras e frases.[13]

Mas a razão fundamental para essa inadequação das gramáticas tradicionais é mais técnica. Apesar de ter sido bem compreendido que os processos linguísticos são, em certo sentido, "criativos", os dispositivos técnicos para expressar um sistema de processos recursivos só se tornaram disponíveis muito recentemente. Na verdade, uma compreensão real de como uma língua pode (nas palavras de Humboldt) "fazer uso infinito de meios finitos" só se desenvolveu nos últimos trinta anos, no decorrer de estudos sobre os fundamentos da matemática. Agora que esses

---

* "são mais vantajosos para as letras." [N.T.]

** "o bom senso escolheria a língua francesa; mas [...] a imaginação e as paixões darão preferência às línguas antigas e às dos nossos vizinhos [...] O francês deve ser falado na sociedade e nas escolas de filosofia; e o grego, o latim, o inglês, nos púlpitos e nos teatros; [...] nossa língua será a da verdade, se alguma vez retornar à terra; e [...] o grego, o latim e as demais serão as línguas da fábula e da mentira. O francês foi feito para instruir, esclarecer e convencer; o grego, o latim, o italiano, o inglês, para persuadir, comover e enganar: fale grego, latim, italiano com o povo; mas fale francês com o sábio." [N.T.]

insights estão prontamente disponíveis, é possível retornar aos problemas que foram levantados, mas não resolvidos, na teoria linguística tradicional e tentar uma formulação explícita dos processos "criativos" da linguagem. Em suma, não há mais uma barreira técnica para o estudo em grande escala das gramáticas gerativas.

Voltando ao tema principal, por gramática gerativa estou me referindo simplesmente a um sistema de regras que de alguma forma explícita e bem definida atribui descrições estruturais às sentenças. Obviamente, qualquer falante de uma língua dominou e internalizou uma gramática gerativa que expressa seu conhecimento da língua. Isso não quer dizer que ele esteja ciente das regras da gramática ou mesmo que possa se conscientizar delas, ou que suas afirmações sobre seu conhecimento intuitivo da língua sejam necessariamente precisas. Qualquer gramática gerativa interessante estará lidando, principalmente, com processos mentais muito além do nível da consciência real ou mesmo potencial; ademais, é bastante evidente que as explicações e os pontos de vista de um falante sobre seu comportamento e sua competência podem estar errados. Assim, uma gramática gerativa tenta especificar o que o falante realmente sabe, não o que ele pode explicar sobre seu conhecimento. Da mesma forma, uma teoria da percepção visual tentaria explicar o que uma pessoa realmente vê e os mecanismos que determinam o processo, e não suas explicações sobre o que ele vê e por quê, embora essas declarações possam fornecer evidências úteis, e até convincentes, para a teoria.

Para evitar o que tem sido um persistente mal-entendido, talvez valha a pena reiterar que uma gramática gerativa não é um modelo para um falante ou um ouvinte. Ela tenta caracterizar nos termos mais neutros possíveis o conhecimento da linguagem que fornece a base para o uso real da linguagem por um falante-ouvinte. Quando falamos de uma gramática como geradora de uma sentença com certa descrição estrutural, queremos dizer simplesmente que a gramática atribui essa descrição estrutural à sentença. Quando dizemos que uma sentença tem uma certa derivação em relação a uma gramática gerativa específica, não dizemos nada sobre como o falante ou o ouvinte poderiam proceder, de alguma maneira prática ou eficiente, para construir tal derivação. Essas questões pertencem à teoria do uso da linguagem — a teoria do desempenho. Sem dúvida, um modelo razoável de uso da língua irá incorporar, como componente básico, a gramática gerativa que expressa o conhecimento do falante-ouvinte sobre a língua, mas essa gramática gerativa não prescreve, por si só, o caráter ou o funcionamento de um modelo perceptivo ou de produção da fala.[14]

A confusão sobre essa questão tem sido persistente a ponto de sugerir que uma mudança terminológica pode ser necessária. No entanto, acho que o termo "gramática gerativa" é totalmente apropriado e, portanto, continuei a usá-lo. O termo "gerar" é conhecido no sentido pretendido aqui em lógica, particularmente na teoria de sistemas combinatórios de Post. Ademais, "gerar" parece ser a tradução mais apropriada para o termo "*erzeugen*" de Humboldt, que ele usa com frequência, ao que parece, essencialmente no sentido aqui pretendido. Como esse uso do termo "gerar" está bem estabelecido, tanto na lógica quanto na tradição da teoria linguística, não vejo razão para uma revisão da terminologia.

4
A RESPONSABILIDADE DOS INTELECTUAIS

Vinte anos atrás, Dwight Macdonald publicou uma série de artigos no periódico *Politics* sobre as responsabilidades dos povos e, especificamente, sobre a responsabilidade dos intelectuais. Eu os li quando estudante de graduação, nos anos logo após a guerra, e tive a oportunidade de lê-los novamente alguns meses atrás. Pareceram-me não terem perdido nada do seu poder ou capacidade de persuasão. Macdonald está interessado na questão da culpa da guerra. Ele faz a pergunta: Até que ponto o povo alemão ou japonês foi responsável pelas atrocidades cometidas por seus governos? E, muito apropriadamente, nos remete à questão: até que ponto o povo britânico ou americano é responsável pelos violentos bombardeios terroristas de civis, transformados em técnica de guerra pelas democracias ocidentais, que atingiram seu ponto culminante em Hiroshima e Nagasaki, sem dúvida um dos crimes mais indizíveis da história? Para um estudante de graduação em 1945-1946 — para qualquer um cuja consciência política e moral tenha sido formada pelos horrores dos anos 1930, pela guerra na Etiópia, pelos expurgos na Rússia, pelo "incidente da China", pela Guerra Civil Espanhola, pelas atrocidades

---

Esta é uma versão revista de uma palestra proferida em Harvard e publicada em *Mosaic*, junho de 1966. Foi republicada essencialmente da mesma forma na *New York Review of Books*, 23 fev. 1967. A versão atual foi extraída de Theodore Roszak (ed.), *The Dissenting Academy* (Nova York, Pantheon Books, 1968), republicada em *American Power and the New Mandarins* (Nova York, Pantheon Books, 1969; Nova York, The New Press, 2002), p. 323-66.

nazistas, pela reação do Ocidente a esses eventos e, em parte, pela cumplicidade com eles —, essas questões tinham significado e pungência particulares.

No que diz respeito à responsabilidade dos intelectuais, há ainda outras questões igualmente incômodas. Intelectuais estão em condições de expor as mentiras dos governos, de analisar as ações de acordo com suas causas e motivos e intenções muitas vezes ocultas. No mundo ocidental, pelo menos, eles têm o poder advindo da liberdade política, do acesso à informação e da liberdade de expressão. Para uma minoria privilegiada, a democracia ocidental oferece o lazer, as facilidades e a educação para buscar a verdade oculta pelo véu de distorção e deturpação, de ideologia e de interesses de classe através do qual os eventos da história atual nos são apresentados. Dessa forma, as responsabilidades dos intelectuais são muito mais profundas do que aquilo que Macdonald chama de "responsabilidade dos povos", dados os privilégios singulares desfrutados pelos intelectuais.

As questões levantadas por Macdonald são tão pertinentes hoje como eram há vinte anos. Dificilmente podemos deixar de nos perguntar até que ponto o povo americano é responsável pelo selvagem ataque dos Estados Unidos a uma população rural em grande parte indefesa no Vietnã, mais uma atrocidade naquilo que os asiáticos veem como a "era de Vasco da Gama" da história mundial. Quanto àqueles de nós que ficaram em silêncio e apáticos enquanto essa catástrofe lentamente tomou forma ao longo dos últimos doze anos, em que página da história encontramos nosso lugar adequado? Só os mais insensíveis podem escapar a essas questões. Quero voltar a elas, mais adiante, depois de alguns comentários dispersos sobre a responsabilidade dos intelectuais e sobre como, na prática, eles respondem a essa responsabilidade em meados dos anos 1960.

É responsabilidade dos intelectuais falar a verdade e expor as mentiras. Isto, pelo menos, pode parecer um truísmo que dispensa comentários. Mas não é bem assim. Para o intelectual moderno, não é nada óbvio. Assim, temos Martin Heidegger escrevendo, em uma declaração pró-Hitler de 1933, que "a verdade é a revelação daquilo que torna um povo certo, esclarecido e forte em sua ação e conhecimento"; é somente esse tipo de "verdade" que se tem a responsabilidade de falar. Os americanos tendem a ser mais diretos. Quando o *New York Times* pediu a Arthur Schlesinger, em novembro de 1965, para que explicasse a contradição entre seu relato publicado sobre o incidente da Baía dos Porcos e a história contada à imprensa na época do ataque, ele simplesmente declarou que havia mentido; e alguns dias depois, elogiou o *Times* por também ter suprimido informações sobre a invasão planejada, "pelo interesse nacional", como isso era definido pelo grupo de homens arrogantes e delirantes de quem Schlesinger dá um retrato tão lisonjeiro em sua descrição do governo Kennedy. Não é de grande interesse que um homem se sinta muito feliz em mentir em favor de uma causa que sabe ser injusta, mas é significativo que tais eventos provoquem tão pouca reação na comunidade intelectual — nenhum sentimento, por exemplo, de haver algo estranho em oferecer uma importante cátedra em humanidades a um historiador que considera ser seu dever convencer o mundo de que uma invasão patrocinada pelos americanos a um país vizinho não é nada disso. E a incrível sequência de mentiras do nosso governo e de seus porta-vozes sobre assuntos como negociações no Vietnã? Os fatos são conhecidos por todos os que desejam saber. A imprensa, estrangeira e nacional, apresentou documentação para refutar as falsidades conforme apareciam. Mas o poder do aparato de propaganda governamental é tal que o cidadão que não empreende um projeto de pesquisa sobre o assunto dificilmente é capaz de confrontar os pronunciamentos do governo com fatos.[1]

A falsidade e as distorções em torno da invasão americana do Vietnã são agora tão conhecidas que perderam o poder de chocar. Porém, é bom lembrar que, apesar dos novos níveis de cinismo constantemente alcançados, seus indisfarçáveis antecedentes foram aceitos no país com uma tolerância silenciosa. É um bom exercício comparar as declarações do governo na época da invasão da Guatemala, em 1954, com a admissão de Eisenhower uma década depois — para ser mais preciso, sua jactância — de que os aviões americanos foram mandados "para ajudar os invasores".[2] Tampouco é somente em momentos de crise que a duplicidade é considerada perfeitamente em ordem. Os "Novos Pioneiros", por exemplo, mal se distinguiram por uma preocupação apaixonada pela precisão histórica, mesmo quando não estão sendo chamados a fornecer "propaganda de acobertamento" para ações em andamento. Por exemplo, Arthur Schlesinger descreve o bombardeio do Vietnã do Norte e a escalada maciça do compromisso militar no início de 1965 como baseados em um "argumento perfeitamente racional": "[...] enquanto os vietcongues achassem que iriam ganhar a guerra, obviamente não estariam interessados em nenhum tipo de acordo negociado".[3] A data é importante. Se a declaração tivesse sido feita seis meses antes, poderia ser atribuída à ignorância. Mas essa declaração apareceu após meses de reportagens de primeira página detalhando as iniciativas da Organização das Nações Unidas (ONU), dos norte-vietnamitas e dos soviéticos que precederam a escalada de fevereiro de 1965 e que, de fato, continuaram por várias semanas depois do início do bombardeio, depois de meses de exame de consciência dos correspondentes de Washington, que tentavam desesperadamente encontrar algumas circunstâncias atenuantes para as surpreendentes falsidades que haviam sido reveladas. (Chalmers Roberts, por exemplo, escreveu com uma ironia inconsciente que no final de fevereiro de 1965 "dificilmente pareceria a Washington um momento propício para negociações [já que] [o presidente Lyndon] Johnson [...] tinha acabado de ordenar o primeiro bombardeio do Vietnã do Norte em um esforço para trazer Hanói a uma mesa de conferência, onde as fichas de troca dos dois lados seriam mais equitativas".[4]) Chegando nesse momento, a declaração de Schlesinger é menos um exemplo de falsidade do que de desprezo — desprezo por um público que consegue tolerar tal comportamento em silêncio, se não com aprovação.[5]

Para nos voltarmos para alguém mais próximo da atual formulação e implementação da política, consideremos algumas das reflexões de Walt Rostow, um homem que, segundo Schlesinger, trouxe uma "visão histórica espaçosa" para a condução das relações exteriores no governo Kennedy.[6] De acordo com sua análise, a guerra de guerrilha na Indochina em 1946 foi fomentada por Stálin,[7] e Hanói iniciou a guerra de guerrilha contra o Vietnã do Sul em 1958 (*The View from the Seventh Floor*, p. 39 e 152). Da mesma forma, os planejadores comunistas sondaram o "espectro de defesa do mundo livre" no norte do Azerbaijão e na Grécia (onde Stálin "apoiava uma importante guerra de guerrilha" — ibidem, p. 36 e 148), operando a partir de planos meticulosamente elaborados em 1945. E, na Europa Central, a União Soviética não estava "preparada para aceitar uma solução que eliminasse as perigosas tensões da Europa Central nem sequer sob o risco de uma lenta corrosão do comunismo na Alemanha Oriental" (ibidem, p. 156).

É interessante comparar essas observações com estudos de acadêmicos realmente atentos aos eventos históricos. A observação de que Stálin deu início à primeira guerra no Vietnã em 1946 nem merece refutação. Quanto à suposta iniciativa de Hanói de 1958, a situação é mais nebulosa.

Mas até mesmo fontes do governo[8] admitem que em 1959 Hanói recebeu os primeiros informes diretos do que fora referido por Diem[9] como sua guerra na Argélia, e que só depois disso eles traçaram seus planos para o envolvimento na luta. De fato, em dezembro de 1958, Hanói fez mais uma de suas muitas tentativas — uma vez mais rejeitada por Saigon e pelos Estados Unidos — de estabelecer relações diplomáticas e comerciais com o governo de Saigon com base no status quo.[10] Rostow não apresenta evidências do apoio de Stálin aos guerrilheiros gregos: na verdade, apesar de os registros históricos estarem longe de ser claros, parece que Stálin não estava nada satisfeito com o espírito aventureiro dos guerrilheiros gregos, que, do seu ponto de vista, perturbavam o satisfatório acordo imperialista do pós-guerra.[11]

As observações de Rostow sobre a Alemanha são ainda mais interessantes. Ele acha conveniente não mencionar, por exemplo, as anotações russas de março-abril de 1952, que propunham a unificação da Alemanha sob eleições supervisionadas internacionalmente, com a retirada de todas as tropas em um ano, *se* houvesse a garantia de que uma Alemanha reunificada não tivesse permissão para participar de uma aliança militar ocidental.[12] E também esqueceu momentaneamente sua própria caracterização da estratégia dos governos Truman e Eisenhower: "evitar qualquer negociação séria com a União Soviética até o Ocidente ter o poder de confrontar Moscou com o rearmamento alemão dentro de uma estrutura europeia organizada, como um *fait accompli*"[13] — aliás, contrariando os acordos de Potsdam.

Porém, o mais interessante de tudo é a referência de Rostow ao Irã. Os fatos afirmam que houve uma tentativa russa de impor pela força um governo pró-soviético no norte do Azerbaijão, que daria à União Soviética acesso ao petróleo iraniano. Isso foi rechaçado pela superioridade das forças anglo-americanas em 1946, quando o imperialismo mais poderoso obteve para si todos os direitos sobre o petróleo iraniano, com a instauração de um governo pró-Ocidente. Nós nos lembramos do que aconteceu quando, por um breve período no início dos anos 1950, o único governo iraniano com algo semelhante a uma base popular tentou implantar a ideia peculiar de que o petróleo iraniano deveria pertencer aos iranianos. O interessante, no entanto, é a descrição do norte do Azerbaijão como parte do "espectro de defesa do mundo livre". É inútil agora comentar sobre a degradação do termo "mundo livre". Mas por qual lei da natureza o Irã, com seus recursos, cai no domínio ocidental? A suposição mais branda que se pode fazer é muito reveladora de atitudes arraigadas em relação à condução das relações exteriores.

Além dessa crescente falta de preocupação com a verdade, encontramos, em declarações recentes, uma ingenuidade real ou fingida em relação às ações americanas que atinge proporções surpreendentes. Por exemplo, Arthur Schlesinger recentemente definiu nossa política no Vietnã em 1954 como "parte de nosso programa geral de boa vontade internacional".[14] Se não tiver a intenção de ser irônica, essa observação mostra um cinismo colossal ou uma incapacidade, numa escala que dispensa comentários, de compreender fenômenos elementares da história contemporânea. Da mesma forma, como interpretar o depoimento de Thomas Schelling perante o Comitê de Relações Exteriores do Senado, em 27 de janeiro de 1966, no qual ele discute os dois grandes perigos de toda a Ásia "se tornar comunista"?[15] Primeiro, isso excluiria "os Estados Unidos e o que chamamos de civilização ocidental de uma grande parte do mundo que é pobre, de cor e potencialmente hostil". Segundo, "um país como os Estados Unidos provavelmente não pode manter a autoconfiança se a maior coisa que já tentou, ou seja, criar uma base para a decência, a prosperidade e governos democráticos no mundo subdesenvolvido, tivesse de ser reconhecida como um fracasso ou como uma iniciativa que não tentaríamos novamente". É inacreditável que alguém com um mínimo de conhecimento do histórico da política externa americana possa fazer tais declarações.

É inacreditável, isto é, a menos que examinemos a questão de um ponto de vista mais histórico e coloquemos tais afirmações no contexto do moralismo hipócrita do passado, por exemplo, de Woodrow Wilson, que ia ensinar aos latino-americanos a arte do bom governo, e que escreveu (1902) que é "nosso dever peculiar" ensinar aos povos coloniais "ordem e autocontrole [...] [e] [...] o exercício e o hábito da lei e da obediência". Ou dos missionários dos anos 1840, que definiram as horrendas e degradantes guerras do ópio como "o resultado de um grande desígnio da Providência para fazer a maldade dos homens atender seus propósitos de misericórdia para com a China, rompendo seu muro de exclusão e trazendo o império ao contato mais imediato com as nações ocidentais e cristãs". Ou, para falar do presente, de A. A. Berle, que, ao comentar a intervenção na República Dominicana, tem a impertinência de atribuir os problemas dos países caribenhos ao imperialismo — ao imperialismo *russo*.[16]

Como exemplo final desse fracasso do ceticismo, vamos considerar as declarações de Henry Kissinger ao concluir sua apresentação em um debate na televisão Harvard-Oxford sobre as políticas americanas do Vietnã. Ele afirmou, com certa tristeza, que o que mais o perturba é que os outros questionam não o nosso julgamento, mas os nossos motivos — um comentário notável por parte de alguém cuja atividade profissional é a análise política, ou seja, a análise das ações dos governos em termos de motivos não expressos na propaganda oficial e talvez apenas vagamente percebidos por aqueles que seguem suas diretrizes. Ninguém se incomodaria com uma análise do comportamento político dos russos, dos franceses ou dos tanzanianos, questionando seus motivos e interpretando suas ações em termos de interesses de longo alcance, talvez bem escondidos por trás da retórica oficial. Mas é um artigo de fé que os motivos americanos são puros e não estão sujeitos à análise (ver nota 1). Embora não seja nenhuma novidade na história da intelectualidade americana — ou, a propósito, na história geral da apologia do imperialismo —, essa inocência se torna cada vez mais repugnante à medida que o poder a que serve se torna mais dominante nas questões mundiais e mais capaz, portanto, da perversidade irrestrita que os meios de comunicação de massa nos apresentam todos os dias. Não somos a primeira potência da história a combinar interesses materiais, grande capacidade tecnológica e total descaso pelo sofrimento e a miséria das classes inferiores. Mas a longa tradição de ingenuidade e farisaísmo que desfigura nossa história intelectual deve servir de alerta ao Terceiro Mundo, se tal alerta for necessário, sobre como nossas promessas de sinceridade e de boas intenções devem ser interpretadas.

Os pressupostos básicos dos "Novos Pioneiros" devem ser ponderados com cuidado pelos que anseiam pelo envolvimento de intelectuais acadêmicos na política. Por exemplo, referi-me às objeções de Arthur Schlesinger à invasão da Baía dos Porcos, mas a referência foi imprecisa. É verdade que ele considerava ser uma "ideia terrível", mas "não porque a ideia de patrocinar uma tentativa dos exilados de derrubar Castro parecesse intolerável em si". Tal reação seria mero sentimentalismo, impensável para um realista refratário. A dificuldade, no caso, era que parecia improvável que a farsa pudesse dar certo. A operação, em sua opinião, fora mal concebida, mas não condenável.[17] Na mesma linha, Schlesinger cita com aprovação a avaliação "realista" de Kennedy da situação resultante do assassinato de Trujillo:

"Existem três possibilidades em ordem decrescente de preferência: um regime democrático decente, uma continuação do regime de Trujillo ou um regime de Castro. Devemos nos concentrar no primeiro, mas realmente não podemos renunciar ao segundo até termos certeza de poder evitar o terceiro".[18] A razão de a terceira possibilidade ser tão intolerável é explicada algumas páginas adiante: "O sucesso do comunismo na América Latina seria um golpe muito mais duro no poder e na influência dos Estados Unidos". É claro que nunca poderemos ter certeza de conseguir evitar a terceira possibilidade; portanto, na prática, sempre escolheremos a segunda, como estamos fazendo agora no Brasil e na Argentina, por exemplo.[19]

Ou consideremos as opiniões de Walt Rostow sobre a política americana na Ásia.[20] A base sobre a qual devemos construir essa política é a de "estarmos ostensivamente ameaçados e nos sentirmos ameaçados pela China comunista". Provar que estamos sob ameaça é obviamente desnecessário, e o assunto não merece atenção; basta que nos sintamos ameaçados. A nossa política deve se basear em nosso legado nacional e interesses nacionais. Nosso legado nacional é resumidamente delineado nos seguintes termos: "Ao longo do século XIX, em sã consciência os americanos puderam se dedicar à extensão tanto de seus princípios quanto de seu poder neste continente", valendo-se "do conceito um tanto elástico da doutrina Monroe" e, é claro, estendendo "o interesse americano ao Alasca e às ilhas do meio do Pacífico [...] Com a nossa insistência na rendição incondicional e a ideia de ocupação pós-guerra [...] representando a formulação dos interesses de segurança americanos na Europa e na Ásia". Um legado e tanto o nosso. Quanto aos nossos interesses, a questão é igualmente simples. Fundamental é o nosso "profundo interesse em que as sociedades no exterior desenvolvam e fortaleçam os elementos em suas respectivas culturas que enalteçam e protejam a dignidade do indivíduo contra o Estado". Ao mesmo tempo, devemos combater a "ameaça ideológica", ou seja, "a possibilidade de os comunistas chineses conseguirem provar aos asiáticos pelo progresso da China que os métodos comunistas são melhores e mais rápidos que os métodos democráticos". Nada é dito sobre as pessoas nas culturas asiáticas para as quais nossa "concepção de relações adequadas do indivíduo com o Estado" pode não ser o valor mais importante, pessoas que podem, por exemplo, estar preocupadas em preservar a "dignidade do indivíduo" contra concentrações de capital estrangeiro ou doméstico, ou contra estruturas semifeudais (ditaduras como a de Trujillo, por exemplo) introduzidas ou mantidas no poder pelas armas americanas. Tudo isso é temperado com alusões aos "nossos sistemas de valores religiosos e éticos" e aos nossos "conceitos difusos e complexos", que são para a mente asiática "muito mais difíceis de entender" do que o dogma marxista, e são tão "perturbadores para alguns asiáticos" por causa de "sua falta de dogmatismo".

Contribuições intelectuais desse tipo sugerem a necessidade de uma correção à observação de De Gaulle, em suas memórias, sobre a "vontade americana de poder disfarçada sob o manto do idealismo". A esta altura, essa vontade de poder não está tão sob o manto do idealismo, mas sim afogada na fatuidade. E intelectuais acadêmicos deram uma contribuição singular a esse triste quadro.

Voltemos, no entanto, à guerra no Vietnã e à resposta que suscitou entre os intelectuais americanos. Uma das características marcantes do recente debate sobre a política no Sudeste Asiático tem sido a distinção comumente traçada entre "crítica responsável", por um lado, e crítica "sentimental" ou "emocional" ou "histérica", por outro. Há muito a ser aprendido de um estudo criterioso dos termos em que essa distinção é feita. Os "críticos histéricos" devem ser identificados, aparentemente, por sua recusa irracional em aceitar um axioma político fundamental, a saber, que os Estados Unidos têm o direito de estender seu poder e controle sem limites, na medida do possível. A crítica responsável não contesta essa suposição, preferindo argumentar que provavelmente não podemos "sair impunes" neste momento e local específicos.

Uma distinção desse tipo parece ser o que Irving Kristol tem em mente, por exemplo, em sua análise dos protestos contra a política no Vietnã em *Encounter*, de agosto de 1965. Kristol contrapõe os críticos responsáveis, como Walter Lippmann, o *New York Times* e o senador Fulbright, ao "movimento teach-in".* "Diferentemente dos manifestantes da universidade", afirma, "o sr. Lippmann não se envolve em suposições presunçosas sobre 'o que o povo vietnamita realmente quer' — obviamente isso não é muito importante para ele —, nem em uma exegese legalista sobre se, ou

---

* Movimento de professores universitários para mobilizar estudantes para protestar contra a Guerra do Vietnã. [N.T.]

em que medida, há uma 'agressão' ou uma 'revolução' no Vietnã do Sul. Seu ponto de vista segue a *realpolitik*; e aparentemente pode até contemplar a possibilidade de uma guerra *nuclear* contra a China em circunstâncias extremas." Isso é louvável, e contrapõe-se favoravelmente, para Kristol, às conversas dos "tipos ideológicos irracionais" do movimento teach-in, que muitas vezes parecem motivados por absurdos como "um 'anti-imperialismo' simples e virtuoso", que proferem "arengas sobre a 'estrutura de poder'" e que às vezes se rebaixam a ponto de ler "artigos e reportagens da imprensa estrangeira sobre a presença americana no Vietnã". Além disso, esses tipos execráveis costumam ser psicólogos, matemáticos, químicos ou filósofos (assim como, incidentalmente, os que mais protestam na União Soviética são em geral físicos, intelectuais literários e outros distantes do exercício do poder), em vez de pessoas com contatos em Washington, que sem dúvida percebem que, "se tivessem alguma ideia nova e boa sobre o Vietnã, teriam uma imediata e respeitosa audiência" em Washington.

Não estou interessado aqui em discutir se a caracterização de protesto e dissidência de Kristol é precisa, mas sim as suposições que expressa em relação às seguintes perguntas: A pureza dos motivos americanos é uma questão além de qualquer discussão ou é irrelevante para a discussão? As decisões devem ser deixadas para "especialistas" com contatos em Washington — isto é, mesmo se presumirmos que dispõem do conhecimento e dos princípios necessários para tomar a "melhor" decisão, eles invariavelmente o farão? E, uma questão logicamente anterior, suas "especialidades" são aplicáveis — isto é, existe um corpo de teoria e de informação relevante, não de domínio público, que possa ser aplicado à análise da política externa ou que demonstre a correção das ações presentes de alguma forma que psicólogos, matemáticos, químicos e filósofos sejam incapazes de compreender? Embora Kristol não examine essas questões diretamente, suas atitudes pressupõem respostas, respostas que estão erradas em todos os casos. A agressividade americana, por mais que possa ser mascarada em retórica piedosa, é uma força dominante nas questões mundiais e deve ser analisada em termos de suas causas e seus motivos. Não existe um corpo teórico ou corpo significativo de informações relevantes, fora do alcance da compreensão do leigo, que torne a política imune a críticas. Na medida em que o "conhecimento especializado" é aplicado às questões mundiais, com certeza é apropriado — para alguém com alguma integridade, bastante necessário — questionar sua qualidade e os objetivos a que serve. Esses fatos parecem óbvios demais para exigir uma discussão extensa.

Um corretivo para a peculiar convicção de Kristol na abertura do governo a um novo pensamento sobre o Vietnã é proposto por McGeorge Bundy em um artigo recente.[21] Como observa Bundy corretamente, "no palco principal [...] o argumento sobre o Vietnã gira em torno de táticas, não de fundamentos", embora, acrescenta, "haja homens desvairados nos bastidores". No centro do palco estão, é claro, o presidente (que em sua recente viagem à Ásia acaba de "reafirmar magistralmente" nosso interesse "no progresso dos povos de todo o Pacífico") e seus conselheiros, que merecem "o compreensível apoio dos que desejam restrições". São esses homens que merecem o crédito pelo fato de "o bombardeio do Norte ser o mais preciso e o mais restrito na guerra moderna" — uma deferência pela qual serão gratos os habitantes, ou ex-habitantes, de Nam Dinh, Phu Ly e Vinh. São esses homens também que merecem crédito pelo que foi relatado por Malcolm Browne, já em maio de 1965: "No Sul, grandes setores do país foram declarados 'zonas liberadas para bombardeios', onde qualquer coisa que se mova é um alvo legítimo. Dezenas de milhares de toneladas de bombas, foguetes, napalm e projéteis de canhão são despejados nessas vastas áreas a cada semana. Mesmo considerando-se as leis do acaso, acredita-se que o derramamento de sangue seja pesado nesses ataques".

Felizmente para os países em desenvolvimento, Bundy nos assegura, "a democracia americana não tem um gosto duradouro pelo imperialismo", e "vista como um todo, a reserva de experiência, de compreensão, de simpatia e de simples conhecimento dos americanos é atualmente a mais impressionante do mundo". É verdade que "quatro quintos de todos os investimentos estrangeiros no mundo hoje são feitos por americanos" e que "os planos e políticas mais admirados [...] não são melhores do que sua relação demonstrável com os interesses americanos" — assim como é verdade, como lemos na mesma edição da *Foreign Affairs*, que os planos de ação armada contra Cuba foram postos em ação poucas semanas depois da visita de Mikoyan a Havana, "invadindo o que há muito era uma esfera de influência quase exclusivamente americana". Infelizmente, fatos como esses costumam ser vistos por intelectuais asiáticos não sofisticados como indicativos de um "gosto pelo imperialismo". Por exemplo, muitos indianos expressaram sua "quase exasperação" pelo fato de que "nós fizemos todo o possível para atrair capital estrangeiro para fábricas de fertilizantes, mas os americanos e outras empresas privadas ocidentais sabem que temos poucas escolhas, e por isso exigem termos rigorosos que simplesmente não podemos cumprir",[22] enquanto "Washington [...] insiste obstinadamente que os negócios sejam feitos no setor privado com a iniciativa privada".[23] Mas essa reação, sem dúvida, simplesmente revela mais uma vez como a mente asiática não consegue compreender os "conceitos difusos e complexos" do pensamento ocidental.

Pode ser útil estudar minuciosamente as "novas e boas ideias sobre o Vietnã" que estão tendo uma "audiência imediata e respeitosa" em Washington nos dias de hoje. O Escritório de Publicações do Governo dos Estados Unidos é uma fonte inesgotável de revelações sobre o nível moral e intelectual desses conselheiros especializados. Em suas publicações pode-se ler, por exemplo, o depoimento do professor David N. Rowe, diretor de estudos de pós-graduação em Relações Internacionais da Universidade de Yale, perante o Comitê de Relações Exteriores do Senado (ver nota 15). O professor Rowe propõe (p. 266) que os Estados Unidos comprem todo o excedente de trigo canadense e australiano, para que haja fome em massa na China. Estas são suas palavras: "Vejam bem, eu não estou falando disso como uma arma contra o povo chinês. Vai ser. Mas isso é apenas incidental. A arma será uma arma contra o governo, pois a estabilidade interna daquele país não pode ser sustentada por um governo inamistoso em face de uma fome geral". O professor Rowe não terá nenhum moralismo sentimental que possa levar alguém a comparar essa sugestão com, digamos, a *Ostpolitik* da Alemanha de Hitler.[24] Tampouco teme o impacto de tais políticas em outras nações asiáticas, por exemplo, o Japão. Ele nos garante, por seu "muito conhecimento de longa data das questões japonesas", que "os japoneses são acima de tudo um povo que respeita o poder e a determinação". Portanto, "eles não ficarão muito alarmados com uma política americana no Vietnã que decola de uma posição de poder e pretende buscar uma solução baseada na imposição do nosso poder sobre a população local a que nos opomos". O que incomodaria os japoneses é "uma política de indecisão, uma política de recusa em enfrentar os problemas [na China e no Vietnã] e cumprir nossas responsabilidades lá de maneira positiva", como a forma que acabamos de citar. A percepção de que "não estávamos dispostos a usar o poder que eles sabem que temos" pode "alarmar muito intensamente o povo japonês e abalar o grau de suas relações amistosas conosco". De fato, o pleno uso do poder americano seria particularmente tranquilizador para os japoneses, pois eles tiveram uma demonstração "do tremendo poder em ação dos Estados Unidos [...] porque sentiram o nosso poder diretamente". Sem dúvida é um exemplo excelente do saudável "ponto de vista da *realpolitik*" que Irving Kristol tanto admira.

Mas, alguém ainda poderia perguntar, por que nos restringir a meios indiretos como a fome em massa? Por que não bombardear? Sem dúvida, essa mensagem está implícita nas declarações ao mesmo comitê do reverendo R. J. de Jaegher, regente do Instituto de Estudos do Extremo Oriente da Universidade Seton Hall, que explica que, assim como todos os povos que viveram sob o comunismo, os norte-vietnamitas "se sentiriam perfeitamente felizes em ser bombardeados para ser livres" (p. 345).

Claro que deve haver aqueles que apoiam os comunistas. Mas essa é realmente uma questão de pouca preocupação, como o honorável Walter Robertson, secretário de Estado Adjunto para Assuntos do Extremo Oriente de 1953 a 1959, explica em seu depoimento perante o mesmo comitê. Ele nos assegura que "o regime de Peiping [...] representa menos de 3% da população" (p. 402).

Considerem, portanto, quão afortunados são os líderes comunistas chineses, em comparação com os líderes dos vietcongues, que, segundo Arthur Goldberg, representam cerca de "metade de um por cento da população do Vietnã do Sul", ou seja, cerca de metade do número de novos recrutas sulistas para os vietcongues durante 1965, se dermos crédito às estatísticas do Pentágono.[25]

Diante de especialistas como esses, os cientistas e filósofos de quem Kristol fala certamente fariam bem em continuar desenhando seus círculos na areia.

Tendo resolvido a questão da irrelevância política do movimento de protesto, Kristol volta-se para a questão de sua motivação — de forma mais geral, o que fez com que alunos e professores juniores "fossem para a esquerda", como ele vê, em meio à prosperidade geral e sob governos liberais e do Estado de bem-estar social. Isso, observa, "é um enigma para o qual nenhum sociólogo ainda encontrou uma resposta". Como esses jovens estão bem de vida, têm um bom futuro etc., seus protestos devem ser irracionais. Devem ser o resultado de tédio, de muita segurança ou algo desse tipo.

Outras possibilidades vêm à mente. Pode ser, por exemplo, que, como homens honestos, os alunos e professores juniores estejam tentando descobrir a verdade por si mesmos, em vez de ceder a responsabilidade a "especialistas" ou ao governo; e pode ser que reajam com indignação ao que descobrem. Kristol não rejeita essas possibilidades. Elas são simplesmente impensáveis, indignas de consideração. Mais precisamente, essas possibilidades são inexpressivas; as categorias em que são formuladas (honestidade, indignação) simplesmente não existem para o cientista social refratário.

Nessa depreciação implícita dos valores intelectuais tradicionais, Kristol reflete atitudes bastante difundidas nos círculos acadêmicos. Não duvido que essas atitudes sejam em parte consequência da tentativa desesperada das ciências sociais e comportamentais de imitar os aspectos superficiais das ciências que realmente têm um conteúdo intelectual significativo. Mas elas também têm outras fontes. Qualquer um pode ser um indivíduo moral, preocupado com os direitos e problemas humanos, porém, apenas um professor universitário, um especialista formado, pode resolver problemas técnicos com métodos "sofisticados". Logo, apenas problemas deste último tipo são importantes ou reais. Especialistas responsáveis e não ideológicos darão conselhos sobre questões táticas; "tipos ideológicos" irresponsáveis vão "arengar" sobre princípios e se preocupar com questões morais e de direitos humanos, ou com os problemas tradicionais do homem e da sociedade, sobre os quais as "ciências sociais e comportamentais" não têm nada a oferecer além de trivialidades. Obviamente, esses tipos emocionais e ideológicos são irracionais, pois, como estão bem e têm o poder ao seu alcance, não devem se preocupar com tais assuntos.

Às vezes, essa postura pseudocientífica atinge níveis quase patológicos. Consideremos o fenômeno de Herman Kahn, por exemplo. Kahn foi ao mesmo tempo denunciado como imoral e elogiado por sua coragem. Por pessoas que deveriam ser menos inocentes, seu *On Thermonuclear War* [Sobre a guerra termonuclear] foi definido como "irretocável [...] [como] uma das grandes obras do nosso tempo" (Stuart Hughes). O fato é que certamente trata-se de uma das obras mais inócuas do nosso tempo, como se pode ver aplicando-se os padrões intelectuais de qualquer disciplina existente, analisando algumas de suas "conclusões bem documentadas" e os "estudos objetivos" dos quais derivam e seguindo a linha de argumentação, quando detectável. Kahn não propõe teorias, explicações, suposições empíricas que possam ser testadas diante de suas consequências, como fazem as ciências que ele tenta imitar. Simplesmente sugere uma terminologia e apresenta uma fachada de racionalidade. Quando são extraídas conclusões políticas específicas, elas são apoiadas apenas por observações *ex cathedra* para as quais nenhuma evidência é sequer sugerida (por exemplo, "A linha de defesa civil provavelmente deveria ser traçada em algum lugar abaixo de 5 bilhões de dólares anuais" para não provocar os russos — por que não 50 bilhões de dólares, ou 5 dólares?). Ademais, Kahn está bem ciente dessa inocuidade; em seus momentos mais judiciosos, afirma que "não há razão para acreditar que modelos relativamente sofisticados tendam a ser mais enganosos que os modelos e analogias mais simples, frequentemente usados como auxílio ao julgamento". Para aqueles cujo humor tende ao macabro, é fácil jogar o jogo do "pensamento estratégico" à la Kahn e provar o que deseja. Por exemplo, uma das suposições básicas de Kahn é a de que "um ataque total de surpresa em que todos os recursos fossem dedicados a alvos de contra-ataque seria tão irracional que, salvo uma incrível falta de sofisticação ou verdadeira insanidade dos tomadores de decisão soviéticos, tal ataque é altamente improvável". Um argumento simples prova o contrário. Premissa 1: Os tomadores de decisão americanos pensam segundo as linhas delineadas por Herman Kahn. Premissa 2: Kahn acha que seria melhor todos serem comunistas a todos morrerem. Premissa 3: Se os americanos respondessem a um contra-ataque total, todos morreriam. Conclusão: Os americanos não reagirão a um contra-ataque total e, portanto, devem atacar sem demora. Claro que podemos levar o argumento um passo adiante. Fato: Os russos não realizaram um ataque total. Segue-se que eles não são racionais. Se não são racionais, o "pensamento estratégico" não faz sentido. Portanto...

Claro que tudo isso é um absurdo, mas um absurdo que só difere do de Kahn no sentido de o argumento ser de uma complexidade ligeiramente maior do que qualquer coisa a ser encontrada em seu trabalho. O mais notável é que pessoas sérias realmente prestam atenção a esses absurdos, sem dúvida por causa da fachada de presunção e pseudociência.

É um fato curioso e deprimente que o "movimento antiguerra" seja vítima de confusões semelhantes com demasiada frequência. No outono de 1965, por exemplo, houve a Conferência Internacional sobre Perspectivas Alternativas para o Vietnã, que distribuiu um panfleto para potenciais participantes expondo suas suposições. O plano era formar grupos de estudos em que três "tipos de tradição intelectual" estariam representados: (1) especialistas da área; (2) "teoria social, com ênfase especial nas teorias do sistema internacional, de mudanças e desenvolvimento sociais, de conflitos e resolução de conflitos, ou de revolução"; (3) "a análise das políticas públicas em termos de valores humanos básicos, enraizados em diversas tradições teológicas, filosóficas e humanistas". A segunda tradição intelectual apresentará "proposições gerais, derivadas da teoria social e testadas com dados históricos, comparativos ou experimentais"; a terceira "proporcionará a estrutura a partir da qual questões de valores fundamentais podem ser levantadas e em termos de quais das implicações morais das ações sociais podem ser analisadas". A esperança era que "ao abordar as questões [da política do Vietnã] a partir das perspectivas morais de todas as grandes religiões e sistemas filosóficos, possamos encontrar soluções que sejam mais consistentes com os valores humanos fundamentais do que a atual política americana no Vietnã acabou sendo".

Em suma, os especialistas em valores (ou seja, porta-vozes das grandes religiões e sistemas filosóficos) fornecerão insights fundamentais sobre as perspectivas morais, e os especialistas em teoria social apresentarão proposições gerais empiricamente validadas e "modelos gerais de conflitos". A partir dessa interação, novas políticas surgirão, presumivelmente a partir da aplicação dos cânones do método científico. A única questão discutível, me parece, é se é mais ridículo recorrer aos especialistas em teoria social em busca de proposições gerais bem confirmadas ou aos especialistas nas grandes religiões e sistemas filosóficos para esclarecimentos sobre valores humanos fundamentais.

Há muito mais a dizer sobre esse tema, mas, sem me alongar, gostaria apenas de enfatizar que, como é sem dúvida óbvio, o culto do especialista é ao mesmo tempo interesseiro, para quem o propõe, e fraudulento. É certo que devemos aprender com as ciências sociais e comportamentais tudo o que pudermos; obviamente, esses campos devem ser pesquisados com a maior seriedade possível. Mas será muito lamentável e altamente perigoso se não forem aceitos e julgados por seus méritos e de acordo com suas realizações reais, não as falsas. Em particular, se houver um corpo teórico, bem testado e verificado, que se aplica à condução das relações exteriores ou à resolução de conflitos domésticos ou internacionais, sua existência tem sido mantida como um segredo bem guardado. No caso do Vietnã, se os que se consideram especialistas têm acesso a princípios ou informações que justifiquem o que o governo americano está fazendo naquele pobre país, eles foram singularmente ineficazes em divulgar esse fato. Para qualquer um que tenha alguma familiaridade com as ciências sociais e comportamentais (ou com as "ciências políticas"), a afirmação de que existem certas considerações e princípios profundos demais para os que estão fora compreenderem é simplesmente um absurdo, indigna de comentário.

Quando consideramos a responsabilidade dos intelectuais, nossa preocupação básica deve ser o papel deles na criação e análise da ideologia. E, de fato, a comparação de Kristol entre os tipos ideológicos irracionais e os especialistas responsáveis é formulada em termos que imediatamente trazem à mente o interessante e influente ensaio de Daniel Bell sobre o "fim da ideologia",[26] um ensaio tão importante pelo que deixa de dizer quanto pelo seu conteúdo real. Bell apresenta e discute a análise marxista da ideologia como uma máscara do interesse de classe, em particular citando a conhecida descrição de Marx da convicção da burguesia "de que as condições *especiais* de sua emancipação são as únicas condições *gerais* pelas quais a sociedade moderna pode ser salva e a luta de classes evitada". Em seguida argumenta que a era da ideologia acabou, suplantada, pelo menos no Ocidente, por um acordo geral de que cada questão deve ser resolvida em seus próprios termos individuais, dentro da estrutura de um Estado de bem-estar social no qual, presumivelmente, especialistas na condução dos assuntos públicos terão um papel de destaque. Bell é bastante cuidadoso, contudo, ao caracterizar o sentido exato de "ideologia" em que "as ideologias estão exauridas". Ele está se referindo apenas à ideologia como "a conversão de ideias em alavancas sociais", à ideologia como "um conjunto de convicções, infundidas de paixão, [...] [que] procura transformar o todo de um modo de vida". As palavras cruciais são "transformar" e "conversão em alavancas sociais". Os intelectuais do Ocidente, argumenta, perderam o interesse na conversão de ideias em alavancas sociais para uma transformação radical da sociedade. Agora que chegamos à sociedade pluralista do Estado de bem-estar social, eles não veem mais necessidade de uma transformação radical da sociedade; podemos burilar nosso modo de vida aqui e ali, mas seria errado tentar modificá-lo de forma significativa. Com esse consenso dos intelectuais, a ideologia está morta.

Existem vários fatos marcantes no ensaio de Bell. Em primeiro lugar, ele não indica até que ponto esse consenso dos intelectuais serve a eles próprios. Também não relaciona sua observação de que, em geral, os intelectuais perderam o interesse em "transformar todo o modo de vida" ao fato de desempenharem um papel cada vez mais proeminente na administração do Estado de bem-estar social; não relaciona sua satisfação geral com o Estado de bem-estar social ao fato de que, como observa em outra página, "os Estados Unidos se tornaram uma sociedade afluente, proporcionando posições [...] e prestígio [...] para os radicais de outrora". Em segundo lugar, não apresenta nenhum argumento sério para comprovar que os intelectuais estão de alguma forma "certos" ou "objetivamente justificados" em chegar ao consenso a que ele alude, com sua rejeição à ideia de que a sociedade deve ser transformada. Na verdade, apesar de ser bastante perspicaz sobre a retórica vazia da "Nova Esquerda", Bell parece ter uma fé bastante utópica em que os especialistas técnicos serão capazes de lidar com os poucos problemas que ainda permanecem, por exemplo, o fato de o trabalho ser tratado como uma mercadoria e os problemas da "alienação".

Parece bem óbvio que os problemas clássicos continuam conosco; pode-se argumentar plausivelmente que eles foram até mesmo reforçados em gravidade e escala. Por exemplo, o paradoxo clássico da pobreza em meio à abundância é agora um problema cada vez maior em escala internacional. Embora se possa conceber, ao menos em princípio, uma solução dentro das fronteiras nacionais, dificilmente se desenvolverá uma ideia sensata de como transformar a sociedade internacional de modo a lidar com a enorme e talvez crescente pobreza humana dentro da estrutura do consenso intelectual descrito por Bell.

Assim, parece natural definir o consenso dos intelectuais de Bell em termos um pouco diferentes dos usados por ele. Usando a terminologia da primeira parte de seu ensaio, podemos dizer que os técnicos do Estado de bem-estar encontram justificativa para seu status social especial e proeminente em sua "ciência", especificamente, na afirmação de que as ciências sociais podem apoiar uma tecnologia de ajustes sociais em escala nacional ou internacional. E depois dá mais um passo, procedendo, de maneira conhecida, a reivindicar uma validade universal para o que é na verdade um interesse de classe: argumenta que as condições específicas em que se baseiam suas reivindicações ao poder e à autoridade são, de fato, as únicas condições gerais através das quais a sociedade moderna pode ser salva; que os ajustes sociais no âmbito de uma estrutura de Estado de bem-estar social devem substituir o compromisso com as "ideologias totais" do passado, ideologias voltadas à transformação da sociedade. Tendo encontrado sua posição de poder, tendo alcançado segurança e riqueza, ele não precisa mais de ideologias que busquem mudanças radicais. O estudioso-especialista substitui o "intelectual independente" que "achava que os valores errados estavam sendo honrados e rejeitava a sociedade", e que agora perdeu seu papel político (agora, isto é, que os valores certos estão sendo honrados).

É concebível que esteja correto que os especialistas técnicos que irão administrar (ou assim esperam) a "sociedade pós-industrial" sejam capazes de lidar com os problemas clássicos sem uma transformação radical da sociedade. Da mesma forma, é concebível que a burguesia estivesse certa ao considerar as condições específicas de sua emancipação como as únicas condições gerais pelas quais a sociedade moderna seria salva. Em ambos os casos, um argumento se faz necessário, e o ceticismo se justifica onde nenhum é apresentado.

Dentro da mesma estrutura de utopismo geral, Bell passa a colocar a questão entre os especialistas-acadêmicos do Estado de bem-estar social e os ideólogos do Terceiro Mundo de uma forma bastante curiosa. Destaca, muito corretamente, que não existe a questão do comunismo, com o conteúdo dessa doutrina tendo sido "há muito esquecido tanto por amigos como por inimigos". Diz que "a questão é mais antiga: se novas sociedades podem crescer construindo instituições democráticas e permitindo que as pessoas façam escolhas — e sacrifícios — voluntariamente, ou se as novas elites, inebriadas pelo poder, preferirão impor meios totalitários para transformar seus países". A questão é interessante; é estranho, no entanto, defini-la como "mais antiga". Com certeza Bell não pode estar sugerindo que o Ocidente escolheu o caminho democrático — por exemplo, que na Inglaterra, durante a Revolução Industrial, os agricultores escolheram voluntariamente deixar a terra, abandonar a indústria caseira, tornar-se um proletariado industrial e decidiram voluntariamente, dentro do quadro das instituições democráticas existentes, fazer os sacrifícios descritos explicitamente na literatura clássica sobre a sociedade industrial do século XIX. Pode-se discutir a questão sobre saber se o controle autoritário é necessário para que haja uma acumulação de capital no mundo subdesenvolvido, mas o modelo ocidental de desenvolvimento dificilmente pode ser mencionado com orgulho. Talvez não seja surpreendente notar um Walt Rostow referindo-se aos "processos mais humanos [de industrialização] que os valores ocidentais sugeririam".[27] Qualquer um que se preocupe seriamente com os problemas enfrentados pelos países atrasados e com o papel que as sociedades industriais avançadas podem, em princípio, desempenhar no desenvolvimento e na modernização deveria ter um pouco mais de cautela ao interpretar o significado da experiência ocidental.

Voltando à questão bem apropriada de se "novas sociedades podem crescer construindo instituições democráticas", ou somente por meios totalitários, acho que a honestidade exige nosso reconhecimento de que essa questão deve ser dirigida mais aos intelectuais americanos que aos ideólogos do Terceiro Mundo. Os países atrasados têm problemas inacreditáveis, talvez insuperáveis, e poucas opções disponíveis; os Estados Unidos têm uma ampla gama de opções e dispõem dos recursos econômicos e tecnológicos, embora evidentemente não disponham de recursos intelectuais nem morais para enfrentar ao menos alguns desses problemas. É fácil para um intelectual americano proferir homilias sobre as virtudes da libertação e da liberdade, mas, se estiver realmente preocupado, digamos, com o totalitarismo chinês ou com os encargos impostos ao campesinato chinês pela industrialização forçada, deve enfrentar uma tarefa infinitamente mais importante e desafiadora — a tarefa de criar, nos Estados Unidos, o clima intelectual e moral, bem como as condições sociais e econômicas, que permitiriam a esse país participar da modernização e do desenvolvimento de maneira proporcional a sua riqueza material e capacidade técnica. Doações maciças de capital a Cuba e à China podem não conseguir aliviar o autoritarismo e o terror que tendem a acompanhar os estágios iniciais da acumulação de capital, mas a probabilidade de surtirem esse efeito é muito maior que palestras sobre valores democráticos. É possível que, mesmo sem o "cerco capitalista" em suas diversas manifestações, os elementos realmente democráticos nos movimentos revolucionários — em alguns casos sovietes e coletivismo, por exemplo — possam ser minados por uma "elite" de burocratas e intelectuais técnicos, mas é quase certo que o cerco capitalista, que todos os movimentos revolucionários têm agora de enfrentar, garantirá esse resultado. A lição, para os que se preocupam em fortalecer os elementos democráticos, espontâneos e populares nas sociedades em desenvolvimento, é bastante clara. Palestras sobre o sistema bipartidário, ou mesmo os valores democráticos realmente substanciais que foram em parte instituídos na sociedade ocidental, são de uma irrelevância monstruosa diante do esforço necessário para elevar o nível cultural da sociedade ocidental a ponto de poder proporcionar uma "alavanca social", tanto para o desenvolvimento econômico quanto para o desenvolvimento de verdadeiras instituições democráticas no Terceiro Mundo — e também em casa.

Existem boas razões para concluir que há de fato um consenso entre os intelectuais que já conseguiram poder e riqueza, ou que acham que podem consegui-los "aceitando a sociedade" como ela é e promovendo os valores que estão "sendo honrados" nesta sociedade. E também é verdade que esse consenso é mais perceptível entre os especialistas acadêmicos que estão substituindo os intelectuais independentes do passado. Na universidade, esses acadêmicos-especialistas constroem uma "tecnologia sem juízo de valor" para a solução de problemas técnicos que surgem na sociedade contemporânea,[28] assumindo uma "postura responsável" em relação a esses problemas, no sentido anteriormente observado. Esse consenso entre os especialistas responsáveis é o análogo doméstico ao proposto, na arena internacional, pelos que justificam a aplicação do poder americano na Ásia, seja qual for o custo humano, sob o argumento de ser necessário conter a "expansão da China" (uma "expansão" que é, com certeza, hipotética no momento)[29] — para traduzir da Novilíngua do Departamento de Estado, alegando ser essencial reverter as revoluções nacionalistas asiáticas, ou ao menos impedir que se alastrem. A analogia fica clara quando observamos atentamente as formas como essa proposta é formulada. Com sua lucidez habitual, Churchill esboçou a posição geral em um comentário com seu colega da época, Joseph Stálin, em Teerã em 1943: "[...] o governo do mundo deve ser confiado às nações satisfeitas, que não desejavam nada mais para si do que já tinham. Se o governo mundial estivesse nas mãos de nações famintas, sempre haveria perigo. Mas nenhum de nós tinha qualquer razão para procurar mais nada. A paz seria mantida por povos que vivessem à sua maneira e não fossem ambiciosos. Nosso poder nos colocou acima do resto. Éramos como homens ricos morando em paz em suas habitações".[30]

Para uma tradução da retórica bíblica de Churchill para o jargão das ciências sociais contemporâneas, pode-se recorrer ao depoimento de

Charles Wolf, economista sênior da RAND Corporation, nas audiências do comitê do Congresso citadas anteriormente:

> Tenho dúvidas de que os temores do cerco da China sejam reduzidos, aliviados e relaxados no futuro a longo prazo. Mas espero que o que fazemos no Sudeste Asiático ajude a desenvolver no âmbito do corpo político chinês mais realismo e disposição para viver com esse medo do que ceder ao apoio de movimentos de libertação, que, reconhecidamente, dependem muito mais do apoio externo [...] a questão operacional para a política externa americana não é se esse medo pode ser eliminado ou substancialmente aliviado, mas se a China pode se ver diante de uma estrutura de incentivos, de penalidades e recompensas, de persuasão que a torne disposta a viver com esse medo.[31]

O argumento é ainda mais esclarecido por Thomas Schelling: "Há uma crescente experiência com a qual os chineses podem lucrar, a de que, embora os Estados Unidos possam estar interessados em cercá-los, possam estar interessados em defender áreas próximas deles, o país também está disposto a se comportar pacificamente se eles se comportarem".[32]

Em suma, estamos dispostos a viver pacificamente dentro de nossas habitações — aliás, bastante espaçosas. E, naturalmente, nos ofendemos com os ruídos indignos dos aposentos dos criados. Se, digamos, um movimento revolucionário de base camponesa tentar se tornar independente da dominação estrangeira ou derrubar estruturas semifeudais apoiadas por potências estrangeiras, ou se os chineses se recusam irracionalmente a obedecer adequadamente ao cronograma de reforço que preparamos para eles, se se opuserem a ser cercados por "homens ricos" benignos e pacíficos que controlam os territórios em suas fronteiras como um direito natural, então, evidentemente, devemos reagir a essa beligerância com a força apropriada.

É essa mentalidade que explica a franqueza com que o governo dos Estados Unidos e seus apologistas acadêmicos defendem a recusa americana de permitir um acordo político no Vietnã em nível local, um acordo baseado na distribuição real das forças políticas. Até mesmo especialistas do governo admitem abertamente que a Frente de Libertação Nacional é o único "partido político realmente de massa no Vietnã do Sul";[33] que a FLN "fez um esforço consciente e maciço para ampliar a participação política em nível local, mesmo que manipulada, para envolver a população em uma revolução autossuficiente e autossustentável" (p. 374); e que esse esforço havia sido mais bem-sucedido que qualquer outro grupo político, "com a possível exceção dos budistas, que se consideram pequenos em tamanho e poder para se arriscar a entrar numa coalizão, temendo que, se o fizessem, a baleia engoliria o peixinho" (p. 362). Além disso, eles admitem que até a introdução do esmagador poderio americano a FLN insistia em que a luta "deveria ser travada no nível político, e que o uso do poder militar em massa era em si ilegítimo [...] O campo de batalha deveria ser as mentes e as lealdades dos vietnamitas rurais, as armas deveriam ser as ideias" (p. 91-2; cf. também p. 93, 99-108, 155 f.); e, de forma correspondente, que, até meados de 1964, a ajuda de Hanói "estava basicamente confinada a duas áreas — *know-how* doutrinário e quadros de liderança" (p. 321). Documentos capturados da FLN comparam a "superioridade militar" do inimigo com sua "superioridade política" (p. 106), confirmando assim inteiramente a análise dos porta-vozes militares americanos que colocam nosso problema da seguinte maneira: como conter "com considerável força armada, mas pouco poder político, um adversário com uma enorme força política, mas modesto poder militar".[34]

Da mesma forma, o resultado mais impressionante da conferência de Honolulu em fevereiro e da conferência de Manila em outubro foi a franca admissão por funcionários do alto escalão do governo de Saigon de que "eles não poderiam sobreviver a um 'acordo de paz' que deixasse a estrutura *política* vietcongue em vigor, mesmo se as unidades de guerrilha vietcongues sofressem uma debandada", que "não são capazes de competir *politicamente* com os comunistas vietnamitas".[35] Assim, continua Mohr, os vietnamitas exigem um "programa de pacificação" que terá como "base [...] a destruição da estrutura política clandestina vietcongue e a criação de um férreo sistema de controle político governamental para a população". E de Manila, o mesmo correspondente, em 23 de outubro, cita uma autoridade de alto escalão sul-vietnamita dizendo: "Francamente, nós não somos fortes o suficiente agora para competir com os comunistas numa base puramente política. Eles são organizados e disciplinados. Os nacionalistas não comunistas não são — não temos partidos políticos grandes e bem organizados, e ainda não temos unidade. Não podemos deixar os vietcongues em existência". Autoridades em Washington entendem muito bem a situação. Assim, o secretário Rusk observou que, "se os vietcongues vierem à mesa da conferência como parceiros de pleno direito, eles, em certo sentido, terão sido vitoriosos nos verdadeiros objetivos que o Vietnã do Sul e os Estados Unidos se comprometeram a evitar" (28 de janeiro de 1966). Da mesma forma, Max Frankel anunciou de Washington: "O compromisso não teve apelo aqui porque o governo concluiu havia muito tempo que as forças não comunistas do Vietnã do Sul não poderiam sobreviver por muito tempo em uma coalizão de Saigon com comunistas. É por essa razão — e não por causa de um protocolo excessivamente rígido — que Washington se recusou firmemente a tratar com os vietcongues ou reconhecê-los como uma força política independente".[36]

Em suma, permitiremos — magnanimamente — que representantes vietcongues participem das negociações, mas só se eles concordarem em se identificar como agentes de uma potência estrangeira, e assim perder o direito de participar de um governo de coalizão, um direito que eles vêm reivindicando há meia dúzia de anos. Sabemos bem que, em qualquer coalizão representativa, nossos delegados nomeados não poderiam durar um dia sem o apoio das armas americanas. Portanto, devemos aumentar as forças americanas e resistir a negociações relevantes, até o dia em que um governo confiável consiga exercer controle militar e político sobre sua própria população — um dia que pode nunca amanhecer, pois, como William Bundy observou, nunca poderíamos ter certeza da segurança de um Sudeste Asiático "do qual a presença ocidental foi efetivamente retirada". Assim, se fôssemos "negociar na direção de soluções que são colocadas sob o rótulo de neutralização", isso equivaleria a capitulação aos comunistas.[37] Segundo esse raciocínio, o Vietnã do Sul deve permanecer, permanentemente, como uma base militar americana.

É claro que tudo isso é razoável, desde que aceitemos o axioma político fundamental de que os Estados Unidos, com sua tradicional preocupação com os direitos dos fracos e oprimidos, e com sua visão única do modo adequado de desenvolvimento para os países atrasados, devem ter a coragem e a persistência para impor sua vontade pela força até que outras nações estejam preparadas para aceitar essas verdades — ou simplesmente abandonar a esperança.

Se a responsabilidade do intelectual é insistir na verdade, também é seu dever compreender os acontecimentos em sua perspectiva histórica. Assim, deve-se aplaudir a insistência do secretário de Estado na importância das analogias históricas, a analogia de Munique, por exemplo. Como mostrou

Munique, uma nação poderosa e agressiva, com uma convicção fanática em seu destino manifesto, irá considerar cada vitória, cada expansão de seu poder e autoridade, como um prelúdio para o próximo passo. A questão foi muito bem colocada por Adlai Stevenson, quando falou da "velha, velha rota pela qual as potências expansionistas forçam cada vez mais portas, acreditando que elas vão se abrir, até que na última porta a resistência seja inevitável e ecloda uma grande guerra". Aqui reside o perigo do apaziguamento, como os chineses indicam incansavelmente para a União Soviética, que eles afirmam estar bancando o Chamberlain para o nosso Hitler no Vietnã. Sem dúvida a agressividade do imperialismo liberal não é a da Alemanha nazista, embora a distinção possa parecer um tanto acadêmica para um camponês vietnamita que está sendo atacado com gás e fogo. Não queremos ocupar a Ásia; desejamos apenas, para voltar ao sr. Wolf, "ajudar os países asiáticos a progredir em direção à modernização econômica, como sociedades relativamente 'abertas' e estáveis, às quais nosso acesso, como país e como cidadãos individuais, seja livre e confortável".[38] A formulação é apropriada. A história recente mostra que faz pouca diferença para nós a forma de governo de um país, desde que permaneça uma "sociedade aberta", no nosso sentido peculiar do termo — uma sociedade, isto é, que permaneça aberta à penetração econômica ou ao controle político americanos. Se for necessário realizar um genocídio no Vietnã para atingir esse objetivo, esse é o preço que devemos pagar em defesa da liberdade e dos direitos do homem.

É, sem dúvida, supérfluo discutir longamente as maneiras como ajudamos outros países a progredir em direção a sociedades abertas "às quais nosso acesso seja livre e confortável". Um exemplo esclarecedor é discutido nas recentes audiências do Congresso, que já citei várias vezes, no depoimento de Willem Holst e Robert Meagher, representando o Comitê Permanente sobre a Índia do Conselho Empresarial para o Entendimento Internacional.[39] Como o sr. Meagher observa: "Se fosse possível, a Índia provavelmente preferiria importar técnicos e know-how em vez de corporações estrangeiras. Tal coisa não é possível, portanto a Índia aceita o capital estrangeiro como um mal necessário". Claro, "a questão do investimento de capital privado na Índia [...] não seria mais do que um exercício teórico" se as bases para esse investimento não tivessem sido criadas com ajuda externa, e se essa "necessidade não forçasse uma modificação no relacionamento da Índia com o capital estrangeiro privado". Mas, agora, "a atitude da Índia em relação ao investimento estrangeiro privado está passando por uma mudança substancial. De uma posição de ressentimento e ambivalência, está evoluindo para uma aceitação dessa necessidade. À medida que a necessidade se torna cada vez mais evidente, a ambivalência provavelmente será substituída por uma atitude mais acomodatícia". O sr. Holst contribui com o que é "talvez um histórico de caso típico", a saber, "o plano sob o qual foi proposto que o governo indiano, em parceria com um consórcio privado dos Estados Unidos, aumentasse a produção de fertilizantes em 1 milhão de toneladas por ano, o que é o dobro da capacidade instalada atualmente em toda a Índia. O final infeliz desse plano ambicioso pode ser atribuído em grande parte ao fracasso do governo e das empresas em encontrar uma solução viável e mutuamente aceitável dentro da estrutura dos bem divulgados dez incentivos empresariais". A dificuldade aqui estava relacionada à equidade da participação acionária. Obviamente, "os fertilizantes são desesperadamente necessários na Índia". Também obviamente, o consórcio "insistiu que obter o tipo adequado de controle acionário majoritário era realmente necessário". Mas "o governo indiano insistiu oficialmente que deveriam ter uma participação majoritária", e, "em algo tão complexo, considerou-se que seria uma coisa autodestrutiva".

Felizmente, esta história em particular tem um final feliz. As observações recém-citadas foram feitas em fevereiro de 1966 e, em poucas semanas, o governo indiano viu a luz, como lemos em uma série de reportagens no *New York Times*. A crítica, dentro da Índia, de que "o governo americano e o Banco Mundial gostariam de se arrogar o direito de estabelecer a estrutura em que nossa economia deve funcionar" foi calada (24 de abril), e o governo indiano aceitou as condições para a retomada da ajuda econômica, a saber, "que a Índia ofereça condições mais favoráveis para o investimento privado estrangeiro em fábricas de fertilizantes", e que os investidores americanos "tenham direitos substanciais de gestão" (14 de maio). O processo é resumido em um despacho datado de 28 de abril, de Nova Delhi, nos seguintes termos:

> Há sinais de mudança. O governo garantiu condições favoráveis para investidores estrangeiros privados na indústria de fertilizantes, está pensando em

abrir mão do controle de várias outras indústrias e está disposto a liberalizar a política de importação se obtiver ajuda externa suficiente [...] Muito do que está acontecendo agora é resultado da pressão constante dos Estados Unidos e do Banco Internacional para Reconstrução e Desenvolvimento, que desde o ano passado vêm pedindo uma liberação substancial da economia indiana e um escopo maior para a iniciativa privada. A pressão dos Estados Unidos, em particular, tem sido altamente eficaz porque os Estados Unidos fornecem, de longe, a maior parte das divisas necessárias para financiar o desenvolvimento da Índia e manter as engrenagens da indústria girando. Chamem isso de "amarras", de "condições" ou o que queiram, a Índia tem poucas escolhas agora a não ser concordar com muitas das condições que os Estados Unidos, por meio do Banco Mundial, estão exigindo para ajudar. Pois a Índia simplesmente não tem para onde se voltar.

O título do artigo se refere a esse processo em que a Índia "se desviou do socialismo para o pragmatismo".

Mas nem isso foi suficiente. Alguns meses depois, lemos no *Christian Science Monitor* (5 de dezembro) que os empresários americanos insistem "em importar todos os equipamentos e maquinário quando a Índia tiver uma capacidade comprovada para atender a alguns de seus requisitos. Eles têm insistido em importar amônia líquida, matéria-prima básica, em vez de usar nafta nativa disponível em abundância. Estabeleceram restrições de preços, distribuição de lucros e controle de gestão". A reação indiana eu já citei (ver página 71).

É assim que ajudamos a Índia a se desenvolver em direção a uma sociedade aberta, que, nas palavras de Walt Rostow, tenha uma compreensão adequada da "essência da ideologia americana", ou seja, "a inviolabilidade do indivíduo em relação ao Estado". E é assim também que refutamos a visão simplória daqueles asiáticos que, para continuar com o fraseado de Rostow, "acreditam, ou acreditam em parte, que o Ocidente foi levado a criar e depois se apegar às suas conquistas imperiais pelo funcionamento inevitável das economias capitalistas".[40]

Na verdade, um grande escândalo do pós-guerra está se desenvolvendo na Índia enquanto os Estados Unidos, capitalizando cinicamente a atual tortura da Índia, aplicam seu poder econômico para implementar o "desvio do socialismo para o pragmatismo" da Índia.

Ao insistir no objetivo de ajudar outros países a progredir em direção a sociedades abertas, sem pensar em engrandecimento territorial, não estamos abrindo novos caminhos. Hans Morgenthau definiu muito bem a nossa política tradicional em relação à China como a de favorecer "o que você poderia chamar de liberdade de concorrência em relação à exploração da China".[41] De fato, poucas potências imperialistas tiveram ambições territoriais explícitas. Assim, em 1784, o Parlamento britânico anunciou que "prosseguir com esquemas de conquista e expansão de domínio na Índia são medidas repugnantes ao desejo, à honra e à política desta nação". Pouco depois, a conquista da Índia estava em pleno andamento. Um século depois, a Grã-Bretanha anunciou suas intenções no Egito sob o slogan "Intervenção, Reforma, Retirada". Desnecessário comentar quais partes dessa promessa foram cumpridas no decorrer do meio século seguinte. Em 1936, às vésperas das hostilidades no norte da China, os japoneses declararam seus Princípios Básicos de Política Nacional. Estes incluíam o uso de meios moderados e pacíficos para aumentar sua força, promover o desenvolvimento social e econômico, erradicar a ameaça do comunismo, retificar as políticas agressivas das grandes potências e garantir sua posição como potência estabilizadora no Leste da Ásia. Ainda em 1937, o governo japonês não tinha "projetos territoriais em relação à China". Em suma, seguimos um caminho já bem trilhado.

É útil lembrar, aliás, que os Estados Unidos aparentemente estavam bastante dispostos, ainda em 1939, a negociar um tratado comercial com o Japão e chegar a um *modus vivendi* se o Japão "mudasse sua atitude e sua prática em relação aos nossos direitos e interesses na China", como definiu o secretário Hull. O bombardeio de Tchuntchim e o estupro de Nanquim foram absolutamente execráveis, é verdade, mas o que realmente importava eram nossos direitos e interesses na China, como os homens responsáveis e não histéricos da época viram com bastante clareza. Foi o fechamento da Porta Aberta pelo Japão que levou inevitavelmente à guerra do Pacífico, assim como é o fechamento da Porta Aberta pela própria China "comunista" que pode muito bem levar à próxima, e sem dúvida a última, guerra do Pacífico.

Muitas vezes, as declarações de especialistas técnicos sinceros e dedicados dão uma visão surpreendente das atitudes intelectuais que estão por trás da última selvageria. Consideremos, por exemplo, o seguinte comentário do economista Richard Lindholm, em 1959, ao expressar sua frustração com o fracasso do desenvolvimento econômico no "Vietnã livre": "[...] o uso da ajuda americana é determinado pela forma como os vietnamitas usam seus rendimentos e suas poupanças. O fato de grande parte das importações vietnamitas financiadas com ajuda americana serem bens de consumo ou matérias-primas utilizadas diretamente para atender às demandas dos consumidores é uma indicação de que o povo vietnamita deseja esses bens, pois demonstrou seu desejo pela disposição de usar seus piastras* para comprá-los".⁴²

Em suma, o *povo* vietnamita deseja automóveis Buick e ar-condicionado em vez de equipamentos de refino de açúcar ou máquinas para construção de estradas, como demonstraram por seu comportamento num mercado livre. E, por mais que deploremos essa livre escolha, devemos permitir que os outros façam o que quiserem. É claro que também existem aquelas bestas de carga bípedes que se encontram no campo, mas, como qualquer estudante de pós-graduação em ciência política pode explicar, elas não fazem parte de uma elite modernizadora responsável e, portanto, têm apenas uma semelhança biológica superficial com a raça humana.

Em grande medida, são atitudes como essa que estão por trás da carnificina no Vietnã, e é melhor encará-las com franqueza ou veremos nosso governo nos levando a uma "solução final" no Vietnã, e em muitos Vietnãs que inevitavelmente virão pela frente.

Deixem-me finalmente voltar a Macdonald e à responsabilidade dos intelectuais. Macdonald cita uma entrevista com o tesoureiro de um campo de extermínio que cai em prantos ao saber que seria enforcado pelos russos. "Por que me enforcar? O que eu fiz?", perguntou. Macdonald conclui: "Somente os que estão dispostos a resistir à autoridade quando em conflito intolerável demais com o seu código moral pessoal, só esses têm o direito de condenar o tesoureiro do campo de extermínio". A pergunta "O que eu fiz?" é uma que podemos muito bem nos fazer, ao lermos, todos os dias, sobre novas atrocidades no Vietnã — enquanto criamos, ou comentamos, ou toleramos as falsidades que serão usadas para justificar a próxima defesa da liberdade.

---

* Moeda do antigo Vietnã do Sul. [N.E.]

5

SOBRE A RESISTÊNCIA

Várias semanas depois das manifestações em Washington, ainda estou tentando organizar minhas impressões de uma semana cuja característica é difícil de captar ou expressar. Talvez algumas reflexões pessoais possam ser úteis para outros que compartilham minha aversão instintiva ao ativismo, mas que estão à beira de uma crise indesejada, porém quase inevitável.

Para muitos dos participantes, as manifestações de Washington simbolizaram a transição "da dissidência para a resistência". Voltarei a esse slogan e ao seu significado, mas quero deixar claro desde já que o considero não só correto no que diz respeito ao estado de espírito das manifestações como também, devidamente interpretado, adequado ao estado atual dos protestos contra a guerra. Há uma dinâmica irresistível nesses protestos. Pode-se começar escrevendo artigos e fazendo discursos sobre a guerra, ajudando de muitas maneiras a criar um clima de preocupação e indignação. Alguns

---

Este artigo foi publicado pela primeira vez na *New York Review of Books*, em 7 de dezembro de 1967, e republicado com algumas revisões. As referidas manifestações ocorreram no Departamento de Justiça e no Pentágono, no fim de semana de 19 a 21 de outubro de 1967. A devolução do certificado de alistamento ao Departamento de Justiça foi um dos eventos que levaram à condenação do dr. Benjamin Spock, do reverendo William Sloane Coffin, de Mitchell Goodman e de Michael Ferber a penas de dois anos de prisão por "conspiração". Para detalhes, ver Noam Chomsky, Paul Lauter e Florence Howe, "Reflections on a Political Trial", *New York Review of Books*, 22 ago. 1968, p. 23-30. A manifestação do Pentágono, que segundo algumas estimativas envolveu várias centenas de milhares de pessoas, foi um protesto notável e inesquecível de oposição à guerra. O espírito e o caráter das demonstrações são retratados, com maravilhosa precisão e percepção, em *The Armies of the Night*, de Norman Mailer (Nova York, New American Library, 1968). Este capítulo foi extraído de *American Power and the New Mandarins* (Nova York, Pantheon Books, 1969; Nova York, The New Press, 2002), p. 367-85.

poucos corajosos se voltarão para a ação direta, recusando-se a tomar seu lugar ao lado dos "bons alemães" que todos aprendemos a desprezar. Alguns serão forçados a tomar essa decisão quando forem convocados para o serviço militar. Senadores, escritores e professores dissidentes estarão assistindo enquanto os jovens se recusarem a servir nas Forças Armadas, em uma guerra que abominam. E então, o quê? Será que os que escrevem e falam contra a guerra podem se refugiar no fato de não terem incitado ou encorajado a resistência ao recrutamento, mas apenas terem ajudado a desenvolver uma corrente de opinião na qual qualquer pessoa decente vai querer se recusar a participar de uma guerra hedionda? Trata-se de uma linha muito tênue. Tampouco é muito fácil assistir de uma posição segura enquanto outros são forçados a dar um passo sombrio e doloroso. O fato é que a maioria dos mil certificados de alistamento e outros documentos entregues ao Departamento de Justiça em 20 de outubro vieram de homens que podem escapar do serviço militar, mas que insistiram em compartilhar o destino dos menos privilegiados. Dessa forma, o círculo de resistência se amplia. À parte isso, ninguém pode deixar de compreender que, na medida em que restringe seu protesto, na medida em que rejeita as ações disponíveis, estará sendo cúmplice com o que o governo faz. Alguns vão agir de acordo com essa percepção, levantando uma cruciante questão moral da qual ninguém de boa consciência pode se evadir.

Na segunda-feira, 16 de outubro, no parque Boston Common, ouvi Howard Zinn explicar por que sentia vergonha de ser americano. Percebi como várias centenas de jovens, alguns deles meus alunos, tomaram uma decisão terrível, que nenhum jovem deveria ter de enfrentar: cortar sua conexão com a Junta de Serviço Militar. A semana terminou, na segunda-feira seguinte, com uma discussão tranquila em Cambridge, quando ouvi estimativas, de um consultor acadêmico do Departamento de Defesa, sobre a megatonagem nuclear que seria necessária para "eliminar" o Vietnã do Norte ("Alguns vão achar isso chocante, mas [...]"; "Nenhum civil no governo está sugerindo isso, que eu saiba [...]"; "Não vamos usar palavras emocionais como 'destruição'"; etc.), e ouvi um especialista destacado em assuntos soviéticos que explicou como os homens do Kremlin estão observando com muito cuidado para determinar se guerras de libertação nacional podem ter sucesso — se assim for, eles irão apoiá-las no mundo todo. (Tente mostrar a esses especialistas que, com base nessas suposições, se os homens do Kremlin forem racionais, certamente apoiarão dezenas de guerras desse tipo neste momento, pois a um custo baixo podem desconcertar os militares americanos e rasgar nossa sociedade em pedaços — eles vão dizer que você não entende a alma russa.)

O fim de semana das manifestações pela paz em Washington deixou impressões vívidas e intensas, mas pouco claras para mim em suas implicações. A lembrança dominante é da própria cena, de dezenas de milhares de jovens cercando o que eles acreditam ser — devo acrescentar que concordo — a instituição mais hedionda deste mundo e exigindo que pare de impor miséria e destruição. Dezenas de milhares de *jovens*. Isso eu acho difícil de compreender. É lamentável, mas é verdade, que, por uma margem esmagadora, são os jovens que gritam horrorizados com o que todos vemos acontecer, são os jovens que são espancados quando se defendem e os jovens que têm que decidir se preferem a prisão, o exílio ou lutar em uma guerra hedionda. Eles têm de enfrentar essa decisão sozinhos, ou quase sozinhos. Devemos nos perguntar por que isso acontece.

Por que, por exemplo, o senador Mansfield se sente "envergonhado pela imagem que eles retrataram deste país" e não se envergonha da imagem deste país retratada pela instituição que esses jovens estavam enfrentando, uma instituição dirigida por uma pessoa sã, amena e eminentemente razoável que pode declarar com calma perante o Congresso que a quantidade de explosivos usada no Vietnã ultrapassou o total usado na Alemanha e na Itália na Segunda Guerra Mundial? Por que o senador Mansfield pode falar em frases tocantes sobre os que não estão cumprindo o nosso compromisso com "um governo de leis" — referindo-se a um pequeno grupo de manifestantes, não aos noventa e tantos homens responsáveis no plenário do Senado que estão vendo, com pleno conhecimento, como o Estado a que servem viola de forma clara e flagrante as disposições explícitas da Carta das Nações Unidas, a lei suprema da Terra? Ele sabe muito bem que antes de nossa invasão ao Vietnã não havia ataque armado a nenhum Estado. Foi o senador Mansfield, afinal, quem nos informou que, "quando o forte aumento do esforço militar americano começou, no início de 1965, estimava-se que apenas cerca de quatrocentos soldados norte-vietnamitas estavam entre as forças inimigas no Sul, que totalizavam 140 mil naquela época"; e é com o Relatório Mansfield que ficamos sabendo que naquela época já havia 34 mil soldados americanos no Vietnã do Sul, violando nosso "compromisso solene" feito em Genebra em 1954.

Esse ponto deve ser detalhado. Após os primeiros Dias Internacionais de Protesto, em outubro de 1965, o senador Mansfield criticou o "senso de total irresponsabilidade" demonstrado pelos manifestantes. Ele não tinha nada a dizer na ocasião, nem tem desde então, sobre o "senso de total irresponsabilidade" demonstrado pelo senador Mansfield e outros que se mantêm em silêncio e votam apropriações enquanto as cidades e vilarejos do Vietnã do Norte são demolidos, enquanto milhões de refugiados no Sul são expulsos de suas casas pelos bombardeios americanos. Ele não tem nada a dizer sobre os padrões morais ou o respeito pela lei dos que permitiram essa tragédia.

Falo do senador Mansfield precisamente porque ele não é um superpatriota que bate no peito e quer que os Estados Unidos dominem o mundo, mas sim um intelectual americano no melhor sentido, um homem erudito e razoável — o tipo de homem que é o terror da nossa época. Talvez seja apenas uma reação pessoal, mas, quando olho para o que está acontecendo com o nosso país, o que acho mais aterrorizante não é Curtis LeMay, com sua animada sugestão de bombardearmos nossos "inimigos" até eles voltarem à Idade da Pedra, mas sim as serenas indagações dos cientistas políticos sobre quanta força será necessária para atingir nossos objetivos, ou sobre qual forma de governo será aceitável para nós no Vietnã. O que considero aterrorizante é o distanciamento e a equanimidade com que vemos e discutimos uma tragédia insuportável. Todos sabemos que, se a Rússia ou a China fossem culpadas do que fizemos no Vietnã, estaríamos explodindo de indignação moral por esses crimes monstruosos.

Acho que houve um sério erro de cálculo no planejamento das manifestações em Washington. Esperava-se que a marcha para o Pentágono fosse seguida de vários discursos, e que os que estavam comprometidos com a desobediência civil se separassem da multidão e se dirigissem ao Pentágono, a algumas centenas de metros de distância, em campo aberto. Resolvi não participar da desobediência civil e não sei em detalhes o que foi planejado. Como todos devem perceber, é muito difícil distinguir racionalização de racionalidade nessas questões. Mas achei que os primeiros atos de desobediência civil em grande escala deveriam ser definidos de maneira mais específica e clara em apoio aos que se recusam a servir no Vietnã, sobre os quais o verdadeiro fardo da dissidência deve inevitavelmente recair. Apesar de apreciar o ponto de vista dos que desejavam expressar seu ódio à guerra de maneira mais explícita, não estava convencido de que a desobediência civil no Pentágono fosse significativa ou eficaz.

De qualquer forma, o que realmente aconteceu foi bem diferente do que todos haviam previsto. Alguns milhares de pessoas se reuniram para os discursos, mas a massa de manifestantes foi direto ao Pentágono, alguns por estarem comprometidos com a ação direta, muitos porque foram simplesmente arrastados. Da plataforma dos oradores onde eu estava, era difícil determinar exatamente o que estava acontecendo no Pentágono. Só conseguíamos ver o aumento da multidão. Pelos relatos de segunda mão, entendi que os manifestantes passaram pela linha de frente das tropas e tomaram uma posição, e a mantiveram, nos degraus do Pentágono. Logo ficou óbvio que era errado que os poucos organizadores da marcha e o grupo majoritariamente de meia-idade reunido perto deles permanecessem na plataforma dos oradores enquanto os próprios manifestantes, a maioria bastante jovens, estavam no Pentágono. (Lembro-me de ver perto da plataforma Robert Lowell, Dwight Macdonald, o monsenhor Rice, Sidney Lens, Benjamin Spock e sua esposa, Dagmar Wilson, Donald Kalish.) Dave Dellinger sugeriu que tentássemos nos aproximar do Pentágono. Encontramos um lugar ainda não bloqueado pelos manifestantes e fomos até a linha de soldados a poucos metros do edifício. Dellinger sugeriu que aqueles de nós que ainda não haviam falado no comício falassem diretamente com os soldados, usando um pequeno sistema de som portátil. A partir desse ponto, minhas impressões são bastante fragmentadas. Monsenhor Rice falou, e eu falei em seguida. Enquanto eu falava, a fileira de soldados avançou, passando por mim — uma experiência muito estranha. Não lembro exatamente o que estava dizendo. A essência era, suponho, que estávamos lá porque não queríamos que os soldados matassem e fossem mortos, mas me lembro de achar que a maneira como estava colocando isso parecia boba e irrelevante.

A linha de soldados avançando dispersou parcialmente o pequeno grupo que viera com Dellinger. Os que ficamos para trás da linha de soldados nos reagrupamos, e o dr. Spock começou a falar. Quase imediatamente, outra linha de soldados surgiu de algum lugar, dessa vez em uma formação bem cerrada, fuzis na mão, avançando lentamente. Nos sentamos. Como mencionei anteriormente, eu não tinha intenção de participar de nenhum ato de desobediência civil, até aquele momento. Mas quando aquele organismo grotesco começou a avançar lentamente — mais grotesco porque suas células eram seres humanos reconhecíveis — ficou óbvio que não se podia permitir que aquela coisa ditasse o que iríamos fazer. Naquele momento, fui preso por um delegado federal, presumivelmente por obstruir os soldados (o termo técnico para esse comportamento é "perturbação da ordem"). Devo acrescentar que os soldados, pelo que pude ver (eles não estavam muito longe), pareciam um tanto descontentes com todo o assunto e tão gentis quanto se pode ser sob a ordem (presumo que essa era a ordem) de chutar e bater em pessoas tranquilas e pacíficas que se recusavam a se mexer. Os delegados federais, previsivelmente, eram bem diferentes. Eles me lembravam dos policiais que vi numa prisão em Jackson, Mississippi, vários verões atrás, que riram quando um velho nos mostrou um curativo caseiro ensanguentado na perna e tentou nos descrever como fora espancado pela polícia. Em Washington, quem levou a pior nas mãos dos delegados foram meninos e meninas, principalmente meninos com cabelos compridos. Nada parecia despertar mais o sadismo dos delegados que a visão de um menino de cabelos compridos. No entanto, embora eu tenha presenciado alguns atos de violência dos delegados, seu comportamento parecia em grande parte variar da indiferença à maldade mesquinha. Por exemplo, fomos mantidos em uma camionete da polícia por uma hora ou duas com as portas fechadas e somente alguns orifícios de ventilação — todo cuidado é pouco com esses ferozes tipos criminosos.

No dormitório da prisão e depois de ser libertado, ouvi muitas histórias, que tenho a certeza de serem autênticas, sobre a coragem dos jovens, muitos deles bastante assustados com o terrorismo que começou tarde da noite, depois de os cinegrafistas da TV e a maioria da imprensa terem saído. Ficaram sentados em silêncio, hora após hora, durante a noite fria; muitos foram chutados, espancados e arrastados por policiais (mais "perturbação da ordem"). Também ouvi histórias, angustiantes, de provocações às tropas pelos manifestantes — no geral, ao que parece, pelos que não estavam nas primeiras filas. Certamente isso foi indefensável. Os soldados são instrumentos involuntários do terror; não se culpa ou ataca o cassetete usado para matar alguém de pancadas. Eles também são seres humanos, com sensibilidades para as quais talvez se possa apelar. Na verdade, há fortes evidências de que um soldado, talvez três ou quatro, tenham se recusado a obedecer às ordens e foram presos. Os soldados, afinal, estão na mesma posição que a dos que resistem ao recrutamento. Se obedecem às ordens, tornam-se brutalizados pelo que fazem; se não o fizerem, as consequências pessoais são graves. É uma situação que merece compaixão, não abuso. Mas devemos manter um senso de proporção nessa questão. Tudo o que vi ou ouvi indica que os manifestantes tiveram um papel muito pequeno no início da considerável violência que ocorreu.

O argumento de que a resistência à guerra deve permanecer estritamente não violenta me parece inquestionável. Como tática, a violência é absurda. Ninguém pode competir com o governo nessa arena, e o recurso à violência, que com certeza irá malograr, simplesmente irá assustar e alienar alguns que podem ser atraídos e encorajar ainda mais os ideólogos e administradores da repressão vigorosa. Ademais, espera-se que os participantes da resistência não violenta se tornem seres humanos mais admiráveis. Ninguém pode deixar de se impressionar com as qualidades pessoais dos que amadureceram no movimento dos direitos civis. O que quer que tenha feito, o movimento dos direitos civis deu uma contribuição inestimável para a sociedade americana ao transformar as vidas e o caráter dos que participaram dele. Talvez um programa de resistência não violenta, baseado em princípios, possa fazer o mesmo por muitos outros, nas circunstâncias específicas que enfrentamos hoje. Não é impossível que isso possa salvar o país de um futuro terrível, de mais uma geração de homens que achem inteligente discutir o bombardeio do Vietnã do Norte como uma questão de tática e custo-benefício, ou que apoiem nossa tentativa de conquistar o Vietnã do Sul, com o custo humano que eles bem conhecem, afirmando corriqueiramente que "nossa motivação primária são nossos próprios interesses — com os interesses do nosso país neste mundo que encolhe cada vez mais" (Comitê de Cidadãos pela Paz com Liberdade, *New York Times*, 26 de outubro de 1967).

Voltando às manifestações, devo admitir que fiquei aliviado ao encontrar pessoas que eu respeitava havia anos no alojamento da prisão — Norman Mailer, Jim Peck, Dave Dellinger e vários outros. Acho que foi reconfortante para muitos jovens que estavam lá sentir que não estavam totalmente desconectados de um mundo que conheciam e de pessoas que admiravam. Foi emocionante ver jovens indefesos, que tinham muito a perder, dispostos a ser presos pelo que acreditavam — jovens instrutores de universidades estaduais, universitários com um futuro muito brilhante se estivessem dispostos a seguir a linha oficial, muitos outros que não consegui identificar.

O que vem depois? Obviamente, essa é a pergunta na mente de todos. O slogan "Da dissensão à resistência" faz sentido, creio, mas espero que não signifique que a dissidência deva cessar. A dissidência e a resistência não são alternativas, mas atividades que devem se reforçar mutuamente. Não há razão para os que participam de recusa ao pagamento de impostos, de resistência ao recrutamento e de outras formas de resistência não falarem também com grupos religiosos ou fóruns municipais, ou se envolverem em políticas eleitorais para apoiar candidatos da paz ou referendos sobre a guerra. Na minha experiência, muitas vezes foram os comprometidos com a resistência que mais profundamente se envolveram nessas tentativas de persuasão. Deixando de lado por um momento a questão da resistência, acredito que deve ser enfatizado que os dias de "explicar pacientemente" estão longe de terminar. À medida que os caixões voltam para casa e os impostos aumentam, muita gente que antes estava disposta a aceitar a propaganda do governo tenderá cada vez mais a tentar pensar por conta própria. As razões para sua mudança são infelizes; as oportunidades para a atividade educacional, no entanto, são muito boas.

Além disso, a recente mudança na linha de propaganda do governo oferece oportunidades importantes para uma análise crítica da guerra. Há um tom de desespero estridente na recente defesa da guerra dos Estados Unidos no Vietnã. Ouvimos menos sobre "levar liberdade e democracia" aos sul-vietnamitas e mais sobre o "interesse nacional". O secretário Rusk pondera sobre os perigos que para nós representam 1 bilhão de chineses; o vice-presidente nos diz que estamos lutando contra o "comunismo asiático militante" com "seu quartel-general em Pequim", e acrescenta que uma vitória vietcongue ameaçaria diretamente os Estados Unidos; Eugene Rostow argumenta que "não adianta construir cidades-modelo se elas forem bombardeadas daqui a vinte anos" e assim por diante (sendo tudo isso "um insulto frívolo à Marinha dos Estados Unidos", como Walter Lippmann comentou corretamente).

Essa mudança na propaganda torna muito mais fácil uma análise crítica para atacar o problema do Vietnã em sua essência, que está em Washington e em Boston, não em Saigon e Hanói. Há algo de ridículo, no final das contas, na meticulosa atenção que os oponentes à guerra dão aos problemas políticos e sociais do Vietnã. Os que se opunham à conquista japonesa da Manchúria há uma geração não enfatizavam os problemas políticos, sociais e econômicos da Manchúria, mas sim os do Japão. Não se envolveram em debates ridículos sobre o grau exato de apoio ao imperador fantoche, mas se voltaram para as fontes do imperialismo japonês. Agora, os oponentes à guerra podem muito mais facilmente desviar a atenção para a fonte da agressão, para o nosso país, sua ideologia e suas instituições. Podemos perguntar a quem serve o "interesse" por 100 mil baixas e 100 bilhões de dólares gastos na tentativa de subjugar um pequeno país do outro lado do mundo. Podemos apontar o absurdo da ideia de que estamos "contendo a China" ao destruir forças populares e independentes em suas fronteiras, e o cinismo da afirmação de estarmos no Vietnã porque "para os americanos, paz e liberdade são inseparáveis", e porque a "supressão da liberdade" não deve "passar sem contestação" (de novo o Comitê de Cidadãos). Podemos perguntar por que os que fazem essa afirmação não sugerem que uma força expedicionária americana seja enviada a Taiwan, à Rodésia, à Grécia ou ao Mississippi, mas somente para o Vietnã, onde, eles querem que acreditemos, o grande agressor Mao Tsé-tung segue um curso hitleriano à sua maneira astuta, cometendo uma agressão sem tropas e anunciando a conquista do mundo ao insistir, por intermédio de Lin Piao, que as guerras endógenas de libertação nacional pouco podem esperar da China além de aplausos. Podemos perguntar por que o secretário McNamara interpreta tais declarações como um novo *Mein Kampf* — ou por que os que reconhecem que "um regime comunista vietnamita provavelmente seria [...] antichinês" (Ithiel de Sola Pool, *Asian Survey*, agosto de 1967) assinam, no entanto, declarações que implicam que no Vietnã estamos perante os agressores expansionistas de Pequim. Podemos perguntar quais fatores na ideologia americana tornam tão fácil para homens inteligentes e bem informados dizer que "não insistimos em nada para o Vietnã do Sul a não ser que seja livre para traçar seu próprio futuro" (Comitê de Cidadãos), mesmo sabendo muito bem que o regime que impusemos excluía todos os que participaram da luta contra o colonialismo francês, "e acertadamente" (secretário Rusk, 1963); que desde então temos tentado suprimir uma "insurreição civil" (general Stilwell) liderada pelo único "partido político verdadeiramente de massas no Vietnã do Sul" (Douglas Pike); que supervisionamos a destruição da oposição budista; que oferecemos aos camponeses uma "livre escolha" entre o governo de Saigon e a Frente de Libertação Nacional, reunindo-os em aldeias estratégicas nas quais os quadros e simpatizantes da FLN foram eliminados pela polícia (Roger Hilsman); e assim por diante. A história é conhecida. E podemos enfatizar o que deve ser óbvio para uma pessoa com um grão de inteligência política: que o problema do mundo atual não é "conter a China", mas conter os Estados Unidos.

Mais importante, podemos fazer a pergunta realmente fundamental. Vamos supor que fosse do "interesse nacional" dos Estados Unidos transformar em escombros uma pequena nação que se recusa a se submeter à nossa vontade. Seria então legítimo e apropriado agirmos de acordo com esse "interesse nacional"? Os Rusks e os Humphreys e o Comitê de Cidadãos dizem que sim. Nada poderia mostrar mais claramente que estamos tomando o caminho dos agressores fascistas da geração anterior.

Estamos, é claro, em um ambiente político doméstico muito diferente daquele dos cidadãos da Alemanha ou do Japão. Aqui, não é preciso heroísmo para protestar. Temos muitos caminhos abertos para entender a lição de que não existe uma lei para os Estados Unidos e outra para o resto da humanidade, que ninguém nos designou como juiz e carrasco no Vietnã, ou em qualquer outro lugar. Muitos caminhos de educação política, dentro e fora das universidades, foram explorados nos últimos dois anos. Não há dúvida de que esse esforço deve continuar e crescer até o limite que o grau de comprometimento permitir.

Alguns parecem achar que a resistência irá "obscurecer" o movimento pela paz e dificultar as ações de potenciais simpatizantes através de canais mais tradicionais. Não concordo com essa objeção, mas penso que não deva ser levianamente desconsiderada. Os resistentes que esperam salvar o povo do Vietnã da destruição devem selecionar as questões que enfrentam e os meios que empregam, de modo a atrair o máximo de apoio popular possível para seus esforços. Com certeza não faltam questões claras e meios honrosos e, portanto, não há razão para alguém ser impelido a ações impróprias em questões ambíguas. Em particular, parece-me que a resistência à convocação, devidamente conduzida (como tem sido até agora), não é apenas um ato corajoso e baseado em princípios elevados, mas que pode receber amplo apoio e se tornar politicamente eficaz. Além disso, poderia levantar as questões da cumplicidade passiva na guerra, que agora são facilmente evadidas. Os que enfrentam esses problemas podem até se libertar das pressões ideológicas que destroem a mente na vida dos americanos e fazer algumas perguntas sérias sobre o papel dos Estados Unidos no mundo e as fontes, na sociedade americana, desse comportamento criminoso.

Além disso, acredito que essa objeção à resistência não esteja devidamente formulada. O "movimento pela paz" só existe nas fantasias da direita paranoica. Os que consideram censuráveis alguns dos meios empregados ou fins desejados podem se opor à guerra de outras formas. Eles não serão expulsos de um movimento que não existe; só poderão culpar a si mesmos se não fizerem uso das outras formas de protesto disponíveis.

Deixei para o final a questão mais importante, sobre a qual menos tenho a dizer. É a questão das formas que a resistência deve assumir. Todos nós participamos da guerra em maior ou menor grau, mesmo que somente pagando impostos e permitindo que a sociedade doméstica funcione sem problemas. Uma pessoa tem de escolher por si mesma o ponto em que simplesmente se recusará a participar por mais tempo. Quando chegar a esse ponto, será atraída para a resistência. Acredito que as razões para a resistência que já mencionei são convincentes: elas têm um elemento moral irredutível, que admite pouca discussão. A questão é colocada em sua forma mais dura para o garoto que enfrenta a indução e de maneira um pouco mais complexa para o jovem que precisa decidir se quer participar de um sistema de recrutamento seletivo que pode passar seu fardo para outros menos afortunados e menos privilegiados. Para mim, é difícil entender como alguém pode se recusar a se envolver, de alguma forma, na situação desses jovens. Há muitas maneiras de fazer alguma coisa: assistência jurídica e apoio financeiro; participação em manifestações de apoio; assessoria aos convocados, organização de sindicatos de resistência ou organizações de resistência baseadas na comunidade; ajudar os que querem fugir do país; os passos propostos pelos clérigos que anunciaram recentemente estar dispostos a compartilhar o destino dos que serão mandados para a prisão. Sobre esse aspecto do programa de resistência, não tenho nada a dizer que não seja óbvio para quem estiver disposto a refletir sobre o assunto.

Considerada como uma tática política, a resistência exige uma reflexão cuidadosa, e não me arrogo de ter ideias muito claras a esse respeito. Muito depende de como os eventos vão se desenrolar nos próximos meses. A guerra de desgaste de Westmoreland pode simplesmente continuar sem fim previsível, mas a situação política doméstica torna isso improvável. Se os republicanos resolverem não perder mais uma eleição, eles podem ter uma estratégia vencedora: podem dizer que vão acabar com a guerra e continuar vagos sobre os meios. Sob tais circunstâncias, é improvável que Johnson permita a persistência do atual impasse militar. Existem, portanto, várias opções. A primeira é a retirada dos americanos, em quaisquer termos que seja formulada. Pode ser disfarçada como uma retirada para "enclaves", de onde as tropas podem ser removidas. Poderia ser arranjada por uma conferência internacional, ou permitindo um governo em Saigon que buscasse a paz entre os rivais sul-vietnamitas e depois nos pedisse para sair. Esse movimento pode ser politicamente viável; a mesma empresa de relações públicas que inventou termos como "desenvolvimento revolucionário" pode retratar a retirada como uma vitória. Se há alguém no poder Executivo com coragem ou imaginação para incitar esse curso, eu não sei. Vários senadores estão propondo, em essência, que esse é o caminho que devemos seguir, assim como críticos da guerra como Walter Lippmann e Hans Morgenthau, se bem os entendi. Um plano detalhado e bastante sensato para organizar a retirada a partir de novas e mais significativas eleições no Sul está esboçado por Philippe Devillers no *Le Monde hebdomadaire* de 26 de outubro de 1967. Variantes podem ser facilmente imaginadas. O essencial é a decisão de aceitar o princípio de Genebra, de que os problemas do Vietnã sejam resolvidos pelos vietnamitas.

Uma segunda possibilidade seria a aniquilação. Ninguém duvida que temos capacidade tecnológica para fazer isso, restando apenas a dúvida sentimental de termos também a capacidade moral. Bernard Fall previu esse resultado em uma entrevista pouco antes de sua morte. "Os americanos podem destruir, mas não podem pacificar", afirmou. "Eles podem ganhar a guerra, mas será a vitória do cemitério. O Vietnã estará destruído."

Uma terceira opção seria uma invasão do Vietnã do Norte. Isso nos envolveria em duas guerras de guerrilha invencíveis em vez de uma, mas no momento certo pode ser usado como um recurso para unificar os cidadãos em torno da bandeira.

Uma quarta possibilidade é um ataque à China. Poderíamos então abandonar o Vietnã e nos voltar para uma guerra vencível dirigida contra a capacidade industrial chinesa. Um movimento como esse deve ganhar a eleição. Sem dúvida essa perspectiva também apela para a racionalidade insana chamada de "pensamento estratégico". Se pretendemos manter exércitos de ocupação ou até mesmo bases militares fortes no continente asiático, seria bom garantir que os chineses não tenham meios para ameaçá-los. É claro que existe o perigo de um holocausto nuclear, mas é difícil ver por que isso deveria incomodar aqueles que John McDermott chama de "gestores de crises", os mesmos homens que, em 1962, estavam dispostos a aceitar a alta probabilidade de uma guerra nuclear para estabelecer o princípio de que nós, e somente nós, temos o direito de manter mísseis nas fronteiras de um inimigo em potencial.

Muitos consideram "negociações" uma alternativa realista, mas eu não entendo a lógica e nem o conteúdo dessa proposta. Se pararmos de bombardear o Vietnã do Norte, poderíamos entrar em negociações com Hanói, mas haveria muito pouco a discutir. Quanto ao Vietnã do Sul, a única questão negociável é a retirada das tropas estrangeiras; outros assuntos só podem ser resolvidos entre quaisquer grupos vietnamitas que tenham sobrevivido aos ataques americanos. O apelo às "negociações" parece-me não somente vazio, mas na verdade uma armadilha para os que se opõem à guerra. Se não concordarmos em retirar nossas tropas, as negociações ficarão num impasse, os combates continuarão, os soldados americanos serão alvejados e mortos, os militares terão um argumento convincente para uma escalada, o de salvar vidas americanas. Em suma, é a solução Symington: oferecemos uma paz em nossos termos, e se eles recusarem — a vitória do cemitério.

Das opções realistas, apenas a retirada (ainda que disfarçada) me parece tolerável, e a resistência, como tática de protesto, deve ser planejada de modo a aumentar a probabilidade de essa opção ser escolhida. Ademais, o tempo para tomar essa ação pode ser muito curto. A lógica de recorrer à resistência como tática para acabar com a guerra é bastante clara. Não há base para supor que os que tomarão as principais decisões políticas estejam abertos à razão sobre as questões fundamentais, em particular a questão de saber se nós, e apenas nós, entre as nações do mundo, temos a autoridade e a competência para determinar as instituições sociais e políticas do Vietnã. Além disso, há pouca probabilidade de o processo eleitoral influenciar nas decisões importantes. Como já mencionei, a questão pode ser resolvida antes das próximas eleições. Mesmo se não for, é pouco provável que alguma escolha sensata seja apresentada nas urnas. E se por um milagre tal escolha for apresentada, até onde podemos levar a sério as promessas de campanha de um "candidato da paz" depois da experiência de 1964? Dados os enormes perigos da escalada e seu caráter odioso, faz sentido, em tal situação, buscar maneiras de aumentar o custo doméstico da agressão americana, elevá-lo a um ponto em que não possa ser esquecido pelos que precisam calcular tais custos. Deve-se então considerar de que maneira é possível representar uma séria ameaça. Muitas possibilidades vêm à mente: uma greve geral, greves universitárias, tentativas de dificultar a produção e o abastecimento da guerra e assim por diante.

Pessoalmente, acredito que atos disruptivos como esses seriam justificados se fossem eficazes para evitar uma tragédia iminente. Sou cético, no entanto, sobre sua possível eficácia. No momento, não consigo imaginar uma base ampla para tal ação, pelo menos na comunidade branca, fora das universidades. Portanto, uma forte repressão não seria muito difícil. Meu palpite é que essas ações, além disso, envolveriam principalmente estudantes e professores mais jovens de faculdades de humanas e teológicas, com cientistas dispersos. As escolas profissionalizantes, os engenheiros, especialistas em tecnologia de manipulação e controle (boa parte das ciências sociais), provavelmente continuariam relativamente pouco envolvidos. Portanto, a ameaça de longo alcance, tal como é, seria para a cultura humanística e científica americana. Duvido que isso pareça importante para aqueles em posições de tomada de decisão. Rusk, Rostow e seus cúmplices no mundo acadêmico parecem desconhecer a grave ameaça que suas políticas já representam nessas esferas. Duvido que eles avaliem a extensão, ou a importância, da dissipação de energias criativas e o crescente descontentamento entre os jovens enojados com a violência e falsidade que veem no exercício do poder nos Estados Unidos. Assim, mais algumas interrupções nessas áreas podem parecer um custo insignificante.

A resistência é em parte uma responsabilidade moral, em parte uma tática para afetar a política do governo. Em particular, no que diz respeito ao apoio à resistência ao recrutamento, acredito ser uma responsabilidade moral que não pode ser ignorada. Por outro lado, como tática, parece-me de eficácia duvidosa, da maneira como as coisas estão. Digo isso com desconfiança e considerável incerteza.

Aconteça o que acontecer no Vietnã, com certeza haverá repercussões domésticas significativas. É axiomático que nenhum exército jamais perde uma guerra; seus bravos soldados e generais sabichões são apunhalados pelas costas por civis traiçoeiros. A retirada dos Estados Unidos provavelmente trará à tona as piores características da cultura americana, e talvez gere uma séria repressão interna. Por outro lado, uma "vitória" dos Estados Unidos pode muito bem ter consequências perigosas, tanto em casa quanto no exterior. Pode dar mais prestígio a um Executivo já poderoso demais. Há ainda o problema enfatizado por A. J. Muste: "[...] o problema depois de uma guerra é do vitorioso. Ele acha que acabou de provar que a guerra e a violência compensam. Quem vai agora lhe ensinar uma lição?". Para a nação mais poderosa e agressiva do mundo, isso é realmente um perigo. Se conseguirmos nos livrar da convicção ingênua de que somos de alguma forma diferentes e mais puros — uma convicção mantida pelos britânicos, pelos franceses, pelos japoneses em seus momentos de glória imperial —, poderemos vir a encarar honestamente a verdade dessa observação. Só podemos torcer para enfrentarmos essa verdade antes que muitos inocentes, de todos os lados, sofram e morram.

Finalmente, há certos princípios que acredito que devem ser enfatizados enquanto tentamos construir uma oposição efetiva a esta e a futuras guerras. Não devemos, creio eu, incitar irrefletidamente outros a cometer desobediência civil, e devemos ter cuidado para não criar situações nas quais os jovens se vejam induzidos, talvez em violação das próprias convicções básicas, a cometer desobediência civil. A resistência deve ser exercida livremente. Espero também, com mais sinceridade do que consigo expressar, que crie laços de amizade e confiança mútuos que apoiem e fortaleçam os que certamente vão sofrer.

6
LINGUAGEM E LIBERDADE

Quando fui convidado a falar sobre o tema "linguagem e liberdade", fiquei perplexo e intrigado. A maior parte da minha vida profissional foi dedicada ao estudo da linguagem. Não haveria grande dificuldade em encontrar um tópico para discutir nesse domínio. E há muito a dizer sobre os problemas de liberdade e libertação como eles se colocam para nós e para outros em meados do século XX. O problemático no título desta palestra é a conjunção. De que maneira linguagem e liberdade podem ser interconectadas?

De maneira preliminar, gostaria de dizer apenas uma palavra sobre os estudos contemporâneos da linguagem, como eu os vejo. Existem muitos aspectos da linguagem e do uso da linguagem que levantam questões intrigantes, mas — na minha opinião — apenas alguns até agora levaram a algum trabalho teórico produtivo. Em particular, nossos insights mais profundos estão na área da estrutura gramatical formal. Uma pessoa que conhece uma língua adquiriu um sistema de regras e princípios — uma "gramática gerativa", em termos técnicos — que associa som e significado de uma forma específica. Existem muitas hipóteses razoavelmente bem fundamentadas e, acredito, bastante esclarecedoras quanto ao caráter de tais gramáticas, para um grande número de línguas. Além disso, houve um

---

Este ensaio foi apresentado no Simpósio de Ciências Humanas e Liberdade da Universidade, Universidade Loyola, Chicago, de 8 a 9 de janeiro de 1970. Foi publicado em Proceedings of the Symposium, editado por Thomas R. Gorman. Também foi publicado em *Abraxas* 1, n. 1 (1970), e em *TriQuarterly*, n. 23-24 (1972). Vários dos tópicos mencionados aqui são discutidos com mais detalhes em meu livro *Problemas do conhecimento e da liberdade* (Rio de Janeiro, Record, 2008). Este capítulo foi reimpresso em *For Reasons of State* (Nova York, Pantheon Books, 1970; Nova York, The New Press, 2003), p. 387-408.

renovado interesse pela "gramática universal", interpretada agora como a teoria que tenta especificar as propriedades gerais dessas línguas que podem ser aprendidas de maneira normal pelos humanos. Também aqui houve progressos significativos. O tema é de particular importância. É apropriado considerar a gramática universal como o estudo de uma das faculdades essenciais da mente. É, portanto, extremamente interessante descobrir, como acredito que fazemos, que os princípios da gramática universal são ricos, abstratos e restritivos, e podem ser usados para construir explicações baseadas em princípios para uma variedade de fenômenos. No estágio atual da nossa compreensão, se a linguagem deve fornecer um trampolim para a investigação de outros problemas do homem, é para esses aspectos da linguagem que devemos voltar nossa atenção, pela simples razão de que somente esses aspectos são razoavelmente bem compreendidos. Em outro sentido, o estudo das propriedades formais da linguagem revela algo da natureza do homem de uma maneira negativa: ressalta, com grande clareza, os limites da nossa compreensão daquelas qualidades da mente que são aparentemente únicas ao homem e que devem entrar em suas realizações culturais de uma maneira íntima, embora ainda bastante obscura.

Na busca de um ponto de partida, volta-se naturalmente a um período da história do pensamento ocidental em que foi possível acreditar que "o pensamento de fazer da liberdade a soma e a substância da filosofia emancipou o espírito humano em todas as suas relações, e [...] deu à ciência em todas as suas partes uma reorientação mais poderosa que qualquer revolução anterior".[1] A palavra "revolução" tem múltiplas associações nessa afirmação, pois Schelling também declarou que "o homem nasce para agir e não para especular"; e, quando escreve que "chegou a hora de preconizar a uma humanidade mais nobre a liberdade do espírito, e não mais ter paciência com os lamentos chorosos dos homens por seus elos perdidos", ouvimos os ecos do pensamento libertário e dos atos revolucionários do final do século XVIII. Schelling escreve que "o início e o fim de toda filosofia é — a Liberdade". Essas palavras são investidas de significado e urgência em um momento em que os homens lutam para se livrar de suas correntes, para resistir à autoridade que perdeu sua pretensão de legitimidade, para construir instituições sociais mais humanas e democráticas. É nesse momento que o filósofo pode ser levado a indagar sobre a natureza da liberdade humana e seus limites, e talvez a concluir, como Schelling, que, no que diz respeito ao ego humano, "sua essência é a liberdade"; e no que diz respeito à filosofia, "a mais alta dignidade da Filosofia consiste precisamente nisso, em apostar tudo na liberdade humana".

Estamos vivendo, mais uma vez, em um momento assim. Um fermento revolucionário está arrebatando o chamado Terceiro Mundo, despertando enormes massas do torpor e da aquiescência à autoridade tradicional. Há quem considere que as sociedades industriais também estão maduras para uma mudança revolucionária — e não me refiro apenas aos representantes da Nova Esquerda.[2]

A ameaça de mudança revolucionária gera repressão e reação. Seus sinais são evidentes em várias formas, na França, na União Soviética, nos Estados Unidos — não menos importante, também na cidade onde estamos nos reunindo. É natural, então, que consideremos, abstratamente, os problemas da liberdade humana, e nos voltemos com interesse e muita atenção para o pensamento de um período anterior, quando instituições sociais arcaicas foram submetidas a análises críticas e ataques contínuos. É natural e apropriado, desde que tenhamos em mente a advertência de Schelling, que o homem nasça não apenas para especular, mas também para agir.

Um dos primeiros e mais notáveis estudos do século XVIII sobre liberdade e servidão é o *Discurso sobre a origem e os fundamentos da desigualdade entre os homens* (1755), de Rousseau, sob muitos aspectos um tratado revolucionário. Nele, Rousseau procura "expor a origem e o progresso da desigualdade, o estabelecimento e o abuso das sociedades políticas, na medida em que essas coisas podem ser deduzidas da natureza do homem apenas pela luz da razão". Suas conclusões foram tão chocantes que os juízes do concurso da Academia de Dijon, aos quais o trabalho foi originalmente apresentado, se recusaram a apreciar todo o manuscrito.[3] Nesse texto, Rousseau questiona a legitimidade de praticamente todas as instituições sociais, bem como o controle individual da propriedade e da riqueza. São "usurpações [...] baseadas apenas em um direito precário e abusivo [...] tendo sido adquiridos somente pela força, a força poderia eliminá-los sem que [os ricos] tivessem motivos para reclamar". Nem mesmo a propriedade adquirida por empenho pessoal merece "melhor denominação". Contra tal afirmação, alguém poderia objetar: "Você não sabe que uma multidão de seus irmãos morre ou sofre de necessidade do que você tem em excesso, e que você precisava do consentimento expresso e unânime da raça humana para se apropriar de qualquer coisa de subsistência comum que exceda a sua?". É contrário à lei da natureza que "um punhado de homens esteja saturado de supérfluos enquanto a multidão faminta carece de necessidades".

Rousseau argumenta que a sociedade civil não passa de uma conspiração dos ricos para garantir sua pilhagem. Hipocritamente, os ricos apelam a seus vizinhos para "instituírem regulamentos de justiça e paz aos quais todos sejam obrigados a se conformar, que não façam exceção a ninguém e que compensem de alguma forma os caprichos da fortuna submetendo igualmente os poderosos e os fracos a deveres mútuos" — as leis que, como dizia Anatole France, em sua majestade negam igualmente aos ricos e aos pobres o direito de dormir embaixo da ponte à noite. Por tais argumentos, os pobres e os fracos foram seduzidos: "Todos correram ao encontro de suas correntes pensando que garantiram sua liberdade [...]". Assim, a sociedade e as leis "deram novos grilhões aos fracos e novas forças aos ricos, destruíram para sempre a liberdade natural, estabeleceram para sempre a lei da propriedade e da desigualdade, transformaram uma usurpação esperta em um direito irrevogável, e para o lucro de alguns homens ambiciosos desde então submeteram toda a raça humana ao trabalho, à servidão e à miséria". Os governos tendem inevitavelmente ao poder arbitrário, com "sua corrupção e limites extremos". Esse poder é "ilegítimo por natureza", e novas revoluções devem

> dissolver completamente o governo ou deixá-lo mais próximo de sua instituição legítima [...] A revolta que acaba por estrangular ou destronar um sultão é um ato tão legítimo quanto aqueles pelos quais ele dispôs, no dia anterior, das vidas e bens de seus súditos. Só a força o manteve, só a força o derruba.

O interessante, nesse contexto, é o caminho que Rousseau percorre para chegar a essas conclusões "apenas pela luz da razão", começando com suas ideias sobre a natureza do homem. Ele quer enxergar o homem "como a natureza o formou". É da natureza do homem que os princípios do direito natural e os fundamentos da existência social devem ser deduzidos.

> Este mesmo estudo do homem original, de suas verdadeiras necessidades e dos princípios subjacentes aos seus deveres, é também o único meio bom que se pode usar para remover as multidões de dificuldades que se apresentam

quanto à origem da desigualdade moral, o verdadeiro fundamento do corpo político, os direitos recíprocos de seus membros e mil questões semelhantes tão importantes quanto mal explicadas.

Para determinar a natureza do homem, Rousseau passa a comparar o homem com o animal. O homem é "inteligente, livre [...] o único animal dotado de razão". Os animais são "desprovidos de intelecto e liberdade".

Em cada animal vejo apenas uma máquina engenhosa à qual a natureza deu sentidos para se revitalizar e se garantir, até certo ponto, de tudo o que tende a destruí-lo ou perturbá-lo. Percebo precisamente as mesmas coisas na máquina humana, com a diferença de que somente a natureza faz tudo nas operações de um animal, enquanto o homem contribui para suas operações ao ser um agente livre. O primeiro escolhe ou rejeita por instinto e o segundo por um ato de liberdade, de modo que um animal não pode desviar-se da regra que lhe é prescrita nem mesmo quando lhe seria vantajoso fazê-lo, e um homem se desvia dela muitas vezes para seu prejuízo [...] não é tanto a compreensão que constitui a distinção do homem entre os animais, mas o fato de ser um agente livre. A natureza comanda todos os animais, e o animal obedece. O homem sente o mesmo ímpeto, mas percebe que é livre para aquiescer ou resistir; e é sobretudo na consciência dessa liberdade que se manifesta a espiritualidade da sua alma. Pois a física explica de alguma forma o mecanismo dos sentidos e a formação das ideias; mas no poder de querer, ou melhor, de escolher, e no sentimento desse poder são encontrados apenas atos puramente espirituais sobre os quais as leis da mecânica nada explicam.

Assim, a essência da natureza humana é a liberdade do homem e a consciência da sua liberdade. E Rousseau pode dizer que "os juristas, que pronunciaram gravemente que o filho de um escravo nasceria escravo, decidiram em outros termos que um homem não nasceria homem".[4]

Políticos e intelectuais sofistas buscam maneiras de ofuscar o fato de que a propriedade essencial e definidora do homem é a sua liberdade: "eles atribuem aos homens uma inclinação natural à servidão, sem pensar que é a mesma para a liberdade, para a inocência e a virtude — seu valor só é sentido enquanto se desfruta delas e o gosto por elas se perde assim que as perdemos". Em comparação, Rousseau pergunta retoricamente "se a liberdade é a mais nobre das faculdades do homem, não é degradar a própria natureza colocar-se no nível dos animais escravizados pelo instinto, até ofender o autor de seu ser, renunciar sem reservas ao mais precioso de todos os seus dons e nos sujeitarmos a cometer todos os crimes que ele nos proíbe para agradar a um senhor feroz ou insano?" — uma pergunta que tem sido feita, em termos semelhantes, por muitos americanos resistentes ao alistamento nos últimos anos, e por muitos outros que estão começando a se recuperar da catástrofe da civilização ocidental do século XX, que confirmou tão tragicamente o julgamento de Rousseau:

> Daí surgiram as guerras nacionais, batalhas, assassinatos e represálias que fazem tremer a natureza e chocam a razão, e todos os horríveis preconceitos que classificam a honra de derramar sangue humano entre as virtudes. Os homens mais decentes aprenderam a considerar como um de seus deveres matar seus semelhantes; por fim, homens foram vistos massacrando uns aos outros aos milhares sem saber por quê; mais assassinatos foram cometidos em um único dia de luta e mais horrores na captura de uma única cidade do que os cometidos em estado de natureza durante séculos inteiros sobre toda a face da Terra.

A prova de sua doutrina de que a luta pela liberdade é um atributo humano essencial, que o valor da liberdade só é sentido enquanto se desfruta dela, Rousseau vê nas "maravilhas feitas por todos os povos livres para se proteger da opressão". Na verdade, os que abandonaram a vida de um homem livre

> não fazem nada além de se vangloriar incessantemente da paz e do repouso de que desfrutam em seus grilhões [...] Mas quando vejo os outros sacrificarem prazeres, repouso, riqueza, poder e a própria vida pela preservação desse único bem tão desdenhado pelos que o perderam; quando vejo animais nascidos livres e desprezando o cativeiro quebrarem a cabeça contra as barras de sua prisão; quando vejo multidões de selvagens inteiramente nus zombando a volúpia europeia e resistindo à fome, ao fogo, à espada e à morte só para preservar sua independência, sinto que não convém aos escravos raciocinar sobre a liberdade.

Pensamentos muito semelhantes foram expressos por Kant, quarenta anos depois. Ele não pode, diz, aceitar a proposição de que certas pessoas "não estão maduras para a liberdade", por exemplo, os servos de algum senhorio.

> Se aceitarmos essa suposição, a liberdade nunca será alcançada, pois não se pode chegar à maturidade da liberdade sem já tê-la adquirido; deve-se ser livre para aprender a usar seus poderes de forma livre e útil. As primeiras tentativas certamente serão brutais e levarão a um estado de coisas mais doloroso e perigoso que a condição anterior sob o domínio, mas também à proteção de uma autoridade externa. No entanto, só se pode chegar à razão por meio das próprias experiências e deve-se ser livre para poder empreendê-las [...] Aceitar o princípio de que a liberdade é inútil para aqueles sob seu controle e que se tem o direito de recusá-la para sempre é uma violação dos direitos do próprio Deus, que criou o homem para ser livre.[5]

A observação é particularmente interessante por causa de seu contexto. Kant estava defendendo a Revolução Francesa, durante o Terror, contra os que afirmavam ser uma demonstração de que as massas não estavam preparadas para o privilégio da liberdade. As observações de Kant têm relevância contemporânea. Nenhuma pessoa racional aprovará a violência e o terror. Em particular, o terror do Estado pós-revolucionário, caído nas mãos de uma autocracia nefasta, mais de uma vez atingiu níveis indescritíveis de selvageria. Mas nenhuma pessoa compreensiva ou humanista condenará tão rapidamente a violência que muitas vezes ocorre quando massas há muito subjugadas se levantam contra seus opressores, ou dão seus primeiros passos em direção à liberdade e à reconstrução social.

Agora gostaria de voltar ao argumento de Rousseau contra a legitimidade da autoridade estabelecida, seja do poder político ou da riqueza. É impressionante que seu argumento, até esse ponto, siga um modelo cartesiano conhecido. O homem está além dos limites da explicação física; o animal, por outro lado, é apenas uma máquina engenhosa, comandada pela lei natural. A liberdade do homem e sua consciência dessa liberdade o distinguem da máquina-animal. Os princípios da explicação mecânica são incapazes de esclarecer essas propriedades humanas, embora possam explicar a sensação e até a combinação de ideias, em que "o homem difere de um animal apenas em grau".

Para Descartes e seus seguidores, como Cordemoy, o único sinal seguro de que outro organismo tem uma mente, e portanto também está além dos limites da explicação mecânica, é o uso da linguagem da maneira humana normal e criativa, livre do controle de mecanismos identificáveis, de estímulos, novos e inovadores, adequados às situações, coerentes e engendrando em nossas mentes novos pensamentos e ideias.[6] Para os cartesianos, é óbvio pela introspecção que todos os homens têm uma mente, uma substância cuja essência é o pensamento; seu uso criativo da linguagem reflete essa liberdade de pensamento e concepção. Quando temos evidências de que outro organismo também usa a linguagem dessa maneira livre e criativa, somos levados a atribuir também a ele uma mente como a nossa. A partir de suposições semelhantes sobre os limites intrínsecos da explicação mecânica, sua incapacidade de dar conta da liberdade do homem e da consciência de sua liberdade, Rousseau passa a desenvolver sua crítica às instituições autoritárias, que negam ao homem seu atributo essencial de liberdade, em graus variados.

Se combinarmos essas especulações, podemos desenvolver uma conexão interessante entre linguagem e liberdade. A linguagem, em suas propriedades essenciais e na maneira de seu uso, fornece o critério básico para determinar que outro organismo é um ser com uma mente humana, com a capacidade humana de pensamento e autoexpressão e com a necessidade essencial do ser humano de liberdade das restrições externas da autoridade repressiva. Além disso, podemos tentar passar da investigação detalhada da linguagem e seu uso para uma compreensão mais profunda e específica da mente humana. Seguindo esse modelo, poderíamos tentar estudar outros aspectos dessa natureza humana que, como bem observa Rousseau, deve ser corretamente concebida se quisermos desenvolver, em teoria, os fundamentos de uma ordem social racional.

Voltarei a esse problema, mas primeiro gostaria de seguir um pouco mais o pensamento de Rousseau sobre a questão. Rousseau diverge da tradição cartesiana em vários aspectos. Ele define a "característica específica da espécie humana" como a "faculdade de autoaperfeiçoamento" do homem que, "com a ajuda das circunstâncias, desenvolve sucessivamente todas as outras, e reside entre nós tanto na espécie quanto no indivíduo". A faculdade de autoaperfeiçoamento e de perfeição da espécie humana por meio da transmissão cultural não é, até onde eu sei, discutida em termos semelhantes pelos cartesianos. No entanto, acho que as observações de Rousseau podem ser interpretadas como um desenvolvimento da tradição cartesiana em uma direção inexplorada, não como negação ou rejeição. Não há inconsistência na noção de que os atributos restritivos da mente fundamentam uma natureza humana em evolução histórica, que se desenvolve dentro dos limites que eles estabelecem; ou que esses atributos da mente propiciam a possibilidade de autoaperfeiçoamento; ou que, ao propiciar a consciência da liberdade, esses atributos essenciais da natureza humana dão ao homem a oportunidade de criar condições sociais e formas sociais para maximizar as possibilidades de liberdade, diversidade e autorrealização individual. Para usar uma analogia aritmética, os números inteiros não deixam de ser um conjunto infinito simplesmente porque não esgotam os números racionais. Analogamente, não é uma negação da capacidade do homem para o autoaperfeiçoamento infinito afirmar que existem propriedades intrínsecas da mente que restringem seu desenvolvimento. Gostaria de argumentar que, em certo sentido, o oposto é verdadeiro, que sem um sistema de restrições formais não há atos criativos; especificamente, na ausência de propriedades intrínsecas e restritivas da mente, pode haver apenas "modelagem do comportamento", mas não atos criativos de autoaperfeiçoamento. Além disso, a preocupação de Rousseau com o caráter evolutivo do autoaperfeiçoamento nos traz de volta, de outro ponto de vista, a uma preocupação com a linguagem humana, que pareceria ser um pré-requisito para tal evolução da sociedade e da cultura, para o aperfeiçoamento da espécie segundo Rousseau, para além das formas mais rudimentares.

Rousseau afirma que, "embora o órgão da fala seja natural ao homem, a própria fala não é natural a ele". Mais uma vez, não vejo inconsistência entre essa observação e a típica visão cartesiana de que as habilidades inatas são "deposicionais", faculdades que nos levam a produzir ideias (especificamente, ideias inatas) de uma maneira particular sob determinadas condições de estimulação externa, mas que também proporcionam a capacidade de proceder em nosso pensamento sem esses fatores externos. Assim, a linguagem também é natural ao homem apenas de uma maneira específica. Essa é uma percepção importante e, acredito, fundamental dos linguistas racionalistas, que foi desconsiderada, em grande parte, sob o impacto da psicologia empirista no século XVIII, e desde então.[7]

Rousseau discute longamente a origem da linguagem, embora confesse ser incapaz de abordar o problema de maneira satisfatória. Assim, se os homens precisavam da fala para aprender a pensar, tinham uma necessidade ainda maior de saber como pensar para descobrir a arte da fala [...] De modo que dificilmente se pode formar conjecturas defensáveis sobre essa arte de comunicar pensamentos e estabelecer intercurso entre mentes; uma arte sublime que agora está muito longe de sua origem [...]

Rousseau afirma que "as ideias gerais só podem vir à mente com a ajuda de palavras, e o entendimento as capta apenas por meio de proposições" — fato que impede os animais, desprovidos de razão, de formular tais ideias ou de adquirir "a perfectibilidade que depende delas". Assim, ele não consegue conceber os meios pelos quais "nossos novos gramáticos começaram a estender suas ideias e generalizar suas palavras", ou desenvolver os meios "para expressar todos os pensamentos dos homens": "números, palavras abstratas, aoristos e todos os tempos dos verbos, afixos, sintaxe, a ligação das proposições, raciocínio e a formação de toda a lógica do discurso". Ele especula sobre os estágios posteriores do aperfeiçoamento da espécie, "quando as ideias dos homens começaram a se disseminar e a se multiplicar, e quando uma comunicação mais próxima foi estabelecida entre eles, [e] eles buscaram sinais mais numerosos e uma linguagem mais extensa". Mas ele deve, infelizmente, abandonar "o seguinte problema difícil: o que era mais necessário, a sociedade previamente formada para a instituição das línguas, ou línguas previamente inventadas para o estabelecimento da sociedade?".

Os cartesianos cortam o nó górdio postulando a existência de uma característica específica da espécie, uma segunda substância que serve como o que poderíamos chamar de "princípio criativo", ao lado do "princípio mecânico" que determina totalmente o comportamento dos animais. Não havia, para eles, necessidade de explicar a origem da linguagem no curso da evolução histórica. Em vez disso, a natureza do homem é qualitativamente distinta: não há uma passagem do corpo para a mente. Podemos reinterpretar essa ideia em termos mais atuais especulando quais mutações repentinas e radicais podem ter gerado características de inteligência que são, até onde sabemos, exclusivas do homem, sendo a posse da linguagem no sentido humano o índice mais distintivo dessas características.[8] Se isso estiver correto, ao menos como uma primeira abordagem dos fatos, pode-se esperar que o estudo da linguagem ofereça uma cunha de entrada, ou talvez um modelo, para uma investigação da natureza humana que forneceria a base para uma teoria muito mais ampla da natureza humana.

Para concluir essas observações históricas, gostaria de me voltar, como já fiz em outros textos,[9] para Wilhelm von Humboldt, um dos pensadores mais estimulantes e intrigantes do período. Humboldt foi, por um lado, um dos teóricos que mais se aprofundou na linguística geral e, por outro, um dos primeiros e vigorosos defensores dos valores libertários. O conceito básico de sua filosofia é o *Bildung*, com o qual, como J. W. Burrow expressa, "ele definia o desenvolvimento mais completo, mais rico e mais harmonioso das potencialidades do indivíduo, da comunidade ou da raça humana".[10] Seu pensamento pode servir como um caso exemplar. Embora, que eu saiba, ele não relacione explicitamente suas ideias sobre linguagem com seu pensamento social libertário, há claramente um terreno comum a partir do qual elas se desenvolvem, um conceito de natureza humana que inspira cada uma delas. O ensaio de Mill sobre a liberdade usa como epígrafe a formulação de Humboldt do "princípio primeiro" do seu pensamento: "a importância absoluta e essencial do desenvolvimento humano em sua mais rica diversidade". Humboldt conclui sua crítica ao Estado autoritário afirmando: "Sempre me senti animado por um sentimento do mais profundo respeito pela dignidade inerente à natureza humana, e pela liberdade, que por si só condiz a essa dignidade". Resumidamente, seu conceito de natureza humana é o seguinte:

> A verdadeira finalidade do Homem, ou o que é prescrito pelos eternos e imutáveis ditames da razão, e não sugerido por desejos vagos e transitórios, é o desenvolvimento mais elevado e mais harmonioso de seus poderes até um todo completo e consistente. Liberdade é a primeira e indispensável condição que a possibilidade de tal desenvolvimento pressupõe; mas ainda há outra essencial — intimamente ligada à liberdade, é verdade — uma variedade de situações.[11]

Como Rousseau e Kant, ele afirma que

> nada promove tanto essa maturidade para a liberdade quanto a própria liberdade. Essa verdade, talvez, não seja reconhecida por aqueles que tantas vezes usaram essa imaturidade como desculpa para continuar a repressão. Mas me parece decorrer inquestionavelmente da própria natureza do homem.

A incapacidade para a liberdade só pode surgir de um desejo de poder moral e intelectual; aumentar esse poder é a única maneira de suprir esse desejo; mas fazer isso pressupõe o exercício do poder, e esse exercício pressupõe a liberdade que desperta a atividade espontânea. Só está claro que não podemos chamar isso de dar liberdade, quando se relaxam os laços que não são sentidos como tais por quem os usa. Mas de nenhum homem na Terra — por mais negligenciado pela natureza, e por mais degradado pelas circunstâncias — isso é verdade para todos os laços que o oprimem. Vamos desfazê-los um por um, à medida que o sentimento de liberdade desperta no coração dos homens, e apressaremos o progresso a cada passo.

Os que não compreendem isso "podem ser justamente suspeitos de entender mal a natureza humana e de querer transformar homens em máquinas".

O homem é fundamentalmente um ser criativo, inquisitivo e em busca do autoaperfeiçoamento: "inquirir e criar — esses são os centros em torno dos quais todas as atividades humanas revolvem mais ou menos diretamente". Mas a liberdade de pensamento e esclarecimento não é apenas para a elite. Mais uma vez ecoando Rousseau, Humboldt afirma: "Há algo degradante para a natureza humana na ideia de recusar a qualquer homem o direito de ser homem". Assim, ele é otimista quanto aos efeitos de toda "a difusão do conhecimento científico pela liberdade e o esclarecimento". Mas "toda a cultura moral brota única e imediatamente da vida interior da alma, e só pode ser estimulada na natureza humana, e nunca produzida por maquinações externas e artificiais [...] O cultivo da compreensão, como de qualquer outra faculdade do homem, geralmente é alcançado por sua própria atividade, sua engenhosidade ou seus métodos próprios de usar as descobertas de outros [...]". Assim, a educação deve fornecer as oportunidades de autorrealização; pode, na melhor das hipóteses, propiciar um ambiente rico e desafiador para o indivíduo explorar, à sua maneira. Nem mesmo uma língua pode, estritamente falando, ser ensinada, mas apenas "despertada na mente: pode-se apenas prover o fio ao longo do qual ela se desenvolverá por si mesma". Penso que Humboldt teria sido simpático a boa parte do pensamento de Dewey sobre educação. E ele também poderia ter apreciado a recente extensão revolucionária dessas ideias, por exemplo, pelos católicos radicais da América Latina que estão preocupados com o "despertar da consciência", referindo-se à "transformação das classes inferiores, passivas e exploradas, em agentes conscientes e críticos de seus próprios destinos",[12] muito à maneira dos revolucionários do Terceiro Mundo em outras partes. Ele teria, tenho certeza, aprovado suas críticas às escolas que estão

> mais preocupadas com a transmissão do conhecimento do que com a criação, entre outros valores, de um espírito crítico. Do ponto de vista social, os sistemas educacionais são orientados a manter as estruturas sociais e econômicas existentes em vez de transformá-las.[13]

Mas o interesse de Humboldt pela espontaneidade vai muito além da prática educacional no sentido estrito. Toca também a questão do trabalho e da exploração. As observações, recém-citadas, sobre o cultivo da compreensão por meio da ação espontânea continuam assim:

> [...] o homem nunca considera o que possui tanto como seu, como o que ele faz; e o trabalhador que cuida de um jardim talvez seja, em um sentido mais verdadeiro, seu dono, mais do que o letárgico voluptuoso que usufrui de seus frutos [...] Em vista dessa consideração,[14] parece que todos os camponeses e artesãos podem ser elevados a artistas; isto é, os homens que amam seu trabalho por ele mesmo, aperfeiçoam-no por seu próprio gênio plástico e capacidade inventiva, e portanto cultivam o intelecto, enobrecem o caráter e exaltam e refinam seus prazeres. E assim a humanidade seria enobrecida pelas mesmas coisas que agora, apesar de belas em si mesmas, tantas vezes servem para degradá-la [...] Mas, ainda assim, liberdade é indubitavelmente a condição indispensável, sem a qual nem mesmo as atividades mais congeniais à natureza humana individual jamais conseguirão produzir tais influências salutares. Tudo o que não brota da livre escolha de um homem, ou for apenas o resultado de instruções e orientação, não entra em seu próprio ser, mas permanece estranho à sua verdadeira natureza; ele não o realiza com energias verdadeiramente humanas, mas apenas com exatidão mecânica.

Se um homem age de maneira puramente mecânica, reagindo a exigências ou instruções externas e não da maneira determinada por seus próprios interesses, energias e poder, "podemos admirar o que ele faz, mas desprezamos o que ele é".[15]

Nessas concepções, Humboldt fundamenta suas ideias quanto ao papel do Estado, que tende a "fazer do homem um instrumento para servir a seus fins arbitrários, ignorando seus propósitos individuais". Sua doutrina é liberal clássica, fortemente oposta a todas as formas, exceto às mais mínimas, de intervenção estatal na vida pessoal ou social.

Escrevendo nos anos 1790, Humboldt não tinha nenhuma concepção das formas que o capitalismo industrial tomaria. Por isso não está muito preocupado com os perigos do poder privado.

> Mas quando refletimos (ainda mantendo a teoria distinta da prática) que a influência de uma pessoa privada é passível de diminuição e decadência, por competição, dissipação da fortuna e até morte; e que claramente nenhuma dessas contingências pode ser aplicada ao Estado; resta-nos ainda o princípio de que este não deve interferir em nada que não se refira exclusivamente à segurança [...]

Ele fala da igualdade essencial da condição de cidadãos privados, e é claro que não tem ideia das maneiras como a noção de "pessoa privada" viria a ser reinterpretada na era do capitalismo corporativo. Não previu que "a Democracia com seu lema de *igualdade de todos os cidadãos perante a lei* e o Liberalismo com seu *direito do homem sobre sua própria pessoa* [seriam] destroçados nas realidades da economia capitalista".[16] Não previu que, em uma economia capitalista predatória, a intervenção do Estado seria uma necessidade absoluta para preservar a existência humana e evitar a destruição do ambiente físico — falo com otimismo. Como Karl Polanyi, por exemplo, observou, o mercado autoajustável "não poderia existir por muito tempo sem aniquilar a substância humana e natural da sociedade; teria destruído fisicamente o homem e transformado seu entorno em um deserto".[17] Humboldt não previu as consequências do caráter mercantil do trabalho, a doutrina (nas palavras de Polanyi) de que "não cabe à mercadoria decidir onde deve ser colocada à venda, com que propósito deve ser usada, até que preço deve poder mudar de mãos e de que maneira deve ser consumida ou destruída". Mas a mercadoria, nesse caso, é uma vida humana, e a proteção social era, portanto, uma necessidade mínima para refrear o funcionamento irracional e destrutivo do livre mercado clássico. Tampouco Humboldt compreendia que as relações econômicas capitalistas perpetuavam uma forma de servidão que, já em 1767, Simon Linguet declarara ser ainda pior que a escravidão.

> É a impossibilidade de viver por qualquer outro meio que compele nossos lavradores a arar o solo cujos frutos não comem, e nossos pedreiros a construir prédios nos quais não vivem. É a carência que os arrasta aos mercados onde esperam os senhorios que lhes farão a gentileza de comprá-los. É a necessidade que os compele a se ajoelhar diante do homem rico para obter dele permissão para enriquecê-lo [...] Que ganho efetivo a abolição da escravidão lhe trouxe? [...] Ele é livre, você diz. Ah! Essa é a sua desgraça. O escravo era precioso para seu senhor por causa do dinheiro que lhe custou. Mas o artesão não custa nada ao rico voluptuoso que o emprega [...] Esses homens, diz-se, não têm um senhor — eles têm um, e o mais terrível, o mais imperioso dos senhores, que é a *necessidade*. É isso que os reduz à mais cruel dependência.[18]

Se há algo degradante para a natureza humana na ideia da servidão, uma nova emancipação deve ser aguardada, a "terceira e última fase emancipatória da história" de Fourier, que transformará o proletariado em homens livres, eliminando o caráter mercantil do trabalho, acabando com a escravidão assalariada e colocando as instituições comerciais, industriais e financeiras sob controle democrático.[19]

Talvez Humboldt pudesse ter aceitado essas conclusões. Ele concorda que a intervenção do Estado na vida social é legítima se "a liberdade destruir as próprias condições sem as quais não apenas a liberdade, mas até a própria existência seriam inconcebíveis" — exatamente as circunstâncias que surgem em uma economia capitalista irrestrita. De qualquer forma, sua crítica à burocracia e ao Estado autocrático permanece como um alerta eloquente de alguns dos aspectos mais funestos da história moderna, e a base de sua crítica é aplicável a uma gama mais ampla de instituições coercitivas do que ele imaginava.

Apesar de expressar uma doutrina liberal clássica, Humboldt não é um individualista primitivo no estilo de Rousseau. Rousseau exalta o selvagem que "vive em si mesmo"; pouco lhe serve "o homem sociável, sempre fora de si mesmo, [que] só sabe viver da opinião dos outros [...] de [cujo] julgamento solitário [...] ele extrai o sentimento de sua própria existência".[20] A visão de Humboldt é bem diferente:

[...] todo o teor das ideias e argumentos desenvolvidos neste ensaio poderia ser reduzido a isto, que por mais que rompessem todos os grilhões da sociedade humana, eles tentariam encontrar tantos novos laços sociais quanto possível. O homem isolado não é mais capaz de se desenvolver do que um que esteja agrilhoado.

Assim, ele anseia por uma comunidade de livre associação sem coerção do Estado ou de outras instituições autoritárias, em que homens livres possam criar e inquirir, e alcançar o máximo do desenvolvimento de seus poderes — muito à frente de seu tempo, ele apresenta uma visão anarquista apropriada, talvez, para o estágio seguinte da sociedade industrial. Talvez possamos almejar o dia em que essas várias vertentes serão reunidas dentro da estrutura do socialismo libertário, uma forma social que atualmente praticamente inexiste, embora seus elementos possam ser percebidos: na garantia dos direitos individuais que atingiu sua forma mais elevada — ainda que tragicamente falha — nas democracias ocidentais; nos *kibutzim* israelenses; nas experiências com conselhos operários na Iugoslávia; no esforço de despertar a consciência popular e criar um novo envolvimento no processo social, que é um elemento fundamental nas revoluções do Terceiro Mundo, coexistindo incomodamente com práticas autoritárias indefensáveis.

Um conceito semelhante da natureza humana está subjacente ao trabalho de Humboldt sobre a linguagem. A linguagem é um processo de criação livre; suas leis e princípios são fixos, mas a maneira como os princípios de geração são usados é livre e infinitamente variada. Até mesmo a interpretação e o uso das palavras envolvem um processo de criação livre. O uso normal da linguagem e a aquisição da linguagem dependem do que Humboldt chama de forma fixa da linguagem, um sistema de processos generativos enraizado na natureza da mente humana que constrange, mas não determina, as criações livres da inteligência normal ou, em um nível mais elevado e original, do grande escritor ou pensador. Humboldt é, por um lado, um platônico que insiste em que aprender é uma espécie de reminiscência, na qual a mente, estimulada pela experiência, extrai de seus próprios recursos internos e segue um caminho que ela mesma determina; e é também um romântico, sintonizado com a variedade cultural e as infinitas possibilidades das contribuições espirituais do gênio criativo. Não há contradição nisso, assim como não há contradição na insistência da teoria estética em que obras individuais de gênio são limitadas por princípios e regras. O uso normal e criativo da linguagem, que para o racionalista cartesiano é o melhor indicador da existência de outra mente, pressupõe um sistema ou regras e princípios generativos do tipo que os gramáticos racionalistas tentaram, com algum sucesso, determinar e tornar explícitos.

Os vários críticos modernos que veem inconsistência na convicção de que a criação livre ocorre dentro — pressupõe, de fato — de um sistema de restrições e princípios diretivo estão muito enganados; a menos, é claro, que estejam falando de "contradição" no sentido vago e metafórico de Schelling, quando escreve que "sem a contradição da necessidade e da liberdade, não apenas a filosofia, mas toda ambição mais nobre do espírito afundaria naquela morte que é peculiar às ciências em que essa contradição não tem qualquer função". Sem essa tensão entre necessidade e liberdade, regra e escolha, não pode haver criatividade, comunicação, nenhuma ação significativa.

Discuti longamente essas ideias tradicionais, não por interesse antiquário, mas por achar que são valiosas e essencialmente corretas, e que projetam um curso que podemos seguir com proveito. A ação social deve ser estimulada pela visão de uma sociedade futura e por julgamentos explícitos de valor sobre o caráter dessa sociedade futura. Esses julgamentos devem derivar de algum conceito da natureza do homem, e pode-se buscar fundamentos empíricos investigando a natureza do homem como revelada por seu comportamento e suas criações, materiais, intelectuais e sociais. Talvez tenhamos chegado a um ponto na história em que é possível pensar seriamente em uma sociedade em que os laços sociais livremente constituídos substituam os grilhões das instituições autocráticas, mais ou menos no sentido transmitido pelas observações que citei de Humboldt, e elaborado com mais detalhes na tradição do socialismo libertário nos anos que se seguiram.[21]

O capitalismo predatório criou um sistema industrial complexo e uma tecnologia avançada; permitiu uma aplicação considerável da prática democrática e promoveu certos valores liberais, mas dentro de limites que agora estão sendo pressionados e precisam ser superados. Não é um sistema adequado para meados do século XX. É incapaz de atender às necessidades humanas que só podem ser expressas em termos coletivos, e seu conceito do homem competitivo que busca apenas maximizar riqueza e poder, que se submete às relações de mercado, à exploração e à autoridade externa, é anti-humano e intolerável no sentido mais profundo. Um Estado autocrático não é um substituto aceitável; nem o capitalismo de um Estado militarizado que se desenvolve nos Estados Unidos, ou o Estado de bem-estar social centralizado e burocratizado podem ser aceitos como o objetivo da existência humana. A única justificativa para instituições repressivas é o déficit material e cultural. Mas essas instituições, em certos estágios da história, perpetuam e produzem tal déficit, e até mesmo ameaçam a sobrevivência humana. A ciência e a tecnologia modernas podem aliviar os homens da necessidade de trabalho especializado e imbecil. Podem, em princípio, proporcionar a base para uma ordem social racional baseada na livre associação e no controle democrático, se tivermos a vontade de criá-la.

Uma visão de uma ordem social futura é, por sua vez, baseada em um conceito da natureza humana. Se de fato o homem é um ser indefinidamente maleável, totalmente moldável, sem estruturas mentais inatas e sem necessidades intrínsecas de caráter cultural ou social, será então um sujeito adequado para a "formação de comportamento" pela autoridade estatal, pelo gerente corporativo, pelo tecnocrata ou pelo comitê central. Os que têm alguma confiança na espécie humana terão a esperança de que não seja assim e irão tentar determinar as características humanas intrínsecas que propiciam a estrutura para o desenvolvimento intelectual, o crescimento da consciência moral, as realizações culturais e a participação em uma comunidade livre. De maneira parcialmente análoga, uma tradição clássica falava do gênio artístico agindo no âmbito, e de certa forma desafiando uma estrutura de regras. Aqui tocamos em assuntos pouco compreendidos. Parece-me que precisamos romper, drástica e radicalmente, com boa parte das ciências sociais e comportamentais modernas se quisermos avançar para uma compreensão mais profunda dessas questões.[22]

Aqui, também, acho que a tradição que revisei brevemente tem uma contribuição a oferecer. Como observei, os que se interessaram pela singularidade e o potencial humanos repetidamente foram levados a considerar as propriedades da linguagem. Acredito que o estudo da linguagem pode fornecer alguns vislumbres de compreensão do comportamento regido por regras e as possibilidades de ação livre e criativa dentro da estrutura de um sistema de regras que, pelo menos em parte, refletem propriedades intrínsecas da organização mental humana. Parece-me justo considerar o estudo contemporâneo da linguagem como uma forma de retorno ao conceito humboldtiano da forma da linguagem: um sistema de processos generativos enraizados em propriedades inatas da mente, mas permitindo, nas palavras de Humboldt, um uso infinito de meios finitos. A linguagem não pode ser definida como um sistema de organização do comportamento. Para entender como a linguagem é usada, precisamos descobrir a forma abstrata de linguagem humboldtiana — sua gramática gerativa, em termos modernos. Aprender uma língua é construir para si mesmo esse sistema abstrato, sem dúvida inconscientemente. O linguista e o psicólogo só podem estudar o uso e a aquisição da linguagem na medida em que tenham alguma compreensão das propriedades do sistema que foi dominado pela pessoa que conhece a língua. Ademais, parece-me que existe um bom argumento que apoia a afirmação empírica de que tal sistema pode ser adquirido, sob determinadas condições de tempo e acesso, apenas por uma mente dotada de certas propriedades específicas que podemos agora provisoriamente descrever com algum detalhe. Enquanto nos restringirmos, conceitualmente, ao estudo do comportamento, de sua organização, do seu desenvolvimento pela interação com o ambiente, estaremos fadados a perder essas características da linguagem e da mente. Outros aspectos da psicologia e da cultura humanas podem, em princípio, ser estudados de forma semelhante.

É concebível que dessa maneira possamos desenvolver uma ciência social baseada em proposições empiricamente bem fundamentadas sobre a natureza humana. Assim como estudamos a gama das linguagens humanamente alcançáveis, com algum sucesso, também podemos tentar estudar as formas de expressão artística ou, a propósito, o conhecimento científico que os humanos podem conceber, e talvez até a gama de sistemas éticos e estruturas sociais em que os humanos podem viver e funcionar, dadas as suas capacidades e necessidades intrínsecas. Talvez seja possível continuar projetando um conceito de organização social que — sob dadas condições de cultura material e espiritual — encorajaria e acomodaria melhor a necessidade humana fundamental — se assim for — de iniciativa espontânea, trabalho criativo, solidariedade, busca de justiça social.

Não quero exagerar, como sem dúvida fiz, o papel do estudo da linguagem. A linguagem é o produto da inteligência humana, no momento, mais acessível ao estudo. Uma rica tradição considerava a linguagem um espelho da mente. Até certo ponto, certamente há uma verdade e um discernimento valiosos nessa ideia.

Não estou menos confuso com o tópico "linguagem e liberdade" do que quando comecei — e nem menos intrigado. Nessas observações especulativas e imprecisas há lacunas tão grandes que se pode questionar o que permaneceria, quando as metáforas e as suposições infundadas fossem removidas. É sensato perceber — como acredito que devemos — quão pouco progredimos em nosso conhecimento do homem e da sociedade, ou mesmo na formulação clara dos problemas que podem ser seriamente estudados. Mas existem, acredito, alguns pontos de apoio que parecem bastante firmes. Gosto de acreditar que o estudo intensivo de um aspecto da psicologia humana — da linguagem humana — pode contribuir para uma ciência social humanista, que servirá também como instrumento para a ação social. É desnecessário ressaltar que a ação social não pode esperar uma teoria solidamente estabelecida sobre o homem e a sociedade, nem a validade desta última pode ser determinada por nossas esperanças e julgamentos morais. As duas coisas — especulação e ação — devem progredir da melhor forma possível, em busca do dia em que a investigação teórica fornecerá um guia firme para a luta interminável, muitas vezes difícil, mas nunca sem esperança, por liberdade e justiça social.

7

NOTAS SOBRE O ANARQUISMO

Um escritor francês, simpatizante do anarquismo, escreveu nos anos 1890 que "o anarquismo tem as costas largas, como o papel, ele resiste a qualquer coisa" — inclusive, observou, aqueles cujos atos são tais que "um inimigo mortal do anarquismo não poderia ter feito melhor".[1] Houve muitos estilos de pensamento e ação que foram chamados de "anarquistas". Seria inútil tentar abranger todas essas tendências conflitantes em alguma teoria ou ideologia geral. E, mesmo se tentarmos extrair da história do pensamento libertário uma tradição viva e em evolução, como Daniel Guérin faz em *Anarchism* [Anarquismo], continua sendo difícil formular suas doutrinas como uma teoria específica e determinada da sociedade e da mudança social. O historiador anarquista Rudolf Rocker, que apresenta uma concepção sistemática do desenvolvimento do pensamento anarquista levando ao anarcossindicalismo, em linhas que podem ser comparadas à obra de Guérin, coloca bem a questão quando escreve que o anarquismo não é

> um sistema social fixo e fechado em si mesmo, mas sim uma tendência definida no desenvolvimento histórico da humanidade, que, em contraste com a tutela intelectual de todas as instituições clericais e governamentais, se esforça para o desenvolvimento livre e desimpedido de todas as forças individuais e

---

Este ensaio é uma versão revisada da introdução de *Anarchism: From Theory to Practice* de Daniel Guérin (Nova York, Monthly Review Press, 1970). Uma versão ligeiramente diferente foi publicada na *New York Review of Books*, 21 de maio de 1970, e reimpresso em *For Reasons of State* (Nova York, Pantheon Books, 1973; Nova York, The New Press, 2003), p. 370-86.

sociais da vida. Mesmo a liberdade é apenas um conceito relativo, não absoluto, pois constantemente tende a se tornar mais abrangente e a afetar círculos mais amplos de maneiras mais variadas. Para o anarquista, a liberdade não é um conceito filosófico abstrato, mas a possibilidade concreta vital de cada ser humano desenvolver plenamente todos os poderes, capacidades e talentos com os quais a natureza o dotou, e transformá-los em um valor social. Quanto menos esse desenvolvimento natural do homem for influenciado pela tutela eclesiástica ou política, mais eficiente e harmoniosa se tornará a personalidade humana, mais se tornará a medida da cultura intelectual da sociedade em que se desenvolveu.[2]

Pode-se perguntar que valor há em estudar uma "tendência definida no desenvolvimento histórico da humanidade" que não articula uma teoria social específica e detalhada. De fato, muitos comentaristas descartam o anarquismo como utópico, sem forma, primitivo ou incompatível com as realidades de uma sociedade complexa. Pode-se argumentar, no entanto, de maneira bem diferente: que, em cada estágio da história, nosso interesse deve ser o de desmantelar as formas de autoridade e opressão que sobrevivem de uma época em que poderiam ter sido justificadas em termos da necessidade de segurança ou sobrevivência ou desenvolvimento econômico, mas que isso agora contribui para — em vez de aliviar — o déficit material e cultural. Se assim for, não haverá doutrina de mudança social fixa para o presente e o futuro, nem mesmo, necessariamente, um conceito específico e imutável dos objetivos para os quais a mudança social deve tender. Com certeza, nossa compreensão da natureza do homem ou da gama de formas sociais viáveis é tão rudimentar que qualquer doutrina de longo alcance deve ser tratada com grande ceticismo, assim como o ceticismo é evocado quando ouvimos que a "natureza humana", ou "as exigências de eficiência", ou "a complexidade da vida moderna" requerem esta ou aquela forma de opressão e governo autocrático.

No entanto, em um determinado momento, há todas as razões para desenvolver, na medida em que nossa compreensão permite, uma compreensão específica dessa tendência definida no desenvolvimento histórico da humanidade, adequada às tarefas do momento. Para Rocker, "o problema que se coloca para o nosso tempo é o de libertar o homem da maldição da exploração econômica e da escravização política e social"; e o método não é a conquista e o exercício do poder de Estado, nem o parlamentarismo estupidificante, mas sim "reconstruir a vida econômica dos povos desde a base e construí-la no espírito do socialismo".

> Mas somente os próprios produtores estão aptos a essa tarefa, pois são o único elemento criador de valor na sociedade, a partir do qual um novo futuro pode surgir. Deve ser deles a tarefa de libertar o trabalho de todos os grilhões com que a exploração econômica os prendeu, de libertar a sociedade de todas as instituições e procedimentos do poder político e de abrir caminho para uma aliança de grupos livres de homens e mulheres baseados no trabalho cooperativo e numa administração planejada das coisas no interesse da comunidade. Preparar as massas trabalhadoras na cidade e no campo para esse grande objetivo e uni-las como uma força militante é o objetivo do anarcossindicalismo moderno, e nisso todo o seu propósito se esgota. (p. 108)

Como socialista, Rocker teria como certo "que a libertação séria, final e completa dos trabalhadores só é possível com uma condição: a da apropriação do capital, isto é, da matéria-prima e de todas as ferramentas de trabalho, inclusive a terra, por todo o corpo dos trabalhadores".[3] Como anarcossindicalista, além disso ele insiste que as organizações de trabalhadores criem "não só ideias, mas também os fatos do próprio futuro" nos períodos pré-revolucionários, que incorporem em si mesmos a estrutura da sociedade futura — e anseia por uma revolução social que irá desmantelar o aparato estatal, bem como expropriar os expropriadores. "O que colocamos no lugar do governo é a organização industrial."

> Os anarcossindicalistas estão convencidos de que uma ordem econômica socialista não pode ser criada pelos decretos e estatutos de um governo, mas apenas pela colaboração solidária dos trabalhadores com mãos e cérebros em cada ramo específico da produção; isto é, com a gestão de todas as fábricas sendo assumidas pelos próprios produtores, de tal forma que os grupos, as fábricas e os ramos da indústria separados sejam membros independentes do organismo econômico geral e continuem sistematicamente a produção e a distribuição dos produtos no interesse da comunidade com base em acordos mútuos livres. (p. 94)

Rocker escrevia em uma época em que essas ideias foram colocadas em prática de forma dramática na Revolução Espanhola. Pouco antes de sua eclosão, o economista anarcossindicalista Diego Abad de Santillán escreveu:

> [...] ao enfrentar o problema da transformação social, a Revolução não pode considerar o Estado como meio, mas deve depender da organização dos produtores.
> Temos seguido essa norma e não encontramos necessidade da hipótese de um poder superior ao trabalho organizado para estabelecer uma nova ordem de coisas. Agradeceríamos a qualquer um que nos indicasse qual função, se houver alguma, o Estado pode ter numa organização econômica em que a propriedade privada foi abolida e na qual o parasitismo e o privilégio especial não têm lugar. A supressão do Estado não pode ser um assunto lânguido; deve ser tarefa da Revolução acabar com o Estado. Ou a Revolução provê riqueza social aos produtores, caso em que os produtores se organizam para a devida distribuição coletiva e o Estado não tem nada a fazer; ou a Revolução não provê riqueza social aos produtores, caso em que a Revolução foi uma mentira e o Estado continuaria.
> Nosso conselho federal de economia não é um poder político, mas um poder regulador econômico e administrativo. Recebe sua orientação de baixo e opera de acordo com as resoluções das assembleias regionais e nacionais. É um corpo de ligação e nada mais.[4]

Engels, em carta de 1883, expressou seu desacordo com essa concepção da seguinte forma:

> Os anarquistas puseram a coisa de cabeça para baixo. Eles declaram que a revolução proletária deve *começar* eliminando a organização política do Estado [...] Mas destruí-lo em tal momento seria destruir o único organismo por meio do qual o proletariado vitorioso pode afirmar seu poder recém-conquistado, conter seus adversários capitalistas e realizar a revolução econômica da sociedade sem a qual toda a vitória deve terminar em uma nova derrota e em um massacre em massa dos trabalhadores semelhante aos que se seguiram à comuna de Paris.[5]

Em comparação, os anarquistas — mais eloquentemente Bakunin — alertaram para os perigos da "burocracia vermelha", que provaria ser "a mais vil e terrível mentira que nosso século criou".[6] O anarcossindicalista Fernand Pelloutier perguntou: "Deve mesmo o Estado transitório ao qual temos de nos submeter ser necessária e fatalmente a prisão coletivista? Não pode consistir em uma organização livre limitada exclusivamente pelas necessidades de produção e consumo, com todas as instituições políticas desaparecendo?".[7]

Não posso dizer que sei a resposta para essa pergunta. Mas parece claro que, a menos que haja, de alguma forma, uma resposta positiva, as chances de uma revolução verdadeiramente democrática realizar os ideais humanísticos da esquerda não são grandes. Martin Buber enunciou o problema de forma sucinta quando escreveu: "Não se pode esperar da natureza das coisas que uma arvorezinha que foi transformada em um porrete produza folhas".[8] A questão da conquista ou destruição do poder do Estado é o que Bakunin considerava o elemento principal que o separava de Marx.[9] De uma forma ou de outra, o problema surgiu repetidamente no século desde então, dividindo socialistas "libertários" de "autoritários".

Apesar dos alertas de Bakunin sobre a burocracia vermelha e sua implantação sob a ditadura de Stálin, seria obviamente um erro grosseiro na interpretação dos debates de um século atrás se basear nas reivindicações dos movimentos sociais contemporâneos quanto às suas origens históricas. Em particular, é uma deturpação considerar o bolchevismo como "marxismo na prática". Na verdade, a crítica de esquerda ao bolchevismo, levando em consideração as circunstâncias históricas da Revolução Russa, é muito mais fundamentada.[10]

> O antibolchevismo, movimento trabalhista de esquerda, se opôs aos leninistas porque não chegaram muito longe na exploração das revoltas russas para fins estritamente proletários. Eles se tornaram prisioneiros do ambiente e usaram os movimentos internacionais radicais para satisfazer necessidades específicas da Rússia, que logo se tornaram sinônimo das necessidades do Estado-Partido bolchevique. Os aspectos "burgueses" da Revolução Russa foram agora descobertos no próprio bolchevismo: o leninismo foi adjudicado como parte da social-democracia internacional, diferindo desta última apenas sobre questões táticas.[11]

Se pudermos apontar uma única ideia essencial no âmbito da tradição anarquista, deveria, acredito, ser a expressa por Bakunin quando, ao escrever sobre a Comuna de Paris, ele se identificou da seguinte forma:

> Sou um amante fanático da liberdade, considerando-a como a condição única sob a qual a inteligência, a dignidade e a felicidade humanas podem se desenvolver e crescer; não a liberdade puramente formal concedida, medida e regulada pelo Estado, uma eterna mentira que na realidade nada mais representa que o privilégio de alguns alicerçado na escravidão dos demais; não a liberdade individualista, egoísta, medíocre e fictícia preconizada pela Escola de J. J. Rousseau e outras escolas do liberalismo burguês, que consideram os pretensos direitos de todos os homens, representados pelo Estado que limita os direitos de cada um — uma ideia que inevitavelmente leva à redução dos direitos de cada um a zero. Não, estou falando da única liberdade digna do nome, liberdade que consiste no pleno desenvolvimento de todas as faculdades materiais, intelectuais e morais latentes em cada um; liberdade que não reconhece outras restrições além daquelas determinadas pelas leis da nossa própria natureza individual, que não podem ser propriamente consideradas restrições, pois essas leis não são impostas por nenhum legislador externo ao nosso lado ou acima de nós, mas são imanentes e inerentes, formando a própria base de nosso ser material, intelectual e moral — que não nos limitam, mas são as condições reais e imediatas da nossa liberdade.[12]

Essas ideias surgem do Iluminismo; suas raízes estão no *Discurso sobre a desigualdade* de Rousseau, em *Os limites da ação do Estado* de Humboldt, na insistência de Kant, em sua defesa da Revolução Francesa, em que a liberdade é a precondição para adquirir a maturidade para a liberdade, não um presente a ser concedido quando se chega a essa maturidade (ver capítulo 6, p. 112-3). Com o desenvolvimento do capitalismo industrial, um novo e imprevisto sistema de injustiça, foi o socialismo libertário que preservou e ampliou a mensagem humanista radical do Iluminismo e os ideais liberais clássicos que foram pervertidos em uma ideologia para sustentar a ordem social emergente. Na verdade, baseadas nos mesmos pressupostos que levaram o liberalismo clássico a se opor à intervenção do Estado na vida social, as relações sociais capitalistas também são intoleráveis. Isso fica claro, por exemplo, na obra clássica de Humboldt, *Os limites da ação do Estado*, que antecipou e talvez inspirou Mill e à qual voltaremos a seguir. Esse clássico do pensamento liberal, concluído em 1792, é em sua essência profundamente, ainda que prematuramente, anticapitalista. Suas ideias devem ser atenuadas até se tornarem irreconhecíveis para se transmutarem em uma ideologia do capitalismo industrial.

A visão de Humboldt de uma sociedade em que os grilhões sociais são substituídos por laços sociais e o trabalho seja livremente assumido sugere o Marx original (ver capítulo 6, nota 16), com sua discussão sobre a "alienação do trabalho quando o trabalho é externo ao trabalhador [...] não faz parte da sua natureza [...] [de forma que] ele não se realize em seu trabalho, mas negue a si mesmo [...] [e se sinta] fisicamente exausto e mentalmente aviltado", trabalho alienado que "lança alguns trabalhadores de volta a um tipo de trabalho bárbaro e transforma outros em máquinas", privando assim o homem de seu "caráter de espécie", de "atividade consciente livre" e "vida produtiva". Da mesma forma, Marx concebe "um novo tipo de ser humano que *precisa* de seus semelhantes [...] [A associação de trabalhadores torna-se] o verdadeiro esforço construtivo para criar a textura social das futuras relações humanas".[13] É verdade que o pensamento libertário clássico se opõe à intervenção do Estado na vida social, como consequência de pressupostos mais profundos quanto à necessidade humana de liberdade, diversidade e livre associação. Com base nas mesmas suposições, as relações capitalistas de produção, o trabalho assalariado, a competitividade, a ideologia do "individualismo possessivo" — tudo deve ser considerado fundamentalmente anti-humano. O socialismo libertário deve ser devidamente considerado como o herdeiro dos ideais liberais do Iluminismo.

Rudolf Rocker define o anarquismo moderno como "a confluência das duas grandes correntes que durante e desde a Revolução Francesa encontraram expressão tão característica na vida intelectual da Europa: o socialismo e o liberalismo". Os ideais liberais clássicos, argumenta, foram destruídos nas realidades das formas econômicas capitalistas. O anarquismo é necessariamente anticapitalista na medida em que "se opõe à exploração do homem pelo homem". Mas o anarquismo também se opõe ao "domínio do homem sobre o homem". Insiste que "*o socialismo será livre ou não será nada. Nesse reconhecimento está a justificativa genuína e profunda para a existência do anarquismo*".[14] Desse ponto de vista, o anarquismo pode ser considerado como a ala libertária do socialismo. É nesse espírito que Daniel Guérin abordou o estudo do anarquismo em *Anarchism* e em outros trabalhos.[15]

Guérin cita Adolph Fischer, dizendo que "todo anarquista é um socialista, mas nem todo socialista é necessariamente um anarquista". Da mesma forma, Bakunin, em seu "manifesto anarquista" de 1865, o programa do seu projeto de uma fraternidade revolucionária internacional, estabeleceu o princípio de que cada membro deveria ser, para começar, um socialista.

Um anarquista coerente deve se opor à propriedade dos meios de produção e à escravidão salarial que é um componente do sistema, incompatível com o princípio de que o trabalho deve ser assumido livremente e sob o controle do produtor. Como Marx enunciou, os socialistas anseiam por uma sociedade em que o trabalho "se torne não apenas um meio de vida, mas também o maior desejo da vida",[16] uma impossibilidade quando o trabalhador é movido pela autoridade ou necessidade externa, em vez de uma motivação interna: "nenhuma forma de trabalho assalariado, mesmo que seja menos detestável que outra, pode acabar com a miséria do trabalho assalariado".[17] Um anarquista coerente deve se opor não somente ao trabalho alienado, mas também à especialização estupidificante do trabalho realizado quando os meios para o desenvolvimento da produção

> transformam o trabalhador em um fragmento de ser humano, degradam-no até se tornar um mero acessório da máquina, tornam seu trabalho tal tormento que seu significado essencial é destruído; alienam dele as potencialidades intelectuais do processo de trabalho na mesma proporção em que a ciência se incorpora ao trabalho como um poder independente [...][18]

Marx via isso não como um concomitante inevitável da industrialização, mas sim como uma característica das relações capitalistas de produção. A sociedade do futuro deve se preocupar em "substituir o trabalhador segmentário de hoje [...] reduzido a um mero fragmento de homem, pelo indivíduo plenamente desenvolvido, apto para uma variedade de trabalhos [...] a quem as diferentes funções sociais [...] são uma entre tantas formas de dar livre escopo aos seus próprios poderes naturais".[19] O pré-requisito é a abolição do capital e do trabalho assalariado como categorias sociais (para não falar dos exércitos industriais do "Estado operário", ou das várias formas modernas de totalitarismo ou capitalismo de Estado). A redução do homem a um acessório da máquina, uma ferramenta especializada de produção, pode em princípio ser superada, em vez de aprimorada, com o desenvolvimento e uso adequado da tecnologia, mas não sob as condições de controle autocrático da produção por aqueles que fazem do homem um instrumento para servir aos seus fins, ignorando seus propósitos individuais, na frase de Humboldt.

Os anarcossindicalistas buscavam, mesmo sob o capitalismo, criar "associações livres de produtores livres" que se engajassem na luta militante e se preparassem para assumir a organização da produção numa base democrática. Essas associações serviriam como "uma escola prática de anarquismo".[20] Se a propriedade privada dos meios de produção for, na frase frequentemente citada de Proudhon, apenas uma forma de "roubo" — "a exploração do fraco pelo forte"[21] —, o controle da produção por uma burocracia estatal, não importa quão benevolentes sejam suas intenções, também não cria as condições sob as quais o trabalho, manual e intelectual, pode se tornar o maior desejo da vida. Ambos, então, devem ser superados.

Em seu ataque ao direito do controle privado ou burocrático dos meios de produção, o anarquista se posiciona com os que lutam para estabelecer "a terceira e última fase emancipatória da história", a primeira tendo transformado escravos em servos; a segunda tendo produzido assalariados a partir de servos; e a terceira que abole o proletariado em um ato final de libertação, que coloca o controle da economia nas mãos de associações de produtores livres e voluntários (Fourier, 1848).[22] O perigo iminente para a "civilização" foi notado por Tocqueville, também em 1848:

> Enquanto o direito de propriedade foi a origem e fundamento de muitos outros direitos, era facilmente defendido — ou melhor, não era atacado; era então a cidadela da sociedade, enquanto todos os outros direitos eram suas fortificações exteriores; não sofria o peso de ataques e, na verdade, não havia nenhuma tentativa séria de atacá-lo. Mas hoje, quando o direito de propriedade é considerado o último resquício não destruído do mundo aristocrático, quando só ele permanece de pé, o único privilégio em uma sociedade equalizada, é uma questão diferente. Consideremos o que está acontecendo no coração das classes trabalhadoras, embora eu admita que elas ainda estão quietas. É verdade que estão menos inflamadas do que outrora por paixões políticas propriamente ditas; mas você não vê que suas paixões, longe de serem políticas,

tornaram-se sociais? Você não vê que, pouco a pouco, se disseminam entre eles ideias e opiniões que visam não só retirar tal ou tal lei, tal ministério ou tal governo, mas destruir os próprios fundamentos da sociedade?[23]

Os trabalhadores de Paris, em 1871, romperam o silêncio e partiram para

> abolir a propriedade, a base de toda civilização! Sim, senhores, a Comuna pretendia abolir a propriedade de classe que faz do trabalho de muitos a riqueza de poucos. Visava à expropriação dos expropriadores. Queria tornar a propriedade individual uma verdade, transformando os meios de produção, a terra e o capital, atualmente os principais meios de escravização e exploração do trabalho, em meros instrumentos de trabalho livre e associado.[24]

A Comuna, é claro, foi afogada em sangue. A natureza da "civilização" que os trabalhadores de Paris tentaram superar em seu ataque aos "fundamentos da própria sociedade" foi revelada, mais uma vez, quando as tropas do governo de Versalhes reconquistaram Paris de sua população. Como Marx escreveu, amargurado, mas com precisão:

> A civilização e a justiça da ordem burguesa aparecem em sua luz lúgubre sempre que os escravos e os servos dessa ordem se levantam contra seus senhores. Então essa civilização e a justiça se apresentam como selvageria indisfarçável e vingança sem lei [...] os feitos infernais dos soldados refletem o espírito inato da civilização da qual eles são os mercenários vingadores [...] A burguesia do mundo, que vê com complacência o massacre por atacado após a batalha, é convulsionada pelo horror da profanação do tijolo e da argamassa. (Ibidem, p. 74, 77)

Apesar da violenta destruição da Comuna, Bakunin escreveu que Paris abre uma nova era, "a da emancipação definitiva e completa das massas populares e sua futura verdadeira solidariedade, além de e a despeito das fronteiras do Estado [...] a próxima revolução do homem, internacional e solidária, será a ressurreição de Paris" — uma revolução que o mundo ainda espera.

O anarquista coerente, então, deve ser um socialista, mas um socialista de um tipo específico. Ele não apenas se oporá ao trabalho alienado e especializado e esperará a apropriação do capital por todo o corpo de trabalhadores, mas também insistirá em que essa apropriação seja direta, não exercida por alguma força da elite agindo em nome do proletariado. Ele irá, em suma, se opor

> à organização da produção pelo Governo. Significa socialismo de Estado, o comando dos funcionários do Estado sobre a produção e o comando dos gerentes, cientistas, funcionários oficiais na oficina [...] O objetivo da classe trabalhadora é a libertação da exploração. Esse objetivo não é alcançado e não pode ser alcançado por uma nova classe dirigente e governante que substitua a burguesia. Só é realizado pelos próprios trabalhadores que são senhores da produção.

Essas observações são extraídas de "Five Theses on the Class Struggle" [Cinco teses sobre a luta de classes], do marxista de esquerda Anton Pannekoek, um dos destacados teóricos do movimento dos conselhos comunistas. E, de fato, o marxismo radical se funde com as correntes anarquistas.

Como ilustração adicional, consideremos a seguinte caracterização do "socialismo revolucionário":

> O socialista revolucionário nega que a propriedade do Estado possa terminar em outra coisa que não seja um despotismo burocrático. Vimos por que o Estado não pode controlar democraticamente a indústria. A indústria só pode ser de propriedade e controlada democraticamente pelos trabalhadores que elegerem diretamente de suas fileiras comitês administrativos industriais. O socialismo será fundamentalmente um sistema industrial; seus distritos eleitorais serão de caráter industrial. Assim, os que exercem as atividades sociais e indústrias da sociedade estarão diretamente representados nos conselhos locais e centrais de administração social. Dessa forma, os poderes desses delegados fluirão para cima a partir dos que realizam o trabalho e conhecem as necessidades da comunidade. Quando o comitê industrial administrativo central se reunir, representará todas as fases da atividade social. Assim, o Estado político ou geográfico capitalista será substituído pelo comitê administrativo industrial do socialismo. A transição de um sistema social para o outro será a *revolução social*. O Estado político ao longo da história representou o governo dos homens pelas classes dominantes; a República do Socialismo será o governo

da *indústria* administrado em nome de toda a comunidade. O primeiro representava a sujeição econômica e política de muitos; o segundo representará a liberdade econômica de todos — será, portanto, uma verdadeira democracia.

Essa declaração programática está em *The State, its Origins and Function* [O Estado, suas origens e função], de William Paul, escrito no início de 1917 — pouco antes de *O Estado e a revolução* de Lênin, talvez sua obra mais libertária (ver nota 9). Paul era um membro do Partido Trabalhista Socialista Marxista-Leonista* e mais tarde um dos fundadores do Partido Comunista Britânico.[25] Sua crítica ao socialismo de Estado lembra a doutrina libertária dos anarquistas em seu princípio de que, como a propriedade e a administração pelo Estado levará ao despotismo burocrático, a revolução social deve substituí-los pela organização industrial da sociedade com controle direto dos trabalhadores. Muitas declarações semelhantes podem ser citadas.

O que é muito mais importante é o fato de que essas ideias foram realizadas em ações revolucionárias espontâneas, por exemplo, na Alemanha e na Itália, depois da Primeira Guerra Mundial, e na Espanha (não só na zona agrícola, mas também na Barcelona industrial), em 1936. Pode-se argumentar que alguma forma de comunismo de conselhos seja a forma natural de socialismo revolucionário numa sociedade industrial. Reflete a compreensão intuitiva de que a democracia é severamente limitada quando o sistema industrial é controlado por qualquer tipo de elite autocrática, seja de proprietários, administradores e tecnocratas, por um partido de "vanguarda" ou uma burocracia estatal. Sob essas condições de dominação autoritária, os ideais libertários clássicos desenvolvidos por Marx e Bakunin e todos os verdadeiros revolucionários não podem ser realizados; o homem não será livre para desenvolver plenamente suas potencialidades, e o produtor continuará sendo "um fragmento de ser humano", degradado, uma ferramenta no processo produtivo dirigido de cima.

O termo "ação revolucionária espontânea" pode ser enganoso. Os anarcossindicalistas, pelo menos, levaram muito a sério a observação de Bakunin de que as organizações dos trabalhadores devem criar "não apenas as ideias, mas também os fatos do próprio futuro" no período pré-revolucionário. As

---

* Em referência ao político americano Daniel de León, editor de um jornal socialista, teórico marxista e organizador sindical. [N.T.]

realizações da revolução popular na Espanha, em particular, foram baseadas no trabalho paciente de muitos anos de organização e educação, um dos componentes de uma longa tradição de compromisso e militância. As resoluções do Congresso de Madri, de junho de 1931, e do Congresso de Saragoça, de maio de 1936, prenunciavam em muitos aspectos os atos da revolução, assim como as ideias um tanto diferentes esboçadas por Santillán (ver nota 4) em sua descrição mais específica da organização social e econômica a ser instituída pela revolução. Guérin escreve: "A revolução espanhola estava relativamente madura nas mentes dos pensadores libertários, bem como na consciência popular". E as organizações de trabalhadores contavam com a estrutura, a experiência e o entendimento para empreender a tarefa de reconstrução social quando, com o golpe de Franco, a turbulência do início de 1936 explodiu numa revolução social. Em sua introdução a uma coletânea de documentos sobre coletivização na Espanha, o anarquista Augustin Souchy escreve:

> Por muitos anos, anarquistas e sindicalistas da Espanha consideraram como sua tarefa suprema a transformação social da sociedade. Em suas assembleias de sindicatos e grupos, em suas publicações, seus panfletos e livros, o problema da revolução social era discutido incessantemente e de forma sistemática.[26]

Tudo isso está por trás das conquistas espontâneas, o trabalho construtivo da Revolução Espanhola.

As ideias do socialismo libertário, no sentido descrito, foram submersas nas sociedades industriais do último meio século. As ideologias dominantes têm sido as do socialismo de Estado ou do capitalismo de Estado (com um caráter cada vez mais militarizado nos Estados Unidos, por razões que não são obscuras).[27] Mas houve um ressurgimento do interesse nos últimos anos. As teses de Anton Pannekoek que citei foram extraídas de um panfleto recente de um grupo radical de trabalhadores franceses – *Informations Correspondance Ouvrière* [Informações de correspondência do trabalhador]. As observações de William Paul sobre o socialismo revolucionário são citadas em um artigo de Walter Kendall apresentado na Conferência Nacional sobre Controle dos Trabalhadores em Sheffield, na Inglaterra, em março de 1969. O movimento de controle dos trabalhadores tornou-se uma força significativa na Inglaterra nos últimos poucos anos. Organizou várias conferências e produziu uma literatura de panfletos substancial, contando entre seus adeptos ativos representantes de alguns dos sindicatos mais importantes. O Sindicato Amalgamado de Trabalhadores de Engenharia e Fundição, por exemplo, adotou como política oficial o programa de nacionalização das indústrias básicas sob "controle dos trabalhadores em todos os níveis".[28] Existem movimentos semelhantes no continente europeu. Com certeza, Maio de 1968 acelerou o interesse crescente pelo comunismo de conselhos e por ideias relacionadas na França e na Alemanha, como aconteceu na Inglaterra.

Dado o molde conservador geral da nossa sociedade altamente ideológica, não surpreende que os Estados Unidos tenham ficado relativamente intocados por esses movimentos. Mas isso também pode mudar. A erosão da mitologia da Guerra Fria ao menos torna possível levantar essas questões em círculos bastante amplos. Se a atual onda de repressão puder ser derrotada, se a esquerda conseguir superar suas tendências mais suicidas e construir sobre o que foi realizado na última década, o problema de como organizar a sociedade industrial em linhas verdadeiramente democráticas, com controle democrático no local de trabalho e na comunidade, o tema deve se tornar uma questão intelectual dominante para os que estiverem atentos aos problemas da sociedade contemporânea e, à medida que um movimento de massas pelo socialismo libertário se desenvolver, a especulação deve passar à ação.

Em seu manifesto de 1865, Bakunin previu que um elemento da revolução social será "a parcela inteligente e verdadeiramente nobre da juventude que, embora pertencendo por nascimento às classes privilegiadas, em suas convicções generosas e aspirações ardentes, adotará a causa do povo". Talvez na ascensão do movimento estudantil dos anos 1960, encontrem-se passos em direção ao cumprimento dessa profecia.

Daniel Guérin desenvolveu o que definiu como um "processo de reabilitação" do anarquismo. Argumenta, de forma convincente, creio eu, que "as ideias construtivas do anarquismo mantêm sua vitalidade, que podem, quando reexaminadas e filtradas, ajudar o pensamento socialista contemporâneo a dar uma nova partida [...] [e] contribuir para enriquecer o marxismo".[29] Das "costas largas" do anarquismo, ele selecionou para um escrutínio mais intensivo as ideias e ações que podem ser definidas como socialistas libertárias. Isso é natural e adequado. Essa estrutura acomoda os principais porta-vozes anarquistas, bem como as ações de massa que foram estimuladas por sentimentos e ideais anarquistas. Guérin está interessado não apenas no pensamento anarquista, mas também nas ações espontâneas das forças populares que realmente criam novas formas sociais no decorrer da luta revolucionária. Está interessado na criatividade social e intelectual. Ademais, tenta extrair das conquistas construtivas do passado lições que possam enriquecer a teoria da libertação social. Para os que desejam não somente compreender o mundo, mas também mudá-lo, é a maneira adequada de estudar a história do anarquismo.

Guérin define o anarquismo do século XIX como essencialmente doutrinário, enquanto o século XX, para os anarquistas, foi um tempo de "prática revolucionária".[30] *Anarchism* reflete esse julgamento. Sua interpretação do anarquismo aponta conscientemente para o futuro. Arthur Rosenberg certa vez observou que as revoluções populares costumam tentar substituir "uma autoridade feudal ou centralizada governando pela força" por alguma forma de sistema comunal que "implica a destruição e o desaparecimento da velha forma do Estado". Tal sistema será socialista ou uma "forma extrema de democracia [...] [que é] a condição preliminar para o socialismo, na medida em que o socialismo só pode ser realizado em um mundo que goze da mais alta medida possível de liberdade individual". Esse ideal, afirma, era comum a Marx e aos anarquistas.[31] Essa luta natural pela libertação vai contra a tendência predominante de centralização na vida econômica e política.

Um século atrás, Marx escreveu que a burguesia de Paris "achou que só havia uma alternativa — a Comuna ou o império — fosse qual fosse o nome com que ressurgiria".

> O império os havia arruinado economicamente pela devastação da riqueza pública, pela fraude financeira em massa que promoveu, pelos empréstimos para a centralização artificialmente acelerada do capital e a concomitante expropriação de sua própria nobreza. Eliminou-os politicamente, chocou-os moralmente com suas orgias, insultou seu voltairianismo ao entregar a educação de seus filhos aos *frères Ignorantins*, revoltou o sentimento nacional como franceses ao se precipitar de cabeça em uma guerra que só lhes deixou um equivalente para as ruínas que causou — o desaparecimento do império.[32]

O miserável Segundo Império "foi a única forma de governo possível em um momento em que a burguesia já havia perdido, e a classe trabalhadora ainda não havia adquirido a faculdade de governar a nação".

Não é muito difícil reformular essas observações para se tornarem apropriadas aos sistemas imperiais de 1970. O problema de "libertar o homem da maldição da exploração econômica e da escravização política e social" continua sendo o problema do nosso tempo. Enquanto for assim, as doutrinas e a prática revolucionária do socialismo libertário servirão de guia e inspiração.

8
O PAPEL DA FORÇA NAS QUESTÕES INTERNACIONAIS

Duas questões diferentes são levantadas quando a experiência americana no Vietnã é considerada no contexto dos julgamentos de Nuremberg e de convenções internacionais relacionadas: a questão da "legalidade" e a questão da justiça. A primeira é uma questão técnica de direito e história — pelos padrões do direito internacional formalmente aceitos pelas grandes potências, como a guerra dos Estados Unidos na Indochina deve ser julgada? A segunda questão é mais elusiva. É a questão dos padrões devidos. Os princípios de Nuremberg e o direito internacional relacionado são satisfatórios e apropriados no caso de intervenção de grandes potências, como no Vietnã e na Tchecoslováquia, por exemplo? O estudo recente sobre Nuremberg e o Vietnã de Telford Taylor — conselheiro-chefe da promotoria de Nuremberg, historiador, professor de direito e general de brigada aposentado — é dedicado ao primeiro desses tópicos, mas algumas observações ocasionais também se referem ao segundo. É possível que o breve, porém informativo, estudo de Taylor estabeleça a estrutura para grande parte do debate subsequente sobre crimes de guerra e questões mais amplas de conduta internacional adequada. Embora conservador nas suposições e limitado em escopo — exageradamente, na minha opinião —,

---

Este ensaio é uma versão revisada de uma contribuição para um simpósio sobre crimes de guerra, baseado em Telford Taylor, *Nuremberg and Vietnam: An American Tragedy*. A versão original foi publicada no *Yale Law Journal* 80, n. 7, jun. 1971, republicado em *For Reasons of State* (Nova York, Pantheon Books, 1973; Nova York, The New Press, 2003), p. 212-58.

o estudo de Taylor leva a conclusões fortes. Quase sugere que a liderança militar e civil dos Estados Unidos de 1965 até o presente é passível de ser processada por crimes de guerra sob os padrões de Nuremberg. Não menos controversas são as limitações autoimpostas de seu estudo. Em muitos aspectos, o livro de Taylor oferece um ponto de partida conveniente para uma investigação de questões de legalidade e justiça.

I. "Crimes de guerra" e "justiça"

A questão da justiça não deve ser desconsiderada. O direito internacional é, com efeito, um conjunto de princípios morais aceitos como válidos por aqueles que ratificam tratados e outros acordos. Além disso, como Taylor enfatiza, tratados e manuais "são apenas corporificações parciais das leis da guerra". O preâmbulo da Convenção de Haia de 1907, por exemplo, afirma que as questões não abrangidas devem ser resolvidas pelos "princípios do direito das nações, pois resultam dos costumes estabelecidos entre povos civilizados, das leis da humanidade e dos ditames da consciência pública".[1] Portanto, faz sentido investigar tanto a *aceitabilidade* como o *conteúdo* político e social desses princípios codificados e geralmente adotados, e considerá-los à luz dos ditames da consciência pública e das leis da humanidade, por mais que não sejam muito claros. Quanto aos "costumes estabelecidos entre povos civilizados", o juiz Jackson, em um relatório provisório ao presidente em 1945, escreveu que "estamos sob a pesada responsabilidade de ver que nosso comportamento durante este período instável direcionará o pensamento do mundo no sentido de uma aplicação mais firme das leis de conduta internacional, de modo a tornar a guerra menos atraente para os que têm governos e os destinos de povos em seu poder" (p. 77). Como cumprimos essa responsabilidade na era do pós-guerra? A questão toca não somente a legalidade da conduta americana à luz de Nuremberg e princípios relacionados, mas também o caráter desses próprios princípios.

A discussão de Taylor sobre os julgamentos de Nuremberg revela uma falha moral fundamental nos princípios surgidos desses julgamentos. Ao rejeitar o argumento de que o bombardeio do Vietnã do Norte constitui um crime de guerra, Taylor observa que "por mais que as leis de guerra se *aplicassem* a esse campo, certamente Nuremberg não proporciona uma base para essas acusações" (p. 142). No entanto, esse bombardeio destruiu a maior parte do Vietnã do Norte, inclusive grandes cidades, com exceção de Hanói e Haiphong.[2] A razão pela qual a lei dos crimes de guerra não abrange os bombardeios americanos é simples:

> Como ambos os lados [na Segunda Guerra Mundial] jogaram o terrível jogo de destruição urbana — os Aliados com muito mais sucesso —, não havia base para acusações criminais contra alemães ou japoneses, e de fato tais acusações não foram feitas. (p. 140-1)

> Bombardeios aéreos foram usados tão extensiva e impiedosamente, tanto no lado dos Aliados como no lado do Eixo, que nem em Nuremberg e nem Tóquio o tema fez parte dos julgamentos. (p. 89)

Da mesma forma, as acusações contra almirantes alemães por violarem o Tratado Naval de Londres de 1930 foram retiradas após depoimento do almirante Nimitz, que "estabeleceu que a esse respeito os alemães não fizeram nada que os britânicos e americanos também não tivessem feito" (p. 37). O Tribunal de Nuremberg decidiu que os almirantes alemães não deveriam ser submetidos a penalidades criminais por violação do direito internacional, pois as leis em questão "foram revogadas pela prática dos beligerantes de ambos os lados sob o estresse da necessidade militar" (p. 38). Taylor conclui que "punir o inimigo — especialmente o inimigo derrotado — por uma conduta na qual a nação que a impôs se envolveu seria tão grosseiramente desigual que desacreditaria as próprias leis" (p. 39).

A partir desses comentários podemos derivar a definição operacional de "crime de guerra" como concebida em Nuremberg. Atos criminosos deveriam ser tratados como crimes somente se o inimigo derrotado, mas não os vencedores, estivesse envolvido. Sem dúvida, seria "grosseiramente desigual" punir o inimigo derrotado por uma conduta em que a nação que a impunha havia se envolvido. Seria, no entanto, justo e equitativo punir tanto o vitorioso quanto o vencido por seus atos criminosos. Esta opção, que Taylor não menciona, não foi adotada pelos tribunais do pós-guerra. Eles preferiram optar por "desacreditar as próprias leis" ao restringir sua definição de conduta criminosa de forma a excluir a punição aos vitoriosos.[3]

A conclusão de que Nuremberg deve ser entendida como o julgamento pelos vitoriosos, e não como a conquista de um novo nível de moralidade internacional, é reforçada pela discussão de Taylor sobre a guerra de agressão. A contribuição diferenciada de Nuremberg, afirma, foi estabelecer a categoria de crimes contra a paz: "Planejamento, preparação, iniciação ou condução de uma guerra de agressão ou de uma guerra em violação de tratados, acordos ou garantias internacionais", ou "participação em um plano comum ou conspiração" para esse fim.[4] "Em termos de direito internacional substantivo", escreve Taylor, "e na mente da opinião pública em geral, a característica que se destaca nos julgamentos de Nuremberg foi a decisão de que indivíduos poderiam ser considerados culpados pela participação no planejamento e na condução de uma 'guerra de agressão'" (p. 84). "Indiscutivelmente, foi um aspecto fundamental da política pós-guerra do governo dos Estados Unidos estabelecer a criminalidade sob o direito internacional da guerra de agressão [...]" (p.76).

Porém, argumenta Taylor, dificilmente um tribunal poderia decidir se os Estados Unidos violaram as disposições antiagressão das cartas de Nuremberg ou da Organização das Nações Unidas (ONU).[5] Por uma razão, "os problemas probatórios seriam quase insuperáveis". Em Nuremberg e em Tóquio, os Aliados tiveram acesso a arquivos de documentos secretos diplomáticos e militares, que não seriam disponibilizados pelos governos dos Estados Unidos e do Vietnã do Sul. "Vitórias militares totais como as que puseram fim à Segunda Guerra Mundial são comparativamente raras na história moderna, e é difícil conceber outras circunstâncias que revelassem os arquivos secretos" (p. 118-9). Mas se apenas o acesso aos arquivos secretos puder fornecer provas de que uma guerra de agressão foi conduzida, segue-se que a "característica que se destaca nos julgamentos de Nuremberg" só será relevante no caso de um inimigo que tenha sofrido uma derrota militar total.

Na verdade, Taylor vacila um pouco na questão da prova de agressão, na medida em que parece confiar no poder Executivo para realizar julgamentos unilaterais sobre agressão por outros Estados, apesar dos problemas probatórios "insuperáveis". Ele escreve que "até 1965 [ele] apoiou a intervenção americana no Vietnã como um empreendimento de verificação de agressão dentro do espírito da Carta das Nações Unidas" (p. 206).[6] Na opinião de Taylor, era permitido que o Executivo americano determinasse unilateralmente que o Vietnã do Norte estava envolvido em uma guerra de agressão antes de 1965 e que se juntaria ao Vietnã do Sul numa autodefesa coletiva contra o ataque armado do Norte, sob o artigo 51 da Carta das Nações Unidas. Tão singularmente competentes são os Estados Unidos para exercer esse julgamento, Taylor parece acreditar, que era desnecessário até mesmo aderir à disposição do artigo 51, de que as medidas tomadas no exercício do direito de legítima defesa fossem imediatamente comunicadas ao Conselho de Segurança,[7] ou à disposição do artigo 39 de que "o Conselho de Segurança determinará a existência de qualquer ameaça à paz, ruptura da paz ou ato de agressão", e determinará as medidas a serem tomadas.

Na verdade, acredito que Taylor exagera os "problemas probatórios" de determinar se os Estados Unidos estão engajados numa guerra de agressão no Sudeste Asiático, assim como subestima a dificuldade de estabelecer se o país estava engajado em uma autodefesa coletiva contra ataques armados. Sua discussão sobre a guerra de agressão me parece inadequada também sob outros aspectos.

Há ainda uma questão mais séria em jogo quando consideramos a aceitabilidade dos princípios do direito internacional codificados na Carta de Nuremberg e em outros documentos. Esses princípios foram formulados por representantes de governos estabelecidos, sem a participação de representantes de movimentos populares de massa, que querem derrubar governos reconhecidos ou que instituem governos revolucionários. Richard Falk afirma que, "da perspectiva da ordem internacional, a capacidade de governar é certamente um elemento na reivindicação da legitimidade política",[8] e Thomas J. Farer fala da "perigosa ambiguidade de quando a insurgência alcançou status suficiente para exigir tratamento igual".[9] Esse ponto é crucial para avaliar a convicção de Taylor de que os Estados Unidos estavam engajados em um empreendimento de "verificação de agressão" no Vietnã em, digamos, 1962. Naquele ano, funcionários governamentais dos Estados Unidos em Saigon estimavam que metade da população apoiava a Frente Nacional de Libertação.[10] Ademais, não havia evidência de participação norte-vietnamita em qualquer combate, e havia 10 mil soldados americanos no Vietnã do Sul, muitos deles diretamente envolvidos em ações militares.[11] Bernard Fall observou que "desde 1961 morrem americanos no Vietnã, e em uniformes americanos. E morrem lutando".[12]

Em março de 1962, funcionários governamentais dos Estados Unidos admitiram que pilotos americanos estavam voando em missões de combate (bombardeando e metralhando). Em outubro, foi informado que 30% de todas as missões aéreas no Vietnã do Sul tinham pilotos da Força Aérea Americana no controle.[13] No final de 1962, os Estados Unidos estavam diretamente envolvidos em grandes ações militares no delta do Mekong e na península de Ca Mau.[14] Em um livro publicado em 1963, Richard Tregaskis relatou entrevistas com pilotos de helicópteros americanos, que descreveram como os "homens desvairados" do 362º Esquadrão costumavam atirar em civis por esporte em "áreas sólidas dos VCs".[15] Também foi relatado que, em 1962, comandos aéreos da Força de Operações Especiais, "usando roupas civis e pilotando aviões com emblemas da Força Aérea do Vietnã do Sul [...] atacaram concentrações vietcongues nas selvas".[16]

Há, em suma, bons indícios de que os Estados Unidos estiveram envolvidos em ataques militares diretos contra forças populares nativas no Vietnã do Sul já em 1962. Seria justo chamar isso de "guerra de agressão" se, de fato, a capacidade de governar for um elemento na reivindicação de legitimidade política. Suponhamos, ao contrário, que os governos reconhecidos pelas grandes potências tenham permissão legal para convocar forças externas para reprimir uma insurgência doméstica, enquanto os insurgentes não têm o direito de buscar ajuda externa. Vamos supor ainda que essa regra se aplique mesmo quando os insurgentes constituem o único governo eficaz em grandes áreas e a única organização política de massa,[17] e onde esses insurgentes estão pedindo apoio de um Estado do qual foram arbitrariamente separados pela intervenção e subversão de uma grande potência.[18] Se esta regra hipotética é uma interpretação precisa do sistema de direito internacional atualmente em vigor, a única conclusão apropriada é que esse sistema de leis deve ser desconsiderado por não ter força moral. Ou, para ser mais preciso, a conclusão deve ser que esse sistema de leis é simplesmente um dispositivo para ratificar a prática imperial.

Essas questões não são levantadas de forma clara na discussão de Taylor, em parte porque ele mal toca no período pré-1965, ao qual elas são diretamente relevantes. Problemas semelhantes, no entanto, estão implícitos em sua discussão sobre a legalidade de vários modos de guerra. Como já observado, Taylor argumenta que a guerra aérea não é intrinsecamente ilegal, embora o "silêncio de Nuremberg" sobre esse assunto levante questões "especialmente relevantes para as políticas de bombardeio americanas [...] no Vietnã do Sul" (p. 142). A destruição rotineira de aldeias pelo poder de fogo americano, as incursões terrestres e a evacuação forçada da população são, ele argumenta, de legalidade duvidosa, e os ataques de represália contra aldeias que abrigam vietcongues — política oficial, como ele observa — são uma "violação flagrante" da Convenção de Genebra (p. 145). Mais ainda, Taylor acredita que o estabelecimento de zonas de fogo livre é ilegal (p. 147). Mas enfatiza os grandes problemas em determinar como os princípios legais devem ser aplicados nas circunstâncias do Vietnã, onde uma superpotência está usando seus recursos tecnológicos para destruir forças de guerrilha que se escondem em meio à população. O problema básico é o seguinte:

> O inimigo não respeita essas leis, o terreno se presta a operações clandestinas nas quais frequentemente participam mulheres e crianças, os hostis e os amistosos não se rotulam como tais, e indivíduos da raça amarela são difíceis para os nossos soldados identificarem. Como nas Filipinas há 65 anos, nossas tropas estão a milhares de quilômetros de casa em ambientes desconfortáveis, perigosos e desconhecidos. Ninguém que não seja totalmente cego às realidades pode deixar de reconhecer e levar em conta as dificuldades e incertezas que enfrentam para distinguir entre não combatentes inofensivos e partidários hostis. (p. 152)

O inimigo "está inegavelmente em violação das leis tradicionais da guerra e a Convenção de Genebra com base na distinção entre combatentes e não combatentes" em dois aspectos específicos: o inimigo não usa "um emblema distintivo fixo reconhecível à distância" nem "porta armas abertamente", como fazem os soldados americanos. A lei, conforme reafirmada em Nuremberg, estabelece que "um civil que ajudar, incentivar ou participar dos combates está sujeito a punição como criminoso de guerra". Isso pode parecer severo, escreve Taylor, mas "certamente é a lei" (p. 136-7),[19] assim como a lei pode não se aplicar a bombardeios aéreos de cidades e aldeias no esforço de quebrar a vontade do inimigo ou lhe negar recursos materiais ou humanos.

Essas observações chegam muito perto de rotular a "guerra popular" como ilegal, ao mesmo tempo que permitem o uso da tecnologia das potências industriais para eliminá-la. Uma característica essencial da guerra popular revolucionária, como a vietnamita, é a de combinar ação política e militar, ofuscando assim a distinção entre combatentes e não combatentes. Os revolucionários vietnamitas em geral tentaram seguir a injunção maoísta de que "uma transição sem derramamento de sangue é o que gostaríamos e devemos lutar por isso".[20] Até mesmo Douglas Pike admite que a Frente de Libertação Nacional (FLN) "declarou que seu embate com o Governo da República do Vietnã (GRV) e os Estados Unidos deveria ser travado no nível político, e que o uso do poder militar maciço era em si ilegítimo", até ser imposto pelos Estados Unidos e pelo GRV "o uso de contraforça para sobreviver".[21] Quando recorreu à contraforça para sobreviver, a FLN explorou sua vantagem natural, a capacidade dos guerrilheiros de se misturarem à população local solidária, assim como os Estados Unidos exploraram sua vantagem natural em tecnologia de vigilância e destruição.

Essas características da guerra popular foram esboçadas anos atrás pelo principal ideólogo comunista vietnamita, Truong Chinh:

> [Há] aqueles que tendem a confiar apenas na ação militar [...] Eles tendem a acreditar que tudo pode ser resolvido pela força das armas; não apelam à mobilização política, não querem dar explicações e convencer as pessoas; [...] ao lutar vigorosamente, negligenciam o trabalho político; não [...] agem de forma a que o exército e o povo possam ajudar um ao outro de todo o coração.[22]

Citando essa passagem, Bernard Fall observou que, "mais uma vez, o inimigo teve a gentileza de nos dar a receita de sua vitória".[23] A receita é ganhar apoio político do povo e engajar a população como um todo na luta contra o governo central com apoio — nesse caso, imposto — de uma força militar estrangeira. A participação de civis na guerra revolucionária reflete seu caráter político e social, assim como os bombardeios de saturação pelos B-52 baseados em santuários em Guam e na Tailândia revelam o caráter político e social essencial da "contrainsurgência" dos americanos. As leis da guerra determinam que o primeiro caso é ilegal, enquanto o silêncio de Nuremberg permite a prática americana. Essas leis, defende Taylor, condenam como criminosos de guerra os civis que pegam em armas contra um inimigo estrangeiro ou seus protegidos locais; esses civis estão "inegavelmente em violação" das leis da guerra. Mas, em relação aos pilotos americanos que destruíram cidades e aldeias e devastaram terras agrícolas e florestas, expulsando milhões de suas casas e matando números desconhecidos em toda a Indochina, ou para os que planejaram essa política, as leis da guerra têm pouco a dizer. No máximo "o silêncio de Nuremberg [...] levanta [questões] [...] relevantes para a política de bombardeio americana [...] no Vietnã do Sul" (p. 142), e presumivelmente também no Laos e no Camboja.

Essas leis, assim entendidas, são a arma dos fortes, e não têm força ou validade moral. É uma decisão política aceitar uma interpretação da lei decretando que um governo instalado e mantido por uma potência estrangeira (como no Vietnã do Sul ou na Hungria) tem o direito de apelar a essa potência estrangeira para sufocar uma insurgência que ganhou um apoio político tão abrangente que os insurgentes não mais se distinguem da população, e determina que participantes civis da insurgência são criminosos de guerra. É uma decisão política aceitar como válida a lei de que combatentes devem se identificar como tais aos soldados do exército estrangeiro, enquanto essa mesma lei não faz objeções ao envio de soldados a "milhares de quilômetros de casa" para "circunstâncias desagradáveis", em que não conseguem distinguir não combatentes de guerrilheiros.

Embora Taylor esteja certo em insistir nas dificuldades e incertezas enfrentadas por esses soldados, não há nenhuma razão para não condenar os líderes políticos que os enviaram para lá, nem conceder qualquer validade ao sistema legal que permite isso enquanto condena a receita do inimigo para a vitória: conquistar apoio popular e usá-lo da única maneira que um movimento popular pode derrubar os representantes locais de uma superpotência estrangeira. Nenhuma razão, isto é, além do julgamento político de que uma grande potência tem o direito de impor um regime de sua escolha, pela força, em um país estrangeiro. O sistema de direito, assim interpretado, é meramente uma ratificação da prática imperialista.

Ainda que não seja totalmente explícito, Taylor parece aceitar o julgamento político de que os Estados Unidos têm o direito de impor o regime de sua escolha no Vietnã do Sul. Em sua discussão sobre os objetivos da guerra, ele se refere à "nossa política declarada", ou seja, "ganhar e manter a lealdade política dos sul-vietnamitas a um governo não comunista, enquanto presta assistência defensiva contra quaisquer meios militares usados pelo Norte" (p. 189). Sua única objeção declarada a essa política é a de ser improvável que funcione, nas circunstâncias do Vietnã. Quanto à "assistência defensiva" contra o Norte, com certeza ele está ciente de que as principais unidades de combate da FLN eram nativas desde o início, e assim permaneceram até os Estados Unidos internacionalizarem a guerra. Aparentemente, ele acredita que era legítimo os Estados Unidos introduzirem suas forças militares, como fizeram no início dos anos 1960, para ganhar e manter a fidelidade política dos sul-vietnamitas ao governo não comunista implantado pelos Estados Unidos em 1954. Taylor refere-se à "vertente profundamente idealista da tradição intervencionista americana" (p. 186), como quando McKinley justificou a guerra contra a Espanha em 1898. É um conceito histórico muito superficial. Praticamente todos os poderes imperiais justificaram suas ações em bases "idealistas". Isso foi verdade para os impérios britânico e francês, para os japoneses no leste da Ásia[24] e os russos na Europa Oriental. Que os líderes e as populações das potências imperiais possam até sucumbir a essas ilusões, não é significativo. É notável que os padrões pelos quais julgaríamos outros casos de intervenção imperial pareçam tão difíceis de entender quando aplicados às nossas próprias ações.[25]

Taylor pergunta se a condução da guerra pelos americanos, com reassentamentos forçados, cumplicidade na tortura de prisioneiros, entusiasmo pela contagem de corpos, devastação de grandes áreas para expor os insurgentes, zonas de fogo livre e o massacre de My Lai, foi apenas "uma terrível e louca aberração" (p. 152). Ele responde corretamente que em parte foi consequência das características específicas do conflito do Vietnã citadas acima, que tornam as leis da guerra muito difíceis de serem aplicadas. Na verdade, a política de reassentamentos forçados e devastação de grandes áreas do país foi uma resposta racional, talvez até necessária, às circunstâncias específicas da guerra no Vietnã. Bernard Fall, anticomunista ferrenho e um forte defensor da guerra antes de atingir sua fúria total, explicou muito bem esse fato no início dos anos 1960.

> Por que devemos usar forças de elite de alto nível, a nata da estirpe dos comandos americano, britânico, francês ou australiano e escolas superiores de guerra, armados com o melhor que a tecnologia avançada pode oferecer, para derrotar o Vietminh, argelinos ou "TCs" [terroristas chineses] malaios, quase

nenhum dos quais com treinamento especializado semelhante e somente nos casos mais raros de igualdade no poder de fogo?

A resposta é muito simples: é preciso toda a proficiência técnica que nosso sistema pode fornecer para compensar a lamentável falta de apoio popular e conhecimento político da maioria dos regimes que o Ocidente até agora tentou apoiar. Os americanos que agora estão lutando no Vietnã do Sul vieram a compreender esse fato por experiência própria.[26]

Hoje, há muito mais evidências para apoiar a conclusão de Fall. "O elemento de um verdadeiro apoio popular é vital", escreveu.[27] E foi exatamente este "verdadeiro apoio popular" que levou Washington a adotar a política de reassentamento forçado da população, que reduziu os camponeses de 85% para cerca de metade da população enquanto devastava as zonas agrícolas. Quando o direito internacional não tem nada a dizer sobre isso, exceto que os civis que ajudam a resistência são criminosos de guerra, sua falência moral é revelada com toda a clareza.

II. "Crimes de guerra" no Vietnã

O principal tópico considerado por Taylor, no entanto, é a questão mais restrita da legalidade das ações americanas no Vietnã quando comparadas às diretrizes de Nuremberg e a convenções relacionadas. Em sua análise da intervenção americana após 1965, Taylor conclui que há provas definitivas de crimes de guerra cometidos e que a culpa por esses crimes se estende a altos níveis do comando militar e da liderança civil. São muitas as evidências a esse respeito.

O principal exemplo considerado por Taylor é o massacre de My Lai. O dr. Alje Vennema, diretor de um hospital canadense próximo ao local do massacre, diz que soube do fato imediatamente, mas não fez nada porque não era algo fora do comum. Seus pacientes sempre falavam com ele sobre incidentes como aquele. A província de Quang Ngai, onde fica My Lai, tinha sido praticamente destruída. Metade da população foi confinada à força em campos de refugiados, e crianças estavam famintas e feridas.[28] O coronel Oran Henderson, o oficial de mais alto escalão a enfrentar acusações em corte marcial pelo massacre de My Lai, afirma que "todas as unidades do tamanho de uma brigada tem seu My Lai escondido em algum lugar", embora "nem todas as unidades tenham um Ridenhour".*²⁹

Essa observação é corroborada pelo testemunho direto de veteranos em todo o país. Para citar apenas alguns exemplos aleatórios, um artilheiro de helicóptero altamente condecorado declarou em El Paso, no Texas, em 5 de maio de 1971, que dos 39 vietnamitas que havia matado, um deles era um velho andando de bicicleta e dez formavam um grupo de civis desarmados. Em todos os casos, afirma ter agido por ordem direta do seu comandante. Um ex-membro da Guarda Costeira atestou que suas ordens eram de pilotar uma pequena lancha pelos canais do delta atirando aleatoriamente em todos os vilarejos para ver se havia habitantes. Em audiências conduzidas pela Comissão de Inquérito dos Cidadãos sobre Crimes de Guerra dos Estados Unidos, na cidade de Washington, de 1º a 3 de dezembro de 1970, um médico da 101ª Divisão Aerotransportada declarou que aproximadamente 27 civis reunidos pacificamente foram mortos em um ataque não provocado por tanques americanos, que dispararam uma saraivada de pequenos pregos semelhantes a flechas. Um observador avançado do corpo de fuzileiros navais atestou que contou vinte civis mortos após um ataque de artilharia não provocado em duas aldeias. Um cabo dos fuzileiros navais declarou que sua unidade recebeu a ordem de disparar contra civis famintos vasculhando um depósito de lixo quando suas plantações foram destruídas, em 1966 (campos de arroz foram bombardeados com napalm para destruir alimentos nessa zona de fogo livre). Um ex-sargento do exército depôs perante um comitê não oficial da Câmara, liderado pelo deputado Ronald Dellums, e afirmou ter participado da morte de cerca de trinta civis vietnamitas que não ofereceram resistência na aldeia de Truong Khanh, perto de My Lai, em abril de 1969. Essa declaração foi confirmada a repórteres por mulheres vietnamitas em um campo de refugiados.³⁰ Em Detroit, o Winter Soldier Investigation** produziu volumosos depoimentos sobre atrocidades,³¹ além de outros inquéritos.

Um ex-artilheiro de helicóptero com 176 "abates" confirmados disse ao repórter Joseph Lelyveld que sua aeronave recebeu ordens de deter

---

* Ronald Lee Ridenhour, jornalista americano que em 1969 teve papel-chave nas investigações do governo federal sobre o massacre de My Lai. [N.T.]

** Evento de mídia patrocinado pelos Veteranos do Vietnã Contra a Guerra (VVAW, na sigla em inglês) em 1971 para divulgar crimes de guerra e atrocidades das Forças Armadas dos Estados Unidos e seus aliados na Guerra do Vietnã. [N.T.]

camponeses em fuga. Quando o piloto informou que não tinha como fazer isso, recebeu ordens para "atirar neles". Trinta ou quarenta aldeões desarmados foram então mortos pela aeronave. Recrutas em treinamento disseram que seu instrutor escreveu ao presidente Nixon após o veredicto de Calley sobre ter se envolvido em um incidente em que seis helicópteros atacaram uma vila, matando 350 moradores,[32] quando um membro da tripulação de um dos helicópteros foi atingido.

Refugiados, repórteres e outros observadores apresentaram volumosas evidências substanciais. O que é particularmente importante é o fato de que esses episódios parecem ter sido bem rotineiros.

> Acompanhei pessoalmente uma operação de rotina em que helicópteros Cobra dos EUA dispararam canhões de 20 mm nas casas de uma típica aldeia em território controlado pela Frente de Libertação Nacional. Eles também atiraram nos aldeões que fugiram das casas. Isso foi denominado "preparar a área" pelo tenente-coronel americano que dirigiu a operação. "Nós meio que atirávamos para ver se alguma coisa se movia", explicou, acrescentando a reafirmação de que esse tratamento era perfeitamente rotineiro.[33]

Um mapa oficial da 25ª Divisão de Infantaria delineia grandes áreas sujeitas à artilharia e a bombardeios aéreos antes das incursões terrestres da Operação Junction City, em 1967. Dentro dessas áreas havia mais de vinte aldeias identificáveis, com populações de 5 mil habitantes, segundo números do censo anterior.

O correspondente do *New York Times*, R. W. Apple, escreve que soube da "simples regra do *gook*", segundo a qual "qualquer coisa que se mova e tenha pele amarela é um inimigo, a menos que haja evidências incontestáveis em contrário", repetida "cem vezes por majores, sargentos e soldados". Isso, ele escreve, é a "política oficial, uma parte da vida cotidiana". E continua:

> Não tão evidente para o atirador comum, mas claro o suficiente para aqueles entre nós que tiveram a oportunidade de viajar pelo país, é uma política deliberada de criar refugiados sempre que possível. Um general do exército [...] me explicou a ideia assim: "Você precisa secar o mar em que os guerrilheiros nadam — são os camponeses —, e a melhor maneira de fazer isso é explodir

suas aldeias para eles virem para os nossos campos de refugiados. Sem aldeias, não há guerrilheiros: é simples".[34]

O repórter acrescenta que os generais Westmoreland e Abrams, bem como os presidentes Johnson e Nixon, com certeza sabiam disso.[35]

É essa política de "sem aldeias, não há guerrilheiros" — a política de destruir a sociedade rural — que é chamada de "urbanização e modernização forçada" por alguns tecnocratas acadêmicos mais cínicos que lidam com o Vietnã; "um eufemismo para acabar com todos os eufemismos" (p. 202), como comenta Taylor apropriadamente. O relato de Apple indica que essa política não foi acidental, algo em que o comando dos Estados Unidos "tropeçou distraidamente",[36] mas planejada e entendida com antecedência.

O artigo amplamente discutido de Neil Sheehan sobre crimes de guerra[37] confirma esse fato. Sheehan afirma que "documentos militares confidenciais falam especificamente sobre bombardear aldeias em áreas comunistas 'para privar o inimigo dos recursos populacionais'". Ele se refere a estudos secretos no verão de 1966 que propunham reconsiderar a política de bombardeios irrestritos que estavam "urbanizando" a população.[38] A proposta foi vetada pelas autoridades americanas de mais alto nível em Saigon, escreve. A decisão foi de continuar a usar "bombardeios aéreos e artilharia para aterrorizar os camponeses e arrasar o campo". Uma das táticas americanas básicas eram "bombardeios aéreos e de artilharia irrestritos de aldeias camponesas" — "a devastação tornou-se um elemento fundamental na estratégia [americana] para ganhar a guerra". A população civil rural foi alvo do ataque americano "porque se acreditava que sua existência era importante para o inimigo". A ideia era derrotar os comunistas vietnamitas "obliterando sua base estratégica, a população rural".[39]

As autoridades dos Estados Unidos têm razão quando argumentam que My Lai não é um incidente típico da guerra no Vietnã. Mais típica, praticamente a guerra no microcosmo, é a história da aldeia de Phuqui, na península de Batangan, 210 quilômetros a sudeste de Hue. Em janeiro de 1969, 12 mil camponeses dessa região foram forçados por um ataque americano por terra a deixar suas casas, carregados em helicópteros e despachados para centros de interrogatório e um campo sem água perto de Quang Ngai, onde uma faixa tremulante dizia: "Agradecemos por nos libertar do terror comunista". De acordo com estatísticas militares oficiais,

158 soldados do Vietnã do Norte e vietcongues morreram e 268 ficaram feridos na campanha de seis meses da qual esta fez parte. Esses refugiados (que, aliás, parecem incluir os sobreviventes de My Lai) viveram em cavernas e casamatas por meses antes da evacuação forçada, por causa dos pesados bombardeios americanos aéreos e navais e de artilharia. Um dique foi "explodido por jatos americanos para privar os norte-vietnamitas de suprimento de alimentos".[40]

Em abril de 1971, o dique não havia sido reconstruído: "Como resultado, a água salgada do mar da China Meridional continua a inundar os campos onde o arroz crescia". Cerca de 4 mil refugiados, incluindo 1,5 mil de Phuqui, já retornaram. Phuqui agora está cercada por cercas de bambu de três metros. Sob vigilância, ninguém pode entrar ou sair entre as seis da tarde e as cinco da manhã. "As colinas em torno dos campos alagados, antes salpicados de cabanas, são 'ferradas' — um termo usado pelos camponeses que significa cheias de fragmentos de bombas, minas e bombas de artilharia não detonadas. Crateras de bombas de B-52 com quase seis metros de profundidade perfuram as colinas." Uma das razões de o dique não ser reconstruído pode ter sido — nas palavras de um funcionário do governo americano — "porque dois anos atrás, os habitantes da península foram considerados comunistas. Não seria surpreendente se as atitudes ainda perdurassem entre os vietnamitas hoje". A maioria da população está sem alimentos básicos. "Os funcionários da província não afirmam nem negam a ação policial para limitar o arroz dos camponeses [...] Há muito tempo é uma prática controlar o suprimento de comida do Vietnã do Sul, no entanto, para garantir que os vietcongues não consumam o excesso de produção dos camponeses." Um americano que trabalha na província disse: "Pode-se dizer que Phuqui foi esquecida".

Esquecida foi, junto com centenas de outras aldeias.

A guerra dos Estados Unidos na Indochina é um registro de crimes de guerra e de crimes contra a humanidade, um registro de horrores crescentes. Pelas razões apontadas por Bernard Fall nos primeiros estágios da guerra,[41] pode muito bem não ter havido alternativa.[42] A guerra foi dirigida contra a população rural e a terra que a sustentava. Desde 1961-1962, as forças americanas envolveram-se diretamente em bombardear, metralhar, e na realocação forçada da população de milhões de camponeses, na destruição e desfolhação de plantações, de terras agrícolas e de sistemas de irrigação. A terra está marcada por milhões de crateras de bombas. Operações madeireiras são impossíveis em florestas onde as árvores estão repletas de fragmentos de explosivos. Cerca de 6,5 milhões de acres foram desfolhados com venenos químicos, muitas vezes utilizados em concentrações tremendas. Talvez esteja incluído meio milhão de acres de terra de cultivo. O Vietnã do Sul, que já foi um grande exportador de arroz, agora está importando enormes quantidades de alimentos, segundo fontes vietnamitas.[43] Cerca de um em cada seis hectares foi pulverizado por desfolhantes. Em muitas áreas, não há sinais de recuperação. A destruição das plantações é feita em grande parte por um composto de arsênico que pode permanecer no solo por anos, e não é liberado para uso em plantações nos Estados Unidos. Um contaminante nos herbicidas, a dioxina, é conhecido por ser um agente altamente potente que causa defeitos congênitos em mamíferos. Até 1969, meio milhão de acres de floresta foi destruído por tratores gigantes com lâminas de arado rotativo, amplamente utilizados também em outras áreas. Essas áreas são desnudadas. Nada pode crescer de novo. Arthur Westing, biólogo, ex-oficial da Marinha e diretor da Comissão de Avaliação de Herbicidas da Associação Americana para o Avanço da Ciência, escreve que "podemos estar alterando drástica e prejudicialmente a ecologia de vastas áreas do Vietnã do Sul".[44] "Esses terrenos baldios de vegetação permanecerão como um dos legados da nossa presença por décadas"[45] — talvez permanentemente.

Os efeitos dessas políticas sobre a população podem ser facilmente imaginados. A fome e a subnutrição devidas à destruição das plantações e ao reassentamento forçado da população têm sido observadas desde 1961.[46] Milhões de pessoas foram removidas — muitas vezes à força — para áreas controladas no início dos anos 1960. A partir de 1965, bombardeios aéreos e de artilharia e investidas terrestres foram responsáveis pela esmagadora maioria dos refugiados.

No Vietnã do Sul, talvez metade da população tenha sido morta, mutilada ou expulsa de suas casas. No Laos, talvez um quarto da população de cerca de 3 milhões são refugiados. Outro terço vive sob um dos bombardeios mais intensos da história. Refugiados contam que viviam em cavernas e túneis, sob bombardeios tão intensos que nem mesmo um cachorro poderia atravessar uma trilha sem ser atacado por um jato americano. Aldeias inteiras foram repetidamente deslocadas para túneis cada vez mais profundos na floresta, à medida que o alcance dos bombardeios era ampliado. A fértil planície de Jars, no norte do Laos, foi finalmente liberada e transformada em zona de fogo livre. Esses refugiados, aliás, relatam que raramente viam tropas do exército sul-vietnamita, e que os soldados do Pathet Lao* quase não eram vistos nas aldeias. As áreas em questão estão longe do Vietnã do Sul e da "Trilha Ho Chi Minh". No Camboja, o subcomitê Kennedy estimou que em setembro de 1970 — depois de quatro meses de bombardeios regulares — havia cerca de 1 milhão de refugiados numa população de cerca de 6 milhões. Os bombardeios intensivos também foram relatados por correspondentes capturados. Segundo as observações diretas de Richard Dudman, em cativeiro, "os bombardeios e os tiros estavam radicalizando a população da zona rural do Camboja e transformando o campo em uma base revolucionária de massa, dedicada e eficaz".[47] Como em outras partes da Indochina, isso é tanto consequência quanto causa dos bombardeios americanos.

Em 21 de abril de 1971, o deputado Paul McCloskey, recém-chegado da Indochina, declarou perante o subcomitê Kennedy que um tenente-coronel da Força Aérea na base aérea de Udorn, na Tailândia, disse que "simplesmente não há mais aldeias no norte do Laos, aliás, tampouco no sul do Vietnã do Norte". Relatórios do governo, secretos até serem descobertos com grande esforço por McCloskey, confirmam a esmagadora evidência de relatos de refugiados sobre a destruição de grandes áreas rurais do Laos controladas pelo Pathet Lao.[48]

O mesmo acontece no Vietnã. McCloskey cita um alto funcionário de Operações Civis e Apoio ao Desenvolvimento Revolucionário (CORDS, na sigla em inglês) que o informou no Vietnã, há um ano, de "que só em uma província, Quang Nam, forças americanas e aliadas destruíram e arrasaram 307 das 555 aldeias originais da província". E acrescenta: "Eu sobrevoei quilômetros e quilômetros quadrados onde todas as aldeias, as casas e as árvores foram incineradas; era parte de um programa de busca e destruição reconhecidamente baseado na necessidade de tirar dos vietcongues a capacidade de obter alimento, hospitalização, cobertura e proteção que as aldeias pudessem garantir".[49]

---

* Movimento político nacionalista e comunista organizado no Laos. [N.T.]

O *United States Army Field Manual* [Manual de Campo do Exército dos Estados Unidos] permite medidas para "destruir, por meio de agentes químicos ou bacterianos inofensivos ao homem, colheitas destinadas exclusivamente ao consumo das forças armadas (se este fato puder ser determinado)".[50] Mas as descrições de destruição das colheitas citadas acima e as da Comissão de Avaliação de Herbicidas da Associação Americana para o Avanço da Ciência (AAAS, na sigla em inglês) sugerem que quase todos os alimentos destruídos teriam sido consumidos por civis. Deve ser lembrado que Goering foi condenado em Nuremberg por crimes contra a humanidade em parte por causa de ordens que exigiam o desvio de alimentos dos territórios ocupados para as necessidades alemãs, e que os Estados Unidos em Tóquio também apoiaram o processo contra oficiais militares japoneses por destruição de plantações na China.[51]

A província descrita por McCloskey, Quang Nam, é o tema de um livro do ex-funcionário sênior da Agência de Inteligência do Exército (AID, na sigla em inglês), William Nighswonger.[52] Ele explica que "a batalha por Quang Nam foi perdida pelo governo por forças vietcongues majoritariamente recrutadas na província". Uma das principais razões de seu sucesso foram "os resultados sociais e econômicos progressivos" mostrados por seus programas. Assim como em outros lugares da Indochina, foi o sucesso das forças lideradas pelos comunistas em obter apoio popular com programas bem-sucedidos[53] que causou o esforço americano para destruir a sociedade rural na qual a revolução estava enraizada.

Robert Shaplen conclui que "os efeitos gerais da guerra sobre os vietnamitas foram destrutivos em nível cataclísmico, não só em termos físicos como psicológica e socialmente".[54] Ademais, esses efeitos são predominantemente atribuíveis ao poder de fogo e às táticas americanas. A menos que se suponha um alto grau de idiotice por parte do comando americano e da liderança civil em Washington, é necessário deduzir que algo desse tipo foi antecipado quando essas táticas foram elaboradas. Além disso, há evidências crescentes, algumas das quais acabamos de citar, de que os prováveis efeitos foram compreendidos antecipadamente, e até mesmo pretendidos. Finalmente, é importante ter em mente que essas táticas, apesar de muito intensificadas em 1965 e novamente em 1968, remontam ao início dos anos 1960. Na verdade, o regime de Diem, instalado e mantido no poder pelos Estados Unidos, iniciou uma guerra virtual contra os camponeses simpatizantes do Vietminh em meados dos anos 1950.[55]

Diante de tais evidências, já amplamente registradas em muitas fontes facilmente acessíveis, é necessário um verdadeiro ato de fé para duvidar que o comando americano e as autoridades civis sejam responsáveis por crimes de guerra e crimes contra a humanidade no sentido de Nuremberg. Aliás, é difícil entender a surpresa ou preocupação com My Lai, considerando a relativa trivialidade desse incidente no contexto das políticas americanas gerais na Indochina.

Taylor observa, correta e apropriadamente, que "a guerra, nas dimensões maciças e letais que adquiriu após 1964, foi obra de acadêmicos e administradores altamente cultos" — os conselheiros Kennedy, Rusk, McNamara, Bundy, Rostow, que ficaram com o presidente Johnson, e "que devem assumir a maior parte da responsabilidade pela guerra e pelo curso que tomou" (p. 205). O mesmo vale para a guerra nos anos 1961-1964, com seus efeitos letais — pequenos, com certeza, comparados com o que estava por vir, no entanto dificilmente aceitáveis pelos padrões civilizados.

A discussão dos crimes de guerra americanos no Vietnã costuma ser intensamente criticada como desonesta, ou mesmo como uma forma de autoaversão, se não for "equilibrada" por um relato dos crimes do "inimigo". Tal crítica é, na melhor das hipóteses, impensada e, na pior, hipócrita. Não só a violência criminosa dos Estados Unidos no Vietnã (e em toda a Indochina) foi muito maior em escala do que qualquer coisa atribuível a quaisquer forças da Indochina, como também está em uma escala totalmente diferente do ponto de vista moral e legal, pela razão óbvia de que é de origem estrangeira. Como responderíamos à afirmação de que a discussão dos atos dos agressores fascistas na Segunda Guerra Mundial deve ser "equilibrada" por um relato do terrorismo da resistência nos países ocupados?[56] Além disso, tais críticas raramente levam em consideração que, se os crimes de todos os participantes devem ser discutidos de forma equilibrada, então também é necessário detalhar os crimes dos mercenários coreanos e outros asiáticos empregados pelos Estados Unidos e, mais importante ainda, a violência criminosa do regime instituído e protegido à força pelos Estados Unidos. Seus ataques terroristas ao povo do Vietnã do Sul sempre precederam e também superaram por uma margem considerável o terrorismo de seus antagonistas vietnamitas.[57]

Igualmente irrefletida, ou hipócrita, é a opinião comumente expressa pelos críticos da intervenção dos Estados Unidos que dizem que o comando americano desceu ao nível dos comunistas. Não pode haver dúvida de que a selvageria e a barbárie do ataque americano à população do Vietnã do Sul não têm paralelo nesse triste conflito.[58]

O único exemplo repetidamente citado na tentativa de provar o contrário é o massacre ocorrido em Hue durante a ofensiva do Tet, em fevereiro de 1968. Deixemos de lado o fato de ter ocorrido em uma região que já vinha sendo devastada pelos militares dos Estados Unidos desde o início de 1965, e vamos considerar o massacre em si, que nos Estados Unidos e na Inglaterra se tornou notório como exemplo clássico de um banho de sangue comunista. Don Oberdorfer descreve isso como "a mais extensa matança política da guerra".[59] As estimativas da escala do massacre comunista variam de duzentos (chefe de polícia de Hue) a 2,8 mil (Oberdorfer, com base em dados de Douglas Pike, que ele considera, surpreendentemente, uma fonte confiável). Len Ackland, um funcionário do Serviço Internacional de Voluntários (IVS, na sigla em inglês) em Hue em 1967, e que voltou em abril de 1968 para investigar, foi informado por funcionários governamentais americanos e vietnamitas de que cerca de setecentos vietnamitas foram mortos pelos vietcongues, uma estimativa no geral apoiada por suas detalhadas investigações, que também indicam que os assassinatos foram cometidos por forças locais da FLN e principalmente nos últimos dias da sangrenta batalha de um mês, quando essas forças estavam se retirando.[60] Sejam quais forem os números exatos, não há dúvidas quanto à ocorrência de um massacre brutal.

Houve também outro massacre em Hue no mesmo período, pouco mencionado por Oberdorfer[61] e esquecido ou ignorado em silêncio pela maioria dos demais. As mesmas autoridades que registraram setecentos mortos pelos vietcongues estimaram que de 3 mil a 4 mil civis foram mortos pelos bombardeios e pela artilharia dos Estados Unidos e do governo do Vietnã do Norte. O subsecretário da Força Aérea, Townsend Hoopes, relata que 2 mil civis foram enterrados nos escombros dos bombardeios. A FLN informou que 2 mil vítimas dos bombardeios foram enterradas em valas comuns. (Oberdorfer diz que "2,8 mil vítimas da ocupação" foram descobertas em valas comuns — pode-se duvidar, talvez, de que quando essas covas foram descobertas, muitos meses depois, uma minuciosa autópsia tenha determinado serem vítimas da "matança política comunista".) Os fuzileiros navais, segundo Oberdorfer, registram as "perdas comunistas" em mais de 5 mil, enquanto Hoopes afirma que uma "parte considerável" da força comunista de mil homens que capturou a cidade escapou. Um padre francês de Hue estima que cerca de 1,1 mil pessoas, a maioria estudantes, professores e padres, foram mortas pelo governo do Vietnã do Norte quando os fuzileiros navais dos Estados Unidos recapturaram a cidade.[62] Richard West, que esteve em Hue pouco depois da batalha, estima que "várias centenas de vietnamitas e um punhado de estrangeiros" foram mortos pelos comunistas, e sugere que as vítimas dos massacres semelhantes ao de My Lai podem estar entre as enterradas em valas comuns.[63] O fotojornalista britânico Philip Jones Griffiths conclui que a maioria das vítimas "foi morta pelo uso mais histérico do poder de fogo americano jamais visto", e depois designada "como vítimas de um massacre comunista".[64]

Mesmo que a propaganda do governo dos Estados Unidos, amplamente aceita como fato nos países de língua inglesa, fosse verdadeira e contasse toda a história, o massacre comunista em Hue seria um evento menor no contexto da matança dos americanos do povo do Vietnã do Sul. Quando toda a gama de fatos é considerada, no entanto, parece que o massacre de Hue é atribuível em grande parte, e talvez predominantemente, aos militares americanos. Não é surpreendente, tendo em vista a escala relativa dos meios de violência disponíveis das forças em conflito.

Resta discutir dois pontos essenciais: primeiro, o argumento de que as ações americanas foram permitidas por "necessidade militar" e, segundo, a alegação de que a intervenção dos Estados Unidos justificava-se como legítima defesa coletiva contra ataques armados, nos termos do artigo 51 da Carta das Nações Unidas. Taylor discute esses dois tópicos, mas de uma maneira que me parece insatisfatória.

III. Necessidade militar

Em certo sentido, é correto afirmar que a política americana de "sem aldeias, não há guerrilheiros" foi baseada na necessidade militar. Os planejadores americanos estavam cientes do enorme apoio popular às forças de resistência lideradas pelos comunistas, os chamados "vietcongues", e da falta de qualquer base popular significativa para o governo. Além disso, não há um grande segredo sobre por que os vietcongues foram tão bem-sucedidos em ganhar apoio popular.[65]

O coordenador de operações de campo da Missão de Operações dos Estados Unidos, John Paul Vann, fez circular um relatório[66] em 1965 sobre como a guerra deveria ser travada. Suas premissas eram de que uma revolução social estava em andamento no Vietnã do Sul, "basicamente identificada com a Frente de Libertação Nacional", e que "não existe no momento uma base política popular para o governo do Vietnã do Sul". "A insatisfação da população agrária [...] hoje é amplamente expressa pela aliança com a FLN", escreveu. "O governo existente está orientado para a exploração das populações rurais e urbanas de classe baixa." Na medida em que é "ingênuo", explicou, esperar que "uma população rural pouco sofisticada e relativamente analfabeta reconheça e se oponha aos males do comunismo", os Estados Unidos devem instituir uma "doutrinação política efetiva da população" sob um "governo autocrático" mantido pelos americanos. O documento se opõe à mera utilização de engenhocas, de poder aéreo e de artilharia, e rejeita a opinião expressa de um oficial dos Estados Unidos que afirmou que "se essas pessoas querem ficar lá e apoiar os comunistas, podem esperar ser bombardeadas". O relatório baseia-se na suposição adicional de que a revolução social "não é incompatível" com os objetivos dos Estados Unidos, mas que "as aspirações da maioria" só podem ser realizadas "por meio de um governo não comunista". De acordo com Vann, os Estados Unidos deveriam ser os juízes do que seria "melhor" para os camponeses não sofisticados do Vietnã. Os Estados Unidos, argumentou, devem impor "uma autocracia ou ditadura de inclinação benevolente [...] enquanto lançam as bases para um [governo] democraticamente orientado". O relatório de Vann expressa a face benevolente do imperialismo. É sincero em suas suposições colonialistas. Pelas poucas observações de Taylor sobre o assunto, pode-se supor que ele concordaria com as propostas de Vann e suas principais suposições.

Como já observado, Taylor aceita a legitimidade do esforço para "ganhar e manter a fidelidade política dos sul-vietnamitas a um governo não comunista" (p. 189), mesmo duvidando da possibilidade de fazê--lo. Ele considera o julgamento errôneo e a confiança excessiva nos meios militares como as principais deficiências da política americana (p. 188-9).

Acusa as autoridades norte-americanas de "manutenção insuficiente": muitos bombardeios e pouca atenção à "metade civil" (p. 196-202). Ele não levanta objeções ao uso direto da força no início dos anos 1960 ou ao apoio ao terror em larga escala no final dos anos 1950, cujo interesse era manter o regime instaurado pelos Estados Unidos.[67] Em nenhum momento Taylor levanta a questão fundamental: é legítimo que os Estados Unidos usem seu poder para impor uma determinada ordem social e política em um país estrangeiro, supondo que podem fazer isso nos limites da "proporcionalidade" da força aplicada?

O lapso em levantar essa questão torna a discussão de Taylor sobre "causação" bastante insatisfatória. Ele rejeita a visão, atribuída a críticos anônimos, de que "as coisas [deram] tão errado [...] porque nossos líderes eram criminosos de guerra". Essa "é uma resposta insatisfatória em termos de causalidade, pois pressupõe que os líderes queriam que as coisas acontecessem como aconteceram, quando na verdade é claro que os responsáveis estão extremamente insatisfeitos com as consequências atuais de suas políticas". Tanto a crítica quanto a rejeição de Taylor apenas são inteligíveis na suposição de que inexistem questões de legitimidade de intenção no caso das lideranças americanas. Se considerarmos as intenções das lideranças americanas como criminosas, seria correto — na verdade, praticamente tautológico — dizer que as coisas deram errado (ou seja, atos criminosos foram cometidos) porque nossos líderes eram criminosos de guerra. Nessa suposição, seria irrelevante dizer que as coisas não saíram como eles esperavam. Assim, seria possível argumentar que os réus de Nuremberg deveriam ter sido absolvidos simplesmente por também estarem "insatisfeitos com as consequências de suas políticas".

Ao se referir a "coisas tão erradas", Taylor parece ter em mente "a avalanche de morte e destruição" que arrasou a credibilidade de "quaisquer que sejam as intenções de manutenção da paz e proteção que possam ter orientado nosso envolvimento inicial no Vietnã". Na visão de Taylor, as evidências "indicam fortemente que houve um desajuste entre fins e meios; que os líderes militares nunca compreenderam os objetivos essencialmente políticos da intervenção, e que os líderes políticos negligenciaram ou foram incapazes de policiar os meios adotados pelos militares para cumprir o que eles concebiam ser sua missão". Em vez de seguir "nossa política declarada", a saber, "ganhar e manter a lealdade política dos sul-vietnamitas a um governo não comunista, enquanto lhes damos assistência defensiva contra qualquer meio militar usado pelo Norte", nossos líderes preferiram "ignorar o povo sul-vietnamita, tratar o Vietnã do Sul como um campo de batalha e matar todos os norte-vietnamitas, ou vietcongues localizados, ou se movimentando em direção ao campo de batalha" — e, na verdade, tratar a população rural do Vietnã do Sul da mesma maneira. "A triste história da aventura dos Estados Unidos no Vietnã é que os meios militares logo obliteraram os fins políticos [...]." Estávamos "propensos a destruir o que tentamos salvar" (p. 188-9, 207).

Se a "nossa política declarada" poderia ter sido encaminhada com sucesso "é e continuará sendo uma pergunta sem resposta", observa Taylor. Se "nossa política declarada" era inicialmente legítima e deveria ter sido empreendida é uma pergunta que não só não foi respondida, como também não foi feita. Mas com certeza é a pergunta fundamental.

Taylor expressa uma opinião muito comum quando critica a política americana sobre por que destruímos o país para salvá-lo, na frase do infeliz major da força aérea americana responsável pela destruição de Ben Tre durante a ofensiva do Tet. A verdadeira "tragédia americana" — uma tragédia potencial para muitos outros, em um sentido muito mais real — é, na minha opinião, nossa contínua incapacidade de aplicar a nós mesmos os padrões que usamos adequadamente na avaliação do comportamento de outras potências. Se os americanos tivessem a coragem moral de fazê-lo, eles se perguntariam para quem estavam "salvando" o Vietnã e se tinham o direito de intervir para "salvar" o país. Perceberiam que a intervenção americana deveria ser definida como uma guerra contra a sociedade rural do Vietnã do Sul, não como um esforço para salvá-la para ninguém, exceto para líderes colaboracionistas e forças políticas marginais que pudessem se organizar. Em última análise, a liderança americana estava salvando o Vietnã por conta de seus próprios interesses globais. Os interesses do povo vietnamita correspondiam a 10% dos interesses objetivos americanos, nos cálculos do secretário-adjunto de Defesa John McNaughton, conforme revelado nos Documentos do Pentágono (os outros 90% são um amálgama de fantasia e autoilusão, como ele expressa os objetivos americanos — ver o capítulo 1, nota 195 do meu *For Reasons of State* [*Razões de Estado*]). Os verdadeiros objetivos americanos são uma questão para um debate legítimo (para minhas opiniões, ver o capítulo 1, seção V de *For Reasons of*

State). Mas dificilmente se pode discutir que as necessidades e interesses do povo vietnamita contassem tão pouco em vista da proibição legal contra a ameaça ou o uso da força em assuntos internacionais.

Se a liderança política americana estivesse preocupada com as necessidades e interesses do povo do Vietnã do Sul ou com as obrigações solenes do tratado dos Estados Unidos, não teria assumido a "política declarada" impondo um governo não comunista, defendendo-o da própria população até 1964 e invadindo o Vietnã do Sul para destruir a resistência local nos anos seguintes. Os Documentos do Pentágono deixam bastante claro que a liderança política americana empreendeu seu ataque à sociedade rural do Vietnã do Sul de olhos abertos. O memorando de Vann, citado acima, e muitas outras evidências, revela que o mesmo era verdade para os que implementavam a política estabelecida em Washington.

Taylor acredita que alguns dos fracassos dos Estados Unidos no Vietnã podem ser atribuídos ao fato de "as forças armadas não terem mais líderes de estatura e influência comparáveis aos heróis da Segunda Guerra Mundial" (p. 201). Trata-se de uma crítica injusta. A diferença entre a Segunda Guerra Mundial e o Vietnã tem a ver com o caráter das guerras, não com o caráter dos comandantes militares. Os militares em ambas as guerras foram encarregados de implementar as políticas estabelecidas pela liderança civil. No caso do Vietnã, essa política foi "ganhar e manter a fidelidade política dos sul-vietnamitas a um governo não comunista". Para implementar tal política de forma eficaz, o comando militar foi obrigado a abandonar a pose imperialista benevolente e destruir a sociedade rural, a base social da revolução. A liderança civil estava ciente do que estava acontecendo e não fez nenhum esforço para mudar a política.

O embaixador Robert W. Komer, principal conselheiro de pacificação do Governo da República do Vietnã (GRV) em 1967-1968, explica que "a intervenção militar dos Estados Unidos evitou o colapso final do GRV golpista e criou um ambiente militar favorável no qual a competição em grande parte política para retomar o controle e o apoio da importante população rural pode recomeçar".[68] A escalada dos Estados Unidos superou a dificuldade de haver "pouca administração do GRV [...] fora de Saigon", em última análise tornando possível iniciar o programa de pacificação "abrangente" e "maciço" de 1967-1970, em um esforço para lidar com o que era claramente "um conflito revolucionário, em grande parte político".⁶⁹ Apesar dos escrúpulos dos imperialistas benevolentes como Vann, é difícil ver como esse objetivo poderia ter sido alcançado senão pelos meios empregados, a saber, o que Komer define como "intervenção militar maciça dos Estados Unidos a um custo horrendo".⁷⁰

Nesse sentido, pode-se argumentar que o custo horrendo da intervenção militar americana — incluindo desfolhamento, realocação forçada da população, bombardeios, perseguições e interdições, zonas de tiro livre, armas letais, o programa Phoenix de assassinato e terror,⁷¹ a tortura de prisioneiros para obter informações — era uma necessidade militar e, portanto, não um crime se a necessidade militar justificasse o afastamento da linguagem dos acordos internacionais. Tudo isso é discutível, dada a premissa essencial de que os Estados Unidos tinham justificativas para intervir pela força nesse "conflito revolucionário, em grande parte político" para garantir o domínio do regime que haviam imposto originalmente em 1954 e seus sucessores — o domínio da elite proprietária de terras e urbana, dos oficiais militares e dos católicos do Norte, que propiciavam a base social para um regime claramente incapaz de resistir sozinho contra uma insurgência doméstica.

A questão da validade dessa premissa surge em sua forma mais aguda no período pré-1965, com o qual Taylor não se preocupa. Em 1965, como observou Vann,⁷² essas questões de princípio eram amplamente irrelevantes. Depois da "participação em larga escala das forças terrestres dos Estados Unidos", escreveu, "é quase inconcebível que os Estados Unidos saiam do Vietnã sem uma vitória militar ou um acordo negociado que garanta a autonomia do Vietnã do Sul".⁷³ A mesma opinião foi sustentada por civis próximos ao governo, incluindo alguns que mais tarde se tornariam pombos declarados. Assim, Richard Goodwin escreveu em 1966 que a continuação do combate americano era justificada pelo "interesse vital fundamental dos Estados Unidos", que deve servir como o "padrão único" para a formação de políticas, a saber, "para afirmar que o poder militar americano, quando comprometido em defender outra nação,⁷⁴ não pode ser expulso do campo".⁷⁵

Até hoje, é bem entendido pelo comando americano que a força militar deve ser usada para destruir o movimento político que o regime de Saigon nunca conseguiu derrotar politicamente. Uma pesquisa especial de inteligência encomendada pelo general John H. Cushman, o principal oficial americano no delta do Mekong, alerta que o inimigo está expandindo sua rede política e "revertendo a uma fase de luta política".⁷⁶ William Colby acrescenta que "precisamos impedir que o inimigo se coloque nessa rede, pois isso permitirá que os comunistas revivam mais tarde".⁷⁷ Mais uma vez, dada a premissa de que os Estados Unidos têm o direito de intervir para impor o regime de sua preferência, a "necessidade militar" poderia justificar o uso contínuo de força militar esmagadora contra os vietnamitas, e também contra os laocianos e os cambojanos rurais.

Deve-se acrescentar que a premissa de a intervenção militar americana nos assuntos de outras nações ser justificada está solidamente consagrada na história do país. Taylor refere-se à conquista das Filipinas na virada do século. Sejam quais forem os motivos "idealistas" que McKinley possa ter professado, o fato é que os Estados Unidos derrubaram um movimento popular doméstico pela força e pelo terror, com um custo tremendo para os habitantes nativos. Setenta anos depois, os camponeses — três quartos da população — ainda vivem em condições materiais não muito diferentes daquelas da ocupação espanhola.⁷⁸ Na Tailândia, o esforço por uma democracia parlamentar no pós-guerra, liderado pelo democrata liberal Pridi Banomyong, foi derrubado por um golpe militar que reinstituiu o colaboracionismo japonês que havia declarado guerra aos Estados Unidos. A assistência americana substancial e contínua apoiou um regime terrorista que se integrou voluntariamente ao sistema nipo-americano do Pacífico. Pridi, que lutou ao lado do Escritório de Serviços Estratégicos (OSS, na sigla em inglês) americano contra os japoneses na Segunda Guerra Mundial, foi para a China. Na Coreia, em 1945, os Estados Unidos derrubaram um regime popular já estabelecido, valendo-se de tropas e colaboradores japoneses. Em 1949, o comando americano conseguiu destruir os sindicatos existentes, os conselhos populares e todos os grupos populares locais, e instituiu uma ditadura de direita da elite rica e das forças policiais militares — empregando um grande terror no processo.

O Vietnã só é excepcional porque esses objetivos conhecidos têm sido muito difíceis de alcançar. O objetivo no Vietnã permanece: concentrar e controlar a população, separando-a das principais unidades guerrilheiras, e criar uma economia dependente que se adapte às necessidades e capacidades das sociedades industrializadas do Ocidente (e do Japão), sob o domínio de ricos colaboradores, com um mero pretexto de democracia. Quanto aos camponeses, pode-se lembrar as palavras de um escritor sul-vietnamita falando do período de dominação francesa: "Os camponeses [podem] ranger os dentes e nutrir seu ódio em meio aos arrozais".[79] E os moradores das miseráveis favelas urbanas podem fazer o mesmo.

Este é de fato o modelo de desenvolvimento nacional e social que os imperialistas benevolentes como Vann oferecem às sociedades subdesenvolvidas, estejam eles conscientes disso ou não. É para conseguir resultados tão magnificentes como esses que eles estão dispostos a submeter a população da Indochina, supostamente para seu próprio bem, aos benefícios da tecnologia americana, como foi feito no Vietnã na última década.

IV. Agressão e autodefesa coletiva

A questão final a ser considerada é a que Taylor define como "aspecto proeminente" de Nuremberg, ou seja, o tópico de crimes contra a paz. Como observa Taylor, a justificativa para a intervenção americana no Vietnã só pode ser o artigo 51 da Carta das Nações Unidas. A invocação desse artigo pressupõe que os Estados Unidos estão engajados em uma autodefesa coletiva contra um ataque armado do Vietnã do Norte. Tem havido uma grande discussão sobre o assunto. É curioso que Taylor mal se refira a isso e não faça nenhum esforço para lidar com argumentos apresentados repetidamente na literatura jurídica e histórica.[80] O problema fundamental ao estabelecer o caso dos Estados Unidos é que a intervenção militar americana precedeu e sempre foi muito mais extensa que o envolvimento norte-vietnamita. (Há, além disso, uma questão quanto aos direitos relativos dos norte-vietnamitas e dos americanos de lutar no Vietnã do Sul, depois que as disposições de unificação dos Acordos de Genebra foram subvertidas.) Para citar um momento crucial, consideremos o início de 1965, o ponto em que Taylor começa a ter dúvidas sobre a legitimidade do envolvimento americano. Chester Cooper, que esteve diretamente envolvido nos assuntos do Sudeste Asiático desde 1954 e foi encarregado das questões asiáticas na Casa Branca sob o governo Johnson, escreveu:

> A força dos comunistas aumentou substancialmente nos primeiros meses de 1965. No final de abril, acreditava-se que 100 mil vietcongues irregulares e entre 38 mil e 46 mil soldados inimigos da força principal, inclusive *todo um batalhão de soldados regulares norte-vietnamitas*, estavam no Vietnã do Sul.

Enquanto isso, as forças de combate americanas entravam no Vietnã do Sul em ritmo acelerado; no final de abril, mais de 35 mil soldados americanos estavam mobilizados, e no começo de maio o número aumentou para 45 mil.[81]

O único batalhão norte-vietnamita, com quatrocentos ou quinhentos homens, foi difusamente identificado no final de abril.[82]

Em fevereiro de 1965, o governo Johnson tentou justificar a nova escalada com um informe oficial que, observa Cooper, "provou ser uma deplorável decepção". O problema era que "as verdadeiras descobertas [em relação ao envolvimento do Vietnã do Norte] pareciam bastante frágeis". Nenhuma tropa regular pôde ser identificada. Quanto aos infiltrados, mesmo somando-se os supostos infiltrados "conhecidos" e "prováveis", o movimento médio para o sul iniciado em 1959, quando a insurreição já estava solidamente em andamento, era de "pouco mais de 9 mil por ano", o que não "era uma grande ameaça" em comparação ao exército de meio milhão de homens de Saigon e aos 23 mil soldados americanos regulares mobilizados. "As informações sobre armas do inimigo", observou Cooper, "foram menos impressionantes ainda." Os três fuzis de 75 milímetros sem recuo de origem comunista chinesa, os 46 fuzis soviéticos, as quarenta submetralhadoras e uma pistola automática de origem tcheca capturados (e que poderiam ter sido comprados no mercado livre) não pareciam muito impressionantes em comparação com os mais de 860 milhões de dólares em ajuda militar providos pelos Estados Unidos ao governo de Saigon desde 1961.[83] Na verdade, as armas de origem comunista constituíam menos de 2,5% das armas capturadas, como observado por I. F. Stone à época.[84]

Quanto aos infiltrados, os números parecem ainda menos impressionantes quando lembramos que, até onde se sabe, quase todos estavam voltando do Vietnã do Sul para suas casas. É difícil ver por que isso deveria ser inadmissível, depois da subversão dos Acordos de Genebra e das violações dos Estados Unidos e de Saigon aos Acordos de Genebra,[85] da repressão de Diem e da retomada da guerra de guerrilha no Sul em 1957. Ademais, Cooper não faz menção à "infiltração" pelos Estados Unidos de sul-vietnamitas treinados em bases militares americanas no Vietnã do Sul; aliás, tampouco aos grupos de sabotadores e de guerrilheiros do Vietnã do Sul se infiltrando no Norte desde 1956, segundo Bernard Fall.[86] Finalmente,

Cooper também não menciona que tropas americanas estavam diretamente envolvidas em operações militares desde 1961-1962.

Em suma, o caso de que os Estados Unidos estivessem meramente exercendo o direito inerente de autodefesa coletiva contra um ataque armado do Vietnã do Norte é realmente frágil. Ademais, quem defender a legitimidade do envolvimento americano deve ir além e afirmar que os Estados Unidos tinham o direito de determinar unilateralmente que houve uma "agressão do Norte" para escalar seu já substancial envolvimento militar no Vietnã do Sul, ignorando as estipulações da Carta das Nações Unidas sobre o papel do Conselho de Segurança na identificação da existência de uma ameaça à paz. A menos que tudo isso seja aceito, deve-se concluir que as ações militares americanas são ilegais, e que constituem uma agressão em si — que houve uma agressão, mas não do norte, e sim do leste.

Infelizmente, Taylor não tem praticamente nada a dizer sobre essas questões frequentemente debatidas. Seu tratamento do tema da agressão é, em geral, insatisfatório. Ao discutir a alegação de que o Vietnã do Norte é culpado de agressão ao Vietnã do Sul, Taylor refere-se a "fortes evidências". "Indiscutivelmente, todos os combates terrestres ocorreram no Vietnã do Sul", não no Vietnã do Norte. Porém, argumenta, o caso não é claro, uma vez que os Acordos de Genebra só estabeleceram duas "zonas" e declararam explicitamente a linha de demarcação militar como "provisória", e não como "uma fronteira política ou territorial" (p. 101-2). Além disso, o Vietnã do Sul, com o apoio dos Estados Unidos, recusou-se a realizar as eleições programadas. Evidentemente, se não está claro se o Vietnã do Norte é culpado de agressão, também não é claro se a ação militar americana é justificada pelo artigo 51, que na verdade não fala de "agressão", mas de "ataque armado", uma categoria mais restrita.[87]

Além disso, as "fortes evidências" citadas e questionadas por Taylor cortam dos dois lados. Assim, por exemplo, os combates terrestres tiveram lugar no Vietnã do Sul, não nos Estados Unidos. Pelos padrões de Taylor, por isso há "fortes evidências" de que os Estados Unidos são culpados por agressão ao Vietnã do Sul, em particular porque autoridades americanas admitiram que o GRV tinha pouca autoridade administrativa fora de Saigon em 1965 (ver p. 163, 167). Taylor não considera essa questão em sua discussão sobre guerra de agressão.[88] Prefere tratar do caso de uma possível agressão americana, como se segue:

O caso [...] baseia-se nas conclusões de que tanto o Vietnã do Sul como os Estados Unidos violaram a Declaração de Genebra de 1954 por atos hostis contra o Norte, rearmamento ilegal e recusa de realizar as eleições nacionais de 1956 previstas na Declaração, e que os Estados Unidos também violaram a Carta das Nações Unidas ao bombardear o Vietnã do Norte. (p. 96-7)

Mas essas acusações constituem apenas parte do caso. Uma acusação muito mais séria é a de que os Estados Unidos se envolveram em uma guerra de agressão no Vietnã do Sul, violando as disposições da Carta das Nações Unidas sobre o uso da força. Essas acusações são baseadas em ações militares tomadas contra uma insurgência que os Estados Unidos reconheceram como popular e eficaz — muito mais popular que o governo que havia instalado e mantido e perdido a guerra em 1965, a despeito da ausência de quaisquer tropas regulares do Vietnã do Norte. Taylor não menciona essas questões, presumo, por causa de sua suposição tácita de que os Estados Unidos tinham o direito de intervir com suas forças terrestres, de helicóptero e aéreas no que algumas autoridades americanas reconheceram ser um "conflito revolucionário, em grande parte político" (ver p. 167).

Pode-se argumentar que as estipulações da Carta das Nações Unidas sobre a ameaça ou o uso de força (especificamente, o artigo 2[4]) foram tão erodidas que se tornaram efetivamente inoperantes. A questão é discutida por Thomas M. Franck em um estudo recente.[89] Ele fala sobre "as mudanças na realidade do quarto de século do pós-guerra", que desfiguraram tanto os preceitos do artigo 2(4) que "só restam as palavras". Franck está certo ao argumentar que "ambas as superpotências conseguiram estabelecer normas de conduta no âmbito de suas organizações regionais que efetivamente minaram o Artigo 2(4)", começando com a insistência dos Estados Unidos em "que a soberania de um Estado está sujeita ao direito primordial de uma região exigir conformidade com os padrões regionais". Um exemplo é a condenação dos Estados Unidos à "não intervenção de tropas estrangeiras, mas de uma ideologia 'estrangeira'", como no caso da Guatemala em 1954. Foi o precursor direto da doutrina Brejnev. Franck também está correto ao observar que "o interesse próprio nacional, particularmente o interesse nacional das superpotências, geralmente prevalece sobre as obrigações do tratado". Pode-se acrescentar que os Estados Unidos desenvolveram um conceito de "organização regional" que incorpora grandes partes do Sudeste Asiático em uma "organização regional" onde assumem o direito de operar livremente, e que as violações ao artigo 2(4) já podem ser identificadas nas atividades imediatas do pós-guerra das grandes potências para garantir suas esferas de influência. As intervenções britânicas e depois americanas na Grécia, a partir de 1944, seriam exemplos particularmente significativos.

Apesar de suas importantes observações sobre o comportamento das grandes potências, a discussão de Franck me parece falha, em várias instâncias, por um viés implícito a favor dessas potências. Ao discutir a "natureza mutável da guerra", ele cita duas categorias: "guerras de agitação, infiltração e subversão conduzidas por procuração por movimentos de libertação nacional", e guerras nucleares. No que diz respeito às violações diretas do artigo 2(4), claro que a primeira categoria tem maior destaque, apesar das tentativas das grandes potências de disfarçar suas intervenções com base numa suposta relação com o conflito entre grandes potências. Mas a discussão de Franck sobre essa categoria implica a pergunta básica. Como ele observa mais adiante no mesmo artigo, "a guerra de libertação nacional de um homem é a guerra de agressão ou subversão de outro, e vice-versa". O viés se revela no fato de ele geralmente assumir a posição do segundo homem: os novos tipos de guerra que, ele argumenta, levaram à erosão do artigo 2(4) são caracterizados como guerras de infiltração e subversão realizadas por procuração. Se, na visão contrária, essas guerras devam ser caracterizadas como intervenções imperiais para reprimir movimentos de libertação nacional, segue-se que a erosão do artigo 2(4) não foi causada pelas "mudanças na realidade do quarto de século do pós-guerra", mas principalmente pelas formas do comportamento tradicional das grandes potências no pós-guerra. Ao ressaltar a pergunta da maneira particular como faz, Franck parece se posicionar, sem argumentação ou mesmo afirmação explícita, do lado das grandes potências. Esse viés é apenas parcialmente mitigado por suas referências posteriores a um terceiro fator na erosão do artigo 2(4), a saber, "o aumento do autoritarismo de sistemas regionais dominados por uma superpotência", e por sua extensa discussão sobre o papel das grandes potências em minar o artigo 2(4) pela intervenção contínua no âmbito de suas respectivas "organizações regionais".

Um viés semelhante surge quando Franck se refere ao "apoio significativo" dado aos insurgentes comunistas locais pela China no Laos e no

Vietnã do Sul, por exemplo. Como seus comentários posteriores indicam, as evidências disponíveis sugerem que a ajuda chinesa sempre foi pequena em comparação com a fornecida pelos Estados Unidos e seus aliados às forças de direita. A referência de Franck à propaganda como forma de intervenção dificilmente se aplica nesse caso. A posição da China em geral tem sido que as guerras de libertação nacional devem ser nativas e não podem contar com a China para apoio material substantivo. Aliás, até onde se sabe, as únicas tropas chinesas que lutam na guerra da Indochina são soldados da China nacionalista empregados pelos Estados Unidos, particularmente em operações clandestinas no Laos.

As mesmas questões são levantadas quando Franck afirma que "as novas e difusas guerras de insurgência em pequena escala, mas significativas e frequentes, por sua natureza, tornaram uma diferenciação clara entre guerras de agressão e de autodefesa [...] extremamente difícil". Assim, ele afirma ser difícil acreditar "que a Polônia atacou a Alemanha ou que a Coreia do Sul atacou a do Norte", mas no caso de guerras de libertação nacional, "muitas vezes é difícil até mesmo estabelecer de forma convincente" quem é o agressor. Ele poderia ter usado uma analogia diferente. Seria difícil acreditar que a Hungria atacou a União Soviética em 1956, ou que as Filipinas atacaram os Estados Unidos na virada do século, ou que as colônias americanas atacaram a Inglaterra em 1776. Se considerarmos que guerras de libertação e intervenções das grandes potências constituem uma continuação do padrão clássico, ainda que com certas modificações, essas são analogias mais apropriadas, e não há nada tão novo assim no período pós-guerra.

Quanto ao apoio externo a guerras de libertação nacional, devemos lembrar o amplo apoio dado pelos franceses às colônias americanas na Guerra de Independência.

> Não há dúvida de que a Guerra de Independência Americana, quando considerada uma insurgência "normal", se encaixa totalmente na conta das muitas guerras revolucionárias que afligem a metade do século XX. Despojados quase dois séculos de oratória de 4 de julho, foi uma operação militar travada por uma pequena minoria armada — em quase nenhum momento as forças de Washington ultrapassaram 8 mil homens, em um país que tinha pelo menos 300 mil homens aptos — apoiada por uma força de 31.897 soldados franceses em terra e 12.660 marinheiros e fuzileiros navais tripulando 61 grandes navios.[90]

Mesmo compensando o efeito da oratória do 4 de Julho, não teríamos dificuldade em avaliar o viés de um escritor britânico contemporâneo que se referiu à Revolução Americana, nos termos de Franck, como uma guerra de agitação, infiltração e subversão realizada por procuração por um movimento de libertação nacional. Assumindo o ponto de vista de Fall, que acredito estar muito mais exato que a posição implícita nas partes da discussão de Franck citadas aqui, devemos concluir que não há nenhum fator surpreendentemente novo na era pós-guerra que tenha causado a erosão do artigo 2(4). Em vez disso, deve-se concordar com U Thant, acredito, quando ele diz, nas palavras citadas por Franck: "Em última análise, não pode haver base sólida para a paz no mundo enquanto as superpotências insistirem em tomar medidas militares unilaterais sempre que alegarem ver uma ameaça à sua segurança"[91] — ou, podemos acrescentar, uma ameaça ao que veem como interesses de grupos sociais dominantes.

Embora seja inquestionável que do artigo 2(4) "só restam as palavras", não parece haver razão para supor que isso seja qualquer mudança em relação às normas anteriores, nem uma consequência de mudanças nas questões mundiais que não poderiam ter sido previstas pelos formuladores da Carta das Nações Unidas. Não há, além disso, razão para concluir que os preceitos do artigo 2(4) não devam ser considerados aplicáveis. É claro que esses preceitos sofrem com a ausência de uma autoridade que os faça serem cumpridos, o que é um defeito geral do direito internacional.

A questão do direito de intervenção e da ameaça ou uso da força pelas grandes potências para impor arranjos sociais e políticos em países em desenvolvimento deve estar na vanguarda de qualquer investigação sobre o Vietnã, seja à luz de Nuremberg ou num contexto histórico mais amplo. Ao nem sequer levantar tais questões, Taylor reduz consideravelmente o significado de sua discussão, ao que me parece. Para futuras decisões políticas, estas são certamente as principais questões. Em uma dúzia de lugares no mundo, os Estados Unidos estão fornecendo apoio militar a regimes que tentam reprimir insurgências internas, de maneiras que podem levar à intervenção militar direta.[92] Pode-se argumentar plausivelmente que na Grécia é o apoio militar americano aos coronéis que impede uma insurgência popular. O mesmo é verdade em grande parte da América Latina.

Quase todos os regimes latino-americanos podem agora reprimir insurreições rurais de inimigos motivados. Por uma série de fatores, nenhum é tão fraco quanto o governo de Fulgêncio Batista dos anos 1950. A Divisão de Segurança Pública da USAID [Agência dos Estados Unidos para o Desenvolvimento Internacional] treinou a polícia como primeira linha de defesa contra o terrorismo em pelo menos quatorze repúblicas; os exércitos estão mais bem equipados, pois 1,75 bilhão de dólares em ajuda militar dos EUA foi despejado nas Américas; mais de 20 mil oficiais latinos e soldados foram treinados em Ft. Gulick na Zona do Canal, e agora encontram-se disponíveis novas armas antiguerrilha desenvolvidas no Vietnã, que vão desde helicópteros especialmente projetados até farejadores de corpos.[93]

Essas observações lembram a declaração do general Maxwell Taylor em 1963, de que no Vietnã nós "temos um laboratório em funcionamento onde vemos insurgências subversivas [...] aplicadas em todas as suas formas". O Pentágono, reconhecendo "a importância da área como laboratório", já havia enviado "equipes para verificar os requisitos de equipamentos para esse tipo de guerrilha".[94] Há evidências consideráveis, aliás, de que os Estados Unidos exploraram o Vietnã como um laboratório de contrainsurgência, testando armas e táticas para as guerras que reproduzem da mesma forma as usadas por outras potências na Espanha em 1936-1939.[95]

Entre os regimes latino-americanos usando a tecnologia desenvolvida no laboratório do Vietnã para contrainsurgência, vários devem sua existência à interferência dos Estados Unidos. Na Guatemala, um promissor regime reformista foi derrubado pela subversão dos Estados Unidos em 1954. Nos últimos anos, no decorrer de uma campanha de extermínio anticomunista, houve praticamente um banho de sangue, pois cerca de 4 mil camponeses foram mortos indiscriminadamente com armas fornecidas pelo programa de ajuda militar americano.[96] Donald Robinson relata que viu uma equipe da Força de Operações Especiais treinando homens da Força Aérea da Guatemala para usar helicópteros Bell recém-projetados para perseguir guerrilheiros.[97] É até possível que houvesse ainda mais envolvimento militar direto dos Estados Unidos. O vice-presidente Marroquin Rojas afirmou há vários anos que aviões americanos baseados no Panamá estavam realizando ataques na Guatemala, usando napalm em áreas suspeitas de abrigar guerrilheiros,[98] antes de retornar às suas bases panamenhas. Missionários que trabalham na Guatemala afirmam terem visto os resultados dos ataques de napalm.

A extensão do envolvimento americano na guerra contrarrevolucionária no período pós-guerra não pode ser estimada de forma realista. Há informações disponíveis suficientes para indicar que seja muito grande. Ainda que os Estados Unidos com certeza não estejam sozinhos na intervenção vigorosa nos assuntos internos de outras nações, nenhum outro poder no período pós-guerra empregou nem sequer uma fração da força militar usada pelos Estados Unidos em seus esforços para destruir as forças nacionais às quais têm se oposto em outros países.

É essa política geral de intervenção contrarrevolucionária, elevada quase ao nível de uma ideologia nacional no governo Kennedy e inerente à doutrina de "guerras limitadas" de Henry Kissinger,[99] que deve ser reconsiderada se quisermos ter alguma seriedade quanto a uma investigação sobre políticas nacionais ou de questões gerais de legalidade e justiça levantadas e às vezes contornadas em Nuremberg, abordadas, porém raramente enfrentadas diretamente em tratados e acordos internacionais, e impostas à consciência de qualquer pessoa civilizada pela tragédia do Vietnã.

9

WATERGATE: UMA VISÃO CÉTICA

Até mesmo os mais cínicos dificilmente podem se surpreender com as artimanhas de Nixon e seus cúmplices à medida que são gradualmente reveladas. Pouco importa, a esta altura, onde está a verdade exata no labirinto de perjúrios, evasões e desprezo pelos padrões normais — dificilmente inspiradores — de conduta política. Está claro que a aprazível equipe de Nixon conseguiu roubar a eleição de 1972, que provavelmente poderia ter sido vencida legalmente, dado o poder da Presidência, apesar da força de Muskie nas urnas quando o caso foi posto em movimento. As regras do jogo político foram violadas também em outros aspectos. Como vários comentaristas destacaram, Nixon tentou um golpe de pequena escala. O centro político foi submetido a um ataque com técnicas normalmente reservadas para os que se afastam das normas aceitáveis da prática política. Grupos poderosos, que normalmente compartilham a definição de políticas públicas, foram excluídos, independentemente do partido, e assim o contra-ataque cruza as linhas partidárias.

A lista de inimigos de Dean-Colson, um aspecto menor do caso, é um índice revelador dos erros de cálculo da máfia de Nixon e levanta questões óbvias sobre a reação geral. A lista suscitou reações variadas, desde irreverência até indignação. Mas suponha que não houvesse nenhum Thomas Watson ou James Reston ou McGeorge Bundy na lista de ódio da Casa Branca. Vamos supor que a lista fosse limitada a dissidentes políticos, ativistas antiguerra e radicais. Nesse caso, é seguro deduzir que não haveria

---

Este capítulo foi publicado pela primeira vez na *New York Review of Books*, 20 set. 1973, p. 3-8.

matéria de primeira página no *New York Times*, e despertaria pouca atenção por parte de comentaristas políticos responsáveis. O incidente, se fosse notado, teria sido reconhecido apenas como mais um passo, talvez deselegante, na legítima defesa da ordem e da convicção responsável.

A reação geral ao caso Watergate exibe a mesma falha moral. Lemos sermões grandiosos sobre o movimento de Nixon para solapar o sistema bipartidário, os fundamentos da democracia americana. Porém, claramente, o que o Comitê para a Reeleição do Presidente (CREEP, na sigla em inglês) estava fazendo com democratas é insignificante em comparação ao ataque bipartidário ao Partido Comunista no período pós-guerra ou, para citar um caso menos conhecido, à campanha contra o Partido Socialista dos Trabalhadores, que no clima pós-Watergate entrou com uma ação para conter as agências governamentais e seus perenes assédios, intimidações, vigilâncias e coisas piores. Grupos sérios de direitos civis ou antiguerra têm descoberto regularmente provocadores do governo entre seus membros mais militantes. O assédio judicial e outros a dissidentes e suas organizações tem sido uma prática comum, seja lá quem estiver no governo. Tão profundamente arraigados estão os hábitos repressores das agências estatais que mesmo à luz de Watergate o governo não conseguiu deixar de infiltrar um informante na equipe de defesa no julgamento dos Veteranos do Vietnã contra a Guerra (VVAW, na sigla em inglês) de Gainesville, embora o promotor especial tenha afirmado, sob juramento, que o informante, quando revelado, não era um agente do governo.[1]

Watergate é, de fato, um desvio da prática passada, não tanto em escala ou em princípio quanto na escolha dos alvos. Os alvos agora incluem os ricos e respeitáveis, porta-vozes da ideologia oficial, homens que devem compartilhar o poder, projetar políticas sociais e moldar a opinião popular. Essas pessoas não são alvo de perseguição nas mãos do Estado.

Um hipócrita poderia argumentar que o ataque do Estado à dissidência política muitas vezes esteve dentro dos limites da lei — pelo menos na forma como os tribunais interpretaram a Constituição —, enquanto Watergate e outros horrores da Casa Branca foram claramente ilegais. Mas com certeza está claro que os que têm o poder de impor sua interpretação de legitimidade vão burilar e interpretar o sistema legal de modo a permitir que exterminem seus inimigos. Em períodos em que a doutrinação política é ineficaz e a dissidência e a instabilidade são generalizadas, os júris podem se recusar a condenar. Na verdade, fizeram isso em vários casos consecutivos, inspirando homenagens ao nosso sistema político por parte de comentaristas que deixam de compreender um ponto crucial. A perseguição judicial serve muito bem para imobilizar gente que incomoda o Estado, destruir organizações com recursos limitados ou condená-las à ineficácia. As horas e os dólares dedicados à defesa legal não são gastos em educação, organização e ação positiva. O governo raramente perde um julgamento político, seja qual for o veredicto dos tribunais, como os especialistas em controle do pensamento estão sem dúvida bem cientes.

Na "perspectiva mais a longo prazo" do presidente, declarada em seu discurso de 16 de abril, devemos nos lembrar da "espiral crescente de violência e medo, de tumultos, de incêndios criminosos e bombas, tudo em nome da paz e da justiça". Ele nos lembra que "a liberdade de expressão foi brutalmente reprimida quando os desordeiros gritavam ou até mesmo agrediam fisicamente aqueles de quem discordavam". Até parece. Em 1965 e 1966, pacíficas reuniões públicas protestando contra a guerra foram interrompidas e manifestantes agredidos fisicamente (por exemplo, em Boston, que depois veio a ser o centro da atividade contra a guerra). Enquanto isso, senadores liberais e a mídia de massa denunciaram os manifestantes por se atreverem a questionar a legitimidade da guerra americana na Indochina. Movimentos pela paz e centros políticos radicais foram bombardeados e queimados sem nenhum protesto audível por parte dos que mais tarde lamentaram o declínio da civilidade e o "totalitarismo da esquerda" — as "pessoas sérias" (na frase de Nixon) que "levantaram sérias questões sobre se poderíamos sobreviver como uma democracia livre". Certamente nada foi ouvido de Richard Nixon, que então alertava que a liberdade de expressão seria destruída para sempre se os Estados Unidos não prevalecessem no Vietnã — ainda que, quando os prêmios forem concedidos por hipocrisia a esse respeito, Nixon nem sequer deva estar na disputa.

Não há nada de novo em tudo isso. Lembre-se da reação dos defensores da liberdade de expressão quando o senador Joseph McCarthy atacou o *New York Times* e, em comparação, o *National Guardian*.[2] Lembre-se das alegações de que McCarthy estava impedindo a luta legítima contra a subversão doméstica e a agressão da Rússia, ou da reação ao assassinato judicial dos Rosenberg. Na verdade, o erro dos conspiradores de Watergate foi o de não terem prestado atenção à lição das audiências de McCarthy vinte anos atrás. Uma coisa é atacar a esquerda, ou os remanescentes do Partido Comunista, ou uma oposição liberal em colapso que capitulou antecipadamente ao aceitar — na verdade, ao criar — os instrumentos de repressão do pós-guerra, ou aqueles na burocracia que poderiam impedir a política do Estado de se envolver em intervenções contrarrevolucionárias. Outra coisa é voltar as mesmas armas contra o Exército dos Estados Unidos. Ao não perceber essa distinção sutil, McCarthy foi rapidamente destruído. Os comparsas de Nixon, como os eventos recentes demonstraram amplamente, cometeram um erro de julgamento semelhante.

A consequência imediata desse desvio é que as asas de Nixon foram cortadas e o poder está sendo mais amplamente compartilhado entre os grupos dominantes tradicionais, o Congresso impôs restrições às ações executivas e, com a mudança do clima político, os tribunais têm se recusado a permitir a ingerência do Executivo sobre a função legislativa por meio de sua autoridade legal.

Mais importante de tudo, Nixon e Kissinger foram incapazes de matar tantos cambojanos quanto gostariam e, por isso, tiveram um sucesso mais limitado no Camboja do que no Vietnã do Sul, onde todas as forças populares autênticas foram severamente enfraquecidas pelo ataque assassino à sociedade civil. Apesar de que o fracasso do bombardeio terrorista do Natal de 1972 possa ter compelido Nixon e Kissinger a aceitar a oferta dos RDV/GRV* de um acordo negociado (ao menos formalmente),[3] os dois continuaram a apoiar os esforços abertamente anunciados do regime de Thieu para solapar os Acordos de Paris de janeiro de 1973. Ao mesmo tempo, simplesmente transferiram o bombardeio para o Camboja, na esperança de dizimar o movimento guerrilheiro local. Ainda em abril de 1973, os pombos do Senado temiam que o "estado de espírito político não fosse adequado" para um confronto à política de guerra de Nixon, embora reconhecessem que a complacência poderia ser o "ato final de rendição" ao poder presidencial.[4] Mas com a erosão da posição doméstica de Nixon, tornou-se possível promulgar a legislação exigida pelos oponentes da guerra e por grupos politicamente mais importantes que perceberam, desde a ofensiva do Tet de 1968, que a guerra era um negócio duvidoso para o capitalismo americano.

---

*República Democrática do Vietnã/Governo da República do Vietnã. [N.T.]

Para John Connally, é "um fato impressionante, e um fato deprimente, que o persistente déficit subjacente da balança de pagamentos que causa tanta preocupação seja mais do que coberto, ano após ano, por causa dos nossos gastos militares líquidos no exterior, pelos valores recebidos de compras militares estrangeiras nos Estados Unidos".[5] Imperialistas racionais que consideram esse fato impressionante ficaram, sem dúvida, menos que impressionados com o fato de Nixon e Kissinger terem conseguido "amainar a guerra" em um período igual ao da participação americana na Segunda Guerra Mundial, e ainda determinados a despejar recursos em uma tentativa de esmagar o nacionalismo revolucionário na Indochina. Ainda que a tentativa certamente continue,[6] a escala — ao menos temporariamente — será reduzida. Esse é com certeza o resultado mais significativo de Watergate.

A autoridade pessoal de Nixon sofreu com Watergate, e o poder retornará aos homens que entenderem melhor a natureza da política americana. Mas é provável que a principal consequência a longo prazo do atual confronto entre o Congresso e o presidente seja estabelecer o Poder Executivo com ainda mais firmeza. A estratégia legal de Nixon provavelmente é vencedora, se não para ele (por ter violado as regras), para a posição da Presidência fora do alcance da lei. Richard Kleindienst, John Ehrlichman e os advogados de Nixon expuseram a questão claramente. Apesar das ocasionais isenções de responsabilidade, a importância de sua posição é que o presidente não está sujeito a restrições legais. O Executivo sozinho determina quando e quem processar e, portanto, é imune. Quando questões de segurança nacional são invocadas, todas as instâncias jurídicas se invalidam.

É preciso pouca imaginação para os assessores presidenciais evocarem uma possível questão de inteligência estrangeira ou segurança nacional para justificar quaisquer atos que decidam iniciar. E fazem isso impunemente. O ponto baixo das audiências do comitê Ervin foi o fracasso em pressionar Ehrlichman quanto à suposta "questão de segurança nacional" na divulgação dos Documentos do Pentágono, ou sua implicação de Daniel Ellsberg ser suspeito de passar esses documentos à embaixada russa. Mary McGrory sugeriu, plausivelmente, que o fator que levou a Casa Branca a tais excessos no caso Ellsberg foi o medo de que isso pudesse inspirar novas exposições, em particular do ataque militar secreto ao Camboja.

De maneira mais geral, a posição do presidente é a de poder sofrer um impeachment se houver alguma objeção ao que ele faz. Mas a reverência à

Presidência é um ópio potente demais para que as massas sejam enfraquecidas por uma ameaça crível de impeachment. Um dispositivo tão eficaz para sufocar a dissidência, a consciência de classe ou até mesmo o pensamento crítico não será tão facilmente abandonado. Além disso, o Congresso não tem vontade nem capacidade de administrar a economia doméstica ou o sistema mundial. Esses empreendimentos relacionados assumem um novo escopo com a crescente internacionalização da produção, com as questões econômicas e a diplomacia Nixon-Kissinger, que aceita a União Soviética como um parceiro júnior na gestão do que Kissinger gosta de chamar de "o quadro geral da ordem",[7] tanto quanto Stálin parece ter pretendido nos primeiros anos do pós-guerra. É apropriado, em mais de um sentido, que o eleitorado mais leal de Nixon sejam os prisioneiros de guerra e o Politburo.

Se a escolha for entre o impeachment e o princípio do poder absoluto do presidente (sujeito apenas à necessidade de invocar a segurança nacional), este último prevalecerá. Assim, provavelmente será estabelecido o precedente, com mais firmeza e clareza do que até agora, de que o presidente está acima da lei, um corolário natural da doutrina[8] de que nenhuma lei impede uma superpotência de impor uma conformidade ideológica em seus domínios.

O caso Watergate e a história sórdida que se desenrolou desde então não são sem significado. Eles indicam, mais uma vez, quão frágeis são as barreiras para alguma forma de fascismo em um Estado de sistema capitalista em crise. Há pouca perspectiva de uma reação significativa às revelações de Watergate, dado o conservadorismo tacanho da ideologia política americana e a ausência de quaisquer partidos políticos de massa ou forças sociais organizadas que ofereçam uma alternativa à centralização do poder econômico e político das grandes corporações, dos escritórios de advocacia que atendem aos seus interesses e a intelectualidade técnica que faz suas licitações, tanto no setor privado quanto nas instituições estatais. Sem nenhuma alternativa real em vista, a oposição está imobilizada e há um temor natural, mesmo entre a oposição liberal, de que o poder da Presidência seja erodido e o navio do Estado fique à deriva. O resultado provável será, portanto, a continuação do processo de centralização do poder no Executivo, que continuará a ser composto por representantes entre os que dominam a economia e que responderão à sua concepção de ordem doméstica e global.

É verdade, como afirmam os críticos, que as táticas de Nixon ameaçaram subverter o sistema bipartidário. A ilusão de que o papel do povo se baseia na oportunidade periódica de escolher entre duas organizações políticas dominadas por interesses semelhantes e restritas ao alcance estreito da doutrina expressa pela mídia corporativa e, com raras exceções, pelas instituições educacionais da sociedade americana. As táticas de Nixon tendem assim a solapar a base convencional da estabilidade e da obediência, enquanto ficam muito aquém de fornecer alguma forma de doutrina totalitária como alternativa ideológica.

Mas as condições que permitiram a ascensão de McCarthy e Nixon perduram. Felizmente para nós e para o mundo, McCarthy era um mero valentão, e a máfia de Nixon ultrapassou os limites da trapaça e do engano aceitáveis com tanta obtusidade e vulgaridade desajeitadas que foi chamada a prestar contas por forças poderosas que não foram demolidas ou absorvidas. Porém, mais cedo ou mais tarde, sob a ameaça de uma crise política ou econômica, alguma figura comparável pode conseguir criar uma base política de massa, reunindo forças socioeconômicas com poder e sutileza para realizar planos como os concebidos no Salão Oval. Só que talvez ela escolha seus inimigos domésticos mais judiciosamente e prepare o terreno com mais cuidado.

Os homens de frente de Nixon agora alegam que em 1969-1970 o país estava à beira da insurreição e que, portanto, era necessário esticar os limites constitucionais. A turbulência daqueles anos foi em grande parte uma reação à invasão americana da Indochina. As condições, domésticas e internacionais, que levaram sucessivas administrações a orientar o "desenvolvimento do Terceiro Mundo" pelos canais específicos que atendem às necessidades do capitalismo industrial não mudaram. Há todas as razões para supor que circunstâncias semelhantes levarão seus sucessores a implementar políticas semelhantes. Além disso, as premissas básicas da política da guerra na Indochina não foram seriamente contestadas, embora seus fracassos tenham levado à contenção. Essas premissas são compartilhadas pela maioria dos inimigos na lista de Dean-Colson e por outros no âmbito do consenso de opiniões respeitáveis.

A reação às recentes revelações ilustra bem os perigos. Enquanto a atenção da opinião pública foi cativada por Watergate, o embaixador Godley depôs perante o Congresso que entre 15 mil e 20 mil mercenários tailandeses foram empregados pelos Estados Unidos no Laos, em violação direta e explícita da legislação do Congresso.⁹ Essa confirmação das acusações do Pathet Lao, amplamente ignoradas ou ridicularizadas no Ocidente, provocou poucos comentários editoriais ou indignação pública, apesar de ser um assunto mais sério que qualquer coisa revelada nas audiências do comitê Ervin.

A revelação dos bombardeios secretos no Camboja e no norte do Laos desde os primeiros dias do governo Nixon é de longe a mais importante dos últimos meses.¹⁰ Seria difícil imaginar um motivo mais convincente para o impeachment, se essa fosse uma perspectiva política viável. Mas, também nesse caso, a reação é em grande parte equivocada. Parece que os líderes do Congresso e os comentaristas da imprensa se incomodam mais com o encobrimento e a fraude do que com os próprios eventos. O Congresso foi privado de seu direito de ratificar — ninguém que tenha estudado as audiências do comitê Symington no outono de 1969 pode ter muita dúvida de que o Congresso teria ratificado os atentados e as incursões se tivesse oportunidade.

Quanto à imprensa, mostrou tanto interesse pelos bombardeios na época quanto dedica à evidência de que mercenários tailandeses no Laos estão sendo enviados para o Camboja e que as vítimas dos combates no Camboja já chegaram aos hospitais de Bangkok.¹¹ A imprensa está muito preocupada com os embustes do passado para investigar esses eventos críticos em andamento, que podem muito bem ter implicações de longo prazo para o Sudeste Asiático.¹² Da mesma forma, quando Jacques Decornoy escreveu no *Le Monde* sobre os intensos bombardeios de cidades e aldeias no norte do Laos na primavera de 1968, a imprensa americana não apenas não investigou, como também não citou seus relatos de testemunhas oculares. Um informe oficial do governo cambojano de janeiro de 1970, dando detalhes de ataques americanos e do Exército da República do Vietnã (ARVN, na sigla em inglês), não despertou maior interesse ou preocupação. Nem os relatórios de desfolhamento em grande escala de plantações de borracha no Camboja no início de 1969 ou os incidentes ocasionais de "erros de bombardeio" admitidos pelo governo americano desde 1966, quando havia observadores americanos presentes.¹³ As reclamações sobre o embuste do governo soam ao léu, seja nas salas do Congresso ou nos editoriais da imprensa.

Ainda mais cínico é o atual entusiasmo pela saúde do sistema político americano, como demonstrado pela contenção de Nixon e seus subordinados, ou pelo compromisso civilizado que permitiu que Nixon e Kissinger matassem cambojanos e destruíssem suas terras só até 15 de agosto, realmente um modelo de como uma democracia deve funcionar, sem desordem ou perturbação grave.

Comentaristas políticos liberais suspiram de alívio por Kissinger ter sido maculado — um pouco de grampeamento questionável, mas nenhum envolvimento direto nas falcatruas de Watergate. No entanto, por qualquer padrão objetivo, o homem é um dos grandes assassinos em massa da era moderna. Presidiu a expansão da guerra no Camboja, com consequências hoje bem conhecidas, e a escalada viciosa dos bombardeios do Laos rural, para não falar das atrocidades cometidas no Vietnã, enquanto procurava obter uma vitória para o poder imperial na Indochina. Mas ele não esteve envolvido no arrombamento no Watergate e nem no enfraquecimento do senador Ed Muskie, por isso suas mãos estão limpas.

Se tentarmos manter algum equilíbrio, as exposições dos últimos meses são análogas à descoberta de que os diretores da Murder Inc.* também estavam sonegando impostos. Repreensível, com certeza, mas dificilmente a questão principal.

---

* Referência ao crime organizado relacionado à máfia nos anos 1930-1940. [N.T.]

10
A RECRIAÇÃO DA HISTÓRIA

O imperialismo americano sofreu uma derrota avassaladora na Indochina. Mas as mesmas forças estão engajadas em outra guerra contra um inimigo muito menos resiliente, o povo americano. Aqui, as perspectivas de sucesso são muito maiores. O campo de batalha é ideológico, não militar. Em jogo estão as lições a serem extraídas da guerra dos Estados Unidos na Indochina; o resultado determinará o curso e o caráter de novos empreendimentos imperiais.

Quando o regime imposto pelos americanos em Saigon finalmente entrou em colapso, o principal jornal do Japão, *Asahi Shimbun*, fez o seguinte comentário editorial:

> A guerra no Vietnã foi em todos os sentidos uma guerra de emancipação nacional. A era em que qualquer grande potência pode reprimir indefinidamente a ascensão do nacionalismo chegou ao fim.

O comentário sobre a guerra no Vietnã é bastante preciso. A projeção para o futuro, muito otimista.

A questão é crítica. As grandes potências certamente não aceitam o fracasso americano no Vietnã como uma indicação de que não podem mais usar a força para "reprimir a ascensão do nacionalismo". Na verdade,

---

Este capítulo foi publicado pela primeira vez em *Towards a New Cold War: U.S. Foreign Policy from Vietnam to Reagan* (Nova York, Pantheon Books, 1982; Nova York, The New Press, 2003), p. 144-64.

durante o período do desastre no Vietnã, os Estados Unidos alcançaram alguns sucessos notáveis em outros lugares, por exemplo na Indonésia, no Brasil, no Chile e na República Dominicana. E as lições do Vietnã certamente não ensinam aos nossos parceiros de *détente* a relaxar o controle brutal sobre seus domínios imperiais.

Os apologistas da violência estatal entendem muito bem que o público em geral não ganha quase nada com a conquista e a dominação imperiais. Os custos públicos do império podem ser altos, sejam quais forem os ganhos para os grupos sociais e econômicos dominantes. Portanto, a opinião pública deve ser motivada por apelos jingoístas, ou ao menos mantida disciplinada e submissa, para que a força americana esteja prontamente disponível para a gestão global.

Aqui reside a tarefa para a intelligentsia. Se for determinado que devemos, digamos, invadir o Golfo Pérsico para o benefício da humanidade, não deve haver objeções emocionais ou morais das massas não sofisticadas, e certamente nenhuma demonstração vulgar de protesto. Os ideólogos devem garantir que nenhuma "lição errada" seja aprendida com a experiência da guerra da Indochina e a resistência a ela.

Durante a Guerra do Vietnã, abriu-se uma grande lacuna entre os ideólogos da nação e um corpo substancial da opinião pública. Essa lacuna deve ser fechada para o sistema mundial ser administrado adequadamente nos próximos anos. Assim, somos instados a "evitar recriminações", e esforços sérios serão feitos para restringir a atenção a questões sem importância ou implicações de longo prazo. Será necessário prosseguir a batalha da propaganda com vigor e iniciativa para restabelecer o princípio básico de que o uso da força pelos Estados Unidos é legítimo, desde que bem-sucedido.

Se a "intervenção" americana no Vietnã for entendida, como deve ser, como um grande crime contra a paz, será erguida uma barreira ideológica contra o uso futuro da força dos Estados Unidos para a gestão global. Portanto, os que estiverem comprometidos com os princípios fundadores do imperialismo americano devem garantir que tais questões jamais sejam levantadas. Eles podem admitir a burrice da política americana, até mesmo sua selvageria, mas não a ilegitimidade inerente ao empreendimento como um todo, o fato de ter sido uma guerra de agressão travada pelos Estados Unidos, primeiro contra o Vietnã do Sul, e depois contra o resto da Indochina. Essas questões devem ser excluídas do debate atual e futuro sobre as "lições do desastre", pois vão diretamente à questão crucial do recurso à força e à violência para garantir uma certa visão da ordem global.

A busca das questões proibidas leva ao exame das origens e das causas da guerra americana. Agora temos disponível uma elaborada documentação, e as conclusões indicadas me parecem bastante claras. Havia o temor — sob as suposições plausíveis das versões mais racionais da "teoria do dominó" — de que o sucesso social e econômico comunista na Indochina pudesse fazer "a podridão se espalhar" para o restante do Sudeste Asiático e talvez ainda além, para a Indonésia e o Sul da Ásia. Em documentos de política interna, planejadores de guerra perderam pouco tempo com as variantes lúgubres da teoria do dominó, enunciadas para aterrorizar a opinião pública. O que os interessava era principalmente o efeito de demonstração, o que às vezes era caracterizado como "sucessos ideológicos".

Um movimento revolucionário igualitário e modernizador em uma área pode servir de modelo para outra. Os efeitos de longo prazo, temia-se, poderiam chegar a uma acomodação entre o Japão, a maior potência industrial do Oriente, e os países asiáticos que haviam se livrado do sistema global dominado pelos Estados Unidos. O efeito final seria como se os Estados Unidos tivessem perdido a guerra do Pacífico, que foi travada, em parte, para evitar que o Japão criasse uma "nova ordem", da qual os Estados Unidos seriam efetivamente excluídos. Certamente as questões são mais complexas; já as analisei em outros textos com mais detalhes.[1] Mas isto, acredito, é o cerne da questão.

É possível condenar o imperialismo americano e mesmo assim permanecer dentro da estrutura da ideologia oficial. Isso pode ser alcançado explicando o imperialismo em termos de uma "vontade de poder e domínio" abstrata, uma categoria neutra, sem relação com a estrutura real do nosso sistema social e econômico. Assim, um opositor à Guerra do Vietnã pode escrever que "o envolvimento americano no Vietnã representou, mais do que qualquer outra coisa, o triunfo de um interesse expansionista e imperial"; "a política intervencionista e contrarrevolucionária dos Estados Unidos é a reação esperada de uma potência imperial com interesse vital em manter uma ordem que, além dos benefícios materiais que confere, tornou-se sinônimo da visão do país sobre o seu papel na história". Mas sua crítica não é rotulada como "irresponsável" pelos principais estudiosos e analistas, pois ele acrescenta que "à maneira de todas as visões imperiais, a visão de uma América preponderante estava solidamente enraizada na vontade de exercer domínio sobre os outros, por mais benigna que fosse a intenção dos que tinham essa visão". A crítica é responsável porque pressupõe uma intenção benigna e não explora a natureza desse "domínio", que portanto pode ser entendido como algum traço socialmente neutro.² Uma ameaça à ideologia dominante só surge quando essa "vontade de poder e domínio" é analisada em termos de seus componentes sociais e econômicos específicos e relacionada à estrutura real de poder e controle sobre as instituições na sociedade americana.³ Os que levantarem essas questões adicionais devem ser excluídos do discurso educado, taxados como "radicais", ou "marxistas", ou "deterministas econômicos", ou "teóricos da conspiração", não como comentaristas sóbrios de questões sérias.

Em suma, existem formas ideologicamente permissíveis de oposição à agressão imperial. Pode-se criticar os fracassos intelectuais dos planejadores, seus fracassos morais e até mesmo a "vontade de exercer domínio" generalizada e abstrata à qual eles sucumbiram de forma lamentável, porém compreensível. Mas o princípio de que os Estados Unidos podem exercer a força para garantir uma certa ordem global que estará "aberta" à penetração e ao controle de corporações transnacionais — isso está além dos limites do discurso educado.

Assim, a intelligentsia americana agora tem várias tarefas importantes pela frente. Será preciso reescrever a história da guerra para disfarçar o fato de ter sido, em essência, uma guerra dos Estados Unidos contra o Vietnã do Sul, uma guerra de aniquilação que se alastrou para o resto da Indochina. E é preciso obscurecer o fato de que essa agressão tenha sido restringida e contida por um movimento de massa de protesto e resistência, que se engajou em uma ação direta efetiva fora dos limites do "apropriado", muito antes de porta-vozes políticos estabelecidos se proclamarem como seus líderes. Em suma, eles devem garantir que todas as questões de princípio sejam excluídas do debate, para que nenhuma lição significativa seja extraída da guerra.

Que conclusões, então, devem ser tiradas da horrenda experiência no Vietnã à medida que a guerra chega ao fim? Há quem considere a questão como prematura. Os editores do *New York Times* nos dizem o seguinte:

Clio, a deusa da história, é fria, lenta e esquiva em seus modos [...] Só mais tarde, muito mais tarde, a história pode começar a avaliar a mistura de bem e de mal, de sabedoria e loucura, de ideais e ilusões na longa história do Vietnã.

Não devemos "tentar antecipar o papel da história". Pelo contrário, "é um momento para humildade, silêncio e oração" (5 de abril de 1975).

Há pelo menos uma lição que a guerra do Vietnã deveria ter ensinado até ao mais obtuso: é uma boa ideia observar o desempenho da imprensa livre de forma cética e cautelosa. O editorial recém-citado é um desses casos. Os editores chamam à razão e à moderação. Quem pode ser contra? Mas vamos ler um pouco mais. Eles continuam:

Há aqueles americanos que acreditam que a guerra para preservar um Vietnã do Sul independente e não comunista poderia ter sido travada de forma diferente. Há outros americanos que acreditam que um Vietnã do Sul viável e não comunista sempre foi um mito e que as atuais derrotas militares confirmam a validade de sua análise política. Uma década de polêmicas ferozes não conseguiu resolver essa disputa em andamento.

Devemos ficar em silêncio e orar enquanto aguardamos o veredicto da história sobre esse "desentendimento complexo".

Os editores do *New York Times*, em sua humildade, não se arrogam a dar o veredicto de Clio. Mas têm o cuidado de definir as questões corretamente. Os falcões afirmam que poderíamos ter vencido, enquanto os pombos respondem que a vitória sempre esteve além do nosso alcance. Quanto ao mérito dessas visões opostas, que marcam os limites do pensamento responsável, devemos aguardar o julgamento da história.

Porém, com certeza existe um terceiro posicionamento lógico: independentemente do julgamento final de Clio sobre a controvérsia entre falcões e pombos, os Estados Unidos simplesmente nunca tiveram o direito legal ou moral de intervir nos assuntos internos do Vietnã. Não tinham o direito de apoiar o esforço francês de reconquistar a Indochina, ou de tentar — com ou sem sucesso — estabelecer "um Vietnã do Sul viável e não comunista" em violação dos Acordos de Genebra de 1954, ou usar de força ou de violência para "preservar" o regime que impuseram.

O único julgamento que Clio pode proferir é um julgamento de táticas: Poderíamos ter vencido? Outras questões podem ser imaginadas. Deveríamos ter vencido? Tínhamos o direito de tentar? Estávamos envolvidos em uma agressão criminosa? Mas essas questões são excluídas do debate, pois o *New York Times* estabelece as regras básicas.

Há método no apelo à humildade, ao silêncio e à oração. Seu propósito manifesto é restringir a controvérsia que pode persistir nas questões das táticas, de modo que o princípio básico da ideologia oficial se mantenha: sozinhos entre os Estados do mundo, os Estados Unidos têm autoridade para impor seu domínio pela força. Do mesmo modo, o autêntico movimento pela paz, que contestou essa doutrina básica, deve ser excluído de todo debate futuro. Sua posição nem sequer entra no "desentendimento complexo" que tanto incomoda os editores do *New York Times*.

É interessante que nem uma só carta tenha sido publicada contestando a notável posição editorial do *Times* nesses termos. Digo "publicada". Pelo menos uma foi enviada; provavelmente muitas mais. O *Times* achou por bem publicar uma série de opiniões em resposta ao editorial, inclusive a defesa do bombardeio nuclear (4 de maio de 1975). Mas, afinal, deve haver alguns limites em um jornal civilizado.

O *Times* não está sozinho em tentar restringir a discussão aos tópicos tacanhos e triviais formulados em seu editorial. O *Christian Science Monitor* faz a seguinte avaliação:

> Muitas vozes, inclusive a deste jornal, consideram a vitória comunista como uma tragédia, acreditando que o envolvimento dos EUA no Vietnã foi honroso, embora a condução da guerra, na fase política e na militar, tenha sido repleta de erros e julgamentos equivocados. Outros argumentarão, com igual convicção, que os Estados Unidos deveriam ter percebido seus erros há muito tempo e terem agido rapidamente para se retirar e permitir que os sul-vietnamitas resolvessem as coisas por si mesmos. Mas com certeza lá pode haver um consenso unificador [...] (22 de abril)

Observe o pressuposto de que a visão oposta concorda com as premissas básicas do *Monitor*, embora divergindo numa questão de timing. Na verdade, essa é a posição-padrão da mídia nacional, com algumas honrosas exceções. A crítica à política do Estado é sempre bem-vinda, mas deve permanecer dentro de limites civilizados. Um Arthur Schlesinger pode expressar seu ceticismo em relação à previsão de Joseph Alsop de que a guerra americana será bem-sucedida, pois ele continua enfatizando que "todos rezamos para que o sr. Alsop esteja certo". É óbvio, sem discussão, que qualquer pessoa de pensamento correto deve orar pela vitória das armas americanas. Como Schlesinger explicou em 1967, a política americana ainda pode ter sucesso, caso em que "todos nós podemos estar saudando a sabedoria e a atitude de estadista do governo americano" na condução de uma guerra que estava transformando o Vietnã em "uma terra de ruínas e destroços".[4] Mas ele achava o sucesso improvável. Se tivesse insistido em que os Estados Unidos abandonassem seu empreendimento fracassado, o *Monitor* admitiria, em retrospecto, que essa proposta extrema era tão irrefutável quanto a do jornal.

O *Washington Post* talvez tenha sido o crítico mais consistente da guerra na mídia nacional. Consideremos, então, sua resposta editorial ao fim da guerra. Em editorial de 30 de abril intitulado "Deliverance" [Libertação], o *Post* insiste que podemos "nos dar ao luxo de um debate" sobre o significado dessa "agonia específica". Os americanos devem desenvolver "um julgamento mais amplo da guerra como um todo", mas deve ser um julgamento equilibrado, incluindo os elementos positivos e negativos:

> Pois se grande parte da conduta da política no Vietnã ao longo dos anos foi errada e equivocada — até trágica —, não se pode negar que parte do propósito dessa política era certa e defensável. Especificamente, era certo esperar que o povo do Vietnã do Sul fosse capaz de decidir sobre sua própria forma de governo e ordem social. O público americano tem o direito, na verdade a obrigação, de refletir sobre como bons impulsos se transmutaram em más políticas, mas não podemos descartar toda lembrança desse impulso inicial. Pois a "lição" fundamental do Vietnã certamente não é que nós, como povo, sejamos intrinsecamente maus, mas sim que somos capazes de errar — e em uma escala gigantesca. Esse é o espírito com que as autópsias sobre o Vietnã devem seguir agora. Não apenas a ausência de recriminação, mas também a presença de discernimento e honestidade é necessária para curar as feridas da nação.

Observe novamente as palavras cruciais "errada", "equivocada", "trágica", "errar". É o mais longe que "discernimento e honestidade" podem nos levar para chegarmos ao nosso julgamento.

O *Post* nos estimula a lembrar que "parte do propósito" da nossa política no Vietnã era "certa e defensável", ou seja, nosso esforço inicial para ajudar o povo do Vietnã do Sul a "decidir sobre sua própria forma de governo e ordem social". Certamente devemos concordar que é certo e defensável ajudar um povo a alcançar esse objetivo. Mas exatamente quando esse "impulso inicial" foi revelado em ação? Vamos tentar estabelecer uma data com mais precisão, relembrando no caminho alguns dos fatos cruciais sobre a guerra.

Foi no período pré-1954 que estávamos tentando ajudar o povo do Vietnã nesse sentido? Dificilmente pode ser o que os editores do *Post* têm em mente. Naquela época, os Estados Unidos estavam apoiando os franceses em seu esforço para reconquistar a Indochina.[5] Como observou o secretário de Estado de Truman, Dean Acheson, o sucesso nesse esforço "depende, no final, de superar a oposição da população nativa". As forças de resistência vietnamitas eram lideradas por Ho Chi Minh, cujos apelos à ajuda americana foram rejeitados. Ninguém tinha a menor dúvida de que ele tinha um imenso apoio popular como líder das forças nacionais vietnamitas. Mas Acheson explicou: "Questionar se Ho é tão nacionalista quanto comuna é irrelevante". Ele é um "comunista total". Devemos, portanto, ajudar os franceses, que estão determinados, na frase de Acheson, "a proteger a IC [Indochina] de novas invasões de COMUNAS". Não há nada aqui sobre ajudar o povo do Vietnã do Sul a determinar seu próprio destino.

Talvez tenha sido depois dos Acordos de Genebra que nosso "impulso inicial" floresceu. Uma afirmação dificilmente plausível. A tinta mal tinha secado nos acordos quando o Conselho de Segurança Nacional adotou um programa geral de subversão para solapar o acordo político, reservando explicitamente o direito (sujeito à aprovação do Congresso) de usar força militar "para derrotar a subversão ou rebelião comunista local sem constituir um ataque armado" — isto é, em violação direta à "lei suprema da terra". Essa força poderia ser usada "localmente ou contra a fonte externa de tal subversão ou rebelião (incluindo a China comunista, se identificada como sendo a fonte)". O regime de Diem, apoiado pelos Estados Unidos, lançou uma repressão violenta e sangrenta, violando os acordos que prometemos manter, em um esforço para destruir as forças do Sul que participaram da derrota do colonialismo francês. Essa chacina pareceu bem-sucedida, mas, em 1959, as antigas forças do Vietminh, abandonando a esperança de que os Acordos de Genebra fossem implementados, voltaram à luta armada, evocando os previsíveis uivos de protesto em Washington. Então, com certeza esse não foi o período em que os Estados Unidos mostraram sua profunda preocupação com o direito do povo sul-vietnamita à autodeterminação.

Talvez o *Post* esteja se referindo ao início dos anos 1960, quando as autoridades dos Estados Unidos estimaram que cerca de metade da população do Vietnã do Sul apoiava a Frente de Libertação Nacional (FLN) e, nas palavras do historiador dos Documentos do Pentágono, "somente os vietcongues tinham algum apoio e influência real em uma ampla base no campo", onde viviam 80% da população. O presidente Kennedy despachou forças dos Estados Unidos para reprimir a "subversão ou rebelião" que estava causando o colapso do regime de Diem, definido nos Documentos do Pentágono como "essencialmente uma criação dos Estados Unidos". Em 1962, pilotos dos Estados Unidos estavam voando em 30% das missões de combate, atacando guerrilheiros do "Viet Cong" e a população que os apoiava. As forças organizadas locais, treinadas, assessoradas e abastecidas pelos Estados Unidos, se comprometeram a retirar mais de um terço da população à força para "aldeias estratégicas", onde, de acordo com a frase do principal pombo do governo, Roger Hilsman, eles teriam uma "livre escolha" entre o governo e os vietcongues. Esse empreendimento magnânimo fracassou, explica Hilsman, por causa do trabalho policial ineficiente. Nunca foi possível erradicar os agentes políticos vietcongues das aldeias onde a população se concentrava. Como alguém poderia exercer uma "livre escolha" entre o governo e os vietcongues se os agentes vietcongues — seus irmãos ou primos — não haviam sido eliminados?[6]

Claramente, podemos descartar a possibilidade de que esse seja o período em questão.

Depois do golpe que derrubou Diem, em novembro de 1963, o Vietnã do Sul estava finalmente a caminho da democracia, segundo a propaganda oficial. Mas esse período, infelizmente, não é um candidato provável ao prêmio do *Post* por bom comportamento.[7] Até 1964, a FLN estava oferecendo um acordo no modelo do Laos, com um governo de coalizão e um programa neutralista. Enquanto isso, os Estados Unidos manobravam desesperadamente para evitar o que documentos internos chamam de "negociações prematuras". A razão, conforme explicado pelo acadêmico do governo dos Estados Unidos Douglas Pike, era que os não comunistas no Vietnã do Sul, com a possível exceção dos budistas, não podiam arriscar entrar em uma coalizão, "temendo que, se o fizessem, a baleia engoliria o peixinho". Quanto aos "budistas" (ou seja, os grupos budistas politicamente organizados), o general Westmoreland explicou em setembro daquele ano que eles não estavam agindo "no interesse da Nação". Como o embaixador Henry Cabot Lodge compreendeu mais tarde, segundo o historiador do Pentágono, os budistas eram "equivalentes a comunistas de carteirinha". A posição dos Estados Unidos foi a de que as duas forças políticas importantes do Sul, a baleia e os budistas sulistas, deveriam ser impedidas de decidir sobre sua forma de governo e ordem social. Só os Estados Unidos entendiam "os interesses da Nação". Assim, os Estados Unidos tentaram alimentar o seu peixinho, que àquela altura era o general Khanh e o Conselho das Forças Armadas. Como explicou o embaixador Lodge, os generais são "tudo o que temos". "As forças armadas", concluiu o embaixador Maxwell Taylor, "eram o único componente da sociedade vietnamita que poderia servir como força estabilizadora".

Em janeiro de 1965, até mesmo o peixinho estava escapando das garras americanas. Segundo as memórias do embaixador Taylor,[8] "O governo dos EUA havia perdido a confiança em Khanh" no final de janeiro de 1965. Khanh, ele escreveu, "foi uma grande decepção". Ele poderia ter sido "o George Washington do seu país", mas lhe faltava "caráter e integridade" e, portanto, foi mandado às favas algumas semanas depois. A falta de caráter e integridade de Khanh foi claramente revelada naquele fatídico janeiro. Ele estava tentando articular "uma perigosa aliança Khanh-budistas que poderia acabar resultando em um governo hostil com o qual não poderíamos trabalhar", explicou Taylor.

Na verdade, havia mais que isso. Ao que parece, Khanh também estava perto de um acordo político com a FLN. Falando em Paris no "Dia do Vietnã do Sul" (26 de janeiro de 1975), o general Khanh afirmou, como já fizera antes, que a "interferência estrangeira" havia abortado suas "esperanças de reconciliação nacional e acordo entre as partes beligerantes no Vietnã do Sul" dez anos antes. Para apoiar sua afirmação, divulgou o texto de uma carta enviada a ele, em 28 de janeiro de 1965, por Huynh Tan Phat, então vice-presidente do Comitê Central da FLN, em resposta a uma carta sua anterior. Phat confirmou seu apoio à demanda expressa de Khanh de que "os EUA devem deixar o Vietnã do Sul resolver os problemas do Vietnã do Sul", e a sua posição "contra a intervenção estrangeira nos assuntos internos do Vietnã do Sul". Phat expressou a disposição da FLN de se aliar a Khanh no "combate pela soberania nacional e a independência, e contra a intervenção estrangeira". Essas negociações teriam levado a uma unificação contra os Estados Unidos e ao fim da guerra, afirmou Khanh. Mas, um mês depois do intercâmbio, "fui obrigado a deixar meu país, como resultado da pressão estrangeira".

No final de janeiro, segundo os Documentos do Pentágono, o general Westmoreland "obteve sua primeira autorização para usar as forças dos EUA para combate no Vietnã do Sul", inclusive "autorização para usar aviões a jato dos EUA para ataque em casos de emergência" (três anos depois de os pilotos dos Estados Unidos começarem a participar do bombardeio do Vietnã do Sul). O momento não foi escolhido por acaso. Para evitar um acordo político entre os sul-vietnamitas, em fevereiro, os Estados Unidos iniciaram um bombardeio regular e sistemático do Vietnã do Sul (em um nível três vezes maior que os bombardeios mais divulgados do Norte); não muito depois, uma força expedicionária americana invadiu o Vietnã do Sul.

Em suma, o período transcorrido entre o golpe de Diem e a invasão dos americanos, no início de 1965, dificilmente pode ser definido como um momento em que os Estados Unidos agiram segundo seu impulso inicial para ajudar o povo do Vietnã do Sul a decidir o próprio futuro.

E quanto ao período seguinte a fevereiro de 1965? Aqui, a questão é meramente obscena.

Em janeiro de 1973, Nixon e Kissinger foram obrigados a aceitar as propostas de paz que tentaram modificar em novembro do ano anterior, depois das eleições presidenciais. Talvez isso marque o início do período ao qual os editores do *Post* se referem. Mais uma vez, os fatos demonstram claramente que esse não pode ser o período em questão.[9]

Então, talvez os últimos dias da guerra marquem o período em que os Estados Unidos tentaram contribuir para a autodeterminação do Vietnã do Sul. Aliás, os editores do *Post* nos dizem que "o último estágio de um longo período do envolvimento americano no Vietnã foi diferenciado [...] pois, durante esse breve estágio, os Estados Unidos agiram com um cuidado e uma responsabilidade notáveis", retirando americanos e milhares de vietnamitas. "Os Estados Unidos também, nos últimos dias, fizeram o que nos parece uma tentativa inteiramente genuína e altruísta para facilitar uma solução política que pouparia os vietnamitas de mais sofrimentos."

Muito comovente. Concedendo, para discutir o assunto, a sinceridade dessa tentativa genuína e altruísta, isso só prova que o nosso envolvimento no Vietnã foi uma mistura de bem e mal, e que "parte do propósito da política [dos EUA] era certa e defensável", especificamente, nosso "impulso inicial" para ajudar o povo do Vietnã do Sul "a decidir sobre sua própria forma de governo e ordem social". Que o debate prossiga, então, sem recriminações e com discernimento e honestidade, à medida que passamos a cuidar das feridas da nação, reconhecendo que somos passíveis de erros trágicos, mas insistindo em nossos "bons impulsos" que "se transmutaram em más práticas" por alguma incompreensível ironia da história.

O governo dos Estados Unidos foi (parcialmente) derrotado no Vietnã, mas apenas levemente ferido em casa. Sua elite intelectual está, portanto, livre para interpretar a história recente sem qualquer necessidade de autorreflexão.

Na atual enxurrada de ensaios sobre "as lições do Vietnã", vemos pouquíssima autoavaliação honesta. James Reston explica "a verdade" sobre o recente desastre nos seguintes termos:

> A verdade é que o governo dos Estados Unidos, além de seus próprios erros, foi enganado pelos norte-vietnamitas, que romperam os acordos de Paris, e pelos sul-vietnamitas, que romperam os acordos de Paris, e depois desistiram da maior parte de seu país sem aviso prévio. (*New York Times*, 4 de abril de 1975)

Os Estados Unidos cometem erros, mas os vietnamitas — do Norte e do Sul — são culpados de crimes, rompendo acordos que se comprometeram a cumprir. Os fatos são um pouco diferentes. Assim que os Acordos de Paris foram assinados, a Casa Branca anunciou que rejeitaria todos os principais princípios expressos no pedaço de papel que os Estados Unidos foram forçados a assinar em Paris.[10]

Os Estados Unidos continuaram a apoiar o regime de Thieu em seus esforços anunciados para violar os acordos com uma repressão maciça em seus domínios e ação militar para conquistar o restante do Vietnã do

Sul. No verão de 1974, funcionários dos Estados Unidos expressaram seu grande prazer com o sucesso desses esforços, observando que o regime de Thieu só conseguira conquistar cerca de 15% do território administrado pelo GRV, fazendo uso efetivo da enorme vantagem em poder de fogo de que dispunha, graças à generosidade dos Estados Unidos. Novos sucessos continuaram sendo aguardados com entusiasmo.[11]

Mas nada disso conta como uma violação dos americanos aos Acordos de Paris. Só os vietnamitas malvados, do Norte e do Sul, são culpados desses crimes. É uma questão de doutrina. Os fatos são irrelevantes.

Além disso, os "nossos vietnamitas" não apenas romperam os Acordos de Paris, como também desistiram da maior parte do seu país sem nos avisar com antecedência. Reston reclama que "o governo de Thieu nem mesmo deu ao sr. Ford uma oportunidade de ser justo no final. Simplesmente ordenou a retirada, chamou as câmeras de televisão e culpou os Estados Unidos pelos destroços humanos de seus próprios fracassos". Como são ingratos e indignos esses vietnamitas. Em sua inocência, Ford foi mais uma vez enganado; ele "foi quase injusto com seu próprio país. Pois deixou a impressão de que de alguma forma os Estados Unidos eram responsáveis pela carnificina no Sudeste Asiático". Como poderíamos ser tão falsamente acusados...

Depois de muitos anos, não se poderia esperar nada diferente desse digno comentarista. Voltemo-nos, então, para o pombo mais declarado do *Times*, Anthony Lewis, um crítico sério e eficaz da guerra nos anos 1970. Resumindo a história da guerra, ele conclui:

> A decisão americana inicial em relação à Indochina pode ser considerada como esforços disparatados para fazer o bem. Mas em 1969 ficou claro para a maior parte do mundo — e para a maioria dos americanos — que a intervenção tinha sido um erro desastroso.

O Congresso e a maioria do povo americano "sabem agora que a intervenção no Sudeste Asiático foi um erro desde o início", "que a ideia de construir uma nação no modelo americano no Vietnã do Sul era uma ilusão", "que não funcionava e que nenhuma quantidade de armas, dólares ou sangue poderia fazer funcionar". Só Ford e Kissinger não conseguiram aprender "as lições da insensatez". A lição do Vietnã é que "a falsidade não compensa; pode ter funcionado em outro século ou em algum outro país, mas nos Estados Unidos no final do século XX não funciona". Assim, "um elemento crucial no final foi o mesmo que causou o desastre o tempo todo: a falsidade das autoridades americanas — falsidade com os outros e com nós mesmos". Isso deve "permitir uma visão do que deu errado em geral". Lewis cita com aprovação o julgamento do *Sunday Times* de Londres: "As mentiras maciças envolvidas na política asiática prejudicaram tanto a sociedade americana e a reputação dos EUA quanto o fracasso da própria política".[12]

A lição, então, é a de que deveríamos evitar os erros e mentiras, e nos ater a políticas que deram certo e são honestamente retratadas. Se ao menos os nossos esforços originais para fazer o bem não tivessem sido tão "disparatados", teriam sido legítimos. Isso inclui, deve-se supor, esforços para fazer o bem com nosso apoio à repressão de Diem depois de 1954, ou com as operações de combate do início dos anos 1960 pelas forças americanas e as tropas que treinaram e controlavam, ou com o programa estratégico de vilarejos, ou o bombardeio de mais de 100 mil montanheses em "áreas seguras" em 1962, e assim por diante. Lembrem-se da estimativa de Bernard Fall de que em abril de 1965, antes de o primeiro batalhão norte-vietnamita ser detectado no Sul, mais de 160 mil "vietcongues" haviam tombado "sob o peso esmagador de blindados americanos, napalm, bombardeiros a jato e, finalmente, de gases vomitados".[13] Mas tudo isso foram "esforços disparatados para fazer o bem", embora em 1969 devêssemos ter visto que a "intervenção" era um "erro desastroso".

Finalmente, vamos considerar os pensamentos de Richard Strout, o principal colunista do *New Republic* (25 de abril). Ele escreve de Paris, onde visitava monumentos que registram os crimes de Hitler. O impacto emocional é esmagador: "Eu odiava os seguidores maníacos de Hitler; nunca poderia perdoar os alemães". Mas, continua, "outras nações também perderam a sensatez; esta não foi a terra da guilhotina? E então, é claro, eu pensei no Vietnã".

Finalmente, alguém disposto a contemplar a natureza criminosa da guerra americana. Mas não por muito tempo. A frase seguinte diz: "Não foi maldade; foi uma idiotice". Foi "um dos maiores erros da nossa história". Há uma mensagem: "Assistir à longa tragédia em cores vivas foi uma experiência dolorosa, mas o ato de bravura é encará-la". Se conseguirmos fazer isso, talvez haja "o alvorecer de uma nova maturidade — uma maioridade".

Nossa "bravura", no entanto, só pode ir até certo ponto. Nossa "nova maturidade" não pode tolerar o questionamento da nossa decência fundamental.

Já que o colunista lembra "os seguidores maníacos de Hitler", talvez possamos lembrar também a autoavaliação dos criminosos nazistas que ele detesta de maneira tão passional. Podemos lembrar as palavras de Heinrich Himmler, falando do massacre dos judeus:

> Ter passado por isso — com a exceção de casos de fraqueza humana — e ter permanecido decente, isso nos tornou fortes. Esta é uma página não escrita, e que jamais será escrita, da nossa gloriosa história.[14]

Pelos padrões de Himmler, a força do governo americano deve ser realmente exaltada. Passamos por isso, mas continuamos decentes. Errando, talvez, mas fundamentalmente decentes. E, se alguém duvidar da nossa força, que pergunte aos cambojanos.

Mas tivemos, com certeza, nossos exemplos de fraqueza humana. Pelos nossos padrões, My Lai foi um exemplo; os criminosos foram tratados com uma demonstração apropriada do nosso sistema de justiça. É verdade que usamos exatamente os mesmos padrões quando nos pronunciamos no caso do general Yamashita, enforcado por crimes cometidos por soldados sobre os quais não tinha mais nenhum controle nos últimos meses da campanha das Filipinas. Pelo menos o tenente Calley passou algum tempo em prisão domiciliar. Mas o longo braço da lei não alcança os responsáveis, digamos, pela Operação SPEEDY EXPRESS, na província do delta de Kien Hoa, no início de 1969, que conseguiu massacrar 11 mil daqueles sul-vietnamitas, cujo direito à autodeterminação estávamos defendendo com tanto vigor, capturando 750 armas e destruindo a estrutura política e social estabelecida pela FLN. Essa operação foi mais do que meramente decente: "O desempenho dessa divisão tem sido magnífico", exultou o general Abrams, ao promover seu comandante.[15] Podemos ter certeza de que os guardiões da história colocarão essas gloriosas páginas na nossa história sob a devida luz.

Nossos respeitáveis pombos compartilham algumas suposições fundamentais com os falcões. O governo dos Estados Unidos é honrado. Pode cometer erros, mas não comete crimes. É enganado continuamente e muitas vezes tolo (somos tão "ingênuos e idealistas" em nossas relações com nossos aliados e dependentes, observa Chester Cooper), mas nunca maldosos. Fundamentalmente, não agimos baseados no interesse de grupos sociais dominantes, como fazem outros Estados. "Uma das dificuldades de explicar a política [americana]", declarou o embaixador Charles Bohlen na Universidade de Columbia em 1969, é que "nossa política não está enraizada em nenhum interesse material nacional dos Estados Unidos, como a maioria das políticas externas de outros países tem sido no passado".[16] Somente os "radicais", ou "irresponsáveis", ou "emocionais" — e, portanto, muito além do aceitável — insistirão em aplicar aos Estados Unidos os padrões intelectuais e morais dados como certos quando analisamos e avaliamos o comportamento de inimigos oficialmente designados ou, a propósito, qualquer outra potência.

É um fato muito importante que a maioria do povo americano tenha extravasado os limites da crítica legítima, considerando a guerra imoral e não apenas como um erro tático. Os intelectuais, porém, em geral se mantiveram mais submissos à ideologia oficial, condizentes com seu papel social. Isso fica evidente a partir de comentários na imprensa e estudos acadêmicos. As pesquisas revelaram uma correlação negativa entre nível educacional e oposição à guerra — especificamente, oposição por princípios, ou seja, a defesa da retirada das forças americanas. Esta correlação foi obscurecida pelo fato de que a oposição visível e articulada à guerra, não surpreendentemente, envolveu desproporcionalmente camadas sociais mais privilegiadas. A maior subserviência da intelligentsia à ideologia do Estado também foi demonstrada em um estudo recente da "elite intelectual americana"[17] — se alguém estiver disposto a tolerar esse conceito absurdo para fins de discussão. O estudo revela, como já poderia ter sido antecipado, que esses pensadores mais sutis em geral se opunham à guerra por motivos "pragmáticos". Traduzindo para termos mais honestos, no geral a elite intelectual achava que não poderíamos nos safar (pelo menos depois da ofensiva do Tet), ou que o custo era muito alto (para alguns, o custo para as vítimas).

As características essenciais da política dos Estados Unidos na Indochina foram claramente ilustradas no incidente final da guerra, o incidente do *Mayagüez*. Em 12 de maio de 1975, o navio mercante americano *Mayagüez* foi interceptado por barcos de patrulha cambojanos a cinco quilômetros de uma ilha cambojana, de acordo com o Camboja — ou a onze quilômetros, segundo o capitão do navio. Pouco depois da meia-noite (horário de verão do leste dos Estados Unidos) do dia 14 de maio, aviões dos Estados Unidos afundaram três canhoneiras cambojanas. Naquela tarde, o secretário-geral da Organização das Nações Unidas (ONU) pediu às partes que se abstivessem de atos de força. Às 19h07, a rádio cambojana anunciou que o navio seria liberado. Poucos minutos depois, fuzileiros navais americanos atacaram a ilha de Tang e embarcaram no navio abandonado ao largo. Às 22h45, um barco se aproximou do destroier americano *Wilson* com a tripulação do *Mayagüez* a bordo. Pouco depois, aviões dos Estados Unidos atacaram o continente. Um segundo ataque contra alvos civis ocorreu 43 minutos depois de o capitão do *Wilson* ter informado à Casa Branca que a tripulação do *Mayagüez* estava a salvo. Os fuzileiros navais foram retirados depois de intensos combates. O Pentágono anunciou que sua maior bomba, de 15 mil libras, havia sido usada. A operação custou a vida de 41 americanos, segundo o Pentágono (cinquenta feridos), além de um número desconhecido de cambojanos.

Poucos dias depois, em um incidente pouco noticiado na imprensa, a Guarda Costeira dos Estados Unidos abordou o pesqueiro polonês *Kalmar* e o forçou a atracar em San Francisco. O navio estaria pescando três quilômetros dentro do limite de vinte quilômetros estabelecido pelos Estados Unidos. A tripulação foi confinada ao navio sob guarda armada enquanto um tribunal julgava qual seria a penalidade, que poderia incluir a venda do navio e sua carga. Houve muitos incidentes semelhantes. Em uma semana de janeiro de 1975, o Equador teria apreendido sete pesqueiros de atum americanos, alguns a 160 quilômetros da costa, impondo pesadas multas.

O presidente Ford declarou, em uma entrevista em 19 de maio, que os Estados Unidos estavam cientes de que canhoneiras cambojanas haviam interceptado um navio panamenho e um sul-coreano alguns dias antes do incidente do *Mayagüez*, liberando os navios e tripulações ilesos. Kissinger afirmou que os Estados Unidos tinham informado as companhias de seguros de que o Camboja estava defendendo suas águas costeiras, mas o presidente do Instituto Americano de Subscritores Marítimos não conseguiu verificar esse "aviso prévio".

Evidentemente, os incidentes do *Kalmar* e do *Mayagüez* não são comparáveis. O Camboja acabava de sair de uma guerra brutal, pela qual os Estados Unidos têm responsabilidade direta. Durante vinte anos, o

Camboja foi vítima de subversão, assédio, ataques aéreos devastadores e invasão direta dos Estados Unidos. O Camboja anunciou que as ações hostis dos Estados Unidos ainda continuavam incluindo voos de espionagem e "atividades subversivas, de sabotagem e destrutivas" e penetração pelas águas costeiras de navios espiões dos Estados Unidos "engajados em atividades de espionagem quase diariamente". Cidadãos tailandeses e cambojanos foram desembarcados, segundo o Camboja, para contatar agentes de espionagem, e confessaram estar a serviço da CIA. Fossem ou não verdadeiras as acusações, não há dúvida de que o Camboja tinha amplas razões, com base na história e talvez nas ações correntes, para desconfiar da subversão e intervenção dos Estados Unidos. Em comparação, a Polônia não representa nenhuma ameaça à segurança ou integridade territorial dos Estados Unidos.

Segundo Kissinger, os Estados Unidos decidiram usar força militar para evitar "uma discussão humilhante", sem acrescentar que a lei suprema da terra obriga os Estados Unidos a se limitar à "discussão humilhante" e outros meios pacíficos se perceberem alguma ameaça à paz e à segurança. Conscientes de suas obrigações legais, os Estados Unidos informaram ao Conselho de Segurança das Nações Unidas que estavam exercendo o direito inerente de autodefesa contra ataques armados, embora evidentemente seja ridículo definir a ação cambojana como um "ataque armado" contra os Estados Unidos no sentido do direito internacional.

Apesar das negações oficiais, as ações militares americanas foram claramente de intenção punitiva. O *Washington Post* informou (17 de maio) que fontes dos Estados Unidos admitiram privadamente "que estavam gratificados por ver o governo do Khmer Vermelho ser duramente atingido". O Camboja teve de ser punido por sua insolência em resistir ao poder armado dos Estados Unidos. A resposta interna indicou que o recurso ilegal à violência continuará a gozar do apoio liberal, desde que tenha sucesso (supondo que consideremos a perda de 41 fuzileiros navais para salvar 39 tripulantes prestes a serem libertados como um "sucesso"). O senador Kennedy afirmou que "a ação firme e bem-sucedida do presidente foi um inegável e necessário ânimo no espírito da nação, e que merece nosso apoio genuíno".[18] Pode-se duvidar de que o espírito de todos tenha se animado por mais um golpe no Camboja. Ainda assim, a reação do senador que mais se preocupou com o impacto humano da guerra americana é importante e reveladora. O senador Mansfield explicou que o triunfo político de Ford enfraquecia as forças antimilitaristas no Congresso. Apoiando sua conclusão, em 20 de maio, a Câmara votou esmagadoramente contra a redução do comprometimento de tropas americanas no exterior. O líder da maioria na Câmara, Thomas P. O'Neill, reverteu seu apoio anterior à redução de tropas.

Houve algumas vozes honrosas de protesto. Anthony Lewis observou que, "apesar de toda a fanfarronice e falações virtuosas sobre princípios, é impossível imaginar os Estados Unidos se comportando dessa maneira em relação a qualquer um que não seja um país fraco e arruinado de pequenos povos amarelos que nos frustraram".

Na ala liberal da opinião dominante, John Osborne repreendeu Lewis no *New Republic* (7 de junho) por não conseguir ver "algum bem e ganho" no incidente do *Mayagüez*. Osborne considerou que o presidente agiu "apropriadamente, legal e corajosamente, e como exigia a necessidade". Houve, sem dúvida, alguns "furos". Um desses furos, "preocupante, evitável e a ser deplorado", foi o plano apresentado para usar B-52s. Mas nossa honra foi salva, segundo Osborne, quando o plano foi rejeitado "em parte devido à previsível reação doméstica e mundial e em parte porque um bombardeio pesado quase certamente teria piorado e não melhorado a situação dos homens da tripulação do *Mayagüez*".

Outra possível consideração vem à mente: o bombardeio do indefeso Camboja com B-52s, mais uma vez, teria constituído outro grande massacre do povo cambojano. Mas nenhum desses pensamentos perturba a mente ou a consciência deste austero tribuno do povo, que repreendeu severamente aqueles "chupadores de polegares jornalísticos" que levantaram questões de "maneira e tom" errados em "uma vergonha para o jornalismo".

Altos funcionários do governo informaram à imprensa que foi Henry Kissinger quem "defendeu o bombardeio do continente cambojano com B-52s durante a recente crise com o navio *Mayagüez* capturado".[19] Felizmente, a proposta foi rejeitada por outros mais humanos, que acharam que os bombardeiros baseados em porta-aviões seriam punição suficiente.

O incidente revela os elementos básicos da política dos Estados Unidos em relação à Indochina: ilegalidade, selvageria e estupidez, mas não estupidez total, como se pode ver pelo sucesso em despertar sentimentos jingoístas em casa. A questão crucial é a ilegalidade, no sentido específico de violar o princípio de que a força não pode ser usada para qualquer finalidade, exceto como legítima defesa contra ataques armados. A importância do assunto é óbvia, mesmo que seja apenas pelo fato de ele geralmente ser excluído da discussão das "lições do Vietnã" na mídia de massa, nos jornais opinativos e — podemos prever com segurança — no ambiente acadêmico.

No âmbito das instituições ideológicas — os meios de comunicação de massa, as escolas e as universidades — há todas as razões para esperar que a tarefa de excluir essas questões seja realizada com um bom grau de sucesso. Resta saber se esses esforços conseguirão restaurar o conformismo e a submissão dos anos anteriores.

O editorial do *Post* certamente estava correto ao negar que "nós, como povo, sejamos intrinsecamente maus". De fato, "nós, como povo" reconhecíamos que a guerra era algo mais que um erro. Em 1965, os *teach-ins*, as manifestações, as reuniões comunitárias, o lobby intenso e outras formas de protesto chegaram a proporções substanciais, e em 1967 houve enormes manifestações em massa, resistência ao recrutamento em larga escala e outras formas de desobediência civil não violenta. Não muito tempo depois, a liderança política americana veio a entender por que as potências imperiais costumavam empregar mercenários para lutar guerras coloniais brutais, já que os exércitos de conscritos, para seu devido crédito, começavam a se desintegrar no campo de batalha. Em 1971, a julgar pelas pesquisas, dois terços da população consideravam a guerra imoral e clamavam pela retirada das tropas americanas. Assim, "nós, como povo" não éramos, então, nem pombos nem falcões no sentido das opiniões editoriais responsáveis e da esmagadora maioria dos comentaristas políticos.

Tornou-se uma questão de importância crítica reverter as derrotas ideológicas da última década e restabelecer a doutrina de que os Estados Unidos têm o direito de usar a força e a violência para impor a ordem como bem entenderem. Alguns propagandistas estão dispostos a colocar o assunto de forma bastante explícita. Assim, Kissinger, em seus anos de faculdade, escreveu sobre os grandes riscos se não houver "penalidades para a intransigência". Mas existem meios mais sutis e eficazes. O melhor, sem dúvida, é reconstruir de alguma forma a imagem destroçada dos Estados Unidos como benfeitor público. Daí a ênfase na nossa ingenuidade, nos nossos erros, nos nossos impulsos iniciais para fazer o bem, no nosso moralismo e na falta de preocupação com os interesses materiais, que dominam a política de outras potências.

Quando não é afirmada francamente nos debates de política externa, a doutrina é insinuada. Considere, como um caso crucial, o atual debate sobre o uso de força militar para garantir o controle americano dos principais recursos energéticos do mundo no Oriente Médio, e assim manter nossa capacidade de controlar e organizar o "mundo livre". Por enquanto, o debate sobre tal intervenção é o passatempo dos intelectuais.

Mas a situação é instável. Ninguém pode prever o que o futuro trará. Dentro do estreito espectro da opinião responsável, há espaço para desacordo sobre a questão tática de como a hegemonia americana deve ser estabelecida, no Oriente Médio ou em qualquer outro lugar. Alguns acham que a força é necessária para garantir os "interesses americanos".[20] Outros concluem que o poder econômico e os procedimentos normais dos negócios serão suficientes. Mas nenhuma questão séria é levantada sobre o nosso direito de intervir, ou os propósitos benevolentes que guiarão tais movimentos, se formos forçados a neutralizar "a agressão dos países produtores de petróleo contra as economias dos mundos em desenvolvimento e desenvolvidos".[21]

Não é surpresa, portanto, descobrir que no atual debate sobre a intervenção dos Estados Unidos na Península Arábica é geralmente aceito por todos os lados que, depois de ter estabelecido seu domínio, os Estados Unidos irão garantir uma distribuição justa e equitativa do petróleo do Oriente Médio. A proposição de que os Estados Unidos agirão ou poderão agir dessa maneira raramente é questionada. Mas considere agora a base para essa suposição tácita. Trata-se de alguma indução a partir da história registrada? Ou seja, podemos fundamentar essa certeza na conduta americana no passado em relação aos seus recursos agrícolas ou matérias-primas, ou aos produtos de sua indústria? Quando dominavam o comércio mundial de petróleo, os Estados Unidos usaram seu poder para garantir que seus aliados europeus, por exemplo, se beneficiassem do baixo custo de produção do petróleo do Oriente Médio? Essas questões mal são levadas em consideração em qualquer discussão.

Claro, pode-se argumentar que o leopardo, por alguma razão, pode mudar suas manchas. Mas então, podemos especular que os produtores de petróleo árabes também não parecem propensos a usar seu controle sobre o petróleo para garantir uma distribuição justa e equitativa. Os árabes produtores de petróleo, por exemplo, gastam uma proporção muito maior de seu PIB para ajuda externa do que os Estados Unidos já fizeram para outras potências industriais, e uma proporção muito maior dessa ajuda vai para países mais pobres.[22] Assim, se a história serve como guia, talvez devêssemos encorajar a Arábia Saudita e o Kuwait a conquistar o Texas, em vez de debater os méritos de uma invasão dos Estados Unidos ao Oriente Médio. Na verdade, toda a discussão sugere um caso perigoso de cretinismo avançado. O mais notável é que esse debate recente continua, apesar do absurdo da premissa oculta.

Nada poderia indicar mais claramente como a intelligentsia permanece apegada à doutrina da benevolência americana e ao princípio corolário de que os Estados Unidos têm o direito de recorrer à força e à violência para manter a "ordem global" — se conseguirmos e, como os mais sensíveis acrescentarão, se ao menos não formos muito brutais a esse respeito.

Todo o registro das ações dos Estados Unidos na Indochina pode ser resumido em três palavras: "ilegalidade", "selvageria" e "estupidez" — nessa ordem. Desde o início foi entendido, e explicitamente afirmado, no mais alto nível das formulações políticas, que a "intervenção" dos Estados Unidos no Vietnã do Sul e em outros lugares deveria ser efetuada em detrimento de qualquer barreira legal ao uso da força em assuntos internacionais. Dadas a força e a coragem da resistência sul-vietnamita, os Estados Unidos foram obrigados a empreender uma guerra de aniquilação para destruir a sociedade que ganhou seu apoio — a sociedade "controlada pelos vietcongues", na terminologia dos propagandistas. Os Estados Unidos conseguiram parte desse objetivo, mas nunca foram capazes de construir um regime clientelista viável a partir dos destroços. Quando Washington não foi mais capaz de retirar os B-52s, toda a estrutura podre desmoronou por dentro. No fim, os interesses dos grupos dominantes dos Estados Unidos foram prejudicados, no Sudeste Asiático, nos próprios Estados Unidos e no mundo todo. A ilegalidade levou à selvageria em face da resistência à agressão. E, em retrospecto, o fracasso do projeto pode ser atribuído, em parte, à estupidez.

Os intelectuais apologistas da violência do Estado, inclusive os que se autodenominam pombos, naturalmente se concentrarão na estupidez, alegando que a guerra foi um erro trágico, um caso de impulso válido transmutado em má política, talvez por causa dos erros pessoais de uma geração de líderes políticos e assessores incompetentes. A estupidez é uma categoria politicamente neutra. Se a política americana foi estúpida, como em retrospecto todos podem ver, o remédio será encontrar formuladores de políticas mais inteligentes; presumivelmente, os críticos.

Alguns opositores à guerra ficaram horrorizados com a selvageria do ataque americano. Mesmo um falcão proeminente como Bernard Fall voltou-se contra a guerra, acreditando que o Vietnã dificilmente sobreviveria como entidade cultural e histórica sob o modelo americano de violência contrarrevolucionária. É verdade que a barbaridade no modelo nazista da política de guerra dos Estados Unidos foi a característica mais destacada e inesquecível da guerra, no Vietnã do Sul e em outras partes da Indochina. Mas a selvageria também é uma categoria politicamente neutra. Se a liderança americana foi sádica, como certamente foi, o remédio — como será argumentado — será encontrar pessoas que seguirão as mesmas diretrizes políticas de uma forma mais humana.

A questão mais crucial é a ilegalidade, especificamente o recurso à força para manter uma "ordem mundial estável", que atenda basicamente os interesses dos que reivindicam o direito de administrar a economia global.

Vamos supor que o sistema de controle do pensamento restabeleça a doutrina de que os Estados Unidos permanecem isentos dos princípios que corretamente, porém hipocritamente, invocamos ao condenar o recurso à força e ao terror por parte dos outros. Neste caso, estará lançada a base para o próximo estágio de violência e agressão imperiais. Enquanto essas doutrinas prevalecerem, haverá todas as razões para esperar uma reconstituição da tragédia do Vietnã.

11
POLÍTICA EXTERNA E A INTELLIGENTSIA

> Assim, parece que nossas repetidas intervenções, encobertas e abertas, na América Latina e em outros lugares, nosso brutal ataque ao povo vietnamita, sem mencionar nossa benigna desatenção à abolição da democracia na Grécia por alguns coronéis medíocres totalmente dependentes das armas e de empréstimos americanos, são todos meros acidentes ou erros talvez.
> — Philip Rahv, *New York Review of Books*, 12 de outubro de 1967

Se quisermos entender alguma coisa sobre a política externa de qualquer Estado, é uma boa ideia começarmos analisando a estrutura social doméstica: quem define a política externa? Quais interesses essas pessoas representam? Qual é a fonte doméstica de seu poder? É razoável supor que a política que se desenvolve refletirá os interesses específicos dos que a projetam. Um estudo honesto da história revelará que essa expectativa

---

Este capítulo foi publicado pela primeira vez em *"Human Rights" and American Foreign Policy* (Nottingham, Spokesman, 1978) e republicado em *Towards a New Cold War: U.S. Foreign Policy from Vietnam to Reagan* (Nova York, Pantheon Books, 1982; Nova York, The New Press, 2003), p. 86-114.

natural em geral é atendida. A evidência é esmagadora, na minha opinião, de que os Estados Unidos não são uma exceção à regra geral — uma tese que muitas vezes é caracterizada como "crítica radical", em um curioso movimento intelectual ao qual retornarei.

Alguma atenção aos registros históricos, assim como o bom senso, leva a uma segunda expectativa razoável: em toda sociedade surgirá uma casta de propagandistas que trabalha para disfarçar o óbvio, para ocultar o verdadeiro funcionamento do poder e para tecer uma teia de objetivos e propósitos míticos, totalmente benignos, que supostamente orientam a política nacional. Uma das teses típicas do sistema de propaganda é que a *nação* é um agente nos assuntos internacionais, não grupos especiais dentro dela, e que a nação é guiada por certos ideais e princípios, todos nobres. Às vezes, os ideais fracassam por causa de erros ou má liderança, ou pelas complexidades e ironias da história. Mas qualquer horror, qualquer atrocidade serão explicados como um infeliz desvio — às vezes trágico — do propósito nacional. Uma tese subsidiária é que a nação não é um agente ativo, mas responde às ameaças impostas à sua segurança, ou à ordem e à estabilidade, por forças externas espantosas e malignas.

Mais uma vez, os Estados Unidos não são uma exceção à regra geral. Se somos excepcionais, a singularidade reside no fato de os intelectuais tenderem a ser tão ansiosos para promulgar a religião do Estado e explicar seja o que for que aconteça como um "erro trágico" ou um desvio inexplicável de nossos ideais mais profundos. A esse respeito, os Estados Unidos talvez sejam excepcionais, ao menos entre as democracias industriais. Em meio aos piores horrores da Guerra do Vietnã, sempre houve um Sidney Hook para justificar "a infeliz perda acidental de vidas", ou as "consequências não intencionais da ação militar"[1] enquanto B-52 realizavam bombardeios sistemáticos no delta do Mekong, densamente povoado, no Vietnã do Sul, ou se prestando a outros exercícios semelhantes do que Arthur Schlesinger certa vez definiu como "nosso programa geral de boa vontade internacional" (referindo-se à política dos Estados Unidos para o Vietnã em 1954).[2] Há muitos exemplos desse tipo.

Aqui está um caso, não atípico. William V. Shannon, comentarista liberal do *New York Times*, explica como, "ao tentar fazer o bem, temos vivido além de nossos recursos morais e caímos na hipocrisia e na santimônia".[3] Alguns trechos transmitem bem o sabor:

Por um quarto de século, os Estados Unidos vêm tentando fazer o bem, estimular a liberdade política e promover a justiça social no Terceiro Mundo. Mas, na América Latina, onde temos sido tradicionalmente amigos e protetores, e na Ásia, onde fizemos os sacrifícios mais dolorosos de nossos jovens e da nossa riqueza, nossos relacionamentos se provaram uma fonte recorrente de tristeza, desperdício e tragédia [...] Assim, por meio de assistência econômica e do treinamento de equipes do exército antiguerrilha, temos intervindo com os melhores motivos [na América Latina].

Mas a benevolência, a inteligência e o trabalho árduo provaram não ser suficientes. O Chile demonstra o problema, onde [com a melhor das intenções] ao intervir nessa situação complicada a CIA envolveu os Estados Unidos na inesperada sequela de uma cruel ditadura militar, que emprega tortura e destruiu a própria liberdade e as instituições liberais que estávamos tentando proteger.

E por aí vai. Ele conclui que devemos atentar para a advertência de Reinhold Niebuhr de que "nenhuma nação ou indivíduo, mesmo o mais justo, é bom o suficiente para cumprir os propósitos de Deus na história" — nem mesmo os Estados Unidos, esse modelo de justiça e benevolência altruísta, que por tanto tempo tem sido um amigo e protetor da Nicarágua e da Guatemala, tendo feito sacrifícios tão dolorosos pelos camponeses da Indochina nos 25 anos anteriores. Devemos, portanto, ser mais contidos em nossos esforços para "avançar nossos ideais morais", ou ficaremos presos em "paradoxos irônicos" à medida que nossos esforços para cumprir os propósitos de Deus levam a consequências inesperadas.

Se tivessem sido escritas vinte anos antes, essas palavras já teriam sido bem vergonhosas. Que tenham sido publicadas em setembro de 1974 ultrapassa quaisquer limites, ou o faria se essa submissão depravada ao sistema de propaganda do Estado não fosse tão típica de segmentos substanciais da intelligentsia liberal que praticamente passa despercebida.

Acredita-se comumente que se desenvolveu uma relação de adversários entre o governo e a intelligentsia durante a Guerra do Vietnã. Lemos, por exemplo, que "a maioria dos intelectuais americanos, desde o Vietnã, passou a acreditar que o exercício do poder americano é imoral", e que uma nova "convergência está surgindo agora em torno de [um novo] objetivo: o desmantelamento do poder americano em todo o mundo".[4] Isso é puro mito, semelhante a acreditar que a mídia se tornou uma "notável nova fonte de poder nacional", em oposição ao Estado.⁵ Na verdade, durante a guerra e desde então, a mídia nacional permaneceu devidamente subserviente aos princípios básicos do sistema de propaganda estatal, com poucas exceções,⁶ como seria de esperar de grandes corporações. Elas levantaram uma voz crítica quando imperialistas racionais determinaram que o empreendimento do Vietnã deveria ser limitado ou liquidado, ou quando poderosos interesses foram ameaçados, como no episódio de Watergate.⁷

Quanto aos intelectuais, embora seja verdade que se desenvolveu uma oposição à guerra articulada e baseada em princípios, principalmente entre estudantes, ela nunca ultrapassou limites claros. As ilusões em contrário são comuns, e muitas vezes fomentadas por aqueles que se assustam tanto com qualquer sinal de enfraquecimento dos controles ideológicos que reagem com histeria e grande exagero. Os críticos de novas iniciativas no desenvolvimento de armas estratégicas são comumente denunciados por seu "apelo ao desarmamento unilateral". Da mesma forma, o apelo por um recuo "pragmático" do exuberante intervencionismo de anos anteriores é transmutado em uma demanda pelo "desmantelamento do poder americano em todo o mundo".⁸

Uma típica versão da posição "pragmática" dominante é apresentada pelo colunista Joseph Kraft, comentando a diplomacia de Kissinger e as reações a ela:

> A abordagem do equilíbrio de poder era aceitável desde que funcionasse. Mais especificamente, enquanto a Guerra do Vietnã durou, em especial enquanto as chances de um final inconcluso ou feliz pareciam abertas, a diplomacia de Kissinger obteve aprovação geral. Mas o desastre no Vietnã mostrou que os Estados Unidos romperam com sua política tradicional de apoiar desinteressadamente os bons sujeitos. Demonstrou que os formuladores de políticas americanos usaram todos os truques sujos do jogo em nome dos malvados.⁹

Observe o raciocínio curioso: nossos clientes se tornam "malvados" quando perdem e nossos truques tornam-se "sujos" quando falham. O comentário de Kraft é característico em sua referência à nossa suposta "política tradicional", e é preciso notar que a tentativa de Kissinger de manter um regime clientelista no Vietnã do Sul em violação explícita aos Acordos de Paris de 1973 obteve apoio substancial até ser revelado que os eventos não poderiam ter sucesso.¹⁰

Em um estudo revelador das atitudes do público em relação à Guerra do Vietnã, Bruce Andrews discute o fato bem documentado de que "grupos de status inferior" tendiam a ser menos dispostos que outros a apoiar as políticas governamentais.¹¹ Uma razão, ele sugere, é que "com menos educação formal, menos consciência política e menos envolvimento com a mídia, eles foram salvos do impacto total dos apelos da Guerra Fria nos anos 1950 e, como resultado, foram inadequadamente socializados na visão de mundo anticomunista". A observação é adequada. Existem apenas duas vias de fuga da incrível máquina de propaganda americana. Uma é escapar de uma "educação formal" e do "envolvimento com a mídia", comprometidos com o sistema de propaganda estatal. A segunda é lutar para extrair os fatos que se alastram na enxurrada da propaganda e procurar fontes "exóticas" não consideradas adequadas para o público em geral — desnecessário dizer, um método disponível para poucos.

Ao discutir sobre os intelectuais, podemos invocar uma distinção às vezes traçada entre os "intelectuais tecnocráticos e orientados pela política" e os "intelectuais orientados pelo valor", na terminologia do estudo da Comissão Trilateral* citado acima.¹² Os intelectuais tecnocráticos e orientados pela política do país são os mocinhos que fazem o sistema funcionar e não levantam questões impertinentes. Quando se opõem à política do governo, eles o fazem de forma "pragmática", como a maior parte da "elite intelectual americana". Suas ocasionais objeções técnicas são "análises políticas sólidas", diferenciando-se do "moralismo" ou "utopismo sonhador" dos que levantam objeções de princípios ao curso da política.¹³ Quanto aos intelectuais orientados pelo valor, "que se dedicam à derrogação da liderança, à contestação da autoridade e ao desmascaramento e deslegitimação das instituições estabelecidas", eles constituem "uma contestação ao governo democrático que é, ao menos potencialmente, tão grave quanto as levantadas no passado pelas camarilhas aristocráticas, por movimentos fascistas e por partidos comunistas", no julgamento dos acadêmicos

---

* Organização civil fundada em 1973 pelo banqueiro David Rockefeller para enfrentar os desafios da crescente interdependência dos Estados Unidos e seus principais aliados (Canadá, Japão e países da Europa Ocidental) e incentivar uma maior cooperação entre estes países. [N.T.]

trilaterais. Grande parte dos textos atuais sobre "o período de problemas" nos anos 1960 é uma variação do mesmo tema, e uma "história" fantástica do período está em processo de criação, a ser exposta, talvez, pelos "historiadores revisionistas" de uma geração futura.

Uma variante do argumento trilateral, não incomum, é que o "compromisso americano com a democracia está sendo minado por análises — geralmente da parte liberal e de esquerda do espectro político — que afirmam que a preocupação com a democracia não desempenhou nenhum papel na política externa americana".[14] De fato, pode-se argumentar com razão — e muitas vezes é argumentado, mas nunca pela esquerda — que "só quando o próprio conceito de democracia, intimamente identificado com a iniciativa privada capitalista, foi ameaçado pelo comunismo [ou, podemos acrescentar, por uma reforma branda, como na Guatemala, por exemplo] que [os Estados Unidos] se sentiram impelidos a exigir uma ação coletiva para defendê-la", ou a intervir diretamente: "Não houve nenhuma questão séria quanto à intervenção no caso dos muitos golpes de direita, dos quais, é claro, essa política [anticomunista] geralmente se beneficiou".[15] São análises desse tipo, ou os fatos que elas descrevem com precisão, que "minam o compromisso americano com a democracia", ou será que revelam o quanto esse compromisso é superficial? Para a intelectualidade estatista, não importa que tais análises sejam corretas; elas são perigosas, pois "contestam as estruturas de autoridade existentes" e a eficácia "das instituições que desempenharam o principal papel na doutrinação dos jovens", na terminologia dos teóricos trilaterais, para quem categorias como "verdade" e "honestidade" são simplesmente irrelevantes.[16]

Podemos distinguir duas categorias entre os "sacerdotes seculares"[17] que servem ao Estado. Em primeiro lugar, os propagandistas declarados; e ao lado deles estão os intelectuais tecnocráticos e orientados pela política, que simplesmente descartam qualquer questão sobre os fins e interesses que orientam a política e fazem o trabalho que lhes é proposto, orgulhando-se de seu "pragmatismo" e isenção de contaminação pela "ideologia", um termo em geral reservado para o desvio das doutrinas da religião estatal. Das duas categorias, a última é provavelmente muito mais eficaz em inculcar atitudes de obediência e em "socializar" o público.

Uma experiência pessoal pode ser relevante neste momento. Como muitos outros que se envolveram em textos e ações contrárias à política do Estado, é comum me pedirem para comentar assuntos atuais ou questões sociais e políticas para a imprensa, o rádio e a televisão do Canadá, da Europa Ocidental, do Japão, da América Latina e da Austrália — mas quase nunca nos Estados Unidos. Aqui, os comentários são reservados a especialistas profissionais, que raramente se afastam de um escopo ideológico bastante estreito; como Henry Kissinger observou com precisão, em nossa "era dos especialistas", o "especialista tem seu eleitorado — os que se interessam por opiniões consensuais; afinal, elaborar e definir seu consenso em alto nível foi o que o tornou um especialista".[18] A profissão acadêmica dispõe de inúmeros dispositivos para garantir que a expertise profissional continue "responsável", embora seja verdade que esse sistema de controle tenha sido parcialmente ameaçado nos anos 1960. Como a mídia nos Estados Unidos, talvez em parte por ingenuidade, aceita praticamente sem questionar o culto da expertise, há pouco perigo de análises dissidentes serem expressas e, se forem, são claramente rotuladas como "opinião dissidente", e não como uma análise política sólida e desapaixonada. Este é outro exemplo do "excepcionalismo americano" no âmbito do mundo das democracias industriais.

Voltando ao tema principal: os Estados Unidos, na verdade, não estão mais engajados em programas de boa vontade internacional do que qualquer outro Estado. Além disso, é apenas mistificação falar do país, com seu propósito nacional, como agente nos assuntos mundiais. Nos Estados Unidos, como em outros lugares, a política externa é projetada e implementada por grupos restritos que derivam seu poder de fontes domésticas — em nossa forma de capitalismo de Estado, do controle sobre a economia doméstica, incluindo o setor estatal militarizado. Diversos estudos revelam o óbvio: cargos consultivos do alto escalão e de tomadas de decisão relacionados às questões internacionais estão fortemente concentrados nas mãos de representantes de grandes corporações, de bancos, de empresas de investimento, dos poucos escritórios de advocacia que atendem a interesses corporativos[19] e dos intelectuais tecnocráticos e orientados pela política que fazem a licitação dos que possuem e administram as instituições básicas da sociedade doméstica, os impérios privados que dominam a maioria dos aspectos da nossa vida, com pouca pretensão de responsabilidade pública ou mesmo qualquer gesto para o controle democrático.

Dentro do Estado-nação, o "propósito nacional" efetivo será articulado, de modo generalizado, pelos que controlam as instituições econômicas centrais, enquanto a retórica para disfarçá-lo é da competência da intelligentsia. Um Arthur Schlesinger pode escrever, presumivelmente sem ironia, que no governo Carter "os direitos humanos estão substituindo a autodeterminação como o valor orientador da política externa americana".[20] Em tais pronunciamentos, vemos muito claramente a contribuição do intelectual tecnocrático e orientado pela política para o que chamamos apropriadamente de "controle do pensamento" nos Estados totalitários, onde a obediência é garantida mais pela força do que pela densidade de impacto. O nosso é certamente um sistema mais eficaz, que seria usado por ditadores se fossem mais inteligentes. Combina doutrinação altamente eficaz com a impressão de que a sociedade é realmente "aberta", de modo que os pronunciamentos em conformidade com a religião do Estado não sejam descartados como propaganda.

Deve ser notado que os Estados Unidos, sob certos aspectos importantes, são uma "sociedade aberta", não só porque as opiniões dissidentes não são esmagadas pela violência estatal (de forma geral; ver, contudo, nota 7), mas também na liberdade de investigação e expressão, em muitos aspectos incomum até em comparação com outras democracias industriais, como a Grã-Bretanha. Os Estados Unidos não têm uma Lei de Segredos Oficiais, nem leis restritivas antidifamação encontradas em outros países. E nos últimos anos ganharam uma importante Lei de Liberdade de Informação. Mas esse grau relativamente alto de liberdade interna só ressalta a traição dos intelectuais, que não podem alegar que sua subordinação à religião estatal é imposta pela força ou por restrições ao acesso à informação.

Muito do que se escreve sobre o "interesse nacional" serve para obscurecer os fatos sociais básicos. Considere, por exemplo, o trabalho de Hans Morgenthau, que escreveu extensivamente e muitas vezes de forma perspicaz sobre esse tópico. Em recente apresentação de seus pontos de vista, afirmou que o interesse nacional subjacente a uma política externa racional "não se define pelo capricho de um homem ou pelas preferências de um partido, mas se impõe como um dado objetivo a todos os homens que aplicam suas faculdades racionais à condução da política externa". Em seguida, a fim de ilustrar, cita compromissos como o apoio à Coreia do Sul, a contenção da China e a manutenção da Doutrina Monroe. E observa ainda que "as concentrações de poder privado que realmente têm governado os Estados Unidos desde a Guerra Civil não só resistiram a todas as tentativas de controle como tampouco as dissolveram, [e] preservaram seu domínio sobre as alavancas das decisões políticas" (*New Republic*, 22 de janeiro de 1977). Verdade, sem dúvida. Sob tais circunstâncias, devemos esperar que o "interesse nacional", como realmente articulado e almejado, seja simplesmente o resultado da aplicação de faculdades racionais a dados objetivos, ou que seja uma expressão de interesses específicos de classe? Obviamente esta última, mais uma análise séria dos casos citados por Morgenthau, demonstra que a expectativa é amplamente cumprida. Os verdadeiros interesses dos americanos não foram de forma alguma atendidos pela "contenção da China" (para onde a China estava se expandindo?), nem pela repressão às forças populares na Coreia do Sul no final dos anos 1940, no apoio a uma série de regimes ditatoriais desde então, em garantir que a América Latina se mantenha subordinada às necessidades das corporações transnacionais sediadas nos Estados Unidos — o verdadeiro significado de nossa manutenção da Doutrina Monroe no período moderno, ou do Corolário da Doutrina Monroe de (Theodore) Roosevelt, que tornou dever dos Estados Unidos, como "nação civilizada", exercer seu "poder de polícia internacional" no caso de "transgressões crônicas, ou de uma impotência que resulte em um afrouxamento geral dos laços da sociedade civilizada" (cf. Connell-Smith, nota 15). Mas pode-se argumentar que os interesses das "concentrações de poder privado" nos Estados Unidos, que dominaram amplamente o sistema capitalista mundial, foram promovidos por essa busca pelo "interesse nacional". O mesmo vale em geral. A ideia de a política externa ser derivada, à maneira da física, como um dado objetivo imune aos interesses de classe dificilmente é crível.

Ou vamos considerar uma recente análise de Walter Dean Burnham no periódico da Comissão Trilateral.[21] Ele observa que as "funções básicas" do Estado são "a promoção externa e interna dos interesses básicos do modo dominante de produção e da necessidade de manter a harmonia social". A formulação é enganosa. Essas questões básicas não são da ordem de necessidades metafísicas, mas sim de causas sociais específicas. Ademais, o "modo dominante de produção" não tem interesses; são os indivíduos ou grupos que dele participam que têm interesses, em geral conflitivos, uma diferenciação que não é uma simples minúcia. E como os que administram o sistema estão também no efetivo controle do aparato do Estado, os "interesses básicos" almejados tenderão a ser os deles. Não há uma base histórica ou lógica para supor que esses interesses irão coincidir de alguma forma significativa com os dos que participam do modo dominante de produção ao se arrendarem para seus donos e administradores.

Um dispositivo padrão e eficaz para obscurecer a realidade social é o argumento de que os fatos são mais complexos do que os representados nas "teorias simplistas" dos críticos "orientados pelo valor". Observe-se primeiro que a acusação é obviamente correta: os fatos são sempre mais complexos que qualquer descrição que possamos dar. Diante dessa contingência da investigação empírica, podemos adotar diversos rumos: (1) abandonar o esforço; (2) tentar registrar muitos fatos em grandes detalhes, um curso que se reduz em efeito ao primeiro, por todo o entendimento que proporciona; (3) proceder à maneira da investigação racional nas ciências e outras disciplinas para tentar extrair alguns princípios que tenham força explanatória em um escopo razoável, tentando assim explicar pelo menos os principais efeitos. Seguindo a terceira abordagem — ou seja, a racional —, sempre estaremos sujeitos à crítica de que os fatos são mais complexos e, se racionais, reconhecemos a acusação como correta, mas irrelevante. É instrutivo que não tenhamos dificuldade em adotar uma postura racional quando consideramos o comportamento de inimigos oficiais. A invasão russa do Afeganistão, por exemplo, certamente envolve complexidades além daquelas introduzidas até mesmo em análises bem cuidadosas do comportamento internacional soviético contemporâneo, e com certeza além das análises-padrão da mídia. Por exemplo, tudo indica que os principais grupos guerrilheiros estão envolvidos em operações disruptivas no Afeganistão desde 1973, apoiados pelo Paquistão para desestabilizar o regime afegão e forçá-lo a aceitar reivindicações de fronteira paquistanesa ("terrorismo internacional", de certo ponto de vista; cf. Lawrence Lifschultz, *Far Eastern Economic Review*, 30 de janeiro de 1981). No entanto, fatos como esses não nos impedem de nos concentrar na questão principal — a invasão russa —, embora algum comissário possa reclamar que estamos ignorando as complexidades da história e as dificuldades enfrentadas por uma grande potência tentando manter a ordem com as mais nobres intenções.

Outro dispositivo é a alegação — praticamente uma reação reflexa — de que os que tentam fazer uma abordagem racional estão invocando uma "teoria conspiratória", enquanto continuam a documentar o fato de que grupos da elite com interesses em política externa (isto é, corporações transnacionais) tentam usar seu poder para influenciá-la ou conduzi-la, assumindo papéis influentes no Executivo do Estado, produzindo análises geopolíticas e especificando programas para garantir um clima favorável às operações comerciais etc. Com essa mesma lógica, pode-se argumentar que um analista da General Motors que conclua que seus gerentes tentam maximizar os lucros (em vez de trabalhar desinteressadamente para satisfazer as necessidades do público) está adotando uma teoria conspiratória — talvez os propagandistas de negócios realmente assumam essa posição. Assim que uma análise é rotulada como "teoria conspiratória", ela pode ser relegada ao domínio dos entusiastas da terra plana e outros excêntricos, e o verdadeiro sistema de poder, de tomada de decisões e planejamento global continua a salvo do escrutínio.

Uma afirmação relacionada é que a análise crítica do sistema ideológico é uma forma de paranoia.[22] Como observado, não seria surpreendente encontrar em qualquer sociedade um viés generalizado e sistemático no tratamento das relações exteriores: crimes de Estado (que podem ser impedidos) são ignorados ou minimizados, enquanto os holofotes se concentram nos crimes de inimigos oficiais (sobre os quais pouco pode ser feito). Na primeira categoria, os padrões das evidências devem corresponder aos da física; no segundo, qualquer elaboração fantasiosa será satisfatória. No caso extremo, a imprensa soviética apaga totalmente os crimes de Estado alardeando "fatos" como a guerra bacteriológica dos Estados Unidos na Coreia. Vamos supor que alguém documente o padrão esperado no caso dos Estados Unidos. Isso obviamente revela uma forma extrema de paranoia. No que diz respeito à primeira categoria, é injusto, ridículo, esperar que a mídia consiga considerar o relato de uma testemunha ocular do bombardeio dos Estados Unidos no norte do Laos no *Le Monde* (mesmo quando é levado ao seu conhecimento), ou uma entrevista coletiva de Sihanouk apelando à imprensa internacional a condenar o bombardeio de camponeses do Khmer em março de 1969 (ademais, ele não disse especificamente "B-52", portanto a supressão era legítima) ou um informe oficial subsequente do governo Sihanouk sobre ataques apoiados pelos Estados Unidos e dos Estados Unidos no Camboja neutro, ou sobre refugiados timorenses em Lisboa; ou analisar a relação entre as políticas dos Estados Unidos e o terror de Estado, a fome e a escravidão na América Latina etc. Em relação à segunda categoria, a linha-padrão é ainda mais intrigante. Alguém que sugira padrões normais de adesão às evidências cairá na categoria de "apologista de atrocidades", "defensor da honra de Hanói" etc. A sugestão de que fatos são importantes é facilmente transmutada em outra vantagem para o propagandista. Não é gratificante para o ego meramente marchar em um desfile; portanto, os que se juntam à condenação ritual de um inimigo oficial devem mostrar que estão engajados em uma luta corajosa contra as forças poderosas que o defendem. Como tais forças raramente existem, mesmo em pequena escala, elas devem ser inventadas; se nada mais estiver à mão, os que propõem um mínimo de preocupação com os fatos o farão. O sistema que foi construído permite mentir livremente sobre os crimes, reais ou alegados, de um inimigo oficial, ao mesmo tempo que suprime o envolvimento sistemático do próprio Estado em atrocidades, repressão ou agressão, tendo como base a ideia de que os fatos são mais complexos do que os críticos emocionais e ingênuos imaginam (tolera-se uma exceção se algum indivíduo pernicioso ou equivocado puder ser identificado como responsável pela política, de modo a defletir qualquer crítica institucional). Dado que os que não aceitam a doutrina-padrão — como a da "elite intelectual americana" discutida acima — praticamente não são ouvidos, e que pouco é necessário em termos de argumentos ou evidências críveis dos que desfrutam de um grau mais alto de pureza doutrinária, a farsa funciona muito bem. É um sistema com um considerável grau de elegância e eficácia.

Tentando seguir um curso racional, consideremos a política externa americana desde a Segunda Guerra Mundial. Deparamo-nos de imediato com algumas características marcantes do mundo que surgiram dos escombros da guerra. A principal delas é a enorme preponderância do poder americano em relação às outras sociedades industriais e, *a fortiori*, ao resto do mundo. Durante a guerra, a maior parte do mundo industrial foi destruída ou severamente danificada, enquanto a produção industrial aumentou exponencialmente nos Estados Unidos. Além disso, muito antes, os Estados Unidos já tinham se tornado a principal sociedade industrial, com recursos internos incomparáveis, vantagens e escala naturais e um grau razoavelmente alto de coesão social. Era natural esperar, nessas circunstâncias, que os Estados Unidos usariam seu enorme poder num esforço para organizar um sistema global, e é incontroverso que foi exatamente o que aconteceu, embora a pergunta "Quais foram os princípios orientadores?" seja de fato controversa. Vamos considerar esses princípios.

Onde devemos procurar alguma formulação desses princípios? Em uma sociedade totalitária isso levantaria problemas, mas os Estados Unidos são realmente abertos a esse respeito, e há consideráveis evidências documentais sobre a visão do mundo pós-guerra desenvolvida pelas próprias pessoas que desempenharam o papel principal na sua construção.

Uma fonte documental óbvia é a série de memorandos do Projeto de Estudos de Guerra e Paz do Conselho de Relações Exteriores (CRE) durante a guerra. Entre os participantes estavam os principais planejadores do governo e uma boa amostragem da "elite da política externa" estreitamente ligada ao governo, grandes corporações e fundações privadas.[23] Esses memorandos tratam dos "requisitos dos Estados Unidos em um mundo em que se propõem a manter um poder inquestionável", sendo o principal deles "o rápido cumprimento de um programa de rearmamento completo" (1940). Nos primeiros anos da guerra, supunha-se que parte do mundo poderia ser controlada pela Alemanha. Portanto, a principal tarefa era desenvolver "uma política integrada para chegar à supremacia militar e econômica dos Estados Unidos no mundo não alemão", incluindo planos "para garantir a limitação de qualquer exercício de soberania por nações estrangeiras que constitua uma ameaça à área mundial essencial para a segurança e a prosperidade econômica dos Estados Unidos e do Hemisfério Ocidental". (A preocupação com a "prosperidade do Hemisfério Ocidental" é apropriadamente revelada pelas políticas dos Estados Unidos, digamos, na América Central e no Caribe, antes e desde então; essa oposição às prerrogativas imperiais que restringem o capital dos Estados Unidos e o acesso a recursos costuma ser exemplificada pela academia como evidência de que a política externa dos Estados Unidos é guiada por compromissos "anti-imperialistas".) Essas áreas, que devem servir à prosperidade dos Estados Unidos, incluem o Hemisfério Ocidental, o Império Britânico e o Extremo Oriente, definidos como uma unidade econômica natural integrada na análise geopolítica dos planejadores.

A maior ameaça à hegemonia dos Estados Unidos no mundo não alemão era representada pelas aspirações da Grã-Bretanha. As contingências da guerra serviram para restringi-las, e o governo americano explorou a angústia da Grã-Bretanha para ajudar no processo. A ajuda Lend-Lease*

---

* Sistema pelo qual os armamentos não eram vendidos ou doados, mas fornecidos com a condição de serem devolvidos aos Estados Unidos. [N.T.]

foi mantida dentro de limites estritos: o suficiente para sustentar a Grã-Bretanha na guerra, mas não para permitir que mantivesse sua posição imperial privilegiada.[24] Houve uma miniguerra entre os Estados Unidos e a Grã-Bretanha no contexto da luta em comum contra a Alemanha, no qual, é claro, a Grã-Bretanha estava na linha de frente — mais precisamente, o fardo esmagador da luta contra a Alemanha nazista coube aos russos,[25] mas vamos nos ater à aliança anglo-americana. Nesse conflito interno da aliança, os interesses americanos conseguiram conquistar os tradicionais mercados britânicos na América Latina e desalojar parcialmente os interesses da Grã-Bretanha no Oriente Médio, particularmente na Arábia Saudita, vista como "uma estupenda fonte de poder estratégico e um dos maiores troféus materiais da história mundial", nas palavras do Departamento de Estado.[26] Voltarei ao assunto, mas vamos continuar explorando os documentos de planejamento da CRE.

O bloco não alemão liderado pelos Estados Unidos foi intitulado como "Grande Área" nas discussões do CRE. Na verdade, uma Grande Área dominada pelos Estados Unidos era apenas uma segunda melhor alternativa. Em junho de 1941 foi explicado que "a Grande Área não é considerada pelo Grupo como mais desejável que uma economia mundial, nem como um substituto inteiramente satisfatório". A Grande Área era vista como um núcleo ou modelo que poderia ser estendido, de forma otimizada, para uma economia global. Logo se reconheceu que, com a derrota iminente da Alemanha nazista, pelo menos a Europa Ocidental poderia ser integrada à Grande Área. Os participantes nas discussões do CRE reconheceram que "o Império Britânico, como existia no passado, nunca ressurgirá e [...] os Estados Unidos podem precisar tomar o seu lugar". Alguém declarou abertamente que os Estados Unidos "devem cultivar uma visão mental na direção de uma organização mundial depois desta guerra, que nos permitirá impor nossos próprios termos, talvez o equivalente a uma Pax Americana". Outro argumentou que o conceito dos interesses de segurança dos Estados Unidos deveria ser ampliado para incorporar áreas "estrategicamente necessárias para o controle mundial". É um tema generalizado que o comércio e os investimentos internacionais estão intimamente relacionados à saúde econômica dos Estados Unidos, assim como o acesso aos recursos da Grande Área, que deve ser organizada de forma a garantir a saúde e a estrutura da economia americana, sem alterar sua estrutura interna.

A noção de "acesso a recursos" é maravilhosamente expressa em um memorando do Departamento de Estado de abril de 1944 chamado "Política de Petróleo dos Estados Unidos", que trata desse recurso principal.[27] Deveria haver acesso equivalente para empresas americanas em toda parte, mas não um acesso equivalente para as outras, explicava o documento. Os Estados Unidos dominavam a produção do Hemisfério Ocidental,[28] e essa posição deveria ser mantida enquanto as corporações dos Estados Unidos se diversificavam em outras regiões. A política "envolveria a preservação da posição absoluta atualmente obtida e, portanto, a proteção vigilante das concessões existentes nas mãos dos Estados Unidos, juntamente com a insistência no princípio da Porta Aberta, de igualdade de oportunidades para empresas dos Estados Unidos em novas áreas". É uma boa caracterização do princípio da "Porta Aberta".[29]

Tudo isso de acordo com os conceitos do planejamento da Grande Área, e também correspondia ao processo histórico em evolução. Os Estados Unidos mantiveram seu domínio sobre os recursos petrolíferos do Hemisfério Ocidental, e a participação americana no petróleo do Oriente Médio aumentou rapidamente.[30] Os britânicos mantiveram seu controle do petróleo iraniano até 1954, quando o governo dos Estados Unidos impôs um consórcio internacional após o golpe apoiado pela CIA que restaurou o xá,* com empresas americanas garantindo 40% de participação.[31] Da mesma forma, no Extremo Oriente "o Japão ocupado não teve permissão para reconstruir as instalações de refino de petróleo destruídas pelos bombardeios aliados, uma política amplamente atribuída na indústria petrolífera japonesa ao fato de o escritório de petróleo do QG do general MacArthur estar densamente ocupado por funcionários americanos em licença temporária da Jersey Standard e Mobil". Mais tarde, empresas americanas conseguiram assumir uma posição dominante no controle dos recursos energéticos do Japão. "Sob a ocupação aliada, o governo japonês foi impotente para bloquear essas relações comerciais."[32]

O mesmo acontecia em outros lugares. Por exemplo, os Estados Unidos conseguiram desalojar os interesses franceses na Arábia Saudita em 1947 por meio de uma prestidigitação legal, alegando que as empresas francesas eram "inimigas", por causa da ocupação da França por Hitler, de modo que o

---

* Xá Reza Pahlevi, derrubado pela revolução liderada pelo aiatolá Khomeini em 1979. [N.T.]

acordo da Linha Vermelha de 1928 sobre a divisão do petróleo do ex-Império Otomano foi revogado (ver *Towards a New Cold War*; nota 29 deste capítulo). Os britânicos na Arábia Saudita foram excluídos por um estratagema diferente — a saber, quando as empresas americanas expressaram seu temor de que "os britânicos pudessem fazer Ibn Saud ou seus sucessores excluí--las da concessão e incluir os britânicos" (subsecretário da Marinha William Bullitt) e "disseram ao governo Roosevelt que a ajuda Lend-Lease direta dos EUA ao rei Saud era a única forma de impedir que a concessão dos árabes caísse em mãos britânicas", o presidente gentilmente emitiu a seguinte diretiva ao administrador do Lend-Lease: "Para permitir que providencie uma ajuda Lend-Lease ao governo da Arábia Saudita, declaro por meio desta que a defesa da Arábia Saudita é vital para a defesa dos Estados Unidos" — defesa contra quem, ele não estipulou, ainda que algum cínico possa observar que a identificação tácita dos Estados Unidos com a concessão da Aramco é coerente com o uso real da expressão "interesse nacional". O sistema Lend-Lease havia sido autorizado pelo Congresso para "aliados democráticos" que lutavam contra os nazistas. O governo Roosevelt agiu ainda de outras maneiras para apoiar empresas americanas contra suas rivais britânicas, na forma de ajuda (a Arábia Saudita recebeu quase 100 milhões de dólares em Lend-Lease e uns parcos materiais de construção) e de intervenção direta do governo.

Como um aparte, devemos lembrar o que aconteceu quando os iranianos tiveram a curiosa ideia de assumir o controle do seu petróleo no início dos anos 1950. Depois do boicote de uma companhia petrolífera, um golpe apoiado pela CIA pôs fim a isso, instalando o regime do xá, tornando o país um grande cliente dos Estados Unidos, comprando grandes quantidades de armas americanas, fomentando contrainsurgências na Península Arábica e, claro, submetendo o povo iraniano aos deliciosos caprichos do xá.

O golpe teve outras consequências úteis. A Exxon (ou seja, sua corporação predecessora) temia que a União Soviética pudesse ganhar parte do petróleo iraniano se "o problema não fosse resolvido", caso em que poderia inundar o mercado mundial com petróleo iraniano, deprimindo os preços. Mas essa ameaça ao sistema de livre iniciativa foi eliminada com o golpe.

Devemos ter em mente que o golpe apoiado pela CIA que encerrou a experiência democrática iraniana e provocou um novo deslocamento do poder britânico foi comemorado aqui como um grande triunfo. Quando o acordo foi assinado entre o Irã e o novo consórcio petrolífero organizado pelo governo dos Estados Unidos, o *New York Times* comentou em editorial (6 de agosto de 1954) que se tratava de "boas notícias de fato": "Por mais custosa que tenha sido a disputa pelo petróleo iraniano para todos os envolvidos, o caso ainda pode se provar valioso se suas lições forem aprendidas". As lições cruciais são então enunciadas da seguinte forma:

> Os países subdesenvolvidos com ricos recursos têm agora uma lição objetiva sobre o alto custo a ser pago pelos que enlouquecem com nacionalismos fanáticos. Talvez seja demais esperar que a experiência do Irã impeça a ascensão de Mossadeghs* em outros países, mas essa experiência pode ao menos fortalecer as mãos de líderes mais razoáveis e de maior visão.

Como o xá. Com o cinismo típico da classe dominante, o *Times* prossegue dizendo que "o Ocidente também deve estudar as lições do Irã", e chegar à conclusão de que "as parcerias, ainda mais no futuro do que no passado, devem ser relações entre as nações industrializadas ocidentais e alguns outros países, menos industrializados, porém ricos em matérias-primas, fora da Europa e da América do Norte", uma afirmação que deve ter sido muito inspiradora para os países subdesenvolvidos que tiveram o grande privilégio de serem parceiros do Ocidente no passado.

Os "custos" incorridos nesse caso, segundo o *Times*, não incluem o sofrimento do povo do Irã, mas sim oportunidades de propaganda proporcionadas aos comunistas, que denunciarão todo o caso de maneira perversa, e o fato de que "em alguns círculos da Grã-Bretanha será feita a acusação de que o 'imperialismo' americano — na forma das empresas petrolíferas americanas do consórcio — mais uma vez afastou a Grã-Bretanha de um reduto histórico". A implicação é que essa acusação, ou mesmo o conceito de "imperialismo" americano, é obviamente absurda demais para merecer comentários, uma conclusão baseada como sempre nas doutrinas da religião estatal e não na análise dos fatos. A exuberância quanto ao "efeito demonstração" do feito da CIA também é típica, embora a vulgaridade do texto do *Times* talvez vá além do normal. O tema ficou conhecido em referência ao Vietnã nos anos seguintes.

---

* Referência a Mohammed Mossadegh, primeiro-ministro do Irã deposto pelo golpe apoiado pela CIA. [N.T.]

Mas voltemos ao planejamento global da CRE, que estabeleceu um programa para organizar a Grande Área ou, se possível, o mundo, como um sistema econômico integrado que propiciaria à economia americana "a 'margem de manobra' [...] necessária para sobreviver sem grandes reajustes" — isto é, sem qualquer mudança na distribuição de poder, riqueza, propriedade e controle.

Os memorandos, explícitos sobre o planejamento da Grande Área, têm o cuidado de distinguir entre princípios e propaganda. Observaram em meados de 1941 que "a formulação de uma declaração de objetivos da guerra para fins de propaganda é muito diferente da formulação de uma definição do verdadeiro interesse nacional". Segue-se mais uma recomendação:

> Se forem declarados objetivos de guerra, que pareçam estar preocupados apenas com o imperialismo anglo-americano, eles oferecerão pouco às pessoas do resto do mundo e serão vulneráveis às promessas nazistas. Esses objetivos também fortaleceriam os elementos mais reacionários nos Estados Unidos e no Império Britânico. Devem ser destacados os interesses de outros povos, não só os da Europa, mas também da Ásia, da África e da América Latina. Isso teria um melhor efeito de propaganda.

Os participantes devem ter ficado aliviados quando a Carta do Atlântico, apropriadamente vaga e de tom idealista, foi anunciada alguns meses depois.

Os estudos da CRE foram ampliados nos anos subsequentes para incluir análises de perspectivas e planos para a maior parte do mundo. As seções sobre o Sudeste Asiático são interessantes à luz dos seus desenvolvimentos. As análises emitidas pelos grupos de estudo da CRE assemelham-se muito aos memorandos do Conselho de Segurança Nacional e outros materiais agora disponíveis nos Documentos do Pentágono, um notável registro documental do projeto e execução do governo imperial.[33] A semelhança não chega a ser acidental. Os mesmos interesses e geralmente as mesmas pessoas estão envolvidos. O tema básico é o de que o Sudeste Asiático precisava ser integrado ao sistema global dominado pelos Estados Unidos para garantir que as necessidades da economia americana fossem satisfeitas e também as necessidades específicas do Japão, que poderia ser tentado mais uma vez a definir seu curso independente ou inundar os mercados ocidentais se não tivesse acesso aos mercados e recursos do Sudeste Asiático, no âmbito da estrutura abrangente da Pax Americana — a Grande Área. Esses princípios foram firmemente estabelecidos nos anos 1950 e orientaram o curso da intervenção americana, depois agressão total, quando os vietnamitas, como os iranianos, enlouqueceram "com nacionalismos fanáticos", sem conseguir compreender os sofisticados conceitos da Grande Área e os benefícios da "parceria" com o Ocidente industrializado.

O material que venho resenhando constitui uma fonte documental primária para o estudo da formação da política externa americana, compilado por aqueles que conduziram essa política. Podemos perguntar como esse material é tratado pelos estudos acadêmicos. A resposta é simples: é ignorado. O livro de Shoup e Minter (ver nota 22) parece ser o primeiro a examinar esses registros. Estudiosos americanos reclamam com razão de que os russos se recusam a divulgar materiais documentais, levantando assim todo tipo de barreiras para a compreensão da evolução de suas políticas. Outra reclamação justa é que os acadêmicos americanos evitam materiais documentais que possam fornecer muitas informações sobre a formação da política americana, fato facilmente explicável neste caso, acredito: o registro documental não é mais consistente com as doutrinas da religião estatal, neste caso, do que o próprio registro histórico.

Entre parênteses, pode-se notar que os Documentos do Pentágono, que revelam um registro de planejamento de políticas de alto nível incomum em sua riqueza, sofreram o mesmo destino. Esse registro também é ignorado — na verdade, muitas vezes deturpado. Há de fato uma enxurrada de trabalhos acadêmicos sobre a política dos Estados Unidos no Vietnã, alguns dos quais fazem uso extensivo de material dos Documentos do Pentágono. Normalmente, no entanto, a atenção está nos anos 1960. Assim, temos uma detalhada microanálise de lutas burocráticas internas, pressões políticas e afins, desconsiderando completamente a estrutura geral, estabelecida muito antes e nunca contestada por aqueles que estavam simplesmente aplicando a doutrina imperial cuidadosamente elaborada de dez a vinte anos antes. Trata-se de um dispositivo maravilhoso para obscurecer a realidade social ao desviar a atenção do registro documental relacionado aos princípios norteadores da política do Estado, como claramente revelado pela documentação básica normalmente ignorada.

O espaço impede aqui uma resenha mais detalhada, mas um exemplo deve bastar como ilustração. Considere uma resenha de vários livros sobre o Vietnã escrita por William S. Turley, um dos acadêmicos americanos mais críticos e independentes com envolvimento profissional na Indochina.[34] Turley discute duas "imagens prevalecentes da formulação de políticas no Vietnã": a "hipótese do atoleiro", que "afirmava que o envolvimento era resultado de decisões incrementais tomadas sem o entendimento adequado das prováveis consequências", e "a interpretação de que a política americana foi paralisada pela necessidade de sucessivas administrações, por razões políticas internas, de fazer o mínimo necessário para não perder uma guerra". O livro que ele resenha, de Robert Galluci,[35] considera essas duas imagens simples demais e tenta uma interpretação mais complexa com a aplicação de um modelo de processo burocrático. Turley ressalta que os Documentos do Pentágono fornecem evidências importantes sobre as questões.

De fato, eles apresentam amplas evidências para uma hipótese diferente, que não é mencionada, pois é ignorada silenciosamente pela literatura acadêmica — a saber, que a política americana no Vietnã foi uma aplicação consciente de princípios de planejamento imperial que faziam parte de um consenso estabelecido muito antes do período específico, os anos 1960, aos quais a atenção em geral se restringe. Essa hipótese é amplamente documentada nos Documentos do Pentágono e em outros textos, mas o registro documental jamais é mencionado no livro resenhado, na própria resenha ou nos estudos acadêmicos de maneira geral. A hipótese em questão simplesmente não é adequada para se discutir entre pessoas eruditas, não importa qual seja a documentação. Não chega nem sequer a ser um concorrente a ser rejeitado.[36]

Não sugiro que, ao se recusarem a considerar a hipótese em questão ou a documentação substancial que a sustenta, os estudiosos estejam sendo desonestos. O fato é que simplesmente nada em sua formação ou na literatura em geral disponível torna essa hipótese compreensível. É um reflexo do sucesso do sistema educacional na "socialização", o sucesso do que os analistas trilaterais chamam de "instituições que desempenharam o principal papel na doutrinação dos jovens", que certas ideias, por mais naturais e bem fundamentadas, nem sequer vêm à mente ou, se percebidas, podem ser menosprezadas. Os que fogem do consenso têm perspectivas duvidosas na mídia ou na academia, de forma geral. A subversão resultante da erudição é sistemática, não individual. Fenômenos semelhantes são conhecidos da história da religião organizada. Quem já passou algum tempo em uma universidade sabe como é. Alguns jovens acadêmicos são "difíceis de conviver", ou são "muito estridentes", ou "demonstram mau gosto na escolha dos tópicos", ou "não usam a metodologia adequada", ou de alguma forma não atendem aos padrões profissionais, que não raramente servem para isolar a erudição de desafios incômodos.[37] As disciplinas ideológicas estão particularmente sujeitas a essas tendências.

Fontes documentais primárias, como os estudos da CRE e os Documentos do Pentágono, devem ser investigadas com um olhar crítico e suplementadas por muitas evidências adicionais para se chegar a qualquer entendimento sério da evolução da política americana. Pode acontecer que as análises citadas acima, que estão entre as poucas que se preocupam até mesmo com o registro documental básico, sejam inadequadas ou até seriamente equivocadas nas interpretações que fornecem. O que é notável e digno de nota, no entanto, é o quão consistentemente a erudição americana toma um rumo diferente, simplesmente ignorando o registro documental que não está de acordo com a opinião recebida.

Considere-se um exemplo final de como as questões cruciais são evitadas pela academia. Voltemos mais uma vez ao nosso hipotético observador racional tentando discernir alguns dos principais fatores na formação da política externa, e considerar alguns outros fatos que devem imediatamente lhe parecer importantes.

Desde a Segunda Guerra Mundial tem havido um processo contínuo de centralização da tomada de decisões no Executivo estatal, principalmente no que diz respeito à política externa. Em segundo lugar, tem havido uma tendência durante grande parte desse período à concentração econômica doméstica. Ademais, esses dois processos estão intimamente relacionados devido à enorme influência corporativa sobre o Executivo estatal. E, finalmente, houve um grande aumento no investimento em marketing e na extração de recursos no exterior no período pós-guerra, aumentando muito a participação dos senhores da economia corporativa nas relações exteriores. Para citar um indicador: "Estima-se que os lucros dessas operações no exterior em 1970 contribuíram com entre 20% e 25% do total dos lucros corporativos dos EUA já descontados os impostos, uma magnitude realmente considerável".[38] Os fatos básicos são incontroversos. Sugerem, talvez, uma hipótese para reflexão: as corporações têm alguma influência, talvez considerável, na definição da política externa. Como a academia lida com essa questão?

Há uma (rara) discussão sobre a questão do cientista político Dennis M. Ray no volume sobre a corporação multinacional recém-citado.[39] Ele observa que "não sabemos praticamente nada sobre o papel das corporações nas relações externas americanas". Estudos acadêmicos têm "esclarecido a influência do Congresso, da imprensa, de cientistas e organizações sem fins lucrativos, como a RAND, no processo de política externa. A influência das corporações no processo de política externa, no entanto, permanece envolta em mistério".

Será esse "mistério" de alguma forma inerente à dificuldade de discernir o papel corporativo, diferente do impacto maciço dos cientistas e da imprensa na política externa? De jeito nenhum. Como ressalta Ray, a questão permanece envolta em mistério porque é sistematicamente evitada:

> Minhas pesquisas pela respeitável literatura sobre relações internacionais e política externa dos EUA mostram que menos de 5% dos cerca de duzentos livros deram atenção, mesmo que superficial, ao papel das corporações nas relações externas americanas. A partir dessa literatura, pode-se deduzir que a política externa americana é formulada em um vácuo social, em que os interesses nacionais são protegidos de ameaças externas pela sofisticada maquinaria de formulação de políticas governamentais. Praticamente ninguém reconhece em trabalhos-padrão no campo das relações internacionais e de política externa a existência e a influência das corporações.

Observe que Ray se limita à "literatura respeitável". Ele exclui o que chama de literatura de "advocacia", que inclui duas correntes: declarações de executivos de empresas e de professores de escolas de administração de empresas e "análises radicais e muitas vezes neomarxistas". Nesses trabalhos, particularmente na última categoria, há muita discussão sobre o papel das corporações na formação da política externa. Ademais, quando Ray se volta para o tópico em si, descobre que as conclusões parecem estar corretas. "Poucos ou nenhum grupo de interesse, fora das áreas de negócios, têm alguma influência generalizada no grande alcance da política externa", observa, citando um dos poucos trabalhos da "literatura respeitável" que levanta a questão. Ray acredita que os estudiosos descobrirão esses fatos se "começarem a examinar a questão".

Em suma, se começarem a estudar a questão, os estudiosos descobrirão a verdade dos truísmos que foram discutidos e documentados por anos fora da "literatura respeitável", exatamente como seria de esperar à luz de fatos tão básicos e fundamentais sobre a sociedade americana como os mencionados anteriormente.

É interessante notar que Ray nunca questiona as causas desse estranho lapso na literatura "respeitável". Na verdade, a resposta não parece obscura. Quando estamos interessados em uma investigação cuidadosa do funcionamento interno do Politburo, não nos voltamos para os estudos produzidos pelas universidades de Moscou e Leningrado, e sabemos exatamente o porquê. Não há razão para não aplicar os mesmos padrões de racionalidade quando encontramos algo semelhante nos Estados Unidos, embora aqui os mecanismos sejam inteiramente diversos: subversão voluntária da erudição, em vez de obediência a forças externas.

Além disso, considere a atitude de Ray em relação aos que estudam os temas principais e dominantes, fornecendo as respostas óbvias que ele mesmo repete: eles não são acadêmicos respeitáveis, em sua opinião, mas estão engajados na "advocacia" — enquanto o pensamento dominante acadêmico, que cautelosamente contorna a grande influência formativa na política externa, não perde sua "respeitabilidade" por esse curioso descuido e nem lhe parece estar engajado em "advocacia".

Um antropólogo observando o fenômeno que venho descrevendo não hesitaria em concluir que estamos lidando aqui com uma espécie de tabu, uma esquiva supersticiosa enraizada em alguma questão assustadora: neste caso, a questão de como o poder da economia privada funciona na sociedade americana. Entre os sacerdotes seculares da academia, o tema só pode ser mencionado, se tanto, em voz baixa. Quem levanta a questão a sério deixa de ser "respeitável". Como o historiador da diplomacia americana Gaddis Smith afirma em resenha de um trabalho recente de William Appleman Williams e Gabriel Kolko, eles são "essencialmente panfletários", e não historiadores autênticos.[40]

Em uma sociedade livre, não aprisionamos nem queimamos na fogueira os que violam profundos tabus culturais. Mas eles precisam ser identificados como radicais perigosos, indignos de serem elevados ao sacerdócio.

A reação é compreensível. Levantar a terrível questão é abrir a possibilidade de que as instituições responsáveis "pela doutrinação dos jovens" e as demais instituições de propaganda possam ser infectadas pela mais perigosa das pragas: a percepção e a compreensão. A consciência dos fatos pode ameaçar a ordem social, protegida por uma teia cuidadosamente tecida de misticismo pluralista, fé na benevolência de nossa liderança de coração puro e a crença supersticiosa geral.

Uma estrutura ideológica, para ser útil a alguma classe dominante, deve ocultar o exercício do poder por essa classe, seja negando os fatos ou simplesmente os ignorando — ou representando os interesses específicos dessa classe como interesses universais, de modo a ser considerado natural que seus representantes determinem a política social, no interesse geral. Como observa Ray, não é de estranhar que os tomadores de decisões de política externa vejam o mundo da mesma perspectiva que os homens de negócio: "Nesse contexto, não estamos lidando simplesmente com fenômenos de influência, pois objetivos nacionais podem, na verdade, ser sinônimos de objetivos de negócios". Se desvincularmos a expressão "objetivos nacionais" de seu uso místico típico, a observação torna-se quase uma tautologia.

Fora dos núcleos do sacerdócio, os fatos são claramente apresentados na literatura socialmente marginal de "advocacia", por "panfletistas" que fazem uso extensivo e muitas vezes muito perspicaz de fontes documentais relevantes. Aqui, reconhece-se que a noção de "objetivos nacionais" é meramente um artifício de mistificação, e que os objetivos muitas vezes conflitantes de vários grupos sociais podem ser concebidos em termos diferentes dos estabelecidos pelos poderosos da economia privada. Mas as universidades, as profissões acadêmicas, a mídia de massa e a sociedade em geral são cuidadosamente isoladas dessas heresias perigosas em uma sociedade altamente doutrinada, que é comumente definida — a ironia final — como "pragmática" e "não ideológica". Tudo isso fica mais interessante quando percebemos que a sociedade realmente está livre de formas execráveis de controle totalitário e coerção que prevalecem em outros países.

Carl Landauer, que participou de um governo revolucionário de curta duração na Baviera após a Primeira Guerra Mundial, observou que a censura da imprensa burguesa pelo governo revolucionário marcou o "início da liberdade da opinião pública".[41] Seu argumento era que os órgãos de propaganda e opinião, firmemente nas mãos dos grupos dominantes, destruíam a liberdade de opinião com seu domínio dos meios de expressão.[42] Obviamente, não se pode aceitar a visão de que a censura estatal seja a resposta para a distorção e a falsidade de intelectuais a serviço de grupos dominantes. Com a mesma certeza, não podemos fingir que há liberdade de opinião em qualquer sentido sério quando tabus sociais e culturais protegem a formação de políticas da consciência e de escrutínio público.

De fato, é bem verdade que a imprensa especializada em economia às vezes tende a ser mais honesta quanto à realidade social que a literatura acadêmica. Considere, por exemplo, a reação ao fracasso americano no Vietnã (e em outras regiões) da *Business Week* (7 de abril de 1975). Os editores temem que "a estrutura econômica internacional, sob a qual as empresas dos EUA floresceram desde o fim da Segunda Guerra Mundial, esteja em perigo". Continuam explicando como,

> alimentados inicialmente pelos dólares do Plano Marshall, os negócios americanos prosperaram e se expandiram em encomendas internacionais, apesar da Guerra Fria, do fim do colonialismo e da criação de novos países militantes e muitas vezes anticapitalistas. Por mais negativo que fosse o movimento, sempre havia o guarda-chuva do poder americano para contê-lo [...] A ascensão da corporação multinacional foi a expressão econômica desse quadro político.

Mas "essa ordem mundial estável para operações comerciais está desmoronando" com a derrota do poder americano na Indochina. Nada aqui sobre nossa campanha incessante "para fazer o bem" e "avançar nossos ideais morais". Também explicam como a obstinação do Congresso está minando nossos esforços para convencer nossos aliados europeus a apoiar nosso conceito de "preço mínimo do petróleo" e o "impacto debilitante na economia internacional" com o "colapso da política externa dos EUA em todo o mundo", particularmente "se o Japão não puder continuar exportando um terço de seus produtos para o Sudeste Asiático".

Um ano depois, no entanto, as coisas estavam melhores, e "parece que o futuro do Ocidente está novamente nas mãos dos EUA e, em menor grau, da Alemanha Ocidental", com as políticas petrolíferas americanas talvez sendo uma das razões.[43] Os editores da *Business Week* comentam: "As tendências agora em ação no mundo fortaleceram muito a posição competitiva da economia dos EUA", com o resultado de que "Washington terá mais liberdade de manobra na formulação de políticas econômicas externas do que teve desde o início dos anos 1960".⁴⁴ Em resumo, a Grande Área está sendo reconstituída com sucesso, embora o otimismo tenha se mostrado, nesse caso, um pouco prematuro.

Ocasionalmente, a luz também transparece em declarações de funcionários do governo. Considere, por exemplo, Frank M. Coffin, administrador-adjunto da Agência Internacional de Desenvolvimento (AID), descrevendo "Objetivos do Programa da AID":

> Nosso objetivo básico e mais amplo é político e de longo alcance. Não é desenvolvimento por puro desenvolvimento [...] Um objetivo importante é abrir o máximo de oportunidades para a iniciativa privada nacional e assegurar que o investimento privado estrangeiro, particularmente dos Estados Unidos, seja bem recebido e bem tratado [...] A promoção de um setor privado vigoroso e em expansão nos países menos desenvolvidos é uma de nossas responsabilidades mais importantes. Tanto a iniciativa privada doméstica quanto a gestão e o investimento externo são importantes [...] Politicamente, uma comunidade empresarial privada forte e progressista representa uma força poderosa para um governo estável e responsável, e um controle interno contra o dogma comunista.⁴⁵

Outro "controle interno" é a contrainsurgência, como Coffin continua explicando: "E nós da AID, é claro, temos um programa de segurança pública que, talvez simplificando demais, procura equipar os países para utilizar a polícia civil em ações preventivas, para não precisarem depositar confiança excessiva nos militares". Realmente, simplificando demais. Milhares de pessoas na América Latina e na Ásia se beneficiaram desse elemento específico em sua "parceria com o Ocidente" ao longo dos anos.⁴⁶ Desnecessário dizer, tudo isso é temperado com a retórica de como nosso programa de ajuda busca "parceria" — em comparação com os russos e chineses, que buscam "dominação" — e assim por diante. Um lapso espetacular é a falta de uma análise comparativa dos programas de ajuda para apoiar essa afirmação.

Apesar de perceber ocasionais lampejos de honestidade na imprensa especializada em economia, não quero insinuar que os homens de negócio estão livres das ladainhas bajuladoras de muitos estudos acadêmicos.

Aqui está um único exemplo, que poderia ser facilmente duplicado em anos anteriores e posteriores, até o presente:

> Você vai apontar um dedo acusador e lançar a pergunta desafiadora: "E o Hayti [sic] e San Domingo, e a Nicarágua, Honduras e assim por diante?". É verdade que enviamos forças militares a esses países. Houve, lamentavelmente, algum derramamento de sangue. Na execução do nosso programa cometemos alguns erros de julgamento e de boas maneiras. Agimos, em certa medida, de maneira desastrada e desajeitada, como não raro fazem os governos e seus agentes, especialmente quando, como nos casos em discussão, a tarefa a ser empreendida é incomum e inesperada, e não há tradições que permitam uma diretriz nem pessoal treinado para cumprir a execução. (Aliás, a própria ausência desse pessoal tende a provar o quão pouco os pensamentos do nosso governo e do povo eram sobre imperialismo.)
> Mas o teste está na resposta à pergunta que por minha vez lhes faço: "Qual era o nosso propósito? Fomos para oprimir e explorar, fomos para anexar esses territórios ao nosso domínio? Ou fomos acabar com um governo inveterado de tirania, malefícios e turbulências, estabelecer um governo decente e ordenado e o Estado de direito, promover o progresso, estabelecer condições estáveis e, com elas, a base para a prosperidade da população em questão?".
> Acho que não pode haver dúvida de que essas últimas coisas foram as que pretendíamos realizar. E, tendo cumprido a tarefa de forma mensurável, nos retiramos, ou nos retiraremos. Deixamos para trás, ou deixaremos para trás, algumas pessoas encarregadas da cobrança e administração adequada de certas receitas, mas esses arranjos [...] não são mais de natureza de exploração ou opressão do que a nomeação de alguém sob escritura de emissão é da natureza de exploração e opressão.[47]

Seria supérfluo discutir como os Estados Unidos promoveram progresso, prosperidade e o fim da tirania e dos malefícios no Haiti, em São Domingo, na Nicarágua, em Honduras e outras partes da América Latina, "onde temos sido tradicionalmente amigos e protetores" (ver p. 215). A imunidade da doutrina ao fato concreto, em tais casos, compara-se facilmente com os países ditos comunistas. Os pronunciamentos se assemelham muito à tagarelice produzida por comentaristas da imprensa quando a guerra do Vietnã chegou ao fim: o envolvimento dos Estados Unidos foi "honroso", embora "repleto de erros e julgamentos equivocados"; "bons impulsos se transmutaram em más políticas"; seria injusto deixar "a impressão que de alguma forma os Estados Unidos foram os responsáveis pela carnificina no Sudeste Asiático"; nossos "esforços errôneos para fazer o bem" se transformaram em um "erro desastroso"; e assim por diante.[48] Mais uma vez, é notável o quanto a religião estatal é impermeável à mera evidência factual, exposta agora por mais de oitenta anos de agressão imperial, após a conquista sangrenta do território nacional.

Venho discutindo um tema importante e persistente da política externa dos Estados Unidos, e não muito surpreendente — a saber, a tentativa de criar uma Grande Área, uma economia global, adaptada às necessidades dos que elaboram a política do governo dos Estados Unidos e dos interesses das corporações que o governo em grande parte representa. Um fator concomitante a esse compromisso dominante é a constante dependência da força militar. Este é, naturalmente, apenas o dispositivo mais visível e dramático — a política dos Estados Unidos em relação ao Chile sob Allende ou ao Brasil desde o início dos anos 1960 ilustra os procedimentos mais típicos e preferenciais. Mas a força militar é a arma definitiva para preservar uma Grande Área. Não é exatamente algo novo na história dos Estados Unidos.

James Chace, editor da *Foreign Affairs*, comenta sobre o assunto em artigo recente. Ele conta 159 casos de intervenção armada dos Estados Unidos no exterior antes de 1945. Desde a Segunda Guerra Mundial, ele acrescenta: "Nós usamos forças militares na Coreia, na Indochina, no Líbano, na República Dominicana e no Congo". Em seguida cita várias razões pelas quais devemos esperar que tudo isso continue: temores de escassez de recursos, preocupação com a esfera de influência dos Estados Unidos no Caribe, "equilíbrios de poder regionais" em outras partes e, finalmente, a "preocupação dos americanos com direitos humanos e a adoção de democracias liberais e pluralistas".[49]

Relembre os casos citados, ou outros exemplos de intervenção não citados: Irã, Cuba, Guatemala, Chile. Em qual desses casos a intervenção americana foi motivada pela preocupação com direitos humanos e pela adoção de democracias liberais e pluralistas? Continua a ser um assunto de grande interesse e importância que um absurdo total como esse possa ser enunciado na cara de pau e ser levado a sério no jornalismo e na academia.

Chace afirma (em parte, corretamente) que o povo americano continua apoiando uma política externa ativista e intervencionista. Um dos fatores que contribuem para tal é a ideologia da benevolência e da boa vontade internacional americanas, como ilustrado em suas observações. Citei inúmeros exemplos para mostrar como essa estrutura doutrinária domina os estudos, bem como os meios de comunicação de massa, jornais de atualidades e afins. A maioria desses exemplos ilustra como os fatos são simplesmente ignorados no interesse da pureza doutrinária. Mas é interessante notar que mesmo a contradição direta e explícita não apresenta nenhum problema particular para o sacerdócio secular, que raramente chega à sofisticação de suas contrapartes teológicas. Como ilustração, considere outro artigo em que Chace retoma os mesmos temas.[50] Aqui ele discute as "ironias e ambiguidades" da "experiência americana", referindo-se à "preocupação moral" que é "uma expressão típica do espírito americano", embora "apesar de termos percebido que a busca da justiça às vezes leva a consequências contrárias às que pretendíamos [e] que, às vezes, nossos proclamados ideais servem para esconder — de nós mesmos ainda mais que dos outros — motivações de um caráter mais funesto e complexo". "A experiência deveria ter nos ensinado", conclui, "que nem sempre entendemos totalmente nossas próprias motivações", embora não discuta o sofisticado sistema de engodo construído para impedir tal entendimento. O que é notável, no entanto, é sua discussão de casos particulares, por exemplo, a *realpolitik* do período Nixon-Kissinger. "Estávamos determinados a buscar a estabilidade", afirma Chace, e para ilustrar — literalmente — ele cita "nossos esforços para desestabilizar um governo marxista livremente eleito no Chile". Nem mesmo uma contradição direta em sucessivas sentenças[51] é suficiente para suscitar uma questão sobre as "nossas próprias motivações". Assim, o exemplo acaba se enquadrando na categoria da "ironia".

Essa categoria serve das maneiras mais surpreendentes para disfarçar a realidade nas disciplinas ideológicas. Aqui está um exemplo final, particularmente revelador, acredito, por causa da fonte. Norman Graebner é um excelente historiador, um crítico das idiotices da Guerra Fria, um "realista" mais ou menos do tipo de George Kennan, a quem o estudo que vou citar é dedicado.[52] Graebner aceita a convicção convencional de que a política externa americana tem sido guiada pelos "princípios wilsonianos de paz e autodeterminação". Os Estados Unidos não são "um país agressivo e imperialista" no século XX, como demonstram as muitas "referências a princípios" em "sua linguagem diplomática", referências notadamente ausentes da retórica de potências realmente agressivas e imperiais, é claro. O "dilema tradicional americano" reside na ilusão de que, dada "a energia ou a determinação de seus antagonistas", assim mesmo "a nação sempre teve a certeza de que poderia prever o eventual colapso de seus inimigos e a criação do mundo ilusório da justiça e da liberdade". Afirma sem reservas que "com certeza todas as relações americanas fundamentais com a URSS e com a China continental depois de 1950 foram ancoradas nessa suposição". Foi esse "idealismo americano" que causou tantos problemas no período pós-guerra.

Tendo estabelecido esses princípios básicos, Graebner passa a analisar alguns exemplos específicos de política externa em ação. E faz a seguinte observação: "Foi irônico que esta nação tenha ignorado os princípios de autodeterminação na Ásia e na África, onde teve alguma chance de sucesso e o promoveu por trás das cortinas de ferro e de bambu, onde não tinha chance alguma de sucesso".

Considere a lógica. Um princípio geral é proposto: os Estados Unidos seguem os princípios wilsonianos de autodeterminação. Em seguida, são analisados exemplos específicos. Descobrimos que onde os princípios podiam ser aplicados, eles não o foram; onde não podiam ser aplicados, em domínios inimigos, foram defendidos (e sua defesa demonstra que não somos agressivos e imperialistas). Conclusão: é irônico que a tese genérica fracasse quando testada. Mas o princípio geral continua em vigor. Na verdade, Graebner continua lamentando que "a busca altruísta desta nação por ordem nos assuntos mundiais não consiga manter a gratidão de um mundo conturbado".

Por essa mesma lógica, um físico pode formular uma hipótese geral, colocá-la à prova, descobrir que é refutada em cada caso específico e concluir que é irônico que os fatos sejam o oposto do que o princípio prevê — mas que o princípio se mantém. O exemplo ilustra a diferença entre disciplinas ideológicas, como história acadêmica e ciência política, por um lado, e disciplinas que devem atender a padrões intelectuais racionais, por outro.

O exemplo é interessante precisamente porque o historiador em questão foi um dos primeiros críticos da doutrina da Guerra Fria. Ele argumenta, na mesma linha de Kennan,* que a política dos Estados Unidos estava errada. "Errada", contudo, é uma categoria socialmente neutra. Invocá-la é permanecer seguro dentro dos limites do dogma principal: que os Estados Unidos simplesmente reagem a desafios externos e que sua política não reflete interesses materiais específicos de grupos sociais dominantes.

Até aqui a discussão foi um tanto abstrata. Não tentei tratar das consequências humanas da política de intervenção militar contra os que são muito fracos para reagir, ou outras medidas tomadas para garantir a estabilidade da Grande Área — políticas que, é razoável supor, continuarão no futuro, pois não tem havido mudanças institucionais significativas, e até mesmo a crítica desenvolvida em alguns círculos durante a guerra na Indochina foi bastante contida. Podemos lembrar como tudo isso parece sob uma ameaça armada. Oitenta anos atrás, um nacionalista filipino escreveu que os filipinos "já aceitaram a arbitragem da guerra, e que a guerra é a pior condição concebível, especialmente quando travada por uma raça anglo-saxônica que despreza seu oponente como um povo estrangeiro ou inferior. Mas os filipinos a aceitaram com pleno conhecimento do seu horror e dos sacrifícios de vidas e de propriedades que sabiam que seriam chamados a fazer".[53] Será lembrado também que, naquela ocasião, nossa liderança altruísta estava meramente tentando "cumprir os propósitos de Deus na história". Mesmo James Chace admite que nesse caso, embora houvesse "propósitos morais" ao lado de interesses próprios, "foi difícil encontrar uma defesa moral para o nosso comportamento. As atrocidades cometidas pelas tropas americanas lá foram horríveis, pois recorreram a uma guerra sem quartel, sem fazer prisioneiros, queimando aldeias e muitas vezes matando homens, mulheres e crianças inocentes".[54]

Pode-se pensar que, depois do Vietnã, seria supérfluo entrar nesse assunto. Infelizmente, a suposição é falsa. Quando o presidente Carter, em meio a um de seus sermões sobre direitos humanos, explica que não temos nenhuma dívida e nenhuma responsabilidade quanto ao Vietnã porque "a destruição foi mútua",[55] não há um comentário nem um sussurro de protesto na imprensa americana. E a história desse "erro trágico" agora está sendo reescrita para fazer do povo da Indochina o vilão da história.

---

* George Kennan, diplomata e historiador americano defensor de uma política de contenção da expansão soviética durante a Guerra Fria. [N.T.]

E quando Ford e Kissinger mandaram seus bombardeiros para o Camboja num ato final de violência assassina naquela terra devastada pelo terror americano por ocasião do incidente do *Mayagüez*, em maio de 1975, até mesmo o senador Kennedy, um dos poucos senadores a demonstrar uma preocupação genuína com as consequências humanas da guerra americana, achou por bem afirmar que "a ação firme e bem-sucedida do presidente deu um inegável e necessário ânimo ao espírito da nação, e ele merece nosso apoio genuíno".[56] O mundo foi alertado — como se fosse necessário algum alerta — de que a potência mais violenta do mundo não havia renunciado ao seu compromisso com o uso da força como consequência de sua derrota na Indochina, pelo menos quando as vítimas estão indefesas.

O modelo continuou desde então. Considere o que aconteceu na zona desmilitarizada entre a Coreia do Norte e a Coreia do Sul em agosto de 1976, quando dois soldados americanos foram mortos por tropas norte-coreanas enquanto tentavam podar uma árvore em circunstâncias que permanecem controversas. Para fins de discussão, vamos supor que a versão americana seja inteiramente precisa: os norte-coreanos simplesmente os mataram a sangue--frio. Em seguida, o exército dos Estados Unidos derrubou a árvore, com uma considerável demonstração de força, incluindo um voo de B-52. Um importante relato do incidente foi feito por William Beecher, ex-vice-secretário-adjunto de Defesa para Assuntos Públicos, agora um correspondente diplomático. Ele escreve que o plano original era que os B-52 lançassem "cerca de 70.000 toneladas de bombas em um ataque à Coreia do Sul em uma distância de 16 quilômetros de Panmunjom [...] Mas fontes bem posicionadas dizem que na última hora foi decidido que lançar as bombas seria uma grande provocação e poderia desencadear uma resposta militar dos truculentos norte-coreanos".[57]

Vamos supor que o número de 70 mil toneladas — mais de três vezes o equivalente de Hiroshima — esteja equivocado. Mas por que bombardeios pesados a poucos quilômetros de Panmunjom pareceriam uma "provocação" para os "truculentos norte-coreanos"? Talvez porque eles retenham algumas lembranças de coisas que aconteceram há um quarto de século, quando a Força Aérea dos Estados Unidos arrasou de tal forma suas terras que simplesmente não havia alvos restantes. De acordo com o princípio de acreditar somente no lado americano da história, lembremos como esses eventos foram oficialmente registrados em um estudo da Força Aérea de "uma lição objetiva de poder aéreo para todo o mundo comunista e particularmente para os comunistas na Coreia do Norte", uma "lição" dada um mês antes do armistício:

> Em 13 de maio de 1953, vinte caças-bombardeiros F-84 da USAF mergulharam em três ondas sucessivas sobre a barragem de irrigação de Toksan, na Coreia do Norte. De uma altitude de 90 metros, eles lançaram suas cargas de explosivos nas paredes de terra compactada da represa. A subsequente e repentina inundação escavou 43 quilômetros de vale abaixo, e as águas da enchente destruíram grandes segmentos de uma principal rota de comunicação norte-sul e de abastecimento para as linhas de frente. O ataque a Toksan e ataques semelhantes às barragens de Chasan, Kuwonga, Kusong e Toksang representaram cinco das mais de vinte represas de irrigação visadas para possível ataque — represas a montante de todas as importantes rotas de abastecimento inimigas e fornecendo 75% do abastecimento controlado de água para a produção de arroz na Coreia do Norte. Esses ataques, em grande parte ignorados pela imprensa, por observadores militares e por comentaristas de noticiários atentos a eventos operacionais que chamam mais atenção, porém menos importantes, constituíram uma das operações aéreas mais significativas da guerra da Coreia. Eles fizeram os líderes militares comunistas e comissários políticos correrem para seus centros de imprensa e de rádio para gritar ao mundo as arengas mais severas e cheias de ódio que vieram da fábrica de propaganda comunista nos três anos de guerra.
> Ao atacar um sistema de alvos, a USAF atingiu com força dois elos sensíveis na blindagem do inimigo — a capacidade de abastecer suas tropas na linha de frente e a capacidade de produzir alimentos para seus exércitos. Para o Comando da ONU, o rompimento das barragens de irrigação significava a interrupção das linhas de comunicação e abastecimento do inimigo. Mas para os comunistas, o rompimento das barragens significou principalmente a destruição de seu principal sustento — o arroz. Um ocidental mal consegue conceber o significado incrível que a perda desse alimento básico tem para os asiáticos — fome e morte lenta. A "fome de arroz", durante séculos o flagelo crônico do Oriente, é mais temida que a peste mais mortal. Daí a demonstração de raiva, a explosão de manifestações violentas e as ameaças declaradas de represálias quando bombas caíram em cinco represas de irrigação.[58]

Lembre-se de que isso não é uma citação da propaganda comunista adversa, mas de um estudo oficial da USAF.

Os norte-coreanos, truculentos como sempre, não conseguiram ver a beleza da magnífica operação aérea, e ainda poderiam considerar um bombardeio pesado como uma "provocação", por isso o plano original foi cancelado.

Apenas alguns anos depois de conseguir causar fome e morte lenta aos asiáticos no nordeste da Ásia, a USAF estava de novo no Sudeste Asiático. Quando essa guerra terminou, depois de grande destruição e massacres, os Estados Unidos insistiram em uma demonstração de força contra o indefeso Camboja no incidente do *Mayagüez*. Sihanoukville foi bombardeada, mas um planejado ataque de B-52 foi cancelado — sabiamente, comentou a *New Republic*, por causa das "previsíveis reações domésticas e mundiais" e possíveis efeitos adversos para os tripulantes do *Mayagüez* — não porque teria constituído outro grande massacre de cambojanos.[59] Um ano depois, aviões dos Estados Unidos quase realizaram bombardeios pesados na Coreia para impressionar os truculentos norte-coreanos. O povo americano continua apoiando uma política externa ativista, como indicam as pesquisas, e a intelectualidade articulada continua, como sempre, nos incitando a esquecer os "equívocos" e "erros de cálculo" do passado e a retomar nossa campanha para incutir nossos ideais morais em um mundo malvado e ingrato. As estruturas institucionais por trás dos episódios militares e de outras intervenções dos anos do pós-guerra e da formulação ideológica do planejamento da Grande Área permanecem intactas, sujeitas a pouca contestação da opinião pública, efetivamente distantes do escrutínio popular ou, em parte, até mesmo da análise acadêmica. É apenas razoável concluir que o editor da *Foreign Affairs* tem razão quando prevê que a intervenção militar continuará, assim como outras tentativas de impor a "estabilidade" por meio da "desestabilização" para conter e destruir movimentos que ameaçam se afastar da Grande Área. É essa ameaça, chamada de "comunista" ou de qualquer outra coisa, que o governo dos Estados Unidos envidará todos os esforços para conter e destruir, pela força se necessário, por meios mais delicados se forem suficientes, enquanto a intelectualidade nos distrai com histórias sobre nossa dedicação altruísta a princípios e ao idealismo moral.

12
OS ESTADOS UNIDOS E TIMOR LESTE

Por que devemos dedicar atenção a Timor Leste, um lugar pequeno e remoto do qual a maioria dos americanos nunca ouviu falar? Há duas razões, cada uma mais que suficiente. A primeira é que Timor Leste foi, e ainda é, palco de enormes massacres e sofrimentos. Muitas das coisas terríveis que acontecem no mundo estão fora do nosso controle. Podemos lamentar, mas não podemos fazer muito a respeito. Este caso é bem diferente e, portanto, muito mais importante. O que aconteceu e o que está por vir estão em grande medida sob nosso controle, tão diretamente que o sangue está em nossas mãos. A segunda razão é que, considerando o que aconteceu em Timor Leste desde 1975, podemos aprender algumas coisas importantes sobre nós mesmos, sobre a nossa sociedade e nossas instituições. Se não gostarmos do que descobrimos quando olharmos para os fatos — e poucos deixarão de ficar horrorizados se observarem honestamente —, podemos trabalhar para provocar mudanças nas práticas e na estrutura das instituições que causam sofrimentos e chacinas terríveis. Na medida em que nos vemos como cidadãos em uma comunidade democrática, temos a responsabilidade de dedicar nossas energias a esses fins. A história recente de Timor fornece uma visão reveladora sobre as políticas do

---

Este capítulo foi publicado pela primeira vez em *Towards a New Cold War: U.S. Foreign Policy from Vietnam to Reagan* (Nova York, Pantheon Books, 1982; Nova York, The New Press, 2003), p. 358-69.

governo dos Estados Unidos, os fatores que as determinam e a maneira como nosso sistema ideológico funciona.

Os fatos concretos são os seguintes.[1] Timor Leste foi uma colônia portuguesa. A metade oeste da ilha de Timor, uma colônia holandesa, tornou-se parte da Indonésia quando a Indonésia conseguiu sua independência. Depois da revolução portuguesa de 1974, surgiram vários partidos políticos em Timor Leste, dos quais dois, o UDT [União Democrática Timorense] e o Fretilin [Frente Revolucionária de Timor Leste Independente], tiveram apoio popular significativo. Em agosto de 1975, uma tentativa de golpe da UDT, apoiada e talvez inspirada pela Indonésia, levou a uma breve guerra civil na qual entre 2 mil e 3 mil pessoas foram mortas. No início de setembro, a Fretilin saiu vitoriosa. O país foi aberto a observadores estrangeiros, incluindo representantes da Cruz Vermelha Internacional e de organizações humanitárias australianas, jornalistas e outros. As reações foram bastante positivas. Ficaram impressionados com o nível de apoio popular e as medidas sensatas de reforma agrária, programas de alfabetização e outros sendo realizados. O renomado especialista australiano em Timor Leste, James Dunn, definiu a Fretilin na época como "católica populista". Esses fatos são significativos à luz das alegações subsequentes às quais nos voltaremos a seguir.

O território estava então em paz, longe de ataques militares indonésios na fronteira e bombardeios navais. O assédio militar indonésio começou imediatamente após a vitória da Fretilin em setembro, inclusive com um ataque de comandos que matou cinco jornalistas australianos, um aviso claro e bem compreendido aos estrangeiros de que os militares indonésios não queriam ninguém observando o que estavam planejando. A Fretilin solicitou que Portugal assumisse a responsabilidade pelo processo de descolonização e exortou outros países a enviarem observadores, mas não houve resposta. Reconhecendo que não haveria apoio internacional, a Fretilin declarou independência em 28 de novembro de 1975. Em 7 de dezembro, a Indonésia lançou uma invasão em grande escala, capturando a capital, Díli. O ataque ocorreu poucas horas após a saída do presidente Gerald Ford e Henry Kissinger de Jacarta. Não restam dúvidas de que os Estados Unidos sabiam da invasão iminente e a autorizaram. Ford admitiu isso em entrevista a Jack Anderson, embora alegando desconhecer as circunstâncias exatas.[2]

O exército invasor indonésio estava 90% abastecido com armas dos Estados Unidos. Em audiências no Congresso, representantes do governo declararam que os Estados Unidos haviam imposto uma moratória de seis meses no fornecimento de armas em resposta à invasão, mas era algo tão secreto que a Indonésia nunca foi informada a respeito. As armas continuaram a fluir, e na verdade houve novas ofertas, que incluíam equipamentos de contrainsurgência, durante o período da "moratória de seis meses", como foi admitido por porta-vozes do governo quando os fatos foram expostos pelo especialista indonésio da Universidade Cornell, Benedict Anderson. A invasão foi sangrenta e brutal. Posteriormente, a Indonésia expandiu sua agressão a outras partes do território, e em 1977-1978 estava engajada em um programa de destruição em massa, que incluiu bombardeios maciços, desalojamento forçado da população, destruição de aldeias e plantações e todas as técnicas conhecidas usadas pelos exércitos modernos para subjugar uma população resistente. A escala precisa das atrocidades é difícil de avaliar, em parte porque a Indonésia se recusou a admitir observadores externos, por razões facilmente compreendidas. Ainda a Cruz Vermelha Internacional foi excluída até 1979, com sua subsequente permissão para voltar de forma limitada. Mas houve ampla evidência de refugiados, de cartas contrabandeadas, de fontes da Igreja, de jornalistas ocasionais que puderam fazer uma breve visita guiada e das próprias autoridades indonésias. Se os fatos não foram conhecidos no Ocidente, tratou-se do resultado da decisão de não torná-los conhecidos. Parece provável que da população pré-guerra, de cerca de 700 mil habitantes, talvez um quarto tenha sucumbido à chacina ou à fome causada pelo ataque indonésio, e que a população restante, grande parte removida para campos de concentração administrados por militares, poderia sofrer destino semelhante sem uma substancial escala de assistência internacional devidamente supervisionada. Funcionários de agências assistenciais que finalmente tiveram acesso limitado ao território após quase quatro anos descreveram uma situação comparável à do Camboja em 1979. A reação mundial foi um pouco diferente nos dois casos.

O governo dos Estados Unidos continuou a fornecer apoio militar e diplomático necessário para que o massacre continuasse. No final de 1977, os suprimentos indonésios haviam se esgotado. A Administração de Direitos Humanos aumentou radicalmente o fluxo de equipamento militar, permitindo à Indonésia empreender ofensivas ferozes que reduziram Timor Leste ao nível do Camboja.³ Aliados dos Estados Unidos também se juntaram para fornecer o necessário apoio militar e diplomático.

A Organização das Nações Unidas (ONU) tem repetidamente condenado a agressão indonésia e apelado ao exercício do direito à autodeterminação de Timor Leste, bem como a países não alinhados. Mas o Ocidente conseguiu bloquear quaisquer medidas significativas. A Assembleia Geral da ONU se reuniu imediatamente após a invasão, mas não conseguiu reagir de maneira significativa. As razões são explicadas pelo embaixador da ONU Daniel P. Moynihan em suas memórias: "Os Estados Unidos queriam que as coisas acontecessem como aconteceram e trabalharam para que assim acontecessem. O Departamento de Estado desejava que a Organização das Nações Unidas se mostrasse totalmente ineficaz em quaisquer medidas que tomasse. Essa tarefa foi dada a mim, e eu a levei adiante com algum sucesso".⁴

O embaixador Moynihan estava presumivelmente ciente da natureza do seu sucesso. Ele cita uma estimativa de fevereiro de 1976, do vice-presidente do governo provisório implantado à força pela Indonésia, "de que cerca de 60 mil pessoas haviam sido mortas desde o início da guerra civil" — lembre-se de que na guerra civil foram mortas de 2 mil a 3 mil — "10% da população, quase a proporção de baixas sofridas pela União Soviética durante a Segunda Guerra Mundial". Assim, na verdade, ele está reivindicando o crédito pelo "sucesso" em ajudar a causar um massacre que compara às consequências da agressão nazista, para não falar do número crescente de vítimas no período subsequente.

Moynihan era muito admirado pela grande coragem demonstrada na Organização das Nações Unidas ao enfrentar os poderosos inimigos do Terceiro Mundo dos Estados Unidos. Por alguma razão, suas autocongratulações nesse caso passaram despercebidas.⁵

O embaixador Moynihan comentou ainda que a invasão indonésia deveria ter sido bem-sucedida em março de 1976, já que "o assunto desapareceu da imprensa e da Organização das Nações Unidas depois disso". Praticamente desapareceu da imprensa, mas não da ONU, que continua condenando regularmente a agressão da Indonésia. A cortina de silêncio decretada pela imprensa nos Estados Unidos e em boa parte do Ocidente por quatro anos dificilmente demonstra o sucesso das armas indonésias, embora seja um testemunho notável da eficácia dos sistemas de propaganda ocidentais.[6]

Durante todo esse tempo, o governo dos Estados Unidos fingiu saber muito pouco sobre os eventos em Timor Leste, uma dissimulação transparente. Ou então representantes do governo afirmaram em cada etapa que, apesar de ter havido alguns lamentáveis excessos no passado, a situação agora está calma e o caminho sensato e humano é reconhecer o controle indonésio. Essa foi, por exemplo, a postura adotada pelo governo nas audiências do Congresso em 1977, exatamente no momento em que a Indonésia preparava as ofensivas assassinas de 1977-1978 e a Administração de Direitos Humanos acelerava o fluxo de armas para uso nessas operações militares. Os relatórios sobre "Direitos Humanos" do Departamento de Estado não só deixam de considerar as amplas evidências de atrocidades massivas, como também chegam ao ponto de fingir que não existe o problema. Um relatório preparado pelo Serviço de Pesquisas do Congresso é típico de pronunciamentos governamentais.[7] O relatório discute os supostos avanços no histórico de direitos humanos da Indonésia — os alunos de Orwell podem ficar intrigados com o fato de que, nos relatórios governamentais sobre "Direitos Humanos" que tratam de Estados amigos, os registros são invariavelmente de "avanço", sejam quais forem os acontecimentos desagradáveis ocorridos no passado. O relatório de novembro de 1979 nos informa que:

> A tomada de Timor Leste pela Indonésia, o antigo Timor Português, em dezembro de 1975, pode ter sido uma exceção a essa tendência de avanço, mas as afirmações conflitantes e a falta de acesso a Timor por não indonésios tornam difícil, senão impossível, verificar a perda de vidas nos intensos combates de dezembro de 1975 a março de 1976. Recentemente, relatórios de Timor indicam uma volta parcial à normalidade, embora a autodeterminação genuína para os timorenses seja uma perspectiva difusa.

A última conclusão é certamente correta, enquanto o governo dos Estados Unidos persistir em sua política de apoiar o terror indonésio ao mesmo tempo que nega sua existência e enquanto a mídia fielmente se restringir a expor os fatos. Esse relatório é típico não só em sua afirmação de que agora as coisas estão realmente melhorando (um tema sempre constante) como também em não reconhecer que as questões chegaram a ser levantadas depois de março de 1976.

O quadro fica um pouco diferente quando nos voltamos para testemunhas oculares, por exemplo, Leoneto Vieira do Rego, um padre português de 63 anos que passou três anos nas montanhas antes de se render às forças indonésias em janeiro de 1979, sofrendo de malária e fome. Depois de preso e interrogado, foi autorizado a voltar a Portugal em junho. Seus relatos do que havia visto foram então divulgados na imprensa mundial, fora dos Estados Unidos. Logo após a publicação do relatório do governo citado acima, o padre Leoneto foi entrevistado pelo *New York Times*.[8] A transcrição da entrevista vazou para o *Boston Globe*.[9] Padre Leoneto disse que em 1976 as coisas estavam normais nas montanhas onde vivia, e onde se encontrava a maior parte da população, inclusive os que fugiram de Díli:

> Fora das principais cidades, as pessoas do interior não sabiam da guerra. As pessoas tinham mercadorias em abundância. Era uma vida normal em circunstâncias não normais. Os problemas começaram no início de 1977. Começou um bombardeio em grande escala de toda a ilha. A partir daí surgiram as mortes, as doenças, o desespero. A segunda fase do bombardeio foi do final de 1977 ao início de 1979, com aeronaves modernas. Foi a fase dos bombardeios incendiários. Até então, as pessoas ainda podiam viver. O genocídio e a fome foram o resultado do bombardeio incendiário em grande escala [...] Vimos o fim chegando. As pessoas não podiam plantar. Eu testemunhei pessoalmente — enquanto fugia para áreas protegidas, indo de tribo em tribo — o grande massacre dos bombardeios e o povo morrendo de fome. Em 1979 as pessoas começaram a se render, porque não havia outra opção. Quando as pessoas começaram a morrer, outras começaram a desistir.

Padre Leonete estimou que mais de 200 mil pessoas morreram durante os quatro anos da guerra.

De tudo isso, o que sobreviveu no relato do *Times* foi a seguinte sentença:

> Ele disse que os bombardeios e a destruição sistemática das colheitas em 1978 foram para vencer os ilhéus pela fome.[10]

Deve ser lembrado que as ofensivas de 1977-1979 relatadas pelo padre Leoneto, e por muitos outros durante o período, coincidiram com o grande aumento no fornecimento de armas pela Administração de Direitos Humanos.

Refugiados continuaram a informar sobre atrocidades em grande escala. Em 1979, alguma ajuda estrangeira estava chegando ao território, mas a distribuição se manteve basicamente sob controle dos militares indonésios. Um relato de Lisboa no *Observer* de Londres afirma que "todos os trabalhos de ajuda na ex-colônia portuguesa estão sendo supervisionados somente por quatro funcionários de campo", acrescentando que os "alimentos e suprimentos médicos para a fome em Timor Leste estão sendo desviados para tropas indonésias e lojistas, segundo refugiados que chegam em Portugal".[11] O relato continua:

"Apelamos a qualquer pessoa no mundo com um mínimo de noção de direitos humanos para garantir que o socorro vá diretamente para o nosso povo", disse um refugiado que preferiu permanecer anônimo, pois sua família ainda está em Timor Leste [...] Os refugiados insistiram que ainda havia fome em Timor Leste e que, ao contrário de outros relatos, os combates entre os indonésios e o Movimento de Libertação Timorense continuavam nas montanhas a leste da ilha. Eles afirmaram que as tropas indonésias estavam aterrorizando a população local com prisões, tortura e execuções sumárias. Descreveram os métodos pelos quais as autoridades manipularam os jornalistas visitantes. Os timorenses alegam que os soldados e material de guerra são removidos para dar a impressão de calma. Uma mulher disse que viu cruzes sendo retiradas do cemitério militar local. As autoridades mantinham um controle rígido, informando seus "representantes" nos acampamentos de ajuda e posicionando oficiais militares à paisana armados em meio à multidão. A crescente evidência de corrupção e violação de direitos humanos em Timor Leste começou a vazar e ameaça colocar a questão no centro de uma ofensiva diplomática. Portugal e os EUA estão particularmente envolvidos.

No entanto, deve-se acrescentar, os dois países estão envolvidos de maneira bem diferente. Portugal, particularmente o novo governo conservador, procura obter apoio internacional para salvar os timorenses da destruição final e obrigar a Indonésia a retirar-se. O governo dos Estados

Unidos está tentando conter o fluxo crescente de exposições e garantir o controle da Indonésia sobre os pobres remanescentes do ataque indonésio apoiado pelos Estados Unidos.

Em dezembro de 1979, David Watts do *London Times* fez uma reportagem a partir de Díli, Timor Leste, em "uma viagem supervisionada pelos militares indonésios". Ele relata o sucesso da operação de socorro da Cruz Vermelha em salvar a vida de dezenas de milhares de pessoas "à beira da inanição". "Outros morrerão, mas pelo menos a ajuda está chegando às vítimas inocentes da cruel política de fome praticada pelas forças armadas indonésias contra os militantes marxistas e civis na guerra pouco conhecida de Timor Leste, travada longe das vistas do mundo, desde 1975." A referência de Watts às vítimas "marxistas" é tão fiável quanto sua afirmação de que, ao se retirar para as montanhas após a invasão indonésia, a Fretilin "[levou] consigo cerca de 100.000 timorenses das planícies que eram parentes ou pessoas 'cooptadas' para o movimento de apoio ao cultivo de alimentos", e presumivelmente deriva da mesma fonte, a saber, os guias de sua turnê.

Watts escreve ainda que:

> as forças armadas indonésias isolaram Timor Leste do resto do mundo com patrulhas aéreas e navais para a chegada de ajuda externa aos combatentes da Fretilin. A população civil foi repetidas vezes obrigada a fugir de um lugar para outro. Era impossível para os habitantes das terras baixas retornar às poucas áreas férteis ao redor dos vales dos rios e até mesmo os montanheses eram incapazes de praticar sua agricultura bruta de corte e queima. As pessoas foram forçadas a roubar o que podiam, e, quando não conseguiam suprimentos, viviam de folhas, camundongos e cães mortos, segundo um funcionário da Cruz Vermelha Indonésia. Eles comiam os cães depois de já estarem mortos, pois suas crenças animistas os impediam de matá-los.
> Mas a verdadeira crise para o povo da montanha veio em 1977-78, quando os militares indonésios, cansados da campanha inconclusiva, lançaram um grande ataque pelo leste da ilha para erradicar as últimas forças da Fretilin. Usando paraquedistas e aeronaves de contrainsurgência norte-americana Rockwell Bronco, invadiram a ilha, negando às forças da Fretilin santuários e suprimentos de comida [...] Aqui e ali, por toda a metade oriental da ilha, há evidências do que parecem ter sido ataques de napalm pela aeronave Bronco.

Desesperadas com a situação nas montanhas, as pessoas começaram a descer para as planícies em busca de alimento e abrigo.[12]

A exemplo de seus colegas americanos, Watts nada fala sobre o papel dos Estados Unidos, a não ser da sua contribuição para ajudar os remanescentes em 1979, e sobre o papel da imprensa em garantir que aquela continue sendo uma "guerra pouco conhecida" em um período em que a opinião pública inflamada poderia ter posto fim a essas atrocidades.

Por quatro longos e sangrentos anos, a mídia dos Estados Unidos, com raríssimas exceções, manteve-se fiel à linha de propaganda do governo americano. Durante o ano de 1975, houve uma cobertura considerável de Timor Leste, reflexo da preocupação com a descolonização do antigo império português. No final de 1975, o *New York Times* noticiava a "notável contenção" da Indonésia, ao mesmo tempo que jornalistas australianos apresentavam relatos de testemunhas oculares de bombardeios navais indonésios a cidades timorenses e ataques militares ao longo da fronteira. Um jornalista australiano, o primeiro a entrar em Timor Leste depois da guerra civil de agosto a setembro, escreveu uma longa reportagem no *Times* de Londres em que rejeitou as alegações de atrocidades por parte da Fretilin, que atribuiu à Indonésia e a outros serviços de propaganda. Seu relatório foi publicado no *New York Times*, editado para fazer parecer que as acusações eram verdadeiras, como a *Newsweek* também noticiou, baseando-se na matéria do *New York Times*. Após a invasão indonésia, as reportagens nos Estados Unidos diminuíram rapidamente, aproximando-se de zero (à parte ocasionais folhetos de propaganda da Indonésia e do governo dos Estados Unidos) à medida que o ataque indonésio, apoiado pelos Estados Unidos, se expandiu em escala e violência. Os refugiados timorenses foram escrupulosamente evitados, em comparação dramática com os refugiados da opressão comunista. Quando Henry Kamm, correspondente do *New York Times* no Sudeste Asiático e vencedor do Prêmio Pulitzer, se dignou a mencionar Timor Leste enquanto a guerra se desenrolava em fúria total, não se baseou nos relatos de refugiados, dos padres ou nas inúmeras outras fontes disponíveis. Preferiu entrevistar generais indonésios, confiando na autoridade deles para apresentar o "fato" de que a Fretilin havia "obrigado" o povo a viver sob seu "controle", apesar de estarem agora fugindo para áreas controladas pelos indonésios.[13] Referindo-se a uma visita a Timor

Leste em 1980, Kamm agora informa aos leitores que 300 mil timorenses foram "desalojados pela persistente guerra civil e pela luta contra os invasores" — não houve guerra civil, somente folhetos de propaganda dos Estados Unidos e da Indonésia e as "colunas de notícias" na imprensa ocidental, desde setembro de 1975. Ele relata que "o domínio da Fretilin sobre a população" foi rompido pela ofensiva indonésia de 1978 e que a Fretilin "controlou partes significativas da população pelo menos até 1977". Em parte alguma há qualquer indicação da possibilidade de a Fretilin ter tido apoio popular. Essas conclusões, juntamente com relatos de selvageria da Fretilin, baseiam-se em provas fornecidas por autoridades indonésias, colaboracionistas timorenses ou, como ele observa, estavam tão intimidados pelas sempre presentes autoridades militares indonésias que suas declarações eram obviamente irrelevantes.[14]

No final de 1979, a verdade começou a aparecer, até mesmo na imprensa dos Estados Unidos, e vários congressistas, notadamente Tom Harkin, de Iowa, ficaram cientes da verdadeira natureza do que fora ocultado pela mídia. O *New York Times* publicou um editorial honesto em 24 de dezembro de 1979 (ver nota 10), e James Markham apresentou a primeira reportagem sobre os muitos refugiados timorenses em Lisboa.[15] A imprensa começou a apresentar algumas das informações que já estavam disponíveis havia quatro anos,[16] embora ainda persistam muitas distorções e o papel crucial dos Estados Unidos seja em geral ignorado ou subestimado.

A importância do comportamento dos meios de comunicação e jornais opinativos durante esses anos precisa receber a atenção que merece. Os acontecimentos descritos por padre Leoneto e muitos outros, e as horrendas consequências que agora são afinal amplamente reconhecidas, são de responsabilidade direta do governo dos Estados Unidos, e em menor grau de seus aliados ocidentais. Da mesma forma, esses atos monstruosos poderiam ter sido encerrados — e ainda podem ser — com a retirada do apoio direto dos Estados Unidos.

O governo dos Estados Unidos tem apoiado militares indonésios não por prazer no massacre e na fome, mas porque o destino dos timorenses é uma questão insignificante quando comparada a objetivos mais importantes. Desde 1965, quando os militares indonésios tomaram o poder em um golpe que levou à matança de talvez de meio milhão a 1 milhão de pessoas, a maioria camponeses sem terra, a Indonésia tem sido um aliado valioso.[17]

Os governantes militares abriram o país à pilhagem ocidental, só tolhida pela rapacidade e corrupção de nossos amigos em Jacarta. Nesse país potencialmente rico, grande parte da população sofreu de forma atroz — mesmo sem levar em consideração os grandes massacres, que demonstraram credenciais anticomunistas adequadas para uma grata audiência ocidental —, pois o país foi transformado em um "paraíso para investidores".[18] Em vista dessas considerações prioritárias, era de se esperar que a Administração dos Direitos Humanos, assim como a sua antecessora, despejasse armas na Indonésia para atingir seus objetivos em Timor Leste, e tentasse de todas as formas ocultar a verdade.

A importância da falsidade fica clara quando observamos o que acontece quando o sistema de doutrinação começa a se desfazer. Por mais que as instituições funcionem, os indivíduos não estão dispostos a apoiar ações que beiram o genocídio. À medida que a verdade começa a aparecer, vários membros do Congresso e segmentos cada vez maiores da população passam a exigir o fim dessas práticas atrozes. Um dos resultados foi que alguma ajuda foi enviada, ainda que, sem uma supervisão internacional adequada, é questionável o quanto chegou a quem precisa, dada a corrupção dos militares indonésios. Existe, pela primeira vez, uma possibilidade real de que se faça pressão sobre o governo dos Estados Unidos para deixar de fornecer os suprimentos militares de que a Indonésia necessita, e que se organizem esforços internacionais para fazer com que a Indonésia se retire, para que o restante da população possa ter a oportunidade de realizar seu tão almejado direito à autodeterminação.

É intrigante notar como alguns segmentos da mídia estão reagindo ao fato de as informações sobre Timor Leste estarem começando a chegar ao público. No *Nation* — o único periódico americano a publicar um artigo sério sobre Timor de 1975 a 1978[19] — A. J. Langguth desdenhou a preocupação com Timor com o seguinte comentário notável: "Se a imprensa mundial convergisse repentinamente para Timor, não melhoraria a sorte de um só cambojano".[20] A irracionalidade do comentário é a princípio surpreendente, mas o sentimento torna-se compreensível no contexto de que só os crimes do outro merecem atenção. Na *Washington Journalism Review*, Richard Valeriani, da NBC, e o especialista em Ásia e ex-correspondente Stanley Karnow discutiram um artigo sobre Timor Leste publicado no *New York Times* no final de janeiro de 1980.[21] Valeriani disse que o havia lido, mas "eu não me interesso por Timor". Karnow não conseguiu nem sequer ler a matéria: "Eu simplesmente não tive tempo [...] Não havia conexão; não tinha nada a ver comigo". O argumento era de que o *Times* estava dando *cobertura demais* ao fato insignificante de que os massacres em Timor se comparavam aos do Camboja e que a população fora reduzida ao estado das vítimas miseráveis na fronteira tailandesa-cambojana como resultado direto das políticas dos Estados Unidos. O *Times* está em falta com suas responsabilidades ao desperdiçar espaço com tais trivialidades — mas não, por exemplo, ao dedicar toda a capa e 25 páginas da seção da revista dominical alguns dias antes (20 de janeiro de 1980) às horrendas experiências de Dith Pran* no Camboja, recapitulando histórias que já haviam recebido grande atenção na mídia.

Essas reações não foram isoladas. O correspondente da ONU do *New York Times*, Bernard Nossiter, recusou um convite para uma coletiva de imprensa sobre Timor Leste em outubro de 1979, alegando que a questão era "muito esotérica", e de fato não disse uma palavra sobre o debate da ONU, que incluiu testemunhos de refugiados timorenses e outros sobre as atrocidades contínuas e a responsabilidade dos Estados Unidos por elas.[22] Uma olhada nas histórias que ele publicou durante esses dias revela que os eventos deviam ser realmente insignificantes para cair abaixo do limiar do *Times*. Assim, Nossiter dedicou uma coluna de página inteira ao fato bombástico de o governo de Fiji não ter sido pago por seu contingente no sul do Líbano e, pouco depois, relatou um debate sobre uma vírgula ausente, de importância indeterminável, em um documento da ONU[23] — embora, nesse caso, seu relato deva ser entendido como parte da campanha de ridicularização contra a Organização das Nações Unidas, em particular contra os membros do Terceiro Mundo, desde que a ONU escapou do controle dos Estados Unidos e caiu sob o que é chamado aqui de "a tirania da maioria", ou o que outros chamam de "democracia". Daí o relato sarcástico do debate sobre a falta da vírgula, juntamente com o silêncio total sobre o papel dos países do Terceiro Mundo em comunicar à Organização das Nações Unidas a história dos massacres apoiados pelos Estados Unidos em Timor.

---

* Fotojornalista cambojano a serviço do *New York Times*. [N.T.]

Talvez a resposta mais intrigante ao recente colapso da omissão da mídia seja a do *Wall Street Journal*, que dedicou um editorial ao assunto.[24] O *Journal* fala de "uma interessante campanha" que "vem tomando forma nas últimas semanas sobre a questão de Timor Leste". Assinala que 100 mil pessoas podem ter morrido durante a guerra, acrescentando que "parece tão suspeito quanto o Camboja, como algumas pessoas estão dizendo. E esta é para nós: a Indonésia é nossa aliada e fornecedora de petróleo, são armas americanas que os indonésios usaram para perpetrar suas atrocidades". Mas a acusação, continua o *Journal*, "diz menos sobre Timor do que sobre certas variedades de pensamento político americano". Existem dois fatores que diferenciam radicalmente Timor do Camboja. O primeiro é que os Estados Unidos estão enviando alguma ajuda a Timor, e os indonésios, "ainda que de má vontade e de forma imperfeita", estão deixando os alimentos entrarem, enquanto "os cambojanos estariam em condições consideravelmente melhores se a União Soviética adotasse um comportamento comparável para si mesma e seu aliado" — os editores ignoram o fato de a União Soviética ter fornecido ajuda aos cambojanos famintos antes dos Estados Unidos e, ao que parece, em grandes quantidades, bem como o fato, relatado por funcionários de instituições humanitárias internacionais, de que essa ajuda não foi aceita de má vontade. Mas a diferença crucial é a seguinte:

> Porém, mais importante, é ilusório falar como se os EUA tivessem o poder de determinar o resultado de uma situação como a de Timor. A violência que assolou o país é um sinal nada surpreendente de uma ordem mundial se desintegrando; falar sobre os malfeitos do poder dos EUA pode apressar essa desintegração, não a impedir. Os que se preocupam com os custos humanos desse caos fariam melhor se começassem a encarar essa conexão.

O raciocínio é notável. Os editores estão tentando nos dizer que quando aeronaves fornecidas pelos Estados Unidos demolirem aldeias, destruírem plantações, massacrarem tribos das montanhas e as levarem a campos de concentração, devemos entender esses fatos como "o sinal de uma ordem mundial se desintegrando", não como resultado de ações dos Estados Unidos, empreendidas conscientemente. E, se os Estados Unidos mantiverem o apoio militar e diplomático crucial que permite à Indonésia realizar essas políticas, o terror pode ser ainda pior. É de se perguntar se o

Pravda atinge tais alturas intelectuais quando justifica o apoio soviético à guerra da Etiópia na Eritreia.

É fácil gracejar com o *Wall Street Journal*, mas isso seria subestimar o ponto mais significativo. A pequena exposição das atrocidades da Indonésia apoiadas pelos Estados Unidos nos últimos meses assustou os militares indonésios, o governo dos Estados Unidos e os círculos empresariais representados pelo *Wall Street Journal*, todos querendo continuar jogando seus jogos com vidas humanas em segredo. A mensagem é clara. Ao aumentar significativamente a pressão sobre o governo dos Estados Unidos para abandonar suas políticas terríveis e continuar trabalhando para levar os fatos a um público maior, pode-se contribuir materialmente para a sobrevivência do povo de Timor Leste. É raro surgir uma oportunidade em que um esforço relativamente pequeno pode salvar centenas de milhares de vidas, e seria criminoso permitir que isso passasse em branco.

13
AS ORIGENS DAS "RELAÇÕES ESPECIAIS"

Níveis de apoio: diplomático, material, ideológico

A relação entre os Estados Unidos e Israel tem sido peculiar nas questões mundiais e na cultura americana. Seu caráter único é simbolizado por votos recentes na Organização das Nações Unidas (ONU). Por exemplo, em 26 de junho de 1982, os Estados Unidos ficaram sozinhos ao vetar uma resolução do Conselho de Segurança da ONU pedindo a retirada simultânea das forças armadas israelenses e palestinas de Beirute, alegando que esse plano "era uma tentativa transparente de preservar a OLP como uma força política viável", evidentemente uma perspectiva intolerável para o governo dos Estados Unidos.[1] Poucas horas depois, Estados Unidos e Israel votaram contra uma resolução da Assembleia Geral pedindo o fim das hostilidades no Líbano e na fronteira Israel-Líbano, aprovada com dois "náos" e nenhuma abstenção. Antes disso, os Estados Unidos haviam vetado uma resolução unânime do Conselho de Segurança condenando Israel por ignorar a exigência anterior de retirada das tropas israelenses.[2] O padrão, de fato, tem sido persistente.

Este capítulo foi publicado pela primeira vez em *Fateful Triangle: The United States, Israel, and the Palestinians* (Cambridge, MA, South End Press, 1983; edição ampliada, Cambridge, MA, South End Press, 1999), p. 9-37.

Mais concretamente, a relação especial é expressa no nível de ajuda militar e econômica dos Estados Unidos a Israel ao longo de muitos anos. A escala exata é desconhecida, já que muito é escondido de várias maneiras. Antes de 1967, antes do amadurecimento do "relacionamento especial", Israel recebia uma ajuda per capita dos Estados Unidos maior do que qualquer outro país. Comentando o fato, Nadav Safran, especialista em Oriente Médio de Harvard, também observa que isso equivale a uma parte substancial da transferência de capital sem precedentes para Israel do exterior, que constitui praticamente todo o investimento de Israel — uma razão pela qual o progresso econômico do país não oferece um modelo significativo para países subdesenvolvidos.[3] É possível que a ajuda recente chegue a algo como mil dólares por ano para cada cidadão de Israel, quando todos os fatores são levados em consideração. Até mesmo os números divulgados para o público são espantosos.* Nos anos fiscais de 1978 até 1982, Israel recebeu 48% de toda a ajuda militar dos Estados Unidos e 35% da ajuda econômica dos Estados Unidos destinada para todo o mundo. Para o ano fiscal de 1983, o governo Reagan solicitou quase US$ 2,5 bilhões para Israel, de um orçamento total de ajuda de US$ 8,1 bilhões, incluindo 500 milhões em doações definitivas e US$ 1,2 bilhão em empréstimos a juros baixos.[4] Além disso, há um padrão regular de perdão de empréstimos, ofertas de armas a preços com descontos especiais e uma variedade de outros dispositivos, sem mencionar as contribuições de "caridade" dedutíveis (na verdade, um imposto aplicado), usadas de maneiras às quais retornaremos.[5] Não contente com esse nível de ajuda do contribuinte americano, um dos mais proeminentes democratas liberais do Senado, Alan Cranston, da Califórnia, "propôs uma emenda à lei de ajuda externa para estabelecer o princípio de que a ajuda econômica americana a Israel não seria menor que o valor da dívida que Israel paga aos Estados Unidos", um compromisso de cobrir "todas as dívidas israelenses e dívidas futuras", como comentou o senador Charles Percy.[6]

---

* O General Accounting Office (GAO) informou ao Congresso que o nível real de ajuda dos Estados Unidos pode ser 60% mais alto que os números disponíveis ao público. Esse é o resultado preliminar de um detalhado estudo da ajuda dos Estados Unidos a Israel feito pelo GAO. "A questão pode ganhar maior importância no próximo ano [1983] sobre o quanto do estudo do GAO pode se tornar público." James McCartney, *Philadelphia Inquirer*, 25 ago. 1982.

Isso ocorreu antes da guerra do Líbano. A verdadeira votação sobre a ajuda externa se deu após a invasão do Líbano, depois da destruição de grande parte do Sul do país, do impiedoso cerco e bombardeio de Beirute, dos massacres de setembro e da rápida expansão de assentamentos israelenses nos territórios ocupados em resposta ao apelo de Reagan para suspender o acordo com suas propostas de paz, que Israel rejeitou. À luz desses eventos, a única questão surgida no Congresso foi a "punição" ou não de Israel aceitando a proposta do presidente de um aumento substancial no já fenomenal nível de ajuda — o que é chamado de "uma medida dura contra Israel"[7] —, ou adotar uma linha mais branda, ao acrescentar ainda mais aos aumentos solicitados pelo presidente, como o Senado e a maioria dos liberais demandavam. Felizmente, a imprensa foi suficientemente disciplinada para que os aspectos cômicos dessa performance característica fossem omitidos. As consequências da mensagem de aprovação a Israel por suas recentes ações por parte do presidente e do Congresso não são nada cômicas, é desnecessário dizer.

Deve-se notar que, em teoria, existem restrições ao uso da ajuda americana (por exemplo, bombas de fragmentação só podem ser utilizadas para autodefesa; fundos de desenvolvimento não podem ser gastos além das fronteiras reconhecidas de Israel — ou seja, as de antes de junho de 1967). Mas o terreno foi preparado para garantir que essas restrições não sejam invocadas, embora o uso ilegal de armas ocasionalmente provoque uma reprimenda ou corte temporário de remessas quando as consequências têm muita publicidade. Quanto à proibição do uso de fundos dos Estados Unidos para os programas de assentamento e desenvolvimento que os Estados Unidos consideraram oficialmente ilegais e um obstáculo à paz (ou seja, além das fronteiras anteriores a junho de 1967), isso nunca foi aplicado, e o programa de ajuda é projetado para que não possa ser aplicado: "Ao contrário da maioria das outras relações de ajuda, os projetos que financiamos em Israel não são especificados", observa Ian Lustick, e nenhum funcionário do Departamento de Estado ou do programa de ajuda "jamais foi designado para supervisionar o uso de nossos fundos pelo governo israelense".

Para efeito de comparação, pode-se considerar o programa de ajuda dos Estados Unidos ao Egito (o maior destinatário de ajuda não militar do país desde Camp David), administrado por um escritório com 125 funcionários que o supervisionam meticulosamente. Muitos egípcios experientes têm criticado intensamente o programa de ajuda, alegando que ele reflete as prioridades americanas e não as egípcias, financiando importações americanas que devem ser trazidas em navios americanos e consultores americanos, quando o Egito dispõe de pessoal preparado por uma fração do custo. Eles também observam a ênfase no setor privado, "pagando aos agricultores do Centro-Oeste por trigo que poderia ser cultivado pela metade do preço no Egito" (segundo um ex-diretor da AID), e uma infiltração generalizada na sociedade egípcia a ponto de alguns considerarem uma ameaça à segurança nacional do Egito.[8]

Esses exemplos ilustram o apoio diplomático e material que os Estados Unidos fornecem a Israel. Concomitante, no nível ideológico, é a persistência de uma considerável ilusão sobre a natureza da sociedade israelense e o conflito árabe-israelense. Desde 1967, a discussão dessas questões tem sido difícil ou impossível nos Estados Unidos, resultado de uma campanha notavelmente eficaz de difamação, de abuso, e às vezes de mentiras deslavadas contra os que se atrevem a questionar a doutrina vigente.* Esse fato tem sido regularmente deplorado por pacifistas israelenses, que têm sido submetidos a um tratamento semelhante em seu país. Eles afirmam que suas próprias posições em Israel sofrem por causa da falta de apoio dentro dos Estados Unidos, onde, como observou o general (da reserva) Mattityahu Peled, o "estado de quase histeria" e o "apoio cego e chauvinista e tacanho" às políticas mais reacionárias em Israel representam "o perigo de incitar Israel mais uma vez a uma postura de intransigência insensível".[10] O conhecido jornalista israelense e historiador sionista Simha Flapan define "o preconceito do judaísmo americano" atual como "o maior obstáculo para um diálogo americano-palestino e israelense-palestino, sem o que há pouca chance de avançar no difícil processo de paz envolvido".[11] Ao se

---

* A inteligência israelense parece contribuir para esses esforços. Segundo um estudo da CIA, uma de suas funções é adquirir "dados para silenciar facções contra Israel no Ocidente", juntamente com "projetos paramilitares de sabotagem e guerra psicológica, como assassinato de personalidades e propaganda difamatória". "Dentro das comunidades judaicas em quase todos os países do mundo, existem sionistas e outros simpatizantes, que dão forte apoio ao esforço de inteligência israelense. Esses acordos são cuidadosamente fomentados e servem como canais de informações, material enganoso, propaganda e outros propósitos." "Eles também tentam se aproximar de elementos antissionistas para neutralizar a oposição."[9]

concentrar no papel do judaísmo americano, esses escritores israelenses têm uma visão muito estreita, acredito.

Para citar um último exemplo, um artigo na imprensa judaica americana cita um redator da equipe do *Ha'aretz* (essencialmente, o *New York Times* israelense) dizendo que "vocês judeus americanos, vocês liberais, vocês amantes da democracia estão apoiando sua destruição aqui por não se manifestarem contra as ações do governo", referindo-se à onda de repressão nos territórios ocupados sob a "administração civil" do professor Menachem Milson e do general Ariel Sharon introduzida em novembro de 1981.[12] Em seguida passa a explicar os planos de Begin e Sharon: expulsar um grande número de árabes da Cisjordânia, especificamente líderes e aqueles com potencial de liderança, "por todos os meios ilegais". Como?

> Você ativa terroristas para plantar bombas nos carros dos seus prefeitos eleitos, você arma os colonos e alguns traidores árabes para fazer ataques a cidades árabes, pogroms contra propriedades, não contra pessoas. Alguns árabes foram mortos por colonos. Os assassinos são conhecidos, mas a polícia é praticamente impotente. Eles têm suas ordens. Qual é a sua desculpa para não se manifestar contra essas violações da lei israelense e da moralidade judaica?

Os colonos, ele acrescenta, são "judeus religiosos que seguem uma lei superior e fazem o que seus rabinos disserem. Pelo menos um dos rabinos do Gush Emunim* escreveu que é um *mitsvá* [dever religioso] destruir Amalek [habitantes não judeus], inclusive mulheres e crianças".[13] O jornalista do *Ha'aretz* acrescenta que seu diário tem "um arquivo de histórias de horror relatadas a nós por soldados retornando da ocupação na Cisjordânia. Podemos nos referir a eles em termos gerais — podemos protestar contra a ocupação que destrói a fibra moral e o respeito próprio da nossa juventude—, mas não podemos publicar os detalhes porque a censura militar encobre as ações dos soldados em serviço ativo".[14] Alguém pode imaginar o que o arquivo contém, dado o que foi publicado na imprensa israelense. Deve-se notar, a esse respeito, que muitas questões cruciais discutidas livremente na imprensa hebraica em Israel, e muito do que está documentado lá, são

---

* Movimento político israelense criado para estabelecer assentamentos judaicos na Cisjordânia. [N.T.]

praticamente excluídas da imprensa americana, de modo que as pessoas que se espera que paguem as contas são mantidas em grande parte no escuro sobre o que estão financiando ou sobre os debates dentro de Israel referentes a esses assuntos. Muitos exemplos serão dados a seguir.

Os perigos que seus apoiadores americanos representam para Israel têm sido consistentemente realizados, causando muito sofrimento na região e repetidas ameaças de uma guerra maior, talvez global.

Fatores causais

Grupos de pressão doméstica e seus interesses

A "relação especial" é frequentemente atribuída a pressões políticas domésticas, em particular à eficácia da comunidade judaica americana na vida política e nas opiniões influentes.[15] Embora haja alguma verdade nisso, está longe de contar toda a história em dois principais aspectos: primeiro, subestima o escopo do "apoio a Israel", e segundo, superestima o papel dos grupos de pressão política na tomada de decisões. Vamos considerar esses fatores por sua vez.

Em primeiro lugar, o que Seth Tillman chama de "lobby israelense" (ver nota 15) é muito mais amplo que a comunidade judaica americana, abrangendo os principais segmentos da opinião liberal, a liderança dos sindicatos,* fundamentalistas religiosos,[17] "conservadores" do tipo que apoia um poderoso aparato estatal voltado para a produção induzida pelo Estado de alta

---

* Leon Hadar escreve: "Junto com a comunidade judaica americana organizada, o movimento trabalhista tem sido uma importante fonte de apoio a Israel"; verdade no que diz respeito à burocracia sindical, independentemente do que os membros possam pensar. Hadar cita o presidente do ILGWU [Sindicato Internacional dos Trabalhadores em Vestuário de Mulheres], Sol Chaikin, que condena Reagan por sua disposição de "'vender' Israel e o movimento Solidariedade da Polônia [...] para apaziguar seus amigos de grandes negócios". Victor Gotbaum discute os problemas colocados pelo governo Begin para os apoiadores de Israel e suas decisões de política externa "antagônicas": "Não podíamos justificar [a anexação de Golã], por isso preferimos ficar em silêncio"; muitos líderes trabalhistas se veem "divorciando seu amor por Israel de suas relações com Begin" (Gotbaum).[16] Tal retórica não é ouvida desde os dias de pico do stalinismo americano e do "apoio crítico" trotskista. É, no entanto, bastante comum entre intelectuais ocidentais em relação a Israel. Ver *TNCW*, capítulo 10, para alguns exemplos. Haverá outros a seguir.

tecnologia de desperdício (ou seja, produção militar) em casa e ameaças militares e aventureirismo no exterior e — sobrepondo essas categorias — fervorosos guerreiros frios de todos os tipos. Essas conexões são valorizadas em Israel, não apenas pela direita. Assim, Yitzhak Rabin, supostamente um pacifista que logo se tornaria o primeiro-ministro do Partido Trabalhista, argumentava contra movimentos visando a um acordo político depois da guerra de 1973. Israel deve tentar "ganhar tempo", exortava, na esperança de que "mais tarde nos encontremos em uma situação melhor: os EUA podem adotar posições mais agressivas em relação à URSS...".[18]

Muitos líderes sionistas americanos reconhecem esses fatores. Em dezembro de 1980, vários deles argumentaram na imprensa judaica americana que "há muito maior potencial de interesses comuns entre os judeus e a Maioria Moral do que entre os judeus e o Conselho Nacional de Igrejas" (*Jewish Week*). Jacques Torczyner, ex-presidente da Organização Sionista da América e executivo da Organização Sionista Mundial, escreveu: "Precisamos, em primeiro lugar, chegar à conclusão de que os reacionários de direita são os aliados naturais do sionismo e não os liberais"[19] — ele está enganado quanto à última afirmação, pressupondo erroneamente que eles não participam do consenso da Guerra Fria, quando, na verdade, o promoveram consistentemente e ajudaram a mantê-lo. Além disso, deve-se notar que a esquerda americana e os grupos pacifistas, além de elementos periféricos, geralmente têm sido extremamente favoráveis a Israel (ao contrário de muitas afirmações infundadas), alguns apaixonadamente, fechando os olhos para práticas em vez de denunciar sem demora em outras instâncias. Mais uma vez, haverá exemplos a seguir.

Há uma expressão interessante de pontos de vista semelhantes aos de Rabin em um estudo recente sobre "o verdadeiro antissemitismo na América" de Nathan e Ruth Perlmutter, respectivamente, o diretor nacional da Liga Antidifamação de B'nai Brith e sua esposa, também uma líder sionista ativa. Nos Estados Unidos, a Liga Antidifamação é considerada uma organização civil libertária, e por algum tempo tratou-se de reputação merecida. Atualmente, é especializada em tentar evitar discussões críticas sobre as políticas de Israel usando técnicas como caluniar críticos, incluindo israelenses que não passam em seu teste de lealdade, distribuir supostas "informações" que muitas vezes circulam em panfletos apócrifos e assim por diante.[20] Em Israel, é casualmente definida como "um dos principais pilares" da propaganda israelense nos Estados Unidos. Seth Tillman se refere à Liga como parte do "lobby israelense". Voltamos a algumas de suas performances públicas.[21] O conhecido historiador militar israelense Meir Pail, ex-diretor da Escola de Treinamento de Oficiais das IDF [Forças de Defesa de Israel] e um pacifista israelense, poderia muito bem ter a Liga em mente quando descreveu a maneira como "Golda Meir e o Partido Trabalhista destruíram o pluralismo e o debate dentro da velha estrutura sionista", imitando "a tendência de Joseph Stálin em relação a partidos comunistas em todo o mundo", cujos interesses deveriam ser "subjugados [...] aos interesses de poder da União Soviética". "E a tendência do regime israelense tem sido semelhante", pois "destruiu o próprio processo de dissidência e questionamento", começando (diz ele) com o governo trabalhista de Golda Meir.[22] A Liga provou ser um grande aliado instrumental.

Os Perlmutters citam estudos mostrando que, enquanto o antissemitismo "já foi virulento" nos Estados Unidos, hoje há pouco apoio à discriminação contra os judeus; pode haver aversão aos judeus, atitudes antijudaicas etc., mas o mesmo acontece com grupos étnicos e religiosos em geral. O que é então "o verdadeiro antissemitismo", que ainda é desenfreado, na verdade talvez mais perigoso que antes? O *verdadeiro* antissemitismo, ao que parece, está nas ações de "pacificadores da estirpe dos do Vietnã, transformadores de espadas em arados, defendendo a OLP terrorista".* Os Perlmutters temem que "nos dias de hoje a guerra esteja ficando com má fama e a paz seja favorável demais para a imprensa". E ambos estão preocupados com "as difamações da esquerda quanto aos estímulos para nossa guerra no Vietnã e ultimamente [...] os seus ataques aos orçamentos de defesa americanos". "Além do petróleo, é a própria ideologia dos liberais, em que a paz, mesmo que marcada pela injustiça, é preferível à perspectiva de confronto, que hoje põe em perigo os judeus." Da mesma forma, os interesses judaicos são ameaçados "pelos esquerdistas desta década, aqui e no exterior, enquanto se manifestam contra e repreendem os Estados Unidos por seu envolvimento na Nicarágua e em El Salvador".

---

* É uma afirmação comum, talvez acreditada por seus proponentes, a de que há muitos "defensores da OLP" nos Estados Unidos, e até mesmo que a imprensa seja "pró-OLP" (*Fateful Triangle*; ver p. 1). Quando são dados exemplos, verifica-se regularmente que esses "defensores" são críticos (geralmente críticos ferrenhos) da OLP, que, no entanto, acreditam que os palestinos têm os mesmos direitos humanos e nacionais que os judeus.

Os interesses judaicos estão ameaçados porque os ditadores centro-americanos têm sido amigos de Israel — uma amizade que vem sendo retribuída com muito entusiasmo, embora os Perlmutters não discutam esses fatos, o que ajuda a explicar por que as vítimas de Somoza e dos generais salvadorenhos e guatemaltecos não são amigas de Israel, não por antissemitismo, mas por razões muito compreensíveis; camponeses sendo massacrados com armas israelenses ou torturados por forças militares que se gabam de seu treinamento e apoio israelenses provavelmente não serão amigos de Israel. Segundo os Perlmutters, grupos como o Conselho Nacional de Igrejas também ameaçam os interesses judaicos ao pedir que Israel "inclua a OLP em suas negociações de paz no Oriente Médio". "Os apologistas da esquerda — como os da direita — costumam racionalizar o antissemitismo ou a indiferença aos interesses judaicos como sendo apenas uma fase transitória", mas os judeus deveriam saber que não é bem assim.

Do começo ao fim, o argumento é o de que os interesses de Israel — entendidos como interesses de uma Grande Israel refratária, que nega os direitos dos palestinos — são os "interesses judaicos", de modo que qualquer um que reconheça os direitos palestinos ou defenda políticas que ameacem "os interesses de Israel", da maneira que os autores os concebem, parafraseando a retórica stalinista de anos anteriores, é "objetivamente" antissemita. Os que são "ingênuos com a intolerância" estão agora pondo os judeus em "maior perigo" do que os antissemitas tradicionais, com sua defesa da paz, com críticas ao intervencionismo dos Estados Unidos, em oposição a tiranos e torturadores sanguinários etc. Esse é o "verdadeiro antissemitismo", e é extremamente perigoso. Portanto, a Liga Antidifamação tem seu trabalho talhado para isso.[23]

Pode-se notar que o recurso a acusações de "antissemitismo" (ou, no caso dos judeus, "aversão aos judeus") para silenciar os críticos de Israel tem sido um dispositivo bastante utilizado e muitas vezes eficaz. Mesmo Abba Eban, o conceituado diplomata israelense do Partido Trabalhista (considerado um destacado pacifista), é capaz de escrever: "Uma das principais tarefas de qualquer diálogo com o mundo gentio é provar que a distinção entre antissemitismo e antissionismo [geralmente entendido como uma crítica às políticas do Estado israelense] não é uma distinção válida", e que os críticos judeus (eu e I. F. Stone somos especificamente mencionados) têm um "complexo básico [...] de culpa em relação à sobrevivência judaica".

Da mesma forma, Irving Howe, normalmente sem argumentos, simplesmente atribui o perigoso isolamento internacional de Israel à "habilidosa manipulação do petróleo" e a um "apotegma amargo: *No mais quente dos corações há um lugar frio para os judeus*" — de modo a ser desnecessário considerar o impacto das políticas do governo trabalhista que ele apoiou, por exemplo, a brutalidade da ocupação,* já totalmente ostensiva e intensamente condenada em Israel quando ele escreveu.[25]

Os Perlmutters ridicularizam os que expressam "críticas a Israel enquanto fantasiam contra-acusações de antissemitismo", mas o comentário é falso. A tática é padrão. Christopher Sykes, em seu excelente estudo do período pré-estatal, remonta as origens desse dispositivo ("uma nova fase na propaganda sionista") a um "contra-ataque violento" de David Ben-Gurion contra um tribunal britânico que implicou líderes sionistas no tráfico de armas em 1943: "desde então, ser antissionista era ser antissemita".[26] No entanto, foi principalmente no período pós-1967 que a tática se aprimorou em uma arte elevada, cada vez mais, à medida que as políticas defendidas se tornaram cada vez menos defensáveis.

No âmbito da comunidade judaica, a unidade no "apoio a Israel" que foi exigida, e em geral conseguida, é notável — como observado, para desgosto dos pacifistas israelenses que argumentam plausivelmente que esse tipo de "apoio" enfraqueceu seriamente seus esforços para alterar políticas governamentais duras e, em última análise, autodestrutivas. Existe até mesmo um debate vívido dentro da comunidade judaica americana a respeito da legitimidade de criticar as políticas de Israel e, talvez ainda mais surpreendente, a existência de tal debate não é reconhecida como o fenômeno surpreendente que certamente é. A posição de que a crítica é ilegítima é defendida, por exemplo, por Elie Wiesel, que diz:

> Eu apoio Israel — ponto. Eu me identifico com Israel — ponto. Nunca ataco, nunca critico Israel quando não estou em Israel.

---

* Pode ser notado pelos que se interessam pelos fatos que a "habilidosa manipulação do petróleo" também parece uma desculpa muito fácil (o "apotegma amargo" dificilmente merece comentários). Ver, por exemplo, a discussão do historiador sionista Jon Kimche sobre como a aparente duplicidade do governo trabalhista e a rejeição de um possível acordo pacífico alienaram países africanos amigos bem antes do uso da "arma do petróleo".[24]

Quanto à política de Israel nos territórios ocupados, Wiesel é incapaz de fazer um comentário:

> O que fazer e como fazer, eu realmente não sei porque me faltam elementos de informação e conhecimento [...] Você precisa estar numa posição de poder para ter todas as informações [...] Eu não tenho essas informações, por isso não sei...[27]

Uma postura semelhante de veneração do Estado seria difícil de encontrar, a não ser nos anais do stalinismo e do fascismo. Wiesel é considerado nos Estados Unidos um crítico do fascismo, e muito reverenciado como santo secular.

A razão geralmente apresentada em defesa da doutrina de que Israel não pode ser criticada fora de suas fronteiras é que só os que enfrentam os perigos e problemas têm o direito de expressar tais críticas, não os que observam de longe e em segurança. Por uma lógica semelhante, seria ilegítimo para os americanos criticar a OLP, ou os Estado árabes, ou a União Soviética. O argumento na verdade é um pouco mais abrangente: é legítimo — na verdade, um dever — fornecer a Israel subsídios massivos e enlevar o país aos céus e vilificar seus adversários, particularmente os que foram conquistados, mas é ilegítimo expressar qualquer comentário crítico acerca do uso das doações que fornecemos.

Interesses estratégicos dos Estados Unidos

Voltando ao tema principal, a referência à influência judaica sobre a política e a opinião pública subestima seriamente o escopo do chamado "apoio a Israel". Voltando ao segundo ponto, o argumento superestima muito o pluralismo da política e da ideologia americanas. Nenhum grupo de pressão dominará o acesso à opinião pública ou manterá uma influência consistente sobre a formulação de políticas se seus objetivos não estiverem próximos aos dos elementos da elite com poder real. Esses elementos não são uniformes em interesses ou (no caso de interesses em comum) em julgamentos táticos; e em algumas questões, como esta, muitas vezes se dividiram. No entanto, um olhar mais atento ilustrará a correção da avaliação de que a evolução do relacionamento dos Estados Unidos com Israel "foi determinada principalmente pela mudança do papel que Israel ocupou no contexto das concepções variáveis dos Estados Unidos quanto aos seus interesses político-estratégicos no Oriente Médio".[28] Vamos considerar alguns dos antecedentes históricos relevantes para esclarecer esse tópico.

Apesar do notável nível de apoio dos Estados Unidos a Israel, seria um erro supor que Israel representa o principal interesse dos Estados Unidos no Oriente Médio. O maior interesse reside nas reservas de energia da região, principalmente na Península Arábica. Uma análise do Departamento de Estado realizada em 1945 definiu a Arábia Saudita como "uma estupenda fonte de poder estratégico e um dos maiores tesouros materiais da história mundial".[29] Os Estados Unidos estavam comprometidos em ganhar e manter esse tesouro. Desde a Segunda Guerra Mundial, tem sido praticamente um axioma da política externa que essas reservas de energia devam permanecer sob o controle dos Estados Unidos. Uma variante mais recente do mesmo tema é que o fluxo de petrodólares deve ser canalizado para os Estados Unidos, em grande parte por meio de compras militares, projetos de construção, depósitos bancários, investimentos em títulos do Tesouro etc. Tem sido necessário defender esse interesse principal contra várias ameaças.

Ameaças ao controle norte-americano do petróleo do Oriente Médio
No nível retórico, a ameaça da qual o Oriente Médio deve ser "defendido" é geralmente retratada como sendo a União Soviética. Embora seja verdade que os Estados Unidos não tolerariam movimentos soviéticos que ameaçassem fornecer à União Soviética um papel significativo na produção ou distribuição do petróleo no Oriente Médio, esta raramente foi uma preocupação realista — o que não implica que os ideólogos não tenham acreditado nas fantasias que conjuram para atender a outras necessidades.[30] Na verdade, a União Soviética tem se mostrado hesitante em se intrometer naquilo que é reconhecido como esfera americana.

O modelo foi estabelecido no início da Guerra Fria, quando os Estados Unidos organizaram sua primeira grande campanha de contrainsurgência do pós-guerra, na Grécia em 1947. Ao entrar na Grécia após a retirada dos nazistas, a Grã-Bretanha impôs o domínio de elementos monarquistas e ex-colaboradores nazistas, eliminando a resistência antinazista — em Atenas, sob ordens de Churchill às forças britânicas, "para agir como se estivessem em uma cidade conquistada onde uma rebelião local está em andamento".[31] A repressão e a corrupção do regime imposto pelos britânicos reviveram a resistência. Severamente enfraquecida pela guerra, a Grã-Bretanha foi incapaz de lidar com o problema, e os Estados Unidos assumiram a tarefa de destruir o movimento nacionalista camponês e operário liderado pelos comunistas que lutaram contra os nazistas, mantendo no poder os seus próprios favoritos, como o rei Paulo e a rainha Frederica, formados nos movimentos juvenis fascistas, e o ministro do Interior Mavromichalis, definido pela inteligência dos Estados Unidos como um ex-colaborador nazista e responsável pela segurança interna. Alguns senadores acharam difícil conciliar tudo isso com a retórica da Doutrina Truman sobre apoiar "povos livres que resistem à tentativa de subjugação por minorias armadas ou por pressões externas", sob a qual a campanha de contrainsurgência fora montada. Para eles, o senador Henry Cabot Lodge explicou que "esse governo fascista por meio do qual temos que trabalhar é ocasional".[32]

O esforço de contrainsurgência não foi um empreendimento pequeno: na guerra que se seguiu, 160 mil gregos foram mortos e 800 mil se tornaram refugiados. A Missão Americana se propôs a tarefa de eliminar o que o embaixador Lincoln MacVeagh definia como "forças sociais subversivas", enraizadas no insidioso "novo crescimento da consciência de classe e do proletariado" — "uma influência estrangeira e subversiva", como o encarregado americano Karl Rankin as definiu, às quais "nenhuma clemência" deve ser mostrada até que "o Estado tenha reafirmado com sucesso seu domínio" e a "revolta dos bandidos tenha sido reprimida" (frase do embaixador, uso padrão em documentos dos Estados Unidos, bem como em documentos soviéticos sobre o Afeganistão). Foi a Missão Americana e seus clientes fascistas (e, é claro, os ricos e, mais tarde, as corporações americanas, que foram os verdadeiros beneficiários) que representavam o elemento "nativo" na Grécia, em contraposição à influência "estrangeira" dos camponeses e operários gregos subvertidos pela consciência de classe.

A selvageria intencional com a qual a Missão Americana iniciou a tarefa de liquidar o inimigo de classe foi um pouco demais até mesmo para os britânicos, que não são conhecidos por seu decoro cavalheiresco em tais procedimentos; eles também não ficaram muito felizes por serem desalojados de mais um posto avançado de influência e poder. Com a aprovação entusiástica e a participação direta da Missão Americana, dezenas de milhares foram exilados, outras dezenas de milhares foram enviados para ilhas-prisões, onde muitos foram torturados ou executados (ou se tivessem sorte, apenas "reeducados"), os sindicatos foram desmontados, e até socialistas anticomunistas moderados foram eliminados, enquanto os Estados Unidos manipulavam descaradamente o processo eleitoral para garantir que os homens certos vencessem. As consequências sociais e econômicas foram funestas. Uma década depois, "entre 1959 e 1963, quase um terço da força de trabalho grega emigrou em busca de empregos satisfatórios".[33]

Uma das principais motivações para essa campanha de contrainsurgência foi o interesse pelo petróleo do Oriente Médio. Em seu discurso de 12 de março de 1947, anunciando a Doutrina Truman, o presidente observou que "basta dar uma olhada em um mapa" para ver que, se a Grécia cair nas mãos dos rebeldes, "a confusão e a desordem podem se espalhar por todo o Oriente Médio". Um estudo da CIA de fevereiro de 1948 alertou que, no caso de uma vitória dos rebeldes, os Estados Unidos enfrentariam "a possível perda dos recursos petrolíferos do Oriente Médio (consistindo em 40% das reservas mundiais)".[34] Uma ameaça russa foi forjada para justificar a intervenção dos Estados Unidos, mas sem base factual; Stálin estava tentando conter os guerrilheiros gregos, sabendo que os Estados Unidos não tolerariam a perda desse posto avançado no Oriente Médio, como a Grécia era considerada, e nada satisfeito com a perspectiva de uma possível confederação comunista balcânica sob influência titoísta [Josip Broz Tito]. Mais uma vez, o fato de a ameaça ter sido forjada não significa que alguns círculos de planejamento não acreditassem nela; em público, assim como na vida pessoal, é fácil preferir acreditar no que é conveniente acreditar. O exagero da ameaça russa deve ser entendido como um dos primeiros exemplos do funcionamento do sistema da Guerra Fria, pelo qual cada superpotência explora a ameaça do grande inimigo (seu "Grande Satã", para usar o termo do aiatolá Khomeini) para mobilizar apoio a ações que pretende empreender em seus domínios.

O sucesso da campanha de contrainsurgência grega, tanto no nível militar quanto no ideológico, deixou sua marca nas futuras formulações políticas dos Estados Unidos. Desde aquela época, tem havido conversas recorrentes sobre as tentativas da Rússia de obter o controle do petróleo do Oriente Médio, da investida soviética no Golfo etc. Mas nunca foi seriamente provado que a União Soviética teria se arriscado a uma guerra nuclear — pois esta seria a provável consequência — em busca desse objetivo.

Uma ameaça mais realista ao domínio dos Estados Unidos na região era representada pela Europa.* Nos anos 1940, os Estados Unidos conseguiram desalojar a França e, em grande medida, a Grã-Bretanha, em parte por projeto, em parte simplesmente como um reflexo do equilíbrio de poder.[35] Uma das consequências do golpe apoiado pela CIA que restaurou o xá [Reza Pahlevi] no Irã em 1953 foi a transferência de 40% do petróleo iraniano das mãos britânicas para as americanas, fato que levou os editores do *New York Times* a expressar o temor de que alguns círculos britânicos equivocados pudessem acreditar que "o 'imperialismo' americano [...] mais uma vez desalojou a Grã-Bretanha de uma fortaleza histórica". Ao mesmo tempo, os editores exultaram que "países subdesenvolvidos com ricos recursos agora têm uma lição objetiva sobre o alto custo a ser pago pelos que enlouqueceram com o nacionalismo fanático".[36] Os custos da aula objetiva eram realmente pesados, como os eventos iriam mostrar, e ainda estão sendo pagos; e muitos outros foram obrigados a aprender a mesma lição desde então.

A preocupação com o envolvimento europeu na região persistiu. Os Estados Unidos se opuseram fortemente à tentativa da Grã-Bretanha e da França de reafirmar sua influência na área com a invasão de Suez em 1956 (em conjunção com Israel); os Estados Unidos foram instrumentais na expulsão das três potências do território egípcio, embora as ameaças soviéticas também possam ter desempenhado seu papel. Henry Kissinger, em seu discurso "Ano da Europa" de 1973, alertou para os perigos de um bloco comercial dominado pela Europa, incluindo o Oriente Médio e o Norte da África, do qual os Estados Unidos poderiam ser excluídos. Mais tarde, confidenciou em uma reunião privada que um elemento básico de sua diplomacia pós-1973 era "garantir que os europeus e os japoneses não se envolvessem na diplomacia" acerca do Oriente Médio.[37] A subsequente oposição dos Estados Unidos ao "diálogo euro-árabe" decorre das mesmas preocupações. Hoje, a concorrência entre as sociedades de Estados capitalistas (incluindo agora algumas potências menores, como a Coreia do Sul)

---

* E mais recentemente o Japão, que em 1982 substituiu os Estados Unidos como o parceiro comercial número um da Arábia Saudita e é também o primeiro ou segundo exportador para a maioria dos outros produtores de petróleo do Golfo. Ainda assim, o Oriente Médio é "o único mercado estrangeiro dos EUA que teve um crescimento significativo nos últimos anos". William O. Beeman, *Christian Science Monitor*, 30 mar. 1983.

por uma participação na riqueza gerada pela produção de petróleo é uma questão de importância crescente.

A ameaça endógena: Israel como ativo estratégico

Uma terceira ameaça da qual a região deveria ser "defendida" é a endógena: a ameaça do nacionalismo radical. Foi nesse contexto que o "relacionamento especial" Estados Unidos-Israel amadureceu. No início dos anos 1950, essa relação era decididamente instável, e por um tempo pareceu que Washington poderia consolidar relações mais estreitas com o presidente egípcio Nasser, que tinha algum apoio da CIA. Essas perspectivas pareceram tão preocupantes que Israel organizou células terroristas dentro do Egito para realizar ataques a instalações dos Estados Unidos (também a instalações públicas egípcias), para criar uma cisão entre o Egito e os Estados Unidos, fazendo com que esses atos fossem atribuídos aos ultranacionalistas fanáticos egípcios.*

A partir do final dos anos 1950, no entanto, o governo dos Estados Unidos passou a aceitar cada vez mais a tese israelense de que um Israel poderoso seria um "ativo estratégico" para os Estados Unidos, servindo como uma barreira contra ameaças nacionalistas radicais endógenas aos interesses americanos, que poderiam ganhar apoio da União Soviética. Um memorando do Conselho de Segurança Nacional de 1958, recentemente retirado de sigilo, dizia que um "corolário lógico" da oposição ao nacionalismo árabe radical "seria apoiar Israel como a única potência pró-Ocidente forte que resta no Oriente Próximo".[39] Enquanto isso, Israel concluiu um pacto secreto com a Turquia, o Irã e a Etiópia. Segundo o biógrafo de David Ben-Gurion, esse "pacto periférico" foi incentivado pelo secretário de Estado John Foster Dulles e seria "de longo prazo".[40] Durante os anos 1960, a inteligência americana via Israel como uma barreira à pressão nasserista sobre os Estados produtores de petróleo do Golfo, um assunto sério na época, e à influência russa. Essa conclusão

---

* O funcionário encarregado dessas operações, o ministro da Defesa Pinhas Lavon, tornou-se secretário-geral do Histadrut (o sindicato trabalhista socialista). Segundo o respeitado jornalista israelense Nahum Barnea, Lavon deu ordens "muito mais severas" do que as que levaram às operações terroristas no Egito, inclusive uma tentativa de "envenenar as fontes de água na Faixa de Gaza e nas zonas desmilitarizadas" (*Davar*, 26 jan. 1979). Nahum não diz se essas supostas ordens foram executadas.[38]

foi reforçada pela esmagadora vitória de 1967, quando Israel conquistou rapidamente o Sinai, Gaza, a Cisjordânia e as Colinas de Golã; estas foram conquistadas em violação ao cessar-fogo, em uma operação comandada pelo ministro da Defesa Moshe Dayan, sem notificar o primeiro-ministro nem o chefe do Estado-Maior.[41]

A tese de que Israel era um "ativo estratégico" foi mais uma vez confirmada pelos movimentos para barrar os esforços sírios para apoiar os palestinos massacrados pela Jordânia em setembro de 1970, em um momento em que os Estados Unidos foram incapazes de intervir diretamente contra o que era visto como uma ameaça aos seus clientes no mundo árabe. Essa intervenção levou a um aumento substancial da ajuda americana. Nos anos 1970, analistas dos Estados Unidos argumentaram que Israel e o Irã sob o xá serviam para proteger o controle dos americanos sobre as regiões produtoras de petróleo do Golfo. Com a queda do xá, o papel de Israel como uma Esparta do Oriente Médio a serviço do poder americano evocou um apoio americano cada vez maior.

Ao mesmo tempo, Israel ajudou os Estados Unidos a penetrar na África Negra, com substanciais subsídios secretos da CIA — ao apoiar Haile Selassie na Etiópia, Idi Amin em Uganda, Mobutu no Zaire, Bokassa na República Centro-Africana e outros em vários momentos[42] —, além de contornar a proibição de ajuda à Rodésia e à África do Sul* e, mais recentemente, ao fornecer ajuda militar e tecnológica, bem como muitos consultores, para

---

* UPI, *Boston Globe*, 16 de maio de 1982: o item diz, *in toto*, "Helicópteros e peças sobressalentes fabricados nos Estados Unidos foram de Israel para a Rodésia — atual Zimbábue —, apesar de um embargo comercial durante a guerra inclemente contra guerrilheiros, divulgou o Departamento de Comércio". O jornal do Partido Trabalhista cita o diretor da indústria militar da África do Sul dizendo que "a assistência tecnológica israelense permite que a África do Sul evite o embargo de armas imposto por causa de suas políticas raciais" (*Davar*, 17 de dezembro de 1982). Yediot Ahronot, citando o *London Times*, informa que "técnicos israelenses estão ajudando a África do Sul se evadir do embargo militar francês" ao transferir e consertar armamentos franceses em mãos israelenses (29 de outubro de 1981). As relações próximas com a África do Sul foram estabelecidas pelo governo trabalhista de Rabin em meados dos anos 1970 e continuam calorosas porque, como declarou o ministro da Indústria e Comércio Gidon Pat recentemente em Pretória, "Israel e África do Sul são duas das únicas trinta democracias do mundo". Da mesma forma, Gad Yaakovi do Partido Trabalhista "elogiou as relações econômicas e 'outras' [ou seja, militares] com a África do Sul em uma entrevista na televisão" em Israel, relata Yoav Karni, acrescentando que, se tivesse dito coisas semelhantes na Grã-Bretanha, na Holanda ou na Suécia, Yaakovi teria perdido sua filiação no Partido Social-Democrata, embora suas observações não tenham causado desconforto no Partido Trabalhista israelense.[43]

clientes dos Estados Unidos na América Central. Uma aliança cada vez mais visível entre Israel, África do Sul, Taiwan e as ditaduras militares do cone sul da América também se mostrou uma perspectiva atraente para grandes segmentos do poder americano.[44] Agora, Israel é considerado como parte crucial para o elaborado sistema de base e de apoio para a Força de Mobilização Rápida ao redor das regiões produtoras de petróleo do Oriente Médio.[45] São assuntos muito importantes, que merecem muito mais atenção do que posso dar aqui.

Não fosse a percepção do papel geopolítico de Israel — principalmente no Oriente Médio, mas também em outros lugares —, é duvidoso que os vários lobbies pró-israelenses nos Estados Unidos tivessem tamanha influência na formulação de políticas, ou que o clima da opinião pública deplorado por Peled e outros pacifistas israelenses tivesse se formado e se mantido. Da mesma maneira, é muito provável que será erodido se Israel for visto como uma ameaça e não como um apoio ao principal interesse dos Estados Unidos na região do Oriente Médio, que é manter o controle sobre suas reservas de energia e o fluxo de petrodólares.

Assim, o apoio ao conceito de Israel como um "ativo estratégico" tem sido considerável entre os que exercem o verdadeiro poder nos Estados Unidos, e essa posição tem vencido regularmente no debate político interno, auxiliado, até certo ponto, por pressões políticas domésticas. Mas a posição não foi incontestada. Houve também forças poderosas a favor de um acordo político pacífico que há muito tempo é possível, um assunto ao qual voltaremos no próximo capítulo.

Michael Klare sugeriu que é possível fazer uma distinção útil entre os "Prussianos", que defendem a ameaça ou o uso da violência para atingir os fins políticos desejados, e os "Comerciantes", que têm os mesmos objetivos, mas acreditam que os meios pacíficos serão mais eficazes.[46] São avaliações táticas e, portanto, as posições podem mudar. Numa primeira abordagem, é correto dizer que os "Prussianos" têm apoiado Israel como um "ativo estratégico", enquanto os "Comerciantes" têm buscado algum tipo de acomodação política. A questão é implicitamente reconhecida em muitas propagandas pró-Israel, por exemplo, um anúncio de página inteira no *New York Times* assinado por muitos luminares (inclusive alguns pacifistas em outros contextos), que pede o estabelecimento de um grupo de pressão política pró-Israel (National PAC), sob o título "A fé em

Israel fortalece a América". Para apoiar sua tese, eles escrevem: "se os interesses dos EUA no Oriente Médio fossem ameaçados, levaria meses para montar uma presença significativa lá. Com Israel como aliado, seriam necessários apenas alguns dias". Da mesma forma, Joseph Churba, diretor do Centro de Segurança Internacional, reclama que "a esquerda em Israel" não valoriza os interesses dos Estados Unidos e de Israel, e "muitos em suas fileiras, como nas fileiras da esquerda americana, estão trabalhando para o mesmo propósito, ou seja, que nenhum país deve funcionar como um policial internacional, seja em El Salvador ou no Líbano" — assim, a esquerda em Israel e nos Estados Unidos está contribuindo para o antissemitismo, "ameaçando os interesses dos judeus", segundo a doutrina do "*verdadeiro* antissemitismo" desenvolvida pela Liga Antidifamação, discutida acima. Os que entendem os interesses dos Estados Unidos e de Israel acreditam, como Churba, que o "poder ocidental" deve ser "efetivamente usado para moderar o aventureirismo soviético e dos radicais",[47] e que os Estados Unidos e Israel devem funcionar como policiais internacionais em El Salvador, no Líbano e em outros lugares.

A autêntica voz dos "Prussianos", em ambos os casos.

A mesma distinção está implícita no argumento que discute se a invasão do Líbano pela "Paz para a Galileia" por Israel fortaleceu a posição americana no Oriente Médio e, em geral, serviu aos fins dos Estados Unidos. A *New Republic* argumenta que assim foi; portanto a operação foi justificada. Outros acreditam que os interesses americanos na região foram prejudicados. Thomas Friedman, depois de uma extensa pesquisa de opinião no mundo árabe, conclui que "não só o respeito de muitos líderes árabes morreu no Líbano [porque eles não vieram em defesa das vítimas do ataque israelense, nem mesmo quando uma capital árabe sitiada estava sendo defendida por 'um movimento popular', como explicou um cientista político libanês], mas também muito do respeito pelos EUA no Oriente Médio", por causa da percepção de que "não se pode confiar nos Estados Unidos" (do diretor do Fundo do Kuwait para o Desenvolvimento Econômico Árabe), e que os Estados Unidos apoiam Israel "como um instrumento de sua própria política". Um funcionário do alto escalão do Kuwait, ecoando opiniões amplamente expressas, declarou: "Vocês perderam onde mais importa — no nível humanitário. Qualquer respeito que houvesse no mundo árabe pelos Estados Unidos como autoridade moral foi perdido".[48]

Quem está certo nesse debate? Ambos os lados estão, cada um em seus próprios termos. Os que desdenham "o nível humanitário" e o conceito de "autoridade moral" podem argumentar, com alguma plausibilidade, que o poderio militar de Israel aumenta a capacidade dos Estados Unidos de dominar a região pela força e a violência, e que a invasão do Líbano contribuiu para esse fim, ao menos a curto prazo. Os que têm uma concepção diferente sobre qual deve ser o papel dos Estados Unidos nos assuntos mundiais vão tirar conclusões diferentes das mesmas evidências.

Serviços subsidiários

Depois da invasão do Líbano, Israel agiu imediatamente para ressaltar seu status de "ativo estratégico" e reforçar sua posição, melhorando as relações com seus aliados (que, não por acaso, são aliados dos Estados Unidos) na África e na América Latina. Renovando as relações estabelecidas sob os auspícios da CIA nos anos 1960 (ver acima), o ministro das Relações Exteriores Yitzhak Shamir visitou o general Mobutu no Zaire, informando-o de que, além do apoio militar e técnico direto, "Israel ajudará o Zaire por meio de sua influência sobre as organizações judaicas nos Estados Unidos, o que ajudará a melhorar a imagem [do Zaire]".* É um assunto bastante sério, pois a imagem dessa ditadura corrupta e brutal não é das mais elevadas, e Mobutu reclamou que "os principais antagonistas [do Zaire] nos EUA são membros judeus do Congresso". A resposta reconfortante de Shamir foi: "Os judeus nos criticam também". Ele continuou explicando que "com a cooperação de grupos israelenses e com o dinheiro com que os judeus americanos vão contribuir, será possível ajudar o Zaire", militar e materialmente e na melhora de sua imagem. O general Mobutu expressou sua satisfação pelo fato de oficiais israelenses estarem fornecendo treinamento militar (especificamente, para

---

* Mobutu não é o único ditador brutal a quem essa ideia ocorreu ou foi sugerida. Em entrevista ao jornal de esquerda *Al-Hamishmar* (Mapam), em 29 de dezembro de 1981, Imelda Marcos, atuando como "advogada internacional" do marido, explicou a intenção de explorar a melhoria das relações com Israel e a influência dos judeus americanos "para melhorar a imagem manchada [da ditadura filipina] na mídia americana e combater sua impopularidade no Congresso americano". Comentando o fato, o jornalista Leon Hadar relata a opinião de autoridades israelenses de que outras ditaduras do Terceiro Mundo com "imagem negativa" também estão interessadas em usar esse dispositivo para obter maior ajuda política, econômica e militar dos Estados Unidos, e que o fortalecimento do papel de Israel no Terceiro Mundo é uma das "vantagens" que Israel obterá com a cooperação estratégica com os Estados Unidos.

sua Guarda Presidencial) junto com conselheiros franceses e chineses. Em janeiro de 1983, o ministro da Defesa Ariel Sharon visitou o Zaire e firmou-se um acordo de que os conselheiros militares israelenses reestruturariam as forças armadas do Zaire. Sharon "defendeu hoje o novo acordo de armas e ajuda militar de Israel com o Zaire como um passo para aumentar a influência israelense na África", informou a UPI. Sharon acrescentou que o programa (que deveria ser secreto) seria "uma contribuição para as exportações israelenses de armas e equipamentos" e que levaria outros países africanos a recorrer a Israel para ajuda militar.[49]

Algumas semanas antes, Sharon havia visitado Honduras "para consolidar as relações com um país amigo, que demonstrou interesse pelo nosso sistema de defesa". A rádio israelense informou que Israel ajudou Honduras a adquirir o que é considerado a força aérea mais poderosa da América Central e observou que "a viagem de Sharon levantou a questão de saber se Israel poderia atuar como um representante americano em Honduras". "Também foi informado que conselheiros israelenses ajudaram no treinamento de pilotos hondurenhos."[50] Uma "fonte militar de alto nível" em Honduras afirmou que o novo acordo Israel-Honduras envolvia caças sofisticados, tanques, fuzis de assalto Galil (equipamento-padrão para terroristas de Estado na América Central), treinamento para oficiais, tropas e pilotos, e talvez mísseis. A comitiva de Sharon incluía o chefe da Força Aérea de Israel e o diretor-geral do Ministério da Defesa; eles "foram recebidos com todas as honras geralmente concedidas a um chefe de Estado visitante". Um funcionário do governo afirmou que a visita de Sharon foi "mais positiva" que a de Reagan pouco antes, já que Sharon "nos vendeu armas", enquanto "Reagan só proferiu platitudes, explicando que o Congresso o impedia de fazer mais". Não há uma força doméstica significativa para impedir Israel de "fazer mais", um fato deplorado pelos pacifistas israelenses. "A visita não anunciada e o acordo militar ressaltam o crescente papel de Israel como corretor de armas e representante dos EUA na América Central em crise." Enquanto isso, na Guatemala, o chefe de Gabinete Mario Lopez Fuentes, que considera o presidente Ríos Montt insuficientemente violento, reclamou da intromissão dos Estados Unidos em relação aos direitos humanos: "O que queremos é ser deixados em liberdade", declarou. "Seria preferível que os EUA tomassem uma atitude semelhante à de outros aliados, como Israel, sugeriu."[51]

Os serviços prestados por Israel na América Central foram consideráveis, incluindo a Nicarágua (sob Somoza), a Guatemala, El Salvador e Honduras, e agora aparentemente também a Costa Rica, desde que o país começou a se aproximar das políticas dos Estados Unidos na região depois da eleição de Luis Alberto Monge, em fevereiro de 1982. As contribuições israelenses para as forças armadas guatemaltecas e hondurenhas são particularmente significativas: no primeiro caso, porque os regimes militares alçados ao poder por intervenção dos Estados Unidos estavam tendo dificuldades para resistir a uma crescente insurreição, enquanto as restrições relacionadas a direitos humanos do Congresso impediam a ajuda militar direta dos Estados Unidos a esses assassinos em massa; e, no caso de Honduras, por causa dos esforços cada vez mais visíveis de Reagan para fomentar a desordem e o conflito, apoiando a Guarda Nacional de Somoza, baseada em Honduras para suas incursões na Nicarágua, onde tortura e destrói da maneira como foi treinada pelos Estados Unidos por muitos anos.[52] Antes da guerra das Malvinas, esperava-se que neonazistas argentinos pudessem ser empregados para esse fim, bem como para melhorar a eficiência do terrorismo de Estado em El Salvador e na Guatemala. Mas pode ser necessário um cliente-aliado mais confiável para executar essa função por procuração.

Charles Maechling, que liderou o planejamento de contrainsurgência e defesa interna para os presidentes Johnson e Kennedy de 1961 a 1966, e agora é associado ao Carnegie Endowment for International Peace, definiu os trainees na América Latina como "indistinguíveis dos criminosos de guerra enforcados em Nuremberg depois da Segunda Guerra Mundial",[*] acrescentando que "para os Estados Unidos, que lideraram a cruzada contra os males nazistas, apoiar os métodos dos esquadrões de extermínio de Heinrich Himmler é um ultraje".[53] Além de ser uma afronta, tornou-se difícil, por causa da legislação do Congresso. Daí a importância das contribuições de Israel nos anos 1970 e cada vez mais

---

[*] O grande envolvimento direto dos Estados Unidos no terrorismo de Estado na América Latina, como observa Maechling, começou sob o governo Kennedy, quando a missão dos militares latino-americanos foi deslocada de "defesa hemisférica" para "segurança interna", ou seja, guerra contra suas próprias populações. Os efeitos foram catastróficos em toda a América Latina. Em termos de impacto, a decisão de 1961 dos liberais de Kennedy foi uma das mais significativas da história recente. É pouco conhecida aqui.

hoje, em apoio àqueles que empregam os métodos dos esquadrões de extermínio de Himmler.

A campanha pelos direitos humanos do Congresso (muitas vezes atribuída erroneamente à Presidência dos Estados Unidos) foi um reflexo da "síndrome do Vietnã", uma doença terrível que afligiu grande parte da população após a guerra do Vietnã, com sintomas aterrorizantes quanto à forma como o poder americano é usado no mundo e a preocupação com tortura, assassinato, agressão e opressão. Esperava-se que a doença tivesse sido curada, mas a reação popular ao ressurgimento da contrainsurgência no estilo Kennedy por Reagan mostrou que o otimismo era prematuro, e por isso as contribuições de Israel talvez sejam ainda mais propícias que antes. A propósito, foi alegado que os Estados Unidos se opuseram aos projetos de Israel na América Latina (por exemplo, Carter se opôs à ajuda de Israel a Somoza), mas isso é pouco provável. Há poucas dúvidas de que os Estados Unidos poderiam ter evitado qualquer intervenção que não aprovassem, e às vezes o fizeram, embora não na Nicarágua, onde a Administração de Direitos Humanos de fato apoiou Somoza até o fim de seu sangrento governo, mesmo depois que os aliados naturais dos Estados Unidos, a comunidade empresarial nicaraguense, se voltaram contra ele.

Os serviços de Israel se expandiram para o Oriente Médio, a África e a América Latina, e também para a Ásia. Assim, em certa ocasião, Israel forneceu jatos americanos para a Indonésia quando seus armamentos se esgotaram no curso do massacre de timorenses, e a Administração de Direitos Humanos, ainda que fazendo o possível para fornecer os armamentos necessários para consumar a missão, continuou relutante em fazer isso muito abertamente, talvez temendo que a imprensa pudesse se afastar de sua cumplicidade com essa carnificina.[54] Taiwan tem sido um aliado particularmente próximo. A imprensa israelense fala de um "Quinto Mundo" — Israel, África do Sul, Taiwan —, uma nova aliança de Estados tecnologicamente avançados, engajada no desenvolvimento de armas avançadas, inclusive armas nucleares, mísseis e que tais.[55]

Com os esforços de Reagan para conflagrar a fronteira Nicarágua--Honduras e a viagem de Sharon a Honduras, a conexão israelense tornou-se tão visível a ponto de suscitar alguns desmentidos oficiais, devidamente publicados como fato pelo *New York Times*. Ao observar que Israel está "ampliando suas missões de treinamento militar e seu papel como principal fornecedor de armas para a América Central", Leslie Gelb escreve que "segundo todas as indicações, os israelenses não estão lá, a exemplo da maioria dos outros [americanos, OLP, cubanos, alemães orientais], como participantes de uma forma de confronto Leste-Oeste ou para se envolver em intrigas revolucionárias ou contrarrevolucionárias". Essas "indicações" acabam sendo declarações nesse sentido de funcionários israelenses e americanos, e nenhum deles "disse que Israel estava na América Central para cumprir ordens de Washington ou ajudar países como a Guatemala, onde o governo está impedido de fornecer ajuda militar por causa de abusos dos direitos civis". Naturalmente, seria de se esperar que as autoridades israelenses e americanas proclamassem abertamente esses arranjos, e não fazer isso é suficiente para provar que não há nada de verdadeiro nessa notícia. Um funcionário do Departamento de Estado comenta que "demos indícios de que não estamos insatisfeitos por eles estarem ajudando" em lugares como Guatemala e Honduras, "mas eu não diria que nós e os israelenses planejamos juntos o que fazer".[56] Parece supérfluo especular sobre o termo "planejar", dadas as perspectivas e interesses em comum, para não falar das relações extremamente próximas em todos os níveis, incluindo os próprios militares, a indústria militar, inteligência, diplomacia etc.

É impressionante que Gelb afirme sem questionar, apesar de Israel estar atuando em função de seus próprios interesses (como sem dúvida está, sendo que um deles é prestar serviços ao poder dos Estados Unidos), que isso não possa ser verdade, digamos, em Cuba, que certamente não tem motivos para se sentir ameaçada e, portanto, não poderia estar tentando sair do seu "isolamento" (como Israel está, em suas palavras) ao apoiar governos amigos. Seria de se esperar que Gelb, talvez, fosse sensível a essa questão. Ele foi diretor do estudo dos Papéis do Pentágono, que continham a surpreendente revelação de que a inteligência dos Estados Unidos, durante o período de vinte anos pesquisado, foi tão doutrinada pela propaganda da Guerra Fria que se tornou incapaz de conceber a possibilidade de os norte-vietnamitas poderem ter sido motivados por seus próprios interesses, e não de simplesmente agirem como lacaios da União Soviética ou da China.[57]

O liberalismo americano e o apoio ideológico a Israel

Como observado, a visão dos "Prussianos" em geral tem vencido no debate político interno. Mas a história é mais complexa. O liberalismo americano abriu caminho para o apoio "cegamente chauvinista e tacanho" à política israelense que o general Peled deplora. No mesmo dia em que os Estados Unidos e Israel ficaram sozinhos contra o mundo na Organização das Nações Unidas, a conferência nacional do Partido Democrata "adotou uma declaração altamente simpática aos recentes ataques de Israel ao Líbano, caracterizada apenas por uma expressão de pesar por 'todas as perdas de vidas de ambos os lados no Líbano'". Em comparação, os ministros das Relações Exteriores da Comunidade Europeia "condenaram vigorosamente a nova invasão israelense ao Líbano" como uma "flagrante violação do direito internacional, bem como dos princípios humanitários mais elementares", acrescentando que essa "ação injustificável" representava o risco de "levar a uma guerra generalizada".[58] Não se trata de forma alguma de um caso isolado.

Na verdade, a primeira página do *New York Times* daquele dia (27 de junho) encapsula o "relacionamento especial" Estados Unidos--Israel de maneira bastante clara. São três colunas adjacentes. Uma delas é um relatório de William Farrell, de Beirute, descrevendo os efeitos dos recentes bombardeios de Israel: cemitérios lotados, pessoas enterradas em valas comuns, hospitais precisando desesperadamente de suprimentos, lixo empilhado por toda parte em monturos fétidos, corpos em decomposição sob toneladas de escombros, prédios reduzidos a pouco mais que carcaças quebradas, geladeiras de necrotérios cheias, corpos estirados no chão de hospitais, os poucos médicos tentando desesperadamente tratar vítimas de bombas de fragmentação e de fósforo, Israel bloqueando suprimentos médicos da Cruz Vermelha, hospitais bombardeados, cirurgias interrompidas pela artilharia israelense etc. A segunda é um relato de Bernard Nossiter, de Nova York, descrevendo como os Estados Unidos barraram a ação da ONU para impedir o massacre, alegando que a OLP poderia ser preservada como "uma força política viável". A terceira é um relato de Adam Clymer, da Filadélfia, sobre o apoio solidário da conferência nacional democrata à guerra de Israel no Líbano. Os três relatos na primeira página, lado a lado, capturam a natureza do "relacionamento especial" com alguma precisão — assim como a falta de comentários editoriais.

O liberalismo americano sempre foi altamente simpático a Israel, mas houve uma notável mudança positiva nas atitudes em 1967, com a demonstração do poderio militar de Israel. Os principais comandantes militares israelenses deixaram claro pouco tempo depois que Israel não havia enfrentado nenhuma ameaça militar séria e que confiavam em uma vitória rápida — que a suposta ameaça à existência de Israel era "um blefe".[59] Mas esse fato foi omitido por aqui em favor da imagem de um David israelense enfrentando um brutal Golias árabe,[60] levando os humanitários liberais a prestar sua simpatia e apoio à maior potência militar da região, que deixou de esmagar seus inimigos para subjugar os que caíam sob seu controle, enquanto os principais generais explicavam que Israel poderia conquistar tudo, de Cartum a Bagdá e Argélia em uma semana, se necessário (Ariel Sharon).[61]

O aumento do prestígio de Israel entre os intelectuais liberais com essa demonstração do seu poder militar é um fato de algum interesse. É razoável atribuí-lo em grande parte às preocupações domésticas americanas, em particular à incapacidade dos Estados Unidos de eliminar a resistência endógena na Indochina. Que a vitória relâmpago de Israel tenha sido uma inspiração para despertar defensores do uso da violência para atingir objetivos nacionais não é surpreendente, mas há muitas ilusões sobre a posição da intelligentsia liberal sobre a questão. Às vezes esquece-se que em 1967 eles apoiaram quase unanimemente a intervenção dos Estados Unidos (mais precisamente, agressão) na Indochina, e continuaram a fazê-lo, embora muitos tenham vindo a se opor a esse empreendimento pelas mesmas razões que levaram os círculos empresariais ao mesmo julgamento: os custos tornaram-se muito altos, desproporcionais aos benefícios que poderiam ser obtidos — uma oposição "pragmática" e não baseada em princípios, bem diferente da postura adotada em relação às depredações de inimigos oficiais, como a invasão soviética da Tchecoslováquia, por exemplo. (Em comparação, os elementos centrais do movimento pacifista se opuseram à agressão em ambos os casos com base em princípios; esses fatos foram muito obscurecidos na subsequente reescrita da história.) Assim, o apelo do uso eficiente e bem-sucedido da força por parte de Israel foi, de fato, bastante abrangente. Não era só em tom de piada que as pessoas falavam em mandar Moshe Dayan ao Vietnã para mostrar como fazer o trabalho bem-feito.

Ao mesmo tempo, o desafio à autoridade em casa foi visto com muita aflição. Evocou-se uma imagem terrível de vietcongues, de maoístas fanáticos, de revolucionários cubanos barbudos, estudantes furiosos, Panteras Negras, terroristas árabes e outras forças — talvez sob o controle da Rússia — conspirando para abalar as fundações do nosso mundo de privilégios e dominação. Israel mostrou como tratar adequadamente os arrivistas do Terceiro Mundo, ao conquistar a fidelidade de muitos defensores assustados das virtudes de que cada um permaneça em seu devido lugar. Para alguns, o poderio militar demonstrado por Israel induziu admiração e respeito ostensivos, enquanto outros disfarçaram esses sentimentos, apelando para a suposta vulnerabilidade de Israel diante das forças que havia esmagado de forma tão decisiva, e ainda aqueles que foram iludidos pela eficaz "lenda de 'David e Golias'" (ver nota 60).

Indivíduos têm suas próprias razões, mas tendências dessa natureza são facilmente detectáveis e ajudam bastante a explicar o derramamento de "apoio a Israel", por demonstrar sua capacidade de manejar o punho armado. Depois de 1967, o questionamento das políticas de Israel foi amplamente silenciado, com o uso efetivo das armas morais do antissemitismo e da "autodepreciação judaica". Tópicos amplamente discutidos e debatidos na Europa, ou até mesmo em Israel, foram efetivamente removidos da agenda nacional, estabelecendo-se uma imagem de Israel, de seus inimigos e vítimas, e do papel dos Estados Unidos na região, que tinha apenas semelhança limitada com a realidade. A situação começou lentamente a mudar no final dos anos 1970, e num sentido decisivo após a repressão cada vez mais visível sob o regime de Milson-Sharon nos territórios ocupados (apenas parcialmente relatada aqui) e a invasão do Líbano em 1982, que representou um sério desafio aos talentos dos propagandistas.

A imensa popularidade conquistada por Israel ao demonstrar sua eficiência militar também forneceu uma arma que poderia ser útil contra dissidentes domésticos. Dedicou-se um esforço considerável para mostrar que a Nova Esquerda apoiava o terrorismo árabe e a destruição de Israel, uma tarefa amplamente realizada, apesar dos fatos em contrário (a Nova Esquerda, como o registro documental mostra claramente, em geral tendia a apoiar a posição dos pacifistas israelenses).[62]

É interessante que um dos artifícios atualmente utilizados para enfrentar o novo desafio seja estender à imprensa em geral a crítica enganosa aplicada à Nova Esquerda em anos anteriores. Agora, a queixa insistente é que a mídia é antagônica a Israel e sujeita à influência nefasta da OLP, motivada por sua simpatia pelas lutas revolucionárias do Terceiro Mundo contra o poder ocidental. Embora, em vista dos fatos evidentes, isso possa parecer ridículo, nem o esforço (*Fateful Triangle*; ver exemplos abaixo) e nem seu não insignificante sucesso em conter desvios em direção a um grau mínimo de imparcialidade serão uma surpresa para estudantes dos sistemas de propaganda do século XX, assim como não houve surpresa com a anterior e bem-sucedida produção de uma imagem de apoio da Nova Esquerda ao terrorismo da OLP e desprezo por Israel, precisamente por ser uma democracia que avança em direção ao socialismo, uma das ideias de Irving Howe.[63] Afinal, estamos vivendo na era de Orwell.

Podemos, talvez, apresentar uma interpretação psicológica mais simpática. Os que estão acostumados a um domínio quase total da opinião articulada podem achar que o mundo estará chegando ao fim se esse controle for ameaçado ou enfraquecido, mesmo que ligeiramente, e reagir à maneira de uma criança mimada repreendida pela primeira vez. Daí os lamentos sobre a simpatia da imprensa pela OLP e seu ódio imutável a Israel quando, digamos, há relatos ocasionais de bombardeios a hospitais ou espancamento de prisioneiros indefesos. Ou o fenômeno pode ser simplesmente a expressão de uma mentalidade totalitária: qualquer desvio do espectro ortodoxo de "apoio a Israel" (que inclui uma variedade de "apoios críticos" permissível) é uma afronta intolerável, portanto, não é exagero definir um ligeiro desvio como sendo quase total.

Para ilustrar (há muitos exemplos), considere um boletim informativo de março de 1983 dos Professores Americanos pela Paz no Oriente Médio (APPME, na sigla em inglês) — uma organização bem financiada e interessada pela paz no Oriente Médio no mesmo sentido em que o Partido Comunista está interessado na paz no Afeganistão — enviado para seus quinze presidentes regionais e seus muitos representantes de campus. O texto alerta a respeito de um "plano de informação organizado e controlado centralmente" no "lado árabe", que não é compatível com nada que represente "a posição israelense". Sua preocupação é gerada por "uma lista de palestrantes percorrendo o circuito universitário [...] apresentando o ponto de vista árabe", fazendo apresentações que "cheiram mais a propaganda que a educação". "Em ordem de frequência e virulência, os palestrantes são: Hatem Hussaini, Edward Said, Noam Chomsky, Fawaz Turki, Stokely Carmichael, James Zogby, Hassan Rahman, Chris Giannou, M.D., Israel Shahak e Gail Pressberg." Como qualquer observador da cena americana estará ciente, estas figuras nefastas dominam quase completamente a discussão sobre o Oriente Médio nos Estados Unidos, e "o ponto de vista israelense" praticamente nunca obtém uma audiência, embora, acrescente o boletim, "há sem dúvida muitos oradores que defendem a posição israelense" e falariam se houvesse oportunidade. Mesmo que existisse alguma verdade no conceito paranoico de "um plano de informação organizado e controlado centralmente", ou a convicção de que esses falantes fazem parte dele, ou que eles apresentam "o ponto de vista árabe",* deveria ser óbvio que se trataria de um fenômeno de significância marginal nos Estados Unidos e nem de longe poderia se comparar ao massivo sistema de propaganda pró-Israel, do qual essa organização — que sozinha certamente apequena qualquer coisa do "lado árabe" — é um elemento minúsculo. Mas os homenzinhos assustados da APPME provavelmente acreditam em tudo isso. Talvez estejam cientes de que esse "plano de informação" e seus agentes praticamente não têm acesso aos meios de comunicação de massa ou a jornais opinativos, mas estão certos ao observar que ainda não foi encontrado nenhum meio de impedi-los de responder a convites de uma ou outra faculdade, uma falha no sistema americano que talvez ainda precise ser revista.

À medida que a invasão do Líbano prosseguia, a lista dos que estavam intencionalmente falsificando os fatos para colocar Israel sob uma luz menos favorável cresceu bastante, incluindo a imprensa europeia e grande parte da imprensa e da televisão americanas, a Cruz Vermelha Internacional e outras instituições de apoio, diplomatas americanos, na verdade praticamente todos, exceto alguns porta-vozes do governo israelense e americanos

---

* Entre eles estão pessoas que sempre foram muito críticas de todos os Estados árabes e da OLP, como o terceiro em ordem de virulência por exemplo, e outros também, mas é verdade que ninguém da lista atende aos padrões aprovados de servilismo ao sistema de propaganda do governo israelense, e assim podem ser considerados "pró-árabes" por alguém que interpreta isso como critério para distinguir "educação" de "propaganda". Para fins de registro, praticamente todas as palestras que proferi sobre o tópico foram organizadas por algum pequeno grupo de estudantes ou professores, como qualquer pessoa sã e familiarizada com os Estados Unidos saberia, mesmo sem ter sido informada.

retornando de turnês guiadas. O tom geral é transmitido por Eliahu Ben-Elissar, presidente do Comitê de Relações Exteriores do Knesset, que recebeu "muitos aplausos" na convenção de B'nai Brith quando afirmou: "Temos sido atacados, criticados, denegridos, maculados [...] Não gostaria de acusar o mundo inteiro de antissemitismo, mas como explicar essa explosão violenta".[64] Uma percepção semelhante, amplamente compartilhada, foi expressa pelo ministro da Defesa de Israel, Ariel Sharon:

> Hoje estamos na arena ante a oposição do mundo inteiro. É o povo de Israel, um povo pequeno e isolado, contra o mundo inteiro.[65]

Essa "coisa horrível que está acontecendo à nossa volta no mundo" é "sem dúvida" o resultado do antissemitismo, não da guerra no Líbano ou dos massacres de Beirute alguns dias antes. Voltemos a alguns detalhes dessa intrigante história.

A verdade da questão é que Israel ganhou uma imunidade única a críticas da grande imprensa e do mundo acadêmico, coerente com seu papel também único como beneficiário de outras formas de apoio americano. Já vimos vários exemplos e muitos mais serão dados. Dois exemplos mencionados anteriormente neste capítulo representam uma indicação bem clara dessa imunidade: os ataques terroristas israelenses a instalações dos Estados Unidos e a outros locais públicos no Egito (o caso Lavon),* e o ataque ao inequivocamente identificado USS *Liberty*, com foguetes, canhões aéreos, napalm, torpedos e metralhadoras, claramente premeditado, deixando 34 tripulantes mortos e 75 feridos no "incidente internacional em 'tempos de paz' mais sangrento da Marinha do século XX"** (ver notas 38 e 41). Em ambos os casos, a reação geral da imprensa e da academia foi o silêncio ou a deturpação. Não se tornou um ato deplorável de terrorismo e violência, nem na época e nem em retrospecto. No caso dos atentados a

---

* Operação secreta israelense fracassada, codinome Operação Susannah, realizada no Egito em 1954. [N.T.]

** Richard Smith (ver nota 41). Ele observa que o único incidente comparável nos últimos anos foi o ataque japonês à canhoneira americana *Panay*, em 1937, com saldo de três mortos, e contrasta a atitude israelense, "estranhamente insensível", com a japonesa, muito mais cooperativa, tanto no âmbito pessoal quanto governamental. Sua conclusão é que as nações não têm amigos, apenas interesses; mas ele ignora o fato de que o Japão não podia contar com a intelectualidade americana para encobrir o incidente, um privilégio que Israel corretamente tomou como certo.

bomba no Egito, o romancista israelense Amós Oz, escrevendo no *New York Times*, refere-se indiretamente aos atos terroristas como "certas operações aventureiras da inteligência israelense" — a formulação-padrão — em um artigo fortemente pensado sobre a "bela Israel" dos tempos pré-Begin.[66] A natureza do ataque ao *Liberty* também foi evitada, não só pela imprensa em geral, mas também pelo governo e por um Conselho de Inquérito da Marinha dos Estados Unidos, embora figuras do alto escalão não tivessem dúvidas de que o relatório oficial fora um acobertamento; o ex-presidente do Estado-Maior Conjunto, almirante Thomas H. Moorer, por exemplo, afirmou que o ataque "não poderia ter sido um caso de identificação equivocada", como alegado oficialmente.[67]

Dá para imaginar qualquer outro país realizando bombardeios terroristas a instalações dos Estados Unidos ou atacando um navio dos Estados Unidos, matando ou ferindo cem homens com total impunidade, sem receber qualquer comentário crítico por muitos anos? É tão provável quanto algum país (além do nosso) ser retratado em todo o espectro da opinião pública dominante como orientado por um "alto propósito moral" ao longo dos anos, enquanto seus inimigos são desumanizados e desprezados e a história é reconstruída para preservar as ilusões desejadas.

14
PLANEJANDO A HEGEMONIA GLOBAL

Com o fim da Segunda Guerra Mundial, as ideias dos Estados Unidos em relação à América Latina foram esclarecidas pelo secretário da Guerra Henry Stimson (maio de 1945), em uma discussão sobre como deveríamos eliminar e desmantelar todos os sistemas regionais dominados por qualquer outra potência, particularmente a Inglaterra, enquanto mantínhamos e expandíamos a nossa. Com relação à América Latina, ele observou especificamente: "Acho que não é pedir muito ter a nossa pequena região aqui [a saber, a América Latina], que nunca incomodou ninguém".[1]

Deve-se notar que as autoridades dos Estados Unidos tinham uma explicação pronta para a distinção entre o seu controle e de outras potências. Como Abe Fortas explicou a respeito dos planos de tutela dos Estados Unidos no Pacífico, que Churchill considerou como uma cobertura para a anexação: "Quando tomamos as Marianas e as fortificamos, estamos fazendo isso não somente com base em nosso direito de fazê-lo como parte da nossa obrigação com a segurança do mundo [...] Essas reservas estavam sendo feitas no interesse da segurança mundial e não da nossa segurança [...] o que era bom para nós era bom para o mundo".[2] Com base em tais suposições, consideradas naturais por funcionários governamentais e ideólogos dos Estados Unidos, uma série de ações se torna legítima.

Este capítulo foi publicado pela primeira vez em *Turning the Tide: U.S. Intervention in Central America and the Struggle for Peace* (Cambridge, MA, South End Press, 1985), p. 62-73.

Segundo a concepção de Stimson, durante 1945 e o início de 1946, o Estado-Maior Conjunto insistiu que as forças não americanas deveriam ser mantidas fora do Hemisfério Ocidental, que "é uma entidade militar distinta, cuja integridade é um postulado fundamental da nossa segurança no caso de outra guerra mundial".[3] Em janeiro de 1947, o secretário da Guerra Patterson acrescentou que os recursos da América Latina eram essenciais para os Estados Unidos, pois "é imperativo que nosso potencial de guerra seja aumentado [...] em caso de qualquer emergência nacional". Patterson apresentou uma interpretação expansiva da Doutrina Monroe, coerente com o corolário de Wilson: a doutrina significava "que não só nos recusamos a tolerar a colonização estrangeira, o controle ou a expansão de um sistema político estrangeiro ao nosso hemisfério, como nos alarmamos com a aparição no continente de ideologias estrangeiras, de exploração comercial, de acordos de cartel ou outros sintomas de crescente influência não hemisférica". Os Estados Unidos devem ter "um flanco estável, seguro e amigável ao sul, não confundido pela penetração inimiga, política, econômica ou militar". A principal preocupação não era a União Soviética, mas sim a Europa, incluindo a venda de armas dos britânicos ao Chile e ao Equador, da Suécia à Argentina, e da França à Argentina e ao Brasil.

A partir de janeiro de 1945, militares e funcionários civis dos departamentos da Guerra e da Marinha defenderam um extenso sistema de bases dos Estados Unidos, restrição a toda ajuda militar e a vendas de armamentos de outros países, e a garantia do treinamento de oficiais militares latino-americanos e o fornecimento de armas pelos Estados Unidos à América Latina no âmbito de um programa abrangente de assistência militar. Ao estabelecer esses planos para a "nossa pequena região aqui que nunca incomodou ninguém", os Estados Unidos não estavam dispostos a permitir direitos semelhantes em outros lugares, e certamente não por parte da União Soviética. Na verdade, o secretário de Estado Byrnes se opôs a esses planos para a América Latina, porque poderiam prejudicar as iniciativas dos Estados Unidos em lugares que ele considerava mais importantes, em particular na Grécia e na Turquia, que "são nossos postos avançados" nas fronteiras da União Soviética — que tinha preocupações de segurança muito mais sérias que os Estados Unidos. Os "postos avançados" também se destinavam a apoiar as ambições dos Estados Unidos na região crucial do Oriente Médio, com suas incomparáveis reservas de energia, que passariam assim para as mãos americanas.

Comentando sobre uma série de documentos desse tipo, que estabeleciam os planos dos Estados Unidos, muitos deles confidenciais e divulgados recentemente, Leffler observa que esses movimentos foram feitos enquanto autoridades dos Estados Unidos "falavam da boca para fora à Organização das Nações Unidas sobre sua preocupação com o impacto dos acordos regionais no Hemisfério Ocidental em relação às ações soviéticas e à influência americana na Europa". Era um problema que preocupava Stimson: como expandir nossos sistemas regionais e desmantelar todos os outros, particularmente os da Grã-Bretanha e da União Soviética. Os mesmos problemas estavam surgindo na Europa, onde a União Soviética observava o controle unilateral dos Estados Unidos e da Grã-Bretanha na Itália, na Bélgica e em outros países com equanimidade, usando isso mais tarde como modelo para sua tomada brutal da Europa Oriental, para indignação do Ocidente — justificada, mas não carente de hipocrisia.[4]

A concepção geopolítica subjacente à apresentação resumida de Kennan sobre a política externa dos Estados Unidos foi elaborada durante a guerra pelo projeto de Estudos de Guerra e Paz do Conselho de Relações Exteriores, cujos pensamentos sobre a supressão dos objetivos de guerra e o "espaço de manobra" já foram mencionados. Essas sessões de alto nível ocorreram de 1939 a 1945, produzindo muitos planos para o período pós-guerra. O objetivo era elaborar as exigências dos Estados Unidos "em um mundo em que se propõe a deter um poder inquestionável". Ficou claro no início dos anos 1940 que os Estados Unidos emergiriam da guerra numa posição de domínio sem igual, iniciando um período em que seriam a "potência hegemônica em um sistema de ordem mundial", nas palavras de um grupo de elite trinta anos depois.[5] O grupo desenvolveu o conceito de "Grande Área", entendida como uma região subordinada às necessidades da economia dos Estados Unidos. Como afirmou um dos participantes, a Grande Área era uma região "estrategicamente necessária para o controle mundial". Uma análise geopolítica concluiu que a Grande Área deveria incluir o Hemisfério Ocidental, o Extremo Oriente e o antigo Império Britânico, que seria desmantelado e aberto à penetração e controle dos Estados Unidos — um exercício referido como "anti-imperialismo" em grande parte da literatura.

À medida que a guerra prosseguia, ficou claro que a Europa Ocidental se juntaria à Grande Área, bem como às regiões produtoras de petróleo do Oriente Médio, onde o controle dos Estados Unidos se expandiu às custas de seus principais rivais, a França e a Grã-Bretanha, um processo que continuou no período pós-guerra. Planos especiais foram traçados para cada região, com propostas de estruturas institucionais para a Grande Área, vista como um núcleo ou modelo que poderia ser estendido, de forma otimizada, para um sistema global.[6] É nesse contexto que as propostas de Kennan devem ser entendidas.

Os memorandos do Conselho de Segurança Nacional e outros documentos governamentais dos anos subsequentes muitas vezes seguem de perto as recomendações dos planejadores da guerra, o que não surpreende, já que os mesmos interesses eram representados muitas vezes por essas mesmas pessoas. Também estavam de acordo com os princípios de Kennan. Por exemplo, em dezembro de 1949, o NSC 48/1 declara: "Ainda que evitando escrupulosamente assumir a responsabilidade por elevar os padrões de vida asiáticos, é do interesse dos EUA promover a capacidade desses países de manter [...] as condições econômicas que são pré-requisitos para a estabilidade política". Assim, segundo os preceitos de Kennan, não deveríamos ser "entravados por slogans idealistas" referentes à "elevação dos padrões de vida", embora a ajuda econômica possa ser necessária quando tivermos algo a ganhar com isso.

Claro que a proposta não é a de ajudar — ou mesmo permitir — o movimento nacionalista do Vietnã a chegar à saúde econômica e à estabilidade política; ao contrário, uma Declaração da Política do Departamento de Estado de setembro de 1948 explicava ser "um fato desagradável" que "o comunista Ho Chi Minh seja a figura mais forte e talvez a mais capaz na Indochina e que qualquer solução sugerida que o exclua seja um expediente de resultado incerto", um problema sério, uma vez que claramente deveríamos tentar excluí-lo em busca da Quinta Liberdade."[,7] A estabilidade política sob sua liderança não era o que se desejava. Na verdade, "estabilidade" é um codinome para obediência. Os que estiverem familiarizados com a terminologia peculiar do discurso ideológico dos Estados Unidos entenderão que não se trata de uma contradição quando James Chace,

---

* Em referência às Quatro Liberdades definidas pelo presidente Franklin D. Roosevelt em 1940: de informação, de religião, de expressão e de não sentir medo. A Quinta Liberdade seria a de fazer o necessário para preservar a segurança nacional e a paz dos Estados Unidos. [N.T.]

editor da *Foreign Affairs*, menciona "nossos esforços para desestabilizar um governo marxista livremente eleito no Chile" para ilustrar os esforços da *realpolitik* de Nixon-Kissinger "em busca da estabilidade".[8] A desestabilização no interesse da estabilidade faz todo o sentido na era de George Orwell. O problema, quando notado, é posto sob a rubrica da "ironia" nos comentários convencionais, inclusive em muitos estudos.[9]

O NSC 48/1 prossegue desenvolvendo a explicação convencional encontrada em documentos secretos do período sobre a participação dos Estados Unidos na guerra da França contra a Indochina, antes de os Estados Unidos assumirem a guerra. O raciocínio, que se estende diretamente à América Latina, merece atenção. Apesar das referências de Eisenhower e outros aos recursos do Vietnã, a Indochina não era em si de grande interesse. Sua importância derivava muito mais do contexto da teoria do dominó. Esta teoria tem duas versões. Uma, invocada quando há necessidade de amedrontar o público, adverte que, se não os detivermos ali, eles desembarcarão na Califórnia e levarão tudo o que temos. Conforme expresso pelo presidente Lyndon Johnson no auge da agressão dos Estados Unidos no Vietnã:

> Existem 3 bilhões de pessoas no mundo e nós temos apenas 200 milhões delas. Estamos em desvantagem de quinze para um. Se tivessem o poder certo, elas invadiriam os Estados Unidos e tomariam o que temos. Nós temos o que elas querem.

"Se for para receber visitas de quaisquer agressores ou inimigos", disse Johnson em um discurso no Alasca, "prefiro que essa agressão ocorra a cerca de 16 mil quilômetros daqui do que aqui em Anchorage", referindo-se à agressão dos vietnamitas contra as forças americanas no Vietnã. Portanto, como ele havia advertido vinte anos antes, devemos manter nossa força militar, particularmente o poder aéreo: "Sem um poder aéreo superior, a América é um gigante amarrado e estrangulado; presa impotente e fácil para qualquer anão amarelo com um canivete".[10]

A sensação de que seremos "um gigante patético e indefeso" se não agirmos abertamente para nos defender do poder avassalador dos nossos adversários do Terceiro Mundo, nos termos usados mais tarde pelo presidente Nixon ao anunciar a invasão do Camboja, é um refrão comum no discurso político nos Estados Unidos, que lembra uma criança rica e mimada choramingando porque não tem *tudo* — ainda que, para tornar a imagem mais precisa, devêssemos colocar um esquadrão de tropas de assalto sob o comando da criança.

Essa versão da teoria do dominó é sem dúvida crível em algum nível da consciência, expressando de forma vulgar as preocupações em manter a "disparidade" definida em termos mais sofisticados por Kennan na época em que Lyndon Johnson falava de seus temores dos "anões amarelos". Essa grosseira teoria do dominó é, no entanto, regularmente descartada com desdém se as coisas derem errado e a política precisar ser revisada. Mas há também uma versão racional da teoria do dominó, a versão operacional, que raramente é questionada e tem considerável plausibilidade; ao adotar a terminologia dos planejadores, poderíamos chamá-la de "teoria da maçã podre". Ela foi esboçada por Dean Acheson ao engendrar uma notável série de invencionices a respeito da suposta pressão soviética sobre a Grécia, a Turquia e o Irã em fevereiro de 1947, num esforço bem-sucedido para convencer líderes relutantes do Congresso a apoiar a Doutrina Truman, um incidente que ele cita com muito orgulho em suas memórias: "Como maçãs em um barril infectadas por uma podre, a corrupção da Grécia contaminaria o Irã e todo o Oriente" e "levaria a infecção" para a Ásia Menor, o Egito e a África, bem como a Itália e a França, que estavam "ameaçados" pela participação comunista em políticas democráticas.[11] Essa invocação cínica e astuta de uma "ameaça russa" inventada para preparar o caminho de medidas para impedir a propagação da "infecção" foi imitada com grande eficácia desde então.

A principal preocupação é que, se houver uma maçã podre no barril, "a podridão irá se espalhar", ou seja, a "podridão" de um desenvolvimento social e econômico bem-sucedido que, de certa forma, restringiria a Quinta Liberdade. Isso pode ter um efeito de demonstração. Para citar outro caso, os assessores de Kissinger lembram que ele estava muito mais preocupado com Allende no Chile do que com Castro, porque "Allende foi um exemplo vivo de reforma social democrática na América Latina", e o sucesso de Allende no processo democrático pode fazer a América Latina se "desemaranhar" com seus efeitos chegando até a Europa, onde o eurocomunismo, operando dentro da democracia parlamentar, o "assustava" tanto quanto. O sucesso de Allende enviaria a mensagem errada aos eleitores italianos, temia

Kissinger. O "exemplo contagioso" do Chile "infectaria" não só a América Latina como também o sul da Europa, afirmou Kissinger, usando a imagética convencional.[12] Em pouco tempo, poderíamos perceber que a Grande Área está começando a erodir.

Essas preocupações são persistentes. Em 1964, a CIA alertou que "o experimento de Cuba com o socialismo estatal quase total está sendo observado de perto por outras nações do hemisfério e qualquer aparência de sucesso teria um impacto extenso na tendência estatista em outras partes da área", em detrimento da Quinta Liberdade.[13] Portanto, a aparência de sucesso deve ser abortada por uma grande guerra terrorista, inclusive com repetidas tentativas de assassinar Castro, bombardeios de instalações petroquímicas e outras, afundamentos de barcos de pesca, bombardeios de hotéis, envenenamento de plantações e do gado, destruição de companhias aéreas civis em pleno voo etc.

Poderíamos observar que nada disso conta como "terrorismo", por definição, já que os perpetradores são os Estados Unidos ou seus associados. Na verdade, trata-se de uma marca da propaganda ocidental ver o bloco comunista como imune a atos terroristas, prova segura de ser responsável por esse flagelo da era moderna. Walter Laqueur, por exemplo, escreve que Claire Sterling, que foi pioneira nesse conceito muito aclamado, apresentou "ampla evidência" de que o terrorismo ocorre "quase exclusivamente em países democráticos ou relativamente democráticos"; como exemplos desse "terrorismo multinacional", cita a Frente Polisário no Saara Ocidental (a defesa de seu território seria terrorismo, já que está lutando contra uma agressão do Marrocos, um aliado dos Estados Unidos), e também o terrorismo em "alguns países da América Central", referindo-se, como o contexto deixa claro, às forças de guerrilha, não ao terrorismo de Estado de El Salvador e da Guatemala, que são, ao que tudo indica, "países relativamente democráticos", como o Marrocos, e, por serem clientes dos Estados Unidos, por definição não podem se envolver em terrorismo. Da mesma forma, o *Economist* de Londres observa sabiamente, numa resenha do *Terror Network* [A rede do terror] de Sterling, que "nenhum terrorista jamais tentou qualquer coisa contra os regimes controlados pelos soviéticos". Muitos outros também entraram na conversa, e a questão se tornou um clichê nos discursos eruditos sobre o assunto.[14] No mundo real, Cuba tem sido o principal alvo do terrorismo internacional, interpretado de forma restrita para excluir a guerra por procuração dos Estados Unidos contra a Nicarágua.

Voltando à teoria da maçã podre, o Departamento de Estado alertou em 1959 que "uma fonte fundamental de perigo que enfrentamos no Extremo Oriente deriva da taxa de crescimento econômico da China comunista", enquanto o Estado-Maior Conjunto acrescentou que "as impressionantes melhorias econômicas realizadas pela China comunista nos últimos dez anos muito impressionaram as nações da região e representam um sério desafio ao Mundo Livre". Temores semelhantes foram expressos em relação ao Vietnã do Norte e à Coreia do Norte. A conclusão a que se chegou foi que os Estados Unidos deveriam fazer todo o possível para retardar o progresso econômico dos Estados comunistas asiáticos.[15]

A maior preocupação era o Japão — o "superdominó", como John Dower o chamou. O Japão, reconheceu-se, voltaria a ser a "oficina da Ásia", mas exige acesso a matérias-primas e mercados. Precisamos, portanto, garantir o acesso ao Japão, para que toda a região possa ser incorporada à Grande Área, em vez de se desenvolver como parte de uma "nova ordem" tendo o Japão como centro industrial, da qual os Estados Unidos podem ser excluídos; a preocupação com essa perspectiva foi um dos fatores nas complexas interações que levaram à guerra nipo-americana. No entanto, temia-se que o desenvolvimento social e econômico na Indochina, em termos significativos para os pobres asiáticos, poderia fazer a podridão se disseminar pelo Sudeste e o Sul da Ásia, levando o Japão a se associar a um bloco de nações independentes da Grande Área ou, pior ainda, a se acomodar ao bloco soviético. Um relatório de 1949 da Equipe de Planejamento de Políticas do Departamento de Estado instou Washington a "desenvolver a interdependência econômica entre o [Sudeste Asiático] como fornecedor de matérias-primas e o Japão, a Europa Ocidental e a Índia como fornecedores de produtos manufaturados [...]", para que "a região pudesse começar a cumprir sua principal função de fonte de matérias-primas e mercados para o Japão e a Europa Ocidental".[16] Nesse contexto, o Vietnã ganhou importância por si só como maçã podre, algo que não tinha até então para os planejadores de guerra.

Esse tipo de pensamento não é original dos planejadores americanos; preocupações semelhantes foram evocadas, por exemplo, pela Revolução Americana. Poucos dias antes do anúncio da Doutrina Monroe, o czar da Rússia advertiu:

Demasiados exemplos demonstram que o contágio de princípios revolucionários não é contido pela distância nem por obstáculos físicos. Atravessa os mares, e muitas vezes aparece com todos os sintomas de destruição que o caracterizam, em locais onde nem mesmo qualquer contato direto, qualquer relação de proximidade poderiam causar apreensão. A França sabe com que facilidade e prontidão uma revolução pode ser levada da América para a Europa.

Metternich temia que a Doutrina Monroe pudesse "dar nova força aos apóstolos da sedição e reanimar a coragem de cada conspirador. Se essa enxurrada de doutrinas malignas e exemplos perniciosos se estendesse por toda a América, o que seria de nossas instituições religiosas e políticas, da força moral dos nossos governos e do sistema conservador que salvou a Europa da dissolução total?". Um dos diplomatas do czar alertou que "precisamos trabalhar para evitar ou adiar essa terrível revolução, e sobretudo para salvar e fortalecer a parte [do mundo cristão] que pode escapar ao contágio e à invasão de princípios viciosos", a saber, "as perniciosas doutrinas do republicanismo e do autogoverno popular".[17]

Os herdeiros contemporâneos de Metternich e do czar são afetados por temores semelhantes, e até adotaram retórica semelhante — no caso de Kissinger, talvez com plena consciência — quando os Estados Unidos assumiram o papel que fora do czar no século XIX como defensores da "civilização" contra os anões amarelos e outros cujas pretensões ameaçam a "disparidade".

Note-se, aliás, que os Estados Unidos alcançaram seus principais objetivos na Indochina: é um erro descrever a guerra do Vietnã simplesmente como uma "derrota" dos Estados Unidos, como é comumente feito, fato que se tornou evidente quando a guerra atingiu seu auge de violência na região no final dos anos 1960. A devastação da Indochina pela violência dos Estados Unidos garantiu que não será um modelo para ninguém por muito tempo, se chegar a ser. Será uma sorte sobreviver. As duras e cruéis medidas tomadas pelos Estados Unidos na última década visam garantir que essa vitória parcial seja mantida.[18] Enquanto isso, atrás do "escudo" proporcionado pela destruição do Vietnã do Sul, então grande parte da Indochina, os Estados Unidos trabalhavam para reforçar a segunda linha de defesa ao apoiar um golpe militar na Indonésia em 1965, que eliminou centenas de milhares de camponeses sem terra (uma atitude muito aplaudida pelos liberais ocidentais como justificativa da guerra contra o Vietnã), apoiando a imposição de um Estado de terror e tortura do tipo latino-americano nas Filipinas em 1972 etc.

Outra consequência útil do ataque contra o Vietnã do Sul, o Laos e o Camboja foi garantir o domínio do Vietnã do Norte. Ficou evidente em 1970, se não antes, que, "empregando os vastos recursos de violência e terror sob seu comando", os Estados Unidos poderiam conseguir destruir a Frente de Libertação Nacional (FLN) no Vietnã do Sul e as forças independentes no Laos e no Camboja, assim "criando uma situação em que, de fato, o Vietnã do Norte necessariamente dominará a Indochina, pois não restará nenhuma outra sociedade viável".[19] Essa consequência previsível da selvageria dos Estados Unidos é normalmente invocada como justificativa retrospectiva para esse fim, outra vitória ideológica que teria impressionado Orwell. Observe que essa conquista é um caso especial do dispositivo discutido anteriormente: quando a conquista fracassa, são feitos esforços para encorajar a assimilação pelo bloco soviético, justificar novos atos hostis e limitar o perigo de a independência e o sucesso "infectarem" outros.

Outra conquista notável da violência dos Estados Unidos foi garantir o controle pelos elementos mais severos, aqueles capazes de sobreviver a um ataque de extraordinária barbárie e destrutividade; pessoas cujas casas e famílias são destruídas por um invasor cruel tendem a se tornar raivosas, até mesmo brutais, fato que os ocidentais professam não compreender, tendo efetivamente suprimido a memória do próprio comportamento sob circunstâncias muito menos onerosas.[20] Assim, os consequentes atos terríveis podem ser invocados para justificar o ataque que ajudou a criar esse resultado. Com uma intelectualidade dócil e instituições ideológicas bem-comportadas, o agitprop ocidental pode chegar a resultados bastante notáveis.

Os Estados Unidos pretendem vencer sua guerra contra a Nicarágua da mesma forma. A Nicarágua deve primeiro ser forçada a depender da União Soviética, para justificar o ataque a ser lançado para punir o país por sua violação da Quinta Liberdade. Se o ataque não for capaz de retornar o país ao feliz estado do Haiti ou da República Dominicana, ou dos anos Somoza, pelo menos deve assegurar que nenhum desenvolvimento social e econômico bem-sucedido possa ocorrer; não se pode deixar a maçã podre infectar o barril. É muito difícil uma grande potência com a força dos Estados Unidos ser derrotada em um conflito com tais adversários, e raramente é, embora o fracasso em atingir os objetivos máximos seja naturalmente considerado uma grande derrota pelos que nutrem objetivos e ambições ilimitados, mais uma prova de que somos um gigante patético e indefeso à mercê de anões amarelos.

O mesmo nexo essencialmente invariável de princípios e suposições, muitas vezes internalizado a ponto de não ser consciente, explica outra característica curiosa do comportamento internacional dos Estados Unidos: a histeria evocada por ameaças à "estabilidade" em países sem interesse econômico ou estratégico para os Estados Unidos. Estados como o Laos ou Granada. No caso de Granada, a hostilidade dos Estados Unidos foi imediata, assim que o governo Bishop assumiu o poder em 1979. Argumentou-se seriamente que essa mácula no Caribe representava uma ameaça à segurança dos Estados Unidos. Destacados militares e comentaristas emitiram pronunciamentos solenes sobre a ameaça representada por Granada às rotas marítimas no caso de um ataque soviético à Europa Ocidental; na verdade, nesse caso, se um palito de dente russo fosse encontrado em Granada, a ilha seria destruída, na improvável suposição de que tal guerra duraria o suficiente para que isso fizesse alguma diferença. O Laos, do outro lado do mundo, talvez seja um caso ainda mais notável. Na verdade, o país teve uma eleição relativamente livre em 1958, apesar dos esforços maciços dos Estados Unidos para subvertê-la. A eleição foi vencida por uma coalizão dominada pelos Pathet Lao, os guerrilheiros antifranceses liderados pelos comunistas. O governo foi imediatamente derrubado pela subversão norte-americana em favor de "neutralistas pró-ocidentais", logo substituídos por militares de direita tão reacionários e corruptos que até os grupos pró-americanos se viram alinhados ao Pathet Lao e apoiados pela União Soviética e China. Em 1961, um exército organizado pelos Estados Unidos com tribos das terras altas (totalmente dizimado, afinal, como resultado de sua mobilização em prol da subversão e da agressão dos Estados Unidos) estava lutando sob a liderança de ex-colaboracionistas franceses sob controle da CIA. Ao longo dos anos 1960, as áreas controladas pelo Pathet Lao foram submetidas aos bombardeios mais ferozes da história (que em breve seriam superados no Camboja), em um esforço de "destruir a infraestrutura física e social" (nas palavras de um subcomitê do Senado). O governo admitiu que o bombardeio não estava relacionado à guerra no Vietná do Sul ou no Camboja. Foi o que é chamado no agitprop americano de "bombardeio secreto" — um termo técnico que se refere a qualquer agressão bem conhecida por parte dos Estados Unidos, mas oculta pela mídia, e mais tarde atribuída a homens maus no governo que se afastaram do American Way — como também no caso do Camboja, fato omitido até hoje. O objetivo do ataque contra um país de aldeias dispersas, contra pessoas que talvez nem soubessem que o Laos existia, era abortar um movimento nacionalista revolucionário moderado, que tentava realizar uma mobilização popular e algumas reformas no norte do Laos.[21]

Por que grandes potências como Granada e Laos evocam essa histeria? Os argumentos de segurança são ridículos demais para serem levados a sério, e certamente não é o caso de seus recursos serem valiosos demais para serem perdidos, sob a doutrina da Quinta Liberdade. A preocupação era o efeito dominó. Sob a teoria da maçã podre, segue-se que quanto menor e mais fraco o país, menos dotado de recursos, maior o perigo. Se até mesmo um país marginal e empobrecido pode começar a utilizar seus próprios recursos humanos e materiais limitados e empreender programas de desenvolvimento voltados para as necessidades da população doméstica, outros poderão se perguntar: por que não nós? O contágio pode se alastrar, infectando outros e, em pouco tempo, a Quinta Liberdade pode ser ameaçada em regiões importantes.

15
UMA VISÃO DO FUTURO: PERSPECTIVAS DO ESTUDO DA MENTE

Comecei estas palestras propondo quatro perguntas essenciais que surgem no estudo da linguagem:

1. O que sabemos quando somos capazes de falar e entender uma língua?
2. Como esse conhecimento é adquirido?
3. Como usamos esse conhecimento?
4. Quais são os mecanismos físicos envolvidos na representação, aquisição e uso desse conhecimento?

A primeira pergunta é logicamente anterior às outras. Podemos prosseguir com a investigação das questões 2, 3 e 4 na medida em que tivermos alguma compreensão da resposta à pergunta 1.

A tarefa de responder à pergunta 1 é basicamente descritiva: nesse processo, tentamos construir uma gramática, uma teoria de uma determinada língua que descreva como ela atribui representações mentais específicas a cada expressão linguística, determinando sua forma e seu significado.

Este capítulo foi publicado pela primeira vez em *Language and Problems of Knowledge: The Managua Lectures* (Cambridge, MA, MIT Press, 1988), p. 133-70.

A segunda é uma tarefa muito mais difícil e nos leva além, ao nível da explicação genuína. No processo, tentamos construir uma teoria da gramática universal, uma teoria dos princípios fixos e invariantes que constituem a faculdade da linguagem humana e os parâmetros de variação associados a eles. Podemos então, com efeito, deduzir línguas específicas definindo os parâmetros de uma ou outra maneira. Além disso, dado o léxico, que também satisfaz os princípios da gramática universal, e com os parâmetros estabelecidos de maneira específica, podemos explicar por que as sentenças dessas línguas têm a forma e o significado que têm, derivando suas representações estruturadas dos princípios da gramática universal.

A questão 2 é o caso especial do problema de Platão, que surge no estudo da linguagem. Podemos resolver o problema na medida em que conseguirmos construir a teoria da gramática universal, embora haja também outros fatores envolvidos, como, por exemplo, os mecanismos de estabelecimento dos parâmetros. Outros casos especiais do problema de Platão, em outros domínios, terão de ser tratados da mesma maneira.

A aquisição da linguagem é, portanto, o processo de determinar os valores dos parâmetros não especificados pela gramática universal, de configurar os interruptores que fazem a rede funcionar, para usar a imagem que mencionei anteriormente. Além disso, o aprendiz de uma língua deve descobrir os itens lexicais da língua e suas propriedades. Em grande medida, isso parece ser um problema de descobrir quais rótulos são usados para conceitos preexistentes, uma conclusão tão surpreendente que soa ultrajante, mas que parece essencialmente correta.

A aquisição da linguagem não é algo que a criança realmente faz; é algo que acontece com a criança situada em um ambiente adequado, assim como o corpo da criança cresce e amadurece de uma forma predeterminada quando recebe nutrição adequada e estímulo ambiental. Isso não implica que a natureza do ambiente seja irrelevante. O ambiente determina a forma como os parâmetros da gramática universal são definidos, gerando diferentes línguas. De maneira um tanto semelhante, o ambiente visual original determina a densidade dos receptores para linhas horizontais e verticais, como foi demonstrado experimentalmente. Ademais, a diferença entre um ambiente rico e estimulante e um ambiente empobrecido pode ser substancial, tanto na aquisição da linguagem como no crescimento físico ou, mais precisamente, como em outros aspectos do crescimento físico, sendo a aquisição da linguagem simplesmente um desses aspectos. As capacidades que fazem parte da nossa dotação biológica humana podem florescer ou ser restringidas e suprimidas, dependendo das condições providas para o seu crescimento.

A questão provavelmente é mais geral. É uma visão tradicional, que merece mais atenção do que recebe, que ensinar não deve ser comparado a encher uma garrafa com água, mas sim a ajudar uma flor a crescer à sua maneira. Como qualquer bom professor sabe, os métodos de ensino e a variedade de materiais abordados são questões de pouca importância em comparação ao sucesso em despertar a curiosidade natural dos alunos e estimular seu interesse em explorar por conta própria. O que o aluno aprende passivamente será rapidamente esquecido. O que os alunos descobrem por si mesmos, quando sua curiosidade natural e seus impulsos criativos são despertados, não apenas será lembrado, como será a base para mais exploração e investigação e talvez para contribuições intelectuais significativas. Uma comunidade verdadeiramente democrática é aquela em que o público em geral tem a oportunidade de participar de maneira significativa e construtiva da formação da política social: na sua comunidade imediata, no local de trabalho e na sociedade em geral. Uma sociedade que exclui grandes áreas de decisões cruciais do controle público, ou um sistema de governança que só concede ao público em geral a oportunidade de ratificar decisões tomadas pelos grupos de elite que dominam a sociedade privada e o Estado dificilmente merecem o termo "democracia".

A pergunta 3 tem dois aspectos: o da percepção e o da produção. Assim, gostaríamos de saber como as pessoas que adquiriram uma língua utilizam seus conhecimentos para entender o que ouvem e expressar seus pensamentos. Cheguei a tocar no aspecto da percepção da pergunta nestas palestras. Mas não disse nada até agora sobre o aspecto da produção, o que chamei de problema de Descartes, o problema colocado pelo aspecto criativo do uso da linguagem, um fenômeno normal e corriqueiro, mas bastante notável. Para uma pessoa entender uma expressão linguística, a mente/cérebro deve determinar sua forma fonética e suas palavras, e depois usar os princípios da gramática universal e os valores dos parâmetros para projetar uma representação estruturada dessa expressão e determinar como suas partes estão associadas. Dei vários exemplos para ilustrar como esse processo pode ocorrer. O problema de Descartes, no entanto, levanta outras questões que vão além de qualquer coisa que discutimos.

Quanto à pergunta 4, eu não disse nada. Investigar esse problema é em grande parte uma tarefa para o futuro. Parte do problema de empreender tal investigação é que os experimentos com seres humanos são excluídos por razões éticas. Não aceitamos o estudo experimental de humanos da maneira considerada legítima (com ou sem razão) no caso de animais. Por isso, crianças não são criadas em ambientes controlados para ver que tipo de língua desenvolveriam sob condições diversas criadas experimentalmente. Não permitimos que pesquisadores implantem eletrodos no cérebro humano para investigar suas operações internas ou remover partes do cérebro cirurgicamente para determinar quais seriam os efeitos, como se faz rotineiramente no caso de não humanos. Os pesquisadores estão restritos aos "experimentos da natureza": lesões, doenças e assim por diante. Tentar descobrir mecanismos cerebrais nessas condições é extremamente difícil.

No caso de outros sistemas da mente/cérebro, o sistema visual humano, por exemplo, o estudo experimental de outros organismos (gatos, macacos etc.) é altamente informativo, pois os sistemas visuais são aparentemente muito semelhantes entre essas espécies. No entanto, até onde sabemos, a faculdade da linguagem é uma capacidade distintamente humana. O estudo dos mecanismos cerebrais de outros animais nos diz pouco ou nada sobre essa faculdade da mente/cérebro.

As respostas a essas quatro perguntas que tenderíamos a dar hoje (ou pelo menos que *deveríamos* tender a dar hoje, a meu ver) são bem diferentes das que foram aceitas com pouca controvérsia há uma geração. Na medida em que essas perguntas tivessem chegado a serem feitas, as respostas apresentadas teriam sido algo como as que se seguem. A linguagem é um sistema de hábitos, um sistema de disposições para o comportamento, adquirido por meio de ensino e condicionamento. Quaisquer aspectos inovadores desse comportamento são o resultado de "analogia". Os mecanismos físicos são essencialmente aqueles envolvidos em pegar uma bola e outras habilidades de desempenho. O problema de Platão não foi reconhecido ou foi descartado como trivial. Acreditava-se genericamente que a linguagem é "sobreaprendida"; o problema é explicar a necessidade de tanta experiência e aprendizado para estabelecer uma habilidade tão simples. Quanto ao problema de Descartes, tampouco foi reconhecido nos círculos acadêmicos, nas disciplinas aplicadas e na comunidade intelectual em geral.

A atenção aos fatos demonstra de imediato que essas ideias não só estão simplesmente erradas, mas também estão além de qualquer esperança de reparo. Elas devem ser abandonadas, como essencialmente sem valor. É preciso recorrer ao domínio da ideologia para encontrar exemplos de um conjunto de ideias aceitas tão amplamente e com tão poucos questionamentos e tão inteiramente divorciadas do mundo real. E, de fato, é nessa direção que devemos seguir se estivermos interessados em descobrir como e por que esses mitos alcançaram a respeitabilidade que lhes foi conferida, como chegaram a dominar parte tão grande da vida e do discurso intelectual. É um tema interessante, que vale a pena explorar, mas não vou empreender esse projeto aqui, à parte alguns comentários mais adiante.

Voltemos ao problema de Descartes, o problema de como a linguagem é usada da maneira criativa normal, como defini anteriormente. Observem que não estou preocupado aqui com o uso da linguagem que tenha verdadeiro valor estético, com o que chamamos de verdadeira criatividade, como na obra de um bom poeta ou romancista ou um estilista excepcional. O que tenho em mente é algo mais mundano: o uso comum da linguagem na vida cotidiana, com suas propriedades específicas de novidade, liberdade do controle por estímulos externos e estados internos, de coerência e adequação a situações, e de sua capacidade de evocar pensamentos no ouvinte. A história desse problema tem algum interesse.

A questão surgiu no contexto do problema mente-corpo ou, mais especificamente, no que mais tarde foi chamado de "o problema de outras mentes". Descartes desenvolveu uma teoria mecânica do universo, uma importante contribuição para as ciências físicas da sua época. Ele se convenceu de que praticamente tudo o que acontece no universo da nossa experiência pode ser explicado em termos de suas concepções mecânicas, em termos de corpos que interagem por contato direto — o que poderíamos chamar de uma "mecânica de contato". Nesses termos, procurou explicar tudo, desde o movimento dos corpos celestes até o comportamento dos animais e também boa parte do comportamento e da percepção dos humanos. Parece ter pensado ter sido bem-sucedido na tarefa, e que só restava preencher os detalhes em suas concepções abrangentes. Mas nem toda a nossa experiência pode ser acomodada nesse quadro. A exceção mais marcante, sugeriu, foi o que chamei anteriormente de aspecto criativo do uso da linguagem. Isso está inteiramente além das concepções da mecânica, como argumentou Descartes.

Através da introspecção, todos podem perceber que têm uma mente, que é bem distinta em suas propriedades dos corpos que constituem o mundo físico. Agora vamos supor que eu queira determinar se outra criatura também tem uma mente. Os cartesianos propunham que, nesse caso, deve-se realizar certo programa experimental, projetado para determinar se esse organismo apresenta características distintivas do comportamento humano, sendo o aspecto criativo do uso da linguagem o exemplo mais marcante e o mais prontamente investigado. Se os órgãos de um papagaio forem colocados em uma determinada configuração sob determinadas condições de estímulo, argumentavam os cartesianos, o que o papagaio "diz" é estritamente determinado (ou pode ser aleatório). No entanto, isso não é verdade para um organismo com uma mente como a nossa, e o experimento deveria ser capaz de revelar esse fato. Diversos testes específicos foram propostos. Se eles nos convencerem de que o organismo exibe o aspecto criativo do uso da linguagem, não seria razoável duvidar que tenha uma mente como a nossa.

De maneira mais geral, como mencionei anteriormente, o problema é que uma "máquina" é compelida a agir de certa maneira sob condições ambientais fixas e com suas peças dispostas de uma maneira específica, enquanto um humano nessas circunstâncias é apenas "incitado e inclinado" a se comportar dessa maneira. O humano pode muitas vezes, ou até mesmo sempre, fazer o que for incitado ou inclinado a fazer, mas cada um de nós sabe, através da introspecção, que temos uma ampla gama de escolhas nessa questão. E podemos determinar por experimentação que isso também é verdade para outros humanos. A diferença entre ser *compelido* e meramente *incitado* e *inclinado* é crucial, concluíram os cartesianos — e com muita precisão. A distinção continuaria crucial mesmo se não se manifestasse no comportamento real. Caso contrário, poderíamos dar uma descrição precisa do comportamento humano em termos mecânicos, mas não seria uma caracterização verdadeira dos aspectos essenciais do ser humano e das fontes do seu comportamento.

Para dar conta dos fatos sobre o mundo que ultrapassam as possibilidades de explicação mecânica, é necessário identificar algum princípio não mecânico, que poderíamos chamar de princípio criativo. Esse princípio, argumentavam os cartesianos, pertence à mente, uma "segunda substância" inteiramente separada do corpo, que está sujeita à explicação mecânica. O próprio Descartes escreveu um longo tratado expondo os princípios do mundo mecânico. Deveria incluir um volume final dedicado à mente, mas consta que destruiu essa parte da sua obra abrangente quando soube do destino de Galileu diante da Inquisição, o que o levou a renunciar às suas convicções sobre o mundo físico. Em seus textos preservados, Descartes sugere que podemos não "ter inteligência suficiente" para descobrir a natureza da mente, apesar de "estarmos tão conscientes da liberdade e da indiferença [ausência de determinação estrita] que existem em nós que não há nada que compreendamos mais clara e perfeitamente", e "seria absurdo duvidar de que o que vivenciamos e percebemos interiormente não existe dentro de nós apenas por não compreendermos uma questão que por sua natureza sabemos ser incompreensível".

Para os cartesianos, a mente é uma substância única, distinta do corpo. Grande parte da especulação e do debate do período tratava da interação entre essas duas substâncias — como as decisões da mente podem levar a ações do corpo, por exemplo. Não existe tal coisa como uma "mente animal", pois os animais são meras máquinas, sujeitas a explicações mecânicas. Não há possibilidade nessa concepção de uma *mente humana* distinta de outros tipos de mente, ou de mentes humanas constituídas de outra forma. Ou uma criatura é humana ou não é; não há "graus de humanidade", nenhuma variação essencial entre humanos além dos aspectos físicos superficiais. Como o filósofo Harry Bracken destacou, racismo ou sexismo são uma impossibilidade lógica sob essa concepção dualista.

A mente, afirmava Descartes, é um "instrumento universal que pode servir para todas as contingências". Observe que a afirmação não é consistente com sua convicção de que podemos não ter inteligência suficiente para descobrir a natureza da mente. A conclusão de que a mente tem limites intrínsecos é certamente a correta; a ideia de ser um "instrumento universal" pode ser considerada como um dos antecedentes da convicção amplamente difundida de que a faculdade da linguagem humana e outros sistemas cognitivos estão dentro dos limites dos "mecanismos gerais de aprendizado", aplicáveis a todas as tarefas intelectuais.

Os testes cartesianos para a existência de outras mentes foram ressuscitados numa nova roupagem nos últimos anos, de forma mais notável pelo matemático britânico Alan Turing, que concebeu o que hoje é chamado de Teste de Turing, para determinar se uma máquina (por exemplo, um computador) apresenta um comportamento inteligente. Aplicamos o Teste de Turing a um dispositivo submetendo-o a uma série de perguntas e verificando se suas respostas podem enganar um observador humano, que poderá concluir que as respostas estão sendo dadas por outro ser humano. Em termos cartesianos, seria um teste para saber se o dispositivo tem uma mente como a nossa.

Como devemos responder hoje a essas ideias? O argumento de Descartes está longe de ser absurdo e não pode ser facilmente descartado. Se de fato os princípios da mecânica não são suficientes para explicar certos fenômenos, então devemos apelar para algo além desses princípios para explicá-los. Até aí, trata-se da ciência conhecida. Não precisamos aceitar a metafísica cartesiana, que exigia a postulação de uma "segunda substância", uma "substância pensante" (*res cogitans*), indiferenciada, sem componentes ou subpartes em interação, a sede da consciência que explica a "unidade da consciência" e a imortalidade da alma. Tudo isso é completamente insatisfatório e não provê uma verdadeira resposta para nenhum dos problemas levantados. Os problemas em si, no entanto, são bastante sérios e, por mais que Descartes acreditasse, seria absurdo negar os fatos que nos são aparentes apenas porque não conseguimos conceber uma maneira de solucioná-los.

É interessante observar o destino da versão cartesiana do problema mente-corpo e o problema da existência de outras mentes. O problema mente-corpo só pode ser colocado de forma sensata na medida em que tivermos uma concepção definida do corpo. Sem essa concepção definida e fixa, não é possível perguntar se alguns fenômenos estão além do seu alcance. Os cartesianos tinham uma concepção razoavelmente definida do corpo em termos de sua mecânica de contato, que em muitos aspectos reflete a compreensão do senso comum. Por isso, foram capazes de formular judiciosamente o problema mente-corpo e o problema de outras mentes. Houve trabalhos importantes que tentaram desenvolver mais o conceito de mente, inclusive estudos de neoplatônicos britânicos do século XVII, que exploraram as categorias e princípios de percepção e cognição ao longo de linhas que foram posteriormente expandidas por Kant e redescobertas, de maneira independente, no século XX, com a psicologia da Gestalt.

Outra linha de desenvolvimento foi a "gramática geral e filosófica" (nos nossos termos, gramática científica) dos séculos XVII, XVIII e início do século XIX, muito influenciada pelas concepções cartesianas, particularmente no período inicial. Essas investigações sobre a gramática universal procuravam desnudar os princípios gerais da linguagem. Estes eram considerados como não essencialmente distintos dos princípios gerais do pensamento, fazendo da linguagem "um espelho da mente", no termo convencional. Por várias razões — algumas boas, outras não —, essas investigações foram menosprezadas e abandonadas durante um século, para serem ressuscitadas, mais uma vez de forma independente, uma geração atrás, embora em termos bem diferentes e sem recorrer a quaisquer pressupostos dualistas.

Também é interessante notar como a concepção cartesiana de corpo e mente entrou no pensamento social, de forma mais marcante nas ideias libertárias de Jean-Jacques Rousseau, que se baseavam em concepções estritamente cartesianas de corpo e mente. Porque os humanos, por terem uma mente, são radicalmente diferentes das máquinas (inclusive dos animais), segundo o argumento de Rousseau, e porque as propriedades da mente superam radicalmente a determinação mecânica, qualquer violação à liberdade humana é ilegítima e deve ser contestada e superada. Embora o desenvolvimento posterior desse pensamento tenha abandonado a estrutura cartesiana, grande parte de sua origem encontra-se nessas ideias clássicas.

A concepção cartesiana de uma segunda substância foi no geral deixada para trás nos anos posteriores, mas é importante reconhecer que não houve uma refutação da teoria da mente (pode-se argumentar que ela nem chegou a ser clara o bastante para ser confirmada ou refutada). O conceito cartesiano de *corpo* foi refutado pela física do século XVII, particularmente no trabalho de Isaac Newton, que lançou as bases da ciência moderna. Newton demonstrou que os movimentos dos corpos celestes não podiam ser explicados pelos princípios da mecânica de contato de Descartes, de modo que o conceito cartesiano de corpo deveria ser abandonado. Na estrutura newtoniana existe uma "força" que um corpo exerce sobre outro, sem contato entre eles, uma espécie de "ação à distância". Seja qual for essa força, ela não se enquadra na estrutura cartesiana da mecânica de contato. O próprio Newton achou a conclusão insatisfatória. Ele às vezes se referia à força gravitacional como "oculta", indicando que sua teoria dava apenas uma descrição matemática de eventos no mundo físico, não uma verdadeira explicação "filosófica" (na terminologia mais moderna, "científica") desses eventos. Até o final do século XIX, ainda era amplamente aceito que uma verdadeira explicação deve ser estruturada de alguma forma em termos mecânicos, ou quase mecânicos. Outros, notadamente o químico e filósofo Joseph Priestley, argumentaram que os próprios corpos dispõem de capacidades que vão além dos limites da mecânica de contato, especificamente a propriedade de atrair outros corpos, mas talvez muito mais. Sem desenvolvimentos subsequentes, a conclusão geral era que o conceito cartesiano de corpo se tornara insustentável.

Qual é o conceito de corpo que finalmente surgiu? A resposta é que não existe um conceito claro e definido de corpo. Se a melhor teoria do mundo material que podemos construir inclui uma variedade de forças, partículas sem massa e outras entidades que seriam ofensivas ao "senso comum científico" dos cartesianos, que assim seja: concluímos que essas são propriedades do mundo físico, o mundo do corpo. As conclusões são preliminares, como convém a hipóteses empíricas, mas não são passíveis de crítica porque transcendem uma concepção *a priori* de corpo. Não existe mais uma concepção definida de corpo. O mundo material é o que descobrimos que ele é, com quaisquer propriedades que precisemos supor para os propósitos da teoria explanatória. Qualquer teoria inteligível que apresente explicações genuínas e que possa ser assimilada às noções centrais da física torna-se parte da teoria do mundo material, parte da nossa explicação do corpo. Se tivermos tal teoria em algum domínio, procuramos assimilá-la às noções centrais da física, talvez alterando essas noções à medida que realizamos esse empreendimento. No estudo da psicologia humana, se desenvolvermos uma teoria de alguma faculdade cognitiva (a faculdade da linguagem, por exemplo) e descobrirmos que essa faculdade tem certas propriedades, procuramos descobrir os mecanismos do cérebro que revelam essas propriedades e explicá-las nos termos das ciências físicas — mantendo em aberto a possibilidade de que os conceitos das ciências físicas possam ser modificados, assim como os conceitos da mecânica de contato cartesiana foram modificados para dar conta do movimento dos corpos celestes, e como tem acontecido repetidamente na evolução das ciências naturais desde os tempos de Newton.

Em suma, não existe um conceito definido de corpo. O que existe é um mundo material, cujas propriedades estão para ser descobertas, sem demarcação *a priori* do que considerar como "corpo". O problema mente-corpo, portanto, não pode nem sequer ser formulado. Não pode ser resolvido, pois não há uma maneira clara de enunciá-lo. A menos que alguém proponha um conceito definido de corpo, não é possível perguntar se alguns fenômenos ultrapassam seus limites. Da mesma forma, não podemos estabelecer o problema de outras mentes. O que podemos, e acho que devemos, é continuar a usar a terminologia mentalista, como tenho feito ao discutir representações e operações mentais que as formam e modificam na computação mental. Mas não estamos investigando as propriedades de alguma "segunda substância", algo radicalmente distinto do corpo que interage com o corpo de alguma forma misteriosa, talvez por intervenção divina. Em vez disso, estudamos as propriedades do mundo material em um nível de abstração em que acreditamos, de maneira certa ou equivocada, que uma teoria explanatória genuína pode ser construída, uma teoria que forneça uma visão genuína sobre a natureza dos fenômenos que nos interessam. Esses fenômenos, na verdade, são de real interesse intelectual não tanto em si mesmos, mas no caminho que abrem para penetrarmos no funcionamento mais profundo da mente. Em última análise, esperamos assimilar este estudo ao campo dominante das ciências naturais, assim como o estudo dos genes ou da valência e das propriedades dos elementos químicos foi assimilado às ciências mais fundamentais. Reconhecemos, contudo, que, assim como no passado, pode ser que essas ciências fundamentais precisem ser modificadas ou ampliadas para fornecer fundamentos para as teorias abstratas de sistemas complexos, como a mente humana.

Nossa tarefa, então, é descobrir teorias explanatórias genuínas e usar essas descobertas para facilitar a investigação de mecanismos físicos com as propriedades descritas nessas teorias. Seja para onde for que essa investigação aponte, será no âmbito do domínio do "corpo". Ou, mais precisamente, podemos abandonar toda a concepção de corpo como possivelmente distinto de qualquer outra coisa e usar os métodos da investigação racional para aprender o máximo possível sobre o mundo — o que chamamos de mundo material, por mais exóticas que sejam as propriedades que venha a ter.

O problema mente-corpo continua sendo objeto de muita controvérsia, debates e especulações, e nesse sentido ainda está bastante vivo. Mas a discussão me parece incoerente em aspectos fundamentais. Ao contrário dos cartesianos, não temos um conceito definido de corpo. Portanto, não está nada claro de que maneira podemos sequer perguntar se alguns fenômenos estão além do alcance do estudo do corpo, enquadrando-os no estudo separado da mente.

Lembrem-se da lógica do argumento de Descartes para a existência de uma segunda substância, a *res cogitans*. Tendo definido "corpo" em termos de mecânica de contato, ele argumentou que certos fenômenos estão além do seu domínio, e por isso a necessidade de algum novo princípio; dada sua metafísica, uma segunda substância deve ser postulada. A lógica é essencialmente sólida; é, de fato, muito semelhante à de Newton, quando demonstrou a inadequação da mecânica de contato cartesiana para a explicação do movimento dos corpos celestes, e por isso um novo princípio, o da atração gravitacional, teve de ser postulado. A diferença crucial entre os empreendimentos cartesiano e newtoniano é que o último oferecia uma teoria explanatória genuína do comportamento dos corpos, enquanto a teoria cartesiana não apresentava explicação satisfatória de propriedades como o aspecto criativo do uso da linguagem, que estão, na visão de Descartes, além da explicação mecânica. Portanto, as concepções de Newton passaram a ser o "senso comum científico" das gerações posteriores de cientistas, enquanto as de Descartes caíram no esquecimento.

Voltando então ao problema de Descartes, deve-se observar que ele ainda permanece não resolvido pelos desenvolvimentos das ciências naturais. Ainda não temos como chegar a um acordo com o que parece ser um fato, até mesmo um fato óbvio: nossas ações são livres e indeterminadas, uma vez que não precisamos fazer o que somos "incitados e inclinados" a fazer; e mesmo se fizermos o que somos incitados e inclinados a fazer, ainda existe um elemento de livre escolha. Apesar de muita reflexão e análises muitas vezes penetrantes, parece-me que o problema continua sem solução, muito semelhante com a maneira como Descartes o formulou. Por que deveria ser assim?

Uma possibilidade, é claro, é que ninguém ainda pensou na ideia certa que produzirá uma solução para o problema. É possível, mas não é a única possibilidade. Outra é a sugerida por Descartes: o problema escapa ao nosso alcance intelectual.

Quando investigamos outros organismos, constatamos que suas capacidades têm um certo escopo e certos limites. Assim, um rato pode fazer algumas coisas muito bem. Vamos imaginar a construção de um labirinto radial, um projeto experimental que consiste em caminhos em linha reta partindo de um centro, como os raios de uma roda. Vamos supor que no final de cada caminho haja um recipiente com uma única pastilha de comida. Um rato colocado no centro pode aprender rapidamente a obter o alimento com eficiência máxima, percorrendo cada caminho apenas uma vez. Isso acontece até mesmo se o dispositivo for girado, deixando fixos os recipientes de alimentos, de modo que o rato tenha de percorrer o mesmo caminho físico mais de uma vez. Não é uma realização insignificante; requer conceitos espaciais bem sofisticados. Por outro lado, os ratos aparentemente não conseguem aprender a percorrer labirintos que envolvam conceitos sequenciais (por exemplo, vire à direita duas vezes, depois vire à esquerda duas vezes). Certamente nenhum rato conseguiria aprender a percorrer um labirinto que exigisse virar à direita em cada ponto de escolha correspondente a um número primo e à esquerda em qualquer outro ponto: ou seja, virar à direita no segundo ponto de escolha, no terceiro, no quinto, no sétimo, no décimo primeiro etc. Um humano poderia resolver esse problema, mas não sem alguma dificuldade e tampouco sem um conhecimento consciente de aritmética. Deixando de lado os exemplos específicos, é óbvio que o rato (o pombo, o macaco etc.) tem capacidades fixas, com escopo e limites definidos.

É uma questão de lógica. Se uma criatura tiver a capacidade de realizar bem certas tarefas, essa mesma capacidade resultará em fracasso em algumas outras tarefas. Se conseguirmos identificar qual é essa capacidade, podemos elaborar problemas que a criatura não será capaz de resolver, por estarem além da capacidade. Uma criatura é afortunada se houver problemas que ela não consegue resolver, pois isso implica ter a capacidade de resolver bem alguns outros problemas. A diferença pode estar na facilidade ou na dificuldade, ou pode ser de possibilidade *versus* uma impossibilidade literal. Mas deve haver uma diferença, por uma questão de lógica. A natureza da diferença é uma questão de fato; não pode haver dúvida quanto à existência de tais diferenças.

Além disso, um problema que seja prontamente resolvido por um organismo pode ser muito difícil ou impossível para outro. Podemos, por exemplo, projetar facilmente um dispositivo que resolva o "labirinto dos números primos" e o percorra num instante, sem esforço ou tentativas, ou seja, inserindo a resposta nos próprios mecanismos. Mas esse dispositivo não será capaz de resolver o que consideramos labirintos muito mais simples. Os organismos não estão dispostos ao longo de um espectro, sendo alguns "mais inteligentes" que outros, simplesmente capazes de resolver problemas mais complexos. Eles diferem na variedade de problemas que são capazes de abordar e resolver. Uma certa espécie de vespa, ou de pombo, é projetada para encontrar o caminho de casa; um ser humano não é projetado da mesma maneira e não consegue realizar tarefas semelhantes de imediato ou nem sequer é capaz de realizá-las. Não significa que uma vespa ou um pombo sejam "mais inteligentes" que um humano; eles são diferentes em suas capacidades biologicamente determinadas. Além disso, não há um "sentido absoluto" claro em que os problemas sejam simples ou difíceis. Pode ser possível formular uma "noção absoluta" de dificuldade que seja útil para certos propósitos em termos da teoria matemática da computação. Mas não está claro se tal noção seria de grande interesse para a psicologia ou para a biologia, ao menos no contexto atual, pois o importante para o comportamento de um organismo é o seu design específico e o conjunto de "dificuldades" dos problemas determinado por esse design.

Supomos que os humanos são parte do mundo natural. Claramente eles têm a capacidade de resolver certos problemas. Segue-se que carecem da capacidade de resolver outros problemas, que serão muito difíceis de lidar dentro das limitações existentes de tempo, de memória e assim por diante ou, em princípio, estarão literalmente além do escopo de sua inteligência. A mente humana não pode ser, nos termos de Descartes, um "instrumento universal que pode servir para todas as contingências". O que é uma sorte, pois, se fosse um instrumento tão universal, serviria igualmente mal para todas as contingências. Não poderíamos lidar com nenhum problema com qualquer medida de sucesso.

No caso da linguagem, a faculdade da linguagem, um mecanismo físico no sentido já explicado, tem certas propriedades definidas, e não outras. Essas são as propriedades que a teoria da gramática universal procura formular e definir. São propriedades que permitem que a mente humana adquira uma língua de um tipo específico, com características curiosas e surpreendentes, como visto. As mesmas propriedades excluem outras possíveis línguas como "inaprendíveis" pela faculdade da linguagem. Possivelmente, um humano poderia chegar a entender essa língua não humana usando outras faculdades da mente, da mesma forma que os humanos podem chegar a entender muitas coisas sobre a natureza do mundo físico por meio de um árduo processo de investigação controlada e experimentação, que se estende por muitas gerações e com a intervenção de um gênio individual (seja lá o que for isso). Outras línguas desse tipo estariam além dos limites das possibilidades do pensamento humano. Na medida em que conseguirmos descobrir as propriedades da faculdade da linguagem, poderemos elaborar "línguas inaprendíveis", línguas que não podem ser adquiridas pela faculdade da linguagem porque esta fará escolhas erradas em cada ponto, suposições equivocadas quanto à natureza da linguagem. Na medida em que conseguirmos descobrir as propriedades de outras faculdades da mente, poderemos elaborar línguas que só podem ser adquiridas com grande dificuldade, à maneira da investigação científica, ou, presumivelmente, de modo algum, e poderemos projetar outras tarefas extremamente difíceis ou insolúveis (para a inteligência humana).

Não há nada de muito misterioso em tudo isso. Muito do que acabo de afirmar é uma questão de lógica. O escopo e os limites específicos das várias faculdades da mente humana são questões de fato, questões em princípio passíveis de investigação humana, a menos que transcendam os limites da mente humana. Poderemos, algum dia, descobrir que a mente humana é construída de tal forma que certos problemas, que conseguirmos formular, estarão além da possibilidade de solução por uma inteligência humana. Tais problemas podem ser bem "simples" para uma inteligência construída de forma diferente, assim como o labirinto de números primos teria uma solução óbvia com um dispositivo projetado para resolver o problema.

Isso tudo fica transparente no estudo do crescimento físico. Os seres humanos são projetados para desenvolver braços e pernas, não asas. Na falta de nutrição adequada ou em um ambiente deficiente em outros aspectos, o embrião pode deixar de desenvolver braços e pernas adequadamente, mas nenhuma mudança no ambiente o fará desenvolver asas. Se o crescimento físico só refletisse as propriedades do ambiente, seríamos criaturas disformes e amorfas, diferentes umas das outras, com capacidades físicas extremamente limitadas. Como nossa dotação biológica é intrincada e altamente específica, a maneira como crescemos não reflete as propriedades do ambiente físico, mas, sim, nossa natureza essencial. Dessa maneira, crescemos para nos tornarmos organismos complexos com propriedades físicas bem específicas, muito semelhantes uns aos outros em nossas propriedades básicas, adaptados a certas tarefas, mas não a outras — a andar, mas não a voar, por exemplo. O ambiente não é irrelevante para o crescimento. Este é desencadeado pelo ambiente de várias maneiras, estimulado por fatores ambientais ou retardado ou distorcido se faltarem os fatores necessários. Mesmo assim ocorre em grande parte de maneira predeterminada. É uma sorte sermos incapazes de nos tornar pássaros, pois isso decorre do fato de sermos capazes de nos tornar humanos.

Há todas as razões para supor que o mesmo se aplique ao desenvolvimento mental. Na verdade, assim deve ser se formos realmente parte do mundo físico. Segue-se que podemos lidar prontamente com certos problemas — o aprendizado da linguagem humana, por exemplo —, enquanto outros, que não são nem "mais difíceis" nem "mais fáceis" em quaisquer termos absolutos, estão além de nosso alcance, alguns deles para sempre. Temos sorte que seja assim.

Voltemos mais uma vez ao problema de Descartes. Uma possível razão para a falta de uma solução, ou mesmo a ausência de ideias sensatas a respeito, é a de ele não estar ao alcance das capacidades intelectuais humanas: ou é "muito difícil", dada a natureza de nossas capacidades, ou está totalmente além dos seus limites. Há motivos para suspeitar que isso possa ser verdade, embora não saibamos o suficiente sobre a inteligência humana ou sobre as propriedades do problema para termos certeza. Somos capazes de conceber teorias para lidar com a determinação estrita e com a aleatoriedade. Mas esses conceitos não parecem apropriados ao problema de Descartes, e talvez os conceitos relevantes não nos sejam acessíveis. Um cientista marciano, com uma mente diferente da nossa, poderia considerar o problema trivial, e se perguntar por que os humanos nunca encontraram a maneira óbvia de solucioná-lo. Esse observador também pode se surpreender com a capacidade de todas as crianças humanas adquirirem linguagem, algo que lhe pareceria incompreensível, exigindo uma intervenção divina, pois os elementos da faculdade da linguagem estariam além do seu alcance conceitual.

O mesmo acontece com as artes. Uma obra de verdadeiro valor estético segue cânones e princípios apenas parcialmente sujeitos à escolha humana; em parte, refletem a nossa natureza fundamental. O resultado é que podemos vivenciar emoções profundas — prazer, dor, entusiasmo e assim por diante — a partir de certos trabalhos criativos, mesmo que como e por que permaneçam em grande parte desconhecidos. Mas as próprias capacidades da mente que nos abrem essas possibilidades excluem outras, algumas delas para sempre. Os limites da criatividade artística devem, mais uma vez, ser uma questão de alegria, não de tristeza, pois decorrem do fato de haver um rico domínio de experiência estética ao qual temos acesso.

O mesmo vale para um julgamento moral. Qual pode ser sua base, não sabemos, mas dificilmente podemos duvidar de que esteja enraizada na natureza humana fundamental. Não pode ser meramente uma questão de convenção considerarmos algumas coisas certas e outras erradas. Ao crescer em uma determinada sociedade, uma criança adquire padrões e princípios de julgamento moral. Estes são adquiridos com base em evidências limitadas, mas têm uma aplicabilidade abrangente e normalmente muito precisa. Muitas vezes, embora nem sempre, é verdade que as pessoas podem perceber ou ser convencidas de que seus julgamentos sobre um caso específico estão errados, no sentido de os julgamentos serem incoerentes com seus princípios internalizados. O argumento moral nem sempre é irrelevante, só uma questão de "eu afirmo isso" e "você afirma aquilo". A aquisição de um sistema moral e ético específico, abrangente e muitas vezes preciso em suas consequências não pode ser meramente o resultado da "formação" e do "controle" do meio social. Como no caso da linguagem, o ambiente é muito pobre e indeterminado para prover esse sistema à criança, em toda a sua riqueza e aplicabilidade. Sabendo pouco sobre o assunto, somos compelidos a especular, mas certamente parece razoável especular que o sistema moral e ético adquirido pela criança deve muito a alguma faculdade humana inata. O ambiente é relevante, como no caso da linguagem, da visão e assim por diante; por isso, podemos identificar divergências individuais e culturais. Mas certamente há uma base comum, enraizada na nossa natureza.

O curso de nossa civilização pode proporcionar alguma visão sobre a questão. Não muito tempo atrás, a escravidão era considerada legítima, até estimável; os proprietários de escravos não costumavam considerar o que estavam fazendo como errado, e até viam isso como uma prova de seus valores morais elevados. Ademais, seus argumentos nem eram absurdos, apesar de agora os considerarmos moralmente grotescos. Assim, nos primórdios do capitalismo industrial, os donos de escravos podiam — e era o que faziam — dizer que quem possuísse uma máquina provavelmente a trataria com mais cuidado do que se a arrendasse. Da mesma forma, o proprietário de escravos tenderia a tratar sua posse com mais cuidado e solicitude do que o capitalista, que meramente aluga pessoas para propósitos temporários. A escravidão, então, reflete padrões morais mais elevados que a "escravidão assalariada". Ninguém em sã consciência aceita hoje esse argumento, embora não seja de forma alguma totalmente absurdo. À medida que a civilização progrediu, passou a ser entendido que a escravidão era uma violação de direitos humanos essenciais. Podemos almejar pelo dia em que a escravidão assalariada e a necessidade de alugar a si mesmo para sobreviver possam ser vistas sob luz semelhante, à medida que tenhamos uma melhor compreensão dos valores morais arraigados na nossa natureza interior.

Muitos de nós passamos por algo semelhante durante a vida. Há pouco tempo, os problemas do sexismo mal constavam na agenda. Ainda estão longe de serem superados, mas pelo menos são reconhecidos, e é amplamente entendido que devem ser discutidos. É uma mudança da consciência moral, provavelmente irrevogável, como a percepção de que a escravidão é uma afronta intolerável à dignidade humana. Não é meramente uma mudança, mas um avanço, um avanço na compreensão da nossa própria natureza e dos princípios morais e éticos que dela derivam.

Pode não haver fim para tais descobertas, se a civilização sobreviver. Uma pessoa realmente decente e honesta sempre tentará identificar formas de opressão, de hierarquia, de dominação e de autoridade que infringem direitos humanos fundamentais. À medida que alguns são superados, outros que ainda não faziam parte da nossa consciência serão revelados. Assim, chegaremos a uma melhor compreensão de quem e o que somos na nossa natureza interior, e quem e o que devemos ser na nossa vida real.

Trata-se de uma visão otimista, e não seria difícil enumerar evidências históricas que aparentemente a refutem, mas talvez não seja irrealista adotar essa perspectiva ao pensar sobre a nossa história e as perspectivas do que está por vir. O pensamento e o discurso morais podem não terminar com considerações como essas. Mas tais considerações devem informá-los e enriquecê-los.

Mencionei que Rousseau derivou concepções libertárias dos princípios cartesianos de corpo e mente. Essas ideias foram mais desenvolvidas no romantismo francês e alemão, ainda baseadas em suposições sobre a natureza humana essencial. Na teoria social libertária de Wilhelm von Humboldt, que muito influenciou John Stuart Mill (e que aliás também foi uma figura importante da linguística, cujas ideias só agora começam a ser valorizadas), ser capaz de realizar um trabalho produtivo e criativo sob seu próprio controle e em solidariedade com os outros é um direito humano essencial, arraigado na "essência humana". Quando alguém cria algum objeto belo sob direção e controle externos, argumentou Humboldt, podemos admirar o que ele faz, mas menosprezamos o que ele é — uma máquina, não um ser humano integral. A teoria do trabalho alienado de Marx, base do seu pensamento social, desenvolveu-se a partir desses fundamentos e, em seus primeiros textos, ele também formulou esse tipo de concepção em termos de uma "propriedade da espécie" que determina certos direitos humanos fundamentais: essencialmente, o direito dos trabalhadores de controlar a produção, sua natureza e suas condições. Bakunin argumentou que os humanos têm "um instinto de liberdade", e que a violação dessa característica essencial da natureza humana é ilegítima. A tradição do socialismo libertário desenvolveu-se muito nesses termos. Suas concepções ainda estão para ser realizadas, indo além das formas mais limitadas das sociedades existentes, mas, ao menos na minha opinião, elas são essencialmente corretas e captam características cruciais da natureza humana essencial e do código moral que deve ser trazido à consciência, refletindo essas propriedades.

Podemos observar que todas as formas de engajamento na vida social se baseiam em suposições sobre a natureza humana, em geral apenas implícitas. Adam Smith afirmava que os humanos nascem "para negociar e permutar" e, baseado nisso e em suposições semelhantes, desenvolveu sua justificativa para o capitalismo de livre mercado. A linha de pensamento que acabo de expor brevemente baseava-se em conceitos muito diferentes da natureza humana. O mesmo é verdade na vida cotidiana comum. Vamos supor que alguém decida aceitar o *status quo*, ou tentar mudá-lo, seja por reforma ou revolução. Se não for baseada simplesmente no medo, na ganância ou em outras formas de abdicação da responsabilidade moral, a decisão é tomada de maneira específica baseada em convicções — explícitas ou implícitas — quanto ao que é bom e certo para os seres humanos e, portanto, em última análise, em suposições sobre a natureza humana fundamental. Dificilmente poderia ser de outra forma. Existe então uma verdade sobre a questão a ser descoberta, e é uma tarefa intelectualmente desafiadora, neste caso com profundas implicações humanas, descobrir a verdade sobre a questão.

Ainda no âmbito da especulação, voltemos ao estudo da cognição humana nos domínios que podem ser mais acessíveis à investigação científica. Como se aprende com a história intelectual, os cientistas conseguiram ao longo do tempo construir um edifício teórico de notável profundidade em certas áreas, enquanto outras questões permanecem no estado em que se encontravam quando levantadas há milênios. Por que deveria ser assim? Pode haver algum valor em abordar o assunto ao longo das linhas da nossa explicação esquemática da aquisição da linguagem. Relembrando o essencial, uma criança dotada da faculdade de linguagem humana é exposta a certos dados e constrói uma língua, usando os dados para definir os parâmetros da faculdade de linguagem. A língua então fornece interpretações específicas para expressões linguísticas em um escopo ilimitado.

Suponham que pensemos na construção de teorias em termos semelhantes. Como parte das características biológicas humanas, o cientista é dotado de certo aparato conceitual, de certas maneiras de formular problemas, de um conceito de inteligibilidade e explanação e assim por diante. Vamos chamar isso de capacidade de formação científica. Assim como em outros casos, pode conter recursos ocultos que passam a ser reconhecidos e usados conforme as contingências da vida e da experiência permitam, e por isso o acesso a esse aparato pode mudar ao longo do tempo. Mas podemos supor que seja fixo, à maneira da faculdade da linguagem. A capacidade de formação científica é suplementada por certas suposições de fundo, determinadas pelo estado da compreensão científica vigente. Assim suplementada, a capacidade de formação científica aborda uma questão colocada em termos acessíveis, ou formula uma questão usando seus próprios recursos, tarefa nada trivial; a capacidade formadora de ciência busca então elaborar uma explicação teórica que responda a essa indagação. Seus próprios critérios internos determinarão se a tarefa foi cumprida com sucesso. Se for esse o caso, as suposições de fundo podem mudar, e a capacidade de formação científica está então preparada para abordar outras questões, talvez para formular ainda outras que irá abordar. Para abordar a situação real de resolução de problemas e a formulação de teorias precisamos acrescentar muito mais, mas vamos nos ater a esse esquema.

No caso da linguagem, há uma faculdade específica que é um elemento crucial da mente humana. Ela opera rapidamente, de forma determinista, de forma inconsciente, e além dos limites da consciência, e de uma maneira comum à espécie, produzindo um sistema de conhecimento rico e complexo, uma língua específica. Para resolução de problemas e formulação de teorias não há nada tão específico. Os problemas que abordamos são muito variados, e as diferenças entre as pessoas que os abordam são muito mais marcantes, embora valha a pena enfatizar que aqueles que compartilham das mesmas suposições básicas geralmente podem entender uma teoria proposta e avaliá-la, mesmo que não a tenham elaborado e talvez nem disponham das habilidades específicas envolvidas no processo.

Na maioria dos casos, a capacidade de formação científica, diante de uma pergunta, não fornece nenhum tipo de resposta útil. A maioria das perguntas é apenas desconcertante. Às vezes se produz um pequeno número de teorias inteligíveis. A capacidade formadora de ciência, utilizando seus recursos, pode então realizar experimentos para avaliá-las. Às vezes as teorias produzidas podem estar na vizinhança da verdade, e então temos um conhecimento potencial, que pode ser refinado por meio de experimentos, trabalhando nas margens. Essa congruência parcial entre a verdade sobre o mundo e o que a capacidade formadora de ciência humana produz em dado momento gera a ciência. Observem que será pura sorte se a capacidade humana de formação científica, um componente específico das características biológicas humanas, produzir um resultado mais ou menos de acordo com a verdade sobre o mundo.

Alguns têm argumentado que não se trata de pura sorte, mas, sim, um resultado da evolução darwiniana. O notável filósofo americano Charles Sanders Peirce, que apresentou um relato da construção da ciência em termos semelhantes ao que acabamos de esboçar, seguiu essa linha. Seu argumento era o de que, por meio de processos comuns da seleção natural, nossas capacidades mentais evoluíram de modo a lidar com os problemas que surgem no mundo da experiência. Mas o argumento não convence. É possível imaginar que os chimpanzés tenham um medo inato de cobras porque os que não dispunham dessa propriedade geneticamente determinada não sobreviveram para se reproduzir, mas é pouco provável que se possa argumentar que os humanos têm a capacidade de descobrir a teoria quântica por razões semelhantes. A experiência que moldou o curso da evolução não apresenta nenhum indício dos problemas a serem enfrentados pelas ciências, e a capacidade de resolver esses problemas dificilmente poderia ter sido um fator na evolução. Não podemos recorrer a esse *deus ex machina* para explicar a convergência de nossas ideias e a verdade sobre o mundo. Aparentemente, em grande parte é um golpe de sorte que haja tal convergência (parcial).

A capacidade humana de formação científica, como outros sistemas biológicos, tem seu alcance e seus limites, por uma questão de necessidade. Podemos afirmar com certeza que alguns problemas estarão além dos limites, mesmo que a capacidade de formação científica seja complementada por informações básicas apropriadas. O problema de Descartes pode estar entre eles. No mínimo, isso não seria surpreendente, e atualmente há poucas razões para acreditar no contrário.

Pode-se imaginar que, estudando a história da ciência e fazendo experimentos com seres humanos, poderemos aprender algo sobre a natureza da capacidade humana de formar ciência. Se assim for, também poderemos aprender algo sobre os tipos de problemas que podemos e que não podemos abordar com os recursos da capacidade de formação científica, por meio dos métodos das ciências.

Aliás, não há razão para supor que todos os problemas que enfrentamos sejam mais bem abordados nesses termos. Por isso, é bem possível — esmagadoramente provável, pode-se afirmar — que sempre teremos mais a aprender sobre a vida humana e a personalidade humana nos romances do que na psicologia científica. A capacidade de formar ciência é apenas uma faceta de nossa faculdade mental. Nós a usamos onde podemos, mas não estamos restritos a ela, felizmente.

Poderá o estudo da linguagem, conduzido nos moldes que examinamos, fornecer um modelo útil para outros aspectos do estudo da cognição humana? A linha geral de abordagem deveria ser igualmente apropriada em outras áreas, mas seria surpreendente se descobríssemos que os elementos constitutivos da faculdade da linguagem são parte importante de outros domínios. A outra área da psicologia cognitiva, além da linguagem, que fez progressos substanciais nos últimos anos, é o estudo da visão. Aqui também podemos nos perguntar quais são as propriedades da faculdade visual humana. Como mencionei, nesse caso também podemos aprender algo sobre os mecanismos físicos envolvidos, devido à possibilidade de experimentação com outros organismos com capacidades semelhantes. Aqui também constatamos que a faculdade tem propriedades definidas e específicas e que algumas possibilidades de variação são determinadas pela experiência visual — a densidade de receptores horizontais e verticais, por exemplo. Nesse caso, experimentos revelam que o desenvolvimento da faculdade até seu estado maduro observa *períodos críticos*; aspectos específicos da faculdade devem se desenvolver dentro de um certo período de maturação geral, ou não se desenvolverão adequadamente ou não se desenvolverão de forma alguma. Certos tipos de experiência visual são necessários para acionar o desenvolvimento durante esses períodos críticos, como a estimulação padronizada na primeira infância, por exemplo. O sistema visual é diferente da faculdade da linguagem em muitos aspectos cruciais; não produz um sistema de conhecimento, por exemplo, mas é estritamente um sistema de processamento. No entanto, há algumas semelhanças na forma como os problemas podem ser abordados.

O sistema visual humano segue certos princípios, assim como a faculdade da linguagem. Um deles, recém-descoberto, é um certo "princípio da rigidez". Sob uma ampla gama de condições, o olho-cérebro interpreta os fenômenos que lhe são apresentados como objetos rígidos em movimento. Assim, se eu tivesse em minhas mãos uma figura plana, digamos na forma de um círculo, e a apresentasse a vocês perpendicularmente à linha de visão, vocês veriam uma figura circular. Se eu a girasse noventa graus até ela desaparecer, vocês veriam uma figura circular girando. A informação visual que chega aos seus olhos é consistente com a conclusão de que o que vocês viram foi uma figura plana encolhendo e mudando de forma até se tornar uma linha e desaparecer. Porém, sob uma ampla gama de condições, o que vocês vão "ver" é uma figura plana rígida girando. O olho-cérebro impõe essa interpretação ao que vê, porque assim foi construído. Nesse caso, a fisiologia da matéria também é compreendida até certo ponto.

Considerando outro caso, vamos supor que vocês olhem para uma tela de televisão com um ponto grande numa extremidade. Imaginem que esse ponto desapareça e surja um outro do mesmo tamanho, forma e cor na outra extremidade da tela. Se o tempo e a distância forem ajustados corretamente, o que vocês "verão" será um ponto se movendo de uma posição a outra, um fenômeno chamado movimento aparente. As propriedades do movimento aparente são bastante notáveis. Assim, se uma linha horizontal estiver presente no meio da tela e o experimento for repetido, o que vocês "verão" sob condições apropriadas é o movimento do ponto de uma extremidade da tela à outra, não em linha reta, mas se movendo ao redor. Se o ponto que estiver desaparecendo for vermelho e o que estiver aparecendo, azul, vocês verão um ponto vermelho se movendo pela tela, tornando-se azul em um determinado momento e seguindo até sua localização final. E assim por diante, sob uma variedade de outras condições. Todos esses fenômenos refletem a estrutura dos mecanismos visuais.

Os mecanismos visuais de outros organismos operam de maneira bem diferente. Assim, em uma série de experimentos clássicos de cerca de 25 anos atrás, foi demonstrado que o olho de um sapo é na verdade projetado para "ver" uma mosca em movimento. Se houver algum outro movimento, semelhante ao de uma mosca, o olho-cérebro o verá, mas uma mosca morta colocada na linha de visão não acionará o mecanismo visual e não será vista. Aqui também os mecanismos fisiológicos são conhecidos.

Esses princípios podem ser considerados, em certo sentido, comparáveis aos princípios da faculdade da linguagem. São princípios completamente diferentes, é claro. A faculdade da linguagem não inclui o princípio da rigidez e nem os princípios que regem o movimento aparente, e a faculdade visual não inclui os princípios da teoria da ligação, da teoria de Caso, da dependência estrutural e assim por diante. Os dois sistemas operam de formas bastante diferentes, o que não surpreende.

O que se sabe sobre outros domínios cognitivos sugere que o mesmo é verdade em outras áreas, embora se saiba tão pouco que não se pode ter certeza. A mente parece ser *modular*, para usar um termo técnico, consistindo em sistemas separados com suas propriedades específicas. É claro que os sistemas interagem; podemos descrever o que vemos, ouvimos, cheiramos, provamos, imaginamos etc. — às vezes. Existem, portanto, sistemas centrais de algum tipo, mas sobre eles pouco se sabe.

As evidências parecem convincentes, na verdade esmagadoras, de que aspectos fundamentais da nossa vida mental e social, incluindo a linguagem, são determinados como parte das nossas características biológicas, não adquiridos pelo aprendizado e muito menos pelo treinamento, no decorrer da nossa experiência. Muitos consideram essa conclusão ofensiva. Gostariam de acreditar que os humanos são moldados pelo ambiente, não que se desenvolvem de forma predeterminada em aspectos essenciais.

Já mencionei o notável predomínio da concepção behaviorista que afirma que a linguagem e outros aspectos do conhecimento e das nossas convicções, e da nossa cultura em geral, são determinados pela experiência. A tradição marxista também afirmava que os humanos são produtos da história e da sociedade, não determinados por sua natureza biológica; claro que isso não é verdade para propriedades físicas, como ter braços em vez de asas, ou para a propriedade de passar pela puberdade mais ou menos na mesma idade, mas é considerado verdadeiro para a vida intelectual, social e cultural em geral. Essa visão-padrão torna absurdo o essencial do pensamento de Marx, acredito, por razões já brevemente indicadas, mas deixemos isso de lado; não há dúvida de que é proclamada como questão doutrinária por muitos que se dizem marxistas. Por vários séculos, a tradição intelectual dominante no pensamento anglo-americano adotou concepções semelhantes. Nessa tradição empirista, afirmava-se que as construções da mente resultam de algumas operações simples de associação com base na contiguidade, semelhança fenomenal e assim por diante, talvez ampliadas por uma capacidade de indução a partir de uma classe limitada de casos a uma classe maior do mesmo tipo. Esses recursos devem ser suficientes para todas as conquistas intelectuais, inclusive o aprendizado da linguagem e muito mais.

Existem algumas diferenças no interior desse conjunto de doutrinas, mas as semelhanças são muito mais marcantes. Uma característica decisiva é que, embora tenham sido amplamente acreditadas, na verdade praticamente afirmadas como verdades doutrinárias, esse conjunto de doutrinas não é apoiado por nenhuma evidência convincente. Na verdade, basta atentar aos fatos mais simples para miná-los, como indiquei ao longo destas palestras. Se houvesse alguma verdade nessas doutrinas, os seres humanos seriam criaturas miseráveis, de capacidades extremamente limitadas, diferentes uns dos outros, meros reflexos de algum experimento acidental. Como já mencionei em relação ao crescimento físico, o mesmo é verdade nos domínios da vida intelectual, social e cultural.

Quando uma doutrina exerce um controle tão poderoso sobre a imaginação intelectual em um escopo extremamente amplo, com tão pouco apoio empírico e em conflito com as evidências em todos os quesitos, é justo perguntar por que essas convicções são tão firmemente mantidas. Por que os intelectuais deveriam se apegar de tal forma à convicção de que os humanos são moldados pelo ambiente, e não determinados por sua natureza?

Nos seus primórdios, o determinismo ambiental foi considerado uma doutrina "progressista". Solapava a convicção de que cada um tem um lugar natural determinado pela sociedade: senhor, servo, escravo e assim por diante. É verdade que os despossuídos se equivalem em suas posses: são igualmente miseráveis e desafortunados. Fosse qual fosse o apelo que essa visão possa ter tido, é difícil levá-la a sério hoje. Na verdade, já era duvidosa em sua época; como observado, o dualismo tradicional ao qual se opunha tinha razões mais profundas e muito mais persuasivas para pressupor a unidade essencial da espécie humana e a falta de diversificação significativa em qualquer um desses aspectos.

Esses argumentos em favor do determinismo ambiental são ouvidos hoje relacionados a debates sobre raça, QI e coisas semelhantes. Mais uma vez, é verdade que, se a capacidade intelectual dos humanos não for biologicamente determinada, não haverá correlação entre o QI (uma propriedade socialmente determinada) e qualquer outro aspecto: raça, sexo ou o que for. Mais uma vez, embora a motivação possa ser apreciada, é difícil levar o argumento a sério. Vamos fingir por um instante que raça e QI são propriedades bem definidas, e vamos supor que seja encontrada alguma correlação entre as duas. Talvez alguém de uma determinada raça, em média, tenha um QI ligeiramente mais alto que alguém de outra. Nota-se em primeiro lugar que tal conclusão teria um interesse científico essencialmente nulo. Não há nenhum interesse em identificar uma correlação entre duas características selecionadas aleatoriamente, e se alguém estiver interessado nessa questão esdrúxula e irrelevante, faria muito mais sentido estudar propriedades muito mais bem definidas, como o comprimento das unhas e a cor dos olhos. Por isso, o interesse dessa descoberta deve estar no domínio social. Mas aqui fica claro que a descoberta interessa apenas a quem acredita que cada indivíduo deve ser tratado não pelo que é, mas como exemplo de uma determinada categoria (racial, sexual ou qualquer outra). Para qualquer um que não se sinta afligido por esses desalinhos, não interessa se o valor médio do QI de algumas categorias de pessoas seja tal ou qual. Vamos supor que descobríssemos que a altura tem uma ligeira correlação com a capacidade de entender a matemática avançada. Isso implicaria que ninguém abaixo de uma certa altura deveria ser estimulado a estudar matemática nesse nível, ou que cada um deveria ser considerado como um indivíduo, incentivado a estudar matemática avançada se seus talentos e interesses assim o indicarem? Obviamente, a segunda alternativa, mesmo que uma porcentagem um pouco maior de pessoas mais altas acabasse seguindo esse caminho. Como não sofremos da doença social do "alturismo", a questão não interessa a ninguém.

Não há dúvida de que as pessoas diferem em suas características biologicamente determinadas. O mundo seria horrível demais se não fossem assim. Mas a descoberta de uma correlação entre algumas dessas características não tem interesse científico e nenhum significado social, exceto para racistas, sexistas e afins. Os que argumentam haver uma correlação entre raça e QI e os que negam essa afirmação estão contribuindo para o racismo e outras deformações, pois o que estão dizendo baseia-se na suposição de que a resposta a essa pergunta faz diferença; não faz, a não ser para racistas, sexistas e afins.

Caso a caso, é difícil levar a sério a ideia de que o determinismo ambiental seja de alguma forma "progressista", e que, portanto, deve ser adotado como doutrina. Ademais, o assunto é irrelevante, pois é uma questão de fato, não de doutrina. Questões de fato não podem ser resolvidas com base em argumentos ideológicos. Como observado, deveríamos nos deliciar com o fato de o determinismo ambiental ser totalmente equivocado, mas a questão da verdade ou da falsidade não é resolvida pela nossa preferência por um ou outro resultado da investigação.

Embora as questões factuais não sejam solucionadas por doutrinas de fé, às vezes faz sentido analisar a relação entre comprometimentos ideológicos e convicções científicas. Isso é particularmente apropriado em casos como o que está sendo discutido, em que crenças sobre fatos são mantidas pela comunidade intelectual com uma abrangência tão ampla, por um período tão longo e com tanta paixão e intensidade, em face de considerações muito óbvias de fatos e lógica. Por que essas ideias deterministas exercem tamanho apelo entre intelectuais?

Uma resposta possível está no papel característico desempenhado pelos intelectuais na sociedade contemporânea — e mesmo não tão contemporânea assim. Como são os intelectuais que escrevem a história, devemos ser cautelosos quanto às supostas "lições da história" a esse respeito; não seria surpreendente descobrir que a versão da história apresentada serve a si mesma, o que de fato é o caso. Assim, a imagem-padrão é a de que os intelectuais são ferozmente independentes, honestos, defensores dos valores mais elevados, oponentes ao governo, às regras arbitrárias das autoridades e assim por diante. O registro real revela uma história diferente. Na maioria dos casos, intelectuais têm sido gestores ideológicos e sociais, servindo ao poder ou tentando assumir o poder no controle de movimentos populares dos quais se declaram líderes. Para aqueles comprometidos com o controle e a manipulação, é muito conveniente acreditar que os seres humanos não têm uma natureza moral e intelectual intrínseca, que são simplesmente objetos a serem moldados por gestores e ideólogos estatais e privados — os quais, é claro, sabem o que é bom e correto. A preocupação com a natureza humana intrínseca impõe barreiras morais no caminho da manipulação e do controle, particularmente se essa natureza estiver de acordo com as concepções libertárias que descrevi brevemente. De acordo com elas, os direitos humanos estão enraizados na natureza humana, e violamos direitos humanos fundamentais quando pessoas são forçadas à escravidão, à escravidão assalariada, à servidão ao poder externo, submetidas a sistemas de autoridade e dominação, manipuladas e controladas "pelo seu próprio bem".

Prefiro suspeitar que essas especulações sobre o surpreendente apelo das visões deterministas ambientais têm muito pouco de verdade.

Algumas vezes argumenta-se que mesmo se conseguirmos explicar as propriedades da linguagem humana e outras capacidades humanas em termos de uma dotação biológica inata, nada terá sido realmente alcançado, pois resta explicar como essa dotação biológica se desenvolveu; o problema é simplesmente transferido, não resolvido. Este é um argumento curioso. Pela mesma lógica, poderíamos argumentar que nada se explica se demonstrarmos que um pássaro não aprende a ter asas, mas as desenvolve por ter sido assim construído em virtude de sua dotação genética; o problema é apenas deslocado, pois resta explicar como a herança genética evoluiu. É perfeitamente correto que em cada caso novos problemas sejam levantados. É tipicamente o caso quando resolvemos algum problema, dando origem a outros. No entanto, seria absurdo argumentar que nada foi alcançado quando constatamos que os pássaros criam asas em virtude de suas características genéticas e não por aprendizado, ou que os humanos passam pelos processos de puberdade porque assim são projetados, não por observar os outros e decidir fazer o mesmo. É verdade que resta a explicação da evolução da linguagem, das asas etc. É um problema sério, mas pertence a um outro domínio de investigação.

O problema pode ser resolvido hoje? Na verdade, pouco se sabe sobre essas questões. A teoria da evolução nos informa a respeito de muitas coisas, mas tem pouco a dizer, por enquanto, sobre questões dessa natureza. As respostas podem estar não tanto na teoria da seleção natural quanto na biologia molecular, no estudo dos tipos de sistemas físicos que podem se desenvolver sob as condições da vida na Terra e, em última análise, em razão dos princípios físicos. Certamente não se pode presumir que todas as características sejam especificamente selecionadas. No caso de sistemas como a linguagem ou as asas, sequer é fácil imaginar um curso da seleção que possa ter dado origem a eles. Uma asa rudimentar, por exemplo, não é "útil" para o movimento, está mais para um empecilho. Por que então o órgão deveria se desenvolver nos estágios iniciais da sua evolução?

Em alguns casos, parece que os órgãos se desenvolvem para servir a um propósito e, quando atingem um certo estágio no processo evolutivo, tornam-se disponíveis para diferentes propósitos, momento em que os processos de seleção natural podem refiná-los ainda mais para esses propósitos. Tem sido sugerido que o desenvolvimento das asas dos insetos segue esse padrão. Os insetos têm o problema de troca de calor, e asas rudimentares podem servir a essa função. Quando atingem um determinado tamanho, tornam-se menos úteis para esse fim, mas começam a ser úteis para o voo, momento em que evoluem para se tornarem asas. É possível que, em alguns casos, as capacidades mentais humanas tenham evoluído de maneira semelhante.

Considerem a faculdade numérica humana. As crianças têm a capacidade de adquirir o sistema numérico. Podem aprender a contar e de alguma forma entender ser possível continuar adicionando mais um indefinidamente. Também podem adquirir prontamente a técnica de cálculo aritmético. Se já não soubesse que é possível adicionar mais um indefinidamente, uma criança jamais poderia aprender esse fato. Nesse caso, ao aprender os numerais 1, 2, 3 etc., até algum número n, suporia que esse fosse o fim da história. Parece que essa capacidade, assim como a capacidade da linguagem, está além do alcance intelectual de macacos inteligentes sob outros aspectos. Aliás, durante algum tempo pensou-se que certos pássaros podiam ser ensinados a contar. Dessa forma, foi demonstrado que alguns pássaros podiam ser ensinados: se fossem apresentados a quatro pontos, conseguiriam encontrar comida no quarto recipiente em um arranjo linear.

A tarefa podia ser realizada até cerca de sete itens, levando à conclusão de que as aves são capazes de contar. Mas a conclusão é incorreta. A propriedade mais elementar do sistema numérico é que a série de números continua indefinidamente; sempre se pode adicionar mais um. Os pássaros podem ter certas capacidades limitadas para combinar conjuntos de poucos itens, mas isso não tem nada a ver com a faculdade numérica. A capacidade de contar não é "mais do mesmo", mas algo de caráter totalmente diferente.

Como se desenvolveu a faculdade numérica? É impossível acreditar ter sido uma seleção específica. Até hoje existem culturas que não fizeram uso dessa faculdade; sua linguagem não contém um método para construir indefinidamente muitas palavras numéricas, e as pessoas dessas culturas não estão cientes da possibilidade de contar. Mas eles certamente têm essa capacidade. Os adultos conseguem aprender rapidamente a contar e a entender a aritmética se colocados no ambiente apropriado, e uma criança de uma dessas tribos, criada em uma sociedade tecnológica, pode se tornar um engenheiro ou um físico tão facilmente quanto qualquer um. A capacidade está presente, porém latente.

Na verdade, essa capacidade esteve latente e não foi utilizada ao longo de quase toda a história humana. Só recentemente, em termos evolutivos, numa época em que a evolução humana atingiu seu estágio atual, a faculdade numérica se manifestou. Claramente não é o caso de que os que soubessem contar, ou que conseguissem resolver problemas de aritmética ou da teoria dos números, fossem mais aptos a sobreviver e a produzir mais descendentes, e, portanto, a capacidade não se desenvolveu por meio da seleção natural. Essa capacidade se desenvolveu como um subproduto de outra coisa, e estava disponível para ser usada quando as circunstâncias exigissem.

A respeito desse ponto só podemos especular, mas é possível que a faculdade numérica tenha se desenvolvido como um subproduto da faculdade da linguagem. Esta última tem características bastante incomuns, talvez únicas no mundo biológico. Em termos técnicos, tem a propriedade da "infinitude discreta". Simplificando, cada sentença tem um número fixo de palavras: uma, duas, três, quarenta e sete, noventa e três etc. E em princípio não há limite para quantas palavras a sentença pode conter. Outros sistemas conhecidos no mundo animal são bem diferentes. Assim, o sistema de chamadas dos macacos é finito; é um número fixo, digamos, quarenta.

A suposta linguagem das abelhas, por outro lado, é infinita, mas não é discreta. Uma abelha sinaliza a distância entre uma flor e a colmeia com um tipo de movimento; quanto maior a distância, maior a movimentação. Entre quaisquer dois sinais há, em princípio, outro, sinalizando uma distância entre os dois primeiros, e a isso se resume a capacidade de discriminar. Pode-se argumentar que esse sistema é ainda mais "rico" que a linguagem humana, por conter "mais sinais" num sentido bem definido matematicamente. Mas isso é irrelevante. É apenas um sistema diferente, com uma base completamente diferente. Chamar isso de "linguagem" é usar uma metáfora enganosa.

A linguagem humana tem a propriedade extremamente incomum, possivelmente única, da infinitude discreta, e o mesmo é verdade para a faculdade numérica humana. Na verdade, podemos pensar na faculdade numérica humana como essencialmente uma "abstração" da linguagem humana, preservando o mecanismo da infinitude discreta e eliminando outros aspectos específicos da linguagem. Se assim for, estaria explicado o fato de a faculdade numérica humana estar disponível, apesar de não utilizada, no curso da evolução humana.

Isso ainda nos deixa a questão da origem da linguagem humana. Aqui há algumas especulações, nada mais, e não parecem convincentes. Pode ser que em algum período remoto tenha ocorrido uma mutação que deu origem à propriedade da infinitude discreta, talvez por razões que tenham a ver com a biologia das células, a ser explicada em termos de propriedades de mecanismos físicos ainda desconhecidos. Sem essa capacidade pode ter sido possível "pensar pensamentos" de caráter restrito; mas, com a capacidade instalada, o mesmo aparato conceitual estaria liberado para a construção de novos pensamentos e operações, como as inferências envolvidas, tornando possíveis a expressão e o intercâmbio desses pensamentos. Nesse ponto, as pressões evolutivas podem ter moldado o desenvolvimento da capacidade, ao menos em parte. Mais uma vez, é possível que outros aspectos do seu desenvolvimento evolutivo reflitam a operação de leis físicas aplicadas a um cérebro com certo grau de complexidade. Simplesmente não sabemos.

Isso me parece mais ou menos o ponto onde as coisas estão hoje. Em áreas específicas, como o estudo da linguagem e da visão, tem havido um progresso substancial, e outros certamente virão. Porém, muitas questões estão além do nosso alcance intelectual atual, e talvez para sempre.

16
CONTENDO O INIMIGO

No primeiro capítulo [de *Necessary Illusions*], mencionei três modelos de organização da mídia: (1) oligopólio corporativo; (2) controlada pelo Estado; e (3) uma política de comunicação democrática, como desenvolvida pelos bispos brasileiros. O primeiro modelo reduz a zero a participação democrática na mídia, assim como outras corporações estão, em princípio, isentas do controle popular pela força de trabalho ou pela comunidade. No caso da mídia controlada pelo Estado, a participação democrática pode variar, dependendo de como o sistema político funciona; na prática, em geral, a mídia estatal é mantida na linha pelas forças que dominam o Estado e por um aparato de gestores culturais que não podem se afastar dos limites estabelecidos por essas forças. O terceiro modelo quase não foi tentado na prática, assim como um sistema sociopolítico com engajamento popular significativo segue sendo um assunto para o futuro: entre a esperança e o temor, dependendo da avaliação de cada um sobre o direito do público de organizar suas próprias questões.

O modelo de mídia como oligopólio corporativo é o sistema natural da democracia capitalista. Atingiu, portanto, sua forma mais bem acabada nessas sociedades mais avançadas, particularmente nos Estados Unidos, onde a concentração da mídia é alta, o rádio e a televisão públicos têm alcance limitado e os elementos do modelo democrático radical existem apenas de forma marginal, em fenômenos como emissoras de rádio

---

Este capítulo foi publicado pela primeira vez em *Necessary Illusions: Thought Control in Democratic Societies* (Cambridge, MA, South End Press, 1989), p. 21-43.

comunitárias sustentadas pelos ouvintes e publicações locais ou alternativas, muitas vezes com um efeito notável sobre a cultura social e política e um sentimento de empoderamento nas comunidades que se beneficiam dessas opções.[1] Nesse sentido, os Estados Unidos representam a forma à qual a democracia capitalista está se encaminhando; tendências relacionadas incluem a eliminação progressiva de sindicatos e outras organizações populares que interferem no poder privado, um sistema eleitoral cada vez mais encenado como um exercício de relações públicas e ausência de medidas assistencialistas como um sistema nacional de saúde, que colidem com as prerrogativas dos mais privilegiados etc. A partir dessa perspectiva, é razoável que Cyrus Vance e Henry Kissinger definam os Estados Unidos como "uma democracia modelo", sendo a democracia entendida como um sistema de controle empresarial das instituições políticas e de outras grandes instituições.

No geral, outras democracias ocidentais encontram-se alguns passos atrás nesses aspectos. A maioria ainda não chegou ao sistema de um só partido dos Estados Unidos, com duas facções controladas por segmentos móveis da comunidade empresarial. Elas ainda mantêm partidos apoiados por trabalhadores e pelos mais pobres, que em certa medida representam seus interesses. No entanto, estão em declínio juntamente com instituições culturais que representam diferentes valores e interesses, e formas organizacionais que proporcionam a indivíduos isolados os meios para pensar e agir fora das normas impostas pelo poder privado.

Esse é o curso natural dos eventos sob a democracia capitalista, o que leva Joshua Cohen e Joel Rogers o chamarem de "a restrição de recursos" e "a restrição da demanda".[2] A primeira é direta: o controle sobre os recursos é estritamente concentrado, com efeitos previsíveis em todos os aspectos da vida social e política. A restrição da demanda é um meio de controle mais sutil, cujos efeitos raramente são observados diretamente em uma democracia capitalista em bom funcionamento como os Estados Unidos, embora sejam evidentes, por exemplo, na América Latina, onde o sistema político algumas vezes permite uma ampla gama de opções políticas, inclusive programas de reforma social. As consequências são bem conhecidas: fuga de capital, perda de confiança de empresários e investidores e decadência social geral, pois os "donos do país" perdem a capacidade de governá-lo — ou simplesmente um golpe militar, geralmente apoiado pelo guardião hemisférico da ordem e da boa conduta. A resposta mais benigna aos programas de reforma é ilustrada pela restrição da demanda — a exigência de satisfazer os interesses daqueles que têm o poder efetivo para que a sociedade funcione.

Em suma, é preciso garantir que os donos do país sejam felizes, senão todos sofrerão, pois eles controlam os investimentos e determinam o que é produzido e distribuído e quais benefícios recairão aos que se arrendarem aos proprietários quando puderem. Assim, para os desabrigados nas ruas, a maior prioridade deve ser garantir que os moradores das mansões estejam razoavelmente satisfeitos. Dadas as opções disponíveis no sistema e os valores culturais que reforça, a maximização dos ganhos individuais de curto prazo parece ser o caminho racional, juntamente com a submissão, a obediência e o abandono da arena pública. Os limites da ação política são correspondentemente limitados. Assim que entram em vigor, as formas de democracia capitalista permanecem bastante estáveis, seja qual for o sofrimento decorrente — fato há muito tempo entendido pelos planejadores dos Estados Unidos.

Uma das consequências da distribuição de recursos e poder de decisão na sociedade como um todo é que a classe política e os gestores culturais normalmente se associam aos setores que dominam a economia privada; ou são diretamente extraídos desses setores ou esperam se juntar a eles. Os democratas radicais da revolução inglesa do século XVII acreditavam que "nunca será um mundo bom enquanto cavaleiros e cavalheiros nos fizerem leis, que são escolhidas por medo e só fazem nos oprimir, e não conhecem as feridas do povo. Nunca estará bem para nós enquanto não tivermos Parlamentos de compatriotas como nós mesmos, que conhecemos nossos desejos". Mas o Parlamento e os pregadores tinham uma visão diferente: "Quando mencionamos o povo, não nos referimos ao corpo confuso e promíscuo do povo", afirmavam. Com a retumbante derrota dos democratas, a questão que restava, nas palavras de um panfleto dos niveladores,[*] era "de quem serão escravos os pobres", do rei ou do Parlamento.[3]

A mesma controvérsia surgiu nos primórdios da Revolução Americana. "Os formuladores das constituições estaduais", comenta Edward Countryman, "insistiram que as assembleias representativas deveriam

---

[*] Pequenos proprietários que defendiam a República, o direito ao voto e de representação no Parlamento a todos os homens livres. [N.T.]

refletir de perto o povo do próprio estado"; eles se opunham a uma "casta separada" de líderes políticos isolados do povo. Mas a Constituição Federal garantiu que "deputados, senadores e o presidente, todos saberiam que excepcionais era exatamente o que eram". Sob a Confederação, artesãos, fazendeiros e outras pessoas comuns exigiam serem representados por "homens de sua própria estirpe", tendo aprendido com a experiência revolucionária que eram "tão capazes quanto qualquer um de decidir o que estava errado em suas vidas e de se organizarem para fazer algo a respeito". Mas não foi assim. "O último suspiro do espírito original da Revolução, com toda a sua fé na comunidade e na cooperação, veio dos fazendeiros de Massachusetts" durante a rebelião de Shays, de 1786. "As resoluções e os discursos de seus comitês do condado, um ou dois anos antes da rebelião, diziam exatamente o que todos vinham dizendo em 1776." Seu fracasso ensinou a dolorosa lição de que "os antigos modos não mais funcionavam", e "eles se viram obrigados a rastejar e a implorar perdão a governantes que alegavam serem servos do povo". E assim continuou. Com as mais raras exceções, os representantes do povo não se originam nem retornam ao local de trabalho; foram escritórios de advocacia que atendiam a interesses comerciais, escritórios de executivos e outros privilegiados.[4]

Quanto à mídia, na Inglaterra, uma imprensa ativa e orientada para os trabalhadores atingiu um público amplo até os anos 1960, quando foi finalmente eliminada pelo funcionamento do mercado. Quando faleceu, em 1964, o *Daily Herald* tinha um número de leitores mais de cinco vezes maior que o *Times*, e "quase o dobro do número de leitores do *Times*, do *Financial Times* e do *Guardian* juntos", observa James Curran, citando pesquisas que revelavam que seus leitores "também eram excepcionalmente dedicados ao jornal". Mas esse jornal, parcialmente de propriedade dos sindicatos e atingindo um grande público da classe trabalhadora, "apelava para as pessoas erradas", continua Curran. O mesmo aconteceu com outros elementos da imprensa social-democrata que morreram na mesma época, em grande parte por terem sido "privados do mesmo nível de subsídios" da publicidade e do capital privado que sustentava "a imprensa de qualidade", que "não só reflete os valores e interesses de seus leitores de classe média", como também "dá a eles força, clareza e coerência" e "desempenha um importante papel ideológico na amplificação e renovação no consenso político dominante".[5]

As consequências são significativas. Para a mídia, conclui Curran, há "um crescimento notável em temas editoriais relacionados à publicidade" e uma "convergência cada vez maior entre conteúdo editorial e publicitário", refletindo "a crescente acomodação das administrações de jornais nacionais às necessidades seletivas dos anunciantes" e à comunidade empresarial em geral; provavelmente o mesmo é verdade para a cobertura e a interpretação das notícias. Para a sociedade em geral, continua Curran, "a perda dos únicos jornais social-democratas com grande número de leitores que dedicavam mais atenção aos assuntos atuais", incluindo setores da classe trabalhadora que continuaram "notoriamente radicais em suas atitudes em relação a uma ampla gama de questões econômicas e políticas", contribuiu para "a erosão progressiva de uma tradição popular radical na Grã-Bretanha do pós-guerra" e para a desintegração da "base cultural que mantinha uma participação ativa no movimento trabalhista", que "deixou de existir como um movimento de massa na maior parte do país". Os efeitos são facilmente perceptíveis. Com a eliminação da "seleção e tratamento das notícias" e de "comentários e análises políticas relativamente detalhadas [que] ajudavam diariamente a manter uma subcultura social-democrata na classe trabalhadora", não há mais uma alternativa articulada para a imagem de "um mundo onde a subordinação dos trabalhadores [é] aceita como natural e inevitável", e nenhum seguimento da expressão da visão de os trabalhadores terem o "direito moral a uma maior parte da riqueza que criaram e a ter mais voz em sua alocação". As mesmas tendências são evidentes em outros segmentos das sociedades capitalistas industriais.

Existem, assim, processos naturais em ação para facilitar o controle do "território inimigo" em casa. Da mesma forma, o planejamento global empreendido pelas elites americanas durante e após a Segunda Guerra Mundial pressupunha que os princípios do internacionalismo liberal serviriam para satisfazer o que foi definido como a "exigência dos Estados Unidos em um mundo em que se propõe a deter um poder inquestionável".[6] A política global recebe o nome de "contenção". A construção do consenso em casa é sua contraparte doméstica. As duas políticas estão, de fato, intimamente interligadas, uma vez que a população doméstica deve ser mobilizada para pagar os custos da "contenção", que podem ser abusivos — tanto os materiais quanto os morais.

A retórica da contenção destina-se a dar um tom defensivo ao projeto de gestão global e, portanto, serve como parte do sistema doméstico de controle do pensamento. É notável que a terminologia seja tão facilmente adotada, dadas as questões que suscita. Examinando mais de perto, notamos que o conceito esconde muita coisa.[7]

A suposição subjacente é a existência de uma ordem internacional estável que os Estados Unidos devem defender. Os contornos gerais dessa ordem internacional foram desenvolvidos por planejadores dos Estados Unidos durante e após a Segunda Guerra Mundial. Reconhecendo a extraordinária escala do poder do país, eles propuseram construir um sistema global dominado pelos Estados Unidos e no qual prosperariam os interesses comerciais dos Estados Unidos. A maior parte possível do mundo constituiria uma Grande Área, como era chamada, subordinada às necessidades da economia dos Estados Unidos. Dentro da Grande Área, outras sociedades capitalistas seriam incentivadas a se desenvolver, mas sem dispositivos de proteção que interferissem nas prerrogativas dos Estados Unidos.[8] Especificamente, só os Estados Unidos teriam permissão para dominar sistemas regionais. Os Estados Unidos agiram para assumir o controle efetivo da produção mundial de energia e organizar um sistema mundial em que os vários componentes cumpririam suas funções como centros industriais, como mercados e fontes de matérias-primas, ou como Estados dependentes em busca de seus "interesses regionais" no âmbito do "quadro geral da ordem" administrado pelos Estados Unidos (como Henry Kissinger explicaria mais tarde).

A União Soviética tem sido considerada a maior ameaça à ordem internacional planejada, por boas razões. Em parte, isso decorre de sua própria existência como grande potência, controlando um sistema imperial que não pôde ser incorporado à Grande Área; em parte por seus esforços ocasionais para expandir os domínios de seu poder, como no Afeganistão, e a suposta ameaça de invasão da Europa Ocidental, se não de conquista mundial, uma perspectiva sistematicamente desconsiderada por analistas mais sérios, publicamente e em documentos internos. Mas é necessário entender a abrangência da base sobre a qual foi elaborado o conceito de "defesa", se quisermos avaliar a estimativa dos crimes soviéticos. Assim, a União Soviética é uma ameaça à ordem mundial quando apoia povos que se opõem aos projetos dos Estados Unidos, como os sul-vietnamitas, por exemplo, se engajando numa "agressão interna" contra seus altruístas defensores americanos (como explicado pelos liberais de Kennedy), ou os nicaraguenses combatendo ilegitimamente os estragos da "resistência democrática" dirigida pelos Estados Unidos. Tais ações provam que os líderes soviéticos não levam a sério a détente e não são confiáveis, declaram sobriamente estadistas e comentaristas. Dessa forma, "a Nicarágua será um lugar privilegiado para testar a previsão otimista de que [Gorbachev] está agora aliviando a pressão no Terceiro Mundo", explicam os editores do *Washington Post*, jogando o ônus do ataque dos Estados Unidos à Nicarágua para os russos, enquanto alertam sobre a ameaça de esse posto avançado soviético "sobrecarregar e aterrorizar" seus vizinhos.[9] Os Estados Unidos terão "vencido a Guerra Fria", desse ponto de vista, quando estiverem livres para exercer sua vontade no resto do mundo sem interferência soviética.

Embora "conter a União Soviética" só tenha se tornado o tema dominante da política externa americana quando os Estados Unidos se tornaram uma verdadeira potência global, depois da Segunda Guerra Mundial, a União Soviética era considerada uma ameaça intolerável à ordem desde a revolução bolchevique. Por essa razão, tem sido o principal inimigo da mídia independente.

Em 1920, Walter Lippmann e Charles Merz realizaram um estudo crítico da cobertura do *New York Times* da revolução bolchevique, definindo-a como "nada menos que um desastre [...] do ponto de vista do jornalismo profissional". A política editorial, arraigadamente hostil, "influenciou profunda e grosseiramente suas colunas de notícias". "Por razões subjetivas", a equipe do *Times* "aceitou e acreditou na maior parte do que lhes foi dito" pelo governo dos Estados Unidos e pelos "agentes e aliados do antigo regime". Refutaram as ofertas de paz soviéticas como mera tática para que os bolcheviques "concentrem suas energias para um impulso renovado em direção à revolução mundial" e à iminente "invasão vermelha da Europa". Os bolcheviques, escreveram Lippmann e Merz, foram ao mesmo tempo retratados como "simultaneamente... tanto defuntos quanto uma ameaça mundial", e o Perigo Vermelho "aparecendo a cada passo para obstruir a restauração da paz na Europa Oriental e na Ásia e frustrar a retomada da vida econômica". Quando o presidente Wilson solicitou uma intervenção, o *New York Times* reagiu pedindo a expulsão "dos bolcheviques de Petrogrado e de Moscou".[10]

Troquem-se alguns nomes e datas e teremos uma avaliação bastante justa do tratamento dado à Indochina ontem e à América Central hoje pela mídia nacional. Suposições semelhantes sobre a União Soviética são reiteradas por historiadores contemporâneos da diplomacia, que consideram o desenvolvimento de um modelo social alternativo em si uma forma intolerável de intervenção nos assuntos alheios, contra a qual o Ocidente tem todo o direito de se defender com contundentes ações de retaliação, incluindo a defesa do Ocidente de uma intervenção militar na União Soviética após a revolução bolchevique.[11] Sob essas premissas, amplamente aceitas e respeitadas, a agressão facilmente se transforma em legítima defesa.

Voltando à política e à ideologia pós-Segunda Guerra Mundial, certamente é desnecessário *inventar* razões para se opor à brutalidade dos líderes soviéticos no domínio de seu império interno e de suas dependências, mesmo ajudando prazerosamente monstros contemporâneos como a junta militar da Etiópia ou os generais neonazistas da Argentina. Mas uma revisão honesta mostrará que os primeiros inimigos foram as populações endógenas da Grande Área, que caíram vítimas de ideias equivocadas. Torna-se então necessário superar esses desvios pela guerra econômica, ideológica ou militar, ou pelo terror e a subversão. A população doméstica deve se unir à causa, na defesa contra o "comunismo".

Esses são os elementos básicos da contenção em prática no exterior e de sua contraparte doméstica interna. No que diz respeito à União Soviética, o conceito teve duas variantes ao longo dos anos. Os pombos foram reconciliados com uma forma de contenção em que a União Soviética dominaria aproximadamente as áreas ocupadas pelo Exército Vermelho na guerra contra Hitler. Os falcões tinham aspirações muito mais abrangentes, conforme expresso na "estratégia de reversão" esboçada no NSC 68 de abril de 1950, pouco antes da Guerra da Coreia. Esse documento crucial, tornado público em 1975, interpretava a contenção como destinada a "fomentar as sementes da destruição dentro do sistema soviético" e tornar possível "negociar um acordo com a União Soviética (ou um Estado ou Estados sucessores)". No início do pós-guerra, os Estados Unidos apoiaram exércitos mobilizados por Hitler na Ucrânia e na Europa Oriental, com a ajuda de figuras como Reinhard Gehlen, que chefiou a inteligência militar nazista no front oriental e foi encarregado do serviço de espionagem da Alemanha Ocidental, sob supervisão da CIA, recebendo a tarefa de desenvolver um "exército secreto" de milhares de homens da SS para ajudar as forças que lutavam dentro da União Soviética. Esses fatos estão tão distantes do entendimento convencional que um renomado especialista em relações exteriores do liberal *Boston Globe* conseguiu condenar o apoio tácito dos Estados Unidos ao Khmer Vermelho usando a seguinte analogia, de um absurdo total: "É como se os Estados Unidos tivessem flertado com a presença de um movimento de guerrilha nazista para perseguir os soviéticos em 1945" — exatamente o que os Estados Unidos estavam fazendo no início dos anos 1950, e não apenas flertando.[12]

Também é considerado inteiramente natural que a União Soviética seja cercada por potências hostis, encarando com equanimidade as grandes bases da Otan com mísseis em estado de alerta como na Turquia, mas se a Nicarágua adquirir aviões a jato para defender seu espaço aéreo da penetração regular dos Estados Unidos isso é usado, por pombos e falcões, para justificar uma ação militar para nos proteger dessa grave ameaça à nossa segurança, de acordo com a doutrina de "contenção".

O estabelecimento dos princípios da Grande Área no exterior, e as ilusões necessárias em casa, não servem apenas à mão oculta do mercado. O internacionalismo liberal deve ser complementado pelo recurso periódico da intervenção forçada.[13] Em casa, o Estado muitas vezes lançou mão da força para conter a dissidência, e tem havido campanhas regulares e conscientes de empresas para controlar a "mente da opinião pública" e eliminar ameaças ao poder privado quando os controles implícitos não bastam. A ideologia do "anticomunismo" tem servido a esse propósito desde a Primeira Guerra Mundial, com exceções intermitentes. Em anos anteriores, os Estados Unidos se defendiam de outras forças do mal: os hunos, os britânicos, os espanhóis, os mexicanos, os papistas canadenses e os "impiedosos índios selvagens" da Declaração da Independência. Mas desde a revolução bolchevique, e particularmente na era do poder mundial bipolar surgido das cinzas da Segunda Guerra Mundial, um inimigo mais crível passou a ser a "conspiração monolítica e implacável" que busca subverter nossos nobres empreendimentos, na frase de John F. Kennedy: o "Império do Mal" de Ronald Reagan.

Nos primeiros anos da Guerra Fria, Dean Acheson e Paul Nitze planejavam "martelar a mente coletiva do 'alto governo'", como afirmou Acheson em referência ao NSC 68. Apresentaram então "um retrato assustador da ameaça comunista, a fim de suprimir os anseios pela paz do público, de empresários e do Congresso, com impostos baixos e políticas fiscais 'sensatas'", para mobilizar o apoio popular ao rearmamento em grande escala, o que consideravam necessário "para superar a ideologia comunista e a vulnerabilidade econômica ocidental", como observa William Borden em um estudo do planejamento pós-guerra. A Guerra da Coreia serviu admiravelmente bem a esses propósitos. As interações ambíguas e complexas que levaram à guerra foram ignoradas em favor da imagem mais utilitária de uma campanha de conquista mundial do Kremlin. Dean Acheson, enquanto isso, via nas hostilidades coreanas "uma excelente oportunidade para interromper a ofensiva soviética pela paz, que [...] está assumindo proporções sérias e surtindo certo efeito na opinião pública". A estrutura de grande parte da era subsequente foi determinada por essas manipulações, que também forneceram um modelo para as práticas posteriores.[14]

Em anos anteriores, o "Red Scare" de Woodrow Wilson demoliu sindicatos e outros elementos dissidentes. Uma característica proeminente foi a supressão de políticas independentes e da liberdade de expressão, com base no princípio de que o Estado tem o direito de impedir pensamentos impróprios e sua expressão. A Comissão Creel de Wilson, dedicada a criar a febre da guerra entre uma população no geral pacifista, já havia demonstrado a eficácia da propaganda organizada com a cooperação da lealdade da mídia e dos intelectuais, que se dedicaram a tarefas como "engenharia histórica", termo concebido pelo historiador Frederic Paxson, um dos fundadores do National Board for Historical Service, criado por historiadores dos Estados Unidos para servir ao Estado "explicando os problemas da guerra para podermos vencê-la melhor". A lição foi aprendida por aqueles em posição de implantá-la. Duas consequências institucionais duradouras foram a ascensão da indústria de relações públicas, da qual uma das principais figuras, Edward Bernays, serviu na comissão de propaganda durante a guerra, e a instituição do FBI como, na verdade, uma polícia política nacional. Foi uma das principais funções que continuou exercendo, como ilustrado, por exemplo, pelos atos criminosos para combater a crescente "crise da democracia" nos anos 1960 e pela vigilância e desestabilização da oposição popular à intervenção dos Estados Unidos na América Central vinte anos depois.[15]

A eficácia do sistema de propaganda estatal-corporativa é ilustrada pelo destino do Dia do Trabalho, um feriado nacional no mundo todo, originado da reação ao assassinato judicial de vários anarquistas com o caso Haymarket de maio de 1886, numa campanha de solidariedade internacional aos trabalhadores americanos lutando por uma jornada de trabalho de oito horas. Nos Estados Unidos, tudo foi esquecido. O Dia do Trabalho se tornou o "Dia da Lei", uma celebração jingoísta da nossa "parceria de duzentos anos com a lei e a liberdade", como declarou Ronald Reagan ao designar 1º de maio como o Dia da Lei em 1984, acrescentando que sem lei só pode haver "caos e desordem". No dia anterior, anunciara que os Estados Unidos desconsiderariam os procedimentos da Corte Internacional de Justiça, que depois condenou o governo dos Estados Unidos pelo "uso ilegal da força" e violação de tratados com seu ataque à Nicarágua. O "Dia da Lei" também serviu como ocasião para a declaração de Reagan de 1º de maio de 1985, anunciando um embargo contra a Nicarágua "em resposta à situação de emergência criada pelas atividades agressivas do governo nicaraguense na América Central", na verdade uma declaração de "emergência nacional", desde então renovada anualmente, porque "as políticas e ações do governo da Nicarágua constituem uma ameaça extraordinária à segurança nacional e à política externa dos Estados Unidos" — tudo com a aprovação do Congresso, da mídia e da comunidade intelectual em geral; ou, em alguns círculos, por um silêncio constrangedor.

A submissão da sociedade ao domínio empresarial, garantido pelo Red Scare de Wilson, começou a se desgastar na Grande Depressão. Em 1938, a diretoria da Associação Nacional da Indústria, adotando a retórica marxista comum nos registros internos de documentos empresariais e governamentais, descreveu o "perigo enfrentado pelos industriais" no "poder político recém-percebido pelas massas"; "se esse pensamento não for direcionado", advertiu, "estamos definitivamente a caminho da adversidade". Não menos ameaçadora foi a ascensão da organização dos trabalhadores, em parte com o apoio de industriais que a viam como um meio de regularizar os mercados de trabalho. Mas o movimento passou da conta, e o empresariado logo se uniu para eliminar a ameaça com o dispositivo da "mobilização patronal do público" com o intuito de esmagar as greves, como observou um estudo acadêmico sobre a greve do aço de Johnstown, em 1937. A "fórmula", exultou a comunidade empresarial, era o que "as empresas esperavam, sonhavam e pela qual rezavam". Combinadas com métodos de força, campanhas de propaganda foram usadas de forma eficaz para subjugar o movimento trabalhista nos anos seguintes. Essas campanhas gastaram milhões de dólares "para dizer ao público que não havia nada de errado e que graves perigos espreitavam nos remédios propostos" pelos sindicatos, declarou o Comitê La Follette do Senado no seu estudo sobre propaganda empresarial.[16]

No período pós-guerra, campanhas de relações públicas se intensificaram, utilizando a mídia e outros meios para identificar a chamada livre iniciativa — ou seja, o lucro privado subsidiado pelo Estado sem violação de prerrogativas empresariais — como o *"american way"*, ameaçado por subversivos perigosos. Em 1954, Daniel Bell, então editor da revista *Fortune*, escreveu:

> Tem sido a principal preocupação da indústria, nos anos do pós-guerra, mudar o clima de opinião introduzido pela [...] depressão. Essa campanha de "livre iniciativa" tem dois objetivos essenciais: reconquistar a lealdade do trabalhador, que agora se volta para o sindicato, e deter o socialismo insidioso,

isto é, o capitalismo ligeiramente reformista do New Deal. A escala das campanhas de relações públicas empresariais, continuou Bell, era "impressionante", com publicidade na imprensa, no rádio e por outros meios.[17] Os efeitos foram vistos na legislação para restringir a atividade sindical, no ataque ao pensamento independente, muitas vezes deturpado pelo macarthismo, e a eliminação de qualquer contestação articulada à dominação empresarial. A mídia e a comunidade intelectual cooperaram com entusiasmo. As universidades, em particular, foram expurgadas e assim permaneceram até o advento da "crise da democracia", quando alunos e professores mais jovens começaram a fazer as perguntas erradas. O que provocou um novo, embora menos eficaz, expurgo ao mesmo tempo que se recorreu à "ilusão necessária". Foi alegado, e ainda é, que as universidades estavam praticamente tomadas por totalitários de esquerda — implicando que o jugo da ortodoxia fora de alguma forma relaxado.[18]

Já em 1947, um funcionário de relações públicas do Departamento de Estado observou que "relações públicas inteligentes deram resultado como antes, e continuarão dando". A opinião pública "não está se movendo para a direita, ela foi movida — habilmente — para a direita". "Enquanto o resto do mundo se moveu para a esquerda, admitiu o trabalhismo no governo, aprovou uma legislação liberalizada, os Estados Unidos passaram por uma mudança antissocial, antieconômica, antitrabalhista."[19]

Naquela época, "o resto do mundo" era submetido a pressões semelhantes, e o governo Truman, refletindo as preocupações da comunidade empresarial, agiu vigorosamente para deter tais tendências na Europa, no Japão e em outros países, usando meios que variaram de extremos de violência para controlar alimentos desesperadamente necessários a pressões diplomáticas, e mais uma ampla gama de dispositivos diversos.[20]

Tudo isso é pouco compreendido, mas não posso me aprofundar adequadamente aqui. Durante toda a era moderna, foram utilizadas medidas de controle da "opinião pública" para reforçar as pressões naturais do "livre mercado", a contraparte doméstica da intervenção no sistema global.

É digno de nota que, apesar de todo o falatório sobre políticas liberais de livre-comércio, os dois principais setores da economia dos Estados Unidos que continuam competitivos no comércio mundial — a indústria de alta tecnologia e a agricultura de capital intensivo — dependem fortemente de subsídios estatais e de um mercado garantido pelo Estado.[21] Assim como em outras sociedades industriais, a economia dos Estados Unidos se desenvolvera nos anos anteriores por meio de medidas protecionistas. No período pós-guerra, os Estados Unidos proclamaram grandiosamente os princípios liberais, na suposição de que os investidores americanos prevaleceriam em quaisquer concorrências, uma expectativa plausível à luz das realidades econômicas da época e que foi cumprida por muitos anos. Por razões semelhantes, a Grã-Bretanha foi uma defensora apaixonada do livre-comércio durante o período de sua hegemonia, abandonando essa doutrina e a enlevada retórica que a acompanhava no período entreguerras, quando não resistiu à concorrência do Japão. Hoje, os Estados Unidos estão seguindo o mesmo caminho em face de desafios semelhantes, que eram inesperados quarenta anos atrás, na verdade até a Guerra do Vietnã. Os custos imprevistos do conflito enfraqueceram a economia dos Estados Unidos, enquanto fortaleciam seus rivais industriais, que enriqueceram com a participação na destruição da Indochina. A Coreia do Sul deve sua decolagem econômica a essas oportunidades, que também propiciaram um importante estímulo à economia japonesa, assim como a Guerra da Coreia acionou a recuperação econômica do Japão e forneceu importante contribuição para a Europa. Outro exemplo é o Canadá, que se tornou o maior exportador per capita de material bélico do mundo durante os anos do Vietnã, ao mesmo tempo que deplorava a imoralidade da guerra americana para a qual estava contribuindo com entusiasmo.

As operações de controle do pensamento doméstico são comuns após guerras e outras crises. As turbulências tendem a estimular a "crise da democracia", o temor persistente das elites privilegiadas, exigindo medidas para reverter o ímpeto da democracia popular que ameaça o poder estabelecido. O Red Scare de Wilson serviu a esse propósito após a Primeira Guerra Mundial, e o padrão foi reencenado no fim da Segunda Guerra Mundial. Não só era necessário suprimir a mobilização popular ocorrida durante a Grande Depressão, como também "fazer as pessoas perceberem que a guerra absolutamente não acabou", como observou o assessor presidencial Clark Clifford, quando a Doutrina Truman foi anunciada, em 1947, "a arma de estreia (dessa) campanha".

A Guerra do Vietnã e os movimentos populares dos anos 1960 suscitaram preocupações semelhantes. Os habitantes do "território inimigo" em casa tinham de ser controlados e reprimidos, de modo a restaurar a capacidade competitiva das corporações americanas num mercado mundial mais diversificado, reduzindo salários reais e benefícios sociais e enfraquecendo a organização da classe trabalhadora. Os jovens, em particular, precisavam ser convencidos de que deveriam se preocupar somente consigo mesmos, em uma "cultura do narcisismo"; cada um pode saber, em âmbito privado, que essas suposições não são válidas, mas em um momento da vida em que se está inseguro quanto à identidade pessoal e ao seu lugar na sociedade, é muito tentador se adaptar ao que o sistema de propaganda afirma ser a norma. Outros setores recém-mobilizados de "interesses específicos" também tiveram de ser contidos ou dissolvidos, tarefas que às vezes exigiram um grau de força, como nos programas do FBI, para solapar os movimentos étnicos e outros elementos da crescente cultura dissidente, instigando a violência ou seu exercício direto, e por outros meios de intimidação e assédio. Outra tarefa era eliminar a temida "síndrome do Vietnã", que impedia recursos contundentes para controlar territórios; como explicou Norman Podhoretz, editor da revista *Commentary*, a tarefa era superar "as inibições doentias contra o uso da força militar" que se desenvolveram em repulsa às guerras da Indochina,[22] problema que ele esperava ter sido solucionado na gloriosa conquista de Granada, quando 6 mil soldados de elite conseguiram vencer a resistência de algumas dezenas de cubanos e alguns milicianos granadinos, ganhando 8 mil medalhas de honra por suas proezas.

Para superar a síndrome do Vietnã, era necessário apresentar os Estados Unidos como a parte prejudicada e os vietnamitas como os agressores — tarefa difícil, podem pensar os que não conhecem os meios disponíveis para controlar a opinião pública, ou pelo menos seus componentes mais relevantes. Nos estágios finais da guerra, a população em geral estava fora de controle, com a grande maioria considerando a guerra "fundamentalmente errada e imoral" e não "um erro", como as pesquisas mostravam na ocasião. As elites eruditas, em comparação, não representavam nenhum problema sério. Diferentemente da necessária ilusão retrospectiva alimentada pelos que agora se declaram como os "primeiros oponentes à guerra", na verdade havia apenas a mais dispersa oposição à guerra nesses círculos, a não ser a preocupação com as perspectivas de vitória e com os custos crescentes. Mesmo os críticos mais duros da guerra entre a corrente dominante foram pouco além da agonia pelas boas intenções que deram errado, só atingindo esse nível de dissidência bem depois de a América corporativa ter determinado que a empreitada estava se mostrando muito cara e que deveria ser liquidada, um fato que documentei em outra instância.

Os mecanismos pelos quais uma versão mais satisfatória da história foi estabelecida também foram revistos em outros textos,[23] mas algumas palavras são necessárias sobre o seu notável sucesso. Em 1977, o presidente Carter foi capaz de explicar em uma entrevista coletiva que os americanos não têm necessidade de "pedir desculpas ou castigar a nós mesmos ou assumir o status de culpabilidade", e que "não estão em dívida", pois nossas intenções eram "defender a liberdade dos sul-vietnamitas" (destruindo o país e massacrando a população), e porque "a destruição foi mútua" — um pronunciamento que, até onde eu sei, passou sem comentários, aparentemente sendo considerado razoável.[24] Tais julgamentos equilibrados, aliás, não se limitaram a defensores convictos dos direitos humanos. São produzidos regularmente, sem provocar reações. Para lembrar um caso recente, quando a belonave americana *Vincennes* abateu um avião civil iraniano sobre águas territoriais do Irã, o *Boston Globe* publicou uma coluna em que o cientista político Jerry Hough, da Universidade Duke e do Instituto Brookings, explicava:

Se o desastre da derrubada do avião iraniano fizer este país abandonar sua obsessão pelo controle simbólico de armas nucleares e se concentrar nos problemas da guerra, de comando e controle dos militares e se limitar às armas convencionais (certamente incluindo a frota), estas 290 pessoas não terão morrido em vão

— uma avaliação que difere ligeiramente do bombardeio da mídia após a derrubada do KAL 007. Alguns meses depois, o *Vincennes* retornou ao seu porto de origem com "uma ruidosa recepção com bandeiras [...] com direito a balões e uma banda da Marinha tocando músicas animadas", enquanto o "alto-falante do navio retumbava o tema do filme *Carruagens de fogo* e navios próximos da Marinha saudavam com tiros de canhão". Os oficiais da Marinha não queriam que o navio "chegasse sorrateiramente ao porto", disse um oficial de relações públicas.[25] Os 290 iranianos agradecem.

Um editorial do *New York Times* se opôs obliquamente ao interessante julgamento moral do presidente Carter. Sob o título "A dívida com a Indochina perdura", os editores observaram que "nenhum debate sobre quem deve a quem e o quanto pode ser permitido para obscurecer os piores horrores [do] [...] nosso envolvimento no Sudeste Asiático", referindo-se aos "horrores sofridos por muitos dos que estavam no voo" nas mãos dos monstros comunistas — na época, uma pequena fração das muitas centenas de milhares fugindo de suas casas na Ásia, incluindo mais de 100 mil escapando de barco das Filipinas em 1977, e outros milhares fugindo do terror apoiado pelos Estados Unidos em Timor, para não falar de outras mais de dezenas de milhares fugindo dos Estados terroristas da América Latina apoiados pelos Estados Unidos, sendo que nenhum deles mereceu mais interesse que uma nota frugal nas colunas de notícias.[26] Outros horrores nos destroços da Indochina não são mencionados, e certamente não implicam a dívida que perdura.

Alguns anos depois, aumentaram as preocupações com o fato de que "a dívida com os indochineses está se tornando um dreno fiscal", nas palavras de uma manchete do *Times*, referindo-se à "dívida moral" contraída por nosso "envolvimento com o lado perdedor na Indochina"; pela mesma lógica, se os russos tivessem vencido a guerra no Afeganistão, não teriam dívida alguma. Mas agora nossa dívida está totalmente "paga", explicou um funcionário do Departamento de Estado. Havíamos quitado a dívida moral ao receber refugiados vietnamitas das terras que devastamos, "um dos maiores e mais dramáticos esforços humanitários da história", segundo Roger Winter, diretor do Comitê para Refugiados dos Estados Unidos. Mas "apesar do orgulho", continua Bernard Gwertzman, correspondente diplomático do *Times*, "algumas vozes no governo Reagan e no Congresso estão mais uma vez perguntando se a dívida de guerra já foi paga".[27]

É inimaginável em círculos responsáveis que possamos ter alguma culpa pelo massacre e destruição em massa, ou que tenhamos qualquer dívida com os milhões de mutilados e órfãos, ou com camponeses que ainda morrem por causa dos explosivos deixados pelo ataque dos Estados Unidos, enquanto o Pentágono, quando indagado se existe alguma maneira de remover as centenas de milhares de minas terrestres que até hoje matam crianças em áreas como a Planície de Jars no Laos, comenta solidariamente que "as pessoas não deveriam viver nessas áreas. Elas conhecem o problema". Os Estados Unidos se recusaram a entregar os mapas de suas minas na Indochina para equipes civis de desativação de explosivos. Ex-fuzileiros navais que foram ao Vietnã em 1989 para ajudar com a remoção relataram que muitas minas continuam em áreas onde as pessoas tentam cultivar e plantar árvores, e foram informados de que muita gente ainda está sendo ferida e morta em janeiro de 1989.[28] Nada disso merece comentário ou preocupação.

Claro que a situação é diferente quando nos voltamos para o Afeganistão — onde, aliás, o regime instalado pelos soviéticos divulgou os mapas de suas minas. Nesse caso, as manchetes afirmavam: "Soviéticos deixam legado mortal para os afegãos", "Minas põem afegãos que retornam em perigo", "EUA repreendem os soviéticos na limpeza de minas no Afeganistão", "EUA ajudam a treinar refugiados para destruir minas no Afeganistão", "Minas deixadas pelos soviéticos estão mutilando afegãos", e assim por diante. A diferença é que são minas soviéticas, por isso é natural que os Estados Unidos clamem por "um esforço internacional para fornecer aos refugiados treinamento e equipamentos para destruí-las ou desmontá-las", e denunciem os russos por sua falta de cooperação nesse digno esforço. "Os soviéticos não reconhecerão o problema que criaram nem ajudarão a resolvê-lo", observou com tristeza o secretário-adjunto de Estado Richard Williamson. "Estamos decepcionados." A imprensa responde com o habitual zelo humanitário seletivo.[29]

A mídia não está satisfeita com a "destruição mútua" que apaga toda a responsabilidade por grandes crimes de guerra. O ônus da culpa deve ser transferido para as vítimas. Sob o título "Vietnã, tentando ser mais simpático, ainda tem um longo caminho a percorrer", a correspondente do *Times* na Ásia, Barbara Crossette, cita Charles Printz, da Human Rights Advocates International, declarando que "já é hora de os vietnamitas demonstrarem boa vontade". Printz se referia às negociações sobre as crianças amerasianas que constituem uma pequena fração das vítimas da agressão dos Estados Unidos à Indochina. Barbara Crossette acrescenta que os vietnamitas também não foram muito receptivos na questão dos restos mortais de soldados americanos, embora seu comportamento possa estar melhorando: "Houve progressos, ainda que lentos, sobre os americanos desaparecidos". Mas os vietnamitas ainda não pagaram sua dívida conosco, por isso as preocupações humanitárias deixadas pela guerra continuam sem solução.[30]

De volta ao mesmo assunto, Crossette explica que os vietnamitas não compreendem sua "irrelevância" para os americanos, à parte as questões morais ainda pendentes — especificamente, a recalcitrância vietnamita "na questão dos militares americanos desaparecidos desde o fim da guerra". Descartando os "lamentos" vietnamitas sobre a relutância dos Estados Unidos em melhorar as relações, Crossette cita um "funcionário asiático" dizendo que "se os líderes de Hanói levarem a sério a construção do país, os vietnamitas terão que lidar de forma razoável com os Estados Unidos". Ela também cita uma declaração do Pentágono que expressa a esperança de que Hanói tome medidas "para resolver essa questão humanitária de longa data" a respeito dos restos mortais de soldados americanos abatidos no Vietnã do Norte pelos comunistas malignos — a única questão humanitária que vem à mente, aparentemente, quando consideramos o legado de uma guerra que deixou muitos milhões de mortos e feridos na Indochina e três países em ruínas. Outro relatório lamenta a recusa vietnamita em cooperar com as "principais áreas humanitárias", citando congressistas liberais sobre o comportamento "horrível e cruel" de Hanói e a responsabilidade de Hanói pela falta de progresso em questões humanitárias, ou seja, a questão dos soldados dos Estados Unidos "ainda desaparecidos na guerra do Vietnã". A recalcitrância de Hanói "trouxe de volta as memórias amargas que o Vietnã ainda pode evocar" entre os americanos que sofrem.[31]

A natureza da preocupação em "resolver essa questão humanitária de longa data" dos soldados americanos desaparecidos em ação (MIAs, na sigla em inglês) é esclarecida por algumas estatísticas citadas pelo historiador (e veterano do Vietnã) Terry Anderson:

> Os franceses ainda têm 20.000 MIAs da sua guerra na Indochina, e a lista vietnamita consta de mais de 200.000. Além disso, os Estados Unidos ainda têm 80.000 MIAs da Segunda Guerra Mundial e 8.000 da Guerra da Coreia, números que representam 20% e 15%, respectivamente, dos mortos confirmados nesses conflitos; a porcentagem para a Guerra do Vietnã é de 4%.[32]

Os franceses estabeleceram relações diplomáticas com o Vietnã, como os americanos fizeram com a Alemanha e o Japão, continua Anderson, acrescentando: "Em 1945 nós ganhamos, é claro, então parece que os MIAs só são importantes quando os Estados Unidos perdem a guerra. A verdadeira 'causa nobre' para o governo [Reagan] não é a guerra anterior, mas sua cruzada emocional e impossível para recuperar 'todos os restos recuperáveis'". Mais precisamente, a "causa nobre" é explorar a tragédia pessoal para fins políticos: superar a síndrome do Vietnã em casa e "sangrar o Vietnã".

O influente deputado democrata Lee Hamilton escreve que "quase quinze anos após a guerra do Vietnã, o Sudeste Asiático continua sendo uma região de grande preocupação humanitária, estratégica e econômica para os Estados Unidos". A preocupação humanitária inclui dois casos: (1) "Quase 2.400 militares americanos estão desaparecidos na Indochina"; (2) "Mais de 1 milhão de cambojanos morreram sob o implacável regime do Khmer Vermelho de Pol Pot". O número muito maior de indochineses mortos sob o ataque implacável de Washington, e que continuam morrendo, fica abaixo do limite. "Devemos reavaliar nossas relações com o Vietnã", continua Hamilton, e buscar um "novo relacionamento", mas sem nos esquecermos das nossas preocupações humanitárias: "Essa pode ser uma ocasião oportuna para políticas que combinem uma pressão contínua com recompensas pelo progresso em relação aos soldados desaparecidos dos EUA e a concessões diplomáticas no Camboja". No extremo liberal de esquerda do espectro, na revista do Centro de Política Internacional, um projeto do Fundo para a Paz, um associado sênior da Fundação Carnegie para a Paz Internacional pede uma reconciliação com o Vietnã, ao insistir que deixemos de lado "a agonia da experiência do Vietnã" e "as feridas do passado" e superemos o "ódio, a raiva e a frustração" que nos causaram os vietnamitas, embora não devamos esquecer "as questões humanitárias que restaram da guerra": os MIAs, os qualificados para emigrar para os Estados Unidos e os que continuam detidos em campos de reeducação. Tão profundos são os motivos humanitários que orientam essa sociedade profundamente moral, que até mesmo o senador de direita John McCain está agora defendendo relações diplomáticas com o Vietnã. Ele diz que "não sente ódio" dos vietnamitas, apesar de ser "um ex-piloto da Marinha que passou cinco anos e meio como hóspede involuntário no Hanoi Hilton", comenta o editor David Greenway do *Boston Globe*, acrescentando que, "se McCain pode deixar de lado sua amargura, todos nós também podemos".[33] Greenway conhece bem o Vietnã, tendo compilado um excelente histórico como correspondente de guerra no país. Mas no clima moral prevalecente, a comunidade informada a que se dirige não acharia estranho insistir para que superemos nossa amargura natural com os vietnamitas pelo que eles fizeram conosco.

"Na história", observa Francis Jennings, "o homem de camisa de babados e colete de renda dourada de alguma forma levita sobre o sangue que ordenou ser derramado por subalternos de mãos sujas."[34]

Esses exemplos ilustram o poder do sistema que forja ilusões necessárias, ao menos entre as elites informadas que são os principais alvos da propaganda e seus provedores. Seria difícil imaginar uma conquista que pudesse estar além do alcance de mecanismos de doutrinação capazes de retratar os Estados Unidos como uma vítima inocente do Vietnã, ao mesmo tempo que ponderam os excessos de autoflagelação da nação.

Jornalistas não sujeitos às mesmas influências e exigências compreendem um quadro um pouco diferente. Em um diário de grande circulação israelense, Amnon Kapeliouk publicou uma série de artigos inteligentes e simpáticos sobre sua visita ao Vietnã em 1988. Um deles é intitulado "Milhares de vietnamitas ainda morrem pelos efeitos da guerra química americana". Ele fala de estimativas de um quarto de milhão de vítimas no Vietnã do Sul, além dos milhares de mortos por explosivos não detonados — 3.700 desde 1975 apenas na região de Danang. Kapeliouk descreve cenas "aterrorizantes" em hospitais no Sul, com crianças morrendo de câncer e horríveis deformidades de nascimento; o alvo da guerra química foi o Vietnã do Sul, é claro, não o do Norte, onde essas consequências não são encontradas, relata. Há pouca esperança de melhora nos próximos anos, temem os médicos vietnamitas, pois os efeitos persistem na devastada região sul desse "país enlutado", com seus milhões de mortos e milhões de viúvas e órfãos, e onde se ouvem "histórias de ficar de cabelo em pé, que me lembram o que ouvi durante os julgamentos de Eichmann e Demjanjuk" de vítimas que, incrivelmente, "não demonstram ódio pelo povo americano". Nesse caso, é claro, os responsáveis não são julgados, mas, sim, homenageados por seus crimes no mundo ocidental civilizado.[35]

Aqui, também, alguns têm demonstrado preocupação pelos efeitos da guerra química que pulverizou milhões de galões de agente laranja e outros produtos químicos venenosos numa área do tamanho de Massachusetts no Vietnã do Sul, e mais no Laos e Camboja. A dra. Grace Ziem, especialista em exposição química e doenças, professora da Faculdade de Medicina da Universidade de Maryland, abordou o assunto após uma visita de duas semanas ao Vietnã, onde trabalhou como médica nos anos 1960. Ela também descreveu visitas a hospitais no Sul, onde examinou os recipientes transparentes lacrados com bebês horrivelmente malformados e os muitos pacientes de áreas intensamente pulverizadas, mulheres com tumores malignos extremamente raros e crianças com deformidades muito além da norma. Mas seu relato passou longe da grande imprensa, onde a história, quando divulgada, tem um elenco e um foco muito diferentes. Assim, em um artigo sobre como os japoneses estão tentando esconder seus crimes da Segunda Guerra Mundial, lemos que um apologista japonês se referiu às tropas americanas que espalharam venenos de helicóptero; "presumivelmente", explica o repórter, ele estava se referindo ao "agente laranja, um desfolhante suspeito de ter causado defeitos congênitos entre vietnamitas e filhos de soldados americanos". Nesse contexto, não são sugeridas outras reflexões. E podemos ler sobre "os 180 milhões de dólares em compensação das empresas químicas às vítimas do Agente Laranja" — a soldados americanos, isto é, não aos civis vietnamitas cujo sofrimento é muito maior. E por alguma razão, essas questões mal foram tocadas quando a indignação aumentou em 1988, em relação aos supostos planos da Líbia de desenvolvimento de armas químicas.[36]

A virada à direita entre as elites tomou forma política nos últimos anos do governo Carter e nos anos Reagan, quando as políticas propostas foram implementadas e ampliadas com um consenso bipartidário. Mas, como os administradores do governo Reagan descobriram, a "síndrome do Vietnã" se mostrou um osso duro de roer; daí o grande aumento das operações clandestinas, à medida que o Estado era forçado à clandestinidade pelo inimigo doméstico.

Como se tornou necessário, em meados dos anos 1980, enfrentar os custos das políticas keynesianas militares de Reagan, inclusive os enormes déficits orçamentários e comerciais e a dívida externa, era previsível e foi previsto que o "Império do Mal" se tornaria menos ameaçador e que o flagelo do terrorismo internacional diminuiria, não tanto porque o mundo estivesse tão diferente, mas por causa dos novos problemas enfrentados pela gestão estatal. Vários anos depois, os resultados são visíveis. Entre os próprios ideólogos que reclamavam do mal inextirpável dos bárbaros soviéticos e seus asseclas, a abordagem estadista agora é mandatória, assim como reuniões de cúpula e negociações de armamentos. Mas os problemas básicos de longo prazo permanecem e terão de ser resolvidos.

Ao longo do período de hegemonia global dos Estados Unidos, retórica exaltada à parte, não houve hesitação em recorrer à força quando o bem-estar das elites americanas foi posto em questão pelo que documentos secretos definem como a ameaça de "regimes nacionalistas", que respondem às demandas populares por "melhoria dos baixos padrões de vida das massas" e produção para as necessidades domésticas, e que desejam controlar seus próprios recursos. Para combater essas ameaças, explicam documentos de planejamento de alto nível, os Estados Unidos devem incentivar "um clima político e econômico propício ao investimento privado de capital estrangeiro e doméstico", incluindo a "oportunidade de ganhar e, no caso de capital estrangeiro, repatriar um retorno razoável".[37] O método, explica-se com franqueza, em última análise deve ser a força, já que tais políticas de alguma forma não conseguem obter muito apoio popular e são constantemente ameaçadas pelos elementos subversivos chamados "comunistas".

No Terceiro Mundo, devemos garantir "a proteção de nossas matérias-primas" (como disse George Kennan) e incentivar a produção orientada para a exportação, mantendo uma estrutura de internacionalismo liberal — ao menos na medida em que atenda às necessidades dos investidores dos Estados Unidos. Internacionalmente, assim como em casa, o livre mercado é um ideal a ser enaltecido se seu resultado estiver de acordo com as necessidades do poder e do privilégio domésticos; caso contrário, o mercado deve ser guiado pelo uso eficiente do poder estatal.

Se a mídia, e a respeitável comunidade intelectual em geral, precisam servir ao seus "propósitos sociais", assuntos desse tipo devem ser amenizados e mantidos longe da consciência pública, e as evidências maciças fornecidas pelo registro documental e pela história em evolução devem ser consignadas a arquivos empoeirados ou a publicações marginais. Em retrospecto, podemos falar de erros, interpretações errôneas, exagero da ameaça comunista, das avaliações errôneas da segurança nacional, de falhas pessoais, até de corrupção e falsidade por parte de líderes desencaminhados; mas o estudo das instituições e de seu funcionamento deve ser escrupulosamente ignorado, a não ser em instâncias marginais ou na literatura acadêmica relativamente obscura. Esses resultados foram alcançados de forma bastante satisfatória.

Nas democracias capitalistas do Terceiro Mundo, a situação é quase sempre a mesma. A Costa Rica, por exemplo, é considerada um modelo de democracia na América Latina. A imprensa está firme nas mãos da ultradireita, por isso não precisa haver preocupação com a liberdade de imprensa na Costa Rica, e ninguém fala a respeito. Nesse caso, o resultado não foi alcançado pela força, mas pelo livre mercado, auxiliado por medidas legais de controle dos "comunistas" e, ao que parece, pelo influxo de capital americano nos anos 1960.

Onde tais meios não foram suficientes para impor a versão aprovada de democracia e liberdade de imprensa, outros estão prontamente disponíveis e aparentemente considerados corretos e apropriados, desde que bem-sucedidos. El Salvador ilustra isso de forma dramática na última década. Nos anos 1970, houve uma proliferação de "organizações populares", muitas delas patrocinadas pela Igreja, incluindo associações camponesas, grupos cooperativos, sindicatos e assim por diante. A reação foi uma violenta eclosão de terror de Estado, organizada pelos Estados Unidos com apoio bipartidário e também com o apoio geral da mídia. Todos os escrúpulos residuais se dissolveram quando as "eleições de demonstração" foram realizadas em benefício da frente interna,[38] enquanto o governo Reagan ordenava uma redução nas atrocidades mais visíveis quando a população se mostrava traumatizada a ponto de se temer que os relatos de tortura, assassinato, mutilação e desaparecimento pudessem colocar em risco o financiamento e o apoio aos níveis mais sórdidos do terror de Estado ainda considerados necessários.

Havia uma imprensa independente em El Salvador, dois pequenos jornais: *La Crónica del Pueblo* e *El Independiente*. Ambos foram destruídos em 1980-1981 pelas forças de segurança. Depois de uma série de atentados, um editor do *La Crónica* e um fotógrafo foram levados de uma cafeteria em San Salvador e cortados em pedaços com facões; a redação foi invadida, bombardeada e incendiada por esquadrões da morte e o publisher fugiu para os Estados Unidos. O editor do *El Independiente*, Jorge Pinto, fugiu para o México quando as instalações de seu jornal foram atacadas e os equipamentos destruídos por soldados. Tão grande foi o interesse por esses assuntos nos Estados Unidos que não ganhou nem sequer uma palavra no noticiário do *New York Times* e tampouco qualquer comentário editorial sobre a destruição dos jornais, e também nenhuma palavra nos anos seguintes, apesar de Pinto ter permissão para fazer uma declaração na página de opinião, em que condenou a "junta Duarte" por ter "conseguido extinguir a expressão de qualquer opinião dissidente" e manifestou a sua convicção de que os chamados esquadrões da morte não são "nada mais nem menos que os próprios militares" — uma conclusão endossada pela Igreja e por monitores internacionais de direitos humanos.

No ano anterior à destruição final de *El Independiente*, as instalações foram bombardeadas duas vezes, um office boy foi morto quando a redação foi metralhada, o carro de Pinto foi atingido por rajadas de metralhadora, houve outros dois atentados contra sua vida e tropas do exército chegaram ao seu escritório em tanques e caminhões blindados para procurá-lo dois dias antes de o jornal ter sido afinal destruído. Esses eventos não mereceram nenhuma menção. Pouco antes de ser destruído, houve quatro atentados à bomba ao *La Crónica* em seis meses; um deles, o último, ganhou quarenta palavras no *New York Times*.[39]

Não é que a mídia americana não se preocupe com a liberdade de imprensa na América Central. Contrastando fortemente com o silêncio sobre os dois jornais salvadorenhos, há o caso do jornal de oposição *La Prensa*, na Nicarágua. O crítico de mídia Francisco Goldman contou 263 referências às suas tribulações no *New York Times* em quatro anos.[40] O critério de distinção não é obscuro: os jornais salvadorenhos eram vozes independentes, caladas pela violência assassina de clientes americanos; *La Prensa* é uma agência da campanha dos Estados Unidos para derrubar o governo da Nicarágua, portanto uma "vítima valorosa", cujo assédio provoca angústia e indignação. Voltamos a outras evidências de que esse é de fato o critério operativo.

Muitos meses antes de o seu jornal ser destruído, o dr. Jorge Napoleón Gonzales, publisher do *La Crónica*, visitou Nova York com o intuito de apelar por uma pressão internacional para "impedir que terroristas destruam seu jornal". Citou ameaças da direita e "o que [seu jornal] chama de repressão do governo", comentou o *Times* judiciosamente. Informou que havia recebido ameaças de um esquadrão da morte "que sem dúvida conta com o apoio dos militares", que duas bombas haviam sido encontradas na sua casa, que as instalações do jornal foram metralhadas e incendiadas e sua casa cercada por soldados. Esses problemas tiveram início, declarou, quando seu jornal "começou a exigir reformas nas propriedades de terras", irritando "as classes dominantes". Nenhuma pressão internacional foi mobilizada e as forças de segurança concluíram o trabalho.[41]

Nos mesmos anos, a estação de rádio da Igreja em El Salvador foi bombardeada diversas vezes e tropas ocuparam o prédio da Arquidiocese, destruindo a estação de rádio e saqueando os escritórios do jornal. Mais uma vez, os fatos não provocaram nenhuma reação da mídia.

Essas questões não surgiram nas reportagens entusiásticas das "eleições livres" de El Salvador em 1982 e 1984. Em seguida, fomos informados regularmente pelo correspondente do *Times* na América Central, James LeMoyne, que o país gozava de muito mais liberdade do que a inimiga Nicarágua, onde nada remotamente comparado às atrocidades de El Salvador havia sido cometido, onde líderes da oposição e a mídia financiados e apoiados pelo governo dos Estados Unidos para apoiar seus ataques contra a Nicarágua queixavam-se de assédio, mas não de terror e assassinatos. Tampouco os correspondentes do *Times* na América Central informaram quais figuras importantes da Igreja que fugiram de El Salvador [inclusive um colaborador próximo do arcebispo assassinado Romero], escritores salvadorenhos conhecidos e outros sem qualquer envolvimento em ativismo político, fato bem conhecido pelos correspondentes do *Times*, não podem retornar à democracia de esquadrões da morte que eles enaltecem e protegem, por medo de serem assassinados. Editores do *Times* pedem ao governo Reagan para que utilize "sua pressão em prol da paz e do pluralismo na Nicarágua", onde o governo tinha um "registro terrível" de "assédio aos que se atrevem a exercer [...] liberdade de expressão" e onde nunca houve "uma eleição livre e disputada".⁴² Nenhuma dessas restrições se aplica a El Salvador.

É assim que a imprensa livre trabalha para implantar as ilusões necessárias para conter o inimigo doméstico.

17
INTRODUÇÃO AO *PROGRAMA MINIMALISTA*

Este trabalho é motivado por duas questões relacionadas: (1) quais são as condições gerais que se espera que a faculdade da linguagem humana satisfaça?; e (2) em que medida a faculdade da linguagem é determinada por essas condições, sem uma estrutura especial além delas? A primeira questão, por sua vez, tem dois aspectos: que condições são impostas à faculdade da linguagem em virtude de (A) seu lugar dentro do conjunto de sistemas cognitivos da mente/cérebro e (B) considerações gerais de naturalidade conceitual que tenham alguma plausibilidade independente, a saber, simplicidade, economia, simetria, não redundância, e similares?

A questão (B) é imprecisa, mas não sem conteúdo; a atenção a essas questões pode fornecer diretrizes aqui, como na investigação racional em geral. Na medida em que tais considerações puderem ser esclarecidas e tornadas plausíveis, podemos perguntar se um determinado sistema as satisfaz de uma forma ou de outra. A questão (A), em comparação, tem uma resposta exata, embora apenas partes dela possam ser deduzidas à luz do entendimento atual sobre linguagem e sistemas cognitivos relacionados.

Na medida em que a resposta à questão (2) é positiva, a linguagem é algo como um "sistema perfeito", atendendo a restrições externas tão bem

---

Este capítulo foi publicado pela primeira vez em *The Minimalist Program* (Cambridge, MA, MIT Press, 1995), p. 1-11.

quanto possível, de uma das maneiras razoáveis. O Programa Minimalista para a teoria linguística procura explorar essas possibilidades.

Qualquer progresso em direção a esse objetivo aprofundará um problema para as ciências biológicas que já está longe de ser trivial: como um sistema como a linguagem humana pode surgir na mente/cérebro, ou, nesse caso, no mundo orgânico, no qual parece não ser possível encontrar nada parecido com as propriedades básicas da linguagem humana? Esse problema tem sido às vezes considerado como uma crise para as ciências cognitivas. As preocupações são apropriadas, mas o seu lugar está deslocado; elas são principalmente um problema para a biologia e as ciências do cérebro, que, como entendidas atualmente, não fornecem nenhuma base para o que parecem ser conclusões razoavelmente bem estabelecidas sobre a linguagem.[1] Muito do interesse mais amplo do estudo técnico e detalhado da linguagem encontra-se aqui, na minha opinião.

O Programa Minimalista compartilha vários pressupostos factuais subjacentes com seus predecessores de desde o início dos anos 1950, embora estes tenham assumido formas um pouco diferentes à medida que a investigação prosseguiu. Um é o de que existe um componente da mente/cérebro humano dedicado à linguagem — a faculdade da linguagem — interagindo com outros sistemas. Ainda que não seja obviamente correto, esse pressuposto parece razoavelmente bem estabelecido, e continuarei a tomá-lo como certo aqui, juntamente com a tese empírica de que a faculdade da linguagem tem pelo menos dois componentes: um sistema cognitivo que armazena informações e sistemas de desempenho que acessam essas informações e as utilizam de diversas maneiras. É o sistema cognitivo que principalmente nos interessa aqui.

Os sistemas de desempenho são, presumivelmente, e ao menos em parte, específicos à linguagem, e, portanto, componentes da faculdade da linguagem. Mas geralmente são vistos como não específicos a línguas particulares: não variam como o sistema cognitivo como variam os ambientes linguísticos. Essa é a assunção mais simples, e não se sabe se é falsa, embora possa ser. Não conhecendo ideias melhores, vou me ater a essa, pressupondo que a variação linguística seja restrita ao sistema cognitivo.

Também tomo emprestado de trabalhos anteriores a assunção de que o sistema cognitivo interage com os sistemas de desempenho por meio de níveis de representação linguística, no sentido técnico dessa noção.[2] Uma assunção mais específica é a de que o sistema cognitivo interage somente com dois desses sistemas "externos": o sistema articulatório-perceptual A-P e o sistema conceitual-intensional C-I. Assim, existem dois *níveis de interface*, a Forma Fonética (FF) na interface A-P e a Forma Lógica (FL) na interface C-I. Essa propriedade de "dupla interface" é uma maneira de expressar a descrição tradicional da linguagem como som com um significado, que remonta pelo menos a Aristóteles.

Embora comumente adotadas, pelo menos tacitamente, essas assunções sobre a arquitetura interna da faculdade da linguagem e seu lugar entre outros sistemas da mente/cérebro não são nada óbvias. Mesmo dentro da abordagem geral, a ideia de que articulação e percepção envolvem a mesma representação de interface é controversa, e talvez incorreta de alguma forma fundamental.[3] Os problemas relacionados à interface C-I são ainda mais obscuros e mal compreendidos. Vou me ater a esses pressupostos bem convencionais, apenas observando aqui que, caso se mostrarem corretos, mesmo em parte, seria uma descoberta surpreendente e, portanto, interessante.

As principais questões que orientam o Programa Minimalista foram trazidas à luz quando o modelo de princípios e parâmetros (P&P) tomou forma, cerca de quinze anos atrás. Uma olhada na história recente pode ser útil para contextualizar essas questões. Desnecessário dizer que essas observações são esquemáticas e seletivas, e se beneficiam de uma visão retrospectiva.

A gramática gerativa inicial enfrentou dois problemas imediatos: encontrar uma maneira de explicar os fenômenos de línguas específicas ("adequação descritiva") e explicar como o conhecimento desses fatos surge na mente do falante-ouvinte ("adequação explanatória"). Apesar de pouco reconhecido na época, esse programa de pesquisa reavivou os interesses de uma rica tradição, da qual talvez o último grande representante tenha sido Otto Jespersen.[4] Jespersen reconheceu que as estruturas da linguagem "passam a existir na mente de um falante" por abstração a partir da experiência com enunciados, produzindo uma "noção de sua estrutura" que é "definida o suficiente para orientar na formulação de suas próprias sentenças", essencialmente "expressões livres", que geralmente são novas para falante e ouvinte.

Podemos usar essas propriedades da linguagem para estabelecer os objetivos primários da teoria linguística: explicitar claramente essa "noção de estrutura" e o procedimento pelo qual ela produz "expressões livres", e explicar como surge na mente do falante — os problemas de adequação descritiva e explanatória, respectivamente. Para obter a adequação descritiva de uma determinada língua L, a teoria de L (sua gramática) deve caracterizar o estado alcançado pela faculdade da linguagem, ou ao menos alguns de seus aspectos. Para obter a adequação explanatória, uma teoria da linguagem deve caracterizar o estado inicial da faculdade da linguagem e mostrar como ela mapeia a experiência ao estado obtido. Jespersen sustentou também que somente "no que diz respeito à sintaxe" é que esperamos "haver algo em comum a toda fala humana"; pode haver uma "gramática universal (ou geral)", daí um relato talvez mais abrangente do estado inicial da faculdade da linguagem nesse domínio, embora "ninguém jamais tenha sonhado com uma morfologia universal". Essa ideia tem também certa ressonância em trabalhos recentes.

Na era moderna, esses interesses tradicionais foram substituídos, em parte por correntes behavioristas, em parte por diversas abordagens estruturalistas, que reduziram radicalmente o domínio da investigação, enquanto expandiam muito o banco de dados para algumas investigações futuras que poderiam retornar aos interesses tradicionais — certamente válidos. Abordá-los exigia uma melhor compreensão do fato de a linguagem envolver um "uso infinito de meios finitos", para usar uma formulação clássica. Os avanços nas ciências formais proporcionaram essa compreensão, tornando viável o tratamento dos problemas de forma construtiva. A gramática gerativa pode ser considerada uma espécie de confluência de interesses há muito esquecidos do estudo da linguagem e da mente e uma nova compreensão fornecida pelas ciências formais.

Os primeiros esforços para abordar esses problemas logo revelaram que os estudos gramaticais e lexicais tradicionais não começam nem sequer a definir, muito menos a explicar, até mesmo os fatos mais elementares sobre as línguas mais estudadas. Só fornecem indícios que podem ser usados pelo leitor que já tenha algum conhecimento tácito da linguagem, e de determinadas línguas; o tópico central da investigação foi, em grande medida, simplesmente ignorado. Uma vez que o conhecimento tácito necessário é tão fácil de ser acessado, sem reflexão, as gramáticas e os dicionários tradicionais parecem ter uma cobertura muito ampla de dados linguísticos. Trata-se de uma ilusão, como constatamos rapidamente quando tentamos explicar o que é tido como certo: a natureza da faculdade da linguagem e seu estado em casos particulares.

O que não chega a ser uma situação exclusiva do estudo da linguagem. Normalmente, quando as questões são formuladas com mais precisão, percebe-se que mesmo fenômenos elementares passaram despercebidos, e que explicações intuitivas que pareciam simples e convincentes são totalmente inadequadas. Se estivermos convencidos de que uma maçã cai no chão porque aquele é o seu lugar natural, não haverá uma ciência séria da mecânica. O mesmo é verdade se nos contentarmos com as regras tradicionais para a formação de perguntas, ou com as entradas lexicais dos dicionários mais sofisticados: nenhum deles chega perto de descrever as propriedades simples desses objetos linguísticos.

O reconhecimento da riqueza e complexidade insuspeitas dos fenômenos da linguagem criou uma tensão entre os objetivos de adequação descritiva e explanatória. Ficou claro que para chegar à adequação explanatória uma teoria do estado inicial só deve permitir variação limitada: línguas específicas devem ser amplamente conhecidas antes da experiência. As opções permitidas na Gramática Universal (GU) devem ser altamente restritivas. A experiência deve ser suficiente para fixá-las de um jeito ou de outro, produzindo um estado da faculdade da linguagem que determine o conjunto variado e complexo de expressões, seu som e significado; e mesmo o exame mais superficial revela o abismo que separa o conhecimento do usuário da língua dos dados da experiência. Mas o objetivo da adequação explanatória se distanciou ainda mais à medida que os sistemas gerativos foram enriquecidos na busca pela adequação descritiva, de maneiras radicalmente diferentes para diferentes línguas. O problema foi agravado pela enorme variedade de fenômenos descobertos quando foram feitas tentativas de formular verdadeiros sistemas de regras para diversas línguas.

Essa tensão definiu o programa de pesquisa da gramática gerativa então nascente — ou ao menos a tendência dentro da qual me interessa aqui. Desde o início dos anos 1960, seu objetivo central era abstrair princípios gerais a partir de complexos sistemas de regras concebidos para línguas específicas, deixando as regras simples restritas em sua operação por esses princípios da GU. Passos nessa direção reduzem a variedade de propriedades específicas a cada língua, contribuindo assim para a adequação explanatória. Eles também tendem a prover teorias mais simples e naturais, lançando afinal as bases para uma abordagem minimalista. Não é necessário que seja o caso: pode acontecer que uma versão "mais feia", mais rica e mais complexa da GU reduza a variedade permissível, contribuindo assim para o principal objetivo empírico da adequação explanatória. Na prática, porém, os dois empreendimentos provaram se reforçar mutuamente, e prosseguiram lado a lado. Um exemplo diz respeito a princípios redundantes, com uma cobertura empírica sobreposta. Repetidamente, verificou-se que esses princípios redundantes são formulados erroneamente e precisam ser substituídos por outros não redundantes. A constatação tem sido tão regular que a necessidade de eliminar a redundância tornou-se um princípio de trabalho na investigação. Mais uma vez, trata-se de uma propriedade surpreendente de um sistema biológico.

Esses esforços culminaram no modelo de P&P.[5] Esse modelo constituiu uma ruptura radical com a rica tradição de milhares de anos de estudos de linguística, muito mais do que a ruptura da gramática gerativa inicial, que poderia ser entendida como um renascimento de interesses e abordagens tradicionais a esses estudos (talvez a razão de ter sido muitas vezes mais simpática aos gramáticos tradicionais do que aos linguistas estruturais modernos). Em comparação, a abordagem de P&P afirma que as ideias básicas da tradição, incorporadas sem grandes mudanças na gramática gerativa original, estão equivocadas em princípio — em particular, a ideia de que uma língua consiste de regras para formar construções gramaticais (orações relativas, passivas etc.). A abordagem de P&P sustenta que as línguas não têm regras no sentido mais comum nem construções gramaticais teoricamente significativas, a não ser como artefatos taxonômicos. Existem princípios universais e um conjunto de opções finito sobre como eles se aplicam (parâmetros), mas não há regras específicas para uma língua nem construções gramaticais do tipo tradicional dentro das ou entre as línguas.

Para cada língua específica, assumimos que o sistema cognitivo consiste em um sistema computacional SC e um léxico. O léxico especifica os elementos que o SC seleciona e integra para formar expressões linguísticas — os pares (FF, FL), conforme assumimos. O léxico deve fornecer apenas a informação necessária para o SC, sem redundância e de uma forma otimizada, excluindo o que for esperado pelos princípios da GU ou por propriedades da língua em questão. Praticamente todos os itens do léxico pertencem às *categorias substantivas*, que consideraremos ser o nome, o verbo, o adjetivo e a partícula, deixando de lado muitas questões sérias sobre sua natureza e suas inter-relações. As outras categorias serão chamadas de *funcionais* (tempo, complementizador etc.), um termo que não precisamos tornar mais preciso de início, e que refinaremos à medida que prosseguirmos.

Na abordagem de P&P, os problemas de tipologia e variação linguística surgem de forma um pouco diferente do que antes. As diferenças entre as línguas e a tipologia devem ser redutíveis à escolha dos valores dos parâmetros. Um grande problema de pesquisa é determinar exatamente quais são essas opções, bem como precisar em quais componentes da linguagem podem ser encontradas. Uma das propostas é a de que os parâmetros sejam restritos a *aspectos formais* sem interpretação na interface.[6] Outra, ainda mais forte, é a de que sejam restritos a aspectos formais de categorias funcionais.[7] Essas teses poderiam ser consideradas uma expressão parcial da intuição de Jespersen sobre os limites entre a sintaxe e a morfologia. Vou assumir que algo do tipo esteja correto, mas sem tentar ser muito claro sobre o assunto, já que entendemos muito pouco para arriscar hipóteses por demais fortes, até onde posso ver.

Nesse contexto, a aquisição da linguagem é interpretada como o processo de fixação dos parâmetros do estado inicial em uma das formas possíveis. Uma escolha específica de configurações de parâmetros determina uma *língua* no sentido técnico que nos interessa aqui: uma língua-I,[8] onde I deve ser entendido "interno", "individual" e "intensional".

Essa maneira de formular as questões, no modelo de P&P, evidencia uma inadequação crucial na caracterização da língua como um estado da faculdade da linguagem. Dificilmente se pode esperar que a faculdade da linguagem seja uma instanciação do estado inicial com valores paramétricos fixados. Na verdade, um estado da faculdade da linguagem é um produto acidental da experiência variada, sem nenhum interesse particular em si mesmo, não mais que outras coletâneas de fenômenos do mundo natural (e é por isso que os cientistas fazem experimentos em vez de registrar o que acontece em circunstâncias naturais). Meu sentimento pessoal é o de ser necessária uma idealização muito mais substancial se quisermos entender as propriedades da faculdade da linguagem,[9] porém, os mal-entendidos e a confusão gerados até mesmo por uma idealização limitada são tão pervasivos que pode não ser útil prosseguir no assunto hoje. *Idealização*, deve-se notar, é um termo enganoso para a única maneira razoável de se chegar a uma compreensão da realidade.

O modelo P&P é em parte mais uma especulação ousada do que uma hipótese específica. No entanto, suas assunções básicas parecem razoáveis à luz do que atualmente está bem estabelecido, e sugerem um caminho natural para solucionar a tensão entre a adequação descritiva e a explanatória. Na verdade, esse afastamento da tradição propiciou a primeira esperança de abordar o problema crucial da adequação explanatória, que havia sido deixado de lado como difícil demais. Os primeiros trabalhos em gramática generativa buscavam apenas uma medida de avaliação que selecionasse entre teorias alternativas de uma língua (gramáticas) que se adaptassem ao formato prescrito pela GU e fossem consistentes com os dados relevantes. Além disso, nada parecia concebível além de alguma noção de "viabilidade", deixada imprecisa.[10] Mas se algo como o conceito de língua-I da teoria de P&P se mostrar correto — captando a natureza essencial do conceito de língua pressuposto no estudo do desempenho, da aquisição, da interação social e assim por diante —, então a questão da adequação explanatória pode ser seriamente levantada. Torna-se a questão de determinar como os valores são fixados pela experiência para um número finito de parâmetros universais, o que não é um problema trivial, mas pelo menos algo que pode ser desenvolvido de forma construtiva.

Se essas ideias demonstrarem estar no caminho certo, existe um único sistema computacional da linguagem humana (C_{HL}) e uma variedade lexical apenas limitada. A variação linguística é essencialmente de caráter morfológico, inclusive a questão crítica sobre quais partes de uma computação são realizadas de maneira aberta, um tópico trazido à tona pela teoria do caso abstrato de Jean-Roger Vergnaud e pelo trabalho de James Huang sobre a tipologia variável de interrogativas e construções relacionadas.

Este apanhado da abordagem P&P sobrestima o caso. Seria de se esperar uma maior variação entre as línguas na medida em que houver dados prontamente disponíveis para determinar escolhas específicas. Esses domínios são diversos. Um deles é a parte periférica da fonologia. Outro é a "arbitrariedade saussuriana", isto é, o pareamento som-significado para a parte substantiva do léxico. Deixo essas questões de lado, junto com muitas outras que parecem ter pouca relevância para as propriedades computacionais da linguagem que são o foco aqui; tais questões, que parecem não entrar no C_{HL}, incluem a variabilidade de campos semânticos, a seleção a partir do repertório lexical disponibilizado na GU e questões não triviais sobre a relação de itens lexicais com outros sistemas cognitivos.

Assim como as primeiras propostas em gramática gerativa, a formulação do modelo de P&P levou à descoberta e à compreensão ao menos parcial de uma vasta gama de novos materiais empíricos, agora de uma grande variedade de línguas tipologicamente diferentes. As questões que poderiam ser colocadas com clareza e os fatos empíricos de que tratam são novos em profundidade e variedade, um desenvolvimento em si mesmo promissor e animador.

Com a tensão entre as adequações descritiva e explanatória reduzida, e com o último problema pelo menos colocado na agenda, as tarefas à mão tornam-se muito mais difíceis e interessantes. A primeira é mostrar que a aparente riqueza e diversidade de fenômenos linguísticos são ilusórias e epifenomenais, resultado da interação de princípios fixos sob condições ligeiramente variáveis. A mudança de perspectiva proporcionada pela abordagem de P&P também fornece um molde diferente à questão de como as considerações de simplicidade entram na teoria da gramática. Conforme discutido nos primeiros trabalhos em gramática gerativa, essas considerações têm duas formas distintas: uma noção imprecisa, porém não vazia de simplicidade, que entra na investigação racional, no geral deve ser claramente diferenciada de uma medida simplicidade interna à teoria, que seleciona entre as línguas-I.[11] A noção anterior de simplicidade não tem nada a ver em especial com o estudo da linguagem, mas a noção interna à teoria é um componente da GU, parte do procedimento para determinar a relação entre experiência e língua-I; seu status é algo como o de uma constante física. Nos primeiros trabalhos, a noção interna tomou a forma de um procedimento de avaliação para selecionar entre gramáticas propostas (em termos atuais, entre línguas-I) consistentes com o formato permitido para sistemas de regras. A abordagem de P&P sugere uma maneira de ir além desse objetivo limitado, embora não trivial, e de lidar com o problema da adequação explanatória. Sem um procedimento de avaliação, não há nenhuma noção interna de simplicidade no sentido anterior.

No entanto, ideias muito semelhantes ressurgiram, dessa vez na forma de considerações de economia que selecionam entre derivações e que barram as derivações menos ótimas no sentido interno à teoria. A noção externa de simplicidade permanece inalterada: operativa como sempre, mesmo que apenas de forma imprecisa.

Neste ponto ainda surgem outras questões, a saber, as do Programa Minimalista. Quão "perfeita" é a linguagem? Deve haver "imperfeições" nos traços morfológico-formais do léxico e em aspectos da linguagem induzidos por condições na interface A-P, pelo menos. A questão essencial é se, ou em que medida, esses componentes da faculdade da linguagem são o repositório de distanciamentos da necessidade conceitual virtual, de modo que o sistema computacional C_{HL} não apenas seja único como também, de uma forma interessante, ótimo. Ao examinar o mesmo problema de uma perspectiva diferente, procuramos determinar até que ponto a evidência realmente nos leva a atribuir uma estrutura específica para a faculdade da linguagem, exigindo que cada afastamento da "perfeição" seja analisado de perto e com muita motivação.

O progresso em direção a esse objetivo adicional coloca um enorme fardo descritivo nas respostas às perguntas (A) e (B): o efeito das condições da interface e a formulação específica de considerações gerais de coerência interna, de naturalidade conceitual e de outras coisas do gênero — de "simplicidade", no sentido externo. A carga empírica, já substancial em qualquer teoria de P&P, se torna agora muito mais severa.

Os problemas que surgem são, portanto, extremamente interessantes. É, acredito, de considerável importância que possamos ao menos formular tais questões hoje, e até mesmo abordá-las, com algum sucesso, em algumas áreas. Se o pensamento recente ao longo dessas diretrizes estiver próximo de ser preciso, temos um futuro rico e empolgante pela frente para o estudo da linguagem e de disciplinas relacionadas...

18
NOVOS HORIZONTES NO ESTUDO DA LINGUAGEM E DA MENTE

O estudo da linguagem é um dos ramos mais antigos da investigação sistemática, remontando à Índia e à Grécia clássicas, com uma rica e frutífera história de realizações. Dependendo do ponto de vista, ainda é bem jovem. Os grandes empreendimentos de pesquisa atuais só tomaram forma há cerca de quarenta anos, quando algumas das principais ideias da tradição foram revividas e reconstruídas, abrindo caminho para o que provou ser uma investigação muito produtiva.

Não surpreende que a linguagem tenha exercido tamanho fascínio ao longo dos anos. A faculdade humana da linguagem parece ser uma verdadeira "propriedade da espécie", variando pouco entre os humanos e sem analogia significativa em outras instâncias. Provavelmente os análogos mais próximos são encontrados em insetos, a uma distância evolutiva de 1 bilhão de anos. Não há nenhuma razão séria hoje para contestar a visão cartesiana de que a capacidade de usar signos linguísticos para expressar pensamentos livremente formados marca "a verdadeira distinção entre homem e animal" ou máquina, quer por "máquina" entendamos os autômatos que galvanizaram a imaginação nos séculos XVII e XVIII, ou os que hoje estimulam o pensamento e a imaginação.

Este capítulo foi publicado pela primeira vez em *New Horizons in the Study of Language and Mind* (Cambridge, Cambridge University Press, 2000), p. 3-18.

Além disso, a faculdade da linguagem é essencial em todos os aspectos da vida humana, no pensamento e nas interações. É em grande parte responsável pelo fato de que, no mundo biológico, só os humanos têm uma história, evolução cultural e diversidade de qualquer complexidade e riqueza, incluindo sucesso biológico no sentido técnico de serem enormemente numerosos. Um cientista marciano que observasse os estranhos acontecimentos na Terra dificilmente deixaria de ficar impressionado com o surgimento e o significado dessa forma aparentemente única de organização intelectual. É ainda mais natural que o tema, com seus muitos mistérios, tenha despertado a curiosidade daqueles que buscam compreender sua própria natureza e seu lugar no mundo mais amplo.

A linguagem humana se caracteriza por uma propriedade elementar que também parece ser biologicamente específica à espécie: a propriedade da infinitude discreta, exibida em sua forma mais pura pelos números naturais 1, 2, 3, ... As crianças não aprendem essa propriedade; a não ser que a mente já disponha dos princípios básicos, não há como pensar que alguma quantidade de evidência poderia fornecer tais princípios. Da mesma forma, nenhuma criança precisa aprender que existem sentenças de três e quatro palavras, mas não sentenças com três palavras e meia, e que continuam para sempre; é sempre possível construir uma sentença mais complexa, com forma e significado definidos. Esse conhecimento deve vir até nós da "mão original da natureza", nas palavras de David Hume, isto é, como parte da nossa dotação biológica.[1]

Essa propriedade intrigou Galileu, que considerou a descoberta de um meio de comunicar nossos "pensamentos mais secretos a qualquer outro com 24 pequenos caracteres" como a mais grandiosa de todas as invenções humanas.[2] A invenção funciona porque reflete a infinitude discreta da linguagem que esses caracteres são usados para representar. Pouco depois, os autores da Gramática de Port-Royal ficaram impressionados com a "maravilhosa invenção" de um meio de construir, a partir de algumas dezenas de sons, uma infinidade de expressões, que nos permitem revelar aos outros o que pensamos, imaginamos e sentimos — no enfoque moderno, não uma "invenção", mas não menos "maravilhosa" como produto da evolução biológica, sobre a qual, nesse caso, praticamente nada se sabe.

A faculdade da linguagem pode ser razoavelmente considerada como um "órgão da linguagem", no mesmo sentido que os cientistas falam do sistema visual, do sistema imunológico ou do sistema circulatório como órgãos do corpo. Entendido dessa forma, um órgão não é algo que pode ser removido do corpo, deixando o resto intacto. É um subsistema de uma estrutura mais complexa. Tentamos entender toda essa complexidade estudando partes que apresentam características distintas e suas interações. O estudo da faculdade da linguagem procede da mesma forma.

Assumimos ainda que o órgão da linguagem é também como os outros por seu caráter básico ser uma expressão dos genes. Como isso acontece continua sendo uma distante perspectiva a ser explorada, mas podemos investigar o "estado inicial" geneticamente determinado da faculdade da linguagem de outras formas. Evidentemente, cada língua é o resultado da interação de dois fatores: o estado inicial e o curso da experiência. Podemos pensar no estado inicial como um "dispositivo de aquisição da linguagem", que toma a experiência como um *input* e devolve a língua como *output* — um "output" representado internamente na mente/cérebro. O *input* e o *output* estão ambos abertos à investigação: podemos estudar o curso da experiência e as propriedades das línguas que são adquiridas. O que é aprendido pode, então, nos dizer muito sobre o estado inicial que faz a mediação entre eles.

Ademais, existem fortes razões para acreditar que o estado inicial é comum à espécie: se meus filhos tivessem crescido em Tóquio, eles falariam japonês, como as outras crianças de lá. Isso significa que a evidência sobre o japonês se relaciona diretamente com as suposições relativas ao estado inicial para o inglês. Assim, é possível estabelecer sólidas condições empíricas que a teoria do estado inicial deve satisfazer e também colocar diversos problemas para a biologia da linguagem: como os genes determinam o estado inicial e quais são os mecanismos cerebrais envolvidos no estado inicial e nos estados posteriores da faculdade da linguagem? São problemas extremamente difíceis, mesmo para sistemas muito mais simples, para os quais a experiência direta é possível, mas alguns podem estar no horizonte da investigação.

A abordagem sobre a qual estou aqui tratando diz respeito à faculdade da linguagem: seu estado inicial e os estados que assume. Suponha que o órgão de linguagem do Pedro esteja no estado L. Podemos pensar em L como a "língua internalizada" de Pedro. Quando falo aqui de uma língua, é isso que quero dizer. Entendida sob esse viés, uma língua é algo como "a maneira como falamos e entendemos", uma concepção tradicional de língua.

Adaptando um termo tradicional a uma nova abordagem,* chamamos a teoria sobre a língua de Pedro de "gramática" da sua língua. A língua de Pedro determina uma variedade infinita de expressões, cada uma com seu som e significado. Em termos técnicos, a língua de Pedro "gera" as expressões da sua língua. A teoria sobre a língua de Pedro é, então, entendida como uma gramática gerativa. Cada expressão é um complexo de propriedades, que fornecem "instruções" para os sistemas de desempenho de Pedro: seu aparato articulatório, seus modos de organizar os pensamentos e assim por diante. Com sua língua e os sistemas de desempenho associados no lugar, Pedro tem um grande conhecimento sobre o som e o significado das expressões, e uma capacidade correspondente de interpretar o que ouve, expressar seus pensamentos e utilizar sua língua de várias outras maneiras.

A gramática gerativa surgiu no contexto do que muitas vezes é chamado de "revolução cognitiva" dos anos 1950, e foi um fator importante no seu desenvolvimento. Seja ou não apropriado o termo "revolução", houve uma importante mudança de perspectiva: do estudo do comportamento e seus produtos (como textos) aos mecanismos internos que participam do pensamento e da ação.** A perspectiva cognitiva considera o comportamento e seus produtos não como o objeto de investigação, mas como dados que podem fornecer evidências sobre os mecanismos internos da mente e sobre as formas como esses mecanismos operam na execução de ações e na interpretação da experiência. As propriedades e os padrões que foram foco de atenção na linguística estrutural encontram seu lugar, mas como fenômenos a serem explicados juntamente com inúmeros outros, em termos dos

---

* Por "abordagem", Chomsky está falando de sua própria teoria sobre a faculdade humana da linguagem, a (teoria da) gramática gerativa. Nesse sentido, o termo "língua" (do uso comum) passa a significar "gramática" no âmbito da gramática gerativa. [N.R.]

** Chomsky se refere ao movimento que se deu em linguística teórica com o advento da gramática gerativa: deixou-se de lado o estudo do "desempenho" ou performance — isto é, da produção linguística efetiva, que pode ser observada nos mais variados textos, à qual Chomsky chamou de "língua-E(xternalizada)" (cf. Noam Chomsky, *O conhecimento da língua: sua natureza, origem e uso*. Tradução: Anabela Gonçalves e Ana Teresa Alves. Lisboa, Caminho Editorial, 1994) — para se debruçar sobre "a competência", competência esta que permite ao usuário de língua natural produzir ou gerar as formas de sua língua. Chomsky chamou a "competência" de "língua-I(nternalizada)". O estudo do desempenho interessava aos estudiosos do estruturalismo, paradigma teórico ao qual o gerativismo de Chomsky veio se contrapor. [N.R.]

mecanismos internos que geram expressões. A abordagem é "mentalista", mas no que deveria ser um sentido incontroverso. Seu interesse é pelos "aspectos mentais do mundo", que estão ao lado de seus aspectos mecânicos, químicos, ópticos e outros. Sua proposta é a de estudar um objeto real no mundo natural — o cérebro, seus estados e suas funções —, e assim mover o estudo da mente em direção a uma integração final com as ciências biológicas.

A "revolução cognitiva" renovou e reformulou muito do entendimento, das conquistas e dos dilemas do que poderíamos chamar de "a primeira revolução cognitiva" dos séculos XVII e XVIII, que foi parte da revolução científica que modificou tão radicalmente nossa compreensão do mundo. Na época reconheceu-se que a linguagem envolve "o uso infinito de meios finitos", na frase de Wilhelm von Humboldt; mas o entendimento só poderia ser desenvolvido de forma limitada, pois as ideias básicas continuavam vagas e obscuras. Em meados do século XX, os avanços nas ciências formais forneceram conceitos apropriados de forma muito nítida e clara, tornando possível uma explicação precisa dos princípios computacionais que geram as expressões de uma língua, e assim apreender, pelo menos parcialmente, a ideia do "uso infinito de meios finitos". Outros avanços também abriram caminho para a investigação de questões tradicionais com maior esperança de sucesso. O estudo da mudança linguística registrou grandes conquistas. A linguística antropológica propiciou uma compreensão muito mais rica da natureza e variedade de línguas, abalando também muitos estereótipos. E certos tópicos, notadamente o estudo dos sistemas de som, tiveram grandes avanços com a linguística estrutural do século XX.

As primeiras tentativas de executar o programa da gramática gerativa logo revelaram que, mesmo considerando as línguas mais estudadas, as propriedades elementares tinham passado despercebidas, que as gramáticas e dicionários tradicionais mais abrangentes só tocam na superfície. As propriedades básicas das línguas são sempre pressupostas, não reconhecidas e não expressas. Isso é muito apropriado se o objetivo for ajudar pessoas a aprender uma segunda língua, encontrar o significado convencional e a pronúncia das palavras, ou ter uma ideia geral de como as línguas diferem. Mas se nosso objetivo é entender a faculdade da linguagem e os estados que pode assumir, não podemos pressupor tacitamente "a inteligência do leitor". Ao contrário, este é o objeto de investigação.

O estudo da aquisição da linguagem leva à mesma conclusão. Um exame cuidadoso da interpretação de expressões revela muito rapidamente que desde os primeiros estágios a criança sabe muito mais do que a experiência forneceu. Isso é verdade até mesmo para palavras simples. Nos períodos de pico da aquisição da linguagem, uma criança adquire palavras a uma velocidade de cerca de uma por hora, com uma exposição extremamente limitada e sob condições altamente ambíguas. As palavras são compreendidas em modos sutis e complexos, que estão muito além do alcance de qualquer dicionário e apenas começando a ser investigados. Quando vamos além de palavras simples, a conclusão se torna ainda mais radical. A aquisição da linguagem se parece muito com o crescimento dos órgãos em geral; é algo que acontece com uma criança, não que a criança o faça. E por mais que o ambiente seja de fato importante, o curso geral do desenvolvimento e as características básicas do que surge são predeterminados pelo estado inicial. No entanto, o estado inicial é uma dotação comum aos humanos. O que se pode deduzir, então, é que em suas propriedades essenciais e até nos mínimos detalhes, as línguas sejam esculpidas no mesmo molde. O cientista marciano poderia razoavelmente concluir que existe uma única linguagem humana, com diferenças apenas nas margens.

À medida que as línguas foram investigadas com mais cuidado do ponto de vista da gramática gerativa, ficou claro que a diversidade delas fora subestimada tanto radicalmente quanto a sua complexidade e a extensão em que são determinadas pelo estado inicial da faculdade da linguagem. Ao mesmo tempo, sabemos que a diversidade e a complexidade não podem ser mais que uma aparência superficial.

Essas conclusões foram surpreendentes, paradoxais, porém inegáveis. Estabelecem de forma crua o que se tornou o problema central do estudo moderno da linguagem: como podemos demonstrar que todas as línguas são variações de um único tema, ao mesmo tempo que registramos fielmente suas intrincadas propriedades de som e significado, superficialmente diversas? Uma teoria genuína da linguagem humana precisa satisfazer duas condições: "adequação descritiva" e "adequação explanatória". A gramática de uma língua específica satisfaz a condição de adequação descritiva na medida em que fornece uma definição completa e precisa das propriedades da língua, do que sabe o seu falante. Para satisfazer a condição de adequação explanatória, uma teoria da linguagem deve mostrar como cada língua específica pode ser derivada de um estado inicial uniforme sob as "condições limítrofes" estabelecidas pela experiência. Assim, ela fornece uma explicação das propriedades das línguas em um nível mais profundo.

Há uma séria tensão entre essas duas tarefas de pesquisa. A busca pela adequação descritiva parece levar a uma complexidade e a uma variedade cada vez maiores dos sistemas de regras, enquanto a busca pela adequação explanatória exige que a estrutura da língua seja invariável, exceto nas margens. É essa tensão que define em grande parte as diretrizes da pesquisa. A maneira natural de resolver a tensão é questionar a suposição tradicional, transferida para a gramática gerativa em seus primórdios, de que uma língua é um sistema complexo de regras, cada uma específica para línguas particulares e para construções gramaticais específicas: regras para formar orações relativas em hindi, sintagmas verbais em suaíli, formas passivas em japonês e assim por diante. Considerações sobre adequação explanatória indicam que isso não pode estar correto.

O problema central era identificar propriedades gerais de sistemas de regras que pudessem ser atribuídas à própria faculdade da linguagem, na esperança de que o resíduo se mostrasse mais simples e uniforme. Cerca de quinze anos atrás, esses esforços se cristalizaram em uma abordagem da linguagem que significou um afastamento muito mais radical da tradição do que a gramática gerativa anterior. Essa abordagem de "Princípios e Parâmetros", como foi chamada, rejeitou inteiramente o conceito de regra e construção gramatical: não há regras para formar orações relativas em hindi, sintagmas verbais em suaíli, formas passivas em japonês e assim por diante. As construções gramaticais familiares são consideradas artefatos taxonômicos, talvez úteis para a descrição informal, mas sem base teórica. Elas têm algo a ver com o status de "mamífero terrestre" ou "animal de estimação". E as regras são decompostas em princípios gerais da faculdade da linguagem, que interagem para gerar as propriedades das expressões.

Podemos pensar no estado inicial da faculdade da linguagem como uma rede fixa conectada a uma caixa de interruptores; a rede é constituída pelos princípios da linguagem, enquanto os interruptores são as opções a serem determinadas pela experiência. Quando os interruptores são ajustados de uma certa forma, temos o suaíli; quando são definidos de outra forma, temos o japonês. Cada língua humana possível é identificada como uma configuração específica dos interruptores — um conjunto de parâmetros, na terminologia técnica. Se o programa de pesquisa for bem-sucedido, deveremos ser capazes de deduzir literalmente o suaíli a partir de uma escolha de configurações, o japonês a partir de outra e assim por diante, passando por todas as línguas que os humanos podem adquirir. As condições empíricas de aquisição da linguagem requerem que os interruptores possam ser ajustados com base nas informações muito limitadas disponíveis para a criança. Observe que pequenas mudanças nas configurações do interruptor podem resultar numa grande variedade aparente no *output* ("produto"), pois os efeitos proliferam pelo sistema. Essas são as propriedades gerais da linguagem, que qualquer teoria genuína precisa apreender de alguma forma.

É claro que se trata de um programa, e está longe de ser um produto acabado. É improvável que as conclusões preliminares permaneçam em sua forma atual; e, desnecessário dizer, não se pode ter certeza de que a abordagem como um todo esteja no caminho certo. Como programa de pesquisa, no entanto, tem sido muito bem-sucedido, levando a uma verdadeira explosão da investigação empírica de línguas de uma gama tipológica muito ampla, a novas questões que nunca poderiam ter sido formuladas antes e a muitas respostas intrigantes. Questões de aquisição, processamento, patologia e outras também assumiram novas formas, que se mostraram igualmente muito produtivas. Ademais, seja qual for o seu destino, o programa sugere como a teoria da linguagem pode satisfazer as condições conflitantes das adequações descritiva e explanatória. Fornece ao menos um esboço de uma teoria genuína da linguagem, na verdade pela primeira vez.

No âmbito desse programa de pesquisa, a principal tarefa é identificar e esclarecer os princípios e parâmetros e a maneira de sua interação, e estender a abordagem para incluir outros aspectos da linguagem e de seu uso. Apesar de muita coisa continuar obscura, houve progresso suficiente para ao menos considerar, e talvez desenvolver, algumas questões novas e mais abrangentes sobre o design da linguagem. Em particular, podemos perguntar o quanto esse design é apropriado. Quanto a linguagem se aproxima do que algum superengenheiro poderia construir, dadas as condições que a faculdade da linguagem deve satisfazer?

As perguntas precisam ser refinadas, e há maneiras de proceder. A faculdade da linguagem está inserida na arquitetura mais ampla da mente/cérebro. Ela interage com outros sistemas, que impõem condições que a linguagem deve satisfazer para ser utilizável. Podemos pensar nesses fatores como "condições de legibilidade", no sentido de que outros sistemas devem ser capazes de "ler" as expressões da língua e usá-las como "instruções" para o pensamento e a ação. Os sistemas sensório-motores, por exemplo, têm de ser capazes de ler as instruções referentes ao som, ou seja, as "representações fonéticas" geradas pela língua. Os aparatos articulatórios e perceptivos têm um desenho específico que permite interpretar certas propriedades fonéticas, mas não outras. Assim, esses sistemas impõem condições de legibilidade aos processos gerativos da faculdade da linguagem, que devem fornecer expressões com a forma fonética adequada. O mesmo vale para os sistemas conceituais e outros que fazem uso dos recursos da faculdade da linguagem: eles têm suas propriedades intrínsecas, que exigem das expressões geradas pela linguagem certos tipos de "representações semânticas", não outras. Portanto, podemos perguntar em que medida a linguagem é uma "boa solução" para as condições de legibilidade impostas pelos sistemas externos com os quais interage. Até muito recentemente, essa questão não podia ser colocada seriamente, nem mesmo formulada de forma razoável. Agora, parece que sim, e há até indícios de que a faculdade da linguagem pode ser próxima de "perfeita" nesse sentido; se for verdade, será uma conclusão surpreendente.

O que veio a ser chamado de Programa Minimalista é um esforço para explorar essas questões. É muito cedo para apresentar um julgamento sólido sobre o projeto. Minha opinião pessoal é que as questões podem agora ser postas na ordem do dia com um viés favorável e que os primeiros resultados são promissores. Gostaria de dizer algumas palavras sobre as ideias e as perspectivas, para depois voltar a alguns problemas que permanecem no horizonte.

O Programa Minimalista exige que sujeitemos as assunções convencionais a um exame meticuloso. A mais respeitável é a de que a linguagem tem som e significado. Nos termos vigentes, isso se traduz de forma natural na tese de que a faculdade da linguagem envolve outros sistemas da mente/cérebro em dois "níveis de interface", um relacionado ao som e outro ao significado. Uma expressão específica gerada pela língua contém uma representação fonética, legível para os sistemas sensório-motores, e uma representação semântica legível para os sistemas conceituais e outros do pensamento e da ação.

Uma questão é se existem outros níveis além dos níveis de interface: existem níveis "internos" à linguagem, em particular, os níveis de estrutura profunda e superficial postulados nos trabalhos modernos?[3] O Programa Minimalista procura mostrar que tudo o que foi tratado nesses níveis foi mal descrito, e pode ser tão ou melhor entendido em termos de condições de legibilidade na interface: para aqueles que conhecem a literatura técnica, trata-se do princípio da projeção, a teoria da ligação, a teoria de caso, a condição de cadeia e assim por diante.

Também tentamos mostrar que as únicas operações computacionais são aquelas inevitáveis nas suposições mais fracas sobre propriedades da interface. Uma dessas suposições é a de que existem unidades semelhantes a palavras: os sistemas externos precisam conseguir interpretar itens como "Pedro" e "alto". Outra é a de que esses itens são organizados em expressões maiores, como "Pedro é alto". Uma terceira é a de que os itens têm propriedades de som e significado: a palavra "Pedro" começa com o fechamento dos lábios e é usada para se referir a pessoas. A linguagem, portanto, envolve três tipos de elementos:

- as propriedades do som e do significado, chamadas de "traços";
- os itens montados a partir dessas propriedades, chamados de "itens lexicais"; e
- as expressões complexas construídas a partir dessas unidades "atômicas".

Segue-se que o sistema computacional que gera expressões tem duas operações básicas: uma reúne traços em itens lexicais, a outra forma objetos sintáticos maiores a partir daqueles já construídos, começando pelos itens lexicais.

Podemos pensar na primeira operação como essencialmente uma lista de itens lexicais. Em termos tradicionais, essa lista — chamada de léxico — é a lista de "exceções", associações arbitrárias de som e significado e escolhas específicas entre as propriedades flexionais disponibilizadas pela faculdade da linguagem, que determinam como indicamos se substantivos e verbos são plural ou singular, e os nomes são do caso nominativo ou acusativo e assim por diante. Esses traços flexionais desempenham um papel crucial na computação.

A configuração otimizada não introduziria novos aspectos no curso da computação. Não deve haver índices ou unidades sintagmáticas nem níveis intermediários (portanto, não há regras de estrutura sintagmática ou teoria X-Barra).⁴ Também tentamos mostrar que nenhuma relação estrutural é invocada para além das obrigatórias em vista das condições de legibilidade ou induzidas de alguma forma natural pela própria computação. Na primeira categoria, há propriedades como adjacência no nível fonético, e relações de estrutura argumental e de quantificador-variável no nível semântico. Na segunda categoria, existem relações muito locais entre traços e relações elementares entre dois objetos sintáticos unidos no curso da computação: a relação mantida entre um deles e as partes do outro é a relação de c-comando; como destacou Samuel Epstein,⁵ trata-se de uma noção que desempenha um papel central em todo o design da linguagem e tem sido considerada altamente não natural, apesar de se encaixar de maneira natural a partir dessa perspectiva. No entanto, excluímos a regência, as relações de ligação internas à derivação de expressões e uma variedade de outras relações e interações.

Como qualquer um familiarizado com trabalhos recentes saberá, há amplas evidências empíricas para apoiar a conclusão oposta. Pior ainda, uma suposição central do trabalho implícito na estrutura de Princípios e Parâmetros e em suas impressionantes realizações é a de que tudo o que acabei de propor é falso — que a linguagem é altamente "imperfeita" nesses aspectos, como seria de se esperar. Portanto, não é tarefa fácil mostrar que tal aparato é eliminável como tecnologia descritiva indesejada; ou, melhor ainda, que as forças descritiva e explanatória são ampliadas se esse "excesso de bagagem" for descartado. Mesmo assim, acredito que os trabalhos dos últimos anos sugerem que essas conclusões, que até então pareciam fora de questão, são pelo menos plausíveis e possivelmente corretas.

As línguas diferem claramente, e queremos saber como. Um dos aspectos está na escolha dos sons, que variam em uma determinada extensão. Outro está na associação entre som e significado, que é essencialmente arbitrária. São aspectos claros que não precisam nos deter. Mais interessante é o fato de as línguas diferirem em sistemas de flexão: sistemas de caso, por exemplo. Descobrimos que eles são muito abundantes no latim, ainda mais no sânscrito ou no finlandês, mas mínimos no inglês e invisíveis no chinês. Ou é o que parece; considerações de adequação explanatória sugerem que aqui também a aparência pode enganar, e de fato trabalhos recentes⁶ indicam que esses sistemas variam muito menos do que parecem a partir das formas superficiais. O chinês e o inglês, por exemplo, podem ter o mesmo sistema de caso que o latim, mas a realização fonética é diferente. Além disso, parece que grande parte da variedade da linguagem pode ser reduzida a propriedades de sistemas flexionais. Se isso estiver correto, a variação linguística está localizada em uma parte reduzida do léxico.

As condições de legibilidade impõem uma divisão tripartida entre os traços reunidos em itens lexicais:

1. traços semânticos, interpretados na interface semântica;
2. traços fonéticos, interpretados na interface fonética; e
3. traços que não são interpretados em nenhuma das interfaces.

Em uma linguagem perfeitamente desenhada, cada traço seria semântico ou fonético, não apenas um dispositivo para criar uma posição ou facilitar a computação. Se assim for, não há traços formais não interpretáveis. Mas isso seria pedir demais, ao que parece. Traços formais prototípicos como o caso estrutural — o nominativo e o acusativo em latim, por exemplo — não têm interpretação na interface semântica e não precisam ser expressos no nível fonético. E há outros exemplos também no âmbito dos sistemas flexionais.

Na computação sintática, parece haver uma segunda e mais radical imperfeição no design da linguagem, ao menos de forma aparente, a "propriedade do deslocamento", um aspecto pervasivo da linguagem: sintagmas são interpretados como se estivessem em uma posição diferente na expressão, quando itens similares às vezes aparecem e são interpretados em termos de relações locais naturais. Considere a sentença "Clinton parece ter sido eleito". Entendemos a relação de "eleito" e "Clinton" da mesma forma que quando estão relacionados localmente na sentença "Parece que elegeram Clinton": "Clinton" é o objeto direto de "eleito", em termos tradicionais, embora "deslocado" para a posição de sujeito de "parece"; o sujeito e o verbo concordam em traços flexionais nesse caso, mas não têm relação semântica; a relação semântica do sujeito é com o verbo mais afastado "eleger".

Agora temos duas "imperfeições": traços não interpretáveis e a propriedade de deslocamento. No pressuposto do design otimizado, seria de se esperar que eles estivessem relacionados, e esse parece ser o caso:

traços não interpretáveis são o mecanismo que implementa a propriedade do deslocamento.

A propriedade do deslocamento nunca é incorporada aos sistemas simbólicos que são projetados para propósitos específicos, chamados de "linguagens" ou "linguagens formais" em um uso metafórico: "a linguagem da aritmética", ou "linguagens de computador", ou "as linguagens da ciência". Esses sistemas também não têm sistemas flexionais, e, portanto, nenhum traço não interpretado. Deslocamento e flexão são propriedades específicas da linguagem humana, dentre as muitas que são ignoradas quando sistemas simbólicos são projetados para outros propósitos, o que pode desconsiderar as condições de legibilidade impostas à linguagem humana pela arquitetura da mente/cérebro.

A propriedade de deslocamento da linguagem humana é expressa em termos de transformações gramaticais ou por algum outro dispositivo, mas sempre é expressa de alguma forma. Por que a linguagem deveria ter essa propriedade é uma questão interessante, que vem sendo discutida desde os anos 1960, sem solução. Minha suspeita é que parte da razão tem a ver com fenômenos definidos em termos de interpretação de estruturas superficiais; muitos deles são conhecidos na gramática tradicional: tópico-comentário, especificidade, informação nova e velha, a força agentiva que identificamos mesmo em posição deslocada e assim por diante. Se isso estiver correto, a propriedade de deslocamento é, de fato, forçada por condições de legibilidade: é motivada por requisitos interpretativos impostos externamente por nossos sistemas de pensamento, que têm essas propriedades específicas (como indica o estudo do uso da linguagem). Essas questões estão sendo atualmente estudadas de maneiras interessantes, sobre as quais não posso discorrer aqui.

Desde os primórdios da gramática gerativa, as operações computacionais foram consideradas como sendo de dois tipos:

- regras de estruturação sintagmática que formam objetos sintáticos maiores a partir de itens lexicais; e
- regras transformacionais que expressam a propriedade de deslocamento.

Ambas têm raízes tradicionais, mas logo se descobriu que diferem substancialmente do que se supunha, com uma variedade e uma complexidade insuspeitadas. O programa de pesquisa procurou mostrar que a complexidade e a variedade são apenas aparentes, e que os dois tipos de regras podem ser reduzidos a uma forma mais simples. Uma solução "perfeita" para o problema da variedade de regras de estruturação sintagmática seria eliminá-las completamente em favor da operação irredutível que toma dois objetos já formados e solda um ao outro, formando um objeto maior com as mesmas propriedades do alvo da junção: operação que podemos chamar de Soldagem ("Merge").* Trabalhos recentes indicam que esse objetivo pode muito bem ser alcançável.

O procedimento computacional ótimo consiste, então, na operação da Soldagem e nas operações para construir a propriedade do deslocamento: operações transformacionais ou alguma contraparte. O segundo dos dois esforços paralelos procurou reduzir o componente transformacional à forma mais simples, ainda que, ao contrário das regras de estruturação sintagmática, este não pareça ser eliminável. O resultado final foi a tese de que, para um conjunto central de fenômenos, há apenas uma única operação Mover — basicamente, mover qualquer coisa para qualquer lugar, sem propriedades específicas a línguas ou construções específicas. Como isso se aplica é determinado por princípios gerais que interagem com as escolhas de parâmetros específicos — configurações do interruptor —, que determinam uma língua específica. A operação da Soldagem toma dois objetos distintos, X e Y, e solda Y a X. A operação Mover toma um único objeto X e um objeto Y que faz parte de X e solda Y em X.

O problema seguinte é mostrar que, de fato, os traços não interpretáveis são o mecanismo que implementa a propriedade de deslocamento, de modo que as duas imperfeições básicas do sistema computacional se reduzam a uma. Se a propriedade de deslocamento se mostrar motivada por condições de legibilidade impostas por sistemas externos de pensamento, como acabei de sugerir, então as imperfeições serão totalmente eliminadas e o design da linguagem termina sendo otimizado: traços não interpretados

---

* Na linguística gerativa brasileira, o termo "Merge" tem sido traduzido de diversas formas: "Concatenação", "Junção" etc. Seguindo a feliz tradução do termo para o italiano, por Caterina Donati (In: *La sintassi: regole e strutture*. Bolonha, Il Mulino, 2008), que opta por "Salda" ("Soldagem"), vamos adotar "Soldagem", uma tradução teoricamente apropriada e que, inclusive, tem se tornado cada vez mais comum entre estudantes e estudiosos brasileiros. [N.R.]

são necessários como um mecanismo para satisfazer uma condição de legibilidade imposta pela arquitetura geral da mente/cérebro.

A maneira como essa unificação ocorre é bastante simples, mas explicá-la de forma coerente iria além do escopo destas observações. A ideia intuitiva básica é que os traços não interpretáveis precisam ser apagados para satisfazer as condições de interface, e esse apagamento requer uma relação local entre o traço em infração e um traço correspondente que possa apagá-lo. Normalmente, esses dois traços estão distantes entre si por razões relacionadas ao modo de procedimento da interpretação semântica. Por exemplo, na sentença "Clinton parece ter sido eleito", a interpretação semântica exige que "eleito" e "Clinton" estejam relacionados localmente no sintagma "Clinton eleito" para que a construção seja interpretada adequadamente, como se a sentença fosse realmente "parece ter sido eleito Clinton". O verbo principal da sentença, "parece", tem aspectos flexionais não interpretáveis: é singular/terceira pessoa/masculino, propriedades que não acrescentam nada independente ao sentido da sentença, pois já estão expressas no sintagma nominal que concorda com ele, e não são elimináveis lá. Esses traços em infração de "parece", portanto, devem ser apagados em uma relação local, uma versão explícita da categoria descritiva tradicional de "concordância". Para chegar a esse resultado, os traços correspondentes do sintagma em concordância "Clinton" são atraídos pelos traços em infração do verbo principal "parecer", que são então apagados sob correspondência local. Mas agora o sintagma "Clinton" está deslocado.

Cabe notar que apenas os *traços* de "Clinton" são atraídos; o sintagma inteiro se move por razões relacionadas ao sistema sensório-motor, que é incapaz de "pronunciar" ou "ouvir" traços isolados, separados do sintagma ao qual pertencem. No entanto, se por algum motivo o sistema sensório-motor for inativado, então, os traços sobem sozinhos, e ao lado de sentenças como "um candidato impopular parece ter sido eleito", com um deslocamento evidente, temos sentenças na forma de "parece ter sido eleito um candidato impopular"; aqui o sintagma distante "um candidato impopular" concorda com o verbo "parece", o que significa que seus traços foram atraídos para uma relação local com "parece", deixando o resto do sintagma para trás. O fato de o sistema sensório-motor ter sido inativado é chamado de "movimento encoberto", um fenômeno com propriedades muito interessantes. Sentenças desse tipo existem em muitas línguas — como no espanhol, por exemplo. O inglês também as tem, embora seja necessário, por outras razões, introduzir o elemento semanticamente vazio "there", resultando na sentença "there seems to have been elected an unpopular candidate" [parece ter sido eleito um candidato impopular]; e também, por razões muito interessantes, para fazer uma inversão de ordem, resultando em "there seems to have been an unpopular candidate elected" [parece ter sido um candidato impopular eleito]. Essas propriedades decorrem de escolhas específicas de parâmetros, que têm efeitos nas línguas em geral e interagem para gerar um conjunto complexo de fenômenos apenas superficialmente distintos. No caso que estamos analisando, tudo se reduz ao simples fato de aspectos formais não interpretáveis precisarem ser apagados em uma relação local com um traço correspondente, produzindo a propriedade de deslocamento, necessária para a interpretação semântica na interface.

Há uma boa dose de especulação nesta breve descrição. O preenchimento das lacunas pode resultar numa imagem muito interessante, com diversas ramificações em línguas tipologicamente diferentes. Mas um detalhamento nos levaria muito além do escopo destas observações.

Gostaria de terminar com pelo menos uma breve referência a outras questões, relacionadas às formas como o estudo internalista da linguagem se relaciona com o mundo externo. Para simplificar, vamos nos ater a palavras simples. Suponhamos que "livro" seja uma palavra no léxico de Pedro. A palavra é um complexo de propriedades, fonéticas e semânticas. Os sistemas sensório-motores utilizam as propriedades fonéticas para articulação e percepção, relacionando-as a eventos externos: movimentos de moléculas, por exemplo. Outros sistemas mentais usam as propriedades semânticas da palavra quando Pedro fala sobre o mundo e interpreta o que outros dizem a respeito.

Não há grandes controvérsias sobre como proceder do lado do som, mas do lado do significado há divergências profundas. Os estudos empíricos me parecem abordar problemas de significado mais no modo como estudam o som, como na fonologia e na fonética. Tentam encontrar as propriedades semânticas da palavra "livro": que é nominal e não verbal, usada para se referir a um artefato e não a uma substância como a água ou uma abstração como a saúde e assim por diante. Pode-se perguntar se essas propriedades fazem parte do significado da palavra "livro" ou do conceito associado à palavra; no entendimento atual, não há uma boa maneira de distinguir essas propostas, mas talvez algum dia uma questão empírica seja desenterrada. De qualquer forma, alguns traços do item lexical "livro" que lhes são internos determinam modos de interpretação como o que acabamos de mencionar.

Analisando o uso da língua, descobrimos que as palavras são interpretadas em termos de fatores como constituição material, design, utilização pretendida e característica, papel institucional e assim por diante. As coisas são identificadas e atribuídas a categorias em termos dessas propriedades — que estou tomando como traços semânticos — em pé de igualdade com traços fonéticos, que determinam seu som. O uso da língua pode observar esses traços semânticos de várias maneiras. Vamos supor que a biblioteca tenha dois exemplares de *Guerra e paz* de Tolstói, e que Pedro pegue um e João, o outro. Pedro e João pegaram o mesmo livro, ou livros diferentes? Se nos referimos ao fator material do item lexical, eles pegaram livros diferentes; se focarmos em seu componente abstrato, eles pegaram o mesmo livro. Podemos nos referir a fatores materiais e abstratos simultaneamente, como quando dizemos que "o livro que ele está planejando vai pesar pelo menos dois quilos se ele chegar a escrevê-lo", ou "o livro dele está em todas as livrarias do país". Da mesma forma, podemos pintar a porta de branco e passar por ela, usando o pronome "ela" para nos referir ambiguamente à figura e ao fundo. Podemos relatar que o banco foi destruído depois que ele aumentou a taxa de juros, ou que ele aumentou a taxa para não ser destruído. Aqui o pronome "ele", e a "categoria vazia" que é o sujeito de "ser destruído", adotam simultaneamente os fatores materiais e institucionais.

Os fatos sobre essas questões costumam ser claros, mas não triviais. Assim, elementos referencialmente dependentes, mesmo os mais restritos, observam algumas distinções, mas ignoram outras, em modos que variam para diferentes tipos de palavras de maneira curiosa. Essas propriedades podem ser investigadas de muitas maneiras: aquisição da linguagem, generalidades entre línguas, formas inventadas etc. O que descobrimos é surpreendentemente complexo; mas não é surpresa ser algo conhecido antes de qualquer evidência e, portanto, comum às línguas. Não há razão para deduzir *a priori* que a linguagem humana tenha tais propriedades; para o marciano poderia ser diferente. Os sistemas simbólicos da ciência e da matemática certamente o são. Ninguém sabe até que ponto as propriedades específicas da linguagem humana são consequência de leis bioquímicas gerais que se aplicam, com características gerais do cérebro, a objetos, outro problema importante num horizonte ainda distante.

Uma abordagem da interpretação semântica em termos semelhantes foi desenvolvida de maneiras interessantes na filosofia dos séculos XVII e XVIII, muitas vezes adotando o princípio de Hume de que a "identidade que atribuímos" às coisas é "apenas fictícia", estabelecida pelo entendimento humano.[7] A conclusão de Hume é muito plausível. O livro na minha mesa não tem essas propriedades estranhas por causa da sua constituição interna, mas, sim, em virtude da maneira como as pessoas pensam e dos significados dos termos em que esses pensamentos são expressos. As propriedades semânticas das palavras são usadas para pensar e falar sobre o mundo em termos das perspectivas disponibilizadas pelos recursos da mente, mais do que pela forma como a interpretação fonética parece operar.

A filosofia contemporânea da linguagem segue um curso diferente. Pergunta a que uma palavra se refere, e dá várias respostas. Mas a pergunta não tem um significado claro. O exemplo de "livro" é típico. Faz pouco sentido perguntar a que *coisa* se refere a expressão "*Guerra e paz* de Tolstói", quando Pedro e João pegam exemplares idênticos da biblioteca. A resposta depende de como os traços semânticos são usados quando pensamos e falamos, de uma forma ou de outra. Em geral, uma palavra, mesmo do tipo mais simples, não escolhe uma entidade do mundo, ou do nosso "espaço de crença". Suposições convencionais sobre essas questões me parecem muito duvidosas.

Mencionei que a gramática gerativa moderna tem procurado abordar os interesses que motivaram a tradição; em particular, a ideia cartesiana de que "a verdadeira diferença"[8] entre humanos e outras criaturas ou máquinas é a capacidade de agir no modo como eles consideram ser com mais clareza ilustrado pelo uso comum da linguagem: sem quaisquer limites finitos, influenciada porém não determinada pelo estado interno, adequada às situações mas sem ser causada por elas, coerente e evocando pensamentos que o ouvinte poderia ter expressado e assim por diante. O objetivo do trabalho que venho discutindo é desenterrar alguns dos fatores que compõem essa prática normal. Mas só *alguns* desses fatores.

A gramática gerativa busca descobrir os mecanismos que são utilizados, contribuindo assim para o estudo de *como* são usados na forma criativa da vida normal. A maneira como são usados é o problema que intrigou os cartesianos, e continua tão misterioso para nós quanto o foi para eles, apesar de hoje entendermos muito mais sobre os mecanismos envolvidos.

A esse respeito, o estudo da linguagem continua muito semelhante ao de outros órgãos. O estudo dos sistemas visual e motor revelou mecanismos pelos quais o cérebro interpreta estímulos dispersos como um cubo e o braço se estendendo para alcançar um livro na mesa. Mas esses ramos da ciência não levantam a questão de como as pessoas decidem olhar para um livro na mesa ou pegá-lo, e as especulações sobre o uso dos sistemas visual ou motor, ou de outros, são pouquíssimas. São essas capacidades, manifestadas de maneira mais surpreendente no uso da linguagem, que estão no centro dos interesses tradicionais: para Descartes, no início do século XVII, elas são "a coisa mais nobre que podemos ter" e tudo o que "realmente nos pertence". Meio século antes de Descartes, o médico-filósofo espanhol Juan Huarte observou que essa "faculdade gerativa" do entendimento e da ação humana comum é estranha aos "animais e plantas",[9] apesar de ser uma forma inferior de entendimento, aquém do verdadeiro exercício da imaginação criativa. Mesmo a forma inferior está além do nosso alcance teórico, à parte do estudo dos mecanismos que a compõem.

Em inúmeras áreas, inclusive a da linguagem, muito se aprendeu nos últimos anos sobre esses mecanismos. Os problemas que agora podem ser encarados são difíceis e desafiadores, mas muitos mistérios ainda continuam além do alcance da forma de investigação humana a que chamamos de "ciência", uma conclusão que não deveríamos achar surpreendente — se considerarmos os humanos como parte do mundo orgânico —, e talvez tampouco devêssemos achar aflitiva.

19
IGNORÂNCIA INTENCIONAL E SEUS USOS

O século XX se encerrou com crimes terríveis, e com reações das grandes potências, amplamente anunciadas como o notável início de uma "nova era" nos assuntos humanos, marcada pela dedicação aos direitos humanos e a elevados princípios, sem precedentes históricos. A torrente de autobajulação, que pode muito bem ter sido sem precedentes em escala e qualidade, não foi meramente uma exibição de floreios retóricos milenares. Líderes e intelectuais ocidentais garantiram enfaticamente a seu público que a nova era seria muito real e de rara importância.

A nova fase da história humana foi inaugurada com o bombardeio da Sérvia pela Otan em 24 de março de 1999. "A nova geração traça a linha", proclamou Tony Blair, lutando "por valores", por "um novo internacionalismo em que a repressão brutal de grupos étnicos não será mais tolerada" e "os responsáveis por tais crimes não têm onde se esconder." A Otan lançou a primeira guerra da história travada "em nome de princípios e valores", declarou Vaclav Havel, sinalizando "o fim do Estado-nação", que não será mais "o ápice da história de todas as comunidades nacionais e seu mais alto valor terreno". Os "esforços esclarecidos de gerações de democratas, a terrível experiência de duas guerras mundiais [...] e a evolução da civilização

---

Este capítulo foi publicado pela primeira vez em *A New Generation Draws the Line: Kosovo, East Timor and the Standards of the West* (Londres, Verso, 2000), p. 1-47.

finalmente fizeram a humanidade reconhecer que os seres humanos são mais importantes que o Estado".[1]

A nova geração deve realizar suas boas obras sob a orientação de um "Novo Mundo idealista empenhado em acabar com a desumanidade", acompanhada por seu parceiro britânico. No artigo de abertura da *Foreign Affairs*, um jurista com um destacado histórico na defesa dos direitos humanos explicou que os "Estados esclarecidos", finalmente livres dos grilhões das "antigas regras restritivas" e dos conceitos arcaicos da ordem mundial, podem agora usar a força quando "acreditarem ser justo", obedecendo às "noções modernas de justiça", que moldam ao disciplinar "os contestadores, os indolentes e os malfeitores", os elementos "desregrados" do mundo, com uma nobreza de propósitos tão "evidente" que não requer provas.[2] As bases para ser membro do clube dos Estados esclarecidos — "a comunidade internacional", como eles convencionalmente se definem — também são autoevidentes. As práticas passadas e vigentes são velhas histórias chatas que podem ser descartadas sob a doutrina da "mudança de curso", que tem sido regularmente invocada nos últimos anos, sempre que necessário.

Ao louvar as tropas da Otan na Macedônia por suas conquistas na inauguração da nova era, o presidente Clinton "propôs uma Doutrina Clinton de intervenção militar", informou Bob Davis no *Wall Street Journal*. A doutrina "refere-se ao seguinte: Atenção, Tiranos". Nas palavras do próprio presidente: "Se alguém perseguir civis inocentes e tentar matá-los em massa por causa de raça, de origem étnica ou de religião, e estiver ao nosso alcance impedir, nós o impediremos"; "onde pudermos fazer alguma diferença, devemos tentar, e esse é claramente o caso em Kosovo". "Há momentos em que olhar para o outro lado simplesmente não é uma opção", explicou o presidente ao país; "não podemos reagir a todas as tragédias em todos os cantos do mundo", mas isso não significa que "não devemos fazer nada por ninguém".[3]

Muito antes do alvorecer da nova era, o "neowilsonianismo" de Clinton já havia convencido os observadores de que a política externa americana havia entrado numa "fase nobre", com um "brilho sagrado", ainda que alguns vissem perigos desde o início, alertando que, ao "conceder ao idealismo um atributo quase exclusivo da nossa política externa", poderemos negligenciar nossos próprios interesses a serviço de outros. A "adoção sem limites da intervenção humanitária" de Clinton em 1999 também "preocupou especialistas em política externa dentro e fora do governo", relatou Davis. O senador John McCain ridicularizou a doutrina como uma "política externa de serviço social"; outros concordaram com ele. Para aliviar essas preocupações, a assessora de Segurança Nacional de Clinton, Sandy Berger, ressaltou o fato de que a limpeza étnica, que "acontece em dezenas de países ao redor do mundo", não pode ser uma ocasião para intervenção. Em Kosovo, o interesse nacional dos Estados Unidos estava em jogo: a intervenção "envolvia reforçar a credibilidade da Otan e garantir que os refugiados kosovares não sobrecarregassem os países vizinhos" — como fizeram logo após o início do bombardeio da Otan, provocando a limpeza étnica maciça que já era uma consequência prevista. Resta-nos, então, como única justificativa, "reforçar a credibilidade da Otan".[4]

A versão oficial de Washington, que permaneceu mais ou menos constante, foi reiterada em janeiro de 2000 pelo secretário de Defesa William Cohen e pelo chefe do Estado-Maior Conjunto Henry Shelton, em um longo resumo da guerra apresentado ao Congresso. Os Estados Unidos e a Otan tinham três principais interesses: "Garantir a estabilidade da Europa Oriental", "Impedir uma limpeza étnica" e "Garantir a credibilidade da Otan". O primeiro-ministro Blair adotou a mesma postura:[5]

> A questão principal era que não podíamos perder. Se perdêssemos, não só teríamos fracassado no nosso objetivo estratégico; seria um fracasso em termos do propósito moral — teríamos desferido um golpe devastador na credibilidade da Otan e, como resultado, o mundo estaria menos seguro.

Reservemos para depois um olhar mais atento às posições oficiais e às perguntas sobre como o mundo fora da "comunidade internacional" entende os esforços da Otan para garantir sua própria segurança. Algumas indicações sobre o assunto foram fornecidas em abril de 2000 durante a Cúpula do Sul do G-77, que representou 80% da população mundial. A reunião, em Havana, teve um significado incomum, a primeira reunião do G-77 (atualmente com 133 países) em nível de chefes de Estado, preparada pouco antes por uma reunião de chanceleres em Cartagena, na Colômbia. Eles emitiram a Declaração da Cúpula do Sul, afirmando que "rejeitamos o chamado 'direito' à intervenção humanitária", juntamente com outras formas de coerção que a cúpula também vê como imperialismo tradicional em nova roupagem, incluindo as formas específicas de integração internacional liderada por corporações, chamada "globalização" na ideologia ocidental.[6]

As vozes mais respeitadas do Sul se juntaram à condenação dos princípios em ação da Otan. Em uma visita à Inglaterra em abril de 2000, Nelson Mandela "acusou o governo [britânico] de incentivar o caos internacional, ao lado dos Estados Unidos, ao ignorar outras nações e ao se arrogar como a 'polícia do mundo'", dizendo que "se opunha ao comportamento da Grã-Bretanha e dos Estados Unidos de passar por cima da Organização das Nações Unidas e lançar ações militares contra o Iraque e Kosovo". "Esse desrespeito pelas convenções internacionais era mais perigoso para a paz mundial que qualquer coisa que estivesse acontecendo atualmente na África", disse Mandela. Em suas próprias palavras, "O que eles estão fazendo é muito mais grave que o que está acontecendo na África — principalmente os EUA e a Grã-Bretanha. É apropriado que eu diga isso".[7]

Já em andamento um ano antes, o bombardeio da Iugoslávia pela Otan foi severamente condenado pelas maiores democracias do mundo, e até mesmo pelo Estado cliente mais leal e dependente de Washington, onde conceituados analistas estratégicos viam a operação com considerável ceticismo. Amos Gilboa chamou a reversão da Otan à "era colonial" no conhecido "manto da retidão moralista" como "um perigo para o mundo", alertando que isso levaria à proliferação de armas de destruição em massa para dissuasão. Outros simplesmente viram como um precedente para o recurso à força quando considerado apropriado. Se houver necessidade, comentou o historiador militar Ze'ev Schiff, "Israel fará com o Líbano o que a Otan fez em Kosovo"; as forças israelenses estão se reestruturando para uma guerra aérea rápida e destrutiva, inspiradas especificamente no precedente de Kosovo. Atitudes semelhantes foram expressas pela imprensa semioficial do segundo principal destinatário de ajuda dos Estados Unidos e em outros países.[8]

Entre os dissidentes da Europa Oriental, o mais destacado no Ocidente foi Vaclav Havel, com sua avaliação positiva do elevado propósito moral dos líderes ocidentais. Muito antes, já havia ocupado o primeiro lugar entre os favoritos do Ocidente, particularmente em 1990, quando discursou em uma sessão conjunta do Congresso e foi aplaudido de pé pelos ouvintes, arrebatando-os e sendo aclamado por comentaristas que se sentiram profundamente comovidos com os elogios aos congressistas como "defensores da liberdade" que "compreendiam a responsabilidade que fluía" do poder. Poucas semanas antes, essa responsabilidade havia sido demonstrada mais uma vez quando terroristas de Estado, armados e recém-treinados pelos Estados Unidos, atiraram na cabeça de seis importantes intelectuais dissidentes latino-americanos no decorrer de mais um paroxismo de terror supervisionado pelos "defensores da liberdade". Pode-se imaginar a reação a uma atuação semelhante da Duma com um dissidente latino-americano, se a situação se invertesse. A reação no Ocidente nesse caso é instrutiva, e não sem importância.[9]

Era uma vez um intelectual dissidente chamado Alexander Solzhenitsyn, também muito respeitado quando tinha as coisas certas a dizer. Mas não em 1999. Ele viu a nova era mais à maneira da Cúpula do Sul, de Mandela e de outros fora dos círculos esclarecidos:

> Os agressores chutaram de lado a ONU, abrindo uma nova era em que o poder está certo. Não deve haver ilusões de que a Otan pretendia defender os kosovares. Se a proteção aos oprimidos fosse a verdadeira preocupação, eles poderiam estar defendendo, por exemplo, os pobres curdos.

— "por exemplo", pois este é apenas um dos casos, apesar de muito chocante.[10] Solzhenitsyn continua sendo um homem "que muitos veem como a voz da consciência do país", admirado por seu "estilo elegante e racional" quando condena a corrupção do governo da Rússia.[11] Mas não quando faz uma interpretação errada da nova era. Neste caso, recebeu o mesmo tratamento que a Cúpula do Sul, e de outros que não veem a luz.

Embora tenha sido muito pouco divulgada, a opinião mundial indesejada tem sido observada com preocupação por analistas mais perspicazes. O cientista político da Universidade de Chicago, John Mearsheimer, afirmou que a Guerra do Golfo de 1991 e a guerra do Kosovo de 1999 "fortaleceram a determinação da Índia de desenvolver armas nucleares" como contenção à violência dos Estados Unidos. O funcionário governamental e professor de Harvard, Samuel Huntington, alertou que, "aos olhos de muitos países" — a maioria, em sua opinião —, os Estados Unidos "estão se tornando a superpotência malévola", vista como "a maior ameaça externa às suas sociedades". Cita um diplomata britânico afirmando: "Lemos sobre o desejo do mundo por uma liderança americana restrita aos Estados Unidos", enquanto "em toda parte se lê sobre a arrogância e o unilateralismo americanos", o que levará à consolidação de forças contrárias, segundo Huntington. Cinco anos antes, logo após a divulgação de um possível arsenal nuclear norte-coreano, "os japoneses definiram os Estados Unidos como 'a maior ameaça à paz mundial', seguidos pela Rússia e só depois pela Coreia do Norte", lembra Chalmers Johnson. Durante a guerra do Kosovo, o analista estratégico e ex-planejador da Otan Michael McGwire escreve:

> O mundo em geral viu uma aliança político-militar que assumiu o papel de juiz, júri e carrasco [...] [que] alegou estar agindo em nome da comunidade internacional e estava pronta para menosprezar a ONU e contornar o direito internacional para impor seu julgamento coletivo. O mundo viu uma organização dada à retórica moralista, não menos econômica com a verdade do que outras do seu tipo; um agrupamento de Estados ocidentais com uma capacidade técnica inigualável para matar, mutilar e destruir, limitado apenas por sua relutância em pôr seus "guerreiros" em risco.

Parece uma avaliação justa, a julgar pelas informações disponíveis.[12]

O mundo em geral não parece muito impressionado com as façanhas e os propósitos morais da nova geração, nem tranquilizado por seu compromisso de tornar o mundo seguro ao estabelecer a credibilidade da Otan. Se as evidências forem consideradas relevantes, podemos perguntar qual avaliação da nova era é mais confiável: a autoimagem tardia com sua promessa visionária, ou o ceticismo dos de fora que veem "mais do mesmo".

A questão deve ser examinada com atenção, pelo menos por aqueles que estão preocupados com o futuro provável e se sentem limitados por truísmos morais. Entre estes, vários podem ser mencionados como particularmente pertinentes:

> 1. As pessoas são responsáveis pelas consequências previstas de sua escolha de ação (ou inação), uma responsabilidade que se estende às escolhas políticas do próprio país, na medida em que a comunidade política permite um grau de influência sobre a formação de políticas.
> 2. A responsabilidade é reforçada pelo privilégio, pela oportunidade de agir com relativa impunidade e certo grau de eficácia.

3. Para uma declaração de altos princípios ser levada a sério, os princípios devem antes de qualquer coisa ser aplicados a si mesmo, não só aos inimigos oficiais ou a outros designados como indignos na cultura política vigente.

Suponhamos que os truísmos sejam verdadeiros. Mesmo assim, é difícil ignorar o fato de que ao longo da história, e em praticamente todas as sociedades, tais intervenções costumam ser realizadas ao violar as leis que deveriam defender. Assim, é justo perguntar se não foi este modelo já conhecido que transpareceu mais uma vez no ano terminal do século XX, como a maior parte do mundo parece acreditar, ou se houve mesmo o surgimento de uma nova era, como declarado pela nova geração e por seus admiradores.

Uma questão que vem de imediato à mente é com que frequência e com que cuidado essa análise é realizada. Raramente, que eu saiba: as conclusões são consideradas autoevidentes. Nenhuma análise é necessária, e empreendê-la é considerado desonroso.

É evidente como tal análise deve proceder. Para determinar quem tem o argumento mais forte, os que saúdam a nova era ou os céticos, devemos examinar de que maneira a nova geração responde às circunstâncias no mundo "onde pudermos fazer alguma diferença", e que por isso "devemos tentar", como Clinton expressou a questão ao propor a Doutrina Clinton.

Portanto, vamos considerar diversas práticas do envolvimento dos Estados Unidos no mundo. Um dos critérios é a ajuda externa: o Estado mais rico e privilegiado do mundo certamente seria capaz de "fazer alguma diferença" ao ajudar os necessitados. A liderança política aceitou esse desafio compilando o histórico mais avarento do mundo industrial, mesmo se incluirmos o componente principal, a ajuda a um país rico (Israel) e ao Egito, por causa de sua parceria com Israel. À medida que a nova era desponta, o registro se torna ainda pior. A Lei de Ajuda Externa aprovada pelo Senado em junho de 2000 "cedeu apenas 75 milhões de dólares para os países mais pobres do mundo, reduzindo em muito o pedido de 252 milhões de dólares do governo", uma ninharia vergonhosa.[13] Em comparação, a lei concede 1,3 bilhão de dólares para o exército colombiano, assunto ao qual voltaremos. Sem ir adiante, por esse critério confirma-se a avaliação dos céticos, sem contestação.

Talvez esse critério seja irrelevante por alguma razão (não esclarecida). Então, deixemos isso de lado para passar ao próximo critério natural:

ajuda militar e reação a atrocidades. O maior destinatário da ajuda militar dos Estados Unidos durante os anos Clinton foi a Turquia,[14] onde vivem 15 milhões dos "pobres curdos" de Solzhenitsyn. Parece um bom lugar para começar.

No auge do entusiasmo pela nossa dedicação a princípios e valores, em abril de 1999 a Otan comemorou seu cinquentenário. Não foi uma celebração, mas uma data funesta sob a sombra de atrocidades cruéis e limpeza étnica em Kosovo. Foi acordado que as "modernas noções de justiça" elaboradas pelos Estados esclarecidos não permitem tais horrores tão perto das fronteiras da Otan. Apenas *dentro* das fronteiras da Otan: aqui, atrocidades em grande escala e limpeza étnica não só são toleráveis, como é nosso dever agilizá-las. Não podemos simplesmente "ficar parados e assistir ao assassinato sistemático de pessoas dirigido pelo Estado", mas devemos fazer uma contribuição essencial para garantir que atinja os níveis adequados de terror e destruição, enquanto direcionamos nosso olhar com precisão laser para as ações malignas dos inimigos oficiais.

Foi necessária uma considerável disciplina no aniversário da Otan para os participantes e comentaristas "não perceberem" que uma das piores limpezas étnicas dos anos 1990 estava ocorrendo dentro da própria Otan, no sudeste da Turquia; e, além disso, que essas atrocidades maciças contavam com um enorme fluxo de armas do Ocidente, principalmente dos Estados Unidos, que forneciam cerca de 80% das armas da Turquia quando as atrocidades atingiram o pico, em meados dos anos 1990. Como aliado estratégico e posto militar avançado, a Turquia recebeu um substancial fluxo de armas dos Estados Unidos no período pós-Segunda Guerra Mundial. As transferências de armamentos aumentaram drasticamente em 1984, quando a Turquia iniciou uma campanha militar contra sua população curda pobre e oprimida. Operações militares, policiais e paramilitares cresceram em intensidade e violência nos anos 1990, juntamente com atrocidades, armas e treinamento militar dos Estados Unidos. A Turquia estabeleceu dois recordes em 1994, comentou o correspondente Jonathan Randal: foi "o ano da pior repressão nas províncias curdas" e o ano em que a Turquia se tornou "o maior importador de equipamentos militares americanos, e portanto o maior comprador de armas do mundo", inclusive de armamentos avançados, "e todos foram usados contra os curdos", juntamente com uma extensa coprodução e outras cooperações dos Estados

Unidos com as Forças Armadas da Turquia e sua indústria militar. Só no ano de 1997, as armas fornecidas pelo governo Clinton superaram as de todo o período de 1950 a 1983.[15]

Graças ao fornecimento constante de armamentos pesados, aos treinamentos militares e ao apoio diplomático, a Turquia conseguiu esmagar a resistência curda, deixando dezenas de milhares de mortos, de 2 a 3 milhões de refugiados e 3.500 aldeias destruídas (sete vezes mais que Kosovo sob os bombardeios da Otan).

Nesse caso, é fácil determinar a responsabilidade. A opressão aos curdos, e aos turcos que clamavam por justiça, tem sido ultrajante desde a fundação do Estado turco moderno. A brutalidade da guerra de contrainsurgência foi amplamente registrada por fontes altamente confiáveis. Não resta dúvida quanto à contribuição do "Novo Mundo idealista empenhado em acabar com a desumanidade". Presumivelmente, só a impossibilidade de evocar um pretexto minimamente plausível pode explicar o descaso com essas atrocidades e o papel de Washington em implementá-las.[16]

Nas raras ocasiões em que o assunto rompe o silêncio, a reação típica é que "o fracasso americano em proteger os curdos na Turquia é inconsistente com a autodeclarada intenção de proteger os kosovares", nas palavras de Thomas Cushman. Ou, segundo Aryeh Neier, que os Estados Unidos "toleraram" os abusos sofridos pelos curdos.[17] Esses lapsos lamentáveis mostram que às vezes somos "inconsistentes" e "olhamos para o outro lado" — por causa dos limites da nossa capacidade de deter a injustiça, segundo um lema comum, articulado pelo líder dos Estados esclarecidos na forma acima citada.

Tais reações constituem uma rejeição particularmente acentuada aos truísmos morais mencionados acima: são justificativas cínicas de quem é diretamente responsável por grandes atrocidades. Ninguém "olhou para o outro lado" no caso da Turquia e dos curdos: Washington "estava olhando para lá", assim como seus aliados, viu o que estava acontecendo e agiu de forma decisiva para intensificar as atrocidades, particularmente durante os anos Clinton. Os Estados Unidos não "fracassaram em proteger os curdos" ou "toleraram" os abusos que sofreram, assim como a Rússia não "fracassou em proteger" o povo de Grozny ou "tolerou" seu sofrimento. A nova geração traçou a linha entregando de forma consciente o maior número possível de armas às mãos de assassinos e torturadores — não apenas armas, mas aviões a jato, tanques, helicópteros de combate, todos os mais avançados instrumentos do terror —, às vezes em segredo, pois as armas foram enviadas violando a legislação do Congresso.

Em nenhum momento houve qualquer propósito defensivo, nem qualquer relação com a Guerra Fria. Não é nenhuma surpresa: o mesmo aconteceu em outras partes, bem como nos anos da Guerra Fria. Isso aprendemos prestando atenção aos eventos históricos e aos registros de planejamentos internos, mesmo com os confrontos de grandes potências sempre em segundo plano, fornecendo pretextos úteis aos apelos à força, ao terror e à guerra econômica. Além disso, a acusação de "inconsistência" exige provas, não basta como simples afirmação: é preciso demonstrar, não apenas proclamar, que outras ações são de intenção humanitária, postura que acompanha praticamente todos os apelos à força ao longo da história.

Uma interpretação mais realista é apresentada por Tim Judah em sua análise do conflito em Kosovo: "Os países ocidentais podem simpatizar com a situação dos curdos ou dos tibetanos", ou com as vítimas dos bombardeios russos na Chechênia, "mas *realpolitik* significa que poucos estão dispostos ou são capazes de fazer algo para ajudá-los".[18] No caso dos tibetanos e dos chechenos, ajudá-los pode levar a uma grande guerra. No caso dos curdos, a ajuda interferiria nos interesses de poder dos Estados Unidos. Consequentemente, não podemos ajudá-los, mas contribuir para perpetrar as atrocidades contra eles; e intelectuais responsáveis devem manter a verdade escondida sob um véu de silêncio, hipocrisia e falsidades, enquanto saúdam seus líderes e a si mesmos por sua grande devoção a "princípios e valores".

Uma das regiões mais devastadas pelos ataques dos Estados Unidos e da Turquia foi Tunceli, ao norte de Diarbaquir, capital do Curdistão, onde um terço das aldeias foi destruído e vastas áreas incendiadas por jatos e helicópteros fornecidos pelos Estados Unidos. "O terror em Tunceli é terror de Estado", admitiu um ministro turco em 1994, acrescentando que os incêndios e o terror já haviam expulsado 2 milhões de pessoas de suas casas nos vilarejos, tendo restado nem sequer uma tenda para protegê-las. Em 1º de abril de 2000, 10 mil soldados turcos realizaram nova investida na região, enquanto entre 5 mil e 7 mil soldados entraram no Iraque em helicópteros de combate para atacar novamente os curdos de lá — em uma "zona de exclusão aérea" onde os curdos são protegidos do opressor (temporariamente) errado pela Força Aérea dos Estados Unidos.[19]

Lembre-se de que, na Sérvia, a Otan estava "lutando porque ninguém decente pode ficar parado e assistir ao assassinato sistemático de pessoas dirigido pelo Estado", segundo Vaclav Havel. Entrementes, segundo Tony Blair, a "nova geração" de líderes estava impondo "um novo internacionalismo em que a repressão brutal de grupos étnicos não será mais tolerada" e "os responsáveis por tais crimes não têm onde se esconder". E, nas palavras do presidente Clinton: "Se alguém perseguir civis inocentes e tentar matá-los em massa por causa de raça, origem étnica ou religião, e estiver em nosso poder impedir, nós o impediremos". Mas não está em nosso poder deter nossa entusiástica participação no "assassinato sistemático dirigido pelo Estado" e na "repressão brutal de um grupo étnico", e os responsáveis por esses crimes não precisam se esconder; ao contrário, ganham elogios das classes bem informadas, que se maravilham com o "brilho sagrado" de seus atos e os ideais elevados que os inspiram.

Além disso, espera-se que "pessoas decentes" entendam que as potências da Otan não só têm o direito de oprimir e aterrorizar suas próprias populações, com nossa generosa assistência, mas também de invadir outros países à vontade. A mesma prerrogativa se estende a Estados não associados à Otan, notadamente Israel, que ocupou o sul do Líbano por 22 anos em violação às ordens do Conselho de Segurança, mas com autorização e assistência dos Estados Unidos, e que durante esses anos matou dezenas de milhares de pessoas, mais uma vez expulsando centenas de milhares de suas casas e destruindo a infraestrutura civil no início de 2000 — sempre com apoio e os armamentos dos Estados Unidos. Praticamente nada disso tinha a ver com autodefesa, como é bem reconhecido em Israel e por organizações de direitos humanos, embora histórias diferentes sejam adotadas pelo sistema de informação dos Estados Unidos.[20]

Em junho de 2000, Israel finalmente se retirou do Líbano, ou, mais precisamente, foi expulso pela resistência libanesa. A Assembleia Geral da ONU votou pelo fornecimento de quase 150 milhões de dólares para observadores da Força Interina da ONU no Líbano (Unifil, na sigla em inglês) para garantir a segurança no sul do Líbano e facilitar a reconstrução da região devastada. A resolução foi aprovada por 110 a 2. Os Estados Unidos e Israel votaram contra porque a decisão também exigia de Israel o pagamento à Organização das Nações Unidas de cerca de 1,28 milhão de dólares em compensação por um ataque a um complexo da ONU, que matou mais de cem civis que se refugiaram lá, durante a invasão ao Líbano de 1996.[21]

As ações terroristas ocidentais são enaltecidas. Enquanto a Turquia lançava novas campanhas militares em sua região sudeste e além da fronteira em 1º de abril de 2000, o secretário de Defesa William Cohen discursou na Conferência do Conselho Americano-Turco em um evento festivo, entre muitas risadas e aplausos. Elogiou a Turquia por participar do bombardeio humanitário da Sérvia e anunciou que a Turquia faria parte do desenvolvimento do avançado caça Joint Strike do Pentágono, e que estava coproduzindo os F-16 que vinha usando de forma extremamente efetiva na limpeza étnica e em outras atrocidades aprovadas — no âmbito da Otan, distante de suas fronteiras. "Este é um momento emocionante não só para estar vivo, mas também para ocupar cargos do serviço público", continuou Cohen, pois "adentramos, com a virada do século, em um admirável mundo novo", com "muitas oportunidades criativas das quais todos poderemos tirar vantagens", simbolizado pelo projeto de caça a jato dos Estados Unidos-Turquia, que "situará a Turquia na vanguarda e na liderança da construção de um Oriente Médio seguro e estável" com seus aliados israelenses.

Pouco depois, o Departamento de Estado divulgou seu "mais recente relatório anual descrevendo os esforços do governo para combater o terrorismo", declarou Judith Miller. O relatório elogiava a Turquia por suas "experiências positivas" em demonstrar como "medidas duras de combate ao terrorismo e um diálogo político com grupos de oposição não terroristas" podem vencer o flagelo da violência e das atrocidades, mencionado sem nenhum sinal de constrangimento.[22]

Um primeiro caso exemplar confirma a avaliação da nova era pelos céticos. Talvez até dê uma ideia do "propósito moral" que nos inspira: "Foi cometida uma grande injustiça humanitária, bem às portas da União Europeia, que estávamos em condições de prevenir e reverter, e tivemos de fazer isso", nas palavras de Tony Blair.[23] Blair não está se referindo ao terrorismo justificado e à limpeza étnica que seu governo e o de seus aliados ajudam a perpetrar dentro da Otan, mas, sim, às atrocidades sendo perpetradas por um inimigo oficial, sob as bombas da Otan.

Em 1999, a Turquia abdicou de sua posição de principal destinatário da ajuda militar dos Estados Unidos, substituída pela Colômbia.[24] Temos assim um segundo caso exemplar natural para analisar as avaliações alternativas da nova era.

A Colômbia teve o pior histórico de respeito aos direitos humanos do Hemisfério Ocidental nos anos 1990, e também tem sido o principal beneficiário de ajuda e treinamento militar dos Estados Unidos, uma correlação de longa data.[25] A Colômbia recebe mais ajuda que o restante da América Latina e do Caribe juntos, ajuda que foi triplicada entre 1998 e 1999. Esse total deve aumentar acentuadamente com a contribuição de 7,5 bilhões de dólares dos Estados Unidos a Bogotá para o "Plano Colômbia", além de "um intenso treinamento por parte dos americanos", como publicou o *Wall Street Journal*; segundo diplomatas não americanos, o plano foi escrito em inglês. O Plano Colômbia estabelece que os Estados Unidos forneçam mais de 1 bilhão de dólares em ajuda militar, com a quantia restante destinada a financiar programas sociais, econômicos e de direitos humanos. O componente militar foi aumentado em 1999, ampliando programas anteriores; o restante continua pendente.[26]

A mudança de posição reflete o fato de que as operações de limpeza étnica da Turquia e outras atrocidades dos anos 1990 foram muito bem-sucedidas, com um grave custo humano; enquanto o terrorismo estatal na Colômbia, apoiado por Washington, ainda está longe de ter alcançado seus objetivos, apesar dos cerca de 3 mil assassinatos políticos e dos 300 mil refugiados por ano, total que talvez se aproxime agora de 2 milhões, o terceiro maior deslocamento populacional do mundo depois do Sudão e de Angola. Em 1985, um partido político de fora do esquema tradicional de divisão de poder da elite foi autorizado a funcionar. Mas logo foi "aniquilado", com mais de 3.500 membros "assassinados ou desaparecidos",[27] incluindo candidatos presidenciais, prefeitos e outros, um feito realizado sem macular as credenciais democráticas da Colômbia em Washington.

As atrocidades em massa são atribuídas a paramilitares, intimamente ligados aos militares que recebem ajuda e treinamento dos Estados Unidos, todos intrinsecamente envolvidos no narcotráfico. Segundo o governo colombiano e os principais grupos de direitos humanos (a Comissão Colombiana de Juristas, entre outros), a taxa de assassinatos aumentou quase 20% em 1999, e a proporção atribuída aos paramilitares subiu de 46% em 1995 para quase 80% em 1998, mantendo-se assim em 1999. O Departamento de Estado confirma o quadro geral em seus relatórios anuais sobre direitos humanos. O relatório sobre o ano de 1999 conclui que "as forças de segurança colaboraram ativamente com membros de grupos paramilitares", enquanto "forças do governo continuaram a cometer inúmeros crimes e abusos graves, inclusive execuções extrajudiciais, em um nível aproximadamente semelhante ao de 1998", quando o departamento atribuiu aos militares e paramilitares cerca de 80% das atrocidades de origem identificável.

Os massacres chegaram a mais de um por dia no início de 1999, quando a Colômbia tirou da Turquia o papel de principal destinatário de armamentos dos Estados Unidos. Entre junho e agosto de 1999, mais de 200 mil pessoas foram expulsas de suas casas, segundo organizações colombianas e internacionais de direitos humanos.

A escalada da ajuda militar dos Estados Unidos acontece sob o pretexto de uma guerra às drogas, que poucos observadores competentes levam a sério, por razões concretas. Independentemente da questão da plausibilidade, vale ressaltar que o pretexto se baseia no notável pressuposto, praticamente inquestionável, de que os Estados Unidos têm o direito de empreender ações militares com guerra química e biológica em outros países para erradicar um tipo de cultivo do qual não gostam, mesmo presumindo que as "noções modernas da legalidade" não autorizem a Colômbia — ou a Tailândia, a China e muitos outros países — a fazer o mesmo na Carolina do Norte para eliminar uma droga muito mais letal, que eles foram obrigados a aceitar (juntamente com a publicidade) sob ameaça de sanções comerciais, ao custo de milhões de vidas.

O segundo caso exemplar leva à mesma conclusão que o primeiro: a nova era é muito parecida com as anteriores, inclusive com o já conhecido "manto de retidão moralista".

Vamos nos voltar para um terceiro caso exemplar, talvez mais óbvio para avaliar as interpretações conflitantes da nova era.

Enquanto a Colômbia substituía a Turquia como principal destinatário da ajuda militar dos Estados Unidos e os Estados Unidos e a Grã-Bretanha se preparavam para bombardear a Sérvia em busca de seus propósitos morais, eventos importantes estavam em andamento em outra parte do mundo, palco de uma das piores catástrofes de direitos humanos do final do século XX: Timor-Leste, que em 1999 foi submetido a novas atrocidades, tão extremas que chegaram ao nível de Kosovo nas preocupações da nova era com direitos humanos, intervenção humanitária e limites de soberania.

A tragédia moderna de Timor-Leste começou em dezembro de 1975, quando a Indonésia invadiu e ocupou a antiga colônia portuguesa após esta declarar independência, anexando-a em seguida. A invasão causou o massacre de cerca de 200 mil pessoas, quase um terço da população, e uma grande destruição, torturas e terror, renovados mais uma vez em 1999. Para determinar como o segundo grande exemplo de 1999 se relaciona com as interpretações conflitantes da nova era, queremos determinar o que aconteceu e como é retratado.

Os acontecimentos de 1999 estão registrados na edição de janeiro de 2000 do *American Journal of International Law*, ao apresentar a versão-padrão ocidental: a de que as atrocidades em Timor-Leste ocorreram seis meses depois de Kosovo — isto é, depois do referendo de 30 de agosto de 1999 sobre a independência —, mas que:

> Ao contrário do caso do Kosovo, que precedeu em seis meses os acontecimentos em Timor-Leste, nenhum Estado (incluindo os Estados Unidos) defendeu uma intervenção militar forçada em Timor-Leste. As razões aparentes para essa relutância foram as de que a Indonésia tem um exército forte, e uma intervenção provavelmente seria fortemente contestada pela vizinha China, e os Estados envolvidos acreditavam que em breve a Indonésia de alguma forma consentiria em uma força multinacional.[28]

É uma típica explicação-padrão. Para citar outro exemplo praticamente aleatório, vamos considerar o estudo recente de William Shawcross sobre a interação das três "forças benignas" no mundo — a ONU, as ONGs e as democracias liberais — e da "força maligna" dos "senhores da guerra que dominaram os anos 1990". Saddam Hussein e Slobodan Milosevic são "os dois que se destacam".[29] Alguns lugares foram "banhados pela luz da preocupação do Ocidente — a Bósnia e Kosovo, por exemplo", embora "outros tenham sido obscurecidos pela nossa falta de interesse". O livro termina com um capítulo intitulado "De Kosovo a Timor-Leste", refletindo a ordem dos eventos nessas duas grandes crises de 1999: "Em ambos os casos a comunidade internacional foi forçada a enfrentar um desastre humanitário que foi em parte produto de sua própria negligência, e teve de decidir que preço estava disposta a pagar para corrigi-lo".

Muitos comentaristas interpretaram a intervenção em Kosovo como um precedente para o envio de forças de manutenção da paz a Timor-Leste. Assim, até os críticos dos bombardeios da Otan concordam em seus efeitos benignos. Outros ressaltam que "os Estados Unidos agora não querem mais ser a 'polícia do mundo' como fizeram no passado, sacrificando recursos e vidas americanas para os Timor-Leste do mundo", como quando uma força de paz da ONU entrou em "território indonésio [...] para deter a matança" por iniciativa dos Estados Unidos.[30]

Praticamente nada disso é sustentável. A verdade sobre a questão, prontamente estabelecida, nos diz muito sobre as normas de conduta que deverão prevalecer se essa doutrina interesseira continuar imune à reflexão crítica e se os truísmos morais forem mantidos à margem da consciência.

A catástrofe humanitária em Timor-Leste não foi "produto da negligência" das democracias liberais. Na verdade, foi criada por elas, como nos casos anteriores discutidos. Ao invadir Timor-Leste em 1975, a Indonésia dependia quase inteiramente das armas e do apoio diplomático dos Estados Unidos, renovados quando as atrocidades atingiram níveis quase genocidas em 1978, e mantidos enquanto a opressão violenta era exercida por um criminoso que ocupa uma posição no topo da elite da "força maligna" de Shawcross, enaltecido como um "moderado" de "coração benigno" — "nosso tipo de gente", nas palavras do governo Clinton — até perder o controle em 1997 e precisar ser descartado. Em 1978, quando a carnificina de Suharto em Timor-Leste atingiu o auge da fúria, os Estados Unidos foram seguidos pela Grã-Bretanha, pela França e por outras potências. O apoio e a participação dos Estados Unidos e da Grã-Bretanha continuaram durante a escalada da catástrofe humanitária de 1999 e sua consumação, após o referendo de 30 de agosto sobre a independência. Timor-Leste só foi "território indonésio" porque os líderes das democracias liberais efetivamente autorizaram a conquista, violando as diretrizes do Conselho de Segurança e uma decisão do Tribunal Internacional de Justiça.

A ordem dos eventos na versão-padrão foi essencialmente invertida. A mais recente onda de atrocidades em Timor-Leste estava em curso desde novembro de 1998. Bem antes do referendo sobre a independência, em 1999, as atrocidades atingiram níveis acima das de Kosovo antes do bombardeio da Otan, o modelo de comparação. Além disso, as informações disponíveis ao público indicavam que o pior estava por vir se a população não se submetesse ao terror indonésio, e muito mais era conhecido pela inteligência australiana e certamente pela americana. Mesmo assim, a nova geração continuou a fornecer ajuda militar, e até mesmo a realizar exercícios militares conjuntos pouco antes do referendo, enquanto se opunha a qualquer movimento para impedir as atrocidades que tinham todos os motivos para esperar. Mesmo depois do referendo de 30 de agosto, os Estados Unidos insistiram em que a Indonésia deveria continuar controlando o território ilegalmente ocupado, enquanto suas forças praticamente destruíram o país e expulsaram 750 mil pessoas de suas casas — 85% da população.

Seja qual for o ângulo pelo qual se analise, não foi a sequência dos acontecimentos que impediu que Kosovo servisse de precedente para uma intervenção humanitária em Timor-Leste; inclusive, e o mais fundamental, porque não houve nenhuma intervenção humanitária. Aliás, não houve "intervenção" em nenhum sentido sério do termo, nem poderia ter havido, pois não se tratava de uma questão de soberania. Até mesmo a Austrália, o único país ocidental a conceder reconhecimento explícito *de jure* à anexação indonésia (em grande parte devido ao seu interesse pela exploração conjunta do petróleo timorense), renunciou a essa posição em janeiro de 1999. Os direitos à soberania da Indonésia foram comparáveis aos da Alemanha nazista na Europa ocupada. Baseavam-se unicamente na ratificação do seu grande poder de agressão e massacre naquele território administrado por Portugal, de responsabilidade da ONU. O avanço russo para o Ocidente na Segunda Guerra Mundial e o desembarque na Normandia não foram intervenções; *a fortiori*, a entrada de forças de paz da ONU lideradas pela Austrália após a retirada do exército indonésio não se qualifica como intervenção. A questão da intervenção humanitária nem sequer se coloca, apesar de ser um dos raros casos em que se pode falar seriamente de intenção humanitária, pelo menos por parte da Austrália ou, mais precisamente, de sua população, que criticou duramente o governo por não ter agido quando o número de vítimas aumentou, no início de 1999.

Um dos elementos da versão-padrão está correto: nenhum Estado defendeu uma intervenção militar — com alguma razão, pois há poucas razões para supor que qualquer forma de "intervenção" teria sido necessária para acabar com as atrocidades, tanto as de 1999 quanto as das décadas anteriores de terror. Não havia necessidade de impor sanções ou bombardear Jacarta. A mera insinuação de uma posição em contrário, em meados de setembro de 1999, bastou para deixar claro aos generais indonésios que o jogo estava acabado. Provavelmente o resultado poderia ter sido alcançado de maneira semelhante muito antes, se houvesse qualquer disposição de interferir nas proezas da "força maligna" que tão habilmente serviam aos interesses do poder e do privilégio ocidentais.

As razões convencionais apresentadas para diferenciar Kosovo de Timor-Leste, que acabamos de citar, não são muito convincentes. A Sérvia "tinha um exército forte", a principal razão de uma invasão nunca ter sido contemplada e de os bombardeiros serem mantidos a uma distância segura. Mais importante, o exército da Indonésia, diferentemente do da Sérvia, depende muito dos Estados Unidos, como foi revelado em meados de setembro de 1999, quando Clinton finalmente sinalizou sua desistência. A Rússia se opôs fortemente aos bombardeios da Otan, mas isso não deteve os Estados Unidos e seus aliados. Antes de meados de setembro, não havia expectativa de que a Indonésia "consentisse em uma força multinacional", mesmo porque os "Estados interessados" não demonstraram nenhum interesse sério na questão (e a Indonésia a rejeitou firmemente). A principal oposição, até mesmo de uma "intervenção" desarmada, nos primeiros meses de terror crescente, veio de Washington, e essa decisão persistiu no auge das atrocidades pós-referendo.

Os princípios de Washington foram esboçados de forma sucinta pelo conceituado diplomata australiano Richard Butler, que transmitiu a seus compatriotas o que ouviu de "analistas americanos seniores": os Estados Unidos vão agir de acordo com seus próprios interesses; outros devem arcar com o ônus e encarar os custos, a não ser que alguma forma de poder seja obtida.[31] Parece uma interpretação justa da realidade da nova era de esclarecimento e princípios elevados, como os acontecimentos de Timor-Leste ilustram de forma dramática, acrescentando mais um informativo caso exemplar à lista.

Um dos mais destacados princípios da nova era é que a soberania pode agora ser desconsiderada no interesse da defesa dos direitos humanos; desconsiderada pelos "Estados esclarecidos", isto é, não por outros. Assim, os Estados Unidos e a Grã-Bretanha se concedem o direito de levar a cabo uma guerra militar e econômica com a alegada intenção de conter Saddam Hussein, mas não se pensa em endossar uma invasão iraniana ao Iraque para derrubar o tirano, apesar de o Irã ter sofrido uma grave invasão do Iraque, apoiada pelos Estados Unidos e pela Grã-Bretanha, entre outros. O princípio proclamado tem méritos, ou teria, se fosse mantido de uma forma que pessoas honestas pudessem levar a sério. A restrição dos agentes já prejudica essa possibilidade. Os dois principais exemplos apresentados em 1999 são suficientes para eliminar quaisquer outras ilusões.

A infundada reivindicação de soberania da Indonésia em Timor-Leste foi reconhecida com o mais delicado respeito sob os princípios operativos dos Estados esclarecidos. Eles insistiram em que o exército indonésio fosse responsável pela segurança enquanto implantava mais um reinado de terror. Quanto a Kosovo, os Estados Unidos e seus aliados exigem que continue sob a soberania da Sérvia, provavelmente pelo temor a uma "grande Albânia". Mas a soberania defendida pela Otan na Sérvia é "superada" pela alegação de estar defendendo direitos humanos, diferentemente de Timor-Leste, onde a não soberania "supera" qualquer preocupação com os direitos humanos que os líderes da Otan estão violando brutalmente.

Esta nova era é realmente deslumbrante.

A realidade descrita por Richard Butler foi bem ilustrada em Timor-Leste em abril de 1999, o momento culminante da exuberância da nova era. Na ocasião, massacres organizados por tropas armadas e treinadas pelos Estados Unidos e pela Grã-Bretanha eram ocorrências regulares, algumas extraordinárias e amplamente divulgadas, principalmente na Austrália. Em 6 de agosto — por coincidência, o dia do relatório sobre a nova Doutrina Clinton, com seu compromisso de "deter" a matança de "civis inocentes" se "estiver ao nosso alcance" —, a Igreja de Timor-Leste informou que entre 3 mil e 5 mil pessoas haviam sido mortas até então em 1999, cerca de duas vezes o número de mortos em todos os lados em Kosovo no ano anterior ao bombardeio da Otan, segundo a própria Otan. E em circunstâncias bem diferentes. As vítimas timorenses da agressão indonésia apoiada pelo Ocidente eram civis indefesos. Não houve combates ativos, nem tomada de territórios importantes por guerrilheiros baseados no exterior, nem ataques a policiais e civis com o objetivo declarado de provocar uma retaliação violenta que pudesse resultar numa intervenção militar ocidental. As pequenas forças de resistência estavam confinadas a áreas montanhosas isoladas, praticamente sem contato internacional, e as atrocidades eram quase todas atribuídas ao exército de ocupação e seus associados paramilitares e, claro, aos seus apoiadores estrangeiros, principalmente os Estados Unidos e a Grã-Bretanha, como já acontecia havia 24 anos. A situação em Kosovo foi diferente em todos esses aspectos.

Em Timor-Leste, em 1999, os princípios e valores dos Estados esclarecidos ditaram a mesma diretriz que na Turquia e na Colômbia, onde os massacres chegaram a mais de um por dia: apoiar os assassinos. Houve também relatos de um massacre em Kosovo, em Racak, em 15 de janeiro (45 mortos). O evento inspirou tanto horror entre os humanitários ocidentais que foi necessário bombardear a Iugoslávia dez semanas depois com a expectativa, logo cumprida, de que resultasse em uma forte escalada das atrocidades.[32]

Esses exemplos constituem apenas uma amostra parcial das circunstâncias que evocaram o notável coro de autocongratulações sobre a nova era, na qual os líderes ocidentais se dedicam ao seu "propósito moral" em nome da "comunidade internacional" — que protesta de forma vigorosa, porém irrelevante. Deixando de lado os verdadeiros fatos sobre Kosovo, os acontecimentos foram muito facilitados pelo silêncio ou pelas falsidades sobre o que teria sido ressaltado ao mesmo tempo, se os truísmos morais mencionados no início pudessem ser considerados.

As avaliações mais diretamente relevantes às noções conflitantes da nova era são estas: grandes atrocidades do período atual, que poderiam ter sido facilmente mitigadas ou encerradas se não houvesse uma participação externa direta e decisiva — ou, na terminologia preferida pelos apologistas da violência estatal —, atrocidades que os Estados Unidos "toleraram" enquanto "fracassaram em proteger" suas vítimas. Porém, as avaliações preferidas são os casos da Chechênia, do Tibete e outros, que têm a vantagem de a fase atual dos crimes poder ser atribuída a terceiros. Nesses casos, as únicas questões levantadas têm a ver com a nossa reação aos crimes dos outros, uma situação muito mais confortável.

Os exemplos mais extremos dessa categoria são as guerras na África. Deixando de lado todo um histórico relevante, as atrocidades não são patrocinadas diretamente pela nova geração, como nos exemplos analisados. Assim, a atitude de Washington é muito parecida com a esboçada pelo conselheiro de Segurança Nacional Sandy Berger e pelo diplomata Richard

Butler: não se vê nenhum ganho em ajudar as vítimas do terror, por isso não há necessidade de reagir (a não ser mandando armas para alimentar os conflitos). Quando os planos para bombardear a Sérvia chegavam à fase final, em fevereiro de 1999, diplomatas ocidentais definiram a política de Clinton na África como "deixar a África resolver suas próprias crises". Diplomatas europeus e da ONU declararam que "os Estados Unidos frustraram ativamente esforços das Nações Unidas de realizar operações de manutenção da paz que poderiam ter evitado algumas das guerras na África". No Congo, a recusa de Clinton em prover quantias triviais para as forças de paz da ONU "torpedeou" a proposta da instituição, segundo o enviado especial da ONU à África. Serra Leoa é um exemplo notável. Em 1997, "Washington arrastou as discussões sobre uma proposta britânica de enviar forças de paz", e depois não fez nada diante dos horrores decorrentes. Em maio de 2000, o secretário-geral da ONU, Kofi Annan, pediu apoio militar às forças de paz da ONU que não conseguiam conter as atrocidades. Mas as autoridades americanas informaram que "o governo Clinton não hesitaria em fornecer apoio logístico e técnico", o que acabou sendo uma fraude. Clinton ofereceu aviões dos Estados Unidos, mas a um preço exorbitante. "Quando Washington oferece equipamentos de apoio, como aviões para transportar soldados de outros países, 'as propostas dos EUA custam em geral três vezes mais que o valor comercial'", afirmou Annan, e "Washington não põe nenhum oficial americano no solo." E é difícil para a ONU pagar até mesmo os valores comerciais, por causa da recusa dos Estados Unidos a pagar sua dívida.[33]

Mais uma vez, as mesmas conclusões. Com um raro grau de clareza em assuntos internacionais, a avaliação da nova era pelos céticos ganha até com um braço amarrado. Embora sem qualquer efeito possível, por causa do casulo impenetrável tecido pelos intelectuais responsáveis: na pior das hipóteses, nós "toleramos" os crimes dos outros, e assim podemos nos castigar por não reagirmos adequadamente a eles, demonstrando assim nosso compromisso com os princípios morais elevados e a vontade de reconhecer até mesmo nossas falhas mais graves.

Embora considerações elementares sejam suficientes para acabar com o triunfalismo que acompanhou o bombardeio da Sérvia, a questão dos motivos da decisão ter sido tomada para a guerra permanece em aberto, assim como a questão de sua legitimidade. Continua sendo possível que haja realmente uma "inconsistência", ainda que não do tipo discutido na literatura defensiva: é possível que, no caso especial de Kosovo, a nova geração estivesse violando o procedimento operacional padrão e agindo com um "propósito moral", como alegado — com considerável paixão, mas com poucos argumentos detectáveis.

Como observado, as justificativas oficiais, que permaneceram mais ou menos constantes, foram reiteradas pelo secretário de Defesa William Cohen e pelo chefe do Estado-Maior Conjunto Henry Shelton em janeiro de 2000. Os principais fatores motivadores foram:

1. "garantir a estabilidade da Europa Oriental";
2. "impedir a limpeza étnica";
3. "garantir a credibilidade da Otan".

Embora o segundo item por si só não fosse suficiente, o conselheiro de segurança nacional Sandy Berger forneceu mais detalhes. O "interesse nacional" deve estar em jogo, a primeira e a terceira razões.

A terceira razão é a que foi mais insistentemente avançada, e tem méritos, quando devidamente compreendida: "credibilidade da Otan" significa "credibilidade do poder dos EUA"; os elementos "desregrados" do mundo devem entender o preço que pagarão se não atenderem às ordens do mestre em Washington.[34] A primeira razão — "garantir a estabilidade" — também tem plausibilidade, porém mais uma vez os termos devem ser entendidos adequadamente: não no sentido literal, mas no sentido doutrinário. Corretamente entendido, uma região é "estável" se for incorporada ao sistema global dominado pelos Estados Unidos, com seus interesses sendo atendidos e com os devidos centros de poder no comando.

No sentido literal, mas não doutrinário, a Europa Oriental era basicamente estável sob o domínio do Kremlin. No sentido doutrinário, as regiões dominadas por Jacarta tornaram-se estáveis em 1965, quando uma ditadura militar foi imposta após uma carnificina ao estilo de Ruanda, que destruiu o partido de massa dos camponeses pobres, o Partai Komunis Indonesia (PKI), que "ganhou amplo apoio não como um partido revolucionário, mas como uma organização defendendo os interesses dos pobres no sistema existente", desenvolvendo uma "base de massa no campesinato" com seu "vigor na defesa dos interesses dos [...] pobres". A preocupação de que o

PKI não pudesse ser neutralizado por "meios democráticos comuns" foi a principal razão para a guerra clandestina de Washington com o objetivo de desmantelar a Indonésia em 1958 e, quando isso fracassou, para o apoio aos militares, cujo objetivo era "exterminar o PKI".[35] Por essa razão, mais sua postura pró-China, o PKI tornou-se uma fonte de "instabilidade". A participação dos Estados Unidos-Reino Unido nas subsequentes atrocidades dos executores do massacre de 1965 é compreensível, em vista de a Indonésia ser "tão crucial para a estabilidade da região", como explicado mais uma vez em setembro de 1999, quando os ataques indonésios aumentaram em ferocidade.

Da mesma forma, Washington teve que impor uma ditadura militar assassina na Guatemala, pois seu primeiro governo democrático "tornou-se uma grande ameaça à estabilidade de Honduras e El Salvador", alertaram funcionários do Departamento de Estado. A estabilidade no sentido doutrinário foi ameaçada porque a "reforma agrária da Guatemala é uma poderosa arma de propaganda; seu abrangente programa social de ajuda aos trabalhadores e aos camponeses em uma luta vitoriosa contra as classes altas e as grandes empresas estrangeiras tem um forte apelo junto às populações dos vizinhos centro-americanos onde prevalecem condições semelhantes". Depois de quarenta anos de terror, esses programas não existem mais e, portanto, a Guatemala não é mais uma ameaça à estabilidade. No sentido doutrinário, é até possível, sem contradição, "desestabilizar" para garantir "estabilidade". Assim, "os esforços para desestabilizar um governo marxista livremente eleito no Chile" por parte de Nixon-Kissinger foram empreendidos porque "estávamos determinados a garantir a estabilidade", observou um importante analista de relações exteriores.[36]

Entendendo os termos em seu sentido doutrinário, é razoável supor que "garantir a estabilidade da Europa Oriental" era um objetivo dos bombardeios, assim como "garantir a credibilidade da Otan".

A segunda justificativa — "impedir a limpeza étnica" — teve pouca credibilidade durante a guerra, e essa pouca credibilidade diminuiu consideravelmente à luz das extensas evidências fornecidas desde então pelos Estados Unidos e por outras fontes ocidentais. Detalhando essa segunda justificativa, Cohen e Shelton afirmam que, antes dos bombardeios, "a cruel repressão do regime de Belgrado em Kosovo [havia] criado uma crise humanitária de proporções assombrosas", e "a campanha de Milosevic, que ele chamou de 'Operação Ferradura', teria provocado ainda mais falta de moradias, fome e perda de vidas se sua crueldade não fosse controlada". Antes do bombardeio de 24 de março de 1999, Milosevic estava "finalizando esse plano bárbaro", e em 21 de março, um dia após a retirada dos observadores da Missão de Verificação de Kosovo (KVM, na sigla em inglês), as forças sérvias "lançaram uma grande ofensiva, chamada de 'Operação Ferradura'". Ao depor perante o Congresso alguns meses antes, Cohen disse que "agora sabemos, em retrospecto, que ele tinha uma Operação Ferradura com a qual estava determinado a cumprir seus objetivos, e acreditava poder fazer isso em um período muito curto de tempo, em mais ou menos uma semana", se o bombardeio não houvesse frustrado seus planos.[37]

A "Operação Ferradura" foi interpretada por muitos comentaristas experientes como justificativa para o bombardeio. Para citar apenas um exemplo, membros seniores do Instituto Brookings, Ivo Daalder e Michael O'Hanlon, com experiência dentro e fora do governo em questões relacionadas aos Bálcãs, escrevem que no final de 1998 "Milosevic aprovou a Operação Ferradura — um plano de proporções verdadeiramente malignas projetado para uma reengenharia de Kosovo, expulsando permanentemente grande parte da população civil da província". Portanto, os atuais "problemas de Kosovo não são nada comparados com o que teria acontecido se a Otan não tivesse intervindo".[38]

Um fato é inquestionável: o bombardeio da Otan foi seguido por uma rápida escalada de atrocidades e limpeza étnica. No entanto, isso, em si, é uma condenação do bombardeio, não uma justificativa. Quanto ao restante, o quadro tem vários problemas.

Um deles é que a farta documentação apresentada por Washington, pela Otan e por outras fontes ocidentais não fornece evidências significativas de uma ofensiva sérvia depois da saída dos observadores, embora forneça ricas evidências de operações de limpeza étnica dos sérvios imediatamente após o início dos bombardeios. Voltamos a esse assunto, mas ressaltando que mesmo que uma ofensiva sérvia fosse lançada após a saída dos observadores, numa clara preparação para um ataque militar, isso dificilmente serviria para justificar a retirada dos observadores por uma objeção oficial da Sérvia (fato ainda não divulgado pelos principais meios de comunicação, embora fosse de conhecimento público no dia anterior ao bombardeio)[39] e o ataque militar que efetivamente prenunciou.

Outro problema está relacionado com a distinção entre os planos e sua implementação. Os planos de contingência das grandes potências e seus clientes, até onde são conhecidos, são horrendos; os que não são conhecidos, piores ainda.[40] Que Milosevic tinha planos "de proporções verdadeiramente malignas" para Kosovo praticamente não foi posto em dúvida, mesmo sem acesso a registros internos, assim como é quase certo que Israel tem planos de expulsar grande parte da população palestina, e que, se estiver sob séria ameaça de bombardeio e invasão do Irã ou da Síria, estaria preparado para realizá-los. Também não há dúvida de que em março de 1999, sob constantes e altamente factíveis ameaças de bombardeio e invasão pela superpotência dominante e pela aliança militar que controla, as forças militares sérvias se preparavam para realizar esses planos em Kosovo. Mas há uma grande distância entre a existência e preparação de tais planos e a conclusão de que eles serão efetivados, a menos que os planejadores sejam submetidos a um ataque militar — provocando a efetivação dos planos e justificando retrospectivamente o ataque por meio de uma impressionante façanha de lógica.

É apropriado "não ter dúvidas de que a limpeza étnica foi sistematicamente planejada antes do bombardeio da Otan"; seria espantoso se isso não fosse verdade, dadas as circunstâncias. Mas é preciso apresentar provas para apoiar a afirmação de que "a inteligência ocidental confirma que [a limpeza étnica] já estava em andamento antes dos primeiros ataques aéreos da Otan" — e antes da retirada dos observadores, para que as evidências tenham alguma força.[41] Também é necessário levar em consideração a incapacidade de Washington de tornar públicas as provas na farta documentação divulgada, à qual voltamos.

Há outras questões em relação à "Operação Ferradura", supostamente descoberta por autoridades alemãs duas semanas depois do início dos bombardeios e conhecida apenas "em retrospecto", segundo o secretário de Defesa Cohen, e por isso não seria um motivo para os bombardeios. Curiosamente, o plano foi mantido em segredo do general comandante da Otan Wesley Clark, que, quando indagado sobre a Operação Ferradura um mês após o início dos bombardeios, declarou à imprensa que os planos para isso "nunca me foram informados".[42] O general alemão aposentado Heinz Loquai, que trabalha para a Organização para a Segurança e Cooperação na Europa (OSCE), afirma em um novo livro que "o plano foi inventado a partir de relatórios de inteligência búlgaros banais", e "chega à conclusão de que tal operação jamais existiu". Segundo o semanário alemão *Die Woche*, o suposto plano era "uma análise geral de uma agência de inteligência búlgara sobre o comportamento da Sérvia na guerra". O periódico informa ainda que "os mapas transmitidos pelo mundo todo como prova das informações da Otan foram elaborados na sede do quartel-general da defesa alemã", e que o relatório búlgaro "concluiu que o objetivo dos militares sérvios era destruir o Exército de Libertação do Kosovo, e não expulsar toda a população albanesa, como depois foi argumentado pelo [ministro da Defesa alemão Rudolf] Scharping e pela liderança da Otan". Loquai afirma ainda que o Ministério da Defesa alemão "inclusive cunhou o nome 'Ferradura'". Também ressalta "uma falha fundamental no relato alemão: o de chamar a operação de 'Potkova', que é a palavra em croata para ferradura", em vez de usar a palavra sérvia "Potkovica". O livro de Loquai foi bem recebido pela imprensa alemã, que também criticou as "mentiras da propaganda" de Scharping (por exemplo, dobrando o suposto número de soldados sérvios antes do bombardeio de 20 mil para 40 mil) e sua evasão das acusações.[43]

Outro problema é que o general Clark também não tinha conhecimento de nenhum plano para "impedir a limpeza étnica". Quando o bombardeio começou, em 24 de março, ele informou à imprensa — várias vezes, insistentemente, com firmeza — que as atrocidades brutais dos sérvios seriam uma consequência "totalmente previsível" do bombardeio, detalhando posteriormente que as operações militares da Otan não foram projetadas para impedir a "limpeza étnica sérvia" e nem mesmo para combater as forças sérvias em Kosovo. O governo dos Estados Unidos e outras fontes disponíveis na época deram considerável plausibilidade ao julgamento de Clark. Desde então, uma farta documentação foi divulgada pelo Departamento de Estado, pela Otan, pela KVM, pela OSCE e outras fontes ocidentais e independentes, em grande parte produzida para justificar a guerra da Otan. É uma sólida confirmação da análise do general Clark, de uma forma que considerei surpreendente. Ainda mais surpreendente, a documentação dá pouco suporte à suposição de as atrocidades terem aumentado significativamente depois da retirada dos observadores da KVM, em 20 de março, diferentemente do que me parecia uma expectativa natural na época.

As conclusões sobre os efeitos previstos das escolhas políticas da Otan não se harmonizam bem com uma postura nobre. Assim, a versão preferida durante os bombardeios, repetida incansavelmente desde então, é que seu objetivo era "conter a expulsão de albaneses de Kosovo por Belgrado" por meio da Operação Ferradura — expulsão aparentemente precipitada pelo bombardeio (ou pelo seu anúncio, segundo o secretário de Defesa, contrariando o registro oficial de Washington ao qual voltamos), um objetivo desconhecido e negado pelo comandante militar, que também não sabia da Operação Ferradura. Da mesma forma, críticos da eficácia da guerra aérea concluem "que o poder aéreo não conseguiu impedir a limpeza étnica que levou os líderes ocidentais a agir", uma inversão da cronologia dos acontecimentos; ao menos isso parece razoavelmente claro, seja qual for o julgamento que se possa ter sobre as ações empreendidas. Em um livro muito elogiado sobre a guerra, o historiador David Fromkin afirma sem argumentos que os Estados Unidos e seus aliados agiram somente por "altruísmo" e "fervor moral", forjando "um novo tipo de abordagem do uso do poder na política mundial", pois "reagiram à deportação de mais de 1 milhão de kosovares de sua terra natal", com bombardeios para salvá-los "dos horrores do sofrimento ou da morte". Ele se refere aos que foram expulsos em consequência da previsibilidade do bombardeio. O especialista em assuntos internacionais e segurança Alan Kuperman escreve que, em Timor-Leste e em Kosovo, "a ameaça de sanções econômicas ou de bombardeios provocou uma tragédia reativa", e "a intervenção ocidental chegou tarde demais para evitar as atrocidades generalizadas". Em Kosovo, a ameaça de bombardeios não chegou "tarde demais para evitar as atrocidades generalizadas", mas, sim, as precedeu, assim como os próprios bombardeios, se acreditarmos nos documentos oficiais. Em Timor-Leste, nenhuma ação ocidental "provocou uma tragédia reativa". O uso da força não chegou a ser proposto, e mesmo a ameaça de sanções foi adiada até depois da consumação das atrocidades; e não houve "intervenção ocidental" em nenhum sentido significativo do termo.[44]

Restam-nos duas justificativas plausíveis para o bombardeio: garantir a "estabilidade" e "a credibilidade da Otan", ambas entendidas no sentido doutrinário.

As razões oficiais claramente não servirão de suporte para a tese de que a nova geração estava seguindo um "propósito moral" no caso de Kosovo, muito menos as teses mais visionárias sobre a nova era. Portanto, buscaram-se outros argumentos. Um deles, observado anteriormente, é que a guerra serviu como precedente para a "intervenção humanitária" em Timor-Leste seis meses depois. Mesmo se correto, isso claramente não justificaria os bombardeios, mas como a conclusão não tem base, a questão é acadêmica.

Uma versão corrente dos motivos ocidentais para o bombardeio da Sérvia em 1999 é de que o Ocidente se sentira envergonhado por não ter agido na Bósnia. A Otan optou por bombardear, afirma Fouad Ajami,

> contra o conselho de pesquisadores e realistas e defensores da primazia da "geoeconomia", para levar a cabo uma guerra justa, empurrados para Kosovo, como antes para Bósnia, pela vergonha do que testemunharam, pela imagem de si mesmos que viram naquele espelho dos Bálcãs.

Segundo Aryeh Neier, o que "inspirou os defensores da intervenção humanitária" em Kosovo foram as "muitas pessoas dentro e fora do governo determinadas a não permitir a repetição em Kosovo" do que havia acontecido na Bósnia.[45]

Essas alegações são apresentadas sem argumentos, como verdades autoevidentes, seguindo a norma de justificação da violência estatal. As alegações rejeitam as razões oficiais apresentadas à época ou desde então. Ademais, embora apresentadas como justificativa dos "defensores da intervenção humanitária" em Kosovo, essas alegações são, de fato, uma grave acusação a esses defensores e à cultura política e moral ocidental em geral. Segundo essa versão, em violação radical dos truísmos morais, o Ocidente se envergonha ante sua imagem no "espelho dos Bálcãs", onde é culpado apenas por uma resposta inadequada aos crimes dos outros, mas não ante sua imagem em outros espelhos, onde os crimes começam em casa: como os discutidos anteriormente, por exemplo, quando o Ocidente não "tolerou" as atrocidades como Neier e outras que alguns preferem ver, mas participou ativamente de sua escalada. Além disso, nessa interpretação, enquanto os princípios e valores norteadores exigem a determinação de não permitir a repetição de crimes cometidos por um inimigo oficial, eles nada dizem sobre a repetição de nossos próprios crimes, comparáveis ou piores, e assim libertam os agentes da "intervenção humanitária" e os "muitos" que os apoiam na falta de interesse por esses crimes.

Por causa das comparações entre Kosovo e Timor-Leste no discurso público em 1999, o último apresenta uma ilustração particularmente impressionante dessas conclusões. Deve-se, portanto, enfatizar que a grande carnificina dos anos anteriores em Timor-Leste é (pelo menos) comparável às terríveis atrocidades que podem ser plausivelmente atribuídas a Milosevic nas primeiras guerras na Iugoslávia, e que a responsabilidade é muito mais fácil de atribuir, sem fatores complicadores. Se os proponentes da tese da "repetição da Bósnia" a levavam a sério, deveriam ter defendido também o bombardeamento de Jacarta — na verdade, Washington e Londres — no início de 1999, para "não permitir a repetição em Timor-Leste" dos crimes que a Indonésia, os Estados Unidos e o Reino Unido lá cometeram por um quarto de século. E, quando a nova geração se recusou a seguir esse caminho honroso, seus líderes deveriam estar incitando cidadãos honestos a fazê-lo, talvez aderindo à rede de Bin Laden. São conclusões diretas, se supusermos que a tese pretende ser algo mais que uma apologia da violência do Estado.

Além da surpreendente autoacusação e da ausência de quaisquer provas, o argumento deve ser uma das mais notáveis justificativas para a violência estatal já registrada. Segundo a doutrina, a força militar é legítima se sua contenção for capaz de induzir o alvo do ataque a realizar atrocidades (como aconteceu, conforme previsto, depois e presumivelmente em resposta ao ataque). Por esse padrão, os Estados violentos são livres para agir como quiserem, com a aclamação das classes bem informadas.

Outro argumento para se evadir das consequências da "defesa da intervenção humanitária" em Kosovo é afirmar que a Otan deveria ter invadido de imediato, e não bombardeado. É algo fácil de dizer, e poderia ser levado a sério se acompanhado por uma proposta fundamentada, na época, ou desde então, levando em consideração as prováveis consequências da invasão (particularmente à luz da doutrina militar dos Estados Unidos), assim como a logística complexa e outros problemas.[46] A busca de uma explicação seguirá em vão, evidentemente sem o mínimo exigido para sustentar o pesado ônus da prova, pelos defensores do uso da força, seja qual for a pretensa intenção.

Outro modo útil de justificativa é inventar e refutar argumentos absurdos contra o bombardeio, ignorando a realidade dos apresentados. Um dos favoritos é o argumento, atribuído a "esquerdistas" ou "revisionistas" anônimos, de que os Estados Unidos não têm o direito de intervir por causa de seu histórico vergonhoso. Que o histórico de um Estado deve ser levado em conta ao se considerar seu direito de intervenção é outro truísmo, aceito por todos aqueles que pretendem ser sérios. Mas o argumento de que um histórico vergonhoso automaticamente rescinde esse direito seria totalmente irracional e, portanto, fácil de refutar. Esse exercício só pode ser entendido, mais uma vez, como uma forma de reconhecimento tácito da incapacidade de arcar com o ônus de justificar o recurso à violência — sempre pesado, mas em princípio não insuperável, à parte a opinião de pacifistas ferrenhos.

A conclusão fica ainda mais clara quando analisamos os esforços ocasionais para citar uma fonte fidedigna. Coisa rara, mas existem alguns exemplos. Assim, o correspondente Ian Williams, que se tornou conhecido em outras áreas, escreve que eu e Edward Said "examinamos o histórico de inação do Ocidente na Palestina, em Timor-Leste, no Curdistão e assim por diante, e daí deduzimos que qualquer ação em relação a Kosovo não poderia ser por bons motivos, e portanto deveria ser combatida". Para embasar sua acusação, e o ridículo dessa "atitude excessivamente teológica" e do "elemento moralizante" que era "comum a esquerdistas de todo o espectro", ele não cita uma única afirmação minha ou de Said que diga nada nem remotamente pertinente.[47] Mesmo a leitura mais superficial do que escrevi deixa óbvio, sem a menor dúvida, que minha posição era exatamente o contrário, chegando ao ponto de rever os poucos exemplos de intervenção militar com consequências benignas, e portanto talvez legítimas, apesar do lamentável histórico dos agentes. Mais impressionante é a maneira como Williams cai tão facilmente no modo comum de uma apologia da violência do Estado. Said e eu não analisamos o "histórico de inação" do Ocidente nos casos que ele menciona, mas, sim, o de *uma ação* decisiva, um fato que evidentemente não pode ser assimilado por muitos intelectuais ocidentais. Mais uma vez, a única conclusão razoável é a incapacidade de arcar com o ônus de justificar o recurso à violência.

É preciso um esforço considerável para não reconhecer a precisão do relatório apresentado à Comissão de Direitos Humanos da ONU, em março de 2000, pelo ex-dissidente tcheco Jiri Dienstbier, atualmente investigador especial da ONU para a ex-Iugoslávia: "O bombardeio não resolveu nenhum problema", afirmou. E continuou: "Só multiplicou os já existentes e criou novos problemas". Ou a avaliação corroborativa de Michael MccGwire, de que "enquanto as forças sérvias eram claramente o instrumento do desdobramento do 'desastre humanitário', as intenções belicistas da Otan foram sem dúvida a principal causa", e que a referência ao "bombardeio como 'intervenção humanitária'" é "na verdade grotesca":

> Ninguém questiona as boas intenções subjacentes, mas pode-se supor que muito da retórica moralista, da demonização, da reivindicação de pioneirismo em uma política externa baseada em valores e interesses foi uma forma de negação. Serviu para esconder de todos nós o fato impalatável de que os líderes e seus povos têm de aceitar sua parcela de culpa por consequências não pretendidas — neste caso, o desastre humanitário e as vítimas civis na Sérvia, que são, na verdade, apenas parte do desastre.[48]

Os comentários de MccGwire parecem realistas, com ressalvas sobre a questão das "intenções". A frase "consequências não pretendidas" obscurece o fato de terem sido antecipadas, mesmo que não fossem tão "totalmente previsíveis", como o comandante da Otan considerou no início, nas palavras citadas por MccGwire. Além disso, está longe de ser verdade que "ninguém questiona as boas intenções subjacentes". Elas são definitivamente questionadas pelo que MccGwire chama de "o mundo em geral", como ele enfatiza (ver p. 396). A convicção sobre essas inquestionáveis boas intenções é especialmente duvidosa no contexto do histórico de práticas no passado e no presente, inclusive nos casos cruciais que acabamos de rever na tentativa de avaliar as interpretações conflitantes da nova era.

De maneira geral, é difícil identificar inconsistências significativas nas práticas das grandes potências, ou nos princípios e valores que realmente orientam suas políticas. Nada disso deve surpreender aqueles que não dão preferência ao que às vezes é chamado de "ignorância intencional".[49]

20
UM MUNDO SEM GUERRA

Espero que vocês não se importem se eu montar o palco com alguns truísmos. Não chega a ser uma notícia animadora a de que vivemos em um mundo de conflitos e confrontos. Existem muitas dimensões e complexidades, mas nos anos recentes foram traçadas diretrizes bem nítidas. Para simplificar, mas não muito, um dos participantes desses conflitos são os centros de poder concentrados, estatais e privados, intimamente interligados. O outro é a população em geral, do mundo todo. Em termos antiquados, isso teria sido chamado de "guerra de classes".

O poder concentrado dedica-se a uma guerra implacável, e de forma bastante consciente. Documentos governamentais e publicações do mundo dos negócios revelam que são em sua maioria marxistas vulgares, com valores invertidos, é claro. Também estão assustados — na verdade, como na Inglaterra do século XVII. Percebem que o sistema de dominação é frágil, que depende de disciplinar a população de um jeito ou de outro. Há uma busca desesperada por tais meios: nos últimos anos, o comunismo, o crime, as drogas, o terrorismo e outros. Os pretextos mudam, as políticas continuam bastante estáveis. Às vezes, a mudança de pretexto, aliada à continuidade da política, é drástica e requer um grande esforço para não ser notada: como logo depois do colapso da União Soviética, por exemplo. Eles aproveitam todas as oportunidades para avançar sua agenda: o 11 de

---

Este capítulo é a versão escrita do discurso de abertura do Fórum Social Mundial, em 31 de janeiro de 2002 em Porto Alegre, Brasil, publicado no portal ZNet em 29 de maio de 2002; republicado em C. P. Otero (ed.), *Radical Priorities*, 3. ed. (Oakland, AK Press, 2003), p. 319-32.

Setembro é um caso típico. As crises se prestam para explorar o medo e a preocupação e exigir que o adversário seja submisso, obediente, silencioso, distraído, enquanto os poderosos aproveitam a janela de oportunidade para dar sequência aos seus programas favoritos com ainda mais intensidade. Esses programas variam de acordo com a sociedade: nos Estados mais brutais, com a escalada de repressão e terror; em sociedades em que a população ganhou mais liberdade, medidas para impor disciplina enquanto transferem cada vez mais riqueza e poder para as próprias mãos. É fácil apontar exemplos no mundo todo durante os últimos meses.

Com certeza, suas vítimas precisam resistir à exploração previsível da crise e concentrar os próprios esforços, de forma não menos implacável, nas principais questões, que se mantêm como antes: entre elas, o aumento do militarismo, a destruição do meio ambiente e uma agressão de grandes consequências à democracia e à liberdade, o cerne dos programas "neoliberais".

O conflito em curso é simbolizado neste momento pelo Fórum Social Mundial (FSM) aqui e pelo Fórum Econômico Mundial (FEM) em Nova York. O FEM — citando a imprensa nacional dos Estados Unidos — é uma reunião de "empreendedores e poderosos", de "ricos e famosos", de "especialistas do mundo todo", de "líderes governamentais e executivos corporativos, ministros de Estado e de Deus, políticos e autoridades" que vão "refletir profundamente" e abordar "os grandes problemas enfrentados pela humanidade". São apresentados alguns exemplos, entre eles "como injetar valores morais no que fazemos?". Ou um painel intitulado: "Diga-me o que você come", liderado pelo "príncipe regente da cena gastronômica de Nova York", cujos restaurantes elegantes serão "lotados pelos participantes do fórum". Também há menção a um "antifórum" no Brasil, onde se esperam 50 mil pessoas. São "os malucos que se reúnem para protestar contra as reuniões da Organização Mundial do Comércio". Pode-se saber mais sobre os malucos a partir de uma foto de um sujeito de aparência desalinhada, com o rosto escondido, escrevendo "assassinos do mundo" numa parede.

Nesse "carnaval", como é definido, os malucos estão atirando pedras, pichando, dançando e cantando sobre uma variedade de tópicos chatos que não podem ser mencionados, ao menos nos Estados Unidos: investimento, comércio, arquitetura financeira, direitos humanos, democracia, desenvolvimento sustentável, relações Brasil-África, diretrizes governamentais e outras questões marginais. Eles não estão "refletindo profundamente" sobre "grandes problemas"; isso é deixado para os magos de Davos em Nova York.

A retórica infantil, presumo, é um bem merecido sinal de insegurança. Os malucos deste "antifórum" aqui são definidos como "contrários à globalização", uma arma de propaganda que devemos rejeitar com desprezo. "Globalização" significa apenas integração internacional. Ninguém em sã consciência é "antiglobalização". Isso deveria ser particularmente óbvio para o movimento trabalhista e a esquerda; o termo "internacional" não é exatamente desconhecido de sua história. Na verdade, o FSM simboliza as esperanças mais animadoras e promissoras da esquerda e dos movimentos populares modernos por uma verdadeira Internacional, em busca de um programa de globalização que esteja interessado nas necessidades e nos interesses das populações, e não em concentrações ilegítimas de poder. Eles querem, é claro, se apropriar do termo "globalização", para restringi-lo à sua *versão* peculiar de integração internacional, preocupada com os próprios interesses, deixando os interesses populares em segundo plano. Com essa terminologia ridícula, os que buscam uma forma justa e saudável de globalização podem ser rotulados de "antiglobalização", ridicularizados como primitivistas que querem voltar à idade da pedra e prejudicar os pobres e com outros termos ofensivos com os quais estamos familiarizados.

Os magos de Davos modestamente se autodenominam "comunidade internacional", mas pessoalmente prefiro o termo usado pelo principal jornal sobre finanças do mundo, o *Financial Times*: "Os mestres do universo". Como os mestres professam serem admiradores de Adam Smith, poderíamos esperar que respeitassem a terminologia do autor, que só os chamou de "os mestres da humanidade" — isso foi antes da era espacial.

Smith estava se referindo aos "principais arquitetos da política" de sua época, os comerciantes e industriais da Inglaterra, que garantiam que seus interesses fossem "atendidos da maneira mais específica", por mais "penoso" que fosse o impacto sobre os outros, inclusive sobre o povo da Inglaterra. Em casa e no exterior, seguem "a máxima vil dos mestres da humanidade": "tudo para nós e nada para os outros". Não deveria nos surpreender que os mestres de hoje honrem a mesma "máxima vil". Ou pelo menos tentem, pois às vezes podem ser impedidos pelos malucos — a "grande besta", tomando emprestado um termo usado pelos fundadores da democracia americana ao se referirem à população rebelde que não entendia que o objetivo principal do governo é "proteger a minoria de opulentos da maioria", como explicou o principal formulador da Constituição nos debates da Convenção Constitucional.

Voltarei a essas questões, mas primeiro algumas palavras sobre o tema imediato desta sessão, que está intimamente relacionado: "Um mundo sem guerra". Não podemos dizer muito sobre as questões humanas com confiança, mas às vezes é possível. Podemos, por exemplo, ter muita confiança em que haverá um mundo sem guerra, ou não haverá um mundo — pelo menos um mundo habitado por outras criaturas além de bactérias e besouros, além de algumas outras dispersas. A razão é conhecida: os humanos desenvolveram meios para destruir a si mesmos, e muito mais, e estão perigosamente perto de usá-los há meio século. Ademais, os líderes do mundo civilizado continuam empenhados em aumentar esse perigo para a sobrevivência, com plena consciência do que estão fazendo, a julgar pelos relatórios de suas agências de inteligência e de analistas estratégicos respeitados, inclusive muitos intensamente favoráveis à corrida rumo à destruição. Ainda mais sinistro, os planos são desenvolvidos e implementados em bases racionais no quadro dominante da ideologia e dos valores, que classifica a sobrevivência num nível bem abaixo da "hegemonia", o objetivo almejado pelos defensores desses programas, como admitem francamente.

Guerras por água, energia e outros recursos não são improváveis no futuro, com consequências que podem ser devastadoras. Na maioria das vezes, contudo, as guerras têm a ver com a imposição do sistema de Estados-nação, uma configuração social não natural que normalmente precisa ser instituída pela violência. Essa é a principal razão pela qual a Europa foi a região mais selvagem e brutal do mundo por muitos séculos, enquanto conquistava a maior parte do mundo. Os esforços europeus para impor sistemas estatais em territórios conquistados são a fonte da maioria dos conflitos em andamento, depois do colapso do sistema colonial formal. O esporte favorito da Europa de matanças mútuas teve de ser cancelado em 1945, quando percebeu-se que, se houvesse uma nova partida, seria a última. Outra previsão possível de ser feita com bastante confiança é que não haverá uma guerra entre grandes potências; pela simples razão de que, se houver um erro de previsão, não restará ninguém para contar a história.

Além disso, o ativismo popular nas sociedades ricas e poderosas teve um efeito civilizador. Os "empreendedores e poderosos" não podem mais realizar os tipos de agressão de longo prazo que antes eram uma opção, como quando os Estados Unidos atacaram o Vietnã do Sul quarenta anos atrás, despedaçando grande parte do país até o surgimento de um significativo protesto popular. Um dos muitos efeitos civilizadores da efervescência dos anos 1960 foi a oposição generalizada à agressão e ao massacre em grande escala, reformulados no sistema ideológico como a relutância em aceitar as baixas das Forças Armadas ("a síndrome do Vietnã"). Foi por isso que correligionários de Reagan tiveram de recorrer ao terrorismo internacional, em vez de lançar uma invasão ostensiva da América Central, no modelo Kennedy-Johnson, em sua guerra para derrotar a teologia da libertação, como a Escola das Américas* define orgulhosamente o empreendimento. As mesmas mudanças explicam a revisão dos serviços de inteligência do governo Bush (pai) em 1989, ao alertar que em conflitos contra "inimigos muito mais fracos" — os únicos que faz sentido enfrentar — os Estados Unidos devem "derrotá-los de forma rápida e decisiva", para a campanha não perder "apoio político", entendido como tênue. Desde então, as guerras mantiveram esse modelo, e a escala de protestos e dissidências vem aumentando de forma constante. Portanto, há mudanças, mesmo que conflitantes.

Quando os pretextos esvanecem, outros precisam ser inventados para controlar a grande besta e dar seguimento às políticas tradicionais, adaptadas às novas circunstâncias. Isso já vinha ficando claro há vinte anos. Era difícil ignorar que o inimigo soviético enfrentava problemas internos e que poderia não ser uma ameaça plausível por muito mais tempo. É uma das razões de o governo Reagan ter declarado, vinte anos atrás, que a "guerra ao terror" seria o foco da política externa dos Estados Unidos, particularmente na América Central e no Oriente Médio, a principal fonte do flagelo disseminado por "opositores depravados da civilização" para uma "volta à barbárie na era moderna", como explicou George Shultz, um moderado funcionário do governo, ao afirmar também que a solução é a violência, evitando "meios utópicos e legalistas como a mediação externa, o Tribunal de Justiça Mundial e a Organização das Nações Unidas". Não precisamos nos deter em como a guerra foi travada nessas duas regiões, e em outras,

---

* Escola de treinamento do Exército dos Estados Unidos fundada em 1946, para ensinar a militares da América Latina e do Caribe métodos de contrainformação, interrogatórios com tortura e execuções sumárias, guerra psicológica e ações de contrainsurgência. [N.T.]

pela extraordinária rede de Estados substitutos e mercenários — um "eixo do mal", para usar um termo mais atualizado.

É de algum interesse que nos meses desde que essa guerra voltou a ser declarada, com praticamente a mesma retórica, depois do 11 de Setembro, tudo isso tenha sido ofuscado, até mesmo o fato de os Estados Unidos terem sido condenados por terrorismo internacional pelo Tribunal de Justiça Mundial e pelo Conselho de Segurança (decisão vetada); a resposta foi aumentar drasticamente os ataques terroristas que deveria encerrar, e as figuras que coordenavam os componentes militares e diplomáticos da nova guerra ao terror foram as mesmas que assumiram a liderança da prática de atrocidades terroristas na América Central e no Oriente Médio na primeira fase da guerra. O silêncio sobre esses assuntos é um verdadeiro tributo à disciplina e à subserviência das classes bem informadas das sociedades livres e democráticas.

É razoável supor que a "guerra ao terror" servirá mais uma vez como pretexto para intervenções e atrocidades nos próximos anos, e não só pelos Estados Unidos; a Chechênia é apenas um entre vários exemplos. Na América Latina, não precisamos nos deter no que isso prenuncia; certamente não no Brasil, primeiro alvo da onda de repressão que varreu a América Latina após o governo Kennedy, em uma decisão de importância histórica, que mudou a missão dos militares latino-americanos de "defesa do hemisfério" para "segurança interna" — um eufemismo para o terror de Estado dirigido contra a própria população. Isso ainda continua em grande escala, particularmente na Colômbia, país líder em violações de direitos humanos no hemisfério nos anos 1990 e de longe o principal destinatário de armas e treinamento militar dos Estados Unidos, seguindo um padrão consistente documentado até mesmo em trabalhos acadêmicos convencionais.

A "guerra ao terror", aliás, foi foco de vasta literatura durante sua primeira fase, nos anos 1980, e também desde que foi novamente declarada nos últimos meses. Uma característica interessante da enxurrada de comentários, à época e agora, é a de não nos dizerem o que é o "terror". O que ouvimos, em vez disso, é que se trata de uma questão incômoda e complexa. Isso causa estranheza: existem definições claras em documentos oficiais dos Estados Unidos. Uma das mais simples considera o terror o "uso calculado de violência ou ameaça de violência para atingir objetivos de natureza política, religiosa ou ideológica [...]". Parece bastante apropriada, mas não pode ser utilizada, por duas boas razões. A primeira é porque também define a política oficial, chamada de "contrainsurgência" ou "conflito de baixa intensidade". A outra é porque fornece todas as respostas erradas, fatos óbvios demais para serem revistos, embora omitidos com notável eficiência.

O problema de encontrar uma definição de "terror" que exclua os casos mais proeminentes é realmente incômodo e complexo. No entanto, felizmente, existe uma solução fácil: definir "terror" como o terror que *eles* praticam contra *nós*. Uma revisão da literatura acadêmica sobre terror, na mídia e em periódicos intelectuais, vai mostrar que essa definição é praticamente incontestável, e qualquer discordância provoca chiliques impressionantes. Além disso, é uma prática universal: os generais da América do Sul estavam protegendo a população do "terror dirigido do exterior", da mesma maneira que os japoneses fizeram na Manchúria e os nazistas na Europa ocupada. Se há alguma discordância, eu não a encontrei.

Voltemos à "globalização" e a sua relação com a ameaça de uma guerra, talvez uma guerra terminal.

A versão da "globalização" elaborada pelos mestres do universo tem amplo apoio da elite, o que não surpreende, assim como os chamados "acordos de livre-comércio" — o que o *Wall Street Journal*, mais honestamente, chamou de "acordos de livre investimento". Muito pouco é informado sobre essas questões, e informações cruciais são simplesmente suprimidas; por exemplo, depois de uma década, a posição do movimento trabalhista dos Estados Unidos em relação ao Tratado Norte-Americano de Livre-Comércio (NAFTA, na sigla em inglês) e as conclusões do próprio Bureau de Pesquisa do Congresso (o Gabinete de Avaliação de Tecnologia) ainda não foram divulgadas a não ser por fontes dissidentes. E as questões estão fora de pauta na política eleitoral. Existem boas razões para isso. Os mestres conhecem bem a oposição da opinião pública se a informação se tornar disponível. Mas eles são muito abertos quando se dirigem um ao outro. Assim, há alguns anos, sob enorme pressão da opinião pública, o Congresso rejeitou a legislação "via rápida", que concedia ao presidente autoridade para promulgar acordos econômicos internacionais com o Congresso votando "sim" (ou, teoricamente, "não") sem discussão, e sem informar o público. Como outros setores da opinião da elite, o *Wall Street Journal* ficou abalado com a decisão de preservar a democracia. Mas explicou o problema: os opositores a essas medidas de estilo stalinista têm uma "arma suprema", a população em geral, que deve por isso ser mantida no escuro. Isso é muito importante, particularmente numa sociedade mais democrática, onde os dissidentes não podem simplesmente ser presos ou assassinados, como nos principais destinatários da ajuda militar dos Estados Unidos, como El Salvador, Turquia e Colômbia, para citar exemplos do mundo de hoje e atuais campeões (à parte Israel e Egito).

Pode-se perguntar por que a oposição da opinião pública à "globalização" tem sido tão grande há muitos anos. Parece algo estranho, numa época em que foi responsável por uma prosperidade sem precedentes, e a respeito disso estamos sempre sendo lembrados, principalmente nos Estados Unidos, com sua "economia de conto de fadas". Durante os anos 1990, os Estados Unidos tiveram "o maior crescimento econômico da história dos Estados Unidos — e do mundo", escreveu Anthony Lewis no *New York Times* há um ano, repetindo o refrão comum da extrema esquerda do espectro admissível. Admite-se que existem falhas: alguns foram deixados para trás no milagre econômico e nós, pessoas de bom coração, precisamos fazer algo a respeito. As falhas refletem um dilema profundo e preocupante: o rápido crescimento e a prosperidade resultantes da "globalização" são concomitantes a uma crescente desigualdade, pois alguns carecem da capacidade para aproveitar as maravilhosas dádivas e oportunidades.

A imagem é tão convencional que pode ser difícil perceber o quanto está longe da realidade, fatos que se tornaram bem conhecidos durante o milagre. Até o breve período do boom dos anos 1990 (que mal compensou a estagnação ou declínio anterior para a maioria das pessoas), o crescimento per capita nos "estrondosos anos 1990" foi praticamente o mesmo do restante do mundo industrial, muito menor que nos primeiros 25 anos do pós-guerra, antes da chamada "globalização", e muito inferior aos anos da guerra, período de maior crescimento da história dos Estados Unidos, sob uma economia semiestatal. Como então o quadro convencional pode ser tão radicalmente diferente de fatos incontroversos? A resposta é muito simples. Para um pequeno setor da sociedade, os anos 1990 representaram realmente um grande boom econômico. Por acaso, esse setor inclui os que contam aos outros as boas notícias. E eles não podem ser acusados de desonestidade. Não há motivos para duvidar do que estão dizendo. Eles leem a respeito o tempo todo nos periódicos em que escrevem, e tudo está de acordo com sua experiência pessoal: é verdade para as pessoas que encontram em conselhos editoriais, clubes de professores, conferências de elite, como as que os magos estão participando agora, e nos restaurantes sofisticados onde jantam. Apenas o mundo é que é diferente.

Vamos dar uma rápida olhada em um registro mais longo da história. A integração econômica internacional — uma faceta da "globalização", no sentido neutro do termo — aumentou rapidamente antes da Primeira Guerra Mundial, estagnou ou declinou nos anos entre guerras e recomeçou após a Segunda Guerra Mundial, chegando hoje aos níveis de um século atrás em termos brutos; na sintonia fina o processo é mais complexo. Em certa medida, a globalização era maior antes da Primeira Guerra Mundial: um exemplo é a "livre circulação do trabalho", a base do livre-comércio para Adam Smith, embora não para seus admiradores contemporâneos. Sob outros aspectos, a globalização é muito maior agora: um exemplo radical — não o único — é o fluxo de capital especulativo de curto prazo, muito além de qualquer precedente. A diferença reflete algumas características centrais da versão de globalização preferida pelos mestres do universo: até certo ponto, bem além da norma, o capital tem prioridade, pessoas são incidentais.

A fronteira do México é um exemplo interessante. É artificial, resultado de uma conquista, como a maioria das fronteiras, e tem sido porosa em ambas as direções por uma variedade de razões socioeconômicas. Foi militarizada por Clinton depois do NAFTA, para impedir a "livre circulação do trabalho". Isso foi necessário por causa dos efeitos previstos do NAFTA no México: um "milagre econômico", que seria um desastre para grande parte da população, que tentaria escapar. Nos mesmos anos, o fluxo de capital, já muito livre, foi ainda mais agilizado, junto com o que é chamado de "comércio", cerca de dois terços do qual agora é administrado centralmente pelas tiranias privadas, mais da metade do que antes do NAFTA. Isso é só "comércio" por decisão doutrinária. Os efeitos do NAFTA no comércio real não foram analisados, até onde eu sei.

Uma medida mais técnica da globalização é a convergência para um mercado global, com a paridade de preços e salários. Isso claramente não aconteceu. Pelo menos em relação à renda, o contrário é o mais provável.

Embora muito dependa exatamente de como for medido, há boas razões para acreditar que a desigualdade aumentou dentro dos e entre os países. Espera-se que isso continue. As agências de inteligência dos Estados Unidos, com a participação de especialistas do meio acadêmico e do setor privado, divulgaram recentemente um relatório sobre as expectativas para 2015. Eles preveem que a "globalização" continue em curso: "Sua evolução será rochosa, marcada pela volatilidade financeira crônica e uma crescente divisão econômica". Isso significa menos convergência, menos globalização no sentido técnico, porém mais globalização no sentido doutrinariamente preferido. Volatilidade financeira implica crescimento ainda mais lento, e mais crises e pobreza.

É nesse ponto que se estabelece uma conexão clara entre a "globalização" no sentido dos mestres do universo e a probabilidade cada vez maior da guerra. Planejadores militares adotam as mesmas projeções, e explicaram com franqueza que essas expectativas estão por trás da enorme expansão do poder militar. Mesmo antes do 11 de Setembro, os gastos militares dos Estados Unidos superaram os de aliados e adversários somados. Ataques terroristas foram explorados para aumentar drasticamente o financiamento, agradando elementos-chave da economia privada. O programa mais ameaçador é a militarização do espaço, também sendo expandida sob o pretexto de "combater o terror".

O raciocínio por trás desses programas é explicado publicamente em documentos da era Clinton. Uma das principais razões é a lacuna cada vez maior entre "os que têm" e "os que não têm", que se espera que continue, na contramão da teoria econômica, mas consistente com a realidade. Os "que não têm" — a "grande besta" do mundo — podem se tornar disruptivos e precisam ser controlados, no interesse do que é chamado de "estabilidade" no jargão técnico, o que significa subordinação aos ditames dos mestres. Isso requer o uso de violência, e tendo "assumido, por interesse próprio, a responsabilidade pelo bem-estar do sistema capitalista mundial", os Estados Unidos precisam estar bem na dianteira; estou citando o historiador e diplomata Gerald Haines, também historiador sênior da CIA, descrevendo o planejamento dos Estados Unidos nos anos 1940 em um estudo acadêmico. O domínio esmagador das forças convencionais e de armas de destruição em massa não é suficiente. É preciso avançar para a nova fronteira: a militarização do espaço, minando o Tratado do Espaço Exterior de

1967, até então cumprido. Ao reconhecer essa intenção, a Assembleia Geral da ONU reafirmou o tratado várias vezes; os Estados Unidos se recusaram a aderir, praticamente isolados. E Washington bloqueou as negociações na Conferência das Nações Unidas sobre Desarmamento no ano passado quanto a essa questão — todas quase não divulgadas, pelas razões usuais. Não é bom permitir que os cidadãos conheçam planos que podem encerrar o único experimento da biologia com "inteligência superior".

Conforme amplamente observado, esses programas beneficiam a indústria militar, mas devemos ter em mente que o termo é enganoso. Ao longo da história moderna, mas com um aumento dramático após a Segunda Guerra Mundial, o sistema militar tem sido usado como um dispositivo para socializar custos e riscos enquanto privatiza o lucro. A "nova economia" é, em grande parte, uma consequência do setor estatal dinâmico e inovador da economia dos Estados Unidos. Os gastos públicos em ciências biológicas têm aumentado rapidamente pela razão principal de que os direitistas inteligentes entenderam que a vanguarda da economia depende desse tipo de iniciativa pública. Um enorme aumento está programado sob o pretexto de "bioterrorismo", assim como o público foi iludido para pagar pela nova economia sob o pretexto de que os russos estão chegando — ou, depois de terem desmoronado, pela ameaça da "sofisticação tecnológica" dos países do Terceiro Mundo com a mudança da linha do Partido [Comunista] em 1990, instantaneamente, num piscar de olhos e sem quase nenhum comentário. Essa também é uma das razões pelas quais as isenções de segurança nacional devem fazer parte dos acordos econômicos internacionais: não ajuda o Haiti, mas permite que a economia dos Estados Unidos cresça sob o princípio tradicional de uma dura disciplina de mercado para os pobres e um Estado-babá para os ricos — o que se chama "neoliberalismo", apesar de não ser um termo muito bom: a doutrina existe há séculos, e escandalizaria os liberais clássicos.

Pode-se argumentar que esses gastos públicos muitas vezes valeram a pena. Talvez sim, talvez não. Mas é claro que os mestres tinham medo de permitir a escolha democrática. Tudo isso é escondido do público em geral, embora os participantes entendam muito bem.

Os planos para atravessar a última fronteira da violência com a militarização do espaço são disfarçados de "defesa antimísseis", mas quem presta atenção na história sabe que, quando ouvimos a palavra "defesa", devemos pensar em "ataque". O caso presente não é exceção. O objetivo é declarado com muita franqueza: garantir a "dominância global", a "hegemonia". Documentos oficiais enfatizam que o objetivo é "proteger os interesses e investimentos dos EUA" e controlar os "que não têm". Hoje isso exige o domínio do espaço, assim como em épocas anteriores os Estados mais poderosos criaram exércitos e marinhas "para proteger e aprimorar seus interesses comerciais". Reconhece-se que essas novas iniciativas, nas quais os Estados Unidos estão muito à frente, representam uma séria ameaça à sobrevivência. E entende-se também que poderiam ser evitadas por tratados internacionais. Mas, como já mencionei, a hegemonia tem mais valor que a sobrevivência, um cálculo moral prevalecente entre os poderosos ao longo da história. O que mudou é que as apostas são incrivelmente mais altas.

O ponto relevante aqui é que o esperado sucesso da "globalização" no sentido doutrinário é uma das razões primordiais para os programas de uso do espaço para armas ofensivas de destruição em massa instantânea.

Voltemos à "globalização", e "ao maior crescimento econômico da história dos Estados Unidos — e do mundo" nos anos 1990.

Desde a Segunda Guerra Mundial, a economia internacional passou por duas fases: a fase de Bretton Woods até o início dos anos 1970, e o período posterior, com o desmantelamento do sistema Bretton Woods de taxas de câmbio reguladas e controles sobre a movimentação de capitais. É essa segunda fase que se chama de "globalização", associada às políticas neoliberais do "consenso de Washington". As duas são bem diferentes. A primeira fase costuma ser chamada de "era de ouro" do capitalismo (de Estado). A segunda foi acompanhada por uma acentuada deterioração das medidas macroeconômicas padrão: taxa de crescimento da economia, produtividade, investimento de capital, até mesmo comércio mundial; taxas de juros muito mais altas (prejudicando economias); grande acumulação de reservas improdutivas para proteger moedas; maior volatilidade financeira; e outras consequências prejudiciais. Houve exceções, notadamente entre os países do Leste Asiático que não seguiram as regras: não cultuaram a "religião" da "sabedoria dos mercados", como escreveu Joseph Stiglitz numa pesquisa publicada pelo Banco Mundial pouco antes de ser nomeado economista-chefe, e depois ser destituído (e ganhar o Prêmio Nobel). Por outro lado, os piores resultados foram registrados onde as regras foram rigorosamente aplicadas, como na América Latina, um fato amplamente reconhecido, entre outros, por José Antonio Ocampo, diretor da Comissão Econômica para a América Latina e o Caribe (Cepal), em discurso na American Economic Association há um ano. A "terra prometida é uma miragem", observou; o crescimento dos anos 1990 foi muito inferior ao das três décadas de "desenvolvimento liderado pelo Estado" da Fase I. Também ressaltou que a correlação entre obediência às regras e os resultados econômicos se mantém em todo o mundo.

Voltemos, então, ao dilema profundo e preocupante: o rápido crescimento e a grande prosperidade resultantes da globalização causaram desigualdade porque alguns carecem de capacidade. Não há dilema, pois o crescimento rápido e a prosperidade são um mito.

Muitos economistas internacionais consideram a liberalização do capital um fator substancial nos piores resultados da Fase II. Mas economia é um assunto complexo, tão mal compreendido que é preciso ser cauteloso quanto às conexões causais. Contudo, uma consequência da liberalização do capital é bastante clara: o enfraquecimento da democracia. Isso foi entendido pelos idealizadores de Bretton Woods: uma das razões pelas quais os acordos foram fundados na regulação do capital foi a de permitir aos governos conduzirem políticas social-democratas, que tinham enorme apoio popular. A livre movimentação de capital cria o que tem sido chamado de "Senado virtual", com "poder de veto" sobre as decisões do governo, restringindo em demasia as opções políticas. Governos enfrentam um "duplo eleitorado": eleitores e especuladores, que "realizam referendos de momento a momento" sobre políticas governamentais (citando estudos técnicos do sistema financeiro). Mesmo nos países ricos, prevalece o eleitorado privado.

Outros componentes da "globalização" dos direitos dos investidores têm consequências semelhantes. As decisões socioeconômicas são cada vez mais deslocadas para concentrações de poder irresponsáveis, uma característica essencial das "reformas" neoliberais (um termo de propaganda, não de definição). A extensão do ataque à democracia está supostamente sendo planejada, sem discussão pública, nas negociações para um Acordo Geral sobre Comércio de Serviços (GATS, na sigla em inglês). O termo "serviços", como vocês sabem, refere-se a praticamente qualquer coisa que possa se enquadrar na arena da escolha democrática: saúde, educação, assistência social, comunicações postais e outras, água e outros recursos etc.

Não faz sentido algum definir a transferência de tais serviços para mãos privadas como "comércio", mas o termo foi tão desprovido de significado que também pode ser estendido a essa farsa.

Os enormes protestos públicos em Quebec em abril passado durante a Cúpula das Américas, desencadeados pelos malucos em Porto Alegre um ano atrás, foram em parte dirigidos contra a tentativa de impor os princípios do GATS em segredo, embutidos na planejada Área de Livre-Comércio das Américas (ALCA). Esses protestos reuniram um eleitorado muito amplo, do Norte e do Sul, todos contrários ao que parece estar sendo planejado por ministros de comércio e executivos corporativos a portas fechadas.

Os protestos receberam cobertura, do tipo usual: os malucos estão atirando pedras e atrapalhando os magos que estão pensando nos grandes problemas. A invisibilidade de suas verdadeiras preocupações é notável. Por exemplo, o correspondente de economia do *New York Times*, Anthony DePalma, escreve que o acordo do GATS "não gerou nenhuma controvérsia pública sobre as tentativas [da OMC] de promover o comércio de mercadorias", mesmo depois de Seattle. Na verdade, tem sido uma preocupação primordial há anos. Assim como em outros casos, não é uma enganação. Aquilo que DePalma sabe sobre os malucos certamente limita-se ao que passa pelo filtro da mídia, e é uma lei de ferro do jornalismo que as sérias preocupações dos ativistas devem ser rigidamente barradas, em favor de alguém atirando uma pedra, talvez um provocador da polícia.

A importância de ocultar a informação do público foi revelada dramaticamente na Cúpula de Abril. Todas as redações editoriais dos Estados Unidos tinham em sua mesa dois estudos importantes, programados para ser divulgados pouco antes da cúpula. Um era da Human Rights Watch (HRW), o outro do Instituto de Política Econômica (EPI, na sigla em inglês) de Washington; nenhuma das instituições é exatamente obscura. Os dois estudos analisavam em profundidade os efeitos do NAFTA, saudado na cúpula como um grande triunfo e um modelo para a ALCA, com manchetes alardeando elogios a George Bush e outros líderes, tudo aceito como a Verdade do Evangelho. Ambos os estudos foram omitidos de forma praticamente unânime. É fácil perceber o porquê. A HRW analisou os efeitos do NAFTA sobre os direitos trabalhistas, que, segundo o estudo, foram prejudicados nos três países participantes. O relatório do EPI era mais abrangente: consistia em análises detalhadas dos efeitos do NAFTA sobre os trabalhadores, redigidas por especialistas dos três países. A conclusão é a de que foi um dos raros acordos que prejudicou a maioria da população de todos os países participantes.

Os efeitos no México foram particularmente severos, e particularmente significativos para o Sul. Os salários já tinham caído acentuadamente com a imposição de programas neoliberais nos anos 1980. Isso continuou depois do NAFTA, com uma queda de 24% na renda dos trabalhadores assalariados e de 40% para os autônomos, efeito ampliado pelo rápido aumento de trabalhadores não assalariados. Apesar de o investimento estrangeiro ter aumentado, o investimento total diminuiu, à medida que a economia foi transferida para as mãos de multinacionais estrangeiras. O salário mínimo perdeu 50% do seu poder de compra. A indústria encolheu e o desenvolvimento estagnou ou pode ter revertido. Um pequeno setor enriqueceu muito, e os investidores estrangeiros prosperaram.

Esses estudos confirmam o que vinha sendo noticiado na imprensa empresarial e em estudos acadêmicos. O *Wall Street Journal* informou que, embora a economia mexicana estivesse crescendo rapidamente no final dos anos 1990, após um declínio acentuado pós-NAFTA, o poder de compra dos consumidores sofreu uma queda de 40%, o número de pessoas vivendo em extrema pobreza aumentou duas vezes mais rápido que a população, e mesmo os que trabalhavam em montadoras estrangeiras perderam poder de compra. Conclusões semelhantes foram tiradas de um estudo da seção latino-americana do Woodrow Wilson Center, que também constatou uma forte concentração do poder econômico, uma vez que as pequenas empresas mexicanas não conseguiam obter financiamento, a agricultura tradicional demitiu os trabalhadores e os setores intensivos de mão de obra (agricultura, indústria leve) não conseguiram competir internacionalmente com o que é chamado de "livre iniciativa" no sistema doutrinário. A agricultura sofreu pelas razões usuais: camponeses não podem competir com o agronegócio americano altamente subsidiado, com efeitos conhecidos no mundo todo.

A maior parte disso foi prevista pelos críticos do NAFTA, inclusive por estudos não divulgados da OTA e do movimento trabalhista. Mas os críticos estavam errados em um aspecto. A maioria previu um aumento acentuado na proporção urbano-rural, à medida que centenas de milhares de camponeses fossem expulsos da terra. Isso não aconteceu. A razão, ao que parece, é que as condições se deterioraram tanto nas cidades que muitos foram para os Estados Unidos. Os que sobrevivem à travessia — muitos não conseguem — trabalham por salários baixíssimos, sem benefícios, em condições terríveis. O efeito é destruir vidas e comunidades no México e melhorar a economia dos Estados Unidos, onde "o consumo da classe média urbana continua sendo subsidiado pelo empobrecimento dos trabalhadores agrícolas, tanto nos Estados Unidos quanto no México", aponta o estudo do Woodrow Wilson Center.

Esses são alguns dos custos do NAFTA, e da globalização neoliberal em geral, que os economistas normalmente optam por não mensurar. Mas mesmo medido pelos padrões altamente ideológicos, os custos foram severos.

Nada disso conseguiu macular as comemorações do NAFTA e da ALCA durante a cúpula. A menos que estejam ligados a organizações ativistas, a maioria das pessoas só conhece esses assuntos pelo que sentem na vida. Mantidos na ignorância pela Imprensa Livre, muitos se consideram fracassados, incapazes de participar da celebração do maior crescimento econômico da história.

Os dados do país mais rico do mundo são esclarecedores, mas vou pular os detalhes. O quadro se generaliza, com algumas variações, é claro, e o tipo de exceções já observado. O quadro fica muito pior quando nos afastamos das medidas econômicas padrão. Um dos custos é a ameaça à sobrevivência implícita no raciocínio dos planejadores militares, já descrito. Existem muitos outros. Para citar um, a OIT constatou uma "epidemia mundial" de graves distúrbios de saúde mental, muitas vezes ligados ao estresse no local de trabalho, com grandes custos fiscais nos países industrializados. Um grande fator, conforme conclui o estudo, é a "globalização", com sua "evaporação da segurança no emprego", pressão sobre os trabalhadores e uma carga de trabalho mais alta, principalmente nos Estados Unidos. Esse é um dos custos da "globalização"? Dependendo do ponto de vista, é uma de suas características mais atraentes. Quando enalteceu o desempenho econômico dos Estados Unidos como "extraordinário", Alan Greenspan enfatizou especificamente a maior sensação de insegurança no emprego, que leva a custos moderados para os empregadores. O Banco Mundial concorda. Reconhece que a "flexibilidade do mercado de trabalho" adquiriu "uma má reputação [...] como um eufemismo para empurrar os salários para baixo e os trabalhadores para fora", mas que, no entanto, "é essencial em todas as regiões do mundo [...] As reformas mais importantes envolvem a eliminação das restrições à mobilidade do trabalho e à flexibilidade salarial, bem como o rompimento entre serviços sociais e contratos de trabalho".

Em suma, demitir trabalhadores, reduzir salários, eliminar benefícios são contribuições cruciais para a saúde econômica, segundo a ideologia predominante.

O comércio não regulamentado gera mais benefícios para as corporações. Muito do "comércio", provavelmente a maior parte, é centralizado por meio de uma variedade de dispositivos: transações no interior das empresas, alianças estratégicas, terceirização e outros. Grandes zonas comerciais beneficiam as corporações, tornando-as menos responsáveis perante as comunidades locais e nacionais. Isso potencializa os efeitos dos programas neoliberais, que vêm reduzindo a participação do trabalho na renda. Nos Estados Unidos, os anos 1990 foram o primeiro período pós-guerra em que a divisão de renda se deslocou radicalmente para os proprietários do capital, afastando-se do trabalho.

O comércio tem uma ampla gama de custos não mensurados: subsídios em energia, esgotamento de recursos e outras externalidades não contabilizadas. Também tem suas vantagens, embora aqui seja necessária alguma cautela. O mais amplamente valorizado é que o comércio aumenta a especialização — o que reduz as escolhas, inclusive a escolha de alterar a vantagem comparativa, também conhecida como "desenvolvimento". A escolha e o desenvolvimento são valores em si mesmos: custa caro questioná-los. Se as colônias americanas tivessem sido obrigadas a aceitar o regime da OMC duzentos anos atrás, a Nova Inglaterra estaria buscando sua vantagem comparativa na exportação de pescado, não na produção de têxteis, que só sobreviviam com tarifas exorbitantes para barrar os produtos britânicos (refletindo o tratamento da Grã-Bretanha à Índia). O mesmo aconteceu com o aço e outras indústrias, até o presente, em especial nos anos altamente protecionistas de Reagan — mesmo deixando de lado o setor estatal da economia. Há muito a dizer sobre tudo isso. Grande parte da história está mascarada por modos seletivos de mensuração da economia, embora seja bem conhecida por historiadores econômicos e historiadores da tecnologia.

Como todos aqui sabem, as regras do jogo provavelmente aumentarão os efeitos deletérios para os pobres. As regras da OMC barram os mecanismos usados por todos os países ricos para chegar ao seu estágio atual de desenvolvimento, ao mesmo tempo que proporcionam níveis sem precedentes de protecionismo para os ricos, inclusive um regime de patentes que tolhe a inovação e o desenvolvimento de novas formas de produção, fazendo com que empresas acumulem enormes lucros com preços monopolistas de produtos muitas vezes desenvolvidos com substancial contribuição dos cofres públicos.

Sob as versões contemporâneas de mecanismos tradicionais, metade das pessoas no mundo encontra-se efetivamente em liquidação judicial, com suas políticas econômicas administradas por especialistas em Washington. Mas mesmo nos países ricos a democracia está sob ataque, em virtude da mudança do poder de decisão dos governos — que podem ser parcialmente responsivos ao público — para tiranias privadas, que não têm esses defeitos. Slogans cínicos como "confiar no povo" ou "minimizar o Estado" não implicam, nas atuais circunstâncias, um aumento do controle popular. Eles transferem as decisões dos governos para outras mãos, mas não para "o povo": para a gestão de entidades jurídicas coletivistas, em grande parte sem responsabilidade perante o público, e efetivamente totalitárias na estrutura interna, assim como as criticadas pelos conservadores um século atrás quando se opunham à "corporativização da América".

Especialistas latino-americanos e organizações de pesquisa observam há alguns anos que a expansão da democracia formal na América Latina tem sido acompanhada por uma crescente desilusão com a democracia, "tendências alarmantes" que continuam, segundo analistas, seguindo a relação entre "fortunas econômicas em declínio" e "falta de fé" nas instituições democráticas (*Financial Times*). Como Atilio Borón ressaltou há alguns anos, a nova onda de democratização na América Latina coincidiu com "reformas" econômicas neoliberais que solapam a democracia efetiva, um fenômeno que se aplica em todo o mundo, de várias formas.

Também nos Estados Unidos. Houve muito clamor público sobre a "eleição roubada" de novembro de 2000, e também surpresa porque o público pareceu não se importar. Prováveis razões são sugeridas por estudos de opinião pública, que revelam que, às vésperas das eleições, três quartos da população consideravam o processo em grande parte uma farsa: um jogo jogado por contribuintes financeiros, líderes partidários e a indústria de relações públicas, que prepararam os candidatos para dizer "quase tudo para se eleger", de forma que acreditavam pouco no que diziam, mesmo quando era inteligível. Na maioria das questões, os cidadãos não conseguiram identificar as posições dos candidatos, não por serem burros ou por não tentarem, mas por causa dos esforços conscientes da indústria de relações públicas. Um projeto da Universidade Harvard que monitora atitudes políticas constatou que o "sentimento de impotência atingiu um nível alarmante", com mais da metade afirmando que os eleitores têm pouca ou nenhuma influência sobre o que o governo faz, um aumento acentuado no período neoliberal.

Questões nas quais o público difere das elites (econômicas, políticas, intelectuais) estão praticamente fora da agenda, notadamente questões de política econômica. O mundo dos negócios, não surpreende, é esmagadoramente a favor da "globalização" liderada pelas corporações, dos "acordos de livre investimento" chamados "acordos de livre-comércio", do NAFTA, da ALCA, do GATS e outros dispositivos que concentram riqueza e poder em mãos que não representam o interesse público. Também não surpreende que a grande besta costume se opor, quase instintivamente, mesmo sem conhecer fatos cruciais que lhes são sonegados. Segue-se que tais questões não são apropriadas para campanhas políticas e não foram discutidas nas eleições de novembro de 2000. Seria difícil, por exemplo, ter acesso a discussões sobre a próxima Cúpula das Américas e a ALCA, e sobre outros tópicos que envolvam questões que realmente interessem ao público. Os eleitores foram direcionados para o que a indústria de relações públicas chama de "qualidades pessoais", e não para as "questões". Da metade da população que vota, fortemente favorável aos ricos, os que reconhecem seus interesses de classe em jogo votam esmagadoramente por esses interesses: no mais reacionário dos dois partidos empresariais. Mas o público em geral divide seus votos de outras maneiras, o que resulta em empate estatístico. Entre os trabalhadores, questões não econômicas como posse de armas e "religiosidade" foram fatores primordiais, e por isso a maioria votou contra seus próprios interesses principais — talvez considerando que tinha pouca escolha.

O que resta da democracia deve ser interpretado como o direito de escolher entre mercadorias. Os líderes empresariais há muito tempo já explicaram a necessidade de impor à população uma "filosofia da futilidade" e a "falta de propósito na vida", para "concentrar a atenção humana nas coisas mais superficiais que constituem grande parte do consumo em voga". Inundadas por tal propaganda desde a infância, as pessoas podem então aceitar suas vidas subjugadas e sem sentido e esquecer ideias ridículas sobre como administrar seus próprios assuntos. Podem deixar seu destino para os magos e, na esfera política, para as autodenominadas "minorias inteligentes", que servem e administram o poder.

A partir dessa perspectiva, convencional na opinião da elite, particularmente ao longo do século passado, as eleições de novembro de 2000 não revelam uma falha da democracia norte-americana, mas, sim, seu triunfo. Generalizando, é justo saudar esse triunfo da democracia em todo o hemisfério e em outros países, mesmo que as populações não o vejam assim.

A luta para impor esse regime assume muitas formas, mas nunca termina, e nunca terminará enquanto houver altas concentrações de poder decisório efetivo. É apenas razoável esperar que os mestres explorem todas as oportunidade que surjam — no momento, o medo e a aflição da população diante dos ataques terroristas, um assunto sério para o Ocidente agora que, com as novas tecnologias disponíveis, perdeu seu virtual monopólio da violência, mantendo apenas uma enorme preponderância.

Mas não precisamos aceitar essas regras, e os que estiverem preocupados com o destino do mundo e de seus povos certamente seguirão um caminho bem diferente. As lutas populares contra a "globalização" dos direitos dos investidores, principalmente no Sul, influenciaram a retórica e, até certo ponto, as práticas dos mestres do universo, que estão preocupados e na defensiva. Esses movimentos populares são sem precedentes em escala, com influência no eleitorado e na solidariedade internacional; as reuniões aqui realizadas são um exemplo muito importante. Grande parte do futuro depende desses movimentos. É difícil superestimar o que está em jogo.

21
REFLEXÕES SOBRE O 11 DE SETEMBRO

Argumenta-se amplamente que os ataques terroristas do 11 de Setembro mudaram drasticamente o mundo, que nada será o mesmo quando o mundo entrar em uma "era do terror" — título de uma coleção de ensaios de acadêmicos da Universidade Yale, que considera o ataque por antraz ainda mais sinistro.

Não há dúvida de que as atrocidades do 11 de Setembro foram um evento de importância histórica, não — lamentavelmente — por causa de sua escala, mas pela escolha de vítimas inocentes. Há algum tempo já se reconhecia que, com as novas tecnologias, as potências industriais provavelmente perderiam seu virtual monopólio da violência, mantendo somente uma enorme preponderância. Ninguém poderia ter previsto a maneira específica como as expectativas foram cumpridas, mas foram. Pela primeira vez na história moderna, a Europa e suas ramificações foram submetidas, em território nacional, ao tipo de atrocidade que cometeram rotineiramente em outros lugares. A história deve ser conhecida demais para ser resenhada, e embora o Ocidente possa optar por desconsiderá-la, as vítimas não fazem o mesmo. O rompimento brusco do modelo tradicional certamente qualifica o 11 de Setembro como um evento histórico, e as repercussões com certeza serão significativas.

Este capítulo foi publicado pela primeira vez em *Aftonbladet*, na Suécia, em agosto de 2022, republicado em 9-11, 2. ed. (Nova York, Seven Stories Press, 2002), p. 119-28.

Várias questões cruciais surgiram de uma só vez:

1. Quem é o responsável?
2. Quais são as razões?
3. Qual é a reação adequada?
4. Quais são as consequências de longo prazo?

Quanto à questão (1), presumiu-se plausivelmente que os culpados eram Bin Laden e sua rede Al-Qaeda. Ninguém sabe mais sobre eles do que a CIA, que, juntamente com seus homólogos aliados dos Estados Unidos, recrutou islamistas radicais de muitos países e organizou-os em uma força militar e terrorista, não para ajudar os afegãos a resistir à agressão russa, o que teria sido um objetivo legítimo, mas por razões normais de Estado, com consequências funestas para os afegãos quando os *mujahidin* assumiram o controle. A inteligência dos Estados Unidos com certeza vem acompanhando de perto outras ações dessas redes desde que assassinaram o presidente Sadat do Egito, vinte anos atrás, e mais intensamente desde a tentativa de explodir o World Trade Center e muitos outros alvos em uma operação terrorista altamente ambiciosa em 1993. No entanto, apesar do que deve ter sido a investigação de inteligência internacional mais intensa da história, foi difícil encontrar evidências sobre os executores do 11 de Setembro. Oito meses após o atentado, o diretor do FBI, Robert Mueller, em depoimento ao Congresso, só conseguiu dizer que a inteligência dos Estados Unidos agora "acredita" que a trama foi arquitetada no Afeganistão, embora planejada e implementada em outros lugares. E muito depois de a fonte do ataque por antraz ter sido localizada nos laboratórios de armas do governo dos Estados Unidos, ainda não havia sido identificada. São indicações de quanto pode ser difícil combater os atos de terror que visem os ricos e poderosos no futuro. No entanto, apesar das poucas evidências, a conclusão inicial sobre o 11 de Setembro talvez esteja correta.

Passando à questão (2), a academia é praticamente unânime em acreditar na palavra dos terroristas, que corresponde aos seus feitos nos últimos vinte anos: o objetivo, nos termos deles, é expulsar os infiéis das terras muçulmanas, derrubar os governos corruptos que eles impuseram e apoiam, e instituir uma versão extremista do islã.

Mais importante, ao menos para aqueles que esperam reduzir a probabilidade de novos crimes de natureza semelhante, são as condições das quais as organizações terroristas surgiram, e que resultam numa massa crítica de compreensão solidária de pelo menos partes de sua mensagem, mesmo entre os que os desprezam e os temem. Nas palavras queixosas de George Bush: "Por que eles nos odeiam?". A pergunta não é nova e as respostas não são difíceis de encontrar. Há 45 anos, o presidente Eisenhower e sua equipe discutiram o que ele chamou de "campanha de ódio contra nós" no mundo árabe, "não dos governos, mas do povo". A razão básica, respondeu o Conselho de Segurança Nacional, é o reconhecimento de que os Estados Unidos apoiam governos corruptos e brutais, que impedem a democracia e o desenvolvimento, e o fazem por sua preocupação "de proteger seus interesses no petróleo do Oriente Próximo". O *Wall Street Journal* descobriu o mesmo quando investigou as atitudes de muçulmanos ricos ocidentalizados depois do 11 de Setembro, com seus sentimentos agora exacerbados por políticas específicas dos Estados Unidos em relação a Israel/Palestina e ao Iraque.

Os comentaristas em geral preferem uma resposta mais reconfortante: a raiva deles está enraizada no ressentimento pela nossa liberdade e pelo nosso amor à democracia, em fracassos culturais que remontam há muitos séculos, na incapacidade de participar da "globalização" (da qual eles participam com prazer) e outras deficiências semelhantes. Mais reconfortante, talvez, mas não mais esclarecedora.

E quanto à reação adequada, à pergunta (3)? As respostas são sem dúvida controversas, mas pelo menos a reação deveria atender aos padrões morais mais elementares: especificamente, se uma ação for certa para nós, é certa para os outros; e se for errada para os outros, é errada para nós. Os que rejeitam esse padrão simplesmente declaram que existem atos que se justificam pelo poder e podem, portanto, ser ignorados em qualquer discussão sobre a pertinência da ação, se é certa ou errada. Pode-se perguntar o que resta da enxurrada de comentários sobre a pergunta (3) (debates sobre "guerra justa" etc.) se esse critério simples for adotado.

Para ilustrar com alguns casos incontroversos, quarenta anos se passaram desde que o presidente Kennedy ordenou que "os terrores da terra" devem ser lançados sobre Cuba até que sua liderança seja eliminada, a qual violou as regras de boa educação com sua firme resistência à invasão administrada pelos Estados Unidos. Os terrores foram extremamente graves, continuando pelos anos 1990. Vinte anos se passaram desde que o presidente Reagan lançou uma guerra terrorista contra a Nicarágua, conduzida com atrocidades bárbaras e grande destruição, deixando dezenas de milhares de mortos e o país arruinado, talvez de forma irrecuperável — e também causando a condenação dos Estados Unidos por terrorismo internacional pelo Tribunal de Justiça Mundial e pelo Conselho de Segurança da ONU (em uma resolução vetada pelos Estados Unidos). Mas ninguém acredita que Cuba ou a Nicarágua tivessem o direito de detonar bombas em Washington ou em Nova York, ou de assassinar líderes políticos dos Estados Unidos. E é muito fácil adicionar muitos casos ainda mais graves, que continuam no presente.

Segundo esse raciocínio, os que aceitam padrões morais elementares têm alguma dificuldade para demonstrar que os Estados Unidos e a Grã-Bretanha tinham justificativas para bombardear os afegãos para obrigá-los a entregar pessoas que os Estados Unidos suspeitavam que tivessem cometido atrocidades criminosas, o objetivo oficial da guerra, anunciado pelo presidente quando o bombardeio começou; ou para depor seus governantes, o objetivo da guerra anunciado várias semanas depois.

O mesmo padrão moral vale para propostas mais sutis sobre uma reação apropriada às atrocidades terroristas. O respeitado historiador militar anglo-americano Michael Howard propôs "uma operação policial conduzida sob os auspícios das Nações Unidas [...] contra uma conspiração criminosa cujos membros deveriam ser caçados e levados perante um tribunal internacional, onde receberiam um julgamento justo e, se considerados culpados, seriam sentenciados de forma apropriada" (*Guardian*, *Foreign Affairs*). Parece razoável, embora possamos perguntar qual seria a reação à sugestão de que essa proposta deveria ser aplicada universalmente. Trata-se de algo impensável, e se a sugestão fosse feita despertaria indignação e horror.

Questões semelhantes surgem em relação à "doutrina Bush" de "ataque preventivo" contra ameaças suspeitas. Deve-se notar que a doutrina não é nova. Os planejadores de alto nível são basicamente remanescentes do governo Reagan, que argumentou que o bombardeio da Líbia fora justificado sob a Carta da ONU como "autodefesa contra futuros ataques". Os planejadores de Clinton aconselhavam "resposta preventiva" (inclusive fazer o primeiro ataque nuclear). E a doutrina tem precedentes anteriores. No entanto, a ousadia da afirmação de tal direito é nova, e não há segredo sobre contra quem a ameaça é dirigida. O governo e os comentaristas estão enfatizando em alto e bom som que pretendem aplicar a doutrina ao Iraque. O padrão elementar de universalidade, portanto, pareceria se justificar no terrorismo preemptivo do Iraque contra os Estados Unidos. Claro que ninguém aceita essa conclusão. Mais uma vez, se estamos dispostos a adotar princípios morais elementares, surgem questões óbvias, e devem ser encaradas pelos que defendem ou toleram a versão seletiva da doutrina da "resposta preventiva", que concede o direito aos mais poderosos de exercê-la sem se preocupar muito com o que o mundo pode pensar. E o ônus da prova não é leve, como sempre acontece quando a ameaça ou o uso da violência são defendidos ou tolerados.

Há, é claro, uma contestação fácil a argumentos tão simples: *nós* somos bons e *eles* são maus. Esse princípio conveniente supera praticamente qualquer argumento. A análise dos comentários e de boa parte dos textos acadêmicos revela que suas raízes em geral estão nesse princípio crucial, que não é argumentado, mas afirmado. Às vezes, mas raramente, algumas criaturas irritantes tentam contestar o princípio central com o registro da história recente e contemporânea. Aprendemos mais sobre as normas culturais predominantes observando a reação e a interessante série de barreiras erguidas para impedir qualquer lapso nessa heresia. Nada disso, claro, é uma invenção dos centros de poder contemporâneos e da cultura intelectual dominante. Mas merece atenção, ao menos entre os que ainda tenham algum interesse em entender onde estamos e o que pode estar por vir.

Vamos nos voltar brevemente a essas últimas considerações: pergunta (4).

A longo prazo, desconfio que os crimes do 11 de Setembro vão acelerar tendências que já estavam em andamento: a doutrina Bush, que acabamos de mencionar, é um exemplo. Como previsto de imediato, os governos do mundo todo aproveitaram o 11 de Setembro como uma janela de oportunidade para instituir ou escalar programas duros e repressivos. A Rússia aderiu avidamente à "coalizão contra o terror" esperando receber autorização para suas terríveis atrocidades na Chechênia, e não se decepcionou. A China aderiu prazerosamente por razões semelhantes. A Turquia foi o primeiro país a oferecer tropas para a nova fase da "guerra ao terror" dos Estados Unidos, em agradecimento, como explicou o primeiro-ministro, pela contribuição dos Estados Unidos à campanha da Turquia contra sua população curda miseravelmente reprimida, travada com extrema selvageria e confiando principalmente num enorme fornecimento de armas dos Estados Unidos. A Turquia é muito elogiada por suas realizações nessas campanhas de terror de Estado, incluindo algumas das piores atrocidades dos horrendos anos 1990, e foi recompensada com a concessão da autoridade para proteger Cabul do terror, financiada pela mesma superpotência que forneceu os meios militares e o apoio diplomático e ideológico para suas atrocidades recentes. Israel percebeu que poderia esmagar os palestinos ainda mais brutalmente, com um apoio ainda mais firme dos Estados Unidos. E assim por diante em grande parte do mundo.

Sociedades mais democráticas, inclusive os Estados Unidos, implantaram medidas para impor disciplina à população doméstica e também medidas impopulares sob o pretexto de "combater o terror", explorando a atmosfera de medo e a demanda por "patriotismo" — o que na prática significa: "Você cale a boca e eu cumpro a minha agenda implacavelmente". O governo Bush aproveitou a oportunidade para aumentar seu ataque contra a maioria da população e as gerações futuras, a serviço dos interesses corporativos que dominam o governo em uma proporção até além da norma.

Em resumo, as previsões iniciais foram amplamente confirmadas.

Um dos principais resultados é que os Estados Unidos, pela primeira vez, têm grandes bases militares na Ásia Central. Estas são importantes para posicionar favoravelmente as multinacionais americanas no "grande jogo" vigente para controlar os consideráveis recursos da região, mas também para fechar o cerco aos principais recursos energéticos do mundo, na região do Golfo. O sistema de bases dos Estados Unidos visando o Golfo estende-se do Pacífico aos Açores, mas a base confiável mais próxima antes da guerra do Afeganistão era a Diego Garcia. Agora a situação melhorou muito, e uma intervenção enérgica, se considerada apropriada, será bastante facilitada.

O governo Bush vê a nova fase da "guerra ao terror" (que em muitos aspectos replica a "guerra ao terror" declarada pelo governo Reagan vinte anos antes) como uma oportunidade para expandir suas já esmagadoras vantagens militares por todo o mundo e avançar com outros métodos para garantir o domínio global. O pensamento do governo foi articulado claramente por funcionários do alto escalão quando o príncipe Abdullah da Arábia Saudita visitou os Estados Unidos em abril para instar o governo a prestar mais atenção à reação no mundo árabe ao seu forte apoio ao terror e à repressão israelenses. O que foi dito, de fato, é que os Estados Unidos não se importavam com o que ele ou outros árabes pensavam. Como o *New York Times* informou, um funcionário graduado explicou que, "se ele achava que éramos fortes na Tempestade no Deserto, hoje somos dez vezes mais fortes. Isso foi para dar a ele uma ideia do que o Afeganistão demonstrava em termos da nossa capacidade". Um importante analista em assuntos de defesa foi mais direto: os outros "nos respeitarão por nossa firmeza e não vão mexer conosco". Essa posição também tem muitos precedentes históricos, mas, no mundo pós-11 de Setembro, ganha nova força.

Não temos documentos internos, mas é razoável especular que tais consequências foram um dos principais objetivos do bombardeio do Afeganistão: alertar o mundo sobre o que os Estados Unidos podem fazer se alguém sair da linha. O bombardeio da Sérvia foi realizado por razões semelhantes. Seu principal objetivo era "garantir a credibilidade da Otan", como explicaram Blair e Clinton — sem se referir à credibilidade da Noruega ou da Itália, mas dos Estados Unidos e seu principal cliente militar. Trata-se de um tema comum da política e da literatura das relações internacionais; e com alguma razão, como ilustra bem a história.

Sem ir adiante, as questões básicas da sociedade internacional me parecem continuar como estavam, mas com certeza o 11 de Setembro induziu mudanças, em alguns casos, com implicações significativas e não muito atraentes.

22
A LINGUAGEM E O CÉREBRO

A maneira correta de abordar o tópico anunciado seria revisar os princípios fundamentais da linguagem e do cérebro e mostrar como eles podem ser unificados, talvez no modelo da química e da física de 65 anos atrás, ou com a integração de aspectos da biologia no âmbito do complexo de alguns anos depois. Mas essa não é a abordagem que vou tentar percorrer. Uma das poucas coisas que posso dizer sobre esse tópico com alguma confiança é que ainda não sei o suficiente para abordá-lo da maneira correta. Com menos confiança, suponho ser justo dizer que a compreensão atual está muito aquém de lançar as bases para a unificação das ciências do cérebro e das faculdades mentais superiores, a linguagem entre elas, e que muitas surpresas podem estar no caminho para o que parece um objetivo distante — o que em si não deveria ser uma surpresa se os exemplos clássicos que mencionei forem de fato um modelo realista.

Essa avaliação um tanto cética das perspectivas atuais difere de duas visões predominantes, porém contrárias. A primeira afirma que o ceticismo é injustificado ou, mais precisamente, profundamente equivocado, uma vez que a questão da unificação nem sequer se coloca. Não se coloca na psicologia como o estudo da mente, pois o tópico não se enquadra na biologia, uma posição assumida para definir o "modelo computacional da mente";[1] nem na linguagem, porque a linguagem é um objeto extra-humano, a visão-padrão das principais correntes da filosofia da mente e da linguagem, e também

---
Este capítulo foi publicado pela primeira vez em *On Nature and Language* (Cambridge, Cambridge University Press, 2002), p. 61-91.

apresentada recentemente por figuras proeminentes da neurociência e da etologia. Ao menos é isso que as palavras parecem implicar; as intenções podem ser diferentes. Voltarei a alguns exemplos atuais de destaque.

Uma visão contrastante afirma que existe de fato o problema da unificação, mas que o ceticismo é injustificado. A unificação do cérebro e das ciências cognitivas é uma perspectiva iminente, superando o dualismo cartesiano. Essa avaliação otimista é expressa abertamente pelo biólogo evolucionista E. O. Wilson em recente publicação da Academia Americana de Artes e Ciências dedicada ao cérebro, resumindo o estado da arte, e parece ter grande adesão: "Os pesquisadores agora falam com confiança de uma solução à vista para o problema cérebro-mente".[2] Confiança semelhante tem sido mostrada há meio século, incluindo declarações de figuras eminentes de que o problema cérebro-mente havia sido resolvido.

Podemos, assim, identificar diversos pontos de vista em relação ao problema geral da unificação:

1. Não existe o problema: a linguagem e as faculdades mentais superiores em geral não fazem parte da biologia.
2. Elas pertencem à biologia em princípio, e qualquer abordagem construtiva ao estudo do pensamento humano e sua expressão, ou da ação e interação humana, baseia-se nessa suposição, ao menos tacitamente.

A categoria (2), por sua vez, tem duas variantes: (A) a unificação está próxima; (B) atualmente não vemos como essas partes da biologia se relacionam umas com as outras, e suspeitamos que possam estar faltando conhecimentos fundamentais para isso.

O último ponto de vista, (2B), me parece o mais plausível. Tentarei indicar o porquê e esboçar alguns dos terrenos que devem ser cobertos em uma visão geral cuidadosa e abrangente desses tópicos.

Para estruturar a discussão, gostaria de selecionar três teses que me parecem no geral razoáveis, e isso há muito tempo. Vou citar formulações atuais de cientistas renomados, não as minhas próprias versões de anos anteriores.

A primeira tese é articulada pelo neurocientista Vernon Mountcastle, apresentando o estudo da Academia Americana que mencionei. Ele observa que um tema orientador dos trabalhos, e do campo em geral, é o de que "as coisas mentais, na verdade as mentes, são propriedades emergentes do cérebro", embora "essas emergências não sejam consideradas irredutíveis, mas, sim, produzidas por princípios que controlam as interações entre eventos de nível inferior — princípios que ainda não entendemos".

A segunda tese é metodológica. É apresentada claramente pelo etnólogo Mark Hauser em seu abrangente estudo *The Evolution of Communication* [A evolução da comunicação].[3] Segundo Tinbergen, Hauser argumenta, precisamos adotar quatro perspectivas ao estudar a "comunicação no reino animal, incluindo a linguagem humana". Para entender algo, devemos:

1. Procurar os mecanismos que a implementam, psicológicos e fisiológicos; a perspectiva mecanicista.
2. Separar fatores genéticos de ambientais, que também podem ser abordados em níveis psicológicos ou fisiológicos; a perspectiva ontogenética.
3. Identificar as "consequências do valor adaptativo" do traço, seus efeitos na sobrevivência e na reprodução; a perspectiva funcional.
4. Desvendar "a história evolutiva da espécie para que a estrutura do traço possa ser avaliada à luz de traços ancestrais"; a perspectiva filogenética.

A terceira tese é apresentada pelo neurocientista cognitivo C. R. Gallistel:[4] a "visão modular da aprendizagem", que ele considera "a norma na neurociência hoje em dia". De acordo com essa visão, o cérebro incorpora "órgãos especializados", computacionalmente especializados em resolver problemas específicos, como fazem com grande facilidade, exceto em "ambientes extremamente hostis". O crescimento e o desenvolvimento desses órgãos especializados, às vezes chamados de "aprendizagem", são o resultado de processos direcionados internamente e efeitos ambientais que desencadeiam e moldam o desenvolvimento. O órgão da linguagem é um desses componentes do cérebro humano.

Na terminologia convencional, adaptada da utilização original, o órgão da linguagem é a faculdade da linguagem (FL); a teoria do estado inicial da FL, uma expressão dos genes, é a gramática universal (GU); as teorias dos estados atingidos são gramáticas específicas; os estados, eles mesmos, são línguas internalizadas, ou simplesmente "línguas", para abreviar. O estado inicial, claro, não se manifesta no nascimento, como no caso de outros órgãos como, digamos, o sistema visual.

Examinemos mais de perto as três teses — razoáveis, acredito, mas com qualificações — começando pela primeira: "As coisas mentais, na verdade as mentes, são propriedades emergentes do cérebro".

A tese é amplamente aceita, e costuma ser considerada uma contribuição distinta e empolgante da era atual, embora ainda altamente controversa. Nos últimos anos, foi apresentada como uma "hipótese extraordinária", "a afirmação ousada de que os fenômenos mentais são inteiramente naturais e causados pelas atividades neurofisiológicas do cérebro", e "que as capacidades da mente humana são, de fato, capacidades do cérebro humano"; ou como uma "nova ideia radical" na filosofia da mente, que pode finalmente encerrar o dualismo cartesiano, apesar de algumas pessoas continuarem acreditando que o abismo entre corpo e mente não pode ser superado.

O quadro é enganoso, e é útil entender por quê. A tese não é nova, e não deveria ser controversa, por razões entendidas séculos atrás. A tese foi muito bem articulada no século XVIII, e por razões convincentes — embora controversas na época, por afrontar doutrinas religiosas. Em 1750, David Hume definiu casualmente o pensamento como uma "pequena agitação do cérebro".[5] Alguns anos depois, essa tese foi desenvolvida pelo eminente químico Joseph Priestley: "Os poderes da sensação ou da percepção e do pensamento" são propriedades de "um certo sistema de matéria organizado"; propriedades "chamadas mentais" são "o resultado [da] estrutura orgânica" do cérebro e do "sistema nervoso humano" em geral. De maneira equivalente: "As coisas mentais, na verdade as mentes, são propriedades emergentes do cérebro" (Mountcastle). Claro que Priestley não soube dizer como esse surgimento acontece, e nem nós podemos fazer muito melhor duzentos anos depois.

Acredito que o cérebro e as ciências cognitivas podem aprender algumas lições úteis com o surgimento da tese da emergência do início da ciência moderna, e com a maneira como as ciências naturais se desenvolveram desde meados do século XX, com a unificação da física-química-biologia. As atuais controvérsias sobre mente e cérebro são surpreendentemente semelhantes aos debates sobre átomos, moléculas, estruturas e reações químicas e questões relacionadas, que estiveram muito vivos no século XX. Semelhantes e, no meu entender, instrutivas.

No século XVIII, as razões para a tese da emergência, recentemente reavivada, eram de fato convincentes. A revolução científica moderna, de

Galileu, baseou-se na tese de que o mundo era uma grande máquina, que poderia em princípio ser construída por um mestre artesão, uma versão complexa dos relógios e outros autômatos complexos que fascinaram os séculos XVII e XVIII, tanto quanto os computadores estimularam o pensamento e a imaginação nos últimos anos; a mudança de artefatos tem consequências limitadas para as questões básicas, como demonstrou Alan Turing há sessenta anos. A tese — chamada de "a filosofia mecânica" — tem dois aspectos: empírico e metodológico. A tese factual tem a ver com a natureza do mundo: é uma máquina construída de partes interatuantes. A tese metodológica tem a ver com a inteligibilidade: o verdadeiro entendimento requer um modelo mecânico, um dispositivo que um artesão poderia construir.

Esse modelo de inteligibilidade de Galileu tem um corolário: quando o mecanismo falha, o entendimento falha. Por essa razão, quando Galileu se desanimou com as aparentes inadequações da explicação mecânica, concluiu por fim que os humanos nunca entenderão completamente nem sequer "um único efeito na natureza". Descartes, em comparação, era muito mais otimista. Acreditava que seria capaz de demonstrar que a maioria dos fenômenos da natureza poderia ser explicada em termos mecânicos: os mundos inorgânico e orgânico independentemente dos humanos, mas também grande parte da fisiologia, das sensações, da percepção e das ações humanas. Os limites da explicação mecânica foram alcançados quando essas funções humanas foram mediadas pelo pensamento, uma possessão exclusivamente humana baseada em um princípio que escapa à explicação mecânica: um princípio "criativo" que fundamenta atos de vontade e escolha, que são "a coisa mais nobre que podemos ter" e tudo o que "realmente pertence" a nós (em termos cartesianos). Os humanos são apenas "incitados e inclinados" a agir de certas maneiras, não "compelidos" (ou de forma aleatória), e nesse aspecto são diferentes das máquinas — isto é, do resto do mundo. O exemplo mais marcante para os cartesianos era o uso normal da linguagem: os humanos podem expressar seus pensamentos de maneiras novas e ilimitadas, restringidas pelo estado corporal, mas não determinadas por ele, apropriadas às situações, mas não causadas por elas, e que evocam nos outros pensamentos que eles poderiam ter expressado de maneiras semelhantes — o que podemos chamar de "o aspecto criativo do uso da linguagem".

Vale a pena ter em mente que essas conclusões estão corretas, até onde sabemos.

Nesses termos, cientistas cartesianos desenvolveram procedimentos experimentais para determinar se alguma outra criatura tinha uma mente como a nossa — versões elaboradas do que foi revisitado como o teste de Turing no último meio século, mas sem algumas falácias cruciais que acompanharam esse reavivamento, desconsiderando os alertas explícitos de Turing, um tópico interessante que deixarei de lado.[6] Nos mesmos termos, Descartes conseguiu formular um problema mente-corpo relativamente claro: tendo estabelecido dois princípios da natureza, os princípios mecânico e mental, podemos perguntar como eles interagem, um grande problema para a ciência do século XVII. Mas o problema não sobreviveu por muito tempo. Como se sabe, todo o quadro desmoronou quando Newton estabeleceu, para sua grande consternação, que não apenas a mente escapa ao alcance da filosofia mecânica, como também tudo o mais na natureza, até mesmo os mais simples movimentos terrestre e planetário. Conforme ressaltado por Alexander Koyré, um dos fundadores da história moderna da ciência, Newton mostrou que "uma física puramente materialista ou mecanicista é impossível".[7] Assim, o mundo natural não atende ao padrão de inteligibilidade que entusiasmou a revolução científica moderna. Precisamos aceitar a "admissão no corpo da ciência de 'fatos' incompreensíveis e inexplicáveis, impostos a nós pelo empirismo", como Koyré enuncia a questão.

Newton considerou sua refutação do mecanismo como um "absurdo", mas não conseguiu descobrir como contornar o problema, apesar de muito esforço. Nem mesmo os maiores cientistas de sua época, ou desde então. Descobertas posteriores introduziram "absurdos" ainda maiores. Nada diminuiu a força do julgamento de David Hume, de que, ao refutar a filosofia mecânica autoevidente, Newton "restaurou os segredos supremos da Natureza à obscuridade em que sempre estiveram e para sempre permanecerão".

Um século depois, em sua história clássica do materialismo, Friedrich Lange afirmou que Newton efetivamente destruiu a doutrina materialista, bem como os padrões de inteligibilidade e as expectativas que nela se baseavam: desde então os cientistas "se acostumaram à noção abstrata de forças, ou melhor, a uma noção pairando em uma obscuridade mística entre a abstração e a compreensão concreta", um "ponto de virada" na história do materialismo que elimina os remanescentes da doutrina dos "Materialistas genuínos" do século XVII, privando-os de muita importância.

Tanto as teses metodológicas quanto as empíricas entraram em colapso, para nunca mais serem reconstituídas.

Do lado metodológico, os padrões de inteligibilidade foram consideravelmente enfraquecidos. O padrão que inspirou a revolução científica moderna foi abandonado: o objetivo é a inteligibilidade das teorias, não do mundo — uma diferença considerável, que pode muito bem colocar em operação diferentes faculdades da mente, talvez um tópico para a ciência cognitiva algum dia. Como o proeminente estudioso de Newton, I. Bernard Cohen, enunciou a questão, essas mudanças "estabelecem uma nova visão da ciência", na qual o objetivo não é "buscar explicações definitivas", arraigadas em princípios que nos parecem autoevidentes, mas encontrar a melhor explicação teórica possível para os fenômenos da experiência e do experimento. De modo geral, a conformidade com a compreensão do senso comum não é um critério para a investigação racional.

Do lado factual, não há mais nenhum conceito de corpo, ou de matéria, ou "do físico". Existe apenas o mundo, com seus vários aspectos: mecânico, eletromagnético, químico, óptico, orgânico, mental — categorias não definidas ou delimitadas a priori, que são no máximo convenientes: ninguém pergunta se a vida se enquadra na química ou na biologia, exceto por uma conveniência temporária. Em qualquer um dos domínios inconstantes da investigação construtiva, pode-se tentar desenvolver teorias explanatórias inteligíveis e unificá-las, mas não mais que isso.

Os novos limites da investigação foram compreendidos pelos cientistas em atividade. O químico do século XVIII Joseph Black observou que "a afinidade química deve ser aceita como um primeiro princípio, que não podemos explicar mais do que Newton poderia explicar a gravitação, e vamos adiar a explicação das leis da afinidade até termos estabelecido um corpo de doutrina como Newton estabeleceu sobre as leis da gravitação". Foi mais ou menos isso o que aconteceu. A química passou a estabelecer um rico corpo de doutrina; "seus triunfos [foram] construídos sem fundamentos reducionistas, mas, sim, alcançados isoladamente da recém-surgida ciência da física", observa um importante historiador da química.[8] De fato, nenhum fundamento reducionista foi descoberto. O que Linus Pauling finalmente conseguiu há 65 anos foi uma unificação, não uma redução. A física teve de passar por mudanças fundamentais para se unificar com a química básica, afastando-se ainda mais radicalmente das noções do senso comum da "física": a física teve de "se libertar" de "imagens intuitivas" e abandonar a esperança de "visualizar o mundo", como disse Heisenberg,[9] outro longo salto para longe da inteligibilidade no sentido da revolução científica do século XVII.

O início da revolução científica moderna também promoveu o que deveríamos chamar de maneira apropriada de "a primeira revolução cognitiva" — talvez a única fase das ciências cognitivas a merecer o nome de "revolução". O mecanismo cartesiano lançou as bases para aquilo que se tornou a neurofisiologia. Pensadores dos séculos XVII e XVIII também desenvolveram ideias ricas e esclarecedoras sobre a percepção, a linguagem e o pensamento, que têm sido redescobertas desde então, às vezes apenas em parte. Sem qualquer concepção de corpo, a psicologia pôde então — e pode ainda hoje — seguir apenas o caminho da química. À parte sua estrutura teológica, realmente não houve alternativa à especulação cautelosa de John Locke, mais tarde conhecida como "sugestão de Locke": Deus poderia ter escolhido "agregar à matéria uma faculdade de pensar", assim como "anexou efeitos ao movimento que não podemos de modo algum conceber um movimento capaz de produzir" — notadamente a propriedade de atração à distância, um renascimento de propriedades ocultas, argumentaram muitos cientistas de destaque (com a anuência parcial de Newton).

Nesse contexto, a tese da emergência, sob vários aspectos, era praticamente inescapável:

Para o século XVIII: "os poderes da sensação ou percepção e pensamento" são propriedades de "um certo sistema de matéria organizado"; propriedades "chamadas mentais" são "o resultado [da] estrutura orgânica" do cérebro e do "sistema nervoso humano" em geral.
Um século depois, Darwin perguntou retoricamente por que "o pensamento, sendo uma secreção do cérebro", deveria ser considerado "mais maravilhoso que a gravidade, uma propriedade da matéria".[10]
Hoje, o estudo do cérebro é baseado na tese de que "As coisas mentais, na verdade as mentes, são propriedades emergentes do cérebro".

Para onde nos voltemos, a tese é essencialmente a mesma, e não deveria ser controversa: é difícil imaginar uma alternativa no mundo pós-newtoniano.

O cientista não pode fazer nada melhor que tentar elaborar "corpos de doutrina" para vários aspectos do mundo e procurar unificá-los, reconhecendo que o mundo não nos é inteligível da maneira como os pioneiros da ciência moderna esperavam, e que o objetivo é a unificação, não necessariamente a redução. Como a história das ciências claramente revela, nunca se pode adivinhar as surpresas que virão pela frente.

É importante reconhecer que o dualismo cartesiano foi uma tese científica razoável, mas desapareceu há três séculos. Não houve nenhum problema mente-corpo a ser debatido desde então. A tese não desapareceu por inadequações do conceito cartesiano da mente, mas porque o conceito de corpo entrou em colapso com a demolição da filosofia mecânica por Newton. É comum hoje ridicularizar o "erro de Descartes" ao postular a mente, seu "fantasma na máquina". Mas isso confunde os fatos: Newton exorcizou a máquina; o fantasma permaneceu intacto. Dois físicos contemporâneos, Paul Davies e John Gribbin, concluem seu recente livro, *The Matter Myth* [O mito da matéria], enfatizando mais uma vez esse ponto, embora atribuam erroneamente a eliminação da máquina à nova física quântica. É verdade que isso foi outro golpe, mas o "mito da matéria" já havia sido demolido 250 anos antes, fato entendido pelos cientistas atuantes na época e que desde então se tornou parte da história convencional das ciências. Estas são questões que merecem alguma reflexão, creio eu.

Para a ciência cognitiva rejuvenescida do século XX, também é útil, penso eu, prestar muita atenção ao que se seguiu à unificação de uma química praticamente inalterada com uma física radicalmente revisada nos anos 1930, e ao que precedeu a unificação. O evento mais destacado que se seguiu foi a unificação da biologia e da química. Foi um caso de redução genuína, mas para uma química física recém-criada; com o envolvimento de algumas das mesmas pessoas, notadamente Pauling. Essa redução genuína às vezes gerou uma expectativa confiante de que os aspectos mentais do mundo seriam reduzidos a algo como as ciências do cérebro contemporâneas. Talvez sim, talvez não. De toda forma, a história da ciência fornece poucas razões para expectativas confiáveis. Uma verdadeira redução não é tão comum na história da ciência, e não deve ser considerada automaticamente como um modelo para o que acontecerá no futuro.

Ainda mais instrutivo é o que estava acontecendo pouco antes da unificação da química e da física. Antes da unificação, os principais cientistas argumentavam que a química era apenas um dispositivo de cálculo, uma maneira de organizar resultados sobre reações químicas, às vezes para prevê-las. Nos primeiros anos do século passado, as moléculas eram consideradas da mesma forma. Poincaré ridicularizou a ideia de a teoria molecular dos gases ser mais que um modo de cálculo; as pessoas incorrem nesse erro porque estão familiarizadas com o jogo de bilhar, afirmou. A química não diz respeito a nada real, argumentava-se: isso porque ninguém sabia como reduzi-la à física. Em 1929, Bertrand Russell — que conhecia bem as ciências — salientou que as leis da química "não podem no momento ser reduzidas a leis físicas";[11] não era falso, mas enganoso de maneira importante. Descobriu-se que o termo "no momento" estava fora de lugar. A redução era impossível, como logo se descobriu, até que a concepção de natureza física e de lei fosse (radicalmente) revisada.

Agora deve estar claro que os debates sobre a realidade da química baseavam-se em mal-entendidos fundamentais. A química era "real" e "sobre o mundo" no único sentido que temos desses conceitos: era parte da melhor concepção de como o mundo funciona que a inteligência humana foi capaz de inventar. É impossível fazer melhor que isso.

Os debates sobre química há alguns anos se refletem de muitas maneiras na filosofia da mente e na ciência cognitiva de hoje — e a química teórica, claro, é ciência dura, fundindo-se indistintamente com a física fundamental: não está na periferia da compreensão científica, como o cérebro e as ciências cognitivas, que tentam estudar sistemas muito mais complexos e mal compreendidos. Esses debates muito recentes sobre química, e seus resultados inesperados, devem ser instrutivos para as ciências cognitivas e do cérebro. Sugerem que trata-se de um erro pensar em modelos computacionais da mente divorciados da biologia — isto é, em princípio não afetados por qualquer coisa que possa ser descoberta nas ciências biológicas —, ou platônicos ou seguindo outras concepções não biológicas da linguagem, também carecendo de evidências importantes, em seu desfavor, ou afirmar que a relação do mental com o físico não é de redutibilidade, mas a noção mais fraca de *superveniência*: qualquer mudança em eventos ou estados mentais implica uma "mudança física", embora não inversamente, e que não há nada mais específico a dizer. Os debates sobre a química da pré-unificação poderiam ser reformulados nestes termos: os que negam a realidade da química poderiam ter afirmado que as propriedades químicas sobrevêm às propriedades físicas, mas não são redutíveis a elas. Isso teria sido um erro: as verdadeiras propriedades da física ainda não haviam sido descobertas. Uma vez descobertas, falar de superveniência tornou-se supérfluo e abriu-se o caminho para a unificação. A mesma postura me parece razoável no estudo dos aspectos mentais do mundo.

Em geral, parece sensato seguir o bom conselho dos cientistas pós-newtonianos, e também do próprio Newton, e procurar construir "corpos de doutrina" em quaisquer termos que pudermos, livres de intuições do senso comum sobre como o mundo deve ser — nós sabemos que não é assim — e imperturbados pelo fato de que talvez tenhamos que "adiar a explicação dos princípios" em termos de compreensão científica geral, que pode se revelar inadequada à tarefa de unificação, como tem sido regularmente o caso há trezentos anos. Boa parte da discussão desses tópicos me parece equivocada, talvez gravemente, por razões como essas.

Há outras semelhanças que valem ser lembradas entre a química pré-unificação e a ciência cognitiva atual. Os "triunfos da química" geraram diretrizes valiosas para a reconstrução da física: forneceram condições que a física fundamental teria de atender. Da mesma forma, as descobertas sobre a comunicação das abelhas fornecem condições que precisam ser atendidas por alguma explicação futura em termos de células. Em ambos os casos, trata-se de uma via de mão dupla: as descobertas da física restringem os possíveis modelos químicos, assim como as da biologia básica devem restringir os modelos de comportamento dos insetos.

Existem analogias semelhantes no cérebro e nas ciências cognitivas: a questão das teorias computacional, algorítmica e de implementação enfatizadas por David Marr, por exemplo. Ou o trabalho de Eric Kandel sobre aprendizagem em caracóis marinhos, que tenta "traduzir em termos neuronais ideias que foram propostas em um nível abstrato por psicólogos experimentais", e assim mostrar como a psicologia cognitiva e a neurobiologia "podem começar a convergir para produzir uma nova perspectiva no estudo da aprendizagem".[12] Muito razoável, mas o curso real das ciências deveria nos alertar para a possibilidade de que a convergência pode não ocorrer por faltar algo — onde, só poderemos saber quando descobrirmos.

Até agora só falei sobre a primeira das três teses mencionadas no início: o princípio orientador de que "As coisas mentais, na verdade as mentes, são propriedades emergentes do cérebro". Isso parece correto, mas próximo do truísmo, por razões entendidas por Darwin e por eminentes cientistas um século antes, e que se seguiram à descoberta de Newton de "absurdos" que afinal se mostraram verdadeiros.

Passemos à segunda: a tese metodológica, citada em *The Evolution of Communication* de Marc Hauser: para avaliarmos algum traço, precisamos adotar a abordagem etológica de Tinbergen, com suas quatro perspectivas básicas: (1) mecanismos, (2) ontogênese, (3) valores adaptativos, (4) história evolutiva.

Para Hauser, assim como para outros, o "Santo Graal" é a linguagem humana: o objetivo é mostrar como ela pode ser compreendida se a investigarmos a partir dessas quatro perspectivas, e somente assim. O mesmo deveria ser verdade para sistemas muito mais simples: a "linguagem da dança" das abelhas, para selecionar o único exemplo no mundo animal, que, segundo a visão convencional (embora não incontroversa), parece ter ao menos alguma semelhança superficial com a linguagem humana: escopo infinito e propriedade de "deslocamento de referência" — a capacidade de comunicar informações sobre algo que não está no campo sensorial. As abelhas têm um cérebro do tamanho de uma semente de grama, com menos de 1 milhão de neurônios; existem espécies relacionadas que diferem no modo de comunicação; não há restrições para experimentos invasivos. Mas questões básicas continuam sem respostas: em particular, questões sobre fisiologia e evolução.

Em sua análise sobre esse tópico, Hauser não discute os mecanismos, e as poucas sugestões formuladas parecem bastante exóticas; por exemplo, a teoria da matemática/bióloga Barbara Shipman, de que o desempenho da abelha é baseado na capacidade de mapear em três dimensões um certo espaço topológico de seis dimensões, talvez por meio de algum tipo de "detector de quarks".[13] Sobre a evolução, Hauser só apresenta algumas frases, que essencialmente enunciam o problema. O mesmo vale para outros casos analisados por ele. Por exemplo, pássaros canoros, que são "a história de sucesso na pesquisa do desenvolvimento", apesar de não haver um "cenário convincente" sobre a seleção — ou nem mesmo um cenário não convincente, ao que tudo indica.

Assim, não deveria nos surpreender que questões sobre mecanismos fisiológicos e filogenéticos continuem tão misteriosas no caso incomparavelmente mais difícil da linguagem humana.

Uma observação mais atenta do estudo de Hauser fornece alguma indicação do distanciamento do objetivo estabelecido por ele e por outros — um objetivo válido, mas é preciso ser realista sobre como nos posicionamos a respeito. Primeiro, o título do livro é enganoso: não se trata da evolução da comunicação, um tema que merece apenas uma menção passageira. Trata-se de um estudo comparativo da comunicação em muitas espécies. Isso fica explícito nos comentários da resenha de Derek Bickerton na *Nature*, citados na contracapa; e no capítulo final, que especula sobre "direções futuras". O capítulo é intitulado "Comunicação comparativa", de forma realista; são poucas as especulações sobre evolução, uma questão bem diferente. Mais genericamente, o que Hauser e outros descrevem como o registro da seleção natural acaba sendo um relato da bela adaptação de um organismo ao seu nicho ecológico. Os fatos são muitas vezes fascinantes e sugestivos, mas não constituem a história evolutiva: apenas formulam o problema a ser resolvido pelos estudiosos da evolução.

Em segundo lugar, Hauser afirma que esse estudo abrangente da comunicação comparativa é "irrelevante para o estudo formal da linguagem" (o que considero um exagero). Isso não é pouca coisa: o que ele chama de "estudo formal da linguagem" inclui os aspectos psicológicos das duas primeiras perspectivas da abordagem etológica: (1) os mecanismos da linguagem, e (2) sua ontogênese. E o que for irrelevante para os aspectos psicológicos será irrelevante para os aspectos fisiológicos também, pois qualquer coisa relacionada aos aspectos fisiológicos impõe condições aos aspectos psicológicos. Nesse sentido, as duas primeiras perspectivas da abordagem recomendada por Tinbergen são efetivamente abandonadas, no que diz respeito à linguagem humana. Por razões semelhantes, o estudo comparativo pode ser "irrelevante", no mesmo sentido, para os estudos contemporâneos sobre a comunicação das abelhas, em grande parte uma variedade ricamente detalhada de "linguística descritiva". Essa parece uma conclusão plausível: muito se aprendeu sobre espécies específicas em um nível descritivo — insetos, pássaros, macacos e outras. Mas pouco que possa ser generalizado.

A "irrelevância" para a linguagem humana é, no entanto, muito mais profunda. A razão é que — como Hauser também observa — a linguagem não é propriamente considerada um sistema de comunicação. É um sistema para expressar o pensamento, algo muito diferente. Claro que pode ser usada para comunicação, como qualquer coisa que as pessoas façam — o modo de andar ou o estilo de roupa ou cabelo, por exemplo. Porém, em qualquer sentido útil do termo, a comunicação não é *a* função da linguagem, e pode até não ter significância singular para a compreensão das funções e da natureza da linguagem. Hauser cita a piada de Somerset Maugham, que diz: "se ninguém falasse a menos que tivesse algo a dizer [...] a raça humana muito em breve perderia o uso da fala". O argumento parece bastante preciso, mesmo levando-se em conta que o uso da linguagem é em grande parte para si mesmo: "solilóquio" para os adultos, monólogo para as crianças. Além disso, seja qual for o mérito das suposições sobre processos selecionais que podem ou não ter moldado a linguagem humana, eles não dependem essencialmente do pressuposto de que o sistema seja uma consequência de algum modo de comunicação. Pode-se inventar histórias igualmente meritórias (ou seja, igualmente inúteis) sobre a vantagem conferida por uma série de pequenas mutações que facilitaram o planejamento e a clarificação do pensamento; talvez ainda menos fantasioso, pois é desnecessário supor que as mutações ocorreram paralelamente no grupo — não que eu esteja propondo esta ou qualquer outra história. Há um rico registro do destino infeliz de histórias altamente plausíveis sobre o que poderia ter acontecido, quando se descobre o que aconteceu — e em casos em que se sabia muito mais a respeito.

No mesmo sentido, vale ressaltar que a linguagem humana nem sequer aparece na "taxonomia da informação comunicativa" de Hauser (acasalamento, sobrevivência, identidade do chamador). A linguagem certamente pode ser usada para chamados de alerta, identificação do falante e assim por diante, mas estudar o funcionamento da linguagem nesses termos seria irremediavelmente enganoso.

Uma dificuldade relacionada é que Hauser restringe a perspectiva funcional a "soluções adaptativas". Isso limita drasticamente o estudo da evolução, um ponto enfatizado vigorosamente por Darwin e hoje muito mais bem compreendido. Na verdade, Hauser cita casos e mais casos de traços que, segundo o seu argumento, não têm função adaptativa — surgindo apenas em situações artificiais sem contraparte na natureza.

Essas questões quase não são discutidas; o que citei são comentários dispersos, uma sentença aqui, outra ali. Mas indicam a imensidão das lacunas que devemos contemplar se levarmos a perspectiva etológica a sério — como certamente deveríamos, acredito, e temos defendido há quarenta anos.[14] As especulações de Hauser sobre alguma investigação futura sobre a evolução da linguagem humana ressaltam o mistério. Ele se refere a dois problemas básicos conhecidos: é necessário explicar (1) a explosão massiva do léxico, e (2) o sistema recursivo para gerar uma variedade infinita de enunciados significativos. Para este último, nenhuma especulação é apresentada. Quanto ao (1), Hauser afirma que não há nada análogo no reino animal, inclusive em sua especialidade (primatas não humanos). Observa que uma precondição para a explosão do léxico é uma capacidade humana inata de imitar, que considera fundamentalmente diferente de qualquer coisa no mundo animal, talvez exclusiva. Só foi capaz de encontrar uma possível exceção: macacos submetidos a treinamento. Sua conclusão é que "certas características do ambiente humano são necessárias para imbuir a capacidade de imitar nos macacos", o que, se for verdade, parece implicar que a capacidade não é o resultado da seleção adaptativa à qual ele e outros insistem que devemos nos restringir no estudo da evolução. Quanto às origens da capacidade humana de imitar, afirma que não sabemos nada e que talvez nunca consigamos descobrir quando — ou como — ela surgiu na evolução dos hominídeos.

Além disso, como muitos outros, Hauser subestima seriamente as maneiras como o uso humano de palavras para referência difere em suas propriedades estruturais e funcionais essenciais dos raros exemplos de "sinais referenciais" em outras espécies, inclusive de alguns primatas (possivelmente de alguns macacos, embora as evidências, diz ele, sejam incertas), uma questão que vai muito além dos casos de referências deslocadas e não situacionais. E ele também exagera gravemente o que tem sido demonstrado. Assim, ao citar algumas das cautelosas especulações de Darwin, escreve que "aprendemos assim duas lições importantes" sobre a "evolução da linguagem humana": que "a estrutura e a função da linguagem humana podem ser explicadas pela seleção natural", e que "o vínculo mais impressionante entre as formas de comunicação humana e de animais não humanos está na capacidade de expressar o estado emocional". Da mesma forma, Steven Pinker "*mostra* como uma explicação darwiniana da evolução da linguagem é a única explicação possível [...] pois a seleção natural é o único mecanismo que pode explicar as características complexas do design de um traço como a linguagem" (grifo meu). Seria notável se algo tivesse sido "mostrado" sobre a evolução da linguagem humana, sem falar na afirmação muito mais ambiciosa citada; ou se pudéssemos "aprender" algo significativo com as especulações sobre o assunto. Na verdade, não aconteceu nada de tão surpreendente. A especulação cautelosa e o pronunciamento confiante não mostram nada, e o máximo que aprendemos é que pode haver um caminho útil a seguir. Talvez.

Fora isso, as conclusões supostamente demonstradas fazem pouco sentido, a não ser a partir de uma leitura benevolente; de forma incontroversa, a seleção natural opera dentro de um espaço de opções determinado pelas leis da natureza (e contingências históricas/ecológicas), e seria o mais puro dogmatismo arriscar proclamações a priori sobre o papel desses fatores naquilo que acontece. Isso é verdade tanto ao considerarmos o surgimento da série de Fibonacci na natureza, ou na linguagem humana, ou em qualquer outra coisa no mundo biológico. O que foi "mostrado", ou "argumentado de forma convincente", é que a seleção natural é plausivelmente considerada um fator essencial na evolução, como argumentou Darwin, o que ninguém (nos círculos que Hauser considera) sequer questiona; ele não diz por que decidiu que eu (ou qualquer outro) insisti(u) que "a teoria da seleção natural não pode explicar as características de design da linguagem humana" (e é manifestamente falso, sob a leitura benevolente necessária para conceder algum significado à afirmação). Além das suposições gerais conhecidas sobre a seleção natural e outros mecanismos da evolução, tenta-se descobrir o que aconteceu, seja estudando o olho, o pescoço da girafa, os ossos do ouvido médio, os sistemas visuais dos mamíferos, a linguagem humana ou qualquer outra coisa. Um pronunciamento confiante não deve ser confundido com demonstração ou nem mesmo com um argumento convincente.

Embora eu suponha que Hauser negaria isso, parece-me que, examinadas de perto, suas conclusões não diferem muito do ceticismo radical de seu colega de Harvard, o biólogo evolucionista Richard Lewontin, que conclui — forçosamente — que a evolução da cognição está simplesmente fora do alcance da ciência contemporânea.[15]

O distanciamento dos objetivos proclamados leva ao que me parecem algumas propostas estranhas: por exemplo, que "o cérebro, o trato vocal e a linguagem dos humanos parecem ter coevoluído" para fins de comunicação linguística. Hauser utiliza a noção, do neurocientista Terrence Deacon, de coevolução da linguagem e do cérebro.[16] Deacon argumenta que os estudiosos da linguagem e sua ontogênese — as duas primeiras perspectivas da abordagem etológica — incorrem num grave erro ao adotar a abordagem-padrão das neurociências: tentar descobrir um componente geneticamente determinado da mente-cérebro e das mudanças de estado pelas quais passa com a experiência e o amadurecimento. Eles não perceberam uma alternativa mais promissora: "que o suporte extra para o aprendizado da língua", além dos dados da experiência, "não esteja assentado no cérebro da criança nem no cérebro dos pais ou dos professores, mas fora do cérebro, na própria linguagem". A linguagem e as línguas são entidades extra-humanas, com uma notável "capacidade [...] de evoluir e se adaptar no que se refere aos hospedeiros humanos". Essas criaturas não são apenas extra-humanas, parecem estar totalmente fora do mundo biológico.

O que são essas estranhas entidades e de onde vieram? O que são não está determinado, exceto que evoluíram para incorporar as propriedades da linguagem que foram erroneamente atribuídas ao cérebro. Sua origem não é menos misteriosa, mas quando surgiram, de alguma forma, "as línguas do mundo evoluíram espontaneamente", pela seleção natural, em um "turbilhão adaptativo" que "vem se desenvolvendo fora do cérebro humano". Assim, "tornaram-se cada vez mais adaptadas às pessoas" — como parasitas e hospedeiros, ou talvez presas e predadores no conhecido ciclo de coevolução; ou talvez os vírus forneçam a melhor analogia, sugere Deacon. Também derivamos uma explicação dos universais da linguagem: eles "emergiram espontânea e independentemente em cada língua em evolução [...] São traços convergentes da evolução da linguagem", como as barbatanas dorsais dos tubarões e dos golfinhos. Tendo evoluído espontaneamente e adquirido as propriedades universais da linguagem pela rápida seleção natural, uma dessas criaturas extra-humanas se anexa à minha neta na Nova Inglaterra, e outra diferente à minha neta na Nicarágua — na verdade ela está infectada por dois desses misteriosos vírus. É um erro buscar uma explicação do resultado nesse e em todos os outros casos analisando a interação entre a experiência e a estrutura inata do cérebro; o que acontece é que os parasitas certos se aninham nos hospedeiros de uma determinada comunidade de alguma forma mística — por um "truque de mágico", para usar o termo de Deacon para as inferências comuns da ciência naturalística — gerando o conhecimento de línguas específicas.

Deacon concorda, é claro, que os bebês são "predispostos a aprender línguas humanas" e "fortemente tendenciosos em suas escolhas" das "regras subjacentes à linguagem", adquirindo em poucos anos "um sistema de regras imensamente complexo e um rico vocabulário", numa época em que não conseguem nem sequer aprender aritmética elementar. Portanto, há "algo específico no cérebro humano que nos permite fazer com facilidade o que nenhuma outra espécie consegue fazer, nem mesmo minimamente, sem grande esforço e treinamento notavelmente perspicaz". Mas é um erro abordar essas predisposições e estruturas específicas do cérebro da mesma forma que o fazemos com outros aspectos da natureza, como o sistema visual, por exemplo; ninguém proporia que os órgãos visuais dos insetos e dos mamíferos evoluíram espontaneamente por uma rápida seleção natural e agora se ligam a hospedeiros, gerando a capacidade visual de abelhas e macacos; ou que a dança das abelhas ou os chamados dos macacos são parasitas externos ao organismo que coevoluíram para prover as habilidades do hospedeiro. No caso específico da linguagem humana, não devemos seguir o curso normal das ciências naturais, tentando determinar a natureza das "predisposições" e "estruturas especiais" e a maneira como se realizam nos mecanismos do cérebro (neste caso, as entidades extraorgânicas que coevoluíram com a linguagem saem de cena).

Como nesse caso único, "vírus" extraorgânicos evoluíram para se ligar aos hospedeiros da maneira certa, não precisamos atribuir à criança mais do que uma "teoria geral de aprendizagem". Assim o descobrimos, superado o surpreendente fracasso de linguistas e psicólogos em reconhecer que as línguas do mundo — na verdade, as línguas possíveis que ainda não são faladas — podem ter evoluído espontaneamente, fora do cérebro, vindo a "incorporar as predisposições da mente das crianças" por seleção natural.

Há, creio eu, um sentido em que as propostas de Deacon estejam no caminho certo. A ideia de uma criança não precisar mais que uma "teoria geral de aprendizagem" para adquirir linguagem e outros estados cognitivos só pode ser sustentada com movimentos bastante heroicos. Este é um dos sentidos básicos da terceira das teses estruturais introduzidas no início, à qual voltamos agora. Praticamente a mesma conclusão é ilustrada pelas assunções inatistas e modulares extraordinariamente ricas, embutidas nas tentativas de implementar o que muitas vezes é ilusoriamente apresentado como teorias gerais não estruturadas de aprendizagem, e as assunções não menos extraordinárias sobre a estrutura inata elaboradas em abordagens baseadas em cenários evolutivos especulativos que assumem explicitamente uma modularidade extrema.[17]

O único problema real, argumenta Deacon, é a "referência simbólica". O restante de alguma forma se encaixará no lugar se considerarmos isso em termos evolutivos. Como o resto se encaixa, isso não é discutido. Mas talvez não importe, pois a "referência simbólica" também é deixada como um completo mistério, em parte por não atender às suas propriedades mais elementares na linguagem humana.

Estou reproduzindo citações, porque não faço ideia do que isso significa. E a compreensão não é facilitada por um relato da "linguística" (incluindo opiniões atribuídas a mim) irreconhecível, com alusões tão vagas que muitas vezes é difícil até mesmo adivinhar qual pode ter sido a fonte do mal-entendido (às vezes é fácil; por exemplo, o mal-entendido da terminologia usada no sentido técnico, como "competência"). Seja qual for o sentido, a conclusão parece ser que é um erro investigar o cérebro para descobrir a natureza da linguagem humana; em vez disso, os estudos da linguagem devem ser sobre as entidades extrabiológicas que coevoluíram com os humanos e de alguma forma "se prendem" a eles. Essas propostas foram altamente aclamadas por proeminentes psicólogos e biólogos evolutivos, mas não vejo por quê. Se levadas a sério, parecem apenas remodelar os problemas-padrão da ciência como mistérios absolutos, situando-os além de qualquer esperança de compreensão, e ao mesmo tempo emperrando os procedimentos de investigação racional aceitos tacitamente por centenas de anos.

Voltando à tese metodológica, de que devemos adotar uma abordagem etológica, em princípio é bastante razoável, mas as formas como é elaborada levantam muitas questões. Até onde posso ver, o renovado apelo para seguir essa abordagem, conforme defendida quarenta anos atrás na literatura crítica sobre a "ciência comportamental", nos deixa onde estávamos. Podemos estudar o componente geneticamente determinado do cérebro — e talvez mais do que o cérebro — dedicado à estrutura e ao uso da linguagem, e os estados atingidos (as várias línguas), e podemos estudar o processo pelo qual ocorrem as mudanças do estado (aquisição da linguagem). Podemos tentar descobrir os mecanismos e os princípios psicológicos e fisiológicos e unificá-los, problemas normais da ciência. Essas investigações constituem as duas primeiras perspectivas da abordagem etológica: o estudo dos mecanismos e da ontogênese. Voltando à terceira perspectiva, a perspectiva funcional, podemos avaliar o uso da língua de alguém que atingiu um determinado estado, embora a restrição aos efeitos na sobrevivência e na reprodução seja limitante demais, se quisermos entender muito sobre a linguagem. A quarta perspectiva — a filogênese — na melhor das hipóteses parece uma perspectiva remota, aparentemente sem grandes avanços decorrentes do estudo comparativo da comunicação, uma questão totalmente diferente.

Passemos finalmente à terceira tese mencionada, citando Gallistel: a tese substantiva de que em todos os animais a aprendizagem se baseia em mecanismos especializados, em "instintos para aprender" de maneiras específicas; o que Tinbergen chamou de "disposições inatas para aprender".[18] Esses "mecanismos de aprendizagem" podem ser considerados como "órgãos dentro do cérebro [que] são circuitos neurais cuja estrutura os capacita a realizar um tipo específico de computação", como já fazem mais ou menos reflexivamente, a não ser em "ambientes extremamente hostis". Nesse sentido, a aquisição da linguagem humana é instintiva, baseada em um "órgão da linguagem" especializado. Esta "visão modular da aprendizagem" é o que Gallistel considera "a norma na neurociência nos dias de hoje". E argumenta que essa estrutura inclui tudo o que já é bem compreendido, inclusive o condicionamento, na medida em que é um fenômeno real. "Imaginar que existe um mecanismo de aprendizado de propósito geral além de todos esses mecanismos de aprendizagem específicos para problemas [...] é como tentar imaginar a estrutura de um órgão de propósito geral, o órgão que cuida de problemas não atendidos por órgãos adaptativamente especializados como o fígado, o rim, o coração e os pulmões", ou um "órgão sensorial de propósito geral, que resolve o problema do sensoriamento" para os casos não coordenados pelo olho, ouvido e outros órgãos sensoriais especializados. Nada semelhante é conhecido na biologia: "A especialização adaptativa do mecanismo é tão onipresente e tão óbvia na biologia, em todos os níveis de análise e para todo tipo de função, que ninguém acha necessário chamar a atenção para isso como um princípio geral sobre mecanismos biológicos". Por isso, "é estranho, mas verdadeiro, que a maioria das teorizações passadas e contemporâneas sobre aprendizagem" se afaste tão radicalmente do que é dado como certo no estudo dos organismos — um erro, ele argumenta.

Até onde sei, a abordagem recomendada por Gallistel é sólida; no caso especial da linguagem, parece-me ser adotada por qualquer investigação substantiva, ao menos tacitamente, mesmo quando é veementemente negada. É difícil evitar a conclusão de que uma parte da dotação biológica dos humanos seja um "órgão da linguagem" especializado, a faculdade da linguagem (FL). Seu estado inicial é uma expressão dos genes, comparável ao estado inicial do sistema visual humano, e examinado de perto parece um atributo humano comum. Assim, uma criança típica adquirirá qualquer língua sob condições apropriadas, mesmo sob condições muito desvantajosas e em "ambientes hostis". O estado inicial muda sob o efeito do acionamento e conformação da experiência e de processos de maturação internamente determinados, produzindo estados posteriores que parecem se estabilizar em vários estágios, sendo finalizados por volta da puberdade. Podemos pensar no estado inicial da FL como um dispositivo que mapeia a experiência no estado L alcançado: um "dispositivo de aquisição de linguagem" (DAL). A existência de um DAL às vezes é considerada controversa, mas não é mais que a suposição (equivalente) da existência de um "módulo de linguagem" dedicado que explica por que o desenvolvimento linguístico de um bebê é diferente do de seu gatinho de estimação (ou chimpanzé, ou seja, o que for), essencialmente em vista da mesma experiência. Mesmo as especulações "behavioristas radicais" mais extremistas pressupõem (ao menos tacitamente) que uma criança pode de alguma forma distinguir materiais linguísticos do resto da confusão ao seu redor, postulando assim a existência de FL (= DAL);[19] e à medida que se torna mais substantiva, a discussão sobre a aquisição da linguagem parte para assunções mais ricas e de domínio específico sobre o órgão da linguagem que até onde sei não fazem exceções. Isso inclui a aquisição de itens lexicais, que acabam por ter uma estrutura semântica rica e complexa, mesmo os mais simples. O conhecimento dessas propriedades torna-se disponível com evidências muito limitadas e, portanto, é de se esperar que sejam essencialmente uniformes entre as línguas; e são, até onde se sabe.

Passemos agora a questões substantivas no âmbito das três primeiras perspectivas da abordagem etológica, mas novamente sem restringir a investigação ao uso da linguagem nos valores adaptativos: a sobrevivência e a reprodução. Podemos nos aprofundar nas propriedades fundamentais das expressões linguísticas, e no seu uso para expressar o pensamento, às vezes para comunicar, às vezes para pensar ou falar sobre o mundo. Nesse sentido, as pesquisas comparativas com animais certamente merecem atenção. Já existem trabalhos importantes sobre o problema da *representação* em uma variedade de espécies. Gallistel apresentou um compêndio de resenhas de artigos sobre o tema há alguns anos, argumentando que as representações desempenham um papel-chave no comportamento e na cognição animal; aqui, "representação" é entendida como isomorfismo, uma relação unívoca entre os processos mente-cérebro e "um aspecto do ambiente ao qual esses processos adaptam o comportamento do animal" — por exemplo, quando uma formiga tipifica um coespecífico morto por seu odor.[20] É razoável considerar se, ou como, os resultados se relacionam com o mundo mental dos humanos; no caso da linguagem, ao que é chamado de "expressão fonética" ou "representação semântica".

Como observado, do ponto de vista biolinguístico que me parece apropriado — e tacitamente adotado em trabalhos substanciais —, podemos pensar em uma determinada língua L como um estado da FL. L é um procedimento recursivo que gera uma infinidade de expressões. Cada expressão pode ser considerada uma coleção de informações para outros sistemas da mente-cérebro. A suposição tradicional, que remonta a Aristóteles, é que a informação se divide em duas categorias, fonética e semântica; informações usadas, respectivamente, pelos sistemas sensório-motores e os sistemas conceituais-intencionais — sendo estes últimos "sistemas de pensamento", para dar um nome a algo mal compreendido. Isso poderia muito bem ser uma grave e enorme simplificação, mas vamos nos ater à convenção. Cada expressão, portanto, é um objeto interno que consiste em duas coleções de informações: fonética e semântica. Essas coleções são chamadas de "representações", representações fonéticas e semânticas, mas não há isomorfismo entre as representações e os aspectos do ambiente. Não há um pareamento do símbolo interno com a coisa representada, em qualquer sentido útil.

No aspecto sonoro, isso é dado como certo. Não seria falso dizer que um elemento de representação fonética — digamos, o elemento interno /ba/ na minha língua — distingue uma coisa no mundo, a saber, o som BA. Mas isso não serviria para muita coisa. Na verdade, as fonéticas acústica e articulatória tentam entender como o sistema sensório-motor utiliza a informação na representação fonética para produzir e interpretar sons, uma tarefa nada trivial. Pode-se pensar na representação fonética como um conjunto de instruções para os sistemas sensório-motores, mas nenhum elemento específico da representação interna corresponde a alguma categoria de eventos no mundo exterior, talvez uma construção baseada em movimentos de moléculas. Conclusões semelhantes me parecem apropriadas do lado do significado. Já se sabe, pelo menos desde Aristóteles, que mesmo as palavras mais simples incorporam informações de diversos tipos diferentes: sobre constituição material, design e uso pretendido, origem, propriedades gestálticas, causais e muito mais. Esses tópicos foram explorados com alguma profundidade durante a revolução cognitiva dos séculos XVII e XVIII, embora boa parte do trabalho, inclusive a tradição empirista britânica bem estudada de Hobbes a Hume, continue pouco conhecida fora da literatura histórica. As conclusões valem para nomes simples, contáveis e massivos — como, em inglês, "river" ('rio'), "house" ('casa'), "tree" ('árvore'), "water" ('água'), nomes de pessoas e de lugares — os "termos referenciais mais puros" (pronomes, categorias vazias) e assim por diante; e as propriedades tornam-se mais complexas quando nos voltamos para elementos com estrutura relacional (verbos, tempo e aspecto, ...) e, claro, muito mais à medida que passamos a expressões mais complexas. Em relação a quão cedo na ontogênese esses sistemas complexos de conhecimento estão funcionando, pouco se sabe, mas há todas as razões para supor que os essenciais são tão parte da dotação biológica inata quanto a capacidade de visão estereoscópica ou tipos específicos de planejamento motor, suscitados em considerável riqueza e especificidade por ocasião do sentido, na terminologia do início da revolução científica moderna.

Não existe nada análogo no restante do mundo animal, mesmo no nível mais simples. É sem dúvida verdade que a explosão massiva do léxico e da representação simbólica são componentes cruciais da linguagem humana, mas invocar a imitação ou a correspondência símbolo-coisa não nos leva muito longe, e mesmo esses poucos passos podem estar no caminho errado. Quando nos voltamos para a organização e geração de representações, as analogias logo desmoronam além do nível mais superficial.

Essas propriedades da linguagem são quase imediatamente óbvias a uma análise — o que não significa que sejam profundamente estudadas ou bem compreendidas; pois não são. Indo além, encontramos outras propriedades intrigantes. Os componentes das expressões — seus *traços*, na terminologia-padrão — devem ser interpretáveis pelos sistemas que os acessam; as representações na interface com os sistemas sensório-motor e do pensamento consistem de traços interpretáveis. Seria de se esperar, portanto, que os traços que entram na computação fossem interpretáveis, como em sistemas simbólicos artificiais bem projetados: sistemas formais para metamatemática, linguagens de computador etc. Mas isso não é verdade para a linguagem natural; no lado do sonoro, talvez nunca seja verdade. Um caso crucial tem a ver com traços flexionais não dotados de interpretação semântica: caso estrutural (nominativo, acusativo) ou traços de concordância como a pluralidade (interpretáveis nos nomes, mas não em verbos ou adjetivos). Os fatos não são óbvios nas formas superficiais, mas são razoavelmente bem fundamentados. Trabalhos dos últimos vinte anos forneceram razões consideráveis para supor que esses sistemas de traços não interpretáveis são muito semelhantes entre as línguas, embora a manifestação externa dos traços possa diferir de maneiras bastante sistemáticas; e que boa parte da variedade tipológica das línguas se reduz a esse subcomponente bem restrito da linguagem. Pode ser, então, que o sistema computacional recursivo do órgão da linguagem seja fixo e determinado, uma expressão dos genes, juntamente com a estrutura básica de possíveis itens lexicais. Um estado específico da FL — uma língua interna específica – é determinado por uma seleção entre os itens lexicais altamente estruturados possíveis e pela fixação de parâmetros restritos a traços flexionais não interpretáveis e sua manifestação. Pode não ser uma primeira abordagem tão ruim, talvez seja até mais que isso.

Parece que os mesmos traços não interpretáveis podem estar implicados na propriedade, vista em toda parte, do deslocamento em linguagem natural. O termo refere-se ao fato de os sintagmas serem comumente articulados em uma posição, mas interpretados como se estivessem em outro lugar, onde possam estar em expressões semelhantes: o sujeito deslocado de uma construção passiva, por exemplo, interpretado como se estivesse na posição do objeto, numa relação local com o verbo que lhe designa um papel semântico. O deslocamento tem propriedades semânticas interessantes. Talvez os sistemas "externos" de pensamento (externos à FL, internos à mente-cérebro) exijam que a FL gere expressões com essas propriedades, para serem interpretadas de maneira apropriada. Também existem razões para acreditar que os traços não interpretáveis possam ser o mecanismo para implementar a propriedade de deslocamento, talvez até mesmo um mecanismo ideal para satisfazer essa condição imposta externamente à faculdade da linguagem. Se for esse o caso, então nem a propriedade de deslocamento nem as variáveis não interpretáveis são "imperfeições" da FL, "erros de design" (usando aqui o termo "design" metaforicamente, é claro). Essas e outras considerações levantam questões mais gerais sobre um design ideal: será a FL uma solução ideal para as condições de interface impostas pelos sistemas da mente-cérebro nos quais estão inseridos os sistemas sensório-motor e de pensamento?

Estas questões só foram seriamente consideradas muito recentemente. Não poderiam ter sido levantadas antes de haver uma razoável compreensão dos princípios fixos da faculdade da linguagem e das opções restritas que produzem a rica variedade tipológica que sabemos que deve ser bem superficial, apesar das aparências, dadas as condições empíricas da aquisição da linguagem. Embora ainda seja parcial e preliminar, essa compreensão aumentou notavelmente nos últimos vinte anos. Agora parece que as questões sobre design ideal podem ser seriamente levantadas, e às vezes respondidas. Ademais, a ideia de a linguagem poder ser uma solução ideal para as condições da interface, em aspectos não triviais, parece bem mais plausível do que foi há alguns anos. Na medida em que se provar verdadeira, surgirão questões interessantes sobre a teoria da mente, o design do cérebro e o papel das leis naturais da evolução, até mesmo de órgãos muito complexos, como a faculdade da linguagem, questões muito vivas na teoria da evolução em níveis elementares, em trabalhos seminais como os de D'Arcy Thompson e Alan Turing, que estiveram um tanto marginalizados até recentemente. É concebível que a abordagem etológica abrangente discutida antes possa ser enriquecida nesses termos, embora continue sendo uma perspectiva distante.

Ainda mais remotas são as questões fundamentais que motivaram a teoria clássica da mente — o aspecto criativo do uso da linguagem, a distinção entre ação apropriada a situações e ação causada por situações, entre ser "compelido" a agir de certas maneiras ou apenas "incitado e inclinado" a agir; e, em geral, a questão de como "os membros do corpo dos animais se movimentam sob o comando da vontade", frase de Newton em sua revisão de mistérios que continuam sem solução, que incluem as causas da interação dos corpos, atração e repulsão elétrica e outras questões básicas que se mantiveram ininteligíveis pelos padrões da revolução científica.

Em algumas áreas, o estudo dos componentes da mente-cérebro fez progressos impressionantes. Há um entusiasmo justificado com a promessa de novas tecnologias e uma empolgante variedade de trabalhos esperando para serem realizados na exploração dos aspectos mentais do mundo e seu surgimento. Não é uma má ideia, entretanto, manter em algum canto da nossa mente o julgamento de grandes figuras da ciência moderna — Galileu, Newton, Hume e outros — quanto à "obscuridade" em que os segredos da natureza "sempre estiveram e para sempre permanecerão", talvez por razões inerentes à dotação biológica da única criatura curiosa capaz de contemplar essas questões.

23
ESTADOS UNIDOS — ISRAEL — PALESTINA

Em 2001, o sociólogo Baruch Kimmerling, da Universidade Hebraica, declarou que "o que temíamos se tornou realidade". Judeus e palestinos estão "em um processo de regressão ao tribalismo supersticioso [...] A guerra parece um destino inevitável", uma guerra "colonial do mal".[1] Depois da invasão israelense aos campos de refugiados palestinos, na primavera de 2002, o colega de Kimmerling, Ze'ev Sternhell, escreveu que, "na Israel colonial, [...] a vida humana é barata". A liderança "não tem mais vergonha de falar de guerra quando no que está realmente envolvida é no policiamento colonial, que lembra a invasão pela polícia branca dos bairros pobres dos negros na África do Sul nos tempos do apartheid".[2] Ambos enfatizam o óbvio: não há simetria entre os "grupos etnonacionais" regredindo ao tribalismo. O conflito está centrado em territórios que estão sob dura ocupação militar há 35 anos. O conquistador é uma grande potência militar, agindo com maciço apoio militar, econômico e diplomático da superpotência global. Suas vítimas estão sós e indefesas, mal sobrevivendo em acampamentos miseráveis, atualmente sofrendo um terrorismo ainda mais brutal, de um tipo conhecido nas guerras "coloniais do mal" e agora perpetrando terríveis atrocidades vingativas.

Este capítulo foi publicado pela primeira vez em *Middle East Illusions* (Lanham, MD, Rowman & Littlefield Publishers, 2003), p. 227-32.

O "processo de paz" de Oslo mudou as modalidades da ocupação, mas não seu conceito básico. Pouco antes de ingressar no governo de Ehud Barak, o historiador Shlomo Ben-Ami escreveu que "os acordos de Oslo foram fundamentados em uma base neocolonialista, numa vida de dependência de um em relação ao outro para sempre".[3] Shlomo logo se tornou um dos arquitetos das propostas Estados Unidos-Israel em Camp David, no verão de 2000, que mantiveram essa condição de dependência. As propostas foram muito elogiadas por comentaristas dos Estados Unidos. Palestinos e seu líder maligno foram culpados pelo fracasso das negociações e pela violência subsequente. Mas isso é pura "fraude", como Kimmerling comentou, juntamente com todos os outros comentaristas sérios.[4]

É verdade que a proposta Clinton-Barak avançou alguns passos em direção a um acordo no estilo bantustão.* Pouco antes de Camp David, palestinos da Cisjordânia foram confinados em mais de duzentas áreas dispersas, e Clinton-Barak propuseram uma melhoria: consolidação em três cantões, sob controle israelense, praticamente separados uns dos outros e do quarto enclave, uma pequena área da Jerusalém Oriental, o centro da vida palestina e das comunicações na região. No quinto cantão, Gaza, o resultado não ficou claro, exceto que a população também continuaria praticamente aprisionada. É compreensível que nenhum mapa nem quaisquer detalhes das propostas possam ser encontrados nos principais meios de comunicação dos Estados Unidos.

Ninguém pode duvidar seriamente de que o papel dos Estados Unidos continuará sendo decisivo. Portanto, é de crucial importância entender qual tem sido esse papel e como é percebido internamente. A versão dos pombos é apresentada pelos editores do *New York Times*, que elogiaram o "discurso desbravador" do presidente e a "visão inovadora" articulada por ele. O primeiro componente é "acabar com o terrorismo palestino", imediatamente. Pouco adiante lemos "paralisar, depois reverter os assentamentos judaicos e negociar novas fronteiras" para acabar com a ocupação e permitir o estabelecimento de um Estado palestino. Se o terrorismo palestino acabar, os israelenses serão encorajados a "levar mais a sério a proposta histórica da Liga Árabe de paz e reconhecimento total em troca de uma

---

* Do africâner "bantoestan", territórios segregados para negros na África do Sul. [N.T.]

retirada israelense". Mas, primeiro, os líderes palestinos precisam demonstrar que são "parceiros diplomáticos legítimos".[5]

O mundo real tem pouca semelhança com esse retrato autopromocional — praticamente copiado dos anos 1980, quando os Estados Unidos e Israel tentavam desesperadamente se evadir das ofertas de negociação e de um acordo político da Organização para a Libertação da Palestina (OLP), enquanto mantinham a exigência de não haver negociações com a OLP, nenhum "Estado palestino adicional" (com a Jordânia já sendo um Estado palestino) e "nenhuma mudança no status da Judeia, da Samaria e de Gaza que não esteja de acordo com as diretrizes básicas do governo [israelense]".[6] Nada disso foi publicado nos principais veículos de comunicação dos Estados Unidos, como o caso anterior, enquanto os comentaristas acusavam os palestinos por seu obstinado comprometimento com o terror, que solapava os esforços humanísticos dos Estados Unidos e de seus aliados.

No mundo real, o principal obstáculo para a "visão inovadora" tem sido, e continua sendo, o rejeicionismo unilateral dos Estados Unidos. Há pouco de novo na "proposta histórica" de março de 2002. Repete os termos básicos de uma resolução do Conselho de Segurança de janeiro de 1976, apoiada praticamente pelo mundo inteiro, inclusive pelos principais Estados árabes, a OLP, a Europa, o bloco soviético — na verdade, todos que importavam. Foi rejeitada por Israel e vetada pelos Estados Unidos, portanto vetada da história. A resolução propunha um acordo político sobre as fronteiras internacionalmente reconhecidas "com os ajustes apropriados [...] para garantir [...] a soberania, a integridade territorial e a independência política de todos os Estados da região e seu direito de viver em paz dentro de fronteiras seguras e reconhecidas" — na verdade, uma versão alterada da Resolução 242 da ONU (como interpretada oficialmente também pelos Estados Unidos), para incluir um Estado palestino. Desde então, iniciativas semelhantes dos Estados árabes, da OLP e da Europa foram barradas pelos Estados Unidos, e em sua maioria omitidas ou negadas em comentários públicos.

Não é surpreendente que o princípio orientador da ocupação venha sendo a humilhação incessante e degradante, juntamente com torturas, terrorismo, destruição de propriedades, expulsões, assentamentos e anexação de recursos básicos, principalmente água. Isso, é claro, exigiu o apoio decisivo dos Estados Unidos, que se manteve nos anos Clinton-Barak. "O governo Barak está deixando para o governo de Sharon um legado surpreendente", noticiou a imprensa israelense quando a transição ocorreu, "com o maior número de moradias iniciadas nos territórios desde o período em que Ariel Sharon era ministro da Construção e Assentamento, em 1992, antes dos acordos de Oslo". O financiamento desses assentamentos é pago pelos contribuintes americanos, enganados por histórias fantasiosas das "visões" e da "magnanimidade" de líderes dos Estados Unidos, frustrados por terroristas como Arafat, que perderam "nossa confiança", e talvez também por alguns extremistas israelenses que reagem desproporcionalmente aos seus crimes.

Como Arafat deve agir para recuperar nossa confiança é explicado sucintamente por Edward Walker, funcionário do Departamento de Estado responsável pela região no governo Clinton. O ardiloso Arafat precisa anunciar sem ambiguidade que "colocamos nosso futuro e nosso destino nas mãos dos EUA", que lideraram a campanha para sabotar os direitos palestinos por trinta anos.[7]

Comentaristas mais sérios reconheceram que a "oferta histórica" basicamente reiterava o Plano Fahd saudita de 1981 — sabotado, como se afirmava regularmente, pela recusa árabe a aceitar a existência de Israel. Mais uma vez, os fatos são bem diferentes. O plano de 1981 foi sabotado por uma reação israelense, que até mesmo a grande imprensa do país definiu como "histérica". Shimon Peres declarou que o plano Fahd "ameaçava a própria existência de Israel". O presidente Chaim Herzog afirmou que o "verdadeiro autor" do Plano Fahd era a OLP, e que era ainda mais radical que a resolução do Conselho de Segurança de janeiro de 1976, "preparada" pela OLP quando ele havia sido embaixador de Israel na ONU.[8] Essas afirmações dificilmente podem ser verdadeiras (embora a OLP tenha apoiado publicamente ambos os planos), mas são uma indicação do medo desesperado de um acordo político por parte dos pacifistas israelenses, com o apoio incansável e decisivo dos Estados Unidos.

O problema básico naquela época, como agora, se origina em Washington, com seu persistente apoio à rejeição de Israel a um acordo político em termos de um amplo consenso internacional, reiterado em essência na "oferta histórica da Liga Árabe".

As alterações atuais do rejeicionismo dos Estados Unidos são táticas e até agora pequenas. Com os planos para um ataque ao Iraque ameaçados, os Estados Unidos aprovaram uma resolução da ONU pedindo a retirada israelense dos territórios recém-invadidos "sem demora" — significando "o mais rápido possível", explicou de imediato o secretário de Estado Colin Powell. O terrorismo palestino precisa acabar "imediatamente", mas o terrorismo israelense, muito mais extremo, que remonta há 35 anos, pode seguir no seu ritmo. Israel reagiu intensificando seus ataques, levando Powell a dizer: "Fico satisfeito em saber que o primeiro-ministro diz que está acelerando suas operações".[9] Há muitas suspeitas de que a chegada de Powell a Israel foi adiada para que as operações pudessem ser "aceleradas" ainda mais.

Os Estados Unidos também aprovaram uma resolução da ONU pedindo uma "visão" de um Estado palestino.[10] Essa esperada atitude, muito elogiada, não chega ao nível da África do Sul quarenta anos atrás, quando o regime do apartheid implementou sua "visão" de Estados governados por negros, pelo menos tão viável e legítima quanto a dependência neocolonialista que os Estados Unidos e Israel vêm planejando para os territórios ocupados.

Enquanto isso, os Estados Unidos continuam a "intensificar o terror", usando as palavras do presidente George W. Bush, fornecendo a Israel os meios para o terrorismo e a destruição, inclusive com um novo carregamento dos helicópteros mais avançados do arsenal dos Estados Unidos.[11]

O compromisso de Washington em intensificar o terror foi ilustrado mais uma vez em dezembro de 2001, ao vetar uma resolução do Conselho de Segurança que pedia a implementação do Plano Mitchell e o envio de observadores internacionais para supervisionar a redução da violência, em geral a forma reconhecidamente mais eficaz, mas contestada por Israel e regularmente vetada por Washington.[12] O veto ocorreu durante um período de "calma" de 21 dias — período em que só um soldado israelense foi morto, juntamente com 21 palestinos, incluindo onze crianças, e em que houve dezesseis incursões israelenses em áreas sob controle palestino.[13] Dez dias antes do veto, os Estados Unidos boicotaram — e assim solaparam — uma conferência internacional em Genebra que mais uma vez concluiu que a Quarta Convenção de Genebra se aplica aos territórios ocupados, praticamente determinando que tudo o que os Estados Unidos e Israel fazem por lá é uma "grave violação" — um "crime de guerra", em termos simples. A conferência declarou especificamente que os assentamentos israelenses financiados pelos Estados Unidos são ilegais, e condenou a prática de "assassinatos intencionais, torturas, deportações ilegais, privação intencional dos direitos a julgamentos justo e regulares, extensa destruição e apropriação de propriedades [...] realizados de forma ilícita e arbitrária".[14] Como Alta Parte Contratante, os Estados Unidos são obrigados por um tratado solene a indiciar os responsáveis por tais crimes, inclusive sua própria liderança. Como sempre, tudo isso se dá em silêncio.

Os Estados Unidos não retiraram oficialmente seu reconhecimento da aplicabilidade das Convenções de Genebra aos territórios ocupados, nem sua censura às violações de Israel como "potência ocupante" (afirmada, por exemplo, por George Bush I quando era embaixador na ONU). Em outubro de 2000, o Conselho de Segurança reafirmou o consenso sobre a questão, "convocando Israel, a potência ocupante, a cumprir escrupulosamente suas obrigações e responsabilidades legais sob a Quarta Convenção de Genebra".[15] A votação foi de 14 x 0. Clinton se absteve, presumivelmente não desejando vetar um dos princípios centrais do Direito Internacional Humanitário, particularmente à luz das circunstâncias em que fora promulgado: criminalizar formalmente as atrocidades dos nazistas. Tudo isso também foi rapidamente remetido ao buraco da memória, mais uma contribuição para "intensificar o terror".

Enquanto não for permitido que essas questões entrem em discussão e suas implicações sejam compreendidas, não faz sentido pedir "o engajamento dos EUA no processo de paz", e as perspectivas de uma ação construtiva continuarão sombrias.

24
A GRANDE ESTRATÉGIA IMPERIAL

No outono de 2002, o principal item da agenda global era a intenção declarada do Estado mais poderoso da história de manter sua hegemonia por meio da ameaça ou uso da força militar, a dimensão do poder em que reina supremo. Na retórica oficial da Estratégia de Segurança Nacional: "Nossas forças terão o poder suficiente para dissuadir potenciais adversários de aumentar seu poderio militar na esperança de superar ou igualar o poder dos Estados Unidos".[1]

Um conhecido especialista em assuntos internacionais, John Ikenberry, define essa declaração como uma "grande estratégia [que] começa com um compromisso fundamental de manter um mundo unipolar no qual os Estados Unidos não têm concorrentes à altura", uma situação que deve ser "permanente [para] que nenhum Estado ou coalizão jamais pudesse contestar [os EUA] como líder, protetor e executor global". A declarada "atitude torna as normas internacionais de autodefesa — consagradas pelo Artigo 51 da Carta da ONU — quase irrelevantes". De maneira mais geral, a doutrina considera o direito e as instituições internacionais como algo de "pouco valor". Ikenberry continua: "A nova grande estratégia imperial apresenta os Estados Unidos [como] um Estado revisionista querendo usar suas vantagens momentâneas para impor uma ordem mundial em que comanda o espetáculo", levando outros a encontrar maneiras de "contornar, solapar, conter e retaliar o poder dos EUA". A estratégia ameaça "deixar o mundo

---

Este capítulo foi publicado pela primeira vez em *Hegemony or Survival: America's Quest for Global Dominance* (Nova York, Metropolitan Books, 2003; New York: Owl Books, 2004), p. 11-49.

mais perigoso e dividido — e os Estados Unidos menos seguros",[2] uma visão amplamente compartilhada pela elite da política externa.

A imposição da hegemonia

A grande estratégia imperial afirma o direito de os Estados Unidos empreenderem "guerras preventivas" à vontade: *preventivas*, não preemptivas.[3] A guerra preventiva pode se enquadrar na estrutura do direito internacional. Assim, se bombardeiros russos forem detectados aproximando-se dos Estados Unidos, vindos da base militar de Granada, inventada pelo governo Reagan em 1983, com a clara intenção de atacar, uma interpretação razoável da Carta da ONU tornaria justificável um ataque preemptivo para destruir os aviões e talvez até a base de Granada. Cuba, Nicarágua e muitos outros poderiam ter exercido o mesmo direito durante os muitos anos em que estiveram sob ataque dos Estados Unidos; porém, é claro que os mais fracos teriam de ser loucos para exercer seus direitos. Mas as justificativas para a guerra preemptiva, sejam quais forem, não valem para a guerra preventiva, particularmente da forma como o conceito é interpretado por seus entusiastas atuais: o uso da força militar para eliminar uma ameaça imaginada ou inventada, de modo que até mesmo o termo *preventivo* é benévolo demais.

A guerra preventiva se enquadra na categoria de crimes de guerra. Se de fato "chegou o momento"[4] dessa ideia ser posta em prática, o mundo corre grande perigo.

Quando a invasão do Iraque começou, o proeminente historiador e conselheiro de Kennedy Arthur Schlesinger escreveu:

> O presidente adotou uma política de "autodefesa antecipada", que é alarmantemente similar à política que o Japão imperial empregou em Pearl Harbor, em uma data que, como previu um presidente americano anterior, vive na infâmia. Franklin D. Roosevelt estava certo, mas hoje somos nós, americanos, que vivemos na infâmia.[5]

Schlesinger acrescentou que "a onda global de simpatia que tomou conta dos Estados Unidos após o 11 de Setembro deu lugar a uma onda global de ódio à arrogância e ao militarismo americanos", e mesmo em países amigos, a opinião pública considera Bush "uma ameaça à paz maior que Saddam Hussein". O especialista em direito internacional Richard Falk considera "incontestável" que a guerra do Iraque foi um "crime contra a paz semelhante aos que levaram os líderes alemães sobreviventes a serem indiciados, processados e punidos nos julgamentos de Nuremberg".[6]

Alguns defensores da estratégia reconhecem que ela atropela o direito internacional, mas não veem problema nisso. Todo o arcabouço do direito internacional não passa de "papo furado", escreve o jurista Michael Glennon: "A grande tentativa de submeter o Estado de direito ao domínio da força" deveria ser jogada na lata de lixo da história — como uma postura conveniente para um Estado capaz de adotar as novas não regras para seus propósitos, já que gasta quase tanto quanto todo o resto do mundo em meios de violência, forjando assim novos e perigosos caminhos no desenvolvimento de formas de destruição, contra uma oposição mundial quase unânime. A prova de que o sistema é apenas "papo furado" é simples: Washington "deixou claro que pretende fazer todo o possível para manter sua proeminência", em seguida "anunciou que ignoraria" o Conselho de Segurança da ONU sobre o Iraque, e foi ainda mais longe ao anunciar que "não estaria mais submetido às regras da Carta [da ONU] que regem o uso da força". CQD [como queríamos demonstrar]. Assim, as regras "desmoronaram" e "todo o edifício desabou". Isso, conclui Glennon, é uma coisa boa, já que os Estados Unidos são o líder dos "Estados esclarecidos" e, portanto, "devem resistir [a qualquer esforço] para coibir o uso da força".[7]

O líder esclarecido também está livre para mudar as regras como bem entender. Quando as forças militares que ocupam o Iraque não conseguiram descobrir as armas de destruição em massa que supostamente justificavam a invasão, a posição do governo mudou da "certeza absoluta" de que o Iraque possuía armas de destruição em massa, numa escala que exigia uma ação militar imediata, para afirmar que as acusações americanas foram "justificadas pela descoberta de equipamentos que potencialmente poderiam ser usados para produzir armas". Autoridades do alto escalão sugeriram um "refinamento no conceito controverso de 'guerra preventiva'", que confere a Washington o direito de empreender uma ação militar "contra um país que possui armas mortais em grandes quantidades". A revisão "sugere que o governo poderá agir contra um regime hostil que não tenha nada mais que a intenção e a capacidade de desenvolver [AMD]".[8]

Praticamente todos os países têm o potencial e a capacidade de produzir armas de destruição em massa (AMD na sigla em inglês), e a intenção está nos olhos de quem vê. Portanto, a versão refinada da grande estratégia efetivamente concede a Washington o direito à agressão arbitrária. Reduzir as exigências para o uso da força é a consequência mais significativa do colapso do proclamado argumento pela invasão.

O objetivo da grande estratégia imperial é evitar qualquer contestação ao "poder, posição e prestígio dos Estados Unidos". As palavras citadas não são nem de Dick Cheney, nem de Donald Rumsfeld, nem de quaisquer outros estatistas reacionários que formularam a Estratégia de Segurança Nacional de setembro de 2002. Essas palavras foram ditas pelo respeitado estadista liberal Dean Acheson, em 1963. Ele estava justificando ações dos Estados Unidos contra Cuba com pleno conhecimento de que a campanha terrorista internacional de Washington que visava a "mudança de regime" fora um fator significativo para deixar o mundo à beira de uma guerra nuclear poucos meses antes, campanha que foi retomada imediatamente após a resolução da crise dos mísseis em Cuba. Mesmo assim, Acheson declarou à Sociedade Americana de Direito Internacional que nenhuma "questão legal" poderia impedir uma reação dos Estados Unidos a uma contestação do seu "poder, posição e prestígio".

A doutrina de Acheson foi subsequentemente invocada pelo governo Reagan, na outra ponta do espectro político, quando rejeitou a jurisdição do Tribunal de Justiça Mundial ao seu ataque à Nicarágua, desobedeceu à ordem judicial para encerrar seus crimes e vetou duas resoluções do Conselho de Segurança referendando a sentença do tribunal, que exigia de todos os Estados o cumprimento do direito internacional. O assessor jurídico do Departamento de Estado, Abraham Sofaer, explicou que não se poderia esperar que a maior parte do mundo pudesse "compartilhar da nossa visão", e que "essa mesma maioria frequentemente se opõe aos Estados Unidos em importantes questões internacionais". Assim, devemos "reservar para nós mesmos o poder de determinar" quais assuntos são "essencialmente da jurisdição interna dos Estados Unidos" — nesse caso, as ações condenadas pelo tribunal como "uso ilegal da força" contra a Nicarágua; em termos leigos, terrorismo internacional.[9]

O desprezo pela lei e pelas instituições internacionais foi particularmente flagrante nos anos Reagan-Bush — o primeiro reinado dos atuais titulares de Washington —, e seus sucessores continuaram a deixar claro que os Estados Unidos se reservam o direito de agir "unilateralmente quando necessário", incluindo o "uso unilateral de poder militar" para defender interesses vitais como "garantir acesso irrestrito aos principais mercados, aos suprimentos de energia e a recursos estratégicos".[10] Mas a postura não era exatamente nova.

Os princípios básicos da grande estratégia imperial de setembro de 2002 remontam aos primeiros dias da Segunda Guerra Mundial. Mesmo antes de os Estados Unidos entrarem na guerra, planejadores e analistas do alto escalão concluíram que no mundo do pós-guerra os Estados Unidos procurariam "conquistar um poder inquestionável", agindo para garantir a "limitação de qualquer exercício de soberania" por Estados que pudessem interferir em seus projetos globais. Também admitiram que "o principal requisito" para garantir esses fins era "o rápido cumprimento de um programa de rearmamento total" — à época, como agora, um componente crucial de "uma política integrada para concretizar a supremacia militar e econômica dos Estados Unidos". Na época, essas ambições se limitavam ao "mundo não alemão", que seria organizado sob a égide dos Estados Unidos como uma "Grande Área", que incluía o Hemisfério Ocidental, o antigo Império Britânico e o Extremo Oriente. Quando ficou absolutamente claro que a Alemanha seria derrotada, os planos foram reformulados para incluir o máximo possível da Eurásia.[11]

Os precedentes, brevemente mostrados aqui, revelam o limitado escopo do espectro do planejamento. A política emana de um quadro institucional do poder doméstico, que permanece bastante estável. O poder de tomada de decisões econômicas é altamente centralizado, e John Dewey pouco exagerou quando definiu a política como "a sombra projetada pelos grandes negócios sobre a sociedade". É apenas natural que a política estatal procure construir um sistema mundial aberto à penetração econômica e ao controle político dos Estados Unidos, sem tolerar rivais ou ameaças.[12] Um corolário crucial é a vigilância para impedir qualquer movimento em direção ao desenvolvimento independente que possa se tornar um "vírus infectando outros", na terminologia dos planejadores. Esse é um dos principais temas da história do pós-guerra, muitas vezes disfarçado sob pretextos tênues relacionados à Guerra Fria, também explorados pela superpotência rival em seus domínios mais restritos.

As missões básicas da gestão global perduram desde o início do pós-guerra, entre elas: conter outros centros de poder global no âmbito da "estrutura geral da ordem" administrada pelos Estados Unidos; manter o controle das fontes de energia do mundo; barrar formas inaceitáveis de nacionalismo independente; e superar "crises da democracia" no território inimigo doméstico. As missões assumem diferentes formas, notadamente em períodos de transições marcantes: as mudanças na ordem econômica internacional a partir dos anos 1970; a restauração da superpotência inimiga em algo semelhante ao seu status semicolonial tradicional vinte anos depois; a ameaça do terrorismo internacional dirigida aos Estados Unidos desde o início dos anos 1990, consumada de forma chocante no 11 de Setembro. Ao longo dos anos, as táticas foram refinadas e modificadas para lidar com essas mudanças, aumentando progressivamente os meios de violência e levando nossa espécie já ameaçada de extinção à beira da catástrofe.

Porém, a revelação da grande estratégia imperial em setembro de 2002 soou alarmes, e por bons motivos. Acheson e Sofaer estavam *definindo* diretrizes políticas, e no interior dos círculos da elite. Suas posições apenas são conhecidas por especialistas ou leitores de literatura dissidente. Outros casos podem ser considerados como reiterações espertas e mundanas da máxima de Tucídides, que afirmou que "as grandes nações fazem o que desejam, enquanto as pequenas nações aceitam o que precisam aceitar". Em comparação, Cheney-Rumsfeld-Powell e seus parceiros estão *declarando* oficialmente uma política ainda mais radical, visando à hegemonia global permanente por meio do uso da força, quando necessário. Eles pretendem ser ouvidos, e rapidamente entraram em ação para avisar ao mundo que falam sério. Eis uma diferença significativa.

Novas normas do direito internacional

A declaração da grande estratégia foi corretamente entendida como um sinal de mau agouro nos assuntos mundiais. Não basta, porém, uma grande potência declarar uma política oficial. É preciso implantá-la como uma nova norma do direito internacional com a realização de ações exemplares. Com isso, proeminentes especialistas e intelectuais ligados ao governo podem explicar sobriamente que a lei é um instrumento vivo flexível, de forma a transformar a nova norma disponível em uma diretriz para a ação. Assim, quando a nova estratégia imperial foi anunciada, os tambores de guerra começaram a soar para despertar o entusiasmo do público em favor de um ataque ao Iraque. Ao mesmo tempo, iniciou-se a campanha eleitoral de meio de mandato. A conjunção, já mencionada, precisa ser mantida em mente.

O alvo da guerra preventiva deve ter várias características:

1. Deve ser praticamente indefeso.
2. Deve ser suficientemente importante para valer a pena.
3. Deve haver uma maneira de ser retratado como um mal supremo e uma ameaça iminente à nossa sobrevivência.

O Iraque classificava-se em todos os aspectos. As duas primeiras condições são óbvias. A terceira é fácil de estabelecer. Basta repetir os discursos apaixonados de Bush, Blair e seus colegas: o ditador "está montando as armas mais perigosas do mundo [a fim de] dominar, intimidar ou atacar"; e ele "já as usou em aldeias inteiras — deixando milhares de seus próprios cidadãos mortos, cegos ou transfigurados [...] Se isso não é o mal, o mal não tem uma definição".[13]

A eloquente denúncia do presidente em seu discurso sobre o Estado da União de janeiro de 2003 soa realmente como verdadeira. E certamente os que contribuem para salientar o mal não deveriam ficar impunes — entre eles, o orador dessas grandiosas palavras e seus atuais parceiros, que por muito tempo apoiaram o homem do mal supremo com pleno conhecimento de seus crimes. É impressionante ver o quanto é fácil, ao relatar as piores afrontas do monstro, omitir as palavras cruciais "com a nossa ajuda, que continuou porque não nos incomodavam". O elogio e o apoio só se transformaram em denúncia quando o monstro cometeu seu primeiro crime autêntico: desobedecer às ordens (ou talvez por mal-entendido) ao invadir o Kuwait em 1990. A punição foi severa — para os seus súditos. O tirano, no entanto, escapou ileso, e saiu ainda mais fortalecido pelo regime de sanções então imposto por seus ex-amigos.

À medida que se aproximava o momento de demonstrar a nova norma da guerra preventiva, em setembro de 2002, a conselheira de Segurança Nacional Condoleezza Rice alertou que a próxima prova das intenções de Saddam Hussein poderia ser uma nuvem em forma de cogumelo — presumivelmente em Nova York; os vizinhos de Hussein, inclusive a agência de inteligência israelense, descartaram as alegações, que mais tarde foram desmentidas pelos inspetores da ONU, apesar de Washington continuar afirmando o contrário. Desde os primeiros momentos da ofensiva de propaganda, ficou evidente que os pronunciamentos careciam de credibilidade. "'Este governo é capaz de qualquer mentira [...] para avançar em seu objetivo de uma guerra no Iraque', afirma uma fonte do governo dos EUA em Washington com cerca de duas décadas de experiência em inteligência." Washington se opôs às inspeções, sugeriu, porque temia que nada fosse encontrado. As alegações do presidente sobre as ameaças do Iraque "devem ser vistas como tentativas transparentes de amedrontar os americanos para que apoiem uma guerra", acrescentaram dois importantes estudiosos de relações internacionais. Esse é o procedimento operacional padrão. Washington continua recusando-se a apresentar provas para apoiar suas alegações de 1990 quanto a uma enorme mobilização de tropas iraquianas na fronteira saudita, a principal justificativa apresentada para a guerra de 1991, alegações instantaneamente desmontadas pelo único jornal que as investigou, porém sem efeito.[14]

Com ou sem provas, o presidente e seus parceiros fizeram advertências sombrias sobre a terrível ameaça representada por Saddam para os Estados Unidos e seus vizinhos, e suas ligações com terroristas internacionais, sugerindo insistentemente seu envolvimento nos ataques do 11 de Setembro. A investida da propaganda na mídia governista surtiu efeito. Em algumas semanas, cerca de 60% dos americanos passaram a considerar Saddam Hussein "uma ameaça imediata aos EUA", e deveria ser rapidamente deposto em legítima defesa. Em março, quase metade acreditava que Saddam Hussein estava pessoalmente envolvido nos ataques do 11 de Setembro, e que havia iraquianos entre os sequestradores. O apoio à guerra estava fortemente correlacionado com essas convicções.[15]

No exterior, "diplomacia pública [...] foi um redundante fracasso", noticiou a imprensa internacional, mas "internamente conseguiu relacionar de forma brilhante a guerra ao Iraque com o trauma do 11 de Setembro

[...] Quase 90% acreditam que o regime [de Saddam] está ajudando e incitando terroristas que planejam ataques futuros contra os EUA". O analista político Anatol Lieven comentou que a maioria dos americanos havia sido "ludibriada [...] por um programa de propaganda que, com sua sistemática mendacidade, tem poucos paralelos em democracias em tempos de paz".[16] A campanha de propaganda de setembro de 2002 também provou ser suficiente para dar ao governo uma maioria simples nas eleições de meio de mandato, pois os eleitores deixaram de lado suas preocupações imediatas e se amontoaram sob o guarda-chuva do poder com medo do inimigo demoníaco.

A diplomacia pública operou sua mágica instantaneamente no Congresso. Em outubro, este concedeu ao presidente autoridade para ir à guerra "para defender a segurança nacional dos Estados Unidos contra a contínua ameaça representada pelo Iraque". Trata-se de um roteiro específico bem conhecido. Em 1985, o presidente Reagan declarou emergência nacional, renovada anualmente, porque "as políticas e as ações do governo da Nicarágua constituem uma ameaça incomum e extraordinária à segurança nacional e à política externa dos Estados Unidos". Em 2002, os americanos mais uma vez tiveram de tremer de medo, dessa vez diante do Iraque.

O brilhante sucesso doméstico da diplomacia pública revelou-se mais uma vez quando o presidente "fez um pomposo encerramento ao estilo Reagan de uma guerra de seis semanas" no convés do porta-aviões *Abraham Lincoln* em 1º de maio de 2003. Declarou muito à vontade — sem se preocupar com os céticos comentários domésticos — que havia conseguido uma "vitória em uma guerra contra o terror" por ter "deposto um aliado da Al-Qaeda".[17] É irrelevante que a alegada ligação entre Saddam Hussein e Osama bin Laden, na verdade o seu grande inimigo, não se baseasse em provas confiáveis e fosse amplamente rejeitada por observadores competentes. Também irrelevante é a única relação conhecida entre a invasão do Iraque e a ameaça terrorista: que a invasão intensificou a ameaça, como amplamente previsto; parece ter sido um "enorme revés na 'guerra ao terror'" ao aumentar drasticamente o recrutamento da Al-Qaeda.[18]

O impacto da propaganda persistiu após o fim da guerra. Depois do fracasso dos intensos esforços para encontrar armas de destruição em massa, um terço da população acreditava que as forças dos Estados Unidos haviam encontrado AMD e mais de 20% acreditavam que o Iraque as tinha usado durante a guerra.[19] Podem ter sido simplesmente as reações de pessoas submetidas ao temor de praticamente qualquer coisa depois de muitos anos de intensa propaganda indutora de pânico com o objetivo de domar a "grande besta".

A frase "pomposo encerramento ao estilo Reagan" é presumivelmente uma referência ao orgulhoso anúncio de Reagan de que os Estados Unidos continuavam "altaneiros" depois de superar a terrível ameaça representada por Granada. Comentaristas perspicazes acrescentaram que a extravagância meticulosamente encenada por Bush no USS *Abraham Lincoln* marcou "o início de sua campanha de reeleição em 2004", que a Casa Branca espera "usar o máximo possível de temas de segurança nacional, tendo como elemento principal da campanha a deposição do líder iraquiano Saddam Hussein". Para melhor transmitir a mensagem, a abertura oficial da campanha foi adiada até meados de setembro de 2004, para que a Convenção Republicana, reunida em Nova York, pudesse homenagear o líder dos tempos de guerra, o único capaz de salvar os americanos de um novo 11 de Setembro, como fizera no Iraque. A campanha eleitoral se concentrará na "*batalha* do Iraque, não na guerra", explicou o estrategista político republicano Karl Rove. Faz parte de uma "guerra muito maior e mais longa contra o terrorismo que [Rove] vê claramente, talvez até fortuitamente, se prolongando até o dia da eleição de 2004".[20] E com certeza depois dessa data.

Assim, em setembro de 2002, os três fatores necessários para estabelecer a nova norma do direito internacional estavam estabelecidos: o Iraque encontrava-se indefeso, era extremamente importante e uma iminente ameaça à nossa própria existência. Sempre havia a possibilidade de que as coisas pudessem dar errado. Mas era improvável, pelo menos para os invasores. A disparidade das forças era tão fenomenal que a vitória esmagadora foi assegurada, e quaisquer consequências humanitárias poderiam ser atribuídas a Saddam Hussein. Se desagradáveis, não seriam investigadas e os vestígios desapareceriam de vista, se o passado pudesse servir de modelo. Os vitoriosos não investigam seus próprios crimes, de modo que pouco se sabe sobre eles, um princípio que admite poucas exceções: o número de mortos nas guerras dos Estados Unidos na Indochina, por exemplo, não é conhecido numa margem de milhões. O mesmo princípio embasou os julgamentos de crimes de guerra depois da Segunda Guerra Mundial.

A definição operacional de *crimes de guerra* e de *crimes contra a humanidade* era inequívoca: os crimes se caracterizavam como crimes, se cometidos pelo inimigo, não pelos Aliados. A destruição de concentrações civis urbanas, por exemplo, foi excluída. O princípio foi aplicado em tribunais subsequentes, mas somente para inimigos derrotados ou outros que pudessem ser seguramente menosprezados.

Quando a invasão do Iraque foi declarada um sucesso, reconheceu-se publicamente que um dos motivos para a guerra era estabelecer a grande estratégia imperial como uma nova norma: "A publicação da [Estratégia de Segurança Nacional] foi o sinal de que o Iraque seria o primeiro teste, não o último", noticiou o *New York Times*. "O Iraque se tornou a placa de Petri em que esse experimento de política preventiva cresceu." Um funcionário do alto escalão acrescentou que "não hesitaremos em agir sozinhos, se necessário, para exercer nosso direito de autodefesa agindo preventivamente", agora com a norma estabelecida. "A natureza exemplar de todo o exercício [no Iraque] é bem reconhecida pelo resto do mundo", observou o historiador especialista em Oriente Médio, em Harvard, Roger Owen. Povos e regimes terão de mudar a maneira como veem o mundo, "de uma visão baseada nas Nações Unidas e no direito internacional para uma visão baseada numa identificação" com a agenda de Washington. Eles estão sendo instruídos pela demonstração de força a deixar de lado "quaisquer considerações importantes de interesse nacional" em favor do apoio aos "objetivos americanos". [21]

A necessidade de uma demonstração de força para "manter a credibilidade" aos olhos do mundo pode ter desequilibrado a balança na guerra com o Iraque. Comentando sobre seu planejamento, o *Financial Times* identificou a decisão de ir à guerra em meados de dezembro de 2002, quando o Iraque apresentou sua declaração sobre armamentos à ONU. "'Houve uma sensação de que estavam zombando da Casa Branca', diz alguém que trabalhou enfronhado no Conselho de Segurança Nacional nos dias que se seguiram à entrega da declaração, em 8 de dezembro. 'Um ditadorzinho insignificante estava zombando do presidente. Isso provocou um sentimento de raiva na Casa Branca. A partir desse ponto, não havia mais possibilidade de uma solução diplomática'."[22] O que se seguiu foi apenas um teatro diplomático para ofuscar a mobilização das forças militares para a ação.

Com a grande estratégia não apenas declarada oficialmente, mas também implementada, a nova norma da guerra preventiva ocupa o seu lugar no cânone. Os Estados Unidos podem agora achar possível se voltar para casos mais difíceis. Há muitas possibilidades tentadoras: o Irã, a Síria, a região dos Andes e muitas outras. As perspectivas dependem em grande parte de a "segunda superpotência" poder ser intimidada e contida.

As modalidades de estabelecimento de normas merecem uma reflexão mais detalhada. O principal é que só os que tiverem as armas e a convicção têm autoridade para impor suas demandas ao mundo. Um exemplo revelador das prerrogativas do poder é a amplamente aclamada "revolução normativa" que encerrou o milênio. Depois de alguns falsos começos, os anos 1990 se tornaram "a década das intervenções humanitárias". O novo direito de intervir por razões "humanitárias" foi estabelecido pela coragem e altruísmo dos Estados Unidos e de seus aliados, particularmente em Kosovo e Timor Leste, as duas joias do diadema. O bombardeio de Kosovo, em particular, é entendido por autoridades ilustres como tendo estabelecido a norma do recurso à força sem autorização do Conselho de Segurança.

Surge uma pergunta simples: por que os anos 1990 foram considerados "a década das intervenções humanitárias", mas não os anos 1970? Desde a Segunda Guerra Mundial houve dois grandes exemplos de recurso à força que realmente puseram fim a crimes terríveis, em ambos os casos, possivelmente em legítima defesa: a invasão da Índia ao Paquistão Oriental em 1971, encerrando um massacre em massa e outros horrores, e a invasão do Vietnã ao Camboja em dezembro de 1978, pondo um fim às atrocidades de Pol Pot, que se intensificaram naquele ano. Nada remotamente comparável ocorreu sob a égide do Ocidente nos anos 1990. Assim, alguém que não entenda as convenções pode ser perdoado por perguntar por que "a nova norma" não foi reconhecida como tal nos anos 1970.

A ideia é impensável, e as razões parecem claras. Os verdadeiros exemplos de intervenções que puseram fim a enormes atrocidades foram realizados pelas pessoas erradas. Pior ainda, em ambos os casos, os Estados Unidos se opuseram veementemente à intervenção, agindo instantaneamente para punir o infrator, particularmente o Vietnã, submetendo-o a uma invasão da China apoiada pelos Estados Unidos, e depois a sanções ainda mais duras que as anteriores, ao mesmo tempo que os Estados Unidos e o Reino Unido forneciam apoio direto ao Khmer Vermelho deposto. Segue-se que os anos 1970 não podem ter sido a década das intervenções humanitárias, e nenhuma nova norma poderia ter sido estabelecida nesse período.

A essência dessa visão foi formulada por uma votação unânime do Tribunal Internacional de Justiça em uma de suas primeiras decisões, em 1949:

> O Tribunal só pode considerar o alegado direito de intervenção como a manifestação de uma política de força, que no passado deu origem aos mais graves abusos e que não pode, quaisquer que sejam as deficiências da organização internacional, ter lugar no direito internacional [...]; pela natureza das coisas, [a intervenção] estaria reservada aos Estados mais poderosos, e resultar facilmente em uma perversão da própria administração da justiça.[23]

Enquanto as potências e os intelectuais ocidentais se congratulavam por terem estabelecido a nova norma de intervenção humanitária no final dos anos 1990, o resto do mundo também fazia algumas reflexões sobre o assunto. É esclarecedor ver como eles reagiram, digamos, à repetição de Tony Blair das razões oficiais para o bombardeio da Sérvia em 1999: deixar de bombardear "teria sido um golpe devastador para a credibilidade da Otan", e "o mundo estaria menos seguro como resultado". Os objetos da solicitude da Otan não pareceram muito impressionados com a necessidade de salvaguardar a credibilidade daqueles que os oprimiam havia séculos. Nelson Mandela, por exemplo, condenou Blair por "fomentar o caos internacional, junto com a América, ignorando outras nações e bancando o 'policial do mundo'" com seus ataques ao Iraque em 1998 e à Sérvia no ano seguinte. Na maior democracia do mundo — que, depois da independência, começou a se recuperar dos efeitos nefastos de séculos de domínio britânico —, os esforços de Clinton-Blair para reforçar a credibilidade da Otan e tornar o mundo seguro também não foram apreciados, mas ninguém ouviu falar das condenações oficiais e da imprensa da Índia. Mesmo em Israel, o Estado cliente por excelência, as pretensões de Clinton-Blair e de uma chusma de admiradores domésticos foram ridicularizadas pelos principais analistas militares e políticos, definidas como um retorno à antiquada "diplomacia da canhoneira", sob o conhecido "manto de retidão moralista", e um "perigo para o mundo".[24]

Outra fonte de informação pode ter sido o Movimento dos Países Não Alinhados, os governos de cerca de 80% da população mundial, por ocasião da Conferência de Cúpula Sul, em abril de 2000. Foi o encontro mais importante de sua história, o primeiro em nível de chefes de Estado que, além de promulgar uma análise crítica, detalhada e sofisticada dos programas socioeconômicos neoliberais chamados de "globalização" pelos ideólogos ocidentais, também rejeitou firmemente "o chamado 'direito' a intervenções humanitárias". Essa posição foi reiterada na cúpula dos países não alinhados na Malásia, em fevereiro de 2003, com as mesmas palavras.[25] Talvez eles tivessem aprendido bem a história, do jeito mais difícil, para serem consolados por uma retórica exaltada, e ouvido o suficiente sobre "intervenções humanitárias" ao longo dos séculos.

É um exagero dizer que somente os mais poderosos têm autoridade para estabelecer normas de comportamento apropriado — para eles próprios. Às vezes a autoridade é delegada a clientes confiáveis. Assim, os crimes de Israel podem estabelecer normas: por exemplo, seu apelo regular a "assassinatos seletivos" de suspeitos — chamados de "atrocidades terroristas" quando realizados por mãos erradas. Em maio de 2003, dois importantes advogados de direitos civis israelenses apresentaram "uma lista detalhada de todas as eliminações e todas as tentativas de assassinato realizadas pelas forças de segurança de Israel" por ocasião da Intifada de Al-Aqsa, de novembro de 2000 a abril de 2003. Consultando registros oficiais e semioficiais, constataram que "Israel realizou nada menos que 175 tentativas de eliminação" — uma tentativa a cada cinco dias —, matando 235 pessoas, das quais 156 eram suspeitas de crimes. "É muito doloroso para nós dizer o seguinte", escreveram os advogados, mas "a política consistente e generalizada de eliminações selecionadas representa um crime contra a humanidade".[26]

O julgamento dos advogados não é muito preciso. A eliminação é um crime em mãos erradas, mas é um ato justificado de legítima defesa, ainda que lamentável, quando realizado por um cliente, e até mesmo estabelece normas para o "chefão chamado de 'sócio'",[27] que concede a autorização. O próprio "chefão" se aproveitou do precedente de Israel, ao assassinar com um míssil um suspeito no Iêmen, juntamente com cinco pessoas que se encontravam por perto, recebendo por isso muitos elogios. O sucesso foi "convenientemente sincronizado [como uma] surpresa de outubro [...] para mostrar o titular em exercício em seu melhor momento, às vésperas das eleições de meio de mandato", e apresentar "um gostinho do que está por vir".[28]

Um exemplo mais abrangente do estabelecimento das normas foi o bombardeio de Israel ao reator Osirak, no Iraque, em junho de 1981. De início, o ataque foi criticado como uma violação do direito internacional. Mais tarde, quando Saddam Hussein deixou de ser o melhor amigo para se tornar um demônio indizível, em agosto de 1990, a reação ao bombardeio de Osirak também mudou. Antes um crime (menor), passou a ser considerado parte da norma honrosa, e muito elogiado por ter dificultado o programa de armamentos nucleares de Saddam Hussein.

A norma, porém, exigiu a evasão de alguns fatos inconvenientes. Logo após o bombardeio de 1981, o local onde se encontrava Osirak foi inspecionado por um proeminente físico nuclear, Richard Wilson, então presidente do departamento de física da Universidade Harvard. Wilson concluiu que a instalação bombardeada não era apropriada para produção de plutônio, como Israel havia afirmado, ao contrário do reator Dimona de Israel, que já teria produzido várias centenas de armas nucleares. Suas conclusões foram confirmadas pelo físico nuclear iraquiano Imad Khadduri, responsável pelas operações experimentais do reator antes do bombardeio, que em seguida fugiu do país. Ele também afirmou que o reator Osirak era inadequado para a produção de plutônio. Porém, depois do bombardeio israelense de 1981, o Iraque tomou a "firme decisão de avançar a toda velocidade com o armamentismo". Khadduri estimou que o Iraque levaria décadas para obter a quantidade necessária de componentes nucleares para produzir armamentos, se o programa não tivesse sido intensamente acelerado por causa do bombardeio. "A ação de Israel aumentou a determinação dos árabes de produzir armas nucleares", concluiu Kenneth Waltz. "O ataque de Israel, longe de encerrar a carreira nuclear do Iraque, rendeu ao Iraque o apoio de alguns outros Estados árabes para seguir adiante."[29]

Sejam quais forem os fatos, graças à invasão do Kuwait pelo Iraque uma década depois, a norma estabelecida por Israel em 1981 está agora firmemente em vigor. E se de fato o bombardeio de 1981 acelerou a proliferação de armas de destruição em massa, isso de forma alguma conspurca sua ação, nem ensina lições sobre as consequências do apelo à força em violação de concepções antiquadas do direito internacional — violações que devem ser descartadas, agora que o desdém do chefão determinou serem "papo furado". No futuro, os Estados Unidos e seu cliente israelense, e talvez alguns outros altamente favorecidos, possam recorrer à norma como bem entenderem.

O Estado de Direito

A grande estratégia estende-se às leis internas dos Estados Unidos. Como em muitos outros países, o governo aproveitou a ocasião das atrocidades terroristas do 11 de Setembro para disciplinar sua própria população. Depois do 11 de Setembro, muitas vezes utilizando uma referência questionável ao terror, o governo Bush reivindicou, e exerceu, o direito de definir pessoas — inclusive cidadãos dos Estados Unidos — como "combatentes inimigos", ou "suspeitos de terrorismo", e prendê-las sem acusação, privando-as do acesso a advogados ou a familiares, até a Casa Branca determinar que sua "guerra ao terror" havia sido concluída com sucesso: isto é, indefinidamente. O Departamento de Justiça sob Ashcroft considera "fundamental [que] se você mantém alguém sob custódia como combatente inimigo, obviamente precisa mantê-lo sem acesso a membros da família e sem acesso a advogados". Essas afirmações, vindas de autoridades executivas, foram parcialmente confirmadas pelos tribunais, que decidiram "que um presidente em tempos de guerra pode deter indefinidamente um cidadão dos Estados Unidos capturado como combatente inimigo no campo de batalha e negar a essa pessoa o acesso a um advogado".[30]

O tratamento de "combatentes inimigos" no campo de prisioneiros de Guantánamo de Washington, em uma parte ainda ocupada de Cuba, suscitou protestos substanciais de organizações de direitos humanos e outras, e até mesmo um contundente relatório do próprio inspetor-geral do Departamento de Justiça, afinal desconsiderado. Depois da conquista do Iraque, logo surgiram evidências de que prisioneiros iraquianos estavam sendo submetidos a tratamento semelhante: amordaçados, amarrados, encapuzados, espancados "à maneira dos afegãos e outros prisioneiros detidos na baía de Guantánamo, em Cuba — tratamento em si questionável sob o direito internacional", para dizer o mínimo. A Cruz Vermelha protestou veementemente contra a recusa do comando dos Estados Unidos em permitir acesso a prisioneiros de guerra e a civis capturados, numa violação às Convenções de Genebra.[31] Ademais, as designações são caprichosas. Um combatente inimigo pode ser qualquer um que os Estados Unidos decidam atacar, sem provas cabíveis, como admitido por Washington.[32]

O pensamento do Departamento de Justiça é orientado por uma diretriz confidencial vazada para o Centro pela Integridade Pública, intitulada

"Lei Suplementar de Segurança Doméstica de 2003". Essa "nova agressão às nossas liberdades civis" expande enormemente o poder do Estado, escreve Jack Balkin, professor de direito de Yale. Erode os direitos constitucionais ao conceder ao Estado autoridade para rescindir a cidadania sob a acusação de fornecer "apoio material" a uma organização na lista negra do procurador-geral, mesmo se o acusado não souber que a organização tenha sido incluída na lista negra. "Basta dar alguns dólares a uma instituição de caridade muçulmana que Ashcroft acredita ser uma organização terrorista", escreve Balkin, "e você pode estar no próximo avião saindo deste país." A diretriz afirma que "a intenção de renunciar à nacionalidade não precisa ser manifestada em palavras, mas pode ser inferida a partir da conduta"; inferida pelo procurador-geral, cujo julgamento devemos honrar, por uma questão de fé. Foram feitas analogias com os dias mais sombrios do macarthismo, mas as novas propostas são mais radicais. A diretriz também amplia os poderes de vigilância sem autorização judicial, permite prisões secretas e protege ainda mais o Estado do escrutínio dos cidadãos, um assunto de grande importância para os estatistas reacionários do regime Bush II. "Não há nenhum direito civil — nem mesmo o precioso direito de cidadania — que este governo não transgrida para garantir um controle cada vez maior sobre a vida americana", conclui Balkin.[33]

Consta que o presidente Bush tem em sua mesa um busto de Winston Churchill, um presente do amigo Tony Blair. Churchill teria algumas coisas a dizer sobre esses tópicos:

> O poder do Executivo de jogar um homem na prisão sem formular nenhuma acusação conhecida pela lei, e particularmente negar-lhe o julgamento de seus pares, é no mais alto grau odioso, e o fundamento de qualquer governo totalitário, seja nazista ou comunista.[34]

Os poderes requeridos pelo governo Bush vão muito além dessas práticas odiosas. A advertência de Churchill contra tal abuso do Poder Executivo para fins de inteligência e prevenção foi feita em 1943, quando a Grã-Bretanha enfrentava uma possível destruição pelas mãos da máquina de assassinato em massa mais cruel da história da humanidade. Talvez alguém no Departamento de Justiça queira refletir sobre os pensamentos do homem cuja imagem encara seu líder todos os dias.

O direito internacional e as instituições

A grande estratégia imperial efetivamente dispensa "o Estado de direito internacional como um objetivo abrangente da política", ressalta uma resenha crítica da Academia Americana de Artes e Ciências, ao observar que nem o direito internacional nem a Carta da ONU são mencionados na Estratégia de Segurança Nacional. "A primazia da lei sobre a força [que] tem sido o fio condutor da política externa americana desde o fim da Segunda Guerra Mundial" desaparece na nova estratégia. Também estão "quase desaparecidas" as instituições internacionais "que estendem o alcance da lei, no intuito de constranger os poderosos, bem como dar voz aos fracos". A partir de agora, reina a força, e os Estados Unidos exercerão essa força como bem entenderem. Os analistas concluem que a estratégia vai aumentar "a motivação dos inimigos dos EUA para agir [em reação ao crescente] ressentimento pela perceptível intimidação". Irão buscar "maneiras baratas e fáceis para explorar as vulnerabilidades dos EUA", que são abundantes. A falta de preocupação com isso por parte dos planejadores de Bush também é exemplificada pelo fato de a Estratégia de Segurança Nacional só conter uma única frase sobre o aumento dos esforços de controle de armas, pelo qual o governo tem apenas desdém.[35] Escrevendo num periódico acadêmico, dois especialistas em assuntos internacionais definem os planos de "confronto prolongado, não de acomodação política", como "inerentemente provocativos". Alertam que "o aparente compromisso dos Estados Unidos com o confronto militar ativo para uma vantagem nacional decisiva" traz riscos imensos.[36] Muitos concordam, mesmo por motivos tacanhos e egoísticos.

A avaliação da academia sobre a primazia da lei sobre a força na política americana requer uma análise mais séria. Desde a Segunda Guerra Mundial, o governo dos Estados Unidos adotou a prática-padrão de Estados poderosos, preferindo regularmente a força em detrimento da lei, quando considerado conveniente para o "interesse nacional", um termo técnico que se refere aos interesses especiais de setores domésticos em posição para determinar a política. Para o mundo anglo-americano, esse truísmo é tão antigo quanto Adam Smith. Ele criticava amargamente os "comerciantes e manufatureiros" da Inglaterra que eram "de longe os principais arquitetos" da política e garantiam que seus próprios interesses fossem "atendidos da maneira mais peculiar", sem se importar com o quanto o efeito fosse "penoso" para os outros, incluindo as vítimas de sua "injustiça selvagem" no exterior, e também para o povo da Inglaterra.[37] Os truísmos conseguem permanecer verdadeiros.

A visão dominante da elite em relação à ONU foi bem expressa em 1992 por Francis Fukuyama, funcionário do Departamento de Estado de Reagan-Bush: a ONU é "perfeitamente útil como um instrumento do unilateralismo americano e, de fato, pode ser o principal mecanismo por meio do qual o unilateralismo será exercido no futuro". Sua previsão mostrou-se correta, presumivelmente porque baseada em uma prática consistente desde os primeiros dias da ONU. Naquela época, a situação do mundo garantia que a ONU seria na prática um instrumento de poder dos Estados Unidos. A instituição era muito admirada, embora a aversão da elite por ela tenha aumentado notavelmente nos anos seguintes. A mudança de atitude deixou a desejar ao organizar o processo de descolonização, que abriu uma pequena janela para "a tirania da maioria": isto é, para interesses que emanavam de fora dos centros de poder consolidados, que a imprensa empresarial chama de "governo mundial de fato" dos "mestres do universo".[38]

Quando deixa de servir como "instrumento do unilateralismo americano" em questões de interesse da elite, a ONU é ignorada. Um dos muitos exemplos é o registro de vetos. Desde os anos 1960, os Estados Unidos ocupam a liderança em vetos a resoluções do Conselho de Segurança sobre uma ampla gama de questões, mesmo as que pedem para os Estados cumprirem o direito internacional. A Grã-Bretanha está em segundo lugar, com a França e a Rússia muito atrás. Mesmo essa classificação é distorcida pelo fato de o enorme poder de Washington muitas vezes contribuir para o enfraquecimento das resoluções às quais se opõe, ou para manter assuntos cruciais literalmente fora da agenda — como, por exemplo, as guerras de Washington na Indochina, para citar um exemplo que foi mais que uma pequena preocupação para o mundo.

Saddam Hussein foi condenado com justiça por não ter cumprido integralmente várias resoluções do Conselho de Segurança, embora menos tenha sido dito sobre o fato de os Estados Unidos terem rejeitado as mesmas resoluções. A mais importante delas, a Resolução 687, pedia o fim das sanções quando o Conselho de Segurança confirmasse a aquiescência do Iraque, passando à eliminação das armas de destruição em massa e dos sistemas de lançamento do Oriente Médio (Artigo 14, uma referência codificada a Israel). Nunca houve a possibilidade de os Estados Unidos aceitarem o Artigo 14, que por isso foi retirado da discussão.

O presidente Bush I e seu secretário de Estado, James Baker, anunciaram de imediato que os Estados Unidos também rejeitariam a condição primária do Artigo 687, impedindo até mesmo o "relaxamento das sanções enquanto Saddam Hussein estiver no poder". Clinton concordou. Seu secretário de Estado, Warren Christopher, escreveu em 1994 que a aquiescência do Iraque não é "suficiente para justificar o levantamento do embargo", e assim "mudando as regras unilateralmente", observa Dilip Hiro.[39] O uso de inspetores da Comissão Especial da ONU (UNSCOM) por Washington para espionar o Iraque também solapou as inspeções, encerradas pelos iraquianos quando Clinton e Blair bombardearam o país em dezembro de 1998, numa contestação à ONU. O resultado provável dessas inspeções só é conhecido e merece confiança de ideólogos de todos os lados. Contudo, ficou bem claro que o desarmamento por meio de inspetores internacionais não era o objetivo dos Estados Unidos-Reino Unido, e que os dois Estados beligerantes não cumpririam as resoluções relevantes da ONU.

Alguns comentaristas ressaltaram que Israel lidera a violação de resoluções. A Turquia e o Marrocos, apoiados pelos Estados Unidos, também violaram mais resoluções do Conselho de Segurança que o Iraque. Essas resoluções têm a ver com assuntos altamente significativos: agressões, práticas duras e brutais durante décadas de ocupações militares, graves violações das Convenções de Genebra (crimes de guerra, em termos da lei dos Estados Unidos) e outros mais graves que um desarmamento incompleto. As resoluções relativas ao Iraque também se referem à repressão interna, neste quesito o histórico de Saddam Hussein era horrendo, mas isso foi (lamentavelmente) apenas um tópico colateral, como demonstrado pelo apoio dos atuais titulares de Washington ao ditador em meio aos seus piores crimes e antes da guerra com o Irã. As resoluções relativas a Israel não se enquadram no Capítulo VII, que implicaria ameaça de força, mas qualquer proposta desse tipo seria imediatamente vetada pelos Estados Unidos.

O veto traz à tona outra questão importante, ausente nas discussões sobre o cumprimento incompleto pelo Iraque das resoluções do Conselho de Segurança. Claramente, se tivesse direito a veto, o Iraque não teria contestado nenhuma resolução da ONU. Não menos claramente, qualquer discussão séria sobre desobediência ao Conselho de Segurança deveria levar em consideração os vetos, a forma mais extrema de descumprimento. Essa discussão pode ser excluída, contudo, por causa das conclusões que se seguiriam de imediato.

A questão do veto não foi totalmente ignorada durante os preparativos para a invasão do Iraque. A ameaça da França de vetar uma declaração de guerra da ONU foi duramente criticada. "Eles disseram que vão vetar qualquer coisa que responsabilizasse Saddam", declarou Bush, com seu típico interesse pela verdade, ao entregar seu ultimato ao Conselho de Segurança, em 16 de março de 2003. Houve muitos acessos de fúria com a iniquidade da França, e conversas sobre ações para punir o país que não seguiu as ordens vindas de Crawford, no Texas. Em geral, a ameaça de veto por outros é um escândalo, revelando o "fracasso da diplomacia" e o infeliz comportamento das Nações Unidas. Selecionando praticamente ao acaso, "se poderes menores conseguirem transformar o conselho em um fórum para contrabalançar o poder americano com votos, palavras e apelos públicos, eles corroerão ainda mais sua legitimidade e credibilidade", segundo Edward Luck, diretor do Centro de Organização Internacional da Universidade Columbia.[40] O recurso rotineiro ao veto do campeão mundial costuma ser ignorado ou subestimado, ocasionalmente até saudado como demonstração da posição dos princípios da aguerrida Washington. Mas não há qualquer preocupação de que isso possa desgastar a legitimidade e a credibilidade da Organização das Nações Unidas.

Deveria haver poucos motivos para se surpreender, portanto, quando um funcionário do alto escalão do governo Bush explicou, em outubro de 2002, que "não precisamos do Conselho de Segurança", e se ele "quiser continuar relevante, deve nos dar autoridade semelhante" à que acaba de ser concedida pelo Congresso — autoridade para usar a força livremente. A posição foi endossada pelo presidente e pelo secretário de Estado Colin Powell, que acrescentou: "Obviamente, o Conselho sempre pode partir para outras discussões", mas "nós temos autoridade para fazer o que acreditamos ser necessário". Washington concordou em apresentar uma resolução ao Conselho de Segurança (ONU 1441), mas sem deixar dúvidas de que aquela atitude não tinha sentido. "Sejam quais forem as sutilezas diplomáticas, Bush deixou claro que considerava aquela resolução como a única autorização necessária para agir contra o Iraque caso Hussein refugasse", observaram correspondentes diplomáticos. "Apesar de consultar outros membros do Conselho de Segurança, Washington não achava necessário obter sua aprovação." Ecoando Powell, o chefe de gabinete da Casa Branca, Andrew Card, explicou que "a ONU pode se reunir e discutir, mas nós não precisamos da sua permissão".[41]

O "respeito decente do governo à opinião da humanidade [ao declarar] as causas que o impelem" a agir foi enfatizado mais uma vez quando Powell dirigiu-se ao Conselho de Segurança alguns meses depois, anunciando a intenção de Washington de ir à guerra. "Autoridades dos EUA insistiram em que seu anúncio não deveria ser interpretado como parte de um esforço prolongado para obter apoio de uma resolução que autorize o uso da força", informou a imprensa internacional. Um funcionário do governo dos Estados Unidos declarou: "Não vamos negociar uma segunda resolução porque não precisamos [...] Se o resto do Conselho quiser chegar junto, podemos parar brevemente para assinar na linha pontilhada", porém nada mais do que isso.[42] O mundo foi avisado de que Washington usará a força como quiser; a sociedade em dúvida pode "chegar junto" e participar da empreitada, ou sofrer as consequências que recaem sobre quem não estiver "conosco", e que portanto está "com os terroristas", como o presidente expôs as opções.

Bush e Blair destacaram seu desprezo pelo direito e pelas instituições internacionais em subsequente reunião de cúpula numa base militar dos Estados Unidos nos Açores, onde se encontraram com o primeiro-ministro da Espanha, José María Aznar. Os líderes dos Estados Unidos-Reino Unido "fizeram um ultimato" ao Conselho de Segurança das Nações Unidas: capitular em 24 horas ou invadiremos o Iraque e imporemos o regime de nossa escolha sem seu irrelevante selo de aprovação, e o faremos — decisivamente — com Saddam Hussein e sua família saindo ou não do país. Nossa invasão é legítima, declarou Bush, pois "os Estados Unidos da América têm autoridade soberana para usar a força para garantir sua segurança nacional" ameaçada pelo Iraque, com ou sem Saddam. A ONU é irrelevante porque "não cumpriu com suas responsabilidades" — isto é, não seguiu as ordens de Washington. Os Estados Unidos "farão cumprir as demandas justas do mundo", mesmo que o mundo se oponha de forma esmagadora.[43]

Washington também se esforçou para garantir que a inocuidade essencial das declarações oficiais estivesse à vista do mundo todo. Em entrevista coletiva em 6 de março, o presidente afirmou que havia "uma única pergunta: o regime iraquiano foi total e incondicionalmente desarmado conforme exigido pela 1441, ou não?". E imediatamente deixou claro que não se importava com a resposta à única pergunta, ao anunciar que "quando se trata da nossa segurança, realmente não precisamos da permissão de ninguém". Portanto, as inspeções da ONU e as deliberações do Conselho de Segurança eram uma farsa, e mesmo uma confirmação do cumprimento total das exigências seria irrelevante. Poucos dias antes, Bush já havia declarado a imaterialidade da resposta à "única pergunta": os Estados Unidos instituirão o regime de sua escolha, mesmo que Saddam se desarme totalmente, e mesmo se ele e seus comparsas desaparecerem, como ressaltou na reunião de cúpula dos Açores.[44]

Na verdade, o descaso do presidente pela uma única pergunta já estava registrado. Alguns meses antes, o porta-voz da Casa Branca, Ari Fleischer, informou à imprensa que "a política dos Estados Unidos é a mudança de regime, com ou sem inspetores"; "mudança de regime" não significa um regime que os iraquianos prefiram, mas um regime imposto pelo conquistador, que o chama de "democrático", o que é uma prática-padrão; até a Rússia instaurou "democracias populares". Mais tarde, com o fim da guerra, Fleischer restaurou a "única pergunta" ao seu status primordial: a posse de armas de destruição em massa pelo Iraque "foi e ainda é o motivo desta guerra". Enquanto Bush apresentava sua postura autocontraditória na entrevista coletiva, o ministro das Relações Exteriores britânico, Jack Straw, anunciou que, se Saddam Hussein se desarmar, "nós aceitamos que o governo do Iraque continue como está", insinuando que a "única pergunta" referia-se ao desarmamento: falar sobre "libertação" e "democracia" era papo furado, e a Grã-Bretanha não apoiaria o recurso à guerra de Bush por essas razões — só que a Grã-Bretanha também deixou claro que cumpriria com o prometido.[45]

Enquanto isso, Colin Powell contradisse a declaração do presidente de que os Estados Unidos assumiriam o controle do Iraque, independentemente do que acontecesse: "A questão é simples: Saddam Hussein tomou uma decisão estratégica e política para cumprir as resoluções do Conselho de Segurança das Nações [e] se livrar de suas armas de destruição em massa? Em resumo, é isso [...] Essa é a pergunta. Não existe outra pergunta". De volta à "única pergunta", rejeitada pelo presidente cinco dias antes e mais uma vez no dia seguinte. Quando a invasão começou, Powell voltou à "única pergunta". O Iraque "estava sendo atacado por ter violado as 'obrigações internacionais' do seu acordo de rendição de 1991, que exigia a divulgação e a desativação de suas armas perigosas".[46] Portanto, tudo mais que foi alegado é irrelevante: os Estados Unidos decidirão unilateralmente que os inspetores não serão autorizados a fazer seu trabalho, e o acordo de 1991 dá aos Estados Unidos o direito de recorrer à violência, contrariamente ao seu texto explícito.

Em qualquer outro dia e outra plateia o objetivo será de "libertação" e "democracia", não só para o Iraque, mas para a região, um "sonho nobre". A mensagem é clara: nós vamos fazer o que quisermos, sob qualquer pretexto que estiver disponível. E vocês vão "chegar junto", senão...

O que não foi explicado é por que a ameaça de armas de destruição em massa se tornou tão grave depois de setembro de 2002, visto que até então a conselheira de Segurança Nacional Rice aceitava o consenso de que "se eles adquirirem AMD, as armas serão inutilizáveis, pois qualquer tentativa de usá-las resultará em destruição nacional".[47]

A punição por estar "contra nós" pode ser severa, e os benefícios de chegar junto e continuar "relevante" são substanciais. Funcionários do alto escalão dos Estados Unidos foram encaminhados a membros do Conselho de Segurança para "instar os líderes a votar com os Estados Unidos na questão do Iraque, sob o risco de 'pagar um preço alto'", um alerta não insignificante para países frágeis "cujos interesses chamavam pouca atenção antes de conseguirem um assento no Conselho". Diplomatas mexicanos tentaram explicar aos emissários de Washington que o povo "é esmagadoramente contra a guerra", mas o argumento foi descartado como ridículo.[48]

Um problema especial surgiu para "países que sucumbiram à pressão popular para adotar a democracia [e] agora têm um público a quem responder". Para eles, as repercussões de levar a sério as formas democráticas podem incluir o estrangulamento econômico. Em contrapartida, "Powell deixou claro que os aliados políticos e militares dos EUA se beneficiarão de doações". Enquanto isso, Ari Fleischer "negava veementemente" que Bush estivesse propondo *quid pro quo* em troca de votos, "provocando ataques de riso em órgãos da imprensa", informou o *Wall Street Journal*.[49]

As recompensas por seguir as ordens incluem não só doações financeiras, mas também autorização para intensificar atrocidades terroristas. O presidente da Rússia, Vladimir Putin, cujas relações com Bush são consideradas particularmente sentimentais, recebeu "um aceno diplomático para a repressão russa aos separatistas chechenos — cuja atitude alguns analistas aqui e no Oriente Médio afirmam que poderia prejudicar os interesses de longo prazo dos EUA". Pode-se imaginar algumas outras razões para se preocupar com o apoio de Washington ao terrorismo de Estado. Para deixar claro que tais reações são "irrelevantes", o diretor de uma instituição de caridade muçulmana foi condenado por um tribunal federal sob a acusação de ter desviado fundos para chechenos que resistiam à cruel ocupação militar russa, no momento em que Putin recebia sinal verde. O diretor dessa mesma instituição de caridade também foi acusado de financiar ambulâncias para a Bósnia; nesse caso, o crime parece ter sido cometido mais ou menos na mesma época em que Clinton estava levando agentes da Al Qaeda e do Hezbollah à Bósnia para apoiar o lado americano nas guerras em andamento.[50]

A Turquia recebeu incentivos semelhantes: um enorme pacote de ajuda financeira e o direito de invadir o norte curdo do Iraque. Surpreendentemente, a Turquia não se aproveitou da situação, ensinando uma lição de democracia ao Ocidente que causou muita irritação e, como logo anunciou severamente o secretário de Estado Powell, uma punição imediata para o delito.[51]

As "sutilezas diplomáticas" são para aqueles que preferem ser iludidos, como o aparente caso do apoio dos membros do Conselho de Segurança à Resolução 1441 iniciada pelos Estados Unidos. O apoio é na verdade uma submissão; os signatários entenderam qual seria a alternativa. Em sistemas de direito que pretendem ser levados a sério, a aquiescência coagida é inválida. Nos assuntos internacionais, contudo, é honrada como diplomacia.

Após a guerra do Iraque, a Organização das Nações Unidas se mostrou mais uma vez "irrelevante", pois seu "complicado sistema de comércio para o Iraque" causava problemas para empresas americanas às quais foram concedidos contratos sob o regime militar dos Estados Unidos. Na verdade, o complicado sistema comercial imposto pelos Estados Unidos como parte de seu regime de sanções, ao qual praticamente não houve apoio fora do Reino Unido. Mas agora era um empecilho. Assim, nas palavras de um "diplomata da coalizão", os Estados Unidos queriam que "a mensagem fosse: 'Estamos vindo aqui [ao Conselho de Segurança] porque queremos, não porque precisamos'". A questão de fundo, concordam diplomatas de todos os lados, é "o quanto de liberdade deve ser concedido aos EUA para administrar o petróleo iraquiano e estabelecer um governo sucessor". Washington exige carta branca. Outros países, a grande maioria da população dos Estados Unidos e (até onde temos informações) o povo do Iraque preferem "aumentar a supervisão da ONU" e "normalizar as relações diplomáticas e econômicas do Iraque", bem como seus assuntos internos, dentro dessa estrutura.[52]

Considerando-se todas as mudanças de justificativas e pretextos, um princípio permanece invariável: os Estados Unidos precisam assumir o controle efetivo do Iraque, sob alguma fachada de democracia, se isso se mostrar viável.

Não deveria causar surpresa que a "ambição imperial da América" fosse se estender ao mundo todo após o colapso do seu único grande rival — e, desnecessário dizer, já houve inúmeros predecessores, com consequências não muito agradáveis de lembrar. A situação atual, porém, é diferente. Nunca na história houve nada remotamente parecido com o quase monopólio dos meios de violência em larga escala nas mãos de um Estado — mais uma razão para submeter suas práticas e doutrinas operativas a um escrutínio muito mais minucioso.

As preocupações da elite

Nos círculos do establishment tem havido um considerável temor de que "a ambição imperial da América" seja uma séria ameaça até mesmo para sua própria população. O alarme atingiu novos patamares quando o governo Bush se declarou um "Estado revisionista", que pretende governar o mundo de forma permanente, tornando-se, segundo alguns, "uma ameaça para o próprio país e para a humanidade", sob a liderança de "nacionalistas radicais" visando "a dominação mundial unilateral por meio da uma superioridade militar absoluta".[53] Muitos outros no âmbito do pensamento dominante ficaram chocados com o aventureirismo e a arrogância dos nacionalistas radicais que recuperaram o poder que detinham nos anos 1980, mas agora operando com menos restrições externas.

As preocupações não são inteiramente novas. Durante os anos Clinton, o proeminente analista político Samuel Huntington observou que, para grande parte do mundo, os Estados Unidos estão "se tornando uma superpotência nociva, [considerada] como a maior ameaça externa às suas sociedades". Robert Jervis, então presidente da Associação Americana de Ciência Política, advertiu que, "aos olhos de grande parte do mundo, de fato, hoje o Estado mais nocivo são os Estados Unidos". Assim como outros, ambos previram que poderiam surgir coalizões para contrabalançar a superpotência nociva, com implicações ameaçadoras.[54]

Várias figuras importantes da elite da política externa ressaltaram que os alvos potenciais da ambição imperial dos Estados Unidos provavelmente não vão ficar simplesmente esperando ser destruídos. Eles "sabem que os Estados Unidos só podem ser contidos pela dissuasão", escreveu Kenneth Waltz, e que "as armas de destruição em massa são o único meio de dissuadir os Estados Unidos". As políticas de Washington levaram, portanto, à proliferação de armas de destruição em massa, conclui Waltz, uma tendência acelerada por sua determinação de desmantelar os mecanismos internacionais de controle do recurso à violência. Essas advertências foram reiteradas quando Bush se preparava para atacar o Iraque: uma das consequências, segundo Steven Miller, é que outros "provavelmente chegarão à conclusão de que as armas de destruição em massa são necessárias para impedir uma intervenção americana". Outro conhecido especialista alertou sobre a probabilidade de que a "estratégia geral de guerra preventiva" forneça a outros "incentivos insuperáveis para possuir armas de terror e destruição em massa" para deter o "uso desenfreado do poder americano". Muitos viram nisso a provável motivação para os programas de armas nucleares iranianas. E "não há dúvida de que a lição que os norte-coreanos aprenderam com o Iraque é a necessidade de um dissuasor nuclear", comentou Selig Harrison.[55]

Quando o ano 2002 chegava ao fim, Washington estava ensinando uma nefasta lição ao mundo: se você quer se defender de nós, é melhor imitar a Coreia do Norte e se tornar uma ameaça militar crível, nesse caso, convencional: com artilharia apontada para Seul e para as tropas dos Estados Unidos perto da zona desmilitarizada. Marcharemos entusiasticamente para atacar o Iraque, pois sabemos que está arrasado e indefeso; mas a Coreia do Norte, apesar de ser uma tirania ainda pior e muito mais perigosa, enquanto puder causar grandes danos não será um alvo apropriado. A lição dificilmente poderia ser mais vívida.

Outra preocupação é a "segunda superpotência", a opinião pública. Não foi só o "revisionismo" da liderança política que ganhou dimensões sem precedentes; o mesmo aconteceu com a oposição. Em geral, comparações são feitas tendo como referência o Vietnã. A pergunta comum — "O que aconteceu com a tradição de protesto e dissidência?" — deixa claro com que eficácia o registro histórico foi apagado e como em muitos círculos as mudanças na consciência pública das últimas quatro décadas fazem pouco sentido. Uma comparação acurada e reveladora: em 1962, manifestações de protesto eram inexistentes, apesar do anúncio naquele ano de que o governo Kennedy estava mandando a Força Aérea dos Estados Unidos bombardear o Vietnã do Sul, traçando planos para levar milhões de pessoas para o equivalente a campos de concentração e lançando programas de guerra química para destruir plantações de alimentos e cobertura do solo. Os protestos só atingiram um nível significativo anos depois, com o envio de centenas de milhares de soldados dos Estados Unidos, com áreas densamente povoadas destruídas por bombardeios de saturação e a agressão se alastrando para o restante da Indochina. Quando os protestos se tornaram significativos, o historiador militar Bernard Fall, ferrenhamente anticomunista e especialista em Indochina, advertiu que "o Vietnã como entidade cultural e histórica [...] está ameaçado de extinção", pois "o campo literalmente morre sob os ataques sem precedentes da maior máquina militar concentrados numa área desse tamanho".[56]

Em 2002, quarenta anos depois, em contrastante comparação, houve protestos populares em larga escala, comprometidos e por princípios, antes de a guerra ser oficialmente lançada. Sem o medo dos devaneios sobre o Iraque, exclusivos da oposição dos Estados Unidos antes da guerra, provavelmente os protestos teriam atingido os mesmos níveis de outros países. Isso reflete um aumento constante ao longo desses anos da relutância em tolerar agressões e atrocidades, uma entre muitas dessas mudanças.

A liderança está ciente desses desenvolvimentos. Em 1968, o medo das manifestações de protesto era tão sério que o Estado-Maior Conjunto teve de considerar se "ainda havia forças suficientes disponíveis para o controle dos distúrbios civis" caso mais soldados fossem enviados ao Vietnã. O Departamento de Defesa temia que a mobilização de mais tropas pudesse "provocar uma crise doméstica de proporções sem precedentes".[57] De início, o governo Reagan tentou transferir o modelo de Kennedy no Vietnã do

Sul para a América Central, mas recuou diante de uma imprevista reação da opinião pública, que ameaçava abalar componentes mais importantes da sua agenda política, voltada para o terrorismo clandestino — clandestino no sentido de poder ser mais ou menos escondido do público em geral. Quando Bush I assumiu o cargo, em 1989, a reação da opinião pública voltou com força à agenda. Normalmente, os governos recém-empossados encomendam uma avaliação da situação mundial pelas agências de inteligência. Essas avaliações são secretas, mas em 1989 vazou um trecho sobre "casos em que os EUA enfrentam inimigos muito mais fracos". Os analistas aconselhavam que os Estados Unidos precisavam "derrotá-los de forma rápida e decisiva". Qualquer outro resultado seria "constrangedor" e poderia "enfraquecer o apoio político", entendido como tênue.[58]

Não estamos mais nos anos 1960, quando a população toleraria uma guerra assassina e destrutiva por anos sem nenhum protesto visível. Os movimentos ativistas dos últimos quarenta anos tiveram um efeito civilizador importante em muitas áreas. Agora, a única maneira de atacar um inimigo muito mais fraco é formulando uma ofensiva de propaganda definindo-o como uma ameaça iminente ou talvez genocida, confiando em que a campanha militar pouco se assemelhará a uma guerra de fato.

As preocupações da elite estendem-se ao impacto dos nacionalistas radicais do governo Bush na opinião pública mundial, que se opôs esmagadoramente aos seus planos de guerra e sua postura militante. Foram fatores que certamente contribuíram para o declínio geral da confiança na liderança, revelado por uma pesquisa do Fórum Econômico Mundial divulgada em janeiro de 2003. Segundo a pesquisa, somente líderes de ONGs tinham a confiança de uma nítida maioria, seguidos pela ONU e por líderes espirituais/religiosos, depois por líderes da Europa Ocidental e administradores da economia, seguidos de perto por executivos corporativos. Bem depois, lá atrás, encontravam-se os líderes dos Estados Unidos.[59]

Uma semana após a divulgação da pesquisa, o Fórum Econômico Mundial anual teve início em Davos, na Suíça, mas sem a exuberância dos anos anteriores. "O clima escureceu", comentou a imprensa: para os que "fazem e acontecem", não era mais "um momento de festa global". O fundador do FEM, Klaus Schwab, identificou o motivo mais premente: "O Iraque será o tema principal de todas as discussões". Os assessores de Powell avisaram-no antes de sua apresentação que o clima estava "pesado" em Davos, informou o *Wall Street Journal*. "Um coro de reclamações internacionais sobre o envolvimento americano na guerra com o Iraque estava chegando a um crescendo nessa reunião de cerca de 2 mil executivos, políticos e acadêmicos." Eles não ficaram impressionados com a "nova mensagem incisiva" de Powell: em suas próprias palavras, "quando temos uma forte sensação sobre alguma coisa, nós tomamos a iniciativa", mesmo que ninguém esteja nos seguindo. "Vamos agir mesmo se outros não estiverem dispostos a se juntar a nós." [60]

O tema do FEM foi "Construção da Confiança", por boas razões.

Em seu discurso, Powell enfatizou que os Estados Unidos se reservam o "direito soberano de tomar medidas militares" quando e como quiserem. Disse ainda que ninguém "confia em Saddam e no seu regime", o que certamente é verdade, embora seu comentário tenha deixado de fora alguns outros líderes não confiáveis. Powell também assegurou à plateia que as armas de Saddam Hussein eram "destinadas a intimidar os vizinhos do Iraque", sem explicar por que esses vizinhos pareciam não perceber a ameaça.[61] Por mais que não gostassem do tirano assassino, os vizinhos do Iraque se juntaram aos "muitos fora dos Estados Unidos que estavam perplexos com o motivo de Washington estar tão obcecado e temeroso do que na verdade é uma potência menor cuja riqueza e poder foram truncados por restrições impostas internacionalmente". Cientes dos efeitos nefastos das sanções para a população em geral, também sabiam que o Iraque era um dos Estados mais fracos da região: sua economia e seus gastos militares eram uma fração dos do Kuwait, que tem 10% da população do Iraque, e muito abaixo dos demais países vizinhos.[62] Por essas e outras razões, os países vizinhos vinham melhorando suas relações com o Iraque havia alguns anos, sob forte oposição dos Estados Unidos. Assim como o Departamento de Defesa dos Estados Unidos e a CIA, eles sabiam "perfeitamente que o Iraque de hoje não representa nenhuma ameaça para ninguém na região, muito menos para os Estados Unidos", e que "afirmar o contrário é desonesto".[63]

Quando se reuniram, os que "fazem e acontecem" de Davos souberam de notícias ainda mais desagradáveis sobre "a construção da confiança". Uma pesquisa de opinião no Canadá constatou que mais de "36% dos canadenses viam os Estados Unidos como a maior ameaça à paz mundial, contra apenas 21% citando a Al-Qaeda, 17% mencionando o Iraque e 14% a Coreia do Norte". Isso apesar do fato de a imagem geral dos Estados

Unidos ter melhorado para 72% no Canadá, em comparação com uma queda acentuada na Europa Ocidental. Uma pesquisa informal realizada pela revista *Time* registrou que mais de 80% dos entrevistados na Europa consideravam os Estados Unidos a maior ameaça à paz mundial. Mesmo se estivessem errados por algum fator substancial, esses números são impressionantes. Sua importância é ampliada por pesquisas internacionais contemporâneas sobre a campanha dos Estados Unidos-Reino Unido na guerra com o Iraque.[64]

"As mensagens das embaixadas dos EUA no mundo todo se tornaram urgentes e perturbadoras", observou o *Washington Post* em reportagem de capa. "Cada vez mais pessoas no mundo consideram o presidente Bush uma ameaça maior à paz mundial do que o presidente iraquiano Saddam Hussein." "O debate não foi sobre o Iraque", disse um funcionário do Departamento de Estado citado no artigo. "O mundo está realmente aflito com o nosso poder e com o que vê como a inclemência, a arrogância e a unipolaridade" das ações do governo. A manchete dizia: "Perigo à frente? O mundo vê o presidente Bush como uma ameaça". Três semanas depois, matéria de capa da *Newsweek*, de autoria de um editor experiente em relações internacionais, também advertiu que o debate global não era sobre Saddam: "É sobre os Estados Unidos e seu papel no novo mundo [...] Uma guerra com o Iraque, mesmo que bem-sucedida, pode resolver o problema do Iraque. Mas não resolve o problema da América. O que preocupa as pessoas no mundo todo é acima de tudo viver em um mundo moldado e dominado por um país — os Estados Unidos. E eles ficaram profundamente desconfiados e temerosos de nós".[65]

Depois do 11 de Setembro, em um momento de grande simpatia e solidariedade global com os Estados Unidos, George Bush perguntou: "Por que eles nos odeiam?". A pergunta foi mal colocada, e a pergunta certa, longe de ser abordada. Mas no decorrer do ano seguinte o governo conseguiu encontrar uma resposta: "Por causa do senhor e de seus associados, sr. Bush, e pelo que o senhor fez. E se o senhor continuar, o medo e o ódio que inspirou podem se estender também ao país que o senhor envergonhou". Sobre isso, é difícil ignorar as evidências. Para Osama bin Laden, é uma vitória que provavelmente foi além dos seus sonhos mais insensatos.

Ignorância intencional

A suposição fundamental por trás da grande estratégia imperial, muitas vezes considerada desnecessária de ser formulada, por sua verdade ser considerada óbvia demais, é o princípio orientador do idealismo wilsoniano: Nós — pelo menos os círculos formadores e conselheiros da liderança — somos bons, até mesmo nobres. Portanto, nossas intervenções são necessariamente virtuosas na intenção, ainda que ocasionalmente desajeitadas na execução. Nas próprias palavras de Wilson, nós temos "ideais elevados" e somos dedicados "à estabilidade e à retidão"; por isso, é natural, como escreveu ao justificar a conquista das Filipinas, que "nossos interesses devam seguir em frente, apesar de sermos altruístas; as outras nações devem se manter à parte e não tentar nos deter".[66]

Na versão contemporânea, existe um princípio orientador que "define os parâmetros nos quais ocorre o debate político", um consenso tão amplo que exclui "resquícios maltrapilhos" à direita e à esquerda, e "tão autoritário que é praticamente imune à contestação". O princípio é "*América como a vanguarda histórica*": "A história tem uma direção e um destino discerníveis. Exemplar entre todas as nações do mundo, os Estados Unidos compreendem e manifestam o propósito da história". Consequentemente, a hegemonia dos Estados Unidos é a realização do propósito da história, e suas realizações são para o bem comum, o mais puro truísmo, e por isso a avaliação empírica é desnecessária, se não até um pouco ridícula. O princípio primordial da política externa, inerente ao idealismo wilsoniano e conduzido de Clinton a Bush II, é: "*o imperativo da missão dos Estados Unidos como vanguarda da história, transformando a ordem global e, no processo, perpetuando sua predominância*", orientado pelo "*imperativo da supremacia militar, mantida em perpetuidade e projetada globalmente*".[67]

Em virtude de sua compreensão e manifestação ímpares do propósito da história, os Estados Unidos têm o direito, na verdade a obrigação, de agir como seus líderes determinam ser o melhor, para o bem de todos, quer os outros entendam ou não. E assim como a Grã-Bretanha, seu nobre predecessor e atual parceiro minoritário, os Estados Unidos não devem ser dissuadidos de realizar o propósito transcendental da história, mesmo que sejam "relegados ao opróbrio" pelos tolos e ressentidos, como foi seu predecessor no domínio global, segundo seus mais prestigiados defensores.[68]

Ante qualquer dúvida que possa surgir, basta refrescar nosso entendimento de que "a Providência convoca os americanos" para a tarefa de reformar a ordem global: a "tradição wilsoniana [...] a que todos os recentes ocupantes do Salão Oval aderiram, independentemente do seu partido" — bem como seus predecessores de forma geral, seus homólogos em outras partes e seus inimigos mais ultrajados, com a necessária mudança de nomes.[69] Mas para nos assegurarmos de que os poderosos são motivados por "ideais elevados" e "altruísmo" na busca de "estabilidade e retidão", precisamos adotar a postura chamada, por um crítico das terríveis atrocidades na América Central nos anos 1980, apoiadas pela liderança política que está mais uma vez no comando em Washington, de "ignorância intencional".[70] Ao adotar essa postura, podemos não só maquiar o passado, admitindo as inevitáveis falhas que acompanham até mesmo as melhores intenções, como também, mais recentemente, desde o advento da nova norma de intervenções humanitárias, podemos até mesmo retratar a política externa da "ignorância intencional" como tendo entrado em uma "fase nobre", com um "fulgor santificado". As "intervenções pós-Guerra Fria de Washington foram, de maneira geral, nobres, porém tímidas; e foram tímidas *porque* foram nobres", nos garante o historiador Michael Mandelbaum. Talvez sejamos até santos demais: precisamos tomar cuidado para não "conceder ao idealismo um controle quase exclusivo da nossa política externa", alertam vozes mais sóbrias, negligenciando assim nossos interesses legítimos por causa de serviços prestados a terceiros.[71]

Por alguma razão, os europeus não conseguiram entender o idealismo exemplar dos líderes americanos. Como pode ser assim, já que é o mais puro truísmo? Max Boot sugere uma resposta. A Europa "muitas vezes foi motivada pela avareza", e os "cínicos europeus" não conseguem entender a "força do idealismo" que orienta a política externa dos Estados Unidos: "Depois de duzentos anos, a Europa ainda não percebeu o que faz os EUA funcionar". O inextirpável cinismo faz os europeus atribuírem motivos vis a Washington e a não participar de suas nobres iniciativas com o mesmo entusiasmo. Outro respeitado historiador e comentarista político, Robert Kagan, propõe uma explicação diferente. O problema da Europa é o de estar consumida pelo "antiamericanismo conspiratório e paranoico", que "atingiu uma intensidade febril", ainda que felizmente algumas figuras, como Berlusconi e Aznar, desbravem a tempestade.[72]

Indubitavelmente, sem saber, Boot e Kagan estão plagiando o ensaio clássico de John Stuart Mill sobre intervenções humanitárias, em que instava a Grã-Bretanha a uma vigorosa empreitada — especificamente, para conquistar mais partes da Índia. A Grã-Bretanha deve prosseguir com essa missão altaneira, explicou Mill, mesmo que seja "relegada ao opróbrio" no continente. Não foi mencionado que, ao fazer isso, a Grã-Bretanha estava desferindo golpes ainda mais devastadores na Índia e expandindo o quase monopólio da produção de ópio do qual precisava, tanto para forçar a abertura dos mercados chineses pela violência quanto para sustentar o sistema imperial de maneira mais ampla por meio do seu imenso envolvimento no narcotráfico, fatores conhecidos na Inglaterra à época. Mas essas questões não poderiam ser a razão do "opróbrio". Na verdade, os europeus estão "excitando ódio contra nós", escreveu Mill, pois são incapazes de compreender que a Inglaterra é realmente "uma novidade no mundo", uma nação notável que só age "a serviço dos outros". Dedicada à paz, mas se "as agressões dos bárbaros a forçarem a uma guerra bem-sucedida", arcará com os custos desinteressadamente, compartilhando "os frutos da igualdade fraterna com toda a raça humana", inclusive com os bárbaros que conquista e destrói em benefício próprio. A Inglaterra não é apenas inigualável, é quase perfeita, na opinião de Mill, sem "intenções agressivas", sem desejar "nenhum benefício para si mesma à custa de outros". Suas políticas são "irrepreensíveis e louváveis". A Inglaterra era a contraparte do século XIX do "novo mundo idealista empenhado em acabar com a desumanidade", motivada por puro altruísmo e exclusivamente dedicada aos mais altos "princípios e valores", embora também tristemente incompreendida pelos cínicos ou talvez paranoicos europeus.[73] O ensaio de Mill foi escrito enquanto a Grã-Bretanha estava envolvida em alguns dos piores crimes do seu reinado imperial. É difícil imaginar um intelectual mais distinto e realmente honorável — ou um exemplo mais vergonhoso de apologética por crimes terríveis. Esses fatos podem inspirar alguma reflexão, como Boot e Kagan ilustram a máxima de Marx sobre a tragédia se repetindo como farsa. Vale também lembrar que o histórico do imperialismo continental é ainda pior, acompanhado por uma retórica não menos gloriosa, como quando a França ganhou a aprovação de Mill ao cumprir sua missão civilizadora na Argélia — enquanto "exterminava a população autóctone", como declarado pelo ministro da Guerra francês.[74]

O conceito de "antiamericanismo" de Kagan, embora convencional, também merece reflexão. Em tais pronunciamentos, o termo *antiamericano* e suas variantes ("ódio aos Estados Unidos" e similares) são normalmente usados para definir os críticos da política estatal, que podem admirar e respeitar o país, sua cultura e suas realizações, realmente considerando ser o mais grandioso lugar na Terra. Mesmo assim, eles "odeiam os Estados Unidos" e são "antiamericanos", inferindo tacitamente que a sociedade e seu povo devem ser identificados com o poder do Estado. Essa praxe é extraída diretamente do léxico do totalitarismo. No antigo Império Russo, os dissidentes eram culpados de "antissovietismo". Talvez os críticos da ditadura militar brasileira tenham sido rotulados de "antibrasileiros". Entre pessoas com algum comprometimento com a liberdade e a democracia, tais atitudes são inconcebíveis. Em Roma ou Milão seria ridículo rotular um crítico das políticas de Berlusconi como "anti-italiano", embora talvez possa ter acontecido na época de Mussolini.

É útil lembrar que, para onde olhemos, dificilmente faltarão recursos elevados que justifiquem a violência. As palavras atreladas à "tradição wilsoniana" podem ser motivacionais em sua nobreza, mas também devem ser examinadas na prática, não só na retórica: por exemplo, o apelo de Wilson pela conquista das Filipinas, já mencionado; ou, enquanto presidente, suas intervenções no Haiti e na República Dominicana, que deixaram os dois países em ruínas; ou o que Walter LaFeber chama de "corolário Wilson" à Doutrina Monroe, que ditava "que somente os interesses petrolíferos americanos recebam concessões" dentro do alcance do seu poder.[75]

O mesmo vale para os piores tiranos. Em 1990, Saddam Hussein alertou o Kuwait sobre uma possível retaliação por ações que estavam prejudicando a economia do Iraque, mesmo depois de o Iraque ter protegido o Kuwait durante a guerra com o Irã. Mas Saddam assegurou ao mundo que não queria uma "luta permanente, mas uma paz permanente [...] e uma vida digna".[76] Em 1938, o confidente próximo do presidente Roosevelt, Sumner Welles, enalteceu o acordo de Munique com os nazistas, considerando que poderia levar a uma "nova ordem mundial baseada na justiça e na lei". Pouco depois, os alemães levaram o projeto adiante ocupando partes da Tchecoslováquia, enquanto Hitler explicava que eles estavam "imbuídos do desejo sincero de servir aos verdadeiros interesses dos povos que vivem nessa área, para salvaguardar a individualidade nacional dos povos alemão e tcheco e promover a paz e o bem-estar social de todos". As preocupações de Mussolini com as "populações libertadas" da Etiópia não foram menos exaltadas. O mesmo aconteceu com os objetivos do Japão na Manchúria e no norte da China, com seus sacrifícios para criar um "paraíso na terra" para o povo sofredor e defender seus governos legítimos dos "bandidos" comunistas. O que poderia ser mais comovente do que a "exaltada responsabilidade" do Japão ao estabelecer uma "Nova Ordem" em 1938 para "garantir a estabilidade permanente do Leste Asiático", baseada na "ajuda mútua" do Japão, da Manchúria e da China "nas áreas de questões políticas, econômicas e culturais", numa "defesa conjunta contra o comunismo" em prol do progresso cultural, econômico e social?[77]

Depois da guerra, as intervenções foram rotineiramente declaradas como "humanitárias" ou em legítima defesa, e portanto de acordo com a Carta da ONU: por exemplo, a invasão assassina da Hungria pela Rússia em 1956, justificada por advogados soviéticos com o argumento de ter sido realizada a convite do governo da Hungria como uma "reação defensiva ao financiamento estrangeiro de atividades subversivas e de bandos armados na Hungria com o objetivo de derrubar o governo democraticamente eleito"; ou, comparavelmente plausível, o ataque dos Estados Unidos ao Vietnã do Sul alguns anos depois, executado em "autodefesa coletiva" contra a "agressão interna" dos sul-vietnamitas e seus "ataques por dentro" (Adlai Stevenson e John F. Kennedy, respectivamente).[78]

Não precisamos definir essas contestações como hipócritas, por mais que sejam grotescas. É comum identificarmos essa mesma retórica em documentos internos, entre os quais não há razões óbvias para dissimulação: por exemplo, o argumento dos diplomatas de Stálin de que "para criar verdadeiras democracias alguma pressão externa seria necessária [...] Não devemos hesitar em usar esse tipo de 'interferência nos assuntos internos' de outras nações [...] já que um governo democrático é uma das principais garantias de uma paz duradoura".[79]

Outros concordam, sem dúvida com não menos sinceridade, apregoando que

> não podemos hesitar diante da repressão policial por parte do governo local. Isso não é vergonhoso, pois os comunistas são essencialmente traidores [...]

É melhor ter um regime forte no poder do que um governo liberal indulgente, relaxado e infiltrado por comunistas.

George Kennan, neste caso, informando aos embaixadores dos Estados Unidos na América Latina sobre a necessidade de se orientarem por um interesse pragmático na "proteção de nossas matérias-primas" — nossas, seja lá onde estiverem localizadas, que devemos preservar pelo nosso inerente "direito de acesso", por conquista se necessário, seguindo o antigo direito das nações.[80] É necessária uma forte dose de ignorância intencional e lealdade ao poder para apagar da memória as consequências humanas de instaurar e apoiar "regimes fortes". Os mesmos talentos são necessários para sustentar a fé no apelo à segurança nacional invocado para justificar o uso da força, pretexto que raramente pode ser justificado por qualquer Estado numa análise dos registros históricos e documentais.

Como esses poucos exemplos ilustram, até mesmo as medidas mais duras e vergonhosas costumam ser acompanhadas pela profissão de uma nobre intenção. Uma visão honesta só generalizaria a observação de Thomas Jefferson sobre a situação do mundo na sua época:

> Não acreditamos mais na luta de Bonaparte pelas liberdades dos mares do que na luta da Grã-Bretanha pelas liberdades da humanidade. O objetivo é o mesmo, chamar para si o poder, a riqueza e os recursos de outras nações.[81]

Um século depois, o secretário de Estado de Woodrow Wilson, Robert Lansing (que também parece ter tido poucas ilusões sobre o idealismo wilsoniano), comentou desdenhosamente sobre "como os britânicos, franceses ou italianos se dispõem a aceitar um mandato" da Liga das Nações, contanto que "existam minas, campos de petróleo, campos ricos em grãos ou ferrovias" que "se tornarão um empreendimento lucrativo". Esses "governos altruístas" declaram que os mandatos devem ser aceitos "para o bem da humanidade": "eles farão sua parte na administração das ricas regiões da Mesopotâmia, da Síria etc.". A avaliação adequada desses pretextos é "tão manifesta que é quase um insulto serem declaradas".[82]

E manifestas de fato, quando declarações de nobres intenções são proferidas por outros. Para si mesmo, aplicam-se outros padrões.

Pode-se optar por ter uma fé seletiva na liderança política interna, adotando a postura de Hans Morgenthau, um dos fundadores da teoria moderna das relações internacionais, que condenou a "nossa subserviência conformista aos que estão no poder", a postura normal da maioria dos intelectuais ao longo da história.[83] Mas é importante reconhecer que a declaração de nobres intenções é previsível, e portanto não implica nenhuma informação, mesmo no sentido técnico do termo. Quem estiver seriamente interessado em entender o mundo adotará os mesmos padrões, na avaliação de suas próprias elites políticas e intelectuais ou das de seus inimigos oficiais. Seria razoável perguntar o que sobreviveria a esse exercício elementar de racionalidade e honestidade.

Deve-se acrescentar que há desvios ocasionais da postura comum de subordinação ao poder por parte das classes intelectualizadas. Alguns dos mais importantes exemplos atuais podem ser encontrados em dois países cujos regimes duros e repressivos têm sido apoiados pela ajuda militar dos Estados Unidos: Turquia e Colômbia. Na Turquia, destacados escritores, jornalistas, acadêmicos, editores e outros não só protestam contra as atrocidades e as leis draconianas, como também praticam regularmente a desobediência civil, enfrentando e às vezes sofrendo punições severas e prolongadas. Na Colômbia, padres corajosos, acadêmicos, ativistas pelos direitos humanos e sindicais, entre outros, enfrentam a constante ameaça de serem assassinados em um dos Estados mais violentos do mundo.[84] Suas ações deveriam suscitar humildade e vergonha entre suas contrapartes ocidentais, e assim o fariam se a verdade não fosse velada pela ignorância intencional que muito contribui para tantos crimes em andamento.

25
POSFÁCIO DE *ESTADOS FRACASSADOS*

Ninguém familiarizado com a história deveria se surpreender com o fato de que o aumento do déficit democrático nos Estados Unidos seja acompanhado pela declaração de missões messiânicas para levar a democracia a um mundo em sofrimento. Declarações de intenções nobres por sistemas de poder raramente são totalmente mentirosas, e o mesmo é verdade neste caso. Sob algumas condições, formas de democracia são de fato aceitáveis. No exterior, como conclui o principal defensor acadêmico da "promoção da democracia", encontramos uma "forte linha de continuidade": a democracia é aceitável *se e somente se* for coerente com os interesses estratégicos e econômicos (Thomas Carothers). De forma modificada, a doutrina também é válida internamente.

O dilema básico enfrentado pelos formuladores de políticas às vezes é reconhecido com franqueza no extremo liberal pacifista do espectro, por exemplo, por Robert Pastor, assessor de segurança nacional do presidente Carter para a América Latina. Ele explicou por que o governo teve de apoiar o regime assassino e corrupto de Somoza na Nicarágua e, quando isso se mostrou impossível, tentar pelo menos manter a Guarda Nacional treinada pelos Estados Unidos no exato momento em que massacrava a população "com uma brutalidade que uma nação costuma reservar para seu inimigo", matando cerca de 40 mil pessoas. O motivo era conhecido: "Os Estados

---

Este capítulo foi publicado pela primeira vez em *Failed States: The Abuse of Power and the Assault on Democracy* (Nova York: Metropolitan Books, 2006; Nova York: Owl Books, 2007), p. 251-63.

Unidos não queriam controlar a Nicarágua ou as outras nações da região, mas também não queriam que os acontecimentos fugissem do controle. Queriam que os nicaraguenses agissem de forma independente, *exceto* quando fizessem algo que afetasse adversamente os interesses dos EUA".[1]

Os planejadores do governo Bush enfrentaram dilemas semelhantes após a invasão do Iraque. Eles querem que os iraquianos "ajam de forma independente, *exceto* quando isso afetar adversamente os interesses dos EUA". O Iraque deve portanto ser soberano e democrático, mas dentro de certos limites. Deve ser de alguma forma construído como um Estado cliente e obediente, muito à maneira da ordem tradicional na América Central. Em um nível geral, é um modelo conhecido, que se estende ao extremo oposto das estruturas institucionais. O Kremlin conseguiu manter satélites administrados por forças políticas e militares internas, com o punho de ferro em prontidão. A Alemanha conseguiu fazer o mesmo na Europa ocupada mesmo estando em guerra, assim como o Japão fascista na Manchúria (a Manchukuo deles). A Itália fascista chegou a resultados semelhantes no Norte da África com um genocídio que não prejudicou em nada sua imagem favorável no Ocidente, e que possivelmente inspirou Hitler. Os sistemas imperial e neocolonial tradicionais ilustram muitas variações de temas semelhantes.[2]

Realizar os objetivos tradicionais no Iraque se mostrou surpreendentemente difícil, apesar das circunstâncias excepcionalmente favoráveis, conforme analisado. O dilema de combinar uma medida de independência com um firme controle surgiu de forma explícita não muito depois da invasão, quando a resistência não violenta em massa levou os invasores a aceitar muito mais iniciativas iraquianas do que haviam previsto. O resultado chegou a evocar a perspectiva que mais parecia um pesadelo, de um Iraque mais ou menos democrático e soberano ocupando seu lugar com uma tênue aliança xiita compreendendo o Irã, o Iraque xiita e possivelmente as regiões vizinhas dominadas pelos xiitas da Arábia Saudita, controlando a maior parte do petróleo do mundo e independente de Washington.

A situação poderia piorar. O Irã seria capaz de abandonar as esperanças de uma Europa se tornando independente dos Estados Unidos e se voltar para o Leste. Antecedentes altamente relevantes são discutidos por Selig Harrison, um destacado especialista nesses tópicos. "As negociações nucleares entre o Irã e a União Europeia foram baseadas em um acordo que a União

Europeia, impedida pelos EUA, não honrou", observa. O acordo era que o Irã suspendesse o enriquecimento de urânio e a União Europeia assumisse garantias de segurança. A linguagem da declaração conjunta era "inequívoca. 'Um acordo mutuamente aceitável', dizia, não só proveria 'garantias objetivas' de o programa nuclear do Irã ser 'exclusivamente para fins pacíficos', como também 'estabelece compromissos firmes em questões de segurança'".[3]

O termo "questões de segurança" é uma referência velada às ameaças dos Estados Unidos e de Israel de bombardeio ao Irã, e os preparativos para isso. O modelo normalmente apresentado é o bombardeio de Israel ao reator Osirak do Iraque, em 1981, que parece ter iniciado os programas de armas nucleares de Saddam, outra demonstração de que a violência tende a provocar violência. Qualquer tentativa de executar planos semelhantes contra o Irã poderia causar uma reação violenta imediata, como certamente é entendido em Washington. Durante uma visita a Teerã, o influente clérigo xiita Muqtada al-Sadr alertou que sua milícia defenderia o Irã em caso de qualquer ataque, "um dos sinais mais fortes até agora", informou o *Washington Post*, "de que o Iraque pode se tornar um campo de batalha em qualquer conflito do Ocidente com o Irã, acenando com o espectro das milícias xiitas iraquianas — ou talvez até mesmo dos militares treinados pelos EUA dominados pelos xiitas — enfrentando tropas americanas em solidariedade ao Irã". A facção adepta a Sadr, que registrou ganhos substanciais nas eleições de dezembro de 2005, pode em breve se tornar a força política mais poderosa do Iraque. Está seguindo conscientemente o modelo de outros grupos islâmicos bem-sucedidos, como o Hamas na Palestina, combinando forte resistência à ocupação militar com organização social de base e assistência aos pobres.[4]

A relutância de Washington em não considerar questões de segurança regionais não é novidade. Foi uma prática comum no confronto com o Iraque. Em segundo plano existe a questão das armas nucleares israelenses, um tema que Washington exclui de considerações internacionais. Além disso, paira no ar o que Harrison corretamente descreve como "o problema crucial enfrentado pelo regime global de não proliferação": o fato de os Estados detentores de armas nucleares não cumprirem as determinações do Tratado de Não Proliferação Nuclear (TNP) "de eliminar gradualmente suas armas nucleares" — e, no caso de Washington, a rejeição formal da determinação.[5]

Diferentemente da Europa, a China se recusa a ser intimidada por Washington, uma das principais razões para os planejadores dos Estados Unidos a temerem cada vez mais. Grande parte do petróleo do Irã já vai para a China, e a China fornece armas ao Irã, presumivelmente consideradas uma dissuasão às ameaças dos Estados Unidos. Ainda mais inquietante para Washington é o fato de que "a relação sino-saudita se desenvolveu drasticamente", inclusive com ajuda militar chinesa à Arábia Saudita e direitos de exploração de gás para a China. Em 2005, a Arábia Saudita respondeu por cerca de 17% das importações de petróleo da China. Companhias petrolíferas chinesas e sauditas assinaram acordos para perfuração e construção de uma enorme refinaria (com a Exxon Mobil como parceira). Esperava-se que uma visita do rei saudita Abdullah a Pequim em janeiro de 2006 resultasse num memorando de entendimento sino-saudita determinando "maior cooperação e investimento entre os dois países em petróleo, gás natural e minerais".[6]

O analista indiano Aijaz Ahmad observou que o Irã pode "emergir como o pivô na construção, na próxima década ou algo assim, do que a China e a Rússia passaram a considerar uma Rede de Segurança Energética asiática absolutamente indispensável, para romper o controle ocidental da economia mundial de fornecimento de energia e garantir a grande revolução industrial da Ásia". É provável que a Coreia do Sul e os países do Sudeste Asiático sejam incorporados, e talvez também o Japão. Uma questão crucial é a de como a Índia irá reagir. O país já rejeitou as pressões dos Estados Unidos para renunciar a um acordo sobre um oleoduto com o Irã. Por outro lado, aliou-se aos Estados Unidos e à União Europeia na votação de uma resolução anti-iraniana no Acordo Internacional de Energia Atômica (AIEA), revelando toda sua hipocrisia, pois a Índia rejeita as determinações do TNP às quais o Irã, até agora, parece estar basicamente em conformidade. Ahmad relata que a Índia pode ter secretamente revertido sua posição, sob ameaças iranianas, de concluir um acordo de gás de 20 bilhões de dólares. Depois, Washington alertou a Índia de que seu "acordo nuclear com os EUA poderia ser rompido" se ela não concordasse com as exigências dos Estados Unidos, provocando uma réplica cortante do Ministério das Relações Exteriores da Índia e uma moderada evasiva da advertência por parte da embaixada dos Estados Unidos.[7]

A Índia também tem opções. Pode optar por ser um cliente dos Estados Unidos ou se juntar a um bloco asiático mais independente que está tomando forma, com cada vez mais laços com produtores de petróleo no Oriente Médio. Em uma série de comentários informativos, o editor interino do *Hindu* observa que "se o século XXI for um 'século asiático', a passividade da Ásia no setor de energia tem que acabar". Apesar de "hospedar os maiores produtores do mundo e os consumidores de energia que mais crescem", a Ásia ainda depende "de instituições, estruturas comerciais e de forças armadas de fora da região para negociar consigo mesma", uma debilitante herança da era imperial. A chave é a cooperação Índia-China. Em 2005, destaca, a Índia e a China "conseguiram confundir os analistas do mundo todo ao transformar sua tão alardeada rivalidade pela aquisição de ativos de petróleo e gás de outros países numa parceria nascente que poderia alterar a dinâmica básica do mercado global de energia". Um acordo assinado em janeiro de 2006 em Pequim "abriu caminho para a Índia e a China colaborarem não só em tecnologia, mas também na exploração e produção de hidrocarbonetos, uma parceria que poderia alterar equações fundamentais no setor mundial de petróleo e gás natural". Em uma reunião em Nova Déli de produtores e consumidores de energia asiáticos alguns meses antes, a Índia "revelou uma ambiciosa rede de gás pan-asiática de 22,4 bilhões de dólares e um sistema de oleodutos de segurança de petróleo" que se estende por toda a Ásia, desde os campos siberianos até a Ásia central e os gigantes energéticos do Oriente Médio, integrando também os Estados consumidores. Além disso, os países asiáticos "detêm mais de 2 trilhões de dólares em reservas estrangeiras", predominantemente denominadas em dólares, embora a prudência sugira alguma diversificação. Um primeiro passo, já contemplado, é um mercado asiático de petróleo negociado em euros. O impacto no sistema financeiro internacional e no equilíbrio do poder global poderia ser significativo. Os Estados Unidos "veem a Índia como o elo mais fraco da cadeia asiática emergente", continua o artigo, e estão "tentando ativamente desviar Nova Déli da tarefa de criar uma nova arquitetura regional, acenando com o arsenal nuclear e a promessa de status de potência mundial em aliança consigo mesma". Para o projeto asiático ser bem-sucedido, adverte, "a Índia terá que resistir a essas seduções". Questões semelhantes surgem em relação à Organização de Cooperação de Xangai, formada em 2001 como um contrapeso sustentado pela Rússia e pela China contra a expansão do poder dos Estados Unidos na antiga Ásia central soviética, agora evoluindo "rapidamente em direção a um bloco de segurança regional [que] poderia em breve recrutar novos membros como a Índia, o Paquistão e o Irã", relata Fred Weir, correspondente há muito tempo em Moscou, talvez se tornando uma "confederação militar eurasiana para rivalizar com a Otan".[8]

A perspectiva de a Europa e a Ásia chegarem a ter uma maior independência preocupa seriamente os planejadores dos Estados Unidos desde a Segunda Guerra Mundial, e as preocupações aumentaram significativamente à medida que a ordem tripolar continuou a evoluir, juntamente com novas interações sul-sul e envolvimento cada vez mais acelerado da União Europeia com a China.[9]

A inteligência dos Estados Unidos projetou que eles, mesmo controlando o petróleo do Oriente Médio pelas razões tradicionais, dependerão principalmente de recursos mais estáveis da bacia do Atlântico (África Ocidental, Hemisfério Ocidental). O controle do petróleo do Oriente Médio está longe de ser uma certeza, e essas expectativas também são ameaçadas por desdobramentos no Hemisfério Ocidental, acelerados pelas políticas do governo Bush, que deixaram os Estados Unidos essencialmente isolados na arena global. O governo Bush conseguiu até mesmo alienar o Canadá, um feito impressionante. As relações do Canadá com os Estados Unidos estão mais "tensas e combativas" do que nunca, resultado da rejeição de Washington a decisões do NAFTA favoráveis ao Canadá, afirma Joel Brinkley. "Como parte do resultado, o Canadá está trabalhando arduamente para construir seu relacionamento com a China [e] algumas autoridades estão dizendo que o Canadá pode transferir uma parte significativa de seu comércio, principalmente de petróleo, dos Estados Unidos para a China." O ministro dos Recursos Naturais do Canadá afirmou que dentro de alguns anos um quarto do petróleo que o Canadá envia atualmente aos Estados Unidos pode ir para a China. Em mais um golpe nas políticas energéticas de Washington, o maior exportador de petróleo do hemisfério, a Venezuela, talvez tenha estabelecido relações mais próximas com a China do que qualquer outro país latino-americano, e tem planos para vender quantidades cada vez maiores de petróleo aos chineses como parte de seu esforço para reduzir a dependência do governo ostensivamente hostil dos Estados Unidos. A América Latina como um todo está aumentando o comércio e outras relações com a China, com alguns retrocessos, mas com uma provável expansão, em particular exportadores de matérias-primas como o Brasil e o Chile.[10]

Enquanto isso, as relações Cuba-Venezuela ficam muito próximas, cada uma contando com sua vantagem comparativa. A Venezuela fornecendo petróleo com baixo custo, enquanto Cuba organiza programas de alfabetização e saúde, enviando milhares de profissionais, professores e médicos altamente qualificados para trabalhar nas áreas mais pobres e negligenciadas do país, bem como para outras regiões do Terceiro Mundo. Os projetos de Cuba-Venezuela estão se estendendo aos países do Caribe, onde médicos cubanos prestam assistência médica a milhares de pessoas com financiamento venezuelano. A Operação Milagre, como é chamada, é definida pelo embaixador da Jamaica em Cuba como "um exemplo de integração e cooperação sul-sul", e está gerando grande entusiasmo em meio à maioria pobre. A assistência médica de Cuba também é muito bem recebida em outros países. Uma das tragédias mais horrendas dos últimos anos foi o terremoto de outubro de 2005 no Paquistão. Além do enorme custo em vidas, um número desconhecido de sobreviventes ficou exposto a um inverno brutal com poucos abrigos, sem alimentos e sem assistência médica. É preciso recorrer à imprensa sul-asiática para ler que "Cuba forneceu o maior contingente de médicos e paramédicos ao Paquistão", pagando todos os custos (talvez com financiamento venezuelano), e que o presidente Musharraf expressou sua "profunda gratidão" pelo "espírito e compaixão" das equipes médicas cubanas. Segundo relatos, são mais de mil profissionais treinados, 44% deles mulheres, que continuam trabalhando em aldeias remotas nas montanhas, "vivendo em tendas num clima enregelante e numa cultura alienígena", enquanto as equipes de ajuda ocidentais foram retiradas, estabelecendo dezenove hospitais de campanha e trabalhando em turnos de doze horas.[11]

Alguns analistas sugeriram que Cuba e Venezuela podem até se unificar, um passo adiante para uma maior integração da América Latina em um bloco mais independente dos Estados Unidos. A Venezuela aderiu ao Mercosul, a união aduaneira sul-americana, um movimento definido pelo presidente argentino Néstor Kirchner como "um marco" no desenvolvimento deste bloco comercial e saudado como o início de "um novo capítulo na nossa integração" pelo presidente brasileiro Luiz Inácio Lula da Silva. Especialistas independentes dizem que "adicionar a Venezuela ao bloco promove sua visão geopolítica de expandir o Mercosul para o restante da região". Em uma reunião para marcar a entrada da Venezuela no Mercosul, o presidente venezuelano Chávez declarou: "Não podemos permitir que este seja um projeto puramente econômico, para as elites e para as empresas transnacionais", uma referência não muito indireta ao "Acordo de Livre-Comércio para as Américas", que despertou forte oposição da opinião pública. A Venezuela também forneceu óleo combustível à Argentina para evitar uma crise energética e comprou quase um terço da dívida argentina emitida em 2005, parte de um esforço regional para libertar os países do controle do FMI dominado pelos Estados Unidos, após duas décadas de efeitos desastrosos da conformidade com suas regras. O FMI "agiu em relação ao nosso país como promotor e um veículo de políticas que causaram pobreza e dor ao povo argentino", afirmou o presidente Kirchner ao anunciar sua decisão de pagar quase 1 trilhão de dólares para se livrar do FMI para sempre. Ao violar radicalmente as regras do fundo, a Argentina teve uma recuperação substancial do desastre deixado pelas políticas do FMI.[12]

Os passos para uma integração regional independente aceleraram ainda mais com a eleição na Bolívia, em dezembro de 2005, de Evo Morales, o primeiro presidente nascido da maioria indígena. Morales agiu rapidamente para fechar acordos de energia com a Venezuela. O *Financial Times* informou que "espera-se que as próximas reformas radicais na economia e no setor de energia da Bolívia se sustentem" com suas enormes reservas de gás, que só perdem para a Venezuela na América do Sul. Morales também se comprometeu em reverter as políticas neoliberais que a Bolívia vinha seguindo rigorosamente havia 25 anos, que deixaram o país com uma renda per capita menor do que antes. A adesão aos programas neoliberais só foi interrompida durante esse período quando o descontentamento popular pressionou para que fossem abandonados, quando o governo atendeu ao conselho do Banco Mundial de privatizar o abastecimento de água e "ajustar os preços" — ou seja, privando os pobres do acesso à água.[13]

A "subversão" venezuelana, como é denominada em Washington, está se expandindo também para os Estados Unidos. Talvez isso exija uma ampliação das políticas de "contenção" da Venezuela ordenadas por Bush em março de 2005. Em novembro de 2005, segundo o *Washington Post*, um grupo de senadores mandou uma carta "a nove grandes companhias petrolíferas: com os grandes aumentos esperados nas contas com o aquecimento no inverno, dizia a carta, queremos que vocês doem parte de seus lucros recordes para ajudar as pessoas de baixa renda a cobrir esses custos". Os senadores receberam só uma resposta: da CITGO, uma petrolífera controlada pela Venezuela. A CITGO se ofereceu para fornecer petróleo a preços baixos para moradores de baixa renda de Boston, e depois de outros lugares. Chávez está fazendo isso apenas "para obter ganhos políticos", respondeu o Departamento de Estado; é "um pouco parecido com o governo de Cuba oferecendo bolsas de estudos em faculdades de medicina em Cuba para jovens americanos desfavorecidos". Bem diferente da ajuda dos Estados Unidos e de outros países, que é por puro altruísmo e de coração. Não está claro se essas sutilezas serão consideradas pelos destinatários dos "12 milhões de galões de petróleo para aquecimento doméstico com desconto [fornecidos pela CITGO] para instituições de caridade locais e a 45 mil famílias de baixa renda em Massachusetts". O petróleo é distribuído a pessoas pobres, que enfrentam um aumento de 30% a 50% nos preços, com um auxílio-combustível "lamentavelmente subfinanciado, e por isso representa um grande alento a pessoas que de outra forma não conseguiriam sobreviver ao inverno", de acordo com o diretor da organização sem fins lucrativos que distribui o petróleo de baixo custo a "abrigos para sem-teto, fundos de alimentação e grupos habitacionais de baixa renda". Disse também "esperar que o acordo representasse um 'desafio amigável' às companhias de petróleo dos EUA — que recentemente registraram lucros trimestrais recordes — a usar seus ganhos inesperados para ajudar famílias pobres a sobreviver ao inverno", o que parece ter sido em vão.[14]

Apesar de a América Central ter sido em grande parte disciplinada pela violência e terrorismo da era Reagan, o restante do hemisfério está saindo de controle, particularmente da Venezuela à Argentina, que foi o garoto-propaganda do FMI e do Departamento do Tesouro até sua economia entrar em colapso sob as políticas impostas pelas duas instituições. Grande parte da região tem governos de centro-esquerda. As populações indígenas tornaram-se muito mais ativas e influentes, principalmente na Bolívia e no Equador, ambos grandes produtores de energia, que são a favor de que o petróleo e o gás sejam controlados internamente ou, em alguns casos, totalmente contra a produção. Muitos povos indígenas parecem não ver nenhuma razão para perturbar ou destruir suas vidas, suas sociedades e suas culturas para os nova-iorquinos dirigirem seus SUVs no trânsito engarrafado. Alguns estão chegando a evocar uma "nação indígena" na América do Sul. Enquanto isso, a integração econômica em curso está revertendo a modelos que remontam às conquistas espanholas, com as elites e as economias latino-americanas vinculadas às potências imperiais, mas não umas às outras. Somados à crescente interação sul-sul em uma escala mais ampla, esses desdobramentos são bastante influenciados por organizações populares se unindo em inéditos movimentos internacionais de justiça global, ridiculamente chamados de "antiglobalização", por favorecerem uma globalização que privilegie os interesses dos povos, não de investidores e instituições financeiras. Por muitas razões, o sistema de domínio global dos Estados Unidos é frágil, mesmo se levarmos em consideração os danos infligidos pelos planejadores de Bush.

Uma das consequências é que a aplicação pelo governo Bush de políticas tradicionais de dissuasão da democracia enfrenta novos obstáculos. Já não é tão fácil como antes recorrer a golpes militares e terrorismo internacional para derrubar governos democraticamente eleitos, como os planejadores de Bush aprenderam duramente com a Venezuela em 2002. A "linha forte de continuidade" deve ser praticada de outras maneiras, na maioria das vezes. No Iraque, como vimos, a resistência não violenta em massa obrigou Washington e Londres a permitir as eleições que tentaram evitar. O esforço subsequente para subverter as eleições, proporcionando grandes vantagens ao candidato favorito do governo e alienando a mídia independente, também fracassou. Washington enfrenta ainda outros problemas. O movimento trabalhista iraquiano está fazendo consideráveis progressos, a despeito da oposição das autoridades de ocupação. A situação é parecida com a da Europa e do Japão depois da Segunda Guerra Mundial, quando um dos principais objetivos dos Estados Unidos e do Reino Unido era solapar os movimentos trabalhistas independentes — também internamente, por razões semelhantes: o trabalho organizado contribui de maneira essencial para o funcionamento da democracia com o engajamento popular. Muitas das medidas adotadas naquela época — sonegar alimentos, apoiar a polícia fascista — não estão mais disponíveis. Tampouco é possível hoje contar com a burocracia trabalhista do Instituto Americano para o Desenvolvimento Livre do Trabalho (AIFLD, na sigla em inglês) para sabotar os sindicatos.

Hoje, alguns sindicatos americanos estão apoiando trabalhadores iraquianos, como fazem na Colômbia, onde mais ativistas sindicais são assassinados do que em qualquer outra parte do mundo. Pelo menos os sindicatos agora recebem apoio do Sindicato dos Siderúrgicos da América e outros, enquanto Washington provê enormes fundos para o governo, que tem grande parte da responsabilidade.[15]

O problema das eleições surgiu na Palestina da mesma forma que no Iraque. Como discutido, o governo Bush se recusou a permitir eleições até a morte de Yasser Arafat, sabendo que seriam vencidas pelo homem errado. Após sua morte, o governo concordou em permitir eleições, na esperança de uma vitória de seus candidatos favoritos da Autoridade Palestina. Para promover esse resultado, Washington recorreu aos mesmos modos de subversão que no Iraque, já utilizados muitas vezes antes. Washington usou a USAID como um "condutor invisível" num esforço para "aumentar a popularidade da Autoridade Palestina às vésperas de eleições cruciais, nas quais o partido governista enfrenta um sério desafio do grupo islâmico radical Hamas", gastando quase 2 milhões de dólares "em dezenas de projetos rápidos antes das eleições desta semana para reforçar a imagem da facção governista Fatah junto aos eleitores". Nos Estados Unidos, ou em qualquer outro país ocidental, o mínimo indício de uma interferência estrangeira desse tipo destruiria um candidato, mas a mentalidade imperial profundamente arraigada legitima tais medidas rotineiras em outros lugares. Contudo, a tentativa de subverter as eleições mais uma vez gerou um retumbante fracasso.[16]

Os governos dos Estados Unidos e de Israel precisam agora se adaptar para lidar de alguma forma com um partido islâmico radical próximo de uma postura contestadora tradicional, embora não inteiramente, se o Hamas de fato pretende concordar com uma trégua indefinida na fronteira internacional, como afirmam seus líderes. Por outro lado, os Estados Unidos e Israel insistem que Israel deve assumir partes substanciais da Cisjordânia (e as esquecidas Colinas de Golã). A recusa do Hamas em aceitar o "direito de existir" de Israel reflete a recusa de Washington e Jerusalém em aceitar o "direito de existir" da Palestina — um conceito desconhecido nas questões internacionais; o México aceita a existência dos Estados Unidos, mas não seu abstrato "direito de existir" em quase metade do México, adquirido por uma conquista. O compromisso formal do Hamas de "destruir Israel" o situa em pé de igualdade com os Estados Unidos e Israel, que concordaram formalmente que não poderia haver "mais um Estado palestino" (além da Jordânia) enquanto não se relaxasse parcialmente a posição de extrema rejeição dos últimos anos, na forma já analisada. Embora não tenha dito isso, não seria uma grande surpresa se o Hamas concordasse que os judeus possam continuar em áreas dispersas do atual Israel, enquanto a Palestina implanta enormes projetos de assentamento e infraestrutura para anexar territórios e recursos valiosos efetivamente transformando Israel em cantões inviáveis, praticamente separados uns dos outros e de uma pequena parte de Jerusalém onde os judeus também poderiam permanecer. E também poderia concordar em chamar esses cantões de "um Estado". Se tais propostas fossem feitas, nós as consideraríamos — com razão — como uma reversão ao nazismo, fato que pode suscitar alguns pensamentos. Se tais propostas fossem feitas, a posição do Hamas seria essencialmente a mesma dos Estados Unidos e de Israel nos últimos cinco anos, desde que passaram a tolerar uma forma empobrecida de "Estado". É justo definir o Hamas como radical, extremista e violento, e como uma séria ameaça à paz e a um acordo político justo. Mas a organização não está sozinha nessa postura.

Em outros países, os meios tradicionais de solapar democracias foram bem-sucedidos. No Haiti, o "grupo de construção da democracia" favorito do governo Bush, o Instituto Republicano Internacional, trabalhou assiduamente para promover a oposição ao presidente Aristide, ajudado pela sonegação de auxílios urgentes e necessários por motivos duvidosos, na melhor das hipóteses. Quando parecia que Aristide provavelmente ganharia qualquer eleição legítima, Washington e a oposição optaram por se retirar, um dispositivo-padrão para desacreditar eleições que vão tomar o caminho errado: a Nicarágua em 1984 e a Venezuela em dezembro de 2005 são exemplos que já devem ser conhecidos. Seguiu-se então um golpe militar, a expulsão do presidente e um reinado de terror e violência que excedeu em muito qualquer coisa sob o governo eleito.[17]

A persistência da forte linha de continuidade até o presente revela mais uma vez que os Estados Unidos são muito parecidos com outros Estados poderosos. Cultivam os interesses estratégicos e econômicos de setores dominantes da população doméstica, acompanhados de floreios retóricos sobre sua dedicação aos valores mais elevados. Isso é praticamente um universal histórico, e a razão pela qual pessoas sensatas dão pouca atenção às declarações de nobres intenções de líderes ou aos elogios de seus seguidores.

É comum ouvirmos dizer que os detratores reclamam do que está errado, mas não apresentam soluções. Há uma tradução exata para essa acusação: "Eles apresentam soluções, mas eu não gosto delas". Além das propostas que já devem ser conhecidas para lidar com as crises que atingem o nível de sobrevivência, algumas sugestões simples para os Estados Unidos já foram mencionadas: (1) aceitar a jurisdição do Tribunal Penal Internacional e do Tribunal Internacional de Justiça; (2) assinar e levar adiante os protocolos de Kyoto; (3) deixar a ONU administrar as crises internacionais; (4) confiar em medidas diplomáticas e econômicas e não em medidas militares para enfrentar o terrorismo; (5) manter a interpretação tradicional da Carta da ONU; (6) abrir mão do direito a veto no Conselho de Segurança e ter "um respeito decente pela opinião da humanidade", como aconselha a Declaração de Independência, mesmo que os centros de poder discordem; (7) reduzir drasticamente os gastos militares e aumentar drasticamente os gastos sociais. Para os que acreditam na democracia, são sugestões muito conservadoras: parecem ser a opinião majoritária da população dos Estados Unidos, na maioria dos casos, uma maioria esmagadora. Uma opinião que se opõe radicalmente às políticas públicas. É certo que não podemos confiar muito na situação da opinião pública quanto a essas questões por causa de outra característica do déficit democrático: os temas raramente entram na discussão pública e os fatos básicos são pouco conhecidos. Em uma sociedade altamente atomizada, grande parte do público é privada da oportunidade de formar opiniões ponderadas.

Outra sugestão conservadora é a de que os fatos, a lógica e os princípios morais elementares devem ser levados em consideração. Os que se derem ao trabalho de aderir a essa sugestão logo serão levados a abandonar boa parte da doutrina vigente, embora sempre seja muito mais fácil repetir mantras interesseiros. Essas simples verdades podem nos levar a desenvolver respostas mais específicas e detalhadas. Mais importante, abrem caminho para implementá-las, oportunidades que estão prontamente ao nosso alcance se conseguirmos nos libertar dos grilhões da doutrina e das ilusões impostas.

Embora seja natural que sistemas doutrinários procurem induzir pessimismo, desesperança e desespero, a realidade é diferente. Houve um progresso substancial na interminável busca por justiça e liberdade nos últimos anos, deixando um legado que pode ser levado adiante em um patamar mais alto que o anterior. As oportunidades de educação e organização são abundantes. A exemplo do ocorrido no passado, não é provável que os direitos sejam concedidos por autoridades benevolentes ou conquistados por ações intermitentes — participando de algumas manifestações ou acionando uma alavanca nas extravagâncias quadrienais personalizadas definidas como "políticas democráticas". Como sempre foi no passado, essas tarefas exigem um comprometimento diário e dedicado para criar — em parte, para recriar — a base para uma cultura democrática funcional em que o público desempenhe algum papel na determinação das políticas, não apenas na arena política, da qual está em grande parte excluído, mas também na crucial arena econômica, da qual está excluído em princípio. Há muitas maneiras de promover a democracia internamente, elevando-a a novas dimensões. As oportunidades são amplas e deixar de aproveitá-las provavelmente terá repercussões nefastas: para o país, para o mundo e para as futuras gerações.

AGRADECIMENTOS

Agradeço a André Schiffrin, Ellen Adler, Colin Robinson, Marc Favreau, Sarah Fan, The New Press, Dao Tran, Sean Petty, Brenda Coughlin, James Peck, dix!, e Sara Bershtel. Agradeço também às muitas pessoas que trabalharam originalmente para a edição e publicação e aos que concederam permissão para a inclusão de material nesta coletânea.

PERMISSÕES

Capítulo 1 foi publicado pela primeira vez no periódico *Language* 35:1 (janeiro-março de 1959), 26-58. Copyright 1959. Cortesia da Sociedade Linguística da América.

Capítulo 2 foi publicado pela primeira vez em *Aspects of the Theory of Syntax* (Cambridge, MA: MIT Press, 1965), v-vii. Copyright 1965 The Massachusetts Institute of Technology. Cortesia MIT Press.

Capítulo 3 foi publicado pela primeira vez como parte de "Methodological Preliminaries", em *Aspects of the Theory of Syntax* (Cambridge, MA: MIT Press, 1965), 3-9. Copyright 1965 The Massachusetts Institute of Technology. Cortesia MIT Press.

Capítulo 4 é uma versão revisada de uma palestra realizada em Harvard e publicada em *Mosaic*, junho de 1966. Foi publicada basicamente dessa forma na *New York Review of Books*, 23 de fevereiro de 1967. A versão atual foi extraída de Theodore Roszak, ed., *The Dissenting Academy* (Nova York: Pantheon Books, 1968), republicada em *American Power and the New Mandarins* (Nova York: Pantheon Books, 1969; Nova York: The New Press, 2002), 323-66. Copyright 1969 e 2002 Noam Chomsky. Cortesia The New Press.

Capítulo 5 foi publicado pela primeira vez na *New York Review of Books*, 7 de dezembro de 1967. Este capítulo foi extraído de *American Power and the New Mandarins* (Nova York: Pantheon Books, 1969; Nova York: The New Press, 2002), 367-85. Copyright 1969 e 2002 Noam Chomsky. Cortesia The New Press.

Capítulo 6 foi apresentado em uma palestra no Simpósio da Universidade Liberdade e Ciências Humanas, Universidade Loyola, Chicago, 8-9 de janeiro de 1970. Foi publicado em *Proceedings of the Symposium*, editado por Thomas R. Gorman. Foi também publicado em *Abraxas*, vol. 1, n. 1 (1970), e em *TriQuarterly*, ns. 23-24 (1972). Este capítulo foi republicado em *For Reasons of State* (Nova York: Pantheon Books, 1973; Nova York: The New Press, 2003), 387-408. Copyright 1973 e 2003 Noam Chomsky. Cortesia The New Press.

Capítulo 7 é uma versão revisada da introdução de *Anarchism: From Theory to Practice* de Daniel Guérin (Nova York: Monthly Review Press, 1970). Foi publicado com pequenas alterações na *New York Review of Books*, 21 de maio de 1970, republicado em *For Reasons of State* (Nova York: Pantheon Books, 1973; Nova York: The New Press, 2003), 370-86. Copyright 1973 e 2003 Noam Chomsky. Cortesia The New Press.

Capítulo 8 é uma versão revisada de uma colaboração para um simpósio sobre crimes de guerra, baseado em *Nuremberg and Vietnam: An American Tragedy* de Telford Taylor. A versão original foi publicada em *Yale Law Journal*, vol. 80, n. 7 (junho de 1971), republicada em *For Reasons of State* (Nova York: Pantheon Books, 1973; Nova York: The New Press, 2003), 212-58. Copyright 1973 e 2003 Noam Chomsky. Cortesia The New Press.

Capítulo 9 foi publicado pela primeira vez na *New York Review of Books* 20:14 (20 de setembro de 1973), 3-8. Copyright 1973 New York Review of Books. Cortesia *New York Review of Books*.

Capítulo 10 foi publicado pela primeira vez em *Towards a New Cold War: U.S. Foreign Policy from Vietnam to Reagan* (Nova York: Pantheon Books, 1982; Nova York: The New Press, 2003), 144-64. Copyright 1982 Noam Chomsky e 2003 Aviva Chomsky, Diane Chomsky e Harry Chomsky. Cortesia The New Press.

Capítulo 11 foi publicado pela primeira vez em *"Human Rights" and American Foreign Policy* (Nottingham: Spokesman, 1978) e republicado em *Towards a New Cold War* (Nova York: Pantheon Books, 1982; Nova York: The New Press, 2003), 86-114. Copyright 1982 Noam Chomsky e 2003 Aviva Chomsky, Diane Chomsky e Harry Chomsky. Cortesia The New Press.

Capítulo 12 foi publicado pela primeira vez em *Towards a New Cold War: U.S. Foreign Policy from Vietnam to Reagan* (Nova York: Pantheon Books, 1982; Nova York: The New Press, 2003), 358-69. Copyright 1982 Noam Chomsky e 2003 Aviva Chomsky, Diane Chomsky e Harry Chomsky. Cortesia The New Press.

Capítulo 13 foi publicado pela primeira vez em *Fateful Triangle: The United States, Israel, and the Palestinians* (Cambridge, MA: South End Press, 1983; edição ampliada Cambridge, MA: South End Press, 1999), 9-37. Copyright 1983 e 1999 Noam Chomsky. Cortesia South End Press e Pluto Press.

Capítulo 14 foi publicado pela primeira vez em *Turning the Tide: U.S. Intervention in Central America and the Struggle for Peace* (Cambridge, MA: South End Press, 1985), 62-73. Copyright 1985 e 1987 Noam Chomsky. Cortesia South End Press e Pluto Press.

Capítulo 15 foi publicado pela primeira vez em *Language and Problems of Knowledge: The Managua Lectures* (Cambridge, MA: MIT Press, 1988), 133-70. Copyright 1988 Massachusetts Institute of Technology. Cortesia The MIT Press.

Capítulo 16 foi publicado pela primeira vez em *Necessary Illusions: Thought Control in Democratic Societies* (Cambridge, MA: South End Press, 1989), 21-43. Copyright 1989 Noam Chomsky. Cortesia House of Anansi, South End Press e Pluto Press.

Capítulo 17 foi publicado pela primeira vez em *The Minimalist Program* (Cambridge, MA: MIT Press, 1995), 1-11. Copyright 1995 Massachusetts Institute of Technology. Cortesia The MIT Press.

Capítulo 18 foi publicado em *New Horizons in the Study of Language and Mind* (Cambridge: Cambridge University Press, 2000), 3-18. Copyright 2000 Diane Chomsky Irrevocable Trust. Cortesia Cambridge University Press.

Capítulo 19 foi publicado pela primeira vez em *A New Generation Draws the Line: Kosovo, East Timor and the Standards of the West* (Londres: Verso, 2000), 1-47. Copyright 2000 Noam Chomsky. Cortesia do autor.

Capítulo 20 é a versão escrita da palestra de abertura do Fórum Social Mundial, em 31 de janeiro de 2002 em Porto Alegre, Brasil, e publicado em ZNet em 29 de maio de 2002; republicado em C. P. Otero, ed., *Radical Priorities*, 3. ed. (Oakland: AK Press, 2003), 319-32. Copyright 2003 Noam Chomsky. Cortesia AK Press.

Capítulo 21 foi publicado pela primeira vez em *Aftonbladet*, na Suécia, em agosto de 2002, republicado em *9-11* (Nova York: Seven Stories Press, 2002), 119-28. Copyright 2002 Noam Chomsky. Cortesia Seven Stories Press.

Capítulo 22 foi publicado pela primeira vez em *On Nature and Language*, ed. Adriana Belletti e Luigi Rizzi (Cambridge: Cambridge University Press, 2002), 61-91. Copyright 2002 Noam Chomsky, Adriana Belletti e Luigi Rizzi. Cortesia Cambridge University Press.

Capítulo 23 foi publicado pela primeira vez em *Middle East Illusions* (Lanham, MD: Rowman & Littlefield Publishers, 2003), 227-32. Copyright 2003 Noam Chomsky. Cortesia Rowman & Littlefield Publishers.

Capítulo 24 foi publicado pela primeira vez em *Hegemony or Survival: America's Quest for Global Dominance* (Nova York: Metropolitan Books, 2003; Nova York: Owl Books, 2004), 11-49. Copyright 2003 Aviva Chomsky, Diane Chomsky e Harry Chomsky. Cortesia Henry Holt, Inc.

Capítulo 25 foi publicado pela primeira vez em *Failed States: The Abuse of Power and the Assault on Democracy* (Nova York: Metropolitan Books, 2006; Nova York: Owl Books, 2007), 251-63. Copyright 2006 Chomsky Grandchildren Nominee Trust. Cortesia Henry Holt, Inc.

NOTAS

PREFÁCIO

[1.] Todos os ensaios de Noam Chomsky na *New York Review of Books* estão disponíveis online no site da revista (www.nybooks.com), ainda que alguns somente para assinantes. Ver também Noam Chomsky, *Hegemonia ou sobrevivência: O sonho americano de domínio global, Estados fracassados: O abuso de poder e o ataque à democracia,* e *Interventions* [Intervenções].

[2.] Noam Chomsky, "A responsabilidade dos intelectuais", *O poder americano e os novos mandarins*. Ver também Noam Chomsky, *At War with Asia* (Nova York: Pantheon Books, 1970; Oakland: AK Press, 2003).

[3.] Noam Chomsky, entrevista de James Peck em *The Chomsky Reader* (Nova York: Pantheon Books, 1987), p. 13.

[4.] Citado em Milan Rai, *Chomsky's Politics* (Londres: Verso, 1995), p. 8.

[5.] Noam Chomsky, citado em Robert F. Barsky, *Noam Chomsky: A Life of Dissent* (Cambridge, MA: MIT Press, 1997), p. 80.

[6.] Ver, por exemplo, Noam Chomsky, *O programa minimalista*.

1. UMA RESENHA DE *COMPORTAMENTO VERBAL*, DE B. F. SKINNER

[1.] A confiança de Skinner nas conquistas recentes no estudo do comportamento animal e sua aplicabilidade ao comportamento humano complexo não parece ser amplamente compartilhada. Em muitas publicações recentes de behavioristas convictos, prevalece uma nota de ceticismo em relação ao escopo dessas conquistas. Para comentários representativos, ver as contribuições de *Modern Learning Theory* de W. Estes et al. (Nova York: Appleton-Century-Crofts, 1954); B. R. Bugelski, *Psicologia da Aprendizagem* (São

Paulo: Cultrix, Universidade de São Paulo, 1977); S. Koch, em *Nebraska Symposium on Motivation*, vol. 58 (Lincoln, 1956); W. S. Verplanck, "Learned and Innate Behavior", *Psychological Review* 52 (1955): 139. Talvez a visão mais forte seja a de H. Harlow, que afirmou ("Mice, Monkeys, Men, and Motives", *Psychological Review* 60 (1953): 26-32) que "pode-se argumentar fortemente em favor da proposição de que a importância dos problemas psicológicos estudados durante os últimos quinze anos diminuiu como uma função negativamente acelerada, aproximando-se de uma assíntota de total indiferença". N. Tinbergen, um dos principais representantes de uma abordagem diferente de estudos do comportamento animal (etologia comparativa), conclui uma discussão sobre "análise funcional" com o comentário de que "agora podemos chegar à conclusão de que a causação do comportamento é imensamente mais complexa do que o suposto nas generalizações do passado. Inúmeros fatores internos e externos atuam sobre estruturas nervosas centrais complexas. Em segundo lugar, será óbvio que os fatos à nossa disposição são realmente muito fragmentários" — *The Study of Instinct* (Oxford: Clarendon Press, 1951), p. 74.

[2.] Em *Behavior of Organisms* (Nova York: D. Appleton-Century Company, 1938), Skinner observa que, "embora um operante condicionado seja o resultado da correlação da resposta com um reforço específico, uma relação entre ele e um estímulo discriminativo agindo antes da resposta é a regra quase universal" (p. 178-9). Mesmo considerando-se que o comportamento emitido seja produzido por algum tipo de "força originadora" (p. 51) que, no caso do comportamento operante, não está sob controle experimental. A distinção entre estímulos eliciadores, estímulos discriminados e "forças originadoras" nunca foi adequadamente esclarecida, e se torna ainda mais confusa quando eventos internos privados são considerados estímulos discriminados (ver abaixo).

[3.] Em um experimento famoso, chimpanzés foram ensinados a realizar tarefas complexas para receber fichas que se tornaram reforçadores secundários por causa da associação com comida. A ideia de que dinheiro, aprovação, prestígio etc. realmente adquirem seus efeitos motivadores sobre o comportamento humano de acordo com esse paradigma não é comprovada, nem é particularmente plausível. Muitos psicólogos do movimento behaviorista são bastante céticos quanto a isso (cf. nota 23). Como no caso da maioria dos aspectos do comportamento humano, as evidências sobre reforço secundário são tão fragmentárias, conflitantes e complexas que quase qualquer visão pode encontrar algum suporte.

[4.] A observação de Skinner citada acima sobre a generalidade de seus resultados básicos deve ser entendida à luz das limitações experimentais que ele impôs. Se fosse verdade em algum sentido profundo que os processos básicos da linguagem são bem compreendidos e livres de restrições de espécies, seria extremamente estranho que a linguagem fosse limitada ao homem. Com exceção de algumas observações dispersas (cf. seu artigo, "A Case History in Scientific Method", *American Psychologist* 11 [1956]: 221-33), Skinner aparentemente baseia essa afirmação no fato de que resultados qualitativamente semelhantes são obtidos com acionamento da barra por ratos e bicadas de pombos sob condições especiais de privação e vários esquemas de reforço. Questiona-se imediatamente o quanto se pode basear nesses fatos, que são ao menos em parte um artefato rastreável ao design experimental e à definição de "estímulo" e "resposta" em termos de "curvas dinâmicas suaves" (ver abaixo). Os perigos inerentes a qualquer tentativa de "extrapolar" para comportamentos complexos a partir do estudo de respostas tão simples como pressionar a barra devem ser óbvios e têm sido frequentemente comentados (cf. por exemplo, Harlow, op. cit.). A própria generalidade dos resultados mais simples está aberta a sérias questões. Cf. neste contexto, M. E. Bitterman, J. Wodinsky e D. K. Candland, "Some Comparative Psychology", *American Journal of Psychiatry* 71 (1958): 94-110, em que é mostrado que existem diferenças qualitativas importantes na solução de problemas elementares comparáveis com ratos e peixes.

[5.] Um argumento análogo, em conexão com um aspecto diferente do pensamento de Skinner, é dado por M. Scriven em "A Study of Radical Behaviorism", em H. Fiegl e M. Scriven, eds., *Minnesota Studies in the Philosophy of Science*, vol. 1, *Foundations of Science & the Concepts of Psychology and Psychoanalysis* (Minneapolis: University of Minnesota Press, 1956). Cf. a contribuição de W. S. Verplanck para a *Modern Learning Theory* (p. 283-8) para uma discussão mais geral das dificuldades em formular uma definição adequada de "estímulo" e "resposta". Ele conclui, corretamente, que, no sentido que Skinner dá à palavra, estímulos não são objetivamente identificáveis independentemente do comportamento resultante, nem são manipuláveis. Verplanck apresenta uma discussão esclarecedora de muitos outros aspectos do sistema de Skinner, comentando sobre a impossibilidade de testar muitas das chamadas "leis de comportamento" e o escopo limitado de muitas outras, e o caráter arbitrário e obscuro da noção de Skinner de "relação legítima"; ao mesmo tempo, nota a importância dos dados experimentais que Skinner acumulou.

[6.] Em *Behavior of Organisms*, Skinner parecia estar disposto a aceitar essa consequência. Ele insiste (p. 41-2) que os termos de descrição casual no vocabulário popular não são validamente descritivos até que as propriedades definidoras de estímulo e resposta sejam especificadas, a correlação seja demonstrada experimentalmente e as mudanças dinâmicas nela sejam demonstradas como legítimas. Assim, ao descrever uma criança se escondendo de um cachorro, "não será suficiente dignificar o vocabulário popular apelando para propriedades essenciais de 'cachorro' ou 'esconder' e supor que elas são intuitivamente conhecidas". Mas é exatamente isso que Skinner faz no livro em análise, como veremos diretamente.

[7.] P. 299f. e em outros trechos, repetidamente. Como exemplo do quanto podemos controlar o comportamento usando as noções desenvolvidas nesse livro, Skinner mostra como ele faria para evocar a resposta *lápis*. A maneira mais eficaz, ele sugere, é dizer ao sujeito "Por favor, diga *lápis*" (nossas chances, presumivelmente, seriam ainda mais aprimoradas pelo uso de "estímulo aversivo", por exemplo, apontando uma arma para sua cabeça). Também poderíamos "nos assegurar de que não há nenhum lápis disponível, ou qualquer outro instrumento que possa ser usado para escrever; entregamos, em seguida, a nosso sujeito um pedaço de papel de desenho e oferecemos a ele uma recompensa caso ele seja capaz de desenhar uma figura parecida com um gato". Também seria útil ter vozes dizendo

lápis ou *caneta e...* no fundo; cartazes dizendo *lápis* ou *caneta e...*; ou colocar um "lápis bem grande, ou de aspecto pouco comum, num lugar inusitado, bem à vista". "Em tais circunstâncias, é altamente provável que nosso sujeito venha a dizer *lápis*." "Todas as técnicas disponíveis estão ilustradas nessa amostra." Essas contribuições da teoria do comportamento para o controle prático do comportamento humano são amplamente ilustradas em outras partes do livro, como quando Skinner mostra
(p. 140) como podemos evocar a resposta *vermelho* (o dispositivo sugerido é apresentar um objeto vermelho ao sujeito e perguntar "Diga-me, que cor é esta?").
Para ser justo, deve-se mencionar que existem certas aplicações não triviais do "condicionamento operante" no controle do comportamento humano. Uma grande variedade de experimentos mostrou que o número de substantivos plurais (por exemplo) produzidos por um sujeito aumentará se o pesquisador disser "certo" ou "bom" quando os substantivos forem mencionados (da mesma forma, atitudes positivas sobre um determinado assunto, histórias com conteúdo específico etc.; cf. L. Krasner, "Studies of the Conditioning of Verbal Behavior", *Psychological Bulletin*, 55 (1958), para um levantamento de várias dezenas de experimentos desse tipo, a maioria com resultados positivos). É de algum interesse que o sujeito geralmente desconheça o processo. Exatamente que insight isso dá sobre o comportamento verbal normal não é óbvio. No entanto, é um exemplo de resultados positivos e não totalmente esperados usando o paradigma skinneriano.

8. "Are Theories of Learning Necessary?", *Psychological Review* 57 (1950): 193-216.
9. E em outras partes. Em seu artigo "Are Theories of Learning Necessary?", Skinner considera o problema de como estender sua análise do comportamento a situações experimentais nas quais é impossível observar frequências, sendo a taxa de resposta o único dado válido. Sua resposta é que "a noção de probabilidade é geralmente extrapolada para casos em que uma análise de frequência não pode ser realizada. No campo do comportamento, organizamos uma situação em que as frequências estão disponíveis como dados, mas usamos a noção de probabilidade ao analisar ou formular instâncias do mesmo tipo de comportamento que não são suscetíveis a essa análise" (p. 199). Existem, é claro, concepções de probabilidade não baseadas diretamente na frequência, mas não vejo como qualquer uma delas se aplica aos casos que Skinner tem em mente. Não vejo outra maneira de interpretar o trecho citado a não ser como significando uma intenção de usar a palavra "probabilidade" para descrever o comportamento independentemente de a noção de probabilidade ser relevante.
10. Felizmente, "em inglês isto não apresenta maior dificuldade", pois, por exemplo, "Níveis absolutos de altura e intensidade não são 'distintivos', nem tampouco são importantes os níveis de altura relativa" (p. 39). Nenhuma referência é feita aos inúmeros estudos sobre a função dos níveis de altura relativos e outras características entoacionais em inglês.
11. A imprecisão da palavra "tendência", em oposição à "frequência", salva a última citação da óbvia incorreção da anterior. No entanto, uma boa extrapolação se faz necessária. Se "tendência" tem algo parecido com seu significado comum, a observação é claramente

falsa. Pode-se acreditar firmemente na afirmação de que Júpiter tem quatro luas, que muitas das peças de Sófocles foram irremediavelmente perdidas, que a Terra queimará em 10 milhões de anos etc. Podemos, é claro, transformar a afirmação de Skinner em uma verdade pouco esclarecedora, definindo "tendência a agir" para incluir tendências a responder perguntas de certas maneiras, sob a motivação de dizer o que se acredita ser verdade.

12. Deve-se acrescentar, contudo, que em geral não é o estímulo como tal que é reforçador, mas o estímulo em um contexto situacional particular. Dependendo do arranjo experimental, um determinado evento ou objeto físico pode ser reforçador, punitivo ou despercebido. Uma vez que Skinner se limita a um arranjo experimental particular e muito simples, não é necessário que ele adicione essa qualificação, que não seria nada fácil de formular com precisão. Mas é claramente necessário se ele espera estender seu sistema descritivo ao comportamento em geral.

13. Isso tem sido observado com frequência.

14. Ver, por exemplo, "Are Theories of Learning Necessary?", p. 199. Em outro trecho, ele sugere que o termo "aprendizagem" seja restrito a situações complexas, mas estas não são caracterizadas.

15. "Uma criança adquire comportamento verbal quando vocalizações relativamente não padronizadas, reforçadas seletivamente, assumem gradualmente formas que produzem consequências apropriadas numa dada comunidade verbal" (p. 45). "O reforço diferencial modela todas as formas verbais e, quando um estímulo anterior entra na contingência, o reforço é responsável pelo controle resultante [...] A disponibilidade do comportamento, sua probabilidade ou força dependem de o reforço *continuar* em ação e de acordo com que esquemas" (p. 241). Em outros trechos, com frequência.

16. Falar de esquemas de reforço aqui é totalmente inútil. Como devemos decidir, por exemplo, de acordo com que esquemas o reforço encoberto é "arranjado", como no pensamento ou na fantasia verbal, ou qual é o esquema em fatores como silêncio, fala e reações futuras apropriadas à informação comunicada?

17. Ver, por exemplo, N. Miller e J. Dollard, *Social Learning and Imitation* (New Haven: Institute of Human Relations, 1941), p. 82-3, para uma discussão sobre o "treinamento meticuloso" que eles parecem considerar necessário para uma criança aprender os significados das palavras e os padrões sintáticos. A mesma noção está implícita na explicação especulativa de O. H. Mowrer sobre como a linguagem pode ser adquirida, em *Learning Theory and Personality Dynamics* (Nova York: Ronald Press, 1950), cap. 23. Na verdade, a visão parece ser bastante geral.

18. Para uma revisão geral e análise desta literatura, ver D. Thistlethwaite, "A Critical Review of Latent Learning and Related Experiments", *Psychological Bulletin* 48 (1951): 97-129. K. MacCorquodale e P. E. Meehl, em sua contribuição para a *Modern Learning Theory*, realizam uma tentativa séria e ponderada de lidar com o material de aprendizagem latente do ponto de vista da teoria da redução de impulsos, com (como indicam) resultados não inteiramente satisfatórios. W. H. Thorpe revisa a literatura do ponto de vista do etologista,

acrescentando também material sobre localização e orientação topográfica (*Learning and Instinct in Animals*, Cambridge: Methuen, 1956).

19. E. R. Hilgard, *Theories of Learning* (Nova York: Appleton-Century-Crofts, 1956), p. 214.

20. D. E. Berlyne, "Novelty and Curiosity as Determinants of Exploratory Behavior", *British Journal of Psychiatry* 41 (1950): 68-80; id., "Perceptual Curiosity in the Rat", *Journal of Comparative Physiology and Psychiatry* 48 (1955): 238-46; W. R. Thompson e L. M. Solomon, "Spontaneous Pattern Discrimination in the Rat", *Journal of Comparative Physiology and Psychiatry* 47 (1954): 104-7.

21. K. C. Montgomery, "O papel da unidade exploratória na aprendizagem", *Journal of Comparative Physiology and Psychiatry* 47 (1954): 60-3. Muitos outros artigos na mesma revista são projetados para mostrar que o comportamento exploratório é um "impulso" primário relativamente independente despertado por uma nova estimulação externa.

22. R. A. Butler, "Discrimination Learning by Rhesus Monkeys to Visual-Exploration Motivation", *Journal of Comparative Physiology and Psychiatry* (1953): 95-8. Experimentos posteriores mostraram que esse "impulso" é altamente persistente, em oposição aos impulsos derivados, que se extinguem rapidamente.

23. H. F. Harlow, M. K. Harlow e D. R. Meyer, "Learning Motivated by a Manipulation Drive", *Journal of Experimental Psychology* 40 (1950): 228-34, e estudos posteriores iniciados por Harlow. Harlow tem sido particularmente insistente em reafirmar a inadequação dos impulsos de base fisiológica e dos estados de necessidade homeostáticos para explicar a persistência da motivação e a rapidez do aprendizado em primatas. Ele aponta, em muitos artigos, que a curiosidade, o jogo, a exploração e a manipulação são, para os primatas, muitas vezes impulsos mais potentes que a fome e afins, e que não apresentam nenhuma das características dos impulsos adquiridos. D. O. Hebb também apresenta evidências comportamentais e neurológicas em apoio à visão de que em animais superiores há uma atração positiva por trabalho, risco, enigmas, atividade intelectual, medo e frustração leves etc. ("Drives and the CNS", *Psychological Review* 62 [1955]: 243-54). Ele conclui que "não precisamos descobrir maneiras tortuosas e improváveis de explicar por que os homens trabalham por dinheiro, por que as crianças aprendem sem dor, por que as pessoas não gostam de não fazer nada".

Em uma breve nota ("Early Recognition of the Manipulative Drive in Monkeys", *British Journal of Animal Behavior* 3 [1955]: 71-2), W. Dennis chama a atenção para o fato de que os primeiros pesquisadores (Romanes, 1882; Thorndike, 1901), cuja "percepção não foi relativamente afetada pela teoria da aprendizagem, notaram o comportamento intrinsecamente motivado dos macacos", embora, ele afirma, nenhuma observação semelhante em macacos tenha sido feita até os experimentos de Harlow. Ele cita G. J. Romanes (*Animal Intelligence* [1882]) dizendo que "a característica mais marcante na psicologia desse animal, e a que menos se parece com qualquer coisa encontrada em outros animais, era o incansável espírito de investigação". Desenvolvimentos análogos, entre os quais descobertas genuínas ofuscaram os pesquisadores sistemáticos quanto aos importantes insights de trabalhos anteriores, também são facilmente encontrados na linguística estrutural recente.

24. Assim, J. S. Brown, ao comentar um artigo de Harlow em *Current Theory and Research in Motivation* (Lincoln: University of Nebraska Press, 1953), argumenta que "provavelmente em todos os casos [dos experimentos citados por Harlow] um engenhoso teórico de redução de impulso poderia encontrar algum fragmento de medo, insegurança, frustração, ou qualquer coisa assim, que pudesse insistir que fosse reduzido e, portanto, reforçador (p. 53). A mesma coisa poderia ser dita para o engenhoso flogisto ou teórico do éter.

25. Cf. H. G. Birch e M. E. Bitterman, "Reinforcement and Learning: The Process of Sensory Integration", *Psychological Review* 56 (1949): 292-308.

26. Ver, por exemplo, seu artigo "A Physiological Study of Reward" em D. C. McClelland, ed., *Studies in Motivation* (Nova York: Appleton-Century-Crofts, 1955), p. 134-43.

27. Ver Thorpe, op. cit., particularmente p. 115-8 e 337-76, para uma excelente discussão deste fenômeno, que ganhou destaque principalmente pelo trabalho de K. Lorenz (cf. *Der Kumpan in der Umwelt des Vogels*, partes do qual estão traduzidas para o inglês em C. H. Schiller, ed., *Instinctive Behavior* (Nova York: International Universities Press, 1967), p. 83-128.

28. Op. cit., p. 372.

29. Ver, por exemplo, J. Jaynes, "Imprinting: Interaction of Learned and Innate Behavior", *Journal of Comparative Physiology and Psychiatry* 49 (1956): 201-6, onde se chega à conclusão de que "os experimentos provam que, sem qualquer recompensa observável, pássaros jovens desta espécie seguem um objeto de estímulo em movimento e rapidamente passam a preferir esse objeto a outros".

30. É claro que é perfeitamente possível incorporar esse fato no quadro skinneriano. Se, por exemplo, uma criança observa um adulto usando um pente e depois, sem nenhuma instrução, tenta pentear o próprio cabelo, podemos explicar esse ato dizendo que ele o faz porque acha reforçador fazê-lo, ou por causa do reforço proporcionado por se comportar como uma pessoa que está "reforçando" (cf. p. 164). Da mesma forma, uma explicação automática está disponível para qualquer outro comportamento. Parece estranho a princípio que Skinner dê tão pouca atenção à literatura sobre aprendizagem latente e tópicos relacionados, considerando a tremenda confiança que ele deposita na noção de reforço. Não vi nenhuma referência a isso em seus textos. Da mesma forma, F. S. Keller e W. N. Schoenfeld, no que parece ser o único texto escrito sob influência predominantemente skinneriana, *Principles of Psychology* (Nova York: Appleton-Century-Crofts, 1956), descartam a literatura de aprendizagem latente em uma frase, como "irrelevante", servindo apenas "para obscurecer, em vez de esclarecer, um princípio fundamental" (a lei do efeito, p. 41). No entanto, essa negligência é perfeitamente apropriada no caso de Skinner. Para o reducionista de impulsos, ou qualquer outra pessoa para quem a noção de "reforço" tenha algum significado substantivo, esses experimentos e observações são importantes (e muitas vezes constrangedores). Mas no sentido skinneriano da palavra, nem esses resultados nem quaisquer outros concebíveis

podem lançar qualquer dúvida sobre a afirmação de que o reforço é essencial para a aquisição e manutenção do comportamento. O comportamento certamente tem algumas circunstâncias concomitantes e, sejam elas quais forem, podemos chamá-las de "reforço".

[31.] Tinbergen (op. cit., cap. VI) revisa alguns aspectos desse problema, discutindo o papel primário da maturação no desenvolvimento de muitos padrões motores complexos (por exemplo, voar, nadar) em organismos inferiores, e o efeito de uma "disposição inata para aprender" de certas maneiras específicas e em certos momentos específicos. Cf. também Schiller, *Instinctive Behavior*, p. 285-8, para uma discussão sobre o papel dos padrões motores da maturação no comportamento aparentemente perspicaz do chimpanzé.

E. H. Lenneberg (*Language, Evolution, and Purposive Behavior*, inédito) apresenta uma discussão muito interessante sobre o papel que a estrutura biológica pode desempenhar na aquisição da linguagem e os perigos de negligenciar essa possibilidade.

[32.] Entre muitos citados por Tinbergen, op. cit., p. 85.

[33.] Cf. K. S. Lashley, "In Search of the Engram", *Symposium of the Society for Experimental Biology* 4 (1950): 454-82. R. Sperry, "On the Neural Basis of the Conditioned Response", *British Journal of Animal Behavior* 3 (1955): 41-4, argumenta que para explicar os resultados experimentais de Lashley e outros, e para outros fatos que ele cita, é necessário supor que a atividade cerebral de alto nível como insight, expectativa etc. está envolvida até mesmo no simples condicionamento. Ele afirma que "ainda nos falta hoje uma imagem satisfatória do mecanismo neural subjacente" da resposta condicionada.

[34.] Além disso, a motivação do falante não corresponde, exceto nos casos mais simples, em intensidade à duração da privação. Um contraexemplo óbvio é o que D. O. Hebb chamou de "fenômeno da noz salgada" (*Organization of Behavior,* Nova York: Wiley, 1949, p. 199). A dificuldade é ainda mais séria quando consideramos "privações" não relacionadas a impulsos fisiológicos.

[35.] Assim como ele pode ter a reação apropriada, tanto emocional quanto comportamental, a enunciados como *O vulcão está em erupção* ou *Há um maníaco homicida na sala ao lado* sem qualquer pareamento prévio do estímulo verbal e físico. A discussão de Skinner sobre condicionamento pavloviano na linguagem (p. 154) é igualmente pouco convincente.

[36.] J. S. Mill, *A System of Logic* (1843). R. Carnap apresenta uma reformulação recente em "Meaning and Synonymy in Natural Languages", *Philosophical Studies* 6 (1955): p. 33-47, definindo o significado de um predicado "Q" para um falante X como "a condição geral que um objeto y deve preencher para que X esteja disposto a atribuir o predicado 'Q' a y". Muitas vezes se diz que a conotação de uma expressão constitui seu "significado cognitivo", em oposição ao seu "significado emotivo", que é, essencialmente, a reação emocional à expressão.

Seja ou não a melhor maneira de abordar o significado, é claro que denotação, significado cognitivo e significado emotivo são coisas bem diferentes. As diferenças são muitas vezes obscurecidas em estudos empíricos de significado, com muita confusão consequente. Assim, C. E. Osgood se propôs a dar conta do fato de que um estímulo passa a ser um sinal para outro estímulo (um garçom torna-se um sinal para comida, uma palavra para uma coisa etc.). Isso é claramente (para signos linguísticos) um problema de denotação. O método que ele realmente desenvolve para quantificar e medir o significado (cf. Osgood, G. J. Suci e P. H. Tannenbaum, *The Measurement of Meaning,* Urbana: University of Illinois Press, 1957) aplica-se, no entanto, apenas ao significado emotivo. Suponha, por exemplo, que A odeie tanto Hitler quanto a ciência, e considere ambos altamente potentes e "ativos", enquanto B, concordando com A sobre Hitler, goste muito de ciência, embora a considere bastante ineficaz e não muito importante. Então, A pode atribuir a "Hitler" e à "ciência" a mesma posição no diferencial semântico, enquanto B atribuirá a "Hitler" a mesma posição que A, mas à "ciência" uma posição totalmente diferente. No entanto, A não pensa que "Hitler" e "ciência" sejam sinônimos ou que tenham a mesma referência, e A e B podem concordar precisamente sobre o significado cognitivo de "ciência". Claramente é a atitude em relação às coisas (o significado emotivo das palavras) que está sendo medida aqui. Há uma mudança gradual na explicação de Osgood da denotação do significado cognitivo ao significado emotivo. A confusão é causada, sem dúvida, pelo fato de o termo "significado" ser usado em todos os três sentidos (e outros). (Ver a resenha de J. B. Carroll do livro de Osgood, Suci e Tannenbaum em *Language* 35:1, janeiro-março de 1959).

[37.] Mais claramente por W. V. Quine. Ver *From a Logical Point of View* (Cambridge: Harvard University Press, 1953).

[38.] Um método para caracterizar a sinonímia em termos de referência é sugerido por N. Goodman, "On Likeness of Meaning", *Analysis* 10 (1949): 1-7. As dificuldades são discutidas por Goodman, "On Some Differences About Meaning", *Analysis* 13 (1953): 90-6. Carnap (op. cit.) apresenta uma ideia muito semelhante (§6), porém formulada de maneira um tanto enganosa, pois não considera o fato de que apenas noções extensionistas (referenciais) estão sendo usadas.

[39.] Em geral, os exemplos discutidos aqui são mal analisados e o sucesso das análises propostas é exagerado. Em cada caso, é fácil perceber que a análise proposta, que costuma ter ares de objetividade, não equivale à expressão analisada. Para tomar apenas um exemplo, a resposta *Estou procurando os meus óculos* certamente não é equivalente às paráfrases propostas: "Quando me comportei dessa maneira no passado encontrei meus óculos e, assim, cessei de me comportar dessa maneira" ou "Surgiram circunstâncias nas quais inclino-me a externar qualquer comportamento que no passado tenha levado à descoberta de meus óculos; tal comportamento inclui o comportamento de procurar em que agora estou engajado". Pode-se procurar os óculos pela primeira vez; ou pode-se exibir o mesmo comportamento ao procurar os óculos e ao procurar o relógio, caso em que *Estou procurando os meus óculos* e *Estou procurando o meu relógio* são equivalentes, sob a paráfrase skinneriana. As questões difíceis da intencionalidade não podem ser tratadas dessa maneira superficial.

[40.] Skinner faz um grande esforço, no entanto, para negar a existência em seres humanos (ou em papagaios) de qualquer faculdade ou tendência inata para imitar. Seu único argumento é que ninguém sugeriria uma tendência inata para ler, mas a leitura e o comportamento ecoico têm "propriedades dinâmicas" semelhantes. Essa semelhança, no entanto, simplesmente indica a grosseria de suas categorias descritivas.

No caso dos papagaios, Skinner afirma que eles não têm capacidade instintiva para imitar, apenas para serem reforçados pela imitação bem-sucedida (p. 78). Dado o uso da palavra "reforço" por Skinner, é difícil perceber aqui qualquer distinção, já que exatamente a mesma coisa poderia ser dita de qualquer outro comportamento instintivo. Por exemplo, onde outro cientista diria que certo pássaro instintivamente constrói um ninho de uma certa maneira, poderíamos dizer na terminologia de Skinner (equivalentemente) que o pássaro é instintivamente reforçado construindo o ninho dessa maneira. Portanto, estamos inclinados a descartar essa afirmação como outra introdução ritual da palavra "reforçar". Embora possa, sob algum esclarecimento adequado, haver alguma verdade nisso, é difícil ver quantos dos casos relatados por observadores competentes podem ser tratados se "reforço" tiver algum significado substantivo. Cf. Thorpe, op. cit., p. 353 ss.; K. Lorenz, *King Solomon's Ring* (Nova York: Crowell, 1952), p. 85-8; mesmo Mowrer, que tenta mostrar como a imitação pode se desenvolver por meio do reforço secundário, cita um caso (op. cit., p. 694), no qual ele aparentemente acredita, mas onde isso dificilmente poderia ser verdadeiro. Em crianças pequenas, parece mais implausível explicar a imitação em termos de reforço secundário.

[41.] Ainda que mesmo essa possibilidade seja limitada. Se fôssemos levar a sério esses exemplos de paradigma, concluiríamos que uma criança que sabe contar de um a cem poderia aprender uma matriz arbitrária de 10 × 10 a partir desses números tão prontamente quanto a tabuada de multiplicação.

[42.] Da mesma forma, que "a universalidade de uma obra literária depende do número de leitores em potencial propensos a dizer a mesma coisa" (p. 323; ou seja, a obra mais "universal" é um dicionário de clichês e saudações); um falante é estimulante se diz o que nós mesmos estamos prestes a dizer (p. 320); etc.

[43.] Da mesma forma, considere a afirmação de Skinner (p. 371-4) de que a comunicação de conhecimento ou fatos é apenas o processo de disponibilizar uma nova resposta ao falante. Aqui a analogia com experimentos com animais é particularmente fraca. Quando treinamos um rato para realizar algum ato peculiar, faz sentido considerar isso uma questão de adicionar uma resposta ao seu repertório. No caso da comunicação humana, no entanto, é muito difícil atribuir qualquer significado a essa terminologia. Se A transmite a B a informação (nova para B) de que as ferrovias estão diante de um colapso, em que sentido a resposta *As ferrovias estão diante de um colapso* pode ser considerada agora, mas não anteriormente, disponível para B? Certamente B poderia ter dito isso antes (sem saber se era verdade), e saber que era uma frase (ao contrário de *Colapso diante as ferrovias estão*). Tampouco há qualquer razão para supor que a resposta aumentou em força, seja lá o que isso significa exatamente (por exemplo, B pode não ter interesse no fato, ou pode querer que seja suprimido). Não está claro como podemos caracterizar essa noção de "tornar uma resposta disponível" sem reduzir o relato de Skinner de "transmitir conhecimento" a uma trivialidade.

44. P. 392. Na página seguinte, porém, o *s* no mesmo exemplo indica que o objeto descrito "como *the boy* possui a propriedade de correr". A dificuldade de até mesmo manter a consistência com um esquema conceitual como esse é fácil de reconhecer.

45. Pode-se também argumentar que exatamente o oposto é verdadeiro. O estudo das pausas de hesitação mostrou que elas tendem a ocorrer antes das grandes categorias — substantivo, verbo, adjetivo; essa descoberta é geralmente descrita pela afirmação de que as pausas ocorrem onde há máxima incerteza ou informação. Na medida em que a hesitação indica uma composição em andamento (se é que indica), parece que as "respostas-chave" são escolhidas apenas depois da "estrutura gramatical". Cf. C. E. Osgood, artigo não publicado; F. Goldman-Eisler, "A Speech Analysis and Mental Processes", *Language and Speech* 1 (1958), p. 67.

46. Por exemplo, quais são de fato as verdadeiras unidades do comportamento verbal? Sob quais condições um evento físico pode capturar a atenção (será um estímulo) ou será um reforçador? Como decidimos quais estímulos estão em "controle" em um caso específico? Quando os estímulos são "semelhantes"? E assim por diante. (Não é interessante afirmar, por exemplo, que dizemos *Pare* para um automóvel ou uma bola de bilhar porque eles são semelhantes a reforçar pessoas [p. 64].)

O uso de noções não analisadas como "semelhante" e "generalização" é particularmente perturbador, pois indica um aparente desinteresse por todos os aspectos significativos da aprendizagem ou do uso da linguagem em novas situações. Ninguém jamais duvidou que, em certo sentido, a linguagem é aprendida por generalização, ou que novos enunciados e situações são de alguma forma semelhantes aos conhecidos. A única questão de interesse sério é a "semelhança" específica. Skinner, aparentemente, não se interessa por isso. Keller e Schoenfeld (op. cit.) incorporaram essas noções (que eles identificam) em sua "psicologia objetiva moderna" skinneriana, definindo dois estímulos como semelhantes quando "damos o mesmo tipo de resposta a eles" (p. 124; mas e quando as respostas são do "mesmo tipo"?). Eles parecem não perceber que esta definição converte seu "princípio de generalização" (p. 116), sob qualquer interpretação razoável, em uma tautologia. É óbvio que tal definição não ajuda muito no estudo da aprendizagem de línguas ou na elaboração de novas respostas em situações apropriadas.

47. "The Problem of Serial Order in Behavior", em L. A. Jeffress, ed., *Hixon Symposium on Cerebral Mechanisms in Behavior* (Nova York: Wiley, 1961).

48. Não há nada essencialmente misterioso nisso. Padrões de comportamento inatos complexos e "tendências inatas para aprender de maneiras específicas" foram meticulosamente estudados em organismos inferiores. Muitos psicólogos tendem a acreditar que tal estrutura biológica não terá um efeito importante na aquisição de comportamento complexo em organismos superiores, mas não consegui encontrar nenhuma justificativa séria para essa atitude. Alguns estudos recentes enfatizaram a necessidade de analisar meticulosamente as estratégias disponíveis para o organismo, considerado um complexo "sistema de processamento de informações" (cf. J. S. Bruner, J. J. Goodnow e G. A. Austin, *A Study of Thinking*, Nova York: Wiley, 1956; A. Newell, J. C. Shaw e H.

A. Simon, "Elements of a Theory of Human Problem Solving", *Psychological Review* 65 [1958]: 151-66); se algo significativo pode ser dito sobre as características da aprendizagem humana. Estas podem ser em grande parte inatas ou desenvolvidas por processos de aprendizagem precoces sobre os quais ainda se sabe muito pouco. (Mas ver H. F. Harlow, "The Formation of Learning Sets", *Psychological Review* 58 (1949): 51-65, e muitos artigos posteriores, em que mudanças marcantes no caráter da aprendizagem são mostradas como resultado do treinamento inicial; também Hebb, *Organization of Behavior*, p. 109 ss.) Elas são sem dúvida bastante complexas. Cf. Lenneberg, op. cit., e R. B. Lees, resenha de Chomsky em *Syntactic Structures in Language* 33 (1957): 406f., para discussão dos tópicos mencionados nesta seção.

2. PREFÁCIO DE *ASPECTOS DA TEORIA DA SINTAXE*

[sem notas]

3. PRELIMINARES METODOLÓGICOS

[1.] Aceitar o mentalismo tradicional, dessa forma, não é aceitar a dicotomia de Bloomfield de "mentalismo" *versus* "mecanismo". A linguística mentalista é simplesmente a linguística teórica que usa o desempenho como dado (junto com outros dados, por exemplo, os dados fornecidos pela introspecção) para a determinação da competência, sendo esta última tomada como o principal objeto de sua investigação. O mentalista, nesse sentido tradicional, não precisa fazer suposições sobre a possível base fisiológica para a realidade mental que estuda. Em particular, não precisa negar que exista tal base. Seria possível supor, antes, que os estudos mentalistas serão, em última análise, de maior valor para a investigação dos mecanismos neurofisiológicos, uma vez que eles se ocupam em determinar abstratamente as propriedades que tais mecanismos devem exibir e as funções que devem desempenhar.

Na verdade, a questão do mentalismo *versus* antimentalismo em linguística aparentemente tem a ver apenas com objetivos e interesses, e não com questões de verdade ou falsidade, sensatez ou absurdo. Pelo menos três questões estão envolvidas nessa vã controvérsia: (1) dualismo — as regras subjacentes ao desempenho são representadas em um meio não material? (2) behaviorismo — os dados do desempenho esgotam o domínio de interesse do linguista, ou ele também está preocupado com outros fatos, em particular aqueles relativos aos sistemas mais profundos que fundamentam o comportamento? e (3) introspeccionismo — deve-se fazer uso de dados introspectivos na tentativa de determinar as propriedades desses sistemas subjacentes? A posição dualista é a posição contra a qual Bloomfield argumentou de forma irrelevante. A posição behaviorista não é uma questão discutível. É simplesmente uma expressão de falta de interesse em teoria e explicação.

Isso fica claro, por exemplo, na crítica de W. F. Twaddell (*On Defining the Phoneme. Language Monograph*, n. 16, 1935, reimpresso em parte em M. Joos, ed., *Reading in Linguistics,* Washington, 1957) à fonologia mentalista de Sapir, que usava respostas e comentários dos informantes como evidência da realidade psicológica de algum sistema abstrato de elementos fonológicos. Para Twaddell, o empreendimento não tem sentido porque só o que lhe interessa é o comportamento em si, "que já está disponível para o estudioso da linguagem, ainda que de forma menos concentrada". Caracteristicamente, esse desinteresse pela teoria linguística se expressa na proposta de limitar o termo "teoria" a "resumo de dados" (como no artigo de Twaddell, ou, para dar um exemplo mais recente, em R. W. Dixon, *Linguistic Science and Logic,* The Hague: Mouton & Co., 1963, embora a discussão de "teorias" neste último seja muito vaga para permitir outras interpretações do que ele possa ter em mente). Talvez essa perda de interesse pela teoria, no sentido usual, tenha sido fomentada por certas ideias (por exemplo, operacionalismo estrito ou verificacionismo forte) que foram brevemente consideradas na filosofia positivista da ciência, mas logo rejeitadas, no início dos anos de 1930. De todo modo, a questão (2) não coloca nenhum tópico de fundo. A questão (3) surge apenas se rejeitarmos as limitações behavioristas de (2). Sustentar, por motivos de pureza metodológica, que os julgamentos introspectivos do informante (muitas vezes, o próprio linguista) devem ser desconsiderados é, no momento, condenar o estudo da linguagem à absoluta esterilidade. É difícil imaginar qual possível razão poderia ser dada para isso. Voltaremos ao assunto adiante. Para uma discussão mais aprofundada, ver J. J. Katz, "Mentalism in Linguistics", *Language* 40 (1964), p. 124-37.

2. Para uma discussão, ver N. Chomsky, *Current Issues in Linguistic Theory* (The Hague: Mouton & Co., 1964). Uma versão um pouco anterior está em J. A. Fodor e J. J. Katz, eds., *The Structure of Language: Readings in the Philosophy of Language* (Englewood Cliffs, NJ: Prentice-Hall, 1964). Esta é uma versão revisada e expandida de um artigo apresentado à sessão "The Logical Basis of Linguistic Theory", no 9º Congresso Internacional de Linguistas, Cambridge, MA, 1962. Encontra-se sob o título da sessão em H. Lunt, ed., *Proceedings of the Ninth Congress of Linguists* (The Hague: Mouton & Co., 1964).

3. Isso foi negado recentemente por vários linguistas europeus (por exemplo, Dixon, *Linguistic Science and Logic*; E. M. Uhlenbeck, "An Appraisal of Transformation Theory", *Lingua* 12 (1963), p. 1-18; E. M. Uhlenbeck, discussão na sessão "The Logical Bases of Linguistic Theory", em Lunt, *Proceedings*, 981-3). Eles não apresentam razões para seu ceticismo em relação à gramática tradicional, no entanto. Todas as evidências disponíveis atualmente me parecem mostrar que no geral as visões tradicionais estão basicamente corretas, até onde chegam, e que as inovações sugeridas são totalmente injustificáveis. Por exemplo, consideremos a proposta de Uhlenbeck de que a análise de constituinte de "o homem viu o menino" é [*o homem viu*] [*o menino*], uma proposta

que presumivelmente também implica que nas frases [*o homem colocou*] [*na caixa*], [*o homem apontou*] [*para John*], [*o homem persuadiu*] [*Bill de que era improvável*] etc. os constituintes sejam como indicados. Há muitas considerações relevantes para a determinação da estrutura constituinte (cf. nota 7); até onde eu sei, elas apoiam a análise tradicional sem exceção contra essa proposta, em que o único argumento apresentado é o de ser o resultado de uma "análise linguística pura". Cf. Uhlenbeck, discussão na sessão "The Logical Basis of Linguistic Theory". Quanto às objeções de Dixon às gramáticas tradicionais, como ele não apresenta nenhuma alternativa nem qualquer argumento (além da observação correta, mas irrelevante, de que elas foram "há muito condenadas por linguistas profissionais"), não há mais nada a discutir, neste caso.

4. J. Beattie, *Theory of Language* (Londres: A. Stahan, 1788).

5. C. Ch. du Marsais, *Les véritables principes de la grammaire* (1729); sobre a datação deste manuscrito, ver G. Sahlin, *César Chesneau du Marsais et son rôle dans l'évolution de la grammaire générale* (Paris: Presses Universitaires, 1928). Citado em Sahlin, p. 29-30.

6. Para referências, ver N. Chomsky, *Cartesian Linguistics: A Chapter in the History of Rationalist Thought* (Nova York: Harper & Row, 1966).

7. C. Lancelot, A. Arnaud, et al., *Grammaire générale et raisonnée* (1660).

8. D. Diderot, *Lettre sur les Sourds et Muets* (1751); as referências de página são para J. Assézat, ed., *Oeuvres complètes de Diderot*, vol. 1 (Paris: Garnier Frères, 1875).

9. Ibid., p. 390.

10. Ibid., p. 371.

11. Ibid., p. 372.

12. Ibid., p. 371-2.

13. Por exemplo, G. Ryle, "Ordinary Language", *Philosophical Review 62* (1953), p. 167-86.

14. Para várias tentativas de esclarecer este ponto, ver N. Chomsky, *Syntactic Structures* (The Hague: Mouton & Co., 1957); H. A. Gleason, *Introduction to Descriptive Linguistics*, 2. ed. (Nova York: Holt, Rinehart & Winston, 1961); G. A. Miller e N. Chomsky, "Finitary Models of Language Users", em R. D. Luce, R. Bush e E. Galanter, eds., *Handbook of Mathematical Psychology*, vol. 2 (Nova York: Wiley, 1963), cap. 13, p. 419-92; e muitas outras publicações.

4. A RESPONSABILIDADE DOS INTELECTUAIS

1. Este projeto de pesquisa já foi realizado e publicado como um "Citizens' White Paper": F. Schurmann, P. D. Scott e R. Zelnik, *The Politics of Escalation in Vietnam* (Nova York: Fawcett World Library; Boston: Beacon, 1966). Para mais evidências da rejeição americana às iniciativas da ONU para acordos diplomáticos, pouco antes da grande escalada de fevereiro de 1965, ver Mario Rossi, "The US Rebuff to U Thant", *New York Review of Books*, 17 de novembro de 1966. Ver também Theodore Draper,

"How Not to Negotiate", *New York Review of Books*, 4 de maio de 1967. Há mais evidências documentais de tentativas da FLN de instituir um governo de coalizão e neutralizar a área, todas rejeitadas pelos Estados Unidos e seu aliado Saigon, em Douglas Pike, *Viet Cong* (Cambridge, MA: MIT Press, 1966). Na leitura de material desse último tipo, deve-se ter um cuidado especial para distinguir entre as evidências apresentadas e as "conclusões" afirmadas, por razões apontadas brevemente abaixo (ver nota 33).

É interessante analisar as primeiras reações publicadas, um tanto evasivas, a *The Politics of Escalation* pelos que defendem nosso direito de conquistar o Vietnã do Sul e implantar um governo de nossa escolha. Por exemplo, Robert Scalapino (*New York Times Magazine*, 11 de dezembro de 1966) argumenta que a tese do livro implica que nossos líderes são "diabólicos". Como ninguém que saiba pensar pode acreditar nisso, a tese é refutada. Presumir o contrário deturparia "irresponsabilidade", no sentido essencial do termo — um sentido que dá um toque irônico ao título deste capítulo. Ele prossegue apontando a suposta fraqueza central do argumento do livro, a saber, não perceber que uma tentativa séria de nossa parte de buscar as possibilidades de um acordo diplomático teria sido interpretada por nossos adversários como um sinal de fraqueza.

[2.] *New York Times*, 14 de outubro de 1965.

[3.] Ibid., 6 de fevereiro de 1966.

[4.] *Boston Globe*, 19 de novembro de 1965.

[5.] Em outras ocasiões, na verdade Schlesinger demonstra um admirável rigor acadêmico. Por exemplo, em sua introdução a *The Politics of Escalation*, admite que pode ter havido "lampejos de interesse em negociações" por parte de Hanói. Quanto às mentiras do governo sobre as negociações e suas repetidas ações solapando as tentativas de negociação, comenta apenas que os autores podem ter subestimado a necessidade militar e que futuros historiadores podem provar que estavam errados. Essa cautela e distanciamento devem ser comparados com a atitude de Schlesinger em relação aos renovados estudos sobre as origens da Guerra Fria: em uma carta a *New York Review of Books*, em 20 de outubro de 1966, ele declara que é hora de "denunciar" tentativas revisionistas de mostrar que a Guerra Fria pode ter sido consequência de algo mais que mera beligerância comunista. Devemos acreditar, então, que a questão relativamente simples das origens da Guerra Fria está resolvida e não se discute mais o assunto, enquanto a questão muito mais complexa de por que os Estados Unidos se esquivam de um acordo negociado no Vietnã deve ser deixada à ponderação de futuros historiadores.

É útil ter em mente que o próprio governo dos EUA às vezes é muito menos tímido em explicar por que se recusa a contemplar um acordo negociado importante. Como se admite livremente, esta solução deixaria o país sem poder para controlar a situação. Ver, por exemplo, nota 37.

6. Arthur M. Schlesinger, Jr., *A Thousand Days: John F. Kennedy in the White House* (Boston: Houghton Mifflin Company, 1965), p. 121.
7. Walt W. Rostow, *The View from the Seventh Floor* (Nova York: Harper & Row, 1964), p. 149. Ver também seu *United States in the World Arena* (Nova York: Harper & Row, 1960), p. 144: "Stálin, explorando a ruptura e a fraqueza do mundo pós-guerra, pressionou a partir da base expandida conquistada na Segunda Guerra Mundial em um esforço para ganhar o equilíbrio de poder na Eurásia [...] voltando-se para o Oriente, para apoiar Mao e inflamar os comunistas norte-coreanos e indochineses...".
8. Por exemplo, o artigo do analista da CIA George Carver, "The Faceless Viet Cong", em *Foreign Affairs* 44 (abril de 1966): 317-72. Ver também nota 33.
9. Cf. Jean Lacouture, *Vietnam: Between Two Truces* (Nova York: Random House, 1966), p. 21. A análise de Diem da situação foi compartilhada por observadores ocidentais na época. Ver, por exemplo, os comentários de William Henderson, especialista e executivo do Extremo Oriente, Council on Foreign Relations, em Richard W. Lindholm, ed., *Vietnam: The First Five Years* (East Lansing: Michigan State University Press, 1959). Ele observa "a crescente alienação da intelectualidade", "a renovação da dissidência armada no Sul", o fato de que "a segurança se deteriorou visivelmente nos últimos dois anos", tudo como resultado da "ditadura funesta" de Diem, e prevê "um constante agravamento do clima político no Vietnã livre, culminando em desastres imprevistos".
10. Ver Bernard Fall, "Vietnam in the Balance", *Foreign Affairs* 45 (outubro de 1966): 1-18.
11. Stálin não estava satisfeito nem com as tendências titoístas dentro do partido comunista grego, nem com a possibilidade de uma federação balcânica se desenvolvendo sob a liderança de Tito. No entanto, é concebível que Stálin tenha apoiado os guerrilheiros gregos em algum estágio da rebelião, apesar da dificuldade em obter provas documentais firmes. Desnecessário dizer que nenhum estudo elaborado é necessário para documentar o papel britânico ou americano neste conflito civil, a partir do final de 1944. Ver D. G. Kousoulas, *The Price of Freedom* (Syracuse, NY: Syracuse University Press, 1953) e *Revolution and Defeat* (Nova York: Oxford University Press, 1965), para um estudo sério desses eventos de um ponto de vista fortemente anticomunista.
12. Para um relato detalhado, ver James Warburg, *Germany: Key to Peace* (Cambridge, MA: Harvard University Press, 1953), p. 189, pois Warburg conclui que aparentemente "o Kremlin estava agora disposto a aceitar a criação de uma democracia no sentido ocidental da palavra", enquanto as potências ocidentais, em sua resposta, "admitiram francamente seu plano de 'garantir a participação da Alemanha em uma comunidade europeia puramente defensiva'" (isto é, a Otan).
13. *The United States in the World Arena*, p. 344-5. Aliás, os que deploram com razão a repressão brutal às revoluções da Alemanha Oriental e da Hungria fariam bem em lembrar que esses eventos escandalosos poderiam ter sido evitados se os Estados Unidos estivessem dispostos a considerar propostas de neutralização da Europa

Central. Algumas declarações recentes de George Kennan apresentam comentários interessantes sobre este assunto, por exemplo, seus comentários sobre a falsidade, desde o início, da suposição de que a URSS pretendia atacar ou intimidar pela força a metade ocidental do continente e que foi dissuadida pela força americana, e suas observações sobre a esterilidade e o absurdo geral da exigência da retirada unilateral soviética da Alemanha Oriental, juntamente com "a inclusão de uma Alemanha unificada como um componente importante em um sistema de defesa ocidental baseado principalmente em armamento nuclear" (Edward Reed, ed., *Peace on Earth*, Nova York: Pocket Books, 1965).

Vale a pena notar que a fantasia histórica do tipo ilustrado nas observações de Rostow tornou-se uma especialidade regular do Departamento de Estado. Assim, temos Thomas Mann justificando nossa intervenção na República Dominicana como resposta às ações do "bloco militar sino-soviético". Ou, para citar uma declaração mais ponderada, temos a análise de William Bundy dos estágios de desenvolvimento da ideologia comunista em seu discurso na Pomona College, 12 de fevereiro de 1966, no qual ele define a União Soviética nos anos 1920 e início dos anos 1930 como "em uma fase altamente militante e agressiva". O assustador na fantasia, diferentemente da falsificação total, é a possibilidade de poder ser sincera e realmente servir de base para a formulação de políticas.

[14.] *New York Times*, 6 de fevereiro de 1966.

[15.] *United States Policy Toward Asia*, Hearings before the Subcommittee on the Far East and the Pacific of the Committee on Foreign Affairs, House of Representatives (Washington: Government Printing Office, 1966), p. 89.

[16.] *New York Times Book Review*, 20 de novembro de 1966. Tais comentários lembram o notável espetáculo do presidente Kennedy aconselhando Cheddi Jagan sobre os perigos de entrar em uma relação comercial "que levou um país a uma condição de dependência econômica". A referência, é claro, é aos perigos das relações comerciais com a União Soviética. Ver Schlesinger, *A Thousand Days*, p. 776.

[17.] *A Thousand Days*, p. 252.

[18.] Ibid., p. 769.

[19.] Apesar de isso também ser impreciso. Deve-se recordar a verdadeira característica do regime de Trujillo para perceber todo o cinismo da análise "realista" de Kennedy.

[20.] Walt W. Rostow e R. W. Hatch, *An American Policy in Asia* (Nova York: Technology Press e John Wiley & Sons, Inc., 1955).

[21.] "End of Either/Or", *Foreign Affairs* 45 (janeiro de 1967): 189-201.

[22.] *Christian Science Monitor*, 26 de novembro de 1966.

[23.] Ibid., 5 de dezembro de 1966.

[24.] Embora, para manter a perspectiva, devamos lembrar que em seus momentos mais desvairados Alfred Rosenberg falou da eliminação de 30 milhões de eslavos, não de imposição da fome em massa a um quarto da raça humana. Aliás, a analogia aqui traçada é altamente "irresponsável", no sentido técnico desse neologismo discutido anteriormente.

Ou seja, baseia-se na suposição de que as declarações e ações dos americanos estão sujeitas aos mesmos padrões e abertas às mesmas interpretações que as de qualquer um.

[25.] *New York Times*, 6 de fevereiro de 1966. Além disso, continua Goldberg, os Estados Unidos não têm certeza de que todos sejam adeptos voluntários. Esta não é a primeira demonstração de uma falsidade comunista. Outro exemplo foi visto no ano de 1962 quando, segundo fontes do governo dos Estados Unidos, 15 mil guerrilheiros sofreram 30 mil baixas. Ver Schlesinger, *A Thousand Days*, p. 982.

[26.] Reimpresso em uma coletânea de ensaios intitulada *The End of Ideology: On the Exhaustion of Political Ideas in the Fifties* (Nova York: The Free Press, 1960), p. 369-75. Não tenho a intenção de entrar aqui em todo o escopo das questões levantadas na discussão do "fim da ideologia" nos últimos doze anos. É difícil ver como uma pessoa racional poderia entrar em querelas com muitas das teses que foram apresentadas, por exemplo, que em um determinado momento histórico a "política de civilidade" é apropriada e talvez eficaz; quem defende a ação (ou a inação — uma questão frequentemente menos observada) tem a responsabilidade de avaliar seu custo social; que o fanatismo dogmático e as "religiões seculares" devem ser combatidos (ou se possível ignorados); que soluções técnicas para os problemas devem ser implementadas, onde possível; que "*le dogmatisme idéologique devait disparaître pour que les idées reprissent vie*" (Aron); e assim por diante. Como isso às vezes é considerado como expressão de uma posição "antimarxista", vale a pena ter em mente que sentimentos como esses não têm relação com o marxismo não bolchevique, representado, por exemplo, por figuras como Rosa Luxemburgo, Pannekoek, Korsch, Arthur Rosenberg e muitos outros.

[27.] Rostow e Hatch, *An American Policy in Asia*, p. 10.

[28.] Até que ponto essa "tecnologia" não tem juízo de valor é pouco importante, dados os nítidos compromissos de quem a aplica. Os problemas abordados pela pesquisa são os impostos pelo Pentágono ou pelas grandes corporações e não, digamos, pelos revolucionários do Nordeste do Brasil ou pelo SNCC [Comitê Coordenador Estudantil pela Não Violência]. Tampouco estou ciente de um projeto de pesquisa dedicado ao problema de como guerrilheiros mal armados podem resistir de forma mais eficaz a uma tecnologia militar brutal e devastadora — com certeza o tipo de problema que teria interessado o intelectual independente que agora está irremediavelmente desatualizado.

[29.] Em vista do incessante bombardeio de propaganda sobre o "expansionismo chinês", talvez seja necessário um pequeno comentário. Uma avaliação típica da propaganda americana sobre esse assunto é a de Adlai Stevenson, pouco antes de sua morte (cf. *New York Times Magazine*, 13 de março de 1966): "Até agora, a nova 'dinastia' comunista tem sido muito agressiva. O Tibete foi engolido, a Índia atacada, os malaios tiveram de lutar doze anos para resistir a uma 'libertação nacional' que poderiam conseguir dos britânicos por um caminho mais pacífico. Hoje, o aparato de infiltração e agressão já está em progresso no norte da Tailândia".

Quanto à Malásia, provavelmente Stevenson está confundindo a etnia chinesa com o governo da China. Os que estão atentos aos verdadeiros eventos concordam com Harry Miller, em *Communist Menace in Malaya* (Nova York: Frederick A. Praeger, Inc., 1954), p. 230, que "a China comunista continua a mostrar pouco interesse nas questões malaias além de suas costumeiras fulminações via Rádio de Pequim". Há muito de negativo que se pode dizer sobre o comportamento chinês relativo ao que o Tratado Sino-Indiano de 1954 se refere como "a região do Tibete da China", mas isso não demonstra mais uma tendência ao expansionismo que o comportamento do governo indiano no que diz respeito às tribos Naga e Mizo. Quanto ao norte da Tailândia, "o aparato de infiltração" pode estar em progresso, embora haja poucas razões para supor que seja chinês — e certamente não deixa de estar relacionado ao uso americano da Tailândia como base para seus ataques ao Vietnã. Essa referência é a mais pura hipocrisia.

O "ataque à Índia" surgiu de uma disputa de fronteira iniciada muitos anos depois que os chineses concluíram uma estrada do Tibete a Xinjiang, numa área tão longe do controle da Índia que os indianos só souberam dessa operação pela imprensa chinesa. Segundo mapas da Força Aérea Americana, a área disputada está em território chinês. Cf. Alastair Lamb, *China Quarterly* 23 (julho-setembro de 1965), p. 202-7. Para essa distinta autoridade, "parece improvável que os chineses estejam elaborando algum plano mestre [...] para tomar o superpopuloso subcontinente indiano". Lamb acha mais provável que talvez os chineses nem soubessem que a Índia reivindicava o território pelo qual a estrada passava. Após a vitória militar da China, as tropas chinesas foram retiradas da maioria das áreas, para além da Linha McMahon, uma fronteira que os britânicos tentaram impor à China em 1914, mas que nunca foi reconhecida pela China (nacionalista ou comunista), pelos Estados Unidos, ou por qualquer outro governo.

É notável que alguém ocupando um cargo de responsabilidade defina tudo isso como expansionismo chinês. Na verdade, é um absurdo discutir a hipotética agressividade de uma China cercada por mísseis americanos e com uma rede ainda em expansão de bases militares guarnecidas por uma enorme força expedicionária americana no Sudeste da Ásia. É concebível que em algum momento futuro uma China poderosa possa ser expansionista. Podemos especular sobre tais possibilidades, se quisermos, mas o fato central da política atual é a agressividade americana.

30. W. S. Churchill, *Memórias da Segunda Guerra Mundial*, vol. 5 (Rio de Janeiro: Harper Collins, 2017).

31. *United States Policy Toward Asia*, 104. Ver nota 15.

32. Ibid., p. 105.

33. Pike, *Viet Cong*, p. 110. Esse livro, escrito por um funcionário do corpo diplomático que trabalha no Centro de Estudos Internacionais, MIT, apresenta um contraste entre o nosso lado, que simpatiza com "as habituais agitações revolucionárias [...] em todo o mundo porque refletem padrões de vida inadequados ou governos opressivos

e corruptos", e os apoiadores da "guerrilha revolucionária", que "se opõem às aspirações do povo enquanto aparentemente as promovem, manipulam o indivíduo persuadindo-o a manipular a si mesmo". A guerra de guerrilha revolucionária é "um produto importado, a revolução vinda de fora" (outros exemplos além dos vietcongues são a "exportação da revolução armada por Stálin", o Haganah na Palestina e o Exército Republicano Irlandês — ver p. 32-3). Os vietcongues não poderiam ser um movimento endógeno, pois tem "um programa de construção social de tal alcance e ambição que necessariamente deve ter sido criado em Hanói" (p. 76 — mas em p. 77-9 lemos que "a atividade organizacional havia continuado intensa e sistematicamente por vários anos" antes de o partido Lao Dong de Hanói tomar a decisão de "começar a construir uma organização"). Em p. 80 descobrimos que "tal esforço tinha de ser filho do Norte", embora em outros lugares lemos sobre o papel proeminente do Cao Dai (p. 74), "o primeiro grande grupo social a começar a se opor ativamente ao governo Diem" (p. 222), e do secto Hoa Hao, "outro participante inicial e importante da FLN" (p. 69). Pike considera como prova da duplicidade comunista que no Sul o partido insistia que era "marxista-leninista", assim "indicando uma afinidade filosófica, mas não política", enquanto no Norte se definia como uma "organização marxista-leninista", assim "indicando que estava na corrente principal do movimento comunista mundial" (p. 150). E assim por diante. Também revelador é o desprezo por "Cinderela e todos os outros tolos [que] ainda podiam acreditar que havia magia no mundo maduro se alguém murmurasse o encantamento secreto: solidariedade, união, concórdia"; pelas "pessoas ingênuas e iludidas" que estavam "transformando o campo em um caos, derrubando um governo de Saigon atrás do outro, confundindo os americanos"; pela "poderosa força do povo" que em sua inocência tola pensava que "os humildes, finalmente, herdariam a terra", que "as riquezas seriam deles e tudo em nome da justiça e da virtude". Pode-se avaliar o desgosto com que um sofisticado cientista político ocidental pode ver esse "espetáculo triste e impressionante".

[34] Lacouture, op. cit., p. 188. O mesmo porta-voz militar continua, ameaçador, dizendo que esse é o problema que enfrentamos em toda a Ásia, África e América Latina, e que devemos encontrar a "resposta adequada".

[35] Charles Mohr, *New York Times*, 11 de fevereiro de 1966. Destaque meu.

[36] *New York Times*, 18 de fevereiro de 1966.

[37] William Bundy, "The United States and Asia", em Alastair Buchan, ed., *China and the Peace of Asia* (Nova York: Frederick A. Praeger, Inc., 1965), p. 29-30.

[38] Op. cit., p. 80.

[39] *United States Policy Toward Asia*, p. 191-201, passim.

[40] Rostow e Hatch, *An American Policy in Asia*, p. 10.

[41] *United States Policy Toward Asia*, p. 128.

[42] Lindholm, op. cit., p. 322.

5. SOBRE A RESISTÊNCIA
[sem notas]

6. LINGUAGEM E LIBERDADE
1. F. W. J. Schelling, *Philosophical Inquiries into the Nature of Human Freedom*.
2. Ver, por exemplo, as observações de Paul Ricoeur citadas em Noam Chomsky, *For Reasons of State* (Nova York: Pantheon Books, 1970), cap. 6, p. 308-9.
3. R. D. Masters, introdução à sua edição de *First and Second Discourses*, de Jean-Jacques Rousseau (Nova York: St. Martin's Press, 1964).
4. Comparar com Proudhon, um século depois: "Não é necessária uma longa discussão para demonstrar que o poder de negar a um homem seu pensamento, sua vontade, sua personalidade, é um poder de vida ou morte, e que fazer de um homem um escravo é assassiná-lo".
5. Citado em Lehning, ed., Bakunin, *Etatisme et anarchie*, nota do editor 50, de P. Schrecker, "Kant et la révolution française", *Revue philosophique de la France, et de l'Étranger*, setembro-dezembro de 1939.
6. Chomsky discutiu esse assunto em *Cartesian Linguistics* (Nova York: Harper & Row, 1966) e em *Language and Mind* (Nova York: Harcourt, Brace & World, 1968).
7. Ver as referências da nota 5, e também Noam Chomsky, *Aspects of the Theory of Syntax* (Cambridge, MA: MIT Press, 1965), cap. 1, sec. 8.
8. Para uma discussão, ver E. H. Lenneberg, *Biological Foundations of Language* (Nova York: Wiley, 1967); Chomsky, *Language and Mind*; E. A. Drewe, G. Ettlinger, A. D. Milner e R. E. Passingham, "A Comparative Review of the Results of Behavioral Research on Man and Monkey", Institute of Psychiatry, Londres, esboço não publicado, 1969; P. H. Lieberman, D. H. Klatt e W. H. Wilson, "Vocal Tract Limitations on the Vowel Repertoires of Rhesus Monkey and other Nonhuman Primates", *Science*, 6 de junho de 1969; e P. H. Lieberman, "Primate Vocalizations and Human Linguistic Ability", *Journal of the Acoustical Society of America* 44, n. 6 (1968).
9. Nos livros citados acima, e em Noam Chomsky, *Current Issues in Linguistic Theory* (The Hague: Mouton, 1969).
10. J. W. Burrow, introdução à sua edição de *The Limits of State Action*, de Wilhelm von Humboldt (Londres: Cambridge University Press, 1969), de onde foi extraída a maioria das citações a seguir.
11. Comparar com as observações de Kant, citadas acima. O ensaio de Kant foi publicado em 1793; o de Humboldt foi escrito em 1791-1792. Foram publicadas partes, mas não na íntegra, durante sua vida. Ver Burrow, introdução a Humboldt, *Limits of State Action*.
12. Thomas G. Sanders, "The Church in Latin America", *Foreign Affairs* 48, n. 2 (1970).

13. Ibid. Consta que a fonte são as ideias de Paulo Freire. Críticas semelhantes são difundidas no movimento estudantil no Ocidente. Ver, por exemplo, Mitchell Cohen e Dennis Hale, eds., *The New Student Left* (Boston: Beacon, 1967), cap. 3.
14. Ou seja, que um homem "só alcança a consumação mais madura e elegante de sua atividade quando seu modo de vida está harmoniosamente de acordo com seu caráter" — isto é, quando suas ações fluem de um impulso interior.
15. A última citação é dos comentários de Humboldt sobre a Constituição Francesa, 1791 — partes traduzidas em Marianne Cowan, ed., *Humanist Without Portfolio* (Detroit: Wayne State University Press, 1963).
16. Rudolf Rocker, "Anarchism and Anarcho-syndicalism", em Paul Eltzbacher, *Anarchism* (Nova York: Libertarian Book Club, 1960). Em seu livro *Nationalism and Culture* (1947), Rocker define Humboldt como "o representante mais proeminente na Alemanha" da doutrina dos direitos naturais e da oposição ao Estado autoritário. Rousseau ele considera um precursor da doutrina autoritária, mas considera apenas o *Contrato Social*, não o muito mais libertário *Discurso sobre a desigualdade*. Burrow observa que o ensaio de Humboldt antecipa "muito da teoria política do século XIX, de caráter populista, anarquista e sindicalista" e percebe sugestões iniciais de Marx. Ver também Chomsky, *Cartesian Linguistics*, n. 51, para alguns comentários.
17. Karl Polanyi, *The Great Transformation* (Nova York: Octagon Books, 1975).
18. Citado por Paul Mattick, "Workers' Control", em Priscilla Long, ed., *The New Left* (Boston: Porter Sargent, 1969), p. 377. Ver também cap. 7, p. 96.
19. Citado em Martin Buber, *Paths in Utopia* (Boston: Beacon, 1985), p. 19.
20. Contudo, Rousseau se dedica, como um homem que perdeu sua "simplicidade original" e não pode mais "passar sem leis e chefes", a "respeitar os vínculos sagrados" da sua sociedade e a "obedecer escrupulosamente às leis e aos homens que são seus autores e ministros", enquanto desprezam "uma constituição que só pode ser mantida com a ajuda de tantas pessoas respeitáveis [...] e da qual, apesar de todos os seus cuidados, sempre surgem mais calamidades reais do que vantagens aparentes".
21. Ver cap. 7.
22. Ver cap. 7 em *For Reasons of State* para uma discussão das alegações fraudulentas a este respeito de certas variedades da ciência comportamental.

7. NOTAS SOBRE O ANARQUISMO

1. Octave Mirbeau, citado em James Joll, *The Anarchists* (Boston: Little, Brown, 1964), p. 145-6.
2. Rudolf Rocker, "Anarchism and Anarcho-syndicalism", em Paul Eltzbacher, *Anarchism* (Nova York: Libertarian Book Club, 1960).
3. Citado por Rocker, ibid., p. 77. Esta citação e a da sentença seguinte são de Michael Bakunin, "The Program of the Alliance", em Sam Dolgoff, ed. e trad., *Bakunin on Anarchy* (Montreal: Black Rose Books, 1980), p. 255.

4. Diego Abad de Santillán, *After the Revolution* (Nova York: Greenberg, 1937), p. 86. No último capítulo, escrito vários meses após o início da revolução, ele expressa sua insatisfação com o que até então havia sido alcançado nessas linhas. Sobre as realizações da revolução social na Espanha, ver meu *American Power and the New Mandarins* (Nova York: Pantheon Books, 1969), cap. 1, e referências lá citadas; os importantes estudos de Broué e Témime já foram traduzidos para o inglês. Vários outros estudos importantes surgiram desde então, em particular: Frank Mintz, *L'Autogestion dans l'Espagne Révolutionnaire* (Paris: Éditions Bélibaste, 1971); César M. Lorenzo, *Les Anarchistes espagnols et le pouvoir*, 1868-1969 (Paris: Editions du Seuil, 1969); Gaston Leval, *Espagne libertaire, 1936-1939: L' Oeuvre constructive de la Révolution espagnole* (Paris: Éditions du Cercle, 1971). Ver também Vernon Richards, *Lessons of the Spanish Revolution* (Londres: Freedom Press, 1972), edição ampliada de 1972.
5. Citado por Robert C. Tucker, *The Marxian Revolutionary Idea*, em sua discussão sobre marxismo e anarquismo.
6. Bakunin, em carta a Herzen e Ogareff, 1866. Citado por Daniel Guérin, *Jeunesse du socialisme libertaire* (Paris: M. Rivière, 1959), p. 119.
7. Fernand Pelloutier, citado em Joll, *Anarchists*. A fonte é "L'Anarchisme et les Syndicats Ouvriers", *Les Temps nouveaux*, 1895. O texto na íntegra está em Daniel Guérin, ed., *Ni Dieu, ni maître* (Lausanne: La Cité Éditeur, 1969), uma excelente antologia histórica sobre o anarquismo.
8. Martin Buber, *Paths in Utopia* (Nova York: Collier Books, 1986), p. 127.
9. "Nenhum Estado, por mais democrático", escreveu Bakunin, "nem mesmo a república mais vermelha — poderá jamais dar ao povo o que ele realmente quer, ou seja, a livre auto-organização e a administração de seus próprios assuntos de baixo para cima, sem qualquer interferência ou violência de cima, porque todo Estado, mesmo o pseudoestado Popular inventado pelo Sr. Marx, é em essência apenas uma máquina que governa as massas de cima, por meio de uma minoria privilegiada de intelectuais vaidosos, que imaginam saber o que o povo precisa e melhor que o próprio povo..." "Mas o povo não se sentirá melhor se o bastão com que está sendo espancado for rotulado como 'o bastão do povo'" (*Statism and Anarchy* [1873], em Dolgoff, *Bakunin on Anarchy*, p. 338) — "o bastão do povo" sendo a República democrática. Marx, é claro, via a questão de outra forma. Para uma discussão sobre o impacto da Comuna de Paris nessa disputa, ver os comentários de Daniel Guérin em *Ni Dieu, ni maître*; estes também se encontram, um pouco expandidos, em seu *Pour un marxisme libertaire* (Paris: R. Laffont, 1969). Ver também nota 24.
10. Sobre o "desvio intelectual" de Lênin para a esquerda em 1917, ver Robert Vincent Daniels, "The State and Revolution: A Case Study in the Genesis and Transformation of Comunista Ideology", *American Slavic and East European Review* 12, n. 1 (1953).
11. Paul Mattick, *Marx and Keynes* (Boston: Porter Sargent, 1969), p. 295.

12. Michael Bakunin, "The Paris Commune and the Notion of the State", republicado em Guérin, *Ni Dieu, ni maître*. A observação final de Bakunin sobre as leis da natureza individual como condição da liberdade pode ser comparada com a abordagem do pensamento criativo desenvolvida nas tradições racionalista e romântica, discutida no cap. 9. Ver N. Chomsky, *Cartesian Linguistics and Language and Mind*.
13. Shlomo Avineri, *The Social and Political Thought of Karl Marx* (Londres: Cambridge University Press, 1968), p. 142, referindo-se a comentários em *The Holy Family*. Avineri afirma que no âmbito do movimento socialista somente os *kibutzim* israelenses "perceberam que os modos e formas de organização social presente determinarão a estrutura da sociedade futura". Esta, no entanto, era uma posição característica do anarcossindicalismo, como observado anteriormente.
14. Rocker, *Anarchosyndicalism*, p. 28.
15. Ver os trabalhos de Guérin citados anteriormente.
16. Karl Marx, *Crítica do Programa de Gotha* (São Paulo: Boitempo, 2012).
17. Karl Marx, *Grundrisse der Kritik der Politischen* Ökonomie, citado por Mattick, *Marx and Keynes*, p. 306. A esse respeito, ver também o ensaio de Mattick "Workers' Control", em Priscilla Long, ed., *The New Left* (Boston: Porter Sargent, 1969); e Avineri, *Social and Political Thought of Marx*.
18. Karl Marx, *O capital*, citado por Robert Tucker, que com justiça enfatiza que Marx vê o revolucionário mais como um "produtor frustrado" do que um "consumidor insatisfeito" (*The Marxian Revolutionary Idea*). Esta crítica mais radical das relações capitalistas de produção é uma consequência direta do pensamento libertário do Iluminismo.
19. Marx, *O capital*, citado por Avineri, *Social and Political Thought of Marx*, p. 233.
20. Pelloutier, "L'anarchisme".
21. "Qu'est-ce que la propriété?" A frase "propriedade é roubo" desagradava a Marx, que via em seu uso um problema lógico, o roubo pressupondo a existência legítima da propriedade. Ver Avineri, *Social and Political Thought of Marx*.
22. Citado em Buber, *Paths in Utopia*, p. 19.
23. Citado em J. Hampden Jackson, *Marx, Proudhon and European Socialism* (Londres: English Universities Press, 1957), p. 60.
24. Karl Marx, *A guerra civil na França* (São Paulo: Boitempo, 2011), p. 24. Avineri observa que este e outros comentários de Marx sobre a Comuna referem-se claramente a intenções e planos. Como Marx deixou claro em outros textos, sua avaliação ponderada foi mais crítica do que nesta instância.
25. Para alguns antecedentes, ver Walter Kendall, *The Revolutionary Movement in Britain, 1900--1921: The Origins of British Communism* (Londres: Weidenfeld & Nicolson, 1969).
26. *Collectivisations: L'Oeuvre constructive de la Révolution espagnole*, p. 8.
27. Para uma discussão, ver Mattick, *Marx and Keynes*, e Michael Kidron, *Western Capitalism Since the War* (Harmondsworth: Penguin, 1970). Ver também discussão

e referências citadas em Noam Chomsky, *At War with Asia* (Nova York: Pantheon Books, 1970), cap. 1, p. 23-6.

28. Ver Hugh Scanlon, *The Way Forward for Workers' Control* (Nottingham: Institute for Workers' Control, 1968). Scanlon é presidente do AEF, um dos maiores sindicatos da Grã-Bretanha.

    O instituto foi fundado como resultado da sexta Conferência sobre Controle dos Trabalhadores, março de 1968, e serve como centro de disseminação de informações e estímulo de pesquisas.

29. Guérin, *Ni Dieu, ni maître*, introdução.
30. Ibid.
31. Arthur Rosenberg, *A History of Bolshevism* (Nova York: Russell & Russell, 1965), p. 88.
32. Marx, *A guerra civil na França*, p. 62-3.

8. O PAPEL DA FORÇA NAS QUESTÕES INTERNACIONAIS

1. Telford Taylor, *Nuremberg and Vietnam: An American Tragedy*, p. 29.
2. Não fica claro se Taylor está ciente da extensão dos bombardeios americanos ao Vietnã do Norte. Outros comentaristas não estão. Por exemplo, Neil Sheehan escreveu: "Embora os norte-vietnamitas possam não acreditar, no Norte foi feito um esforço consciente para só bombardear militares, e alvos industriais limitados que estivessem disponíveis, e para pesar prováveis baixas civis em relação às vantagens militares a serem obtidas..." ("Should We Have War Crimes Trials?", *New York Times*, 28 de março de 1971). Os 33 livros que Sheehan resenha neste artigo contêm muitas evidências em contrário, e Sheehan não explica por que descarta essas evidências. A partir de minhas próprias observações limitadas nos bairros de Hanói, junto-me ao norte-vietnamita em "não acreditar nisso". Tampouco acho que Sheehan "acreditaria" se andasse pelas ruínas de Phu Ly ou de Thanh Hoa, sem mencionar áreas muito mais intensamente bombardeadas mais distantes de Hanói. De todo modo, o bombardeio do Vietnã do Norte, apesar de sua enorme escala, foi bem mais ameno que o do Vietnã do Sul e do Laos em intensidade e destrutividade.
3. O juiz Radhabinod Pal, dissidente em Tóquio, argumentou que o lançamento da bomba atômica era um ato criminoso que excedia qualquer acusação contra os acusados nos julgamentos de Tóquio. *International Military Tribunal for the Far East* (Calcutá: Sanyal & Co., 1953), p. 621. Os trechos relevantes são citados em *American Power and the New Mandarins* (Nova York: Pantheon Books, 1969), p. 168-9. Pal, no entanto, não sugeriu um processo pela decisão de usar as bombas atômicas. Taylor acredita que o bombardeio de Nagasaki, pelo menos, pode ser considerado um crime de guerra (p. 143).
4. Taylor, *Nuremberg and Vietnam*, p. 79; Organização das Nações Unidas, Assembleia Geral, *Report of the International Law Commission*, Supl. 12 (A/1316), 1950, p. 11,

reproduzido em Herbert W. Briggs, ed., *The Law of Nations: Cases, Documents and Notes*, 2. ed. (Nova York: Appleton-Century-Crofts, 1952).

5. Pode-se levantar a questão de saber se as cartas de Nuremberg e das Nações Unidas são equivalentes em status. Não vou analisar a questão aqui. Mas me parece, como argumentado abaixo, que há uma séria questão sobre os Estados Unidos terem violado grosseiramente ambos na Indochina.

    A recente divulgação dos Papéis do Pentágono parece ser um bom caminho para superar a dificuldade em relação aos "problemas probatórios" citados e, na minha opinião, muito superestimados por Taylor. Uma das características interessantes desses documentos é o quanto eles corroboram as interpretações da política americana na Indochina indicados, por exemplo, em Franz Schurmann et al., *The Politics of Escalation in Vietnam* (Boston: Beacon, 1966). O registro documental mostra que as evidências disponíveis ao público foram suficientes para determinar as principais linhas da política americana. Esses documentos forneceriam evidências diretas de uma conspiração para travar e expandir uma guerra de agressão e violar as disposições da Carta das Nações Unidas sobre solução pacífica de disputas. Ver *For Reasons of State* (Nova York: Pantheon Books, 1973), cap. 1.

6. Não está totalmente claro se Taylor ainda aceita essa avaliação.

7. Os Estados Unidos só submeteram formalmente a questão do Vietná ao Conselho de Segurança em janeiro de 1966 (Organização das Nações Unidas, Conselho de Segurança, *Official Records*, vol. 21, supl. janeiro-março [S/7105], 1966, p. 105). Antes disso, os Estados Unidos pediram ao conselho que considerasse o (suposto) incidente do Golfo de Tonkin em agosto de 1964 (*Official Records*, vol. 19, supl. julho-setembro [S/5849], 1964, p. 135), e apresentaram relatórios em fevereiro de 1965 (*Official Records*, vol. 20, supl. janeiro-março [S/6174], 1965, p. 43) depois da grande escalada dos bombardeios americanos no Vietná do Sul e no Vietná do Norte. Ver "The Legality of U.S. Participation in the Defense of Vietnam", *U.S. Department of State Bulletin*, vol. 54 (1966), reproduzido em Richard A. Falk, ed., *The Vietnam War and International Law*, p. 583, 590 (doravante citado como Falk-Vietnam). O engajamento militar direto dos Estados Unidos começou em 1961-1962.

8. Richard A. Falk, "International Law and the United States Role in Viet Nam: A Response to Professor Moore", *Yale Law Journal* 76 (1967): 1051, 1130 n. 80, reproduzido em Falk-Vietnam, 445, 480 n. 80.

9. Thomas J. Farer, "Intervention in Civil Wars: A Modest Proposal", *Columbia Law Review* 67 (1967): 266, 271, reproduzido em Falk-Vietnam, p. 509, 514.

10. Robert Scigliano, *South Vietnams* (Westport, CT: Greenwood Press, 1964), p. 145. Scigliano era membro do Grupo Consultivo sobre o Vietná da Universidade Estadual de Michigan.

11. Ver, por exemplo, George McT. Kahin e John W. Lewis, *The United States in Vietnam* (Nova York: Dial Press, 1967), p. 137.

12. Bernard Fall, *Street Without Joy* (Harrisburg, PA: Stackpole, 1961), p. 346.

13. *New York Times*, 10 de março de 1962; 17 de outubro de 1962. O número de 30% exclui voos de helicóptero. No início de 1964, os Estados Unidos tinham 248 helicópteros no Vietnã; no final do ano, eram 327. Ver V. S. G. Sharp e W. C. Westmoreland, *Report on the War in Vietnam (As of 30 June 1968)*, p. 85 (1968). Em comparação, os franceses nunca tiveram mais de dez helicópteros operacionais na Indochina até abril de 1954 (Fall, *Street Without Joy*, p. 242).
14. Robert Shaplen, *The Lost Revolution*, p. 170ff. Nenhum norte-vietnamita foi identificado no delta até 1968. O bombardeio americano de civis na península de Ca Mau no início dos anos 1960 foi confirmado pelo coronel Fletcher Prouty (aposentado), que serviu na época como agente de ligação entre a CIA e a força aérea ("Review of the War", WNET-TV, Channel 13, Nova York, 15 de fevereiro de 1971). Ataques aéreos americanos em aldeias no início dos anos 1960 foram confirmados por repórteres. Malcolm Browne (correspondente da AP no Vietnã desde 1961) descreveu visitas a vilarejos atingidos por napalm e bombas pesadas em ataques aéreos americanos: "Não há dúvida de que os resultados são revoltantes. Infelizmente, os vietcongues constroem bunkers com tanta habilidade que raramente são tocados por bombas aéreas ou napalm, exceto em casos de impactos diretos. Mas as cabanas são arrasadas, e a perda de vidas de civis costuma ser alta. Em algumas, os corpos carbonizados de crianças e bebês formaram pilhas patéticas no meio do que restou de mercados" (*The New Face of War*, Indianapolis: Bobbs-Merrill, 1965, p. 118). Obviamente, isso era do conhecimento do comando americano e da liderança civil. Para citar apenas as evidências mais óbvias, a introdução do livro de Browne é escrita por Henry Cabot Lodge, então entre dois mandatos como embaixador dos Estados Unidos no Vietnã. Deve-se notar que o Tribunal de Tóquio julgou membros do gabinete responsáveis por crimes de guerra relacionados ao tratamento de prisioneiros se, tendo conhecimento dos fatos, não renunciassem. Ver Erwin Knoll e Judith N. McFadden, eds., *War Crimes and the American Conscience* (Nova York: Holt, Rinehart e Winston, 1970), p. 195, para excertos relevantes do tribunal.
15. Richard Tregaskis, *Vietnam Diary* (Nova York: Holt, Rinehart e Winston, 1963), p. 108.
16. Donald Robinson, "America's Air Guerrillas — Will They Stop Future Vietnams?", *Parade*, suplemento do *Boston Sunday Globe*, 31 de janeiro de 1971. Foram as FOE [Forças de Operações Especiais], segundo esse relato, que realizaram a incursão contra um campo de prisioneiros de guerra abandonado perto de Son Tay, no Vietnã do Norte, em novembro de 1970.
17. Até mesmo Douglas Pike, que muitas vezes não passa de um propagandista do governo americano, admite que a FLN constituía o único "partido político de massa no Vietnã do Sul", e que no final de 1964 era impossível para o governo apoiado pelos americanos considerar uma coalizão com a FLN, por medo de que "a baleia engolisse o peixinho" (*Viet Cong*, Cambridge, MA: MIT Press, 1966, p. 110, 361-2). Em outros textos, Pike estimou que em 1963 "talvez pelo menos metade da população do Vietnã do Sul apoiasse tacitamente a FLN" (*War, Peace, and*

the Viet Cong, Cambridge, MA: MIT Press, 1969, p. 6). Ver também p. 216 acima. Claro que não é muito difícil para uma grande potência estabelecer um governo que aplauda sua intervenção. Por exemplo, o 14º Congresso do Partido Comunista da Tchecoslováquia, o primeiro congresso "oficialmente reconhecido" desde 1966, abriu com "aplausos e vivas" pela invasão russa de 1968 (*Boston Globe*, Reuters, 26 de maio de 1971).

[18.] Refiro-me, neste caso, à recusa apoiada pelos Estados Unidos de que o regime que havia instituído no Vietnã do Sul aderisse à disposição eleitoral dos Acordos de Genebra de 1954. Da mesma forma, no Laos, quando o Pathet Lao obteve uma vitória inesperada nas eleições de 1958 (após substanciais esforços americanos para comprar a eleição para a direita), os Estados Unidos desempenharam um papel importante na derrubada do governo de coalizão. Ver Len Ackland, "No Place for Neutralism: The Eisenhower Administration and Laos", em Nina S. Adams e Alfred W. McCoy, eds., *Laos: War and Revolution* (Nova York: Harper & Row, 1970); Jonathan Mirsky e Stephen Stonefield, "The United States in Laos", em Edward Friedman e Mark Selden, eds., *America's Asia* (Nova York: Pantheon Books, 1971), p. 253-323. Ver também o cap. 2, sec. I.

[19.] É questionável se "certamente é a lei".

[20.] Citado por Leo Goodstadt, "Might and Right", *Far Eastern Economic Review*, 10 de abril de 1971, p. 22. Goodstadt observa que "a força física sempre foi a segunda melhor escolha para Mao".

[21.] Pike, *Viet Cong*, p. 91-2. Pike declarou mais tarde que "o combate armado foi um requisito imposto pelo GRV; a FLN foi obrigada a usar contraforça para sobreviver" (p. 101).

[22.] Truong Chinh, *La résistance vaincra*, citado em Fall, *Street Without Joy*, p. 372-3 (trecho traduzido por Fall).

[23.] Fall, *Street Without Joy*, p. 372-3.

[24.] Sobre as motivações declaradamente defensivas e idealistas do Japão nos anos 1930, ver as referências no cap. 2 de *American Power and the New Mandarins*, p. 176-7, 179-84, 189-90, 193-202.

[25.] A inocência americana a esse respeito é no mínimo superada pela de nossos aliados britânicos. Por exemplo, o colunista semanal anônimo (presumivelmente o editor) do *Far Eastern Economic Review*, normalmente um jornal sóbrio, escreve que "deve ser evidente para qualquer pessoa de mente aberta que, sejam quais forem os efeitos da intervenção dos Estados Unidos no Vietnã, a ação foi tomada com os motivos mais idealistas e com a melhor das intenções [...] Afirmar que os Estados Unidos estão no Vietnã por razões imperialistas [...] é um absurdo manifesto" (coluna "Traveller's Tales", *Far Eastern Economic Review*, 20 de fevereiro de 1971). É concebível argumentar que, apesar das amplas evidências em contrário, os Estados Unidos são tão singulares na história mundial, mas insistir na certeza desse julgamento tremendamente duvidoso é apenas uma forma de histeria. O colunista também demonstra a neutralidade da *Review*, em comparação com os estudiosos "comprometidos": portanto, a *Review*, escreve, não hesita em "criticar o que considera erros na estratégia ou política [americana]", nem em publicar "ataques duros contra as atrocidades vietcongues". Grande objetividade. O colunista também se orgulha de sua "sofisticação" por "publicar um dos poucos editoriais que tentou estabelecer um entendimento solidário com as tropas que participaram do massacre de My Lai", deixando de notar que o movimento pacifista americano, que ele denuncia, adotou quase universalmente a mesma posição, mas sem se vangloriar de sua sofisticação pela capacidade de distinguir os atos dos soldados em campo das decisões calculadas dos planejadores, distantes de qualquer ameaça.

26. Fall, *Street Without Joy*, p. 373. Deve ser notado que isso foi escrito no início dos anos 1960, numa época em que Taylor "apoiava a intervenção americana no Vietnã como um empreendimento de controle de agressão no espírito da Carta das Nações Unidas" (p. 206). Três anos depois da divulgação desse trabalho, o secretário de Defesa McNamara depôs perante o Congresso que os vietcongues e os norte-vietnamitas estavam "operando [...] sem, para todos os efeitos práticos, um único veículo sobre rodas em todo o Vietnã do Sul". Ver a declaração do senador Proxmire, *Congressional Record*, vol. 177 (5 de abril de 1971), p. S4585.

27. Queda, *Street Without Joy*, p. 378.

28. Entrevista ao *Ottawa Citizen*, 12 de janeiro de 1970. Um americano que trabalhava no hospital de Quang Ngai estimou em 1967, um ano antes de My Lai, que cerca de 70% das baixas civis da guerra eram causadas por bombardeios americanos e aliados — isto é, em uma área mais ou menos sob controle americano, onde as vítimas podiam chegar ao hospital da cidade. Para citações e referências, ver Chomsky, *American Power and the New Mandarins*, p. 284, e *At War with Asia* (Nova York: Pantheon Books, 1970), p. 270-1.

29. *New York Times*, 25 de maio de 1971. A referência é a Ronald L. Ridenhour, o veterano do Vietnã que revelou o incidente ao secretário de Defesa um ano depois do ocorrido. O incidente foi percebido imediatamente pela FLN, juntamente com muitos outros incidentes que ainda não foram reconhecidos ou discutidos. Os detalhes foram revelados em Paris em 15 de junho de 1968, mas ignorados pela mídia ocidental. Para um relato justificadamente amargurado, ver Erich Wulff, "Le Crime de Song My: Avec les félicitations du commandant en chef", *Africasia* [Paris], 26 de abril a 9 de maio de 1971. Wulff é um médico da Alemanha Ocidental que passou seis anos no Vietnã e falou a respeito do "novo 'Ouradours and Lidices'" perante o Tribunal Russell em 1967. Seu testemunho está registrado em "A Doctor Reports from South Vietnam — Testemony by Erich Wulff", em John Duffett, ed., *Against the Crime of Silence* (Nova York: Simon & Schuster, 1970).

30. *New York Times*, 29 de abril de 1971; *Boston Globe*, 10 de maio de 1971. As Audiências do Comitê Dellums foram publicadas (1972) pela Vintage Books (Comissão de Inquérito de Cidadãos, *The Dellums Committee Hearings on War Crimes in Vietnam*).

31. *Congressional Record*, vol. 177 (1971), p. E2826-2900. Publicado pela Beacon em 1972 (Vietnam Veterans Against the War, eds., *The Winter Soldier Investigation*).
32. *New York Times*, 26 de abril de 1972.
33. Declaração de E. Opton, em Knoll e McFadden, *War Crimes*, p. 114.
34. R. W. Apple, "Calley: The Real Guilt", *New Statesman*, 2 de abril de 1971, p. 449. O caráter coercitivo da remoção populacional original também foi bem compreendido pelo comando americano. Sharp e Westmoreland escreveram que o primeiro Programa Estratégico de Aldeias de março de 1962 "envolvia a realocação forçada de camponeses rurais, apesar de seu forte apego aos seus lotes ancestrais de terra" (*Report on the War in Vietnam*, p. 79). Este relatório consiste principalmente em pedidos de desculpas e, na minha opinião, não deve ser levado a sério, a menos que seja confirmado independentemente, exceto no que diz respeito aos detalhes do engajamento militar americano.
35. Apple, "Calley: The Real Guilt", p. 34.
36. Esta explicação mencionada ocasionalmente é claramente absurda, mesmo que acreditemos em sua formulação original, por Samuel P. Huntington, "The Bases of Accommodation", *Foreign Affairs* 46, n. 4 (1968). O artigo de Huntington foi publicado antes da escalada maciça dos bombardeios americanos no interior da Indochina. Mas se os efeitos de milhões de toneladas de bombas e milhares de quilômetros quadrados de desfolhamento não puderam ser previstos de antemão, o que é bem difícil de acreditar, isso certamente era conhecido em meados de 1968. O mesmo pretexto cínico é mantido pelo tenente-coronel John Paul Vann (aposentado), conselheiro sênior dos Estados Unidos para a "pacificação" no Vietnã do Sul (ver abaixo, p. 232-3). Ele é citado na *Newsweek* (20 de janeiro de 1969) afirmando que "inadvertidamente tropeçamos na solução para a guerra de guerrilha — a urbanização" (citado por L. A. G. Moss e Z. M. Shalizi, "War and Urbanization in Indochina", em Jonathan S. Grant et al., eds., *Cambodia: The Widening War in Indochina,* Nova York: Washington Square Press, 1971, p. 192).
37. Sheehan, "Should We Have War Crimes Trials?".
38. Cf. nota 36 acima.
39. Sheehan, "Should We Have War Crimes Trials?".
40. *New York Times*, 6 de abril de 1971. As citações e a maior parte do material citado provêm deste relatório. O resto foi extraído de um relatório anterior de Henry Kamm no *New York Times*, 15 de novembro de 1969, e de um informe oficial do American Friends Service Committee (5 de maio de 1969), com os relatos de trabalhadores de campo de língua vietnamita na cena.
41. Fall, *Street Without Joy*.
42. Pode-se argumentar que considerações políticas internas impossibilitaram o presidente de saturar o Vietnã com tropas americanas suficientes para evitar a necessidade de poder de fogo destrutivo. Lembre-se, no entanto, que os franceses nunca mandaram recrutas para o Vietnã e provavelmente não enviaram mais de 70 mil soldados

franceses nativos para toda a Indochina. Para referências sobre a força militar francesa, ver Chomsky, *For Reasons of State*, cap. 1, nota 4. A guerra dos EUA no Vietnã é incomum, se não única, na medida em que o público se dispôs a tolerar, por algum tempo, o envio de um enorme exército de conscritos para lutar no que era em essência uma guerra colonial.

43. Ver nota 46 abaixo.

44. Arthur Westing, "Poisoning Plants for Peace", *Friends Journal* 16 (1970). Os números citados no texto são provenientes deste artigo e do citado na nota 45 abaixo.

45. Arthur Westing, "Ecocide in Indochina", *Natural History*, março de 1971.

46. Ngo Vinh Long, "Leaf Abscission", em Barry Weisberg, ed., *Ecocide in Indochina*, San Francisco: Canfield Press, 1970, p. 54. Long menciona que a destruição de plantações foi usada naquela época para forçar a população a ir para vilarejos estratégicos. Em *Thoi-Bao Ga* (um jornal estudantil vietnamita publicado em Cambridge, MA), Long escreve que, segundo o jornal *Tin Sang* de Saigon de 12 de novembro de 1970, o presidente do Comitê de Agricultura do GRV declarou que os desfolhantes químicos americanos tinham destruído aproximadamente 60% de todas as colheitas no Vietnã do Sul. A edição de 9 de março de 1971 do diário de Saigon *Duoc Nha Nam* relata que o Vietnã do Sul importou meio milhão de toneladas de arroz dos Estados Unidos em 1970, o suficiente, na estimativa de Long, para alimentar 5 milhões de pessoas. Contudo, jornalistas e outros relatam fome generalizada e até desnutrição (*Thoi-Bao Ga*, março-abril de 1971, p. 6). Bryce Nelson, repórter do *Los Angeles Times* que já fora repórter da *Science*, escreve que um relatório não divulgado da Comissão de Avaliação de Herbicidas da AAAS constatou a morte de noventa pessoas em um período de quatro meses (setembro a dezembro de 1970) por exposição à pulverização e água potável contaminada com herbicidas (*Village Voice*, 28 de janeiro de 1971). Um ex-funcionário do IVS com quatro anos de experiência no Vietnã do Sul fala de "inúmeros encontros" com agricultores nas províncias de Can Tho e Tay Ninh cujas colheitas foram destruídas. Também relata ter visto pacientes no hospital Tay Ninh "com membros e rostos impiedosamente queimados por fósforo" e "crianças e mais crianças com cicatrizes ou desfiguradas de alguma forma hedionda" em hospitais no delta do Mekong (Carta ao editor de Roger Montgomery, *New York Times*, 22 de janeiro de 1971). Ver Chomsky, *For Reasons of State*, cap. 1, nota 10.

47. Richard Dudman, *Forty Days with the Enemy*, p. 69.

48. Ver *New York Times*, 22 de abril de 1971; *Boston Globe*, 16 de abril de 1971; *Boston Globe*, 23 de abril de 1971. Ver também *Congressional Record*, vol. 117 (18 de fevereiro de 1971), depoimento formal do deputado McCloskey, p. H794-800. Ver também Chomsky, *For Reasons of State*, cap. 2, seção 1.

49. *Congressional Record*, vol. 117 (1971), p. H796. Relatórios semelhantes sobre as províncias de Quang Ngai e Quang Tin foram registrados em 1967, antes da escalada maciça da guerra aérea em 1968 (Jonathan Schell, *The Military Half*).

50. *The Law of Land Warfare*, Manual de Campo do Departamento do Exército FM 27-10 (1956), p. 18, par. 37.
51. Declaração de George Bunn, professor de direito da Universidade de Wisconsin e ex-assessor-geral da Agência de Controle de Armas e Desarmamento dos EUA, "The Broad Implications of the Continued Use of Herbicides in Southeast Asia", Reunião Anual da AAAS, 29 de dezembro de 1970. Mimeografado.
52. William A. Nighswonger, *Rural Pacification in Vietnam*.
53. Para uma discussão, ver Jeffrey Race, "How They Won", *Asian Survey*, agosto de 1970; Robert L. Sansom, *The Economics of Insurgency in the Mekong Delta of Vietnam* (Cambridge, MA: MIT Press, 1970). Race foi conselheiro de um chefe distrital da província de Long An, ao sul de Saigon, enquanto estava no Exército dos Estados Unidos. Sansom é capitão da força aérea e membro da equipe do Conselho de Segurança Nacional. Repórteres não comunistas que visitaram áreas controladas pela FLN fornecem evidências substanciais. Ver o relatório de Jacques Doyon citado no Comitê de Acadêmicos Asiáticos Interessados, *The Indochina Story* (Nova York: Pantheon Books, 1970), p. 36. Ver também Katsuichi Honda, *The National Liberation Front and Vietnam: A Voice from the Villages* (coletânea de artigos de Honda, traduzidos e reproduzidos em particular no jornal japonês *Asahi Shimbun* em 1967). Ver também Chomsky, *For Reasons of State*, cap. 1, referências na nota 215. Sobre os programas do Pathet Lao do ponto de vista dos refugiados, ver a entrevista na íntegra em Adams e McCoy, *Laos*, p. 451-9, e Chomsky, *At War with Asia*, p. 239. Ver também Mark Selden, "People's War and the Transformation of Peasant Society", em Selden e Friedman, *America's Asia*; cap. 2, sec. I, acima.
54. Robert Shaplen, "The Challenge Ahead", *Columbia Journalism Review* 9, n. 4 (1970-71).
55. Para alguma discussão e outras referências, ver Edward S. Herman, *Atrocities in Vietnam* (Philadelphia: Pilgrim Press, 1970), cap. 2. Tudo isso era bem compreendido na época. Ver, por exemplo, R. W. Lindholm, ed., *Vietnam: The First Five Years* (East Lansing: Michigan State University Press, 1959).
56. Ver, por exemplo, as observações sobre o terrorismo nacionalista chinês contra colaboradores dos japoneses citados em Noam Chomsky, *Problems of Knowledge and Freedom* (Nova York: Pantheon Books, 1971), p. 95.
57. Sobre o recurso à violência pela FLN, ver os comentários de Douglas Pike, 219 acima, e a análise muito mais detalhada de Jeffrey Race, *War Comes to Long An* (Berkeley: University of California Press, 1972).
58. Ver Herman, *Atrocities in Vietnam*, sobre o esforço para estimar a escala relativa.
59. Don Oberdorfer, *Tet!* (Garden City, NY: Doubleday, 1971), p. 201.
60. Len Ackland, "Hue", não publicado, uma das fontes utilizadas por Oberdorfer. Previsivelmente, outros jogam o jogo dos números muito rápida e imprecisamente. Donald Kirk, um correspondente muito bem informado, relata que "cerca de 4 mil cidadãos foram massacrados antes que as forças dos EUA expulsassem os norte-vietnamitas da cidadela [...] depois de 28 dias de combates de casa em casa",

implicando que os 4 mil foram massacrados pelos norte-vietnamitas (*Chicago Tribune*, 4 de maio de 1972). Sir Robert Thompson afirma que os comunistas executaram 5.700 pessoas e que "nos documentos capturados eles se regozijaram com esses números e só reclamaram não terem matado o suficiente" (*New York Times*, 15 de junho de 1972). Nenhum documento desse tipo foi apresentado, incluindo os "documentos capturados" misteriosamente descobertos logo após a publicidade sobre os incidentes de My Lai em novembro de 1969, supostamente "extraviados" por um ano e meio. O senador William Saxbe se contentaria com nada menos que 7 mil assassinados pelos "norte-vietnamitas", consideravelmente mais do que o número total de mortos por todas as causas durante os combates (*Congressional Record*, 3 de maio de 1972).

61. Oberdorfer, aliás, fala de "algo mais de cem civis" mortos em My Lai, referindo-se como fonte a Seymour Hersh, *My Lai 4* (Nova York: Random House, 1970), onde o número é estimado em cerca de quatrocentos a quinhentos.
62. Oriana Fallaci, "Working Up to Killing", *Washington Monthly*, fevereiro de 1972.
63. Richard West, *New Statesman*, 28 de janeiro de 1972.
64. Philip Jones Griffiths, *Vietnam Inc.* (Nova York: Macmillan, 1971), p. 137. O livro de Griffiths contém imagens dos combates em andamento em Hue. Ver meu *At War with Asia*, p. 295-6, e Herman, *Atrocities in Vietnam*, para algumas discussões e referências sobre ambos os massacres, incluindo referências não identificadas acima.
65. Ver nota 53 acima.
66. Esse relato, sem título no exemplar de Chomsky, foi feito pessoalmente por Vann em 1971 ao psicólogo australiano Alex Carey, que estudou principalmente o papel dos australianos no Vietnã. Ver o panfleto minuciosamente documentado de Carey, *Australian Atrocities in Vietnam* 1-19 (panfleto sem data), que descreve o que ele define como "nosso desvio em direção aos padrões de Hitler e da Gestapo".
67. Ver nota 55 acima.
68. Robert W. Komer, "Impact of Pacification on Insurgency in South Vietnam", *Journal of International Affairs* 25, n. 1 (1971). Ele está se referindo à invasão americana e à escalada de bombardeios no Sul em fevereiro de 1965.
69. Ibid. Lembre-se das observações de Richard Falk, 216 acima, sobre a capacidade de governar como um elemento para reivindicar legitimidade política.
70. Komer, "Impact of Pacification". Esses imperialistas benevolentes, deve-se notar, não se dissociaram das políticas dos Estados Unidos, apesar de suas reservas, mesmo depois que os efeitos sombrios eram óbvios. Ver nota 14 acima.
71. O programa Phoenix é "destinado a neutralizar o aparato político-administrativo clandestino vietcongue, que muitos consideram a chave para sua capacidade insurgente" (Komer, "Impact of Pacification"). "Neutralização" é burocratês para "assassinato ou captura". As estimativas quanto ao número de "neutralizados" variam. O representante do embaixador dos Estados Unidos William E. Colby, principal funcionário dos EUA encarregado da pacificação, declarou perante o

Comitê de Relações Exteriores do Senado que cerca de 20 mil foram "neutralizados" em 1969, dos quais 6.187, mortos. Para uma comparação, o governo de Saigon afirma que 4.619 civis foram mortos pelo "inimigo" em 1969. O programa Phoenix, é claro, responde por apenas uma pequena fração dos civis mortos pelas forças combinadas dos EUA-GRV. Len Ackland, um ex-funcionário do IVS no Vietnã do Sul e então líder de equipe e analista da RAND, explica que o programa Phoenix foi projetado para capturar ou assassinar civis: "pessoas que servem ao partido político, a Frente de Libertação Nacional, como cobradores de impostos, escriturários, carteiros etc.". Para referências e documentação adicional, ver Chomsky, *At War with Asia*, p. 301-2; Herman, *Atrocities in Vietnam* p. 46-7. Ver também p. 91-3, 161, acima.

72. Ver nota 66 acima.

73. A última frase é um código na terminologia política americana, para um governo não comunista do Vietnã do Sul. O programa político da FLN de 1962, amplamente ignorado — até suprimido — nos Estados Unidos, pedia a neutralização do Vietnã do Sul, do Laos e do Camboja. Pode-se argumentar que era um embuste, mas não está claro se os Estados Unidos têm autoridade unilateral para usar de força militar para agir com base no seu ceticismo.

74. Esta é outra formulação da afirmação inexprimível de que o Vietnã do Sul deve ser governado por um sistema não comunista imposto pelos Estados Unidos. Goodwin estava bem ciente, e explica neste livro, que mesmo naquela época a insurgência era predominantemente doméstica.

75. Richard Goodwin, *Triumph or Tragedy* (Nova York: Random House, 1966), p. 38. Para muitas outras expressões de pontos de vista relacionados, ver as citações e referências em Chomsky, *American Power and the New Mandarins*, particularmente o cap. 3, "The Logic of Withdrawal", p. 221-94.

76. *New York Times*, 24 de maio de 1971.

77. Ibid. Ver nota 71 acima (identificando William Colby).

78. Em outubro de 1937, o presidente Manuel Quezon ressaltou que enquanto "os ricos podem viver em luxo extravagante [...] os homens e mulheres que lavram o solo ou trabalham nas fábricas não estão em melhor situação agora do que durante o regime espanhol [...] trinta e cinco anos de regime americano só lhes trouxeram decepções e às vezes desespero [...]" (G. E. Taylor, *The Philippines and the United States*, Nova York: Council on Foreign Relations, 1964, p. 22). Taylor acrescenta muitas informações para confirmar esse julgamento, e conclui que no final dos anos 1930 "a massa do povo pode estar pior do que antes" da ocupação americana (p. 85). O relatório Bell de 1950 revelou que as desigualdades de renda haviam se tornado ainda mais acentuadas, enquanto o padrão médio de vida não havia chegado aos níveis anteriores à guerra (p. 137). O diretor da Missão da USAID nas Filipinas, Wesley D. Haraldson, declarou perante um subcomitê da Câmara em 25 de abril de 1967 que a condição do agricultor médio "não mudou nos últimos cinquenta anos [...]

Nos últimos dez anos, os ricos ficaram mais ricos e os pobres ficaram mais pobres" (Haraldson citado em Hernando J. Abaya, *The Untold Philippine Story*, Quezon City: Malaya Books, 1967, p. 360).

[79.] Phi-Van, "The Peasants (Dan Que)", apêndice de Ngo Vinh Long, *Before the August Revolution*.

[80.] Ver, por exemplo, Comitê de Advogados sobre a Política Americana em relação ao Vietnã, *Vietnam and International Law* (Flandres, NJ: O'Hare, 1967). Ver também vários artigos em *Falk-Vietnã*. O estudo mais recente, publicado depois do livro de Taylor, é William L. Standard, *Aggression: Our Asian Disaster* (Nova York: Random House, 1971). Ver também cap. 1, seções III, VI (subseções 5, 6).

[81.] Chester Cooper, *The Lost Crusade* (Nova York: Dodd, Mead, 1970), p. 276-7. Ênfase adicionada.

[82.] Para detalhes, ver Theodore Draper, *Abuse of Power* (Nova York: Viking Press, 1967), p. 73-82. Não houve nenhuma tentativa de responder à crítica arrasadora de Draper às alegações do governo sobre o envolvimento das tropas norte-vietnamitas no Sul. As surpreendentes contradições internas são suficientes por si mesmas para tornar o caso do governo inacreditável. Ver também as referências da nota 80 acima. Vamos lembrar que este batalhão norte-vietnamita teria sido detectado no Sul dois meses e meio após o início do bombardeio regular do Vietnã do Norte, oito meses e meio depois dos primeiros bombardeios a alvos estratégicos no Vietnã do Norte em "represália" por um incidente que provavelmente nunca aconteceu. As alegações do governo a respeito da agressão norte-vietnamita no Laos e no Camboja não são mais convincentes. Ver Chomsky, *For Reasons of State*, cap. 2.

[83.] Cooper, *Lost Crusade*, p. 264-5.

[84.] I. F. Stone, "A Reply to the White Paper, *I. F. Stone's Weekly*, 8 de março de 1965.

[85.] "Aparentemente, pelos relatórios da Comissão Internacional de Controle, até 28 de fevereiro de 1961, cerca de 154 violações foram registradas contra o Sul e somente uma violação contra o Norte" (Scigliano, *South Vietnam*, p. 154). Scigliano argumenta que o Norte tem a vantagem de ser "mais perspicaz, ou ardiloso" e que a "incapacidade das equipas da ICC [Comissão de Controle Internacional] para desempenhar as suas funções [...] é muito maior no Vietnã do Norte do que no Vietnã do Sul" (p. 155). No entanto, um relatório da ICC afirma: "Como foi mostrado nos parágrafos anteriores, o grau de cooperação dado à Comissão pelas duas partes não foi o mesmo. Embora a Comissão tenha tido dificuldades no Vietnã do Norte, a maior parte das dificuldades surgiu no Vietnã do Sul" (International Control Commission, *Sixth Interim Report of the International Commission for Supervision and Control in Vietnam*, Cmnd. No. 31, 26-31, reproduzido em Marvin E. Gettleman, ed., Vietnam: *History, Documents and Opinions*, Greenwich, CT: Fawcett Publications, 1965, p. 170-2. Sobre a questão das obrigações do Vietnã do Norte e do Vietnã do Sul em relação aos Acordos de Genebra, ver Daniel G. Partan, "Legal Aspects of the Vietnam Conflict", em *Falk-Vietnam*, p. 201, 209-16.

86. Bernard Fall, "Vietnam: The Agonizing Reappraisal", *Current History*, fevereiro de 1965. Para mais referências, ver Chomsky, *American Power and the New Mandarins*, p. 242-3, 281-2. Para mais confirmações, ver Joseph Zasloff, *Political Motivation of the Viet Cong*, Memorando da RAND RM-4703-2-ISA/ARPA (maio de 1968), p. 124. Pelos Papéis do Pentágono, agora sabemos que essas ações começaram em 1954.
87. Ver nota 80 acima.
88. A única referência de Taylor à questão é a seguinte, em um contexto diferente: "Quando enviamos centenas de milhares de soldados para o Vietnã do Sul, bombardeamos o Vietnã do Norte e nos voltamos para o Camboja, nossos líderes nacionais foram culpados de lançar uma guerra de agressão como Hitler e seus generais...?" (p. 13). A pergunta não é retomada.
89. Thomas M. Franck, "Who Killed Article 2(4)? or: Changing Norms Governing the Use of Force by States", *American Journal of International Law* 64, n. 4 (1970).
90. Bernard Fall, *Last Reflections on a War* (Garden City, NY: Doubleday, 1967), p. 276.
91. Franck, "Who Killed Article 2(4)?".
92. Para uma discussão recente sobre essa possibilidade, ver Walter Goldstein, "The American Political System and the Next Vietnam", *Journal of International Affairs* 25, n. 1 (1971).
93. George W. Grayson Jr., *Washington Post*, 10 de janeiro de 1971. Grayson é professor-associado de governo no William and Mary College, especialista em política latino-americana e em teoria da revolução.
94. Audiências sobre Apropriações do Departamento de Defesa perante um Subcomitê do Comitê de Apropriações da Câmara, 1963, citado em M. Klare, "The Pentagon's Counterinsurgency Research Infrastructure", *NACLA Newsletter* 4, n. 9 (1971).
95. Exatamente o mesmo ponto foi levantado por Malcolm Browne já em 1964 (*The New Face of War*, xi).
96. Gall, "Guerrilla Movements in Latin America", *New York Times*, 28 de março de 1971. O líder da campanha, ele ressalta, é agora o presidente eleito da Guatemala; seu regime é o mais brutal da história do país, com um grande número de mortos no início de 1971, incluindo membros da oposição legal não comunista.
97. Ibid. Ver também nota 16 acima. Essas operações, aliás, são mundiais. Segundo o mesmo relatório, o coronel Fletcher Prouty afirma que as unidades da Força Aérea — unidades da CIA que precederam a formação das FOE — levaram membros de tribos tibetanas ao Colorado para treinamento de combate e depois os retornaram ao Tibete; uma força de resistência de até 42 mil homens foi organizada, diz Prouty. Robinson também relata que eles fazem parte das operações de contrainsurgência americanas na Tailândia e que realizaram missões na Arábia Saudita e até na Coreia do Norte.
98. Marcel Niedergang, "Violence and Terror", *Le Monde*, 19 de janeiro de 1968.
99. Ver particularmente Henry Kissinger, *Nuclear Weapons and Foreign Policy* (Nova York: Conselho sobre Relações Exteriores, 1957), p. 132-233; *The Necessity for*

Choice (Nova York: Harper, 1961), p. 57-98. Kissinger discute "estratégia de guerra limitada" na estrutura do conflito entre grandes potências. Se nos perguntarmos onde essas "guerras limitadas" serão travadas, porém, uma interpretação diferente se sugere. Na verdade, cada uma das superpotências interpreta regularmente seus esforços para manter sua hegemonia em seu próprio império como defesa de algum princípio (liberdade, socialismo) contra as ingerências da sua rival. Nesse sentido, a Guerra Fria serviu à liderança das superpotências como um admirável dispositivo de propaganda para mobilizar suas respectivas populações em esforços dispendiosos e perigosos para manter os domínios imperiais. Ver, por exemplo, Franck, "Who Killed Article 2(4)?"; e cap. 1, seção V.

9. WATERGATE: UMA VISÃO CÉTICA

[1] John Kifner, "'Best Friend' of Gainesville 8 Defendant Testifies to Being FBI Informer", *New York Times*, 18 de agosto de 1973.

[2] Os que têm memória curta podem recorrer à resenha de James Aronson sobre o registro em *The Press and the Cold War* (Indianapolis: Bobbs-Merrill, 1970).

[3] Na verdade, esta não é a versão oficial. Com a cumplicidade da televisão e da imprensa, o governo conseguiu mais uma vez impor aos acontecimentos uma interpretação totalmente em desacordo com os fatos. Para alguns detalhes sobre o engodo do governo e da imprensa em relação aos Acordos de Paris e aos eventos que levaram a eles, ver Chomsky, "Indochina and the Fourth Estate", *Social Policy* (setembro de 1973).

[4] Ver John W. Finney, *New York Times*, 12 de abril de 1973.

[5] 28 de maio de 1971, Department of the Treasury News, citado por David P. Calleo e Benjamin M. Rowland em *America and the World Political Economy* (Bloomington: Indiana University Press, 1973), p. 99. Os editores da *Monthly Review* foram particularmente eficazes ao explicar a contribuição da política imperial para a crise econômica. Pode-se também lembrar os esforços de Seymour Melman para despertar a consciência quanto aos efeitos debilitantes das políticas das instituições capitalistas estatais militarizadas muito antes de o tema se tornar moda.

[6] Ver Jack Foisie, "US still financing Thai Forays into Cambodia", *Los Angeles Times-Boston Globe*, 19 de agosto de 1973. Ele relata de Bangkok que "o Camboja ainda é um alvo clandestino para atividades financiadas e dirigidas pelos EUA de bases na Tailândia", observando que os tailandeses mantêm sua "esperança de longo alcance — recuperar a província de Battambang". A tentativa de golpe de 19 de agosto no Laos também foi lançada a partir da Tailândia, sugerindo que os tailandeses ainda podem pretender incorporar partes do Laos ao seu mini-império, de acordo com as políticas delineadas por pombos como George Ball em 1965. Cf. *Pentagon Papers*, Senator Gravel Edition (Boston: Beacon, 1971), vol. 4, p. 618.

7. American Foreign Policy (Nova York: Norton, 1969), p. 97. Esta é a verdadeira preocupação dos Estados Unidos, em sua opinião, e não "a administração de cada empresa regional", a ser deixada para os subordinados.
8. Geralmente chamada de "Doutrina Brezhnev", embora fosse explícita praticamente nos mesmos termos nas doutrinas anteriores de Eisenhower, Khrushchev, Kennedy e Johnson, como Thomas M. Franck e Edward Weisband mostraram em seu importante estudo *Word Politics: Verbal Strategy Among the Superpowers* (Nova York: Oxford University Press, 1971).
9. Para algumas reações do Congresso a exposições anteriores, ver Noam Chomsky, *For Reasons of State* (Nova York: Pantheon Books, 1973), p. 13f.
10. Muito se sabia antes, pelo menos para os que queriam saber. Ver *For Reasons of State*, cap. 2, e referências lá citadas. Para algumas revelações recentes, ver Tad Szulc, "Mum's the War", *New Republic*, 18-25 de agosto de 1973; Walter V. Robinson, "Cambodian Raids — the Real Story", *Boston Globe*, 12 de agosto de 1973.
11. Ver Marcel Barang, "Le Laos, ou le mirage de la neutralité", *Le monde diplomatique*, junho de 1973.
12. Ver nota 6 para uma rara exceção.
13. Já em janeiro de 1962, Roger Hilsman presenciou o bombardeio de uma vila cambojana por aviões americanos, que depois atacaram a aldeia vietnamita que era o alvo pretendido. Ver *To Move a Nation* (Nova York: Delta, 1967). Para um registro parcial, ver meu *At War with Asia* (Nova York: Pantheon Books, 1970), cap. 3.

10. A RECRIAÇÃO DA HISTÓRIA

1. Ver *At War with Asia* (Nova York: Pantheon Books, 1970), cap. 1; *For Reasons of State* (Nova York: Pantheon Books, 1973), cap. 1, seção 5. Sobre os perigos representados pelos sucessos comunistas no Vietnã do Sul, ver Douglas Pike, *Viet Cong* (Cambridge, MA: MIT Press, 1966). Ver também o importante estudo de Jeffrey Race, *War Comes to Long An* (Berkeley: University of California Press, 1971). Também William A. Nighswonger, *Rural Pacification in Vietnam* (Nova York: Praeger, 1967); Robert L. Sansom, *The Economics of Insurgency in the Mekong Delta of Vietnam* (Cambridge, MA: MIT Press, 1970).

É esta preocupação com os perigos dos sucessos comunistas na organização da população rural que explica a selvageria do ataque dos EUA às sociedades rurais do Vietnã do Sul e do Laos, agravada no caso do Vietnã do Sul pelo medo de que a FLN pudesse concretizar seus esforços para neutralizar o Vietnã do Sul, junto com o Laos e o Camboja. É importante reconhecer que, em termos de seus objetivos básicos, os Estados Unidos venceram a guerra na Indochina, a despeito da grande derrota sofrida. A Frente de Libertação Nacional do Vietnã do Sul foi destruída, particularmente nas campanhas de pacificação aceleradas depois do Tet, juntamente com a sociedade rural em que estava inserida. Toda a Indochina foi reduzida a um nível de sobrevivência do qual talvez nunca se recupere. A política dos EUA no pós-guerra foi projetada para garantir que as perspectivas de recuperação sejam pequenas. Para uma discussão mais aprofundada da vitória substancial, embora não completa, dos EUA na Indochina e as maneiras como os fatos são apresentados ao público pela imprensa livre, ver Noam Chomsky e Edward S. Herman, *The Political Economy of Human Rights*, vol. 2 (Cambridge, MA: South End Press, 1979).

[2.] Robert W. Tucker, *The Radical Left and American Foreign Policy* (Baltimore: Johns Hopkins University Press, 1971); "Vietnam: The Final Reckoning", *Commentary* (maio de 1975).

[3.] Igualmente falho é o argumento de Tucker de que como "os custos do imperialismo podem ser prejudiciais à economia como um todo, criando assim dissensões entre os dirigentes corporativos" (como aconteceu no Vietnã, no início de 1968), deve haver uma falácia na "crítica radical" que atribui o principal impulso da intervenção imperial dos EUA aos "benefícios [...] calculados principalmente em termos dos interesses dos 'dirigentes corporativos' dos EUA". Na verdade, como a "crítica radical" que ele está discutindo já observou, foi essa reavaliação de custos que levou a uma mudança para táticas menos "custosas", incluindo maior dependência de forças delegadas e uma guerra mais intensiva em capital e, finalmente, à liquidação do empreendimento. Pela lógica de Tucker, pode-se provar que os gestores corporativos não buscam a maximização do lucro, pois às vezes fecham uma fábrica ineficiente. Para uma discussão mais aprofundada dos erros de fato e de lógica na crítica de Tucker, ver Chomsky, *For Reasons of State*. Este é, no entanto, o melhor e mais sério esforço do pensamento dominante acadêmico para chegar a um acordo com a chamada crítica radical, à qual o termo "radical" dificilmente se aplica, na minha opinião.

[4.] Arthur M. Schlesinger, *The Bitter Heritage* (Boston: Houghton-Mifflin, 1967).

[5.] Há um relato esclarecedor dos primeiros dias e das oportunidades perdidas em Archimedes L. A. Patti, *Why Vietnam? Prelude to America's Albatross* (Berkeley: University of California Press, 1980). Muitos documentos importantes relacionados a esse e a períodos posteriores estão reunidos em Gareth Porter, *Vietnam: The Definitive Documentation*, 2 vols. (Nova York: Coleman, Stanfordville, 1979). Ver Chomsky, *For Reasons of State*, cap. 1, para uma discussão dos registros nos Papéis do Pentágono. Ver também Richard B. Duboff, "Business Ideology and Foreign Policy: The National Security Council and Vietnam", em N. Chomsky e Howard Zinn, eds., *Critical Essays*, vol. 5 de *The Pentagon Papers* (Gravel ed.) (Boston: Beacon, 1972). Sobre o período pós-Genebra, ver particularmente Race, op. cit.

[6.] Roger Hilsman, *To Move a Nation* (Garden City, NY: Doubleday, 1967).

[7.] Sobre este período, ver George McT. Kahin, "Political Polarization in South Vietnam: U.S. Policy in the Post-Diem Period", *Pacific Affairs* (inverno 1979-1980). Como observa Kahin, o grupo de generais e civis sul-vietnamitas que derrubou o regime de Diem "tinha um conjunto de prioridades que diferiam marcadamente das do governo em Washington e dependiam de uma solução política e não militar [...] Eles buscavam um acordo negociado entre as próprias partes vietnamitas sem intervenção americana". Mas essa visão era intolerável para os Estados Unidos porque, como explicou o subsecretário de Estado George Ball, "nada está mais longe da mente do GEUA do que uma 'solução neutra para o Vietnã'. Nós pretendemos vencer". Ball é amplamente considerado um "pombo", pois mais tarde se opôs a uma invasão em grande escala além do nível de cerca de 75 mil homens. A liderança vietnamita pós-Diem considerava a FLN como "esmagadoramente não comunista, com o PRP [Partido Revolucionário do Povo — seu componente declaradamente comunista] ainda não tendo domínio e sendo de fato apenas uma posição menor dentro da organização", e "suficientemente livre do controle de Hanói para tornar possível [um acordo pacífico no Vietnã do Sul]", com um governo neutralista pró-Ocidente: "Infelizmente houve vazamentos dos nossos planos [para um acordo negociado entre vietnamitas] e é evidente que o governo americano ficou sabendo deles" (Nguyen Ngoc Tho, o primeiro-ministro civil, em 1969). Os generais sul-vietnamitas também se opuseram ao plano americano de bombardear o Vietnã do Norte, posto em operação um ano depois. Por essas razões, o governo pós-Diem foi derrubado em um golpe organizado pelos EUA, colocando o general Khanh no poder, para ser derrubado um ano depois em outro golpe apoiado pelos EUA. Em cada etapa, os Estados Unidos impunham um regime que poderia então "convidar" os Estados Unidos a "defendê-lo" contra a agressão (às vezes, os Estados Unidos nem sequer notificaram seu cliente dessas etapas, de modo que o "pedido" foi feito posteriormente). O grande temor dos Estados Unidos de que pudesse haver a neutralização do Vietnã do Sul em 1964, de acordo com o programa oficial da FLN, está bem documentado nos Papéis do Pentágono; cf. *For Reasons of State*.

[8.] Maxwell D. Taylor, *Swords and Plowshares* (Nova York: Norton, 1972).

[9.] Ver cap. 3 em Chomsky, *Towards a New Cold War: U.S. Foreign Policy from Vietnam to Reagan* (Nova York: The New Press, 2003).

[10.] Taylor, *Swords and Plowshares*, ver cap. 3.

[11.] Ibid., ver as referências citadas no cap. 3, nota 35.

[12.] *New York Times*, 21 de abril de 24, 1º de maio de 1975. Subsequentemente, Lewis deixou várias vezes clara sua avaliação da guerra dos EUA na Indochina, com referências como as seguintes: Com relação à Rodésia, os EUA não deveriam fazer nada, pois "se nos lembrarmos do Vietnã, sabemos que a intervenção, *por mais bem-intencionada*, pode causar danos terríveis se não for informada" (*New York Times*, 1º de fevereiro de 1979); no Camboja, os Estados Unidos lançaram três vezes a tonelagem de bombas que caíram sobre o Japão na Segunda Guerra Mundial, com o resultado de que "milhares de quilômetros quadrados do que antes eram terras férteis, salpicadas de aldeias, foram devastados", enquanto "criou o Khmer Vermelho" (citando Sihanouk) — "em suma, a política, *por mais sinceramente pretendida*, teve resultados desastrosos" (24 de setembro de 1979); o argumento contra a guerra "era que os Estados Unidos tinham entendido mal as forças culturais e políticas em ação na Indochina — que estavam numa posição em que não poderiam impor uma solução exceto a um preço muito alto para si mesmas" (27 de dezembro de 1979); o bombardeio de Natal de Hanói "foi o símbolo de um fracasso muito maior: a continuação da guerra por quatro anos depois de cada pessoa bem informada já saber que *não poderia ser vencida*. O preço desse fracasso foi e ainda é enorme. De 1969 a 1972, os Estados Unidos gastaram 50 bilhões de dólares na guerra da Indochina, lançaram 4 milhões de toneladas de bombas e perderam 20.492 vidas americanas. Mas *o custo mais alto* não foi mensurável em números. *Foi a maior polarização deste país, o ressentimento político*" (22 de dezembro de 1980); "o que aprendemos no Vietnã, e temos de continuar lembrando, é que há limites para o que a maior potência pode fazer" (27 de dezembro de 1979); etc. (grifos meus).

Estou citando um dos críticos mais declarados da guerra na grande imprensa americana, alguém que em alguns casos estava quase sozinho ao se recusar a aderir ao consenso chauvinista (ver abaixo). Seria um comentário bastante triste sobre os Estados Unidos e suas instituições ideológicas se tais sentimentos tivessem sido citados do extremo jingoísta do espectro da opinião dominante.

Com tediosa previsibilidade, Lewis repete inquestionavelmente a linha de propaganda do governo sobre os bombardeios do Natal: Thieu e seus colegas de Saigon "bloquearam" os acordos de outubro quando "Kissinger declarou que a paz estava 'próxima'", e assim "forçando o último capítulo sangrento", ou seja, o bombardeio de Hanói. Sobre os fatos, ver caps. 3 e 6 de *Towards a New Cold War*.

[13.] Bernard Fall, "Vietcong — the Unseen Enemy in Vietnam", *New Society*, 25 de abril de 1965, republicado em Fall e M. G. Raskin, eds., *The Vietnam Reader* (Nova York: Vintage, 1965).

[14.] Citado dos Documentos de Nuremberg por Karl Dietrich Bracher, *The German Dictatorship* (Nova York: Praeger, 1970), p. 423.

[15.] Para discussão, com base na pesquisa de Kevin Buckley e Alex Shimkin, ver *The Political Economy of Human Rights*, vol. 1, cap. 5, seção 1.3. Ver também o cap. 5 de *Towards a New Cold War*.

[16.] Charles E. Bohlen, *The Transformation of American Foreign Policy* (Nova York: Norton, 1969).

[17.] Charles Kadushin, *The American Intellectual Elite* (Boston: Little, Brown, 1974); ver cap. 1, acima. Sobre as pesquisas, ver Andre Modigliani, *American Political Science Review*, setembro de 1972.

[18.] Evelyn Keene, *Boston Globe*, 18 de maio; discurso de formatura na Bentley College.

[19.] James McCartney, *Boston Globe*, 29 de maio de 1975.

[20.] Ver cap. 8 de *Towards a New Cold War*.

[21.] Editorial, *New Republic*, 1º de fevereiro de 1975. Os editores advertem contra o tipo de "política arbitrariamente consistente" que nos faria evitar o uso ou ameaça de força (conforme exigido por lei). Eles asseguram ao Pentágono que é "errado supor que aqueles que se opuseram ao horror do Vietnã estão cegamente vinculados à oposição permanente à ação militar" — em vez disso, "eles serão receptivos a argumentos sobre o interesse nacional e também sobre obrigações éticas com democracias aliadas ameaçadas pelo terror e a agressão" (leia-se: "Israel, ameaçado pela perda de controle sobre os territórios ocupados"). Eles enfatizam, é claro, os propósitos benevolentes da nossa intervenção militar no Oriente Médio, se formos levados a tais medidas. O leitor pode conferir quando as ações dos EUA na Indochina foram definidas como "agressão" por esses editores, ou quando discutiram sobriamente sobre invadir o Canadá, a Inglaterra, a Venezuela, o Irã (no período em que era regime cliente), países que também cometeram "agressão" ao apoiar o aumento dos preços do petróleo.

[22.] Cf. Jonathan Power, *New York Times*, 15 de março de 1975; vários artigos no *Middle East International* (abril de 1975); a análise do diretor paquistanês de planejamento de políticas e revisão de programas do Banco Mundial, relatada por David Francis, *Christian Science Monitor*, 5 de maio de 1975; e muitas outras fontes.

11. POLÍTICA EXTERNA E A INTELLIGENTSIA

[1.] Para referências e comentários adicionais, ver Chomsky, *For Reasons of State* (Nova York: Pantheon Books, 1973). Cf. também a descrição dos refugiados no Vietnã do Sul por Leo Cherne, presidente do comitê executivo da Freedom House e presidente do conselho de administração do Comitê Internacional de Resgate: "Há mais de 700 mil refugiados adicionais que fugiram recentemente do campo dominado pelos vietcongues e com seu ato de fuga escolheram o precário santuário fornecido pelo governo do Vietnã do Sul" ("Why We Can't Withdraw", *Saturday Review*, 18 de dezembro de 1965). Sobre os programas dos EUA de geração forçada de refugiados naquela época e depois (na verdade, desde 1962), ver *For Reasons of State*; ver também cap. 5 de *"Human Rights" and American Foreign Policy* (Nottingham: Spokesman, 1978). Para citar um exemplo, enquanto Cherne escrevia sobre os refugiados que fugiram dos vietcongues, um estudo patrocinado pelo governo explicou que o bombardeio aéreo e de artilharia dos EUA impele os aldeões "a se mudarem para onde estarão a salvo de tais ataques [...] independentemente de sua atitude em relação ao GRV [o governo cliente dos EUA]". Sem dúvida, algum Cherne soviético está escrevendo agora sobre como os refugiados estão fugindo para o precário santuário de Cabul, tentando escapar dos terroristas assassinos que dominam o campo, agentes do imperialismo ocidental.

Para mostrar que não há limites para o cinismo, Cherne acrescenta que "os sul-vietnamitas pedem apenas que sejam deixados em paz para superar" as deficiências do GRV, "a instabilidade, as imperfeições das instituições democráticas e a inadequação da economia e dos programas sociais". Com a mesma justiça, seu colega soviético poderia agora explicar como o povo do Afeganistão pede apenas para ser deixado em paz para superar os problemas semelhantes de sua nação em luta, defendida da agressão pela benevolência soviética. À medida que tais afirmações notáveis passam sem suscitar horror e indignação, nem mesmo comentários, é uma boa medida do quanto Bakunin estava certo ao definir a "adoração do Estado" como a doença dos intelectuais.

[2.] *New York Times*, 6 de fevereiro de 1966.

[3.] *New York Times*, 28 de setembro de 1974. Ver cap. 1 de *"Human Rights" and American Foreign Policy*, nota 33, para um exemplo semelhante de estudos liberais. Exemplos não faltam.

[4.] Peter L. Berger, "When Two Elites Meet", *Washington Post*, 18 de abril de 1976, republicado de *Commentary*, março de 1976.

[5.] Samuel P. Huntington, em M. J. Crozier, S. P. Huntington e J. Watanuki, *The Crisis of Democracy: Report on the Governability of Democracies to the Trilateral Commission* (Nova York: New York University Press, 1975). Ver também cap. 1 de *"Human Rights" and American Foreign Policy*, nota 34.

[6.] Ver caps. 3 e 4 de *"Human Rights" and American Foreign Policy* para alguns exemplos específicos, e N. Chomsky e E. S. Herman, *The Political Economy of Human Rights*, 2 vols. (Cambridge, MA: South End Press, 1979), para extensa documentação e discussão.

[7.] Ver artigos de Chomsky, "Watergate: A Skeptical View", *New York Review of Books*, 20 de setembro de 1973; editorial, *More*, dezembro de 1975; e introdução a N. Blackstock, ed., *COINTELPRO* (Nova York: Vintage Books, 1976).

[8.] Sobre a natureza limitada da oposição à Guerra do Vietnã entre a intelligentsia, ver cap. 1 de *"Human Rights" and American Foreign Policy*. Para alguns comentários argutos sobre a crítica do movimento estudantil e a recusa em aderir à oposição popular à guerra, ver Julius Jacobson, "In Defense of the Young", *New Politics*, junho de 1970.

[9.] *Boston Globe*, 18 de outubro de 1976. Variantes desse argumento são comuns. Lembre-se da observação de Martin Peretz, editor da *New Republic*, citada no cap. 1 de *"Human Rights" and American Foreign Policy*: "O colapso americano [na Indochina] será visto na história como um dos mais feios crimes nacionais" (11 de junho de 1977). Peretz dá uma contribuição interessante para a nova versão da história que está sendo criada. Ele afirma que o livro que está resenhando "demarca terreno independente significativo — implicitamente contra o movimento pela paz", argumentando "que um acordo político era possível", implicando assim que "o movimento pela paz" era contra um acordo político. É claro que todos em todos os lados eram a favor de um acordo político, mas divergiam nos termos: o mais crucial, a Frente de Libertação Nacional, que o governo dos Estados Unidos sempre soube ser a única força política de massa no Vietnã do Sul, deveria ter permissão para compartilhar (portanto, presumivelmente dominar) a governança do Sul? O "movimento pela paz", na medida em que tal entidade pode ser identificada, defendeu um acordo político nesses termos, que o governo dos Estados Unidos rejeitou sob o argumento de que, se o grupo que apoiava entrasse em coalizão com a FLN, "a baleia engoliria o peixinho", na pitoresca frase do especialista do governo Douglas Pike. Até cometer o terrível crime de fracassar, o governo dos Estados Unidos estava comprometido em bloquear qualquer acordo político desse tipo. Visto contra o pano de fundo da história real, que ele conhece muito bem, o argumento de Peretz de que era criminoso os Estados Unidos desistirem pode ser entendido em todo o seu significado.

10. Ver caps. 3 e 6 de *"Human Rights" and American Foreign Policy*.
11. Bruce Andrews, *Public Constraint and American Policy in Vietnam*, SAGE Publications, International Studies Series, vol. 4 (1976). Observe que os fatos são um tanto ambíguos, como explica Andrews, pois grande parte dessa oposição era do tipo "ganhar ou sair".
12. *Crisis of Democracy* (acima, nota 5). Ver cap. 1, acima.
13. Para reflexões particularmente tolas nesse sentido, ver Sandy Vogelsang, *The Long Dark Night of the Soul* (Nova York: Harper & Row, 1974).
14. Nathan Glazer, "American Jews and Israel: The Last Support", *Interchange*, novembro de 1976.
15. Gordon Connell-Smith, *The Inter-American System* (Oxford: Royal Institute of International Affairs, 1966), p. 343.
16. Considere a definição de Henry Kissinger de um "estadista": "Ele julga as ideias por sua utilidade e não por sua 'verdade'". A palavra "verdade" é colocada entre aspas, refletindo o desprezo que Kissinger sempre sentiu por esse conceito. No mesmo ensaio, ele se queixa da dificuldade de lidar com a "liderança ideológica" dos Estados comunistas: "A essência do marxismo-leninismo [...] é a visão de que fatores "objetivos" como a estrutura social, o processo econômico e, acima de tudo, a luta de classes são mais importantes que as convicções pessoais de estadistas [...] Nada na experiência pessoal dos líderes soviéticos os levaria a aceitar protestos de boa vontade pelo valor nominal", como fazemos o tempo todo. "Domestic structure and foreign policy", em *American Foreign Policy* (Nova York: Norton, 1969). Algumas páginas depois, Kissinger identifica "o problema mais profundo da ordem internacional contemporânea": Não é nada como fome, guerra, opressão ou outras trivialidades que ocupam mentes superficiais, mas sim o fato de os debates atuais serem periféricos à "divisão básica" entre dois estilos de política e uma "diferença de perspectiva filosófica" que separa o Ocidente, que "está profundamente comprometido com a noção de que o mundo real é externo ao observador", de "culturas que escaparam do impacto inicial do pensamento newtoniano", e ainda acreditam "que o mundo real é quase totalmente *interno* ao observador". A Revolução Francesa, Lênin, Mao e outros não conseguiram ultrapassar essa barreira filosófica (embora a Rússia, ele admite, tenha em parte reconhecido que existe um mundo real fora das nossas cabeças). Não é fácil determinar como isso se encaixa com a ideia de os comunistas serem difíceis por causa de sua preocupação absurda com a realidade objetiva, mas talvez esse absurdo tão típico deva simplesmente ser descartado como uma paródia do intelectual acadêmico, que era de

fato bem eficaz com a mídia e, notavelmente, também com o mundo acadêmico. Ver cap. 6 de *"Human Rights" and American Foreign Policy.*

17. O termo é usado por Isaiah Berlin, "The Bent Twig", *Foreign Affairs*, outubro de 1972. O contexto sugere que ele tem em mente principalmente a intelligentsia subserviente das sociedades socialistas de Estado, um uso adequado, mas insuficientemente geral.

18. Vale a pena notar a aceitação acrítica de Kissinger da legitimidade do conceito de "especialista" como alguém que se rebaixa diante da autoridade, seja qual for a verdade — ou, como ele diria, a "verdade" (ver nota 16).

19. No ensaio citado na nota 16, Kissinger observa que "a lei e os negócios [...] fornecem o núcleo dos grupos de liderança na América". Até aqui, ele está correto. Mas quais advogados? Os que defendem os direitos civis dos negros? Obviamente não. São predominantemente os ligados ao poder corporativo. E quais empresários? A mercearia da esquina? Evidentemente, é a "elite dos negócios", cujo talento especial, acrescenta Kissinger, é sua "capacidade de manipular o conhecido" — uma capacidade que compartilham com carpinteiros e camponeses que ainda precisam aprender sobre a existência do mundo externo. Deixando de lado a típica ofuscação, o fato que Kissinger evita cuidadosamente é que a política externa está em grande parte nas mãos daqueles com poder privado. Alguns ideólogos são mais diretos, por exemplo, Huntington, que escreve (em *The Crisis of Democracy*) que "Truman conseguiu governar o país com a cooperação de um número relativamente pequeno de advogados e banqueiros de Wall Street", embora ele tema que esses dias felizes se foram, já que outros grupos foram "mobilizados e organizados" para promover seus próprios interesses, levando a uma "crise da democracia". Ver cap. 1 de *"Human Rights" and American Foreign Policy.*

20. Ver cap. 1 de *"Human Rights" and American Foreign Policy*, p. 82.

21. *Trialogue,* outono de 1976.

22. Por exemplo, Leon Wieseltier explica que meus textos políticos "são um monumento à paranoia da esquerda, dedicados a demonstrar que a imprensa neste país é 'um sistema de propaganda apoiado pelo Estado'; nada do que Chomsky escreveu sobre o massacre no Camboja foi tão irado quanto seu ataque a Jean Lacouture por citar erroneamente o número das vítimas" (*New Republic*, 23 de setembro de 1981). Voltando aos fatos, a alegada citação é simplesmente uma invenção. Em segundo lugar, a natureza do meu "ataque" a Lacouture é ilustrada com precisão nesta passagem resumida: "No que se passa por discurso intelectual no Ocidente, incluindo a discussão política, a correção de erros é realmente rara, como uma olhada nos periódicos de resenhas indicará. Lacouture merece crédito por se afastar da norma geral. Achamos que suas correções são inadequadas e discordamos de algumas das conclusões nelas expressas, mas queremos enfatizar que não é crime interpretar mal — é rara uma resenha que não tenha erros — e só é adequado emitir correções quando erros são descobertos" (*Political Economy of Human Rights*, vol. 2, p. 377). Em comparação, descrevemos "o registro de atrocidades" do Khmer Vermelho como "substancial e muitas vezes horrível" etc.

Wieseltier acredita que algumas críticas à imprensa não são paranoicas: "*Existe* um escândalo, e é o prestígio moral e político da cobertura da OLP [na mídia] do Oriente Médio", algo que será evidente para qualquer leitor da imprensa americana. Já que o meu "ataque a Lacouture" ganhou vida mítica por si só, talvez uma palavra sobre os fatos seja necessária (ibid., para detalhes). A resenha de Lacouture de *Cambodge année zéro* de François Ponchaud foi publicada no *Nouvel Observateur* e na *New York Review* no início de 1977, e amplamente citada na imprensa aqui como um registro competente do trabalho de Ponchaud. Li o livro e descobri que mal havia uma referência a ele na resenha que chegasse a ser exata. No caso a que Wieseltier alude, Lacouture afirmou que o Khmer Vermelho se "gabava" de ter assassinado cerca de 2 milhões de pessoas, aparentemente baseando-se na estimativa de Ponchaud de que 800 mil foram mortos durante a guerra e que cerca de 1,2 milhão morreu por todas as causas desde então. Escrevi uma carta pessoal a Lacouture, apontando uma série de erros do tipo e sugerindo que fizesse correções. Ao publicar correções parciais na *New York Review* (nunca na França), Lacouture me questionou se era importante "se o regime assassinou milhares ou centenas de milhares de miseráveis" (a afirmação original era a de se "gabar" de 2 milhões de assassinados). Em um artigo-resenha na *Nation* em que recomendamos o livro de Ponchaud como "sério e digno de leitura", observando seu "registro macabro do que os refugiados relataram a ele sobre a barbárie de seu tratamento nas mãos do Khmer Vermelho", E. S. Herman e eu respondemos à pergunta retórica de Lacouture, afirmando que acreditamos que os fatos importam, e que um fator de 100 ou 1.000 nas estimativas de assassinatos não é insignificante. Também notamos que havia uma grande disparidade nas estimativas dos assassinatos, desde o *Far Eastern Economic Review* ("possivelmente milhares" de mortos) até a cifra original de 2 milhões de Lacouture, acrescentando que não nos encontrávamos em posição de determinar quais estimativas estavam corretas; o próprio Lacouture oscilou de um exagero de 2 milhões de mortos a possivelmente milhares de mortos, em poucos meses. Isto foi seguido por uma notável campanha de engodo e prevaricação direta na imprensa internacional, afirmando que eu estava negando os crimes de Pol Pot; parte da imprensa (inclusive a *New Republic*, várias vezes) recusou o direito normal de resposta. Para citar apenas um exemplo, no prefácio do autor à edição americana de seu livro, Ponchaud menciona meus elogios e por sua vez me elogia pela "atitude responsável e a precisão de pensamento" demonstradas no que escrevi sobre o Camboja (que de fato inclui tudo o que apareceu durante o período Pol Pot). No prefácio do autor à edição mundial, datado do mesmo dia, esses trechos foram eliminados e substituídos pela afirmação de que "critiquei duramente" seu livro, dizendo que não houve "massacres" e insistindo que se deve confiar em "declarações oficiais intencionalmente escolhidas" do regime e excluir o testemunho dos refugiados — tudo falsidade, como Ponchaud sabia muito bem; compare a edição americana simultânea, não disponível em nenhum outro lugar, enquanto a edição mundial não está disponível nos EUA. Suas afirmações na edição mundial foram amplamente repetidas e de fato vazaram para os Estados Unidos, enquanto seus comentários aqui foram ignorados, assim como a exposição desse logro. Este não é o lugar para revisar o registro, que fornece uma visão intrigante sobre a atitude de grande parte da intelligentsia em relação à pitoresca ideia de que se deve tentar manter a verdade, mesmo quando se junta ao coro de condenação de um inimigo oficial.

[23.] As seguintes observações sobre o Projeto de Estudos Paz-Guerra baseiam-se em Laurence H. Shoup, "Shaping the Postwar World", *Insurgente Sociologist* 5, n. 3 (primavera de 1975), em que há referências explícitas às citações que aparecem abaixo. Ver agora também o importante estudo de Laurence Shoup e William Minter, *Imperial Brain Trust* (Nova York: Monthly Review Press, 1977), até onde sei o primeiro estudo sério deste projeto, publicado no início de 1977 em um silêncio retumbante, além da ritual denúncia no periódico da CRE por William Bundy (*Foreign Affairs*, outubro de 1977).

[24.] Cf. Gabriel Kolko, *The Politics of War* (Nova York: Random House, 1968), e David P. Calleo e Benjamin M. Rowland, *America and the World Political Economy* (Bloomington: Indiana University Press, 1973). Kolko é, que eu saiba, o primeiro historiador a ter investigado seriamente essa questão. Calleo e Rowland concluem que "a guerra esgotou o poder econômico britânico. Em grande medida, os Estados Unidos foram os responsáveis. Ao longo da guerra, Hull, determinado a quebrar o bloco britânico, usou a alavancagem do Lend-Lease hábil e sistematicamente para reduzir a Grã-Bretanha a um satélite financeiro". Os britânicos, é claro, estavam cientes do que estava acontecendo; Calleo e Rowland citam uma comunicação "indignada" de Churchill a Roosevelt sobre o assunto. Ver também Introdução, nota 16 de *"Human Rights" and American Foreign Policy*.

[25.] Tem havido muito debate sobre a questão de como ou se a política ocidental contribuiu intencionalmente para esse resultado. Albert Speer lembra "um único caso" de cooperação direta entre Hitler e o Ocidente — a saber, um arranjo para a transferência para a frente russa de tropas alemãs bloqueadas pela frota britânica em uma ilha grega, para que os britânicos, e não os russos, tomassem Salonica. Albert Speer, *Inside the Third Reich* (Nova York: Macmillan, 1970; Livros Avon, 1971), p. 509.

[26.] Cf. cap. 11 de *"Human Rights" and American Foreign Policy*, nota 4.

[27.] Cf. Kolko, op. cit., p. 302f.

[28.] O Hemisfério Ocidental foi então e por muitos anos depois a principal área produtora. Em 1968, a América do Norte ultrapassou o Oriente Médio na produção de petróleo. Cf. John Blair, *The Control of Oil* (Nova York: Pantheon Books, 1976).

[29.] Para uma discussão de como este princípio foi aplicado ou revogado para aumentar o poder das companhias petrolíferas americanas, ver *Multinational Oil Corporations and U.S. Foreign Policy* (doravante, *MNOC*), Relatório ao Comitê de Relações Exteriores Senado dos EUA, 2 de janeiro de 1975 (Washington, DC: Government Printing Office, 1975).

30. Cf. Michael Tanzer, *The Energy Crisis* (Nova York: Monthly Review Press, 1974), em particular, sua discussão sobre os dispositivos usados para mudar outros países para uma economia baseada no petróleo. Cf. também Joyce e Gabriel Kolko, *The Limits of Power* (Nova York: Harper & Row, 1972).

31. Este plano foi realmente imposto às companhias petrolíferas pelo governo, naturalmente devido às fortes objeções dos britânicos. É um dos vários exemplos que revelam como o governo pode desconsiderar os interesses paroquiais de curto prazo, até mesmo de segmentos importantes do sistema corporativo, para salvaguardar os interesses mais gerais do capitalismo americano. Para uma discussão, ver cap. 11 de *"Human Rights" and American Foreign Policy*. A participação americana de 40% foi distribuída entre as cinco maiores empresas americanas, que foram persuadidas a ceder 1% cada a empresas independentes americanas para "manter as aparências", segundo o coordenador da Exxon para o Oriente Médio (*MNOC*, 71). Deve ser lembrado que isso foi logo após o presidente Truman ter matado a investigação de um grande júri do cartel de petróleo por motivos de "segurança nacional", por recomendação dos departamentos do Estado, de Defesa e do Interior, que anunciaram que as "operações petrolíferas americanas são, para todos os efeitos práticos, instrumentos da nossa política externa" — e poderiam ter acrescentado, reciprocamente, que nossa política externa é em grande parte orientada por interesses de longo prazo das companhias petrolíferas.

32. Yoshio Tsurumi, "Japan", em "The Oil Crisis: In Perspective", *Daedalus*, outono de 1975. Discutindo o período pré-guerra, o mesmo autor comentou sobre "o mito americano de que o governo e os círculos empresariais dos Estados Unidos operam à distância, se não numa relação como adversários" — Resenhas, *Journal of International Affairs*, primavera/verão de 1976. Deve-se notar que, sob as condições citadas na nota anterior, conflitos locais podem surgir ocasionalmente, pois, na medida em que funciona como uma agência generalizada do capitalismo americano, o governo pode ter preocupações diferentes das de algum segmento específico.

33. Para uma resenha do conteúdo desses memorandos, ver Richard B. Du Boff, "Business Ideology and Foreign Policy", em N. Chomsky e H. Zinn, eds., *Critical Essays*, publicado como volume 5 da edição da Gravel dos Papéis do Pentágono (Boston: Beacon, 1972). Para uma análise mais detalhada da contribuição dos Papéis do Pentágono para a compreensão do planejamento imperial dos Estados Unidos, ver John Dower, "The Superdomino in Postwar Asia", no mesmo volume, e meu *For Reasons of State*, particularmente p. 31-66.

34. *Annals of the American Academy of Political and Social Science*, março de 1976.

35. Robert L. Gallucci, *Neither Peace nor Honor: the Politics of American Military Policy in Vietnam* (Baltimore: Johns Hopkins University Press, 1975). A limitação à "política militar" é crucial; a tomada de decisões básica em relação ao envolvimento americano no Vietnã não é discutida em lugar nenhum.

36. Em grande parte como resultado do impacto do movimento estudantil, tornou-se difícil ignorar totalmente a chamada crítica radical — embora, como observado, não

seja óbvio por que a suposição de que os Estados Unidos se comportam como todas as outras grandes potências deve ser considerada particularmente "radical". Existem, de fato, várias publicações tentando lidar com isso. A mais séria, que eu saiba, é Robert W. Tucker, *The Radical Left and American Foreign Policy* (Baltimore: Johns Hopkins University Press, 1971). Para uma discussão sobre erros grosseiros quanto a fatos e lógica que minam inteiramente sua análise (e outras), ver *For Reasons of State*. Para uma discussão muito penetrante da literatura crítica sobre a "crítica radical", ver Stephen Shalom, "Economic Interests and United States Foreign Policy", inédito, adaptado da tese de doutorado na Universidade de Boston do autor: "US-Philippine Relations: A Study of Neo-Colonialism" (1976).

Um exemplo interessante da sonegação e deturpação da "crítica radical" aparece no estudo de Leslie H. Gelb, que foi diretor do projeto Papéis do Pentágono (*The Irony of Vietnam: The System Worked*, com Richard K. Betts, Washington, DC: Brookings Institution, 1979). Ele começa descrevendo nove "explicações abrangentes do envolvimento dos EUA dadas na literatura da Guerra do Vietnã". As duas primeiras são "imperialismo idealista" e "imperialismo econômico" (a última explicação é supostamente minha; para comentários, ver *For Reasons of State*, p. 63-5). Gelb então explica por que esses "estereótipos falham", inclusive os dois primeiros, e crucialmente o segundo, que, quando apresentado sem sua distorção, é a tese documentada nos Papéis do Pentágono e em outros textos, fato que Gelb ignora sistematicamente. É curioso que sua análise das deficiências cobre todas as teorias apresentadas com exceção das duas primeiras teses, que são ignoradas nessa análise das deficiências e subsequentemente. O único comentário que se refere, ainda que à margem, ao suposto fracasso desse "estereótipo" é o seguinte: "Porém, independentemente de como essas explicações sejam combinadas, elas são melhores como respostas para a questão de por que os Estados Unidos originalmente se envolveram e se comprometeram no Vietnã do que análises do processo de envolvimento, da estratégia de como lutar a guerra e da estratégia para acabar com ela". Mesmo esta afirmação é falsa: na verdade, a tese "radical" documentada no estudo de Gelb dos Papéis do Pentágono e ignorada em seu livro fornece uma explicação bastante convincente para a evolução da estratégia dos EUA em toda a Indochina e também para o esforço de Nixon-Kissinger para transformar a derrota numa vitória (cf. cap. 3 de *"Human Rights" and American Foreign Policy*) e também para a política pós-guerra de explorar e manter a substancial vitória, mesmo que apenas parcial, dos EUA — ou seja, a destruição da Indochina, que consegue evitar o temido "efeito dominó" que poderia ter sido bem-sucedido e ser emulado em outros lugares (cf. cap. 4, nota 1 de *"Human Rights" and American Foreign Policy*). Mas mesmo supondo que o comentário de Gelb seja preciso, observe as implicações. Um estudo das fontes da política dos EUA é descartado como irrelevante e fora de questão; devemos restringir a atenção à execução desta política. Quando se refere aos "pombos", Gelb restringe a atenção aos "pessimistas", que pensavam que os Estados

Unidos iriam fracassar e que "não foram ignorados", segundo Gelb, o que mostra que "o sistema funcionou". As únicas análises da política dos EUA que podem ser levadas a sério são as que procuram explicar por que "os Estados Unidos fracassaram no Vietnã", não as que rejeitam a suposição de que os Estados Unidos tinham o direito de ter sucesso.

Gelb é um daqueles que consideram a preocupação com as sensibilidades e o papel dos franceses na Europa como sendo de suma importância na orientação da política dos EUA nos primeiros anos. Embora isso possa ter sido um fator menor, o registro documental mostra claramente que a estratégia imperial em relação ao Extremo Oriente era muito mais predominante. Gelb não ignora este último fator, mas o deturpa, sem fornecer nenhuma evidência, como "uma inversão da teoria marxista", na qual "o interesse econômico foi usado como um manto para o interesse político". A popularidade da primeira tese (amplamente considerada como a teoria "sofisticada") pode ser facilmente explicada pelo fato de ser muito menos ameaçadora para a religião estatal do que o registro real do planejamento revelado em detalhes consideráveis nos Papéis do Pentágono.

Mesmo na estreita questão da estratégia para alcançar os objetivos que Gelb deturpa, seu uso de provas documentais merece uma investigação cuidadosa. Por exemplo, ao discutir as consequências dos Acordos de Genebra em 1954, ele não menciona a resposta do Conselho de Segurança Nacional (NSC 5429/2, 20 de agosto de 1954); por uma boa razão, como vemos quando consideramos o conteúdo deste documento, que estabeleceu planos para a subversão e agressão dos EUA em todo o Leste da Ásia em resposta à perigosa ameaça de uma paz ser estabelecida na Indochina. Cf. *For Reasons of State*, p. 100f. (Também p. 140, abaixo.) Curiosamente, esse documento continua sendo gravemente deturpado no próprio estudo dos Papéis do Pentágono, conforme observado em *For Reasons of State*.

37. Ver cap. 1 de *"Human Rights" and American Foreign Policy*, nota 23, para um dos muitos exemplos.
38. Lawrence B. Krause, "The International Economic System and the Multinational Corporation", in *The Multinational Corporation, Annals of the American Academy of Political and Social Science*, setembro de 1972.
39. Ray, "Corporations and American Foreign Relations".
40. Gaddis Smith, "The United States as Villain", *New York Times Book Review*, 10 de outubro de 1976.
41. Citado em Charles B. Maurer, *Call to Revolution* (Detroit: Wayne State University Press, 1971), p. 174.
42. Fato que a imprensa empresarial não desconhece, embora os empresários se queixem constantemente de suas dificuldades em chegar à opinião pública com sua "mensagem". Ver cap. 1 de *"Human Rights" and American Foreign Policy*.
43. Ver cap. 11 de *"Human Rights" and American Foreign Policy*.
44. "International Economics", *BusinessWeek*, 29 de março de 1976.

45. *Winning the Cold War: The U.S. Ideological Offensive*, Audiências perante o Subcomitê de Organizações e Movimentos Internacionais do Comitê de Relações Exteriores, Câmara dos Representantes, 88º Congresso, segunda sessão, Parte VIII, Agências e Programas do Governo dos EUA, 15 e 16 de janeiro de 1964 (Washington, DC: U.S. Government Printing Office), p. 953f.

46. Em grande parte da América Latina e da Ásia, a polícia treinada pela AID era composta por torturadores e assassinos dos mais cruéis. El Salvador é um exemplo recente. Ver introdução de *"Human Rights" and American Foreign Policy*. Os militares treinados pelos EUA não se mostraram menos adeptos à repressão e a assassinatos. Sobre este tema, ver *The Political Economy of Human Rights*, vol. I, e referências ali citadas. Para citar apenas um exemplo, considere a Nicarágua de Somoza. Uma ofensiva da Guarda Nacional resultou "em milhares de mortes no campo, onde aldeias inteiras suspeitas de abrigar guerrilheiros foram destruídas", e os moradores relatam "bombardeios aéreos, execuções sumárias e torturas horríveis [...] muitos acreditam também que um programa de 'bem-estar camponês' em andamento, apoiado pelos americanos [fortemente financiado pela AID], é na verdade uma cobertura para atividades antiguerrilha" no norte, onde esses exercícios militares estavam sendo conduzidos. Além disso, "cerca de 85% da liderança da Guarda Nacional é treinada diretamente em guerra antiguerrilha pelos Estados Unidos" na Nicarágua, que é "o único país para onde envia toda a turma anual de formandos de sua academia militar para um ano inteiro de treinamento" na escola do Exército dos Estados Unidos na Zona do Canal do Panamá. Stephen Kinzer, "Nicaragua, a Wholly Owned Subsidiary", *New Republic*, 9 de abril de 1977. Em uma carta pastoral, os sete principais prelados católicos da Nicarágua denunciaram o "atroz clima de terror" reinante no país. Jean-Claude Buhrer, "Les droits de l'homme en Amérique centrale", *Le Monde diplomatique*, maio de 1977. Até mesmo os geralmente ridículos Relatórios sobre Direitos Humanos do Departamento de Estado admitem que pode ter havido alguns problemas na Nicarágua (principalmente resultantes das atividades de guerrilha apoiadas por Cuba), naturalmente ignorando o papel dos Estados Unidos. Cf. *Human Rights Reports*, apresentados ao Subcomitê de Assistência Externa do Comitê de Relações Exteriores, do Senado dos Estados Unidos, março de 1977 (Washington, DC: U.S. Government Printing Office, 1977). Para uma discussão desses relatórios, ver *Political Economy of Human Rights*, vol. I.

47. Otto H. Kahn, *The Myth of American Imperialism*, publicação do Comitê dos Homens de Negócio Americanos, discurso proferido em 30 de dezembro de 1924, em uma reunião sobre o tema do imperialismo americano organizada pela Liga pela Democracia Industrial, 4, seção intitulada "The Allegation of Political or Military Imperialism".

48. Para referências, ver cap. 4 de *"Human Rights" and American Foreign Policy*.

49. James Chace, "American Intervention", *New York Times*, 13 de setembro de 1976.

50. Chace, "How 'Moral' Can We Get?", *New York Times Magazine*, 22 de maio de 1977.

51. Sem dúvida, a contradição pode ser facilmente resolvida. Podemos tomar essas declarações como uma indicação do que realmente significa o termo "estabilidade" na retórica da análise política americana.
52. Norman A. Graebner, *Cold War Diplomacy: 1945-60* (Nova York: D. Van Nostrand, 1962).
53. Sixto Lopez, "The Philippine Problem: A Proposition for a Solution", *The Outlook*, 13 de abril de 1901.
54. "How 'Moral' Can We Get?". A palavra "frequentemente" é um pouco de eufemismo.
55. Entrevista coletiva de imprensa, 24 de março de 1977; republicada no *New York Times*, 25 de março.
56. Discurso de formatura na Bentley College. *Boston Globe*, 18 de maio de 1975. Ver cap. 4.
57. William Beecher, "US show of force impressed N. Korea", *Boston Globe*, 3 de setembro de 1976.
58. Quarterly Review Staff Study, "The Attack on the Irrigation Dams in North Korea", *Air Universities Quarterly Review* 6, n. 4 (inverno de 1953-1954). Cf. também Robert Frank Futrell, *The United States Air Force in Korea, 1950-1953* (Nova York: Duell, Sloan e Pearce, 1961), p. 623f.
59. John Osborne, *New Republic*, 7 de junho de 1975. Ver cap. 4 de *"Human Rights" and American Foreign Policy* para pensamentos adicionais deste corajoso defensor da honra da nação.

12. OS ESTADOS UNIDOS E TIMOR LESTE

1. Para documentação referente ao período até 1978 e muito mais detalhes, ver Chomsky e E. S. Herman, *The Political Economy of Human Rights*, vol. 1 (Cambridge, MA: South End Press, 1979), cap. 3, seção 4.4, e referências ali citadas. Também Arnold Kohen e John Taylor, *An Act of Genocide*, TAPOL, U.K. (1979); disponível no East Timor Human Rights Committee, Box 363, Clinton Station, Syracuse, NY 13201.
2. Jack Anderson, *Washington Post*, 9 de novembro de 1979. O general da Força Aérea Brent Scowcroft, assessor de Segurança Nacional do presidente Ford, declarou: "Acho que foi fundamentalmente uma questão de reconhecer a realidade. Nós realmente não tínhamos opções razoáveis [...] Não fazia sentido antagonizar os indonésios [...] Timor Leste não era uma entidade viável"; Daniel Southerland, "U.S. role in plight of Timor: an issue that won't go away", *Christian Science Monitor*, 6 de março de 1980.
Autoridades dos EUA declararam repetidamente que os Estados Unidos não sabiam o que estava acontecendo em Timor, mas sempre foi óbvio que isso era um mero pretexto; cf. Chomsky e Herman, op. cit. e o posfácio que se segue. Anderson cita um relatório secreto da inteligência dos EUA de 19 de setembro de 1975 dizendo que um ataque da Indonésia encontrou "forte resistência por parte dos combatentes da Fretilin". Outro relatório afirma que os generais indonésios estavam

"perdendo a paciência com a abordagem lenta do presidente Suharto ao problema de Timor português e [...] pressionando-o a autorizar a intervenção militar direta". Um relatório de inteligência de 3 de dezembro afirma que "os líderes do governo civil indonésio decidiram que a única solução na situação do Timor português é a Indonésia lançar uma ofensiva direta contra a Fretilin", e outro relatório alertou Ford e Kissinger que Suharto levantaria a questão de Timor na visita dos dois a Jacarta e "tentaria eliciar uma atitude simpática" de Ford, que informou a Anderson que os interesses nacionais dos EUA "tinham de estar do lado da Indonésia", enquanto dava o que Anderson chama de sua "aprovação tácita" à invasão. De fato, não há dúvida de que os Estados Unidos estavam acompanhando de perto a situação.

3. Totalmente ciente do que estavam fazendo, os governos de Ford e depois de Carter não só forneceram o apoio material para o massacre, como também não fizeram restrições sobre como o equipamento dos EUA deveria ser usado, numa clara violação do acordo bilateral de armas EUA-Indonésia de 1958, que determina que as armas dos EUA sejam usadas somente para fins defensivos. A testemunha do governo, David Kenney, declarou em audiências no Congresso que, "enquanto estivermos prestando assistência militar de qualquer tipo à Indonésia, não diremos onde eles a usarão ou não. Não fizemos isso até agora" (Audiências perante os Subcomitês de Assuntos da Ásia e do Pacífico e de Organizações Internacionais do Comitê de Relações Exteriores, Câmara dos Representantes, 96º Congresso e sessão, fevereiro de 1980, p. 193). Kenney era na época diretor de Gestão Legislativa de Direitos Humanos (*sic*) no Gabinete de Relações do Congresso do Departamento de Estado e é especialista em Indonésia. De 1975 a 1979, os Estados Unidos forneceram mais de 250 milhões de dólares em assistência militar à Indonésia, a maior parte depois que o governo Carter acelerou o fluxo de armas. Ver Scott Sidel, "The United States and Genocide in East Timor", *Journal of Contemporary Asia* 11, n. 1 (1981).

4. Daniel P. Moynihan com Suzanne Weaver, *A Dangerous Place* (Boston: Little, Brown, 1978).

5. Não por falta de esforços. Em 8 de dezembro de 1980, o *New York Times* publicou um discurso do agora senador Moynihan (cuja empáfia não conhece limites) ao Comitê para a Integridade das Nações Unidas. O *Times* relata: "A conferência dirigida pelo senador Moynihan, que foi convocada para avaliar a direção da Organização das Nações Unidas, formulou uma declaração assinada por mais de cem acadêmicos, cientistas e artistas que denunciaram o organismo mundial como 'não mais o guardião da justiça, dos direitos humanos e de igualdade entre as nações'. Disse que a organização está 'pervertida por maquinações políticas irrelevantes' e 'corre o risco de se tornar uma ameaça para a própria paz'". No mesmo dia, o *Times* publicou um editorial sobre a invasão da Indonésia a Timor Leste, que causou a morte de "um décimo a um terço" da população de um país que, "como o Camboja [...] tornou-se sinônimo de fome e refugiados". "Os americanos forneceram alguma ajuda emergencial", observa o editorial, "mas o papel de Washington não foi glorioso."

Não se tem mais detalhes sobre o verdadeiro papel de Washington; o editorial intitula-se "A vergonha da Indonésia". Uma carta minha, comentando a omissão e a interessante conjugação do editorial com o discurso do homem que se orgulha de retratar a Organização das Nações Unidas como ineficaz na prevenção do massacre, ao mesmo tempo que a condena como uma ameaça para a paz por estar "pervertida por maquinações políticas irrelevantes", não foi publicada.

O Comitê para a Integridade das Nações Unidas estava, é claro, preocupado não com Timor, mas com o apoio da ONU aos direitos dos palestinos, um grande crime da ONU aos olhos dos americanos. Quem puder apreciar um toque cômico pode recorrer a um anúncio no *New York Times* em 16 de outubro de 1980, no qual um grupo lobista israelense que opera parcialmente como uma organização de direitos humanos acusa a ONU por seu "silêncio em relação a violações de direitos humanos dos curdos, dos berberes e de milhões de pessoas sitiadas no Camboja, no Vietnã e em Timor". A Organização das Nações Unidas está longe de se calar em relação a Timor, nossa preocupação específica aqui, embora a imprensa dos EUA tenha efetivamente silenciado os protestos da ONU, bem como os esforços dos EUA para bloqueá-los. Moynihan, aliás, é um dos grandes heróis da organização que publicou este anúncio no *Times* (a Liga Antidifamação da B'nai B'rith, definida pela imprensa israelense como "um dos principais pilares" da propaganda israelense nos EUA; Beni Landau, *Ha'aretz*, 28 de julho de 1981). Lembra o romance *1984*.

A referência ao silêncio da ONU em relação ao Camboja e ao Vietnã não deve aludir ao período em que os Estados Unidos estavam arrasando esses países. Sem dúvida com Moynihan em mente, um funcionário do Departamento do Estado admitiu que nossa política em Timor "não foi uma política de negligência benigna. Foi uma política de negligência maligna" (Southerland, op. cit. — ainda que um quarto de bilhão de dólares em armamentos e outros esforços ativos para perverter a Organização das Nações Unidas com maquinações políticas irrelevantes não possam ser definidos como qualquer tipo de "negligência").

[6.] Para mais detalhes, ver Chomsky e Herman, op. cit. Os esforços dos EUA para "perverter" a Organização das Nações Unidas aparentemente não se limitaram a "maquinações políticas" como as de Moynihan. A ONU enviou uma missão de apuração de fatos a Timor Leste algumas semanas após a invasão, mas a Indonésia impediu que chegasse ao território por meio de táticas como bombardear áreas onde a missão planejava desembarcar. Uma contribuição dos EUA é relatada por Jack Anderson (*Washington Post*, 8 de novembro de 1979) com base em documentos de inteligência dos EUA. A certa altura, as autoridades indonésias consideraram afundar a fragata com os observadores da ONU a bordo. "Agências de inteligência dos EUA souberam da trama bizarra, mas enterraram as informações no fundo dos seus arquivos sem alertar os representantes da ONU de que seu navio poderia ser torpedeado."

7. Congressional Research Service, *Human Rights and U.S. Foreign Assistance, Report for the Senate Committee on Foreign Relations* (novembro de 1979), p. 144.
8. Kathleen Teltsch, "Timor Priest, Charging Genocide, Seeks U.S. Help", *New York Times*, 14 de dezembro de 1979.
9. Robert Levey, "Power play cripples E. Timor", *Boston Globe*, 20 de janeiro de 1980, até hoje o relato mais preciso e abrangente de um jornalista profissional dos EUA. O testemunho do padre Leoneto também é relatado por Daniel Southerland, "East Timor's agony rivals that of Cambodia", *Christian Science Monitor*, edição internacional, 17 de dezembro de 1979, citando sua descrição de como "os indonésios atacaram implacavelmente, com infantaria e aviões de reconhecimento armados conhecidos como OV-10 (Bronco). Eles concentraram as pessoas ao redor das aldeias e centros de reassentamento. Roubaram pelo menos parte dos alimentos enviados e os venderam".

Southerland observa que "Pe. Leoneto ficaria feliz em depor perante os congressistas dos EUA. Ele não foi convidado para isso. Pode ter ofendido os indonésios e, claro, reavivado disputas sobre o que aconteceu no passado". Ele está discutindo uma audiência no Congresso em 4 de dezembro. A referência a "reavivar" disputas é um pouco enganosa, pois estas disputas mal foram notadas pela mídia dos EUA. Ver também Daniel Southerland, "East Timor: plight poor than Cambodia?", *Christian Science Monitor*, 6 de dezembro de 1979.
10. Teltsch, op. cit. No entanto, o depoimento do padre Leoneto provocou um forte editorial do *New York Times* ("Uma guerra injusta em Timor Leste", 24 de dezembro de 1979), a primeira condenação da guerra pelo jornal desde 1975, observando que "embora a maioria das armas de repressão seja de fabricação americana, Washington calou sobre suas preocupações pelas conhecidas razões pragmáticas [...] O silêncio dos americanos sobre Timor Leste contrasta estranhamente com a indignação em relação ao Camboja; o sofrimento é grande em ambos os lugares". Mas não há nada de estranho nesse contraste; no Camboja o sofrimento pode ser atribuído a um inimigo oficial, enquanto em Timor é de responsabilidade dos Estados Unidos, por isso o contraste é bem previsível. O editorial também observa corretamente que "os americanos só se conscientizaram gradualmente da guerra injusta que a Indonésia travava no remoto Timor Leste", sem, no entanto, explicar as razões da falta de conscientização enquanto o massacre apoiado pelos EUA já ocorria havia quatro anos.
11. Jimmy Burns, "Indonesian troops 'taking supplies for the starving'", *Observer*, 20 de janeiro de 1980.
12. David Watts, "Relief is reaching East Timor but thousands have already died from Indonesian starvation policy", *The Times* (Londres), 14 de dezembro de 1979.
13. Para referências específicas e discussão adicional, ver Chomsky e Herman, op. cit.
14. Henry Kamm, "War-Ravaged Timor Struggles Back from Abyss", *New York Times*, 28 de janeiro de 1980. Kamm observa que o "Maj. Benny Mandalika da inteligência militar indonésia de Jacarta sempre estava presente, tomava notas durante entrevistas

não só com pessoas comuns, mas também com oficiais indonésios de origem timorense e muitas vezes olhava ostensivamente para as anotações que o repórter fazia. Ao explicar suas ações quando indagado, ele disse: 'Eu preciso ficar ao seu lado para que você obtenha as informações corretas. Meu chefe me disse para ir com você onde quer que vá. Se você entrevistar um homem na rua, pode obter a informação errada'".

Kamm observa que o processo de anexação e pacificação da Indonésia "continua envolto em propaganda partidária de ambos os lados", mas não explica em que base identifica "as fontes menos partidárias", que acreditam "que ambos os lados pressionaram a população e que a selvageria com que conduziram a guerra incitou muitos a fugir". Por que, por exemplo, o padre Leoneto não é uma das "fontes menos partidárias"? Ou os muitos outros refugiados anti-Fretilin, padres católicos e os que escreveram cartas que contrabandearam seus apelos para pressionar a Indonésia a acabar com o massacre, e que o correspondente do *Times* no Sudeste Asiático ignorou cuidadosamente por muitos anos, e ainda o faz? Essas fontes não afirmam que a selvageria da guerra foi igualmente dividida — o que é dificilmente plausível em qualquer caso, dadas a escala de força disponível e a própria natureza do ataque indonésio à população civil. A demonstração de imparcialidade de Kamm dificilmente é mais convincente que sua repetição das alegações de generais indonésios em anos anteriores. Sua referência à "propaganda partidária de ambos os lados" também deixa de transmitir o fato de a propaganda partidária de um lado, do governo dos EUA, ter dominado completamente a cobertura da mídia, apresentada como fato objetivo pela imprensa livre. Ver Chomsky e Herman, op. cit., para mais detalhes.

Ao lado do artigo de Kamm, há um anúncio de página inteira do International Rescue Committee [Comitê Internacional de Resgate] assinado por seu presidente, Leo Cherne, pedindo ação para pressionar os vietnamitas e seus apoiadores russos a permitir o envio de ajuda ao Camboja: "O que é necessário agora, além da expansão da ajuda humanitária, é um grito de indignação tão alto que seja ouvido no Vietnã e na União Soviética. Não é verdade que os homens de Moscou e Hanói sejam insensíveis à opinião mundial. Eles podem ser constrangidos a agir. E se não puderem, pelo menos teremos tentado. Ao nos manter em silêncio, estamos deixando-os escapar impunes do assassinato". No Camboja, onde, aliás, funcionários de ajuda internacional ao mesmo tempo insistiam que os vietnamitas e o regime que haviam instalado no Camboja estavam conseguindo fazer o que podia ser feito para aliviar a fome naquele país devastado.

Sobre a solicitude de Cherne pelos refugiados, ver cap. 2, nota 1 de *Towards a New Cold War*.

15. James M. Markham, "Refugees from East Timor Report Famine Situation", *New York Times*, 29 de janeiro de 1980. Markham relata o testemunho de refugiados do final de 1979, chineses étnicos que conseguiram subornar pessoas para sair de Timor Leste, uma das quais os descreve nestes termos: "Todo mundo quer sair. É a terra

do diabo". Eles estavam relutantes em falar "por medo de represálias indonésias contra membros da família cuja liberdade eles esperavam comprar". Falaram sobre espancamentos, execuções, mortes em massa por inanição, desvio de ajuda humanitária por oficiais indonésios, torturas e desaparecimentos, esforços para impor a nacionalidade indonésia, bombardeios regulares pelo que "pareciam ser pequenos aviões de observação Bronco de fabricação americana" e muitas baixas indonésias "transferidas para o hospital militar de Díli de helicóptero". Um deles descreveu Díli como "um mundo de terror". Como os outros refugiados em Lisboa, a maioria parecia apolítica. Um "homem de aparência forte" disse que tinha sido "levado para as montanhas pelos guerrilheiros por suspeitarem que ele fosse um membro" da UDT: "Sua simpatia parecia estar mais com seus ex-captores da Fretilin que com os indonésios".

Antes disso, os jornalistas americanos vinham escrupulosamente evitando os refugiados em Lisboa — ou ao menos os seus testemunhos sobre Timor (cf. Chomsky e Herman, op. cit.). Refugiados com histórias das atrocidades comunistas receberam um tratamento um tanto diferente. Em um esforço de superar essa falha da imprensa de cobrir os testemunhos de refugiados, refugiados timorenses foram trazidos aos Estados Unidos por grupos privados preocupados com a questão, por exemplo, quatro refugiados (incluindo três que eram informantes de Markham) foram trazidos para os Estados Unidos em meados de janeiro de 1980 e levados para falar com editores de vários jornais importantes, mas nem uma palavra de seus depoimentos apareceu na imprensa americana, que eu saiba, e esses esforços não levaram a esforços notáveis para procurar ou ouvir declarações de refugiados. Pode-se argumentar que a imprensa deveria ser cética em relação a refugiados "pré-selecionados", possivelmente um argumento válido, se a imprensa não tivesse sido tão cuidadosa em evitar selecioná-los.

Ao preterir refugiados timorenses com informações inaceitáveis e indesejáveis, a imprensa também imitou o comportamento do Departamento de Estado. Ver p. 372, *Towards a New Cold War*.

[16.] Ver os artigos citados acima; e muitos relatórios e comentários importantes de Alexander Cockburn no *Village Voice*; também "Another Cambodia, with Uncle Sam in a supporting role", *New Republic*, 3 de novembro de 1979, um artigo no geral preciso assinado pelo editor Morton Kondracke; e um editorial do *Christian Science Monitor*, "East Timor — the other famine", de 18 de dezembro de 1979, que clama por uma "efusão de compaixão", ao mesmo tempo que ignora totalmente o papel dos EUA na origem dos horrores que descreve.

[17.] Sobre a reação ocidental a esse massacre, ver p. 372-3, *Towards a New Cold War*.

[18.] Cf. Chomsky e Herman, op. cit., cap. 4, seção 1, para discussão e referências.

[19.] Arnold Kohen, "The Cruel Case of Indonesia", *Nation*, 26 de novembro de 1977.

[20.] A. J. Langguth, resenha de Chomsky e Herman, op. cit., *Nation*, 16 de fevereiro de 1980.

21. "The New Foreign Correspondence", *Washington Journalism Review*, março de 1980.
22. Ver, *inter alia*, as declarações apresentadas pelos padres Francisco Maria Fernandes e Apolinário Guterres, padres católicos "que representam a Comissão para os Refugiados de Timor Leste em Portugal", afirmando que "foram obrigados a sair de Timor pelos indonésios porque tínhamos feito um apelo ao embaixador real da Holanda em Jacarta em nome dos timorenses do Leste em Timor Ocidental, solicitando sua ajuda na evacuação dessas pessoas para Portugal". Os dois fazem um extenso relato das atrocidades da Indonésia em Timor Leste, a execução de muitos refugiados em Timor Ocidental, a expulsão de 7 mil refugiados de Timor Ocidental para Timor Leste em maio de 1976 para impedi-los de ir para Portugal, de acordo com os arranjos do embaixador da Holanda etc. "Estamos falando de um genocídio", dizem, afirmando que "a guerra de bombardeios de saturação e matança indiscriminada da Indonésia continua incessante", enquanto milhares de timorenses são impedidos de emigrar e "a maioria das pessoas do nosso país não tem recebido qualquer ajuda devido à inacessibilidade de seus acampamentos e, em particular, por causa da corrupção oficial generalizada da Indonésia". Metade do orçamento para o programa da Cruz Vermelha Internacional é gasto em helicópteros para transportar ajuda em todo o Timor Leste, declaram: "Este é dinheiro que irá diretamente para o governo indonésio. A Indonésia tem aviões e helicópteros [graças aos Estados Unidos] para matar nosso povo, mas helicópteros para ajudá-los devem ser alugados com fins lucrativos".

Ver também o depoimento do padre Fernandes em 10 de junho de 1980, sessão das audiências perante uma subcomissão da Comissão de Dotações, Câmara dos Deputados, 96º Congresso, 2ª sessão, Subcomissão de Operações Estrangeiras e Agências Relacionadas, Parte 6 (Washington, DC: U.S. Government Printing Office, 1980), também não divulgado na imprensa dos EUA. O padre Fernandes afirma que cerca de 300 mil timorenses podem ter morrido no decorrer da invasão. Ver "Accounts of Repression in East Timor Contradict U.S. View in House Inquiry", Reuters, *International Herald Tribune*, 13 de junho de 1980.
23. Bernard D. Nossiter, *New York Times*, 26 de outubro, 12 de novembro de 1979.
24. "Cambodia and Timor", editorial, *Wall Street Journal*, 6 de fevereiro de 1980.

13. AS ORIGENS DAS "RELAÇÕES ESPECIAIS"

1. Bernard D. Nossiter, *New York Times*, 27 de junho de 1982.
2. *Boston Globe*, 27 de junho; 9 de junho de 1982.
3. Nadav Safran, *Israel: The Embattled Ally* (Cambridge, MA: Harvard University Press, 1978), p. 576, 110, um estudo que tende a se voltar ao passado para apresentar uma interpretação simpática a Israel; ver Noam Chomsky, *Towards a New Cold War* (Nova York: Pantheon Books, 1982) [doravante TNCW], cap. 13, para uma discussão.

4. G. Neal Lendenmann, "The Struggle in Congress over Aid Levels to Israel", *American-Arab Affairs*, inverno de 1982-1983 (ver cap. 4, nota 60, *The Fateful Triangle*); *Boston Globe*, 26 de setembro de 1982.
5. Para uma tentativa de avaliar o verdadeiro nível de ajuda dos EUA, ver Thomas Stauffer, *Christian Science Monitor*, 29 de dezembro de 1981. Para detalhes específicos do registro oficial, ver Yosef Priel, *Davar*, 10 de dezembro de 1982; Ignacio Klich, *South*, fevereiro de 1983.
6. Bernard Weinraub, *New York Times*, 26 de maio de 1982.
7. "Senate OK's foreign aid plan with $2.6b for Israel", *Washington Post — Boston Globe*, 18 de dezembro de 1982.
8. Ian S. Lustick, "Israeli Politics and American Foreign Policy", *Foreign Affairs*, inverno 1982/1983; Amanda Mitchison, "Gift horse", *New Statesman*, 4 de fevereiro de 1983.
9. "Israel: Foreign Intelligence and Security Services", republicado em *Counterspy*, maio-junho de 1982, um dos documentos trazidos por jornalistas americanos do Irã, onde foram liberados depois da tomada da embaixada americana. Dadas as circunstâncias, não se pode ter certeza da autenticidade do documento, embora isso tenda a ser confirmado tanto pelo seu caráter quanto pela discussão posterior a respeito. Um ex-chefe do Mossad israelense (essencialmente, a CIA israelense), Isser Harel, aceitou a autenticidade do documento, mas o condenou como "antissemita", "unilateral e malicioso", "meio diletante", refletindo uma tendência da CIA de "reescrever a história" na época em que o relatório foi escrito, em 1979; Yuval Elizur, *Boston Globe*, 5 de fevereiro de 1982, citando uma entrevista no *Ma'ariv*.
10. General (da reserva) Mattityahu Peled, *New Outlook* (Tel Aviv), maio/junho de 1975, relatando uma visita aos Estados Unidos.
11. Editor Simha Flapan, da *New Outlook*, falando numa conferência em outubro de 1979 em Washington; citado por Merle Thorpe, Jr., presidente, Fundação para a Paz no Oriente Médio, Audiência perante o Subcomitê sobre a Europa e o Oriente Médio do Comitê de Relações Exteriores, Câmara dos Representantes, 97º Congresso, Primeira Sessão, 16 de dezembro de 1981 (Washington, DC: U.S. Government Printing Office, 1982), p. 143.
12. Ver cap. 5, seções 5-8, *The Fateful Triangle*.
13. Ver cap. 4, abaixo.
14. Jessie Lurie, *Jewish Post & Opinion*, 28 de maio de 1982.
15. Sobre a influência política do que ele chama de "lobby israelense", ver Seth Tillman, *The United States in the Middle East* (Bloomington: Indiana University Press, 1982). Tillman fez parte do Comitê de Relações Exteriores do Senado, com interesse especial pelo Oriente Médio.
16. Leon Hadar, "Labour of Love", *Jerusalem Post*, 2 de março de 1982.
17. Ver Stephen Zunes, "Strange Bedfellows", *Progressive*, novembro de 1981. Ele observa que o apoio apaixonado a Israel combina facilmente com o antissemitismo fervoroso. Ver também Richard Bernstein, "Evangelicals Strengthening Bonds With Jews", *New*

York Times, 6 de fevereiro de 1983, e J. A. James, "Friends in need", *Jerusalem Post*, 20 de janeiro de 1983, discutindo a "importância potencial do apoio evangélico" na política americana e a "imensa infraestrutura" da mídia sob seu comando, e também a grande riqueza que pode ser explorada. O *Davar* informa que o Temple Mount Fund, "estabelecido em Israel e nos EUA e financiado por extremistas cristãos", pretende doar dezenas de milhões de dólares para assentamentos judaicos na Cisjordânia; 23 de janeiro de 1983 (*Israleft News Service*). É uma suposição razoável — agora às vezes comentada em Israel — que uma aliança protestante-evangélica-israelense pode se tornar mais proeminente na América Latina, seguindo o modelo da Guatemala, onde o regime de Rios Montt (que conseguiu superar seus predecessores com sua barbárie assassina) é apoiado por movimentos protestantes evangélicos e assessorado e subsidiado por Israel. Ver nota 42.

[18.] Citado por Amnon Kapeliouk, *Israel: la fin des mythes* (Paris: Albin Michel, 1975, p. 219). Este livro, de um excelente jornalista israelense, é a melhor descrição das políticas do governo israelense (Partido Trabalhista) de 1967 a 1973. Muitas editoras americanas foram abordadas para uma edição em inglês, mas nenhuma se dispôs a publicar o livro.

[19.] Citado por Zunes, "Strange Bedfellows".

[20.] Ver, por exemplo, *Pro-Arab Propaganda in America: Vehicles and Voices: a Handbook* (Liga Antidifamação de B'nai Brith, 1983); Thomas Mountain, "Campus anti-sionism", *Focus* (Brandeis University), fevereiro de 1983 (agradecendo à Liga pelo que se passa como "fato"); e muitos folhetos e panfletos circularam pelas faculdades de todo o país, em geral sem identificação e atribuídos à Liga pelos alunos que os distribuem.

[21.] Ver *The Fateful Triangle*, p. 284f.

[22.] Benny Landau, *Ha'aretz*, 28 de julho de 1981; Tillman, *The United States in the Middle East*, 65; Jolanta Benal, Entrevista com Meir Pail, *Win*, 1º de março de 1983.

[23.] Nathan e Ruth Ann Perlmutter, *The Real Anti-Semitism in America* (Nova York: Arbor House, 1982, p. 72, 111, 116, 136, 133f., 159, 125, 231). O livro também contém os tipos de difamação de críticos das políticas israelenses e a distorção de seus pontos de vista esperada em tais círculos, que não merecem mais comentários do que exercícios semelhantes na literatura do Partido Comunista.

[24.] Jon Kimche, *There Could Have Been Peace* (Nova York: Dial Press, 1973, p. 310-1).

[25.] Abba Eban, *Congress Bi-Weekly*, 30 de março de 1973; discurso proferido em 31 de julho de 1972; Irving Howe, "Thinking the Unthinkable About Israel: A Personal Statement", Nova York, 24 de dezembro de 1973.

[26.] Christopher Sykes, *Crossroads to Israel: 1917-1948* (Bloomington: Indiana University Press, 1965), p. 247.

[27.] Entrevista, *Jewish Post & Opinion*, 19 de novembro de 1982. O entrevistador, Dale V. Miller, o interpreta, com bastante precisão e aparente aprovação, como afirmando que a "província" da crítica é "direito exclusivo dos israelenses". Sobre as atitudes de Wiesel em relação ao massacre de setembro de Beirute, ver p. 386-7.

28. Safran, *Israel*, p. 571.
29. Citado por Joyce e Gabriel Kolko, *The Limits of Power* (Nova York: Harper & Row, 1972), p. 242.
30. Para uma discussão sobre este ponto, ver meu capítulo "What directions for the disarmament movement?", em Michael Albert e David Dellinger, eds., *Beyond Survival: New Directions for the Disarmament Movement* (Cambridge, MA: South End Press, 1983).
31. Citado em Gabriel Kolko, *The Politics of War* (Nova York: Random House, 1968), p. 188; de Winston Churchill, *Triumph and Tragedy* (Boston: Houghton-Mifflin, 1953), p. 249. Para uma discussão mais recente, ver Lawrence S. Wittner, *American Intervention in Greece* (Nova York: Columbia University Press, 1982). Os dois volumes dos Kolko (ver nota 29) permanecem inestimáveis para a compreensão do período geral de guerra e do pós-guerra, apesar dos muitos trabalhos úteis surgidos desde então, inclusive muita documentação que basicamente apoia suas análises, na minha opinião, embora o fato raramente seja reconhecido; como eles não aderem às ortodoxias aprovadas, referir-se a suas contribuições é considerado uma violação da ética acadêmica.
32. Wittner, *American Intervention in Greece*, p. 119, 88.
33. Ibid., p. 1, 149, 154, 296; consultar a mesma fonte para uma extensa resenha e documentação.
34. Ibid., p. 80, 232.
35. Para discussão, ver *TNCW*, caps. 2, 11, e referências ali citadas.
36. *New York Times*, 6 de agosto de 1954; ver *TNCW*, 99, para mais citações e comentários.
37. Citado em *TNCW*, 457, de *MERIP Reports*, maio de 1981; também, *J. of Palestine Studies*, primavera de 1981. A fonte é um memorando obtido sob a Lei de Liberdade de Informação.
38. O responsável direto por essas operações, Avri el-Ad, as descreve em seu *Decline of Honor* (Chicago: Regnery, 1976). Ver Livia Rokach, *Israel's Sacred Terrorism* (Belmont: AAUG, 1981), para trechos dos diários do primeiro-ministro Moshe Sharett sobre esses eventos e como eles foram vistos na época, no mais alto nível. Sobre a crise político-militar que se seguiu (o "caso Lavon"), ver Yoram Peri, *Between Battles and Ballots: Israeli Military in Politics* (Nova York: Cambridge University Press, 1983), um importante estudo que desmorona muitas ilusões.
39. "Issues Arising Out of the Situation in the Near East", desclassificado em 10/12/81, comentando o CSN 5801/1, 24 de janeiro de 1958.
40. Michael Bar-Zohar, *Ben-Gurion: A Biography* (Nova York: Delacorte, 1978), p. 261f.
41. Ibid., p. 315-6; Peri, *Between Battles and Ballots*, p. 80. Tem sido sugerido que o ataque israelense ao navio espião americano *Liberty* foi motivado pelo temor de que os EUA pudessem detectar os planos para esse ataque. Ver James Ennes, *Assault on the Liberty* (Nova York: Random House, 1979). Ver também Richard K. Smith, *U.S. Naval Institute Proceedings*, junho de 1978, que descreve como "com a maior facilidade [...]

os pilotos israelenses [e depois torpedeiros] chacinaram o grande, lento e indefeso *Liberty*", que foi identificado clara e inequivocamente, conforme "uma parte vital do plano de guerra de Israel", ou seja, "manter as potências estrangeiras no escuro" para evitar "pressões das superpotências por um cessar-fogo antes que pudessem tomar o território que consideravam necessário para a segurança futura de Israel" — uma interpretação bastante cariosa, dados os fatos sobre o cessar-fogo e algumas questões que podem ser levantadas sobre "segurança".

42. Ver *TNCW*, p. 315 e referências citadas. Ver também o estudo da CIA citado na nota 9, que afirma que "os israelenses também empreenderam programas de ação política, econômica e paramilitar em larga escala — particularmente na África". Em seu relatório sobre os líderes trabalhistas dos EUA, Leon Hadar observa que eles ficaram particularmente "impressionados com o sucesso de Israel em estabelecer vínculos com o Terceiro Mundo, especialmente na África, para resistir à influência soviética" — a última frase sendo a palavra-código usual para resistência a formas indesejadas de nacionalismo. Que os burocratas trabalhistas americanos fiquem satisfeitos com o apoio a Mobutu e coisas do gênero não é mais nenhuma surpresa. Ver nota 16.

43. Yoav Karni, "Dr. Shekel and Mr. Apartheid", *Yediot Ahronot*, 13 de março de 1983. Sobre as extensas relações israelenses, militares e outras, com a África do Sul, ver *TNCW*, p. 293f. e referências citadas; Israel Shahak, *Israel's Global Role* (Belmont: AAUG, 1982); Benjamin Beit-Hallahmi, "South Africa and Israel's Strategy of Survival", *New Outlook* (Tel Aviv), abril/maio de 1977; Beit-Hallahmi, "Israel and South Africa 1977-1982: Business As Usual — And More", *New Outlook*, março de 1983, com mais detalhes sobre o entusiasmo demonstrado pelo Partido Trabalhista e pelo Likud pela África do Sul, embora o Partido Trabalhista prefira manter o assunto oculto, por conta dos arranjos para usar Israel para o transporte de mercadorias sul-africanas à Europa e aos EUA para evitar boicotes etc.; Uri Dan, "The Angolan Battlefield", *Monitin*, janeiro de 1982; Carole Collins, *National Catholic Reporter*, 22 de janeiro de 1982; e muitas outras fontes.

44. Ver *TNCW*, p. 290f. e referências citadas; Shahak, *Israel's Global Role*; Ignacio Klich, *Le Monde diplomatique*, outubro de 1982, fevereiro de 1983; *Washington Report on the Hemisphere* (Conselho de Assuntos Hemisféricos), 29 de junho de 1982; *Latin America Weekly Report*, 6 de agosto, 24 de setembro, 17 e 24 de dezembro de 1982; *El País* (Espanha), 8-10 de março de 1983; Steve Goldfield, Jane Hunter e Paul Glickman, *In These Times*, 13 de abril de 1983; e muitas outras fontes. Foi divulgado recentemente que o Kibutz Beit Alpha (Mapam [Partido dos Trabalhadores Unidos]) vem fornecendo equipamentos para o exército chileno (*Ha'aretz*, 7 de janeiro de 1983). Em particular, Israel é atualmente o maior fornecedor de armas da Guatemala (*Economist*, 3 de abril de 1982), ajudando o governo dos EUA a se evadir da proibição de armas pelo Congresso, e os conselheiros militares israelenses estão ativos. O novo regime da Guatemala, responsável por massacres terríveis, credita seu sucesso em chegar ao poder a seus muitos conselheiros israelenses; seu predecessor, o regime assassino de Lucas Garcia, expressou abertamente sua admiração por Israel

como um "modelo" (ver p. 290). Sobre os novos níveis de barbárie a que chegou o regime de Rios Montt, ver Allan Nairn, "The Guns of Guatemala", *New Republic*, 11 de abril de 1983 (ignorando a conexão israelense, que dificilmente poderia ser discutida nesta publicação). Ver referências citadas em um artigo inédito de Benjamin Beit-Hallahmi, "Israel's support for Guatemala's military regime", com informações da imprensa israelense. Voltaremos a mais detalhes. Sobre as vendas de armas de Israel como um "fornecedor de armas por procuração dos EUA para vários 'pontos quentes' no Terceiro Mundo", ver *SOUTH*, abril de 1982. As vendas de armas agora constituem um terço das exportações industriais de Israel (*Dvar Hashavua*, 27 de agosto de 1982).

45. Ver Michael Klare, em Leila Meo, ed., *U.S. Strategy in the Gulf* (Belmont, MA: AAUG, 1981).

46. Michael Klare, *Beyond the "Vietnam Syndrome"* (Washington, DC: Institute for Policy Studies, 1981).

47. Anúncio, *New York Times*, 13 de outubro de 1982; Joseph Churba, carta, *New York Times*, 21 de novembro de 1982. Ver também Steven J. Rosen, *The Strategic Value of Israel*, Documentos do AIPAC sobre as relações EUA-Israel, 1982; o AIPAC é a organização de lobby pró-Israel oficialmente registrada em Washington.

48. Thomas L. Friedman, "After Lebanon: The Arab World in Crisis", *New York Times*, 22 de novembro de 1982.

49. Tamar Golan, *Ma'ariv*, 1º de dezembro de 1982; Reuters, *Boston Globe*, 20 de janeiro de 1983; UPI, *New York Times*, 22 de janeiro de 1983.

50. *New York Times*, 6 de dezembro de 1982.

51. Susan Morgan, *Christian Science Monitor*, 14 de dezembro de 1982; "Guatemala: Rightists on the warpath", *Latin America Weekly Report*, 4 de março de 1983.

52. Para um dos muitos exemplos recentes, ver Marlise Simons, *New York Times*, 14 de dezembro de 1982, citando missionários católicos americanos contando que "os invasores ultimamente vinham torturando e mutilando camponeses capturados ou simpatizantes sandinistas, criando o mesmo terror que no passado", dando exemplos. A Guarda Nacional de Somoza foi treinada na Escola do Exército dos EUA das Américas, na Zona do Canal do Panamá.

53. Charles Maechling Jr., "The Murderous Mind of the Latin Military", *Los Angeles Times*, 18 de março de 1982.

54. Ver *TNCW*, p. 429 e cap. 13, e referências citadas.

55. Yoav Karni, "The secret alliance of the 'Fifth World'", *Yediot Ahronot*, 22 de novembro de 1981. Ver *TNCW*, p. 292-3.

56. Leslie H. Gelb, "Israel Said to Step Up Latin Role, Offering Arms Seized in Lebanon", *New York Times*, 17 de dezembro de 1982.

57. Ver Chomsky, *For Reasons of State* (Nova York: Pantheon Books, 1973, p. 51), para citação e discussão.

58. Adam Clymer, *New York Times*, 27 de junho de 1982. *Le Monde*, 11 de junho, para o texto na íntegra; *Christian Science Monitor*, 11 de junho de 1982.
59. Para referências, ver John Cooley, *Green March, Black September* (Londres: Frank Cass, 1973), p. 161-2; Chomsky, *Peace in the Middle East?* (Nova York: Pantheon Books, 1974), p. 140.
60. A imprensa dos EUA parece ter ignorado esta importante discussão entre os comandantes militares israelenses, além de um relatório de John Cooley, *Christian Science Monitor*, 17 de julho de 1972. Para uma discussão sobre o que ele se refere como "a lenda de 'David e Golias' envolvendo o nascimento de Israel", ver Simha Flapan, *Sionism and the Palestinians* (Nova York: Barnes & Noble, 1979), p. 317f.
61. *Yediot Ahronot*, 26 de julho de 1973; ver *Peace in the Middle East?*, p. 142.
62. Ver Chomsky, "Israel and the New Left", em Mordecai S. Chertoff, ed., *The New Left and the Jews* (Nova York: Pitman, 1971); e *Peace in the Middle East?*, cap. 5, incluindo uma discussão de algumas das contribuições notáveis de Irving Howe, Seymour Martin Lipset e outros. Ver cap. 5, abaixo, para uma discussão mais aprofundada.
63. Ver referências da nota anterior sobre este e outros exemplos, todos apresentados sem pretensão de evidência ou argumento racional, postura sempre disponível quando os alvos estão fora do consenso aprovado.
64. *Jewish Post & Opinion*, 5 de novembro de 1982.
65. Jerusalem Domestic Television Service, 24 de setembro de 1982. Republicado em *The Beirut Massacre* (Nova York: Claremont Research and Publications, 1982), do governo do U.S. Foreign Broadcast Information Service (FBIS).
66. Amos Oz, "Has Israel Altered Its Visions?", *New York Times Magazine*, 11 de julho de 1982. Sobre a deturpação desses eventos no círculo acadêmico, referindo-se a Safran, *Israel*, ver *TNCW*, p. 331.
67. Para um raro registro dos fatos na imprensa, ver artigo dos correspondentes do *Christian Science Monitor*, 4 de junho de 1982; também Cecilia Blalock, ibid., 22 de junho de 1982 e Philip Geyelin, *Washington Post* (*Manchester Guardian Weekly*, 20 de junho de 1982). Sobre os acontecimentos e o encobrimento, ver referências da nota 41; também Anthony Pearson, *Conspiracy of Silence* (Nova York: Quartet, 1978) e James Bamford, *The Puzzle Palace* (Boston: Houghton Mifflin, 1982).
68. Ver *The Fateful Triangle*, p. 5, citando a *Time*, uma publicação considerada crítica a Israel.

14. PLANEJANDO A HEGEMONIA GLOBAL

1. Gabriel Kolko, *The Politics of War* (Nova York: Random House, 1968), p. 471.
2. William Roger Louis, *Imperialism at Bay* (Oxford: Clarendon Press, 1977), p. 481.

3. Isso e o que se segue foram extraídos de um estudo esclarecedor de Melvyn Leffler, "The American Conception of National Security and the Beginnings of the Cold War, 1945-48", *AHR Forum, American Historical Review*, abril de 1984.
4. Kolko, *Politics of War*.
5. Samuel Huntington, em M. J. Crozier, S. P. Huntington e J. Watanuki, *The Crisis of Democracy* (Nova York: New York University Press, 1975), relatório da Comissão Trilateral. Sobre esta comissão, ver Holly Sklar, ed., *Trilateralism* (Cambridge, MA: South End Press, 1980) e Noam Chomsky, *Towards a New Cold War* (New York: Pantheon Books, 1982) [doravante *TNCW*].
6. Laurence Shoup e William Minter, *Imperial Brain Trusty* (Nova York: Monthly Review Press, 1977); ver *TNCW* para uma breve resenha. Ver Robert Schulzinger, *The Wise Men of Foreign Affairs* (Nova York: Columbia University Press, 1984), uma história convencional muito mais superficial que omite o material crucial discutido por Shoup e Minter ao mencionar a "refutação oficial" de William Bundy, que os condenou por "seletividade" (*Foreign Affairs*, outubro de 1977). Tanto Bundy quanto Schulzinger descartam o estudo de Shoup e Minter sem uma análise, como uma visão paranoica comparável à da extrema direita. Fora isso, seu importante estudo foi ignorado. As narrativas-padrão também ignoram as posições de Kennan citadas aqui, assim como suas memórias. Sobre o período da guerra e o início do pós-guerra, ver particularmente Kolko, *Politics of War*; Gabriel e Joyce Kolko, *The Limits of Power* (Nova York: Harper & Row, 1972), duas contribuições seminais para uma grande literatura a respeito.
7. Ver Noam Chomsky, *For Reasons of State* (Nova York: Pantheon Books, 1970), cap. 1, V, para referências e discussão.
8. James Chace, "How 'Moral' Can We Get", *New York Times Magazine*, 22 de maio de 1977.
9. Ver *TNCW*, cap. 2.
10. Presidente Lyndon B. Johnson, discursos em 1º de novembro e 2 de novembro de 1966; *Public Papers of the Presidents of the United States*, 1966, Livro II (Washington, 1967), p. 563, 568; *Congressional Records*, 15 de março de 1948, House, p. 2883.
11. Dean Acheson, *Present at the Creation* (Nova York: Norton, 1969), p. 219; ver *TNCW*, p. 195f., para uma discussão mais extensa.
12. Seymour Hersh, *The Price of Power* (Nova York: Summit, 1983), p. 270, citando Roger Morris; Morton Halperin et al., *The Lawless State* (Nova York: Penguin, 1976), p. 17, citando Hersh, *New York Times*, 11 de setembro de 1974.
13. LaFeber, *Inevitable Revolutions* (Nova York: Norton, 1983), p. 157.
14. Walter Laqueur, *Wall Street Journal*, 9 de abril de 1981; *Economist*, 19 de setembro de 1981. Sobre a guerra terrorista contra Cuba conduzida a partir de bases dos EUA sob os auspícios do governo americano, ver Herman, *Real Terror Network*, *TNCW* e fontes citadas. As fábulas muito admiradas de Sterling podem se basear em parte em um documento forjado pela CIA para verificar a veracidade de um desertor, o qual

circulou pela sórdida rede de mascates de "vazamentos de inteligência" plantados. Ver Alexander Cockburn, *Nation*, 17 de agosto de 1985.

15. *For Reasons of State*, p. 31-7, citando documentos dos *Papéis do Pentágono*.

16. Minutas resumindo o PPS 51, abril de 1949, citadas por Michael Schaller, "Securing the Great Crescent: Occupied Japan and the Origins of Containment in Southeast Asia", *Journal of American History*, setembro de 1982; o estudo também sugeriu que "alguma diversificação de suas economias" deveria ser permitida. Para um desenvolvimento mais detalhado deste tópico, ver Schaller; ensaios de John Dower e Richard Du Boff em Chomsky e Howard Zinn, eds., *Critical Essays*, vol. 5 dos *Papéis do Pentágono* (Boston: Beacon, 1972); *For Reasons of State*, cap. 1, V.

17. Perkins, p. I, 131, 167, 176f. A última frase é o resumo de Perkins de "um ponto de vista generalizado, ou melhor, quase geral" entre os estadistas europeus.

18. Ver *For Reasons of State*, p. 37; *PEHR*, II; *TNCW*; Joel Charny e John Spragens, *Obstacles to Recovery in Vietnam and Kampuchea: U.S. Embargo of Humanitarian Aid* (Boston: Oxfam America, 1984).

19. Noam Chomsky, *At War with Asia* (Nova York: Pantheon Books, 1970), p. 286.

20. Sobre esta questão, ver *PEHR*, II, 2.2.

21. *At War with Asia; For Reasons of State; PEHR*, II; e fontes citadas.

15. UMA VISÃO DO FUTURO: PERSPECTIVAS DO ESTUDO DA MENTE

[sem notas]

16. CONTENDO O INIMIGO

1. O desgosto com a democracia às vezes chega a tais extremos que o controle estatal é considerado a única alternativa imaginável à dominação pela riqueza privada concentrada. Essa deve ser a suposição tácita que leva Nicholas Lemann (*New Republic*, 9 de janeiro de 1989) a afirmar que, em nosso livro *Manufacturing Consent* (Nova York: Pantheon Books, 1988), eu e Herman apregoamos "mais controle estatal" sobre a mídia, baseando essa afirmação em nossa declaração de que "no longo prazo, uma ordem política democrática requer controle e acesso muito mais amplos à mídia" por parte do público em geral (p. 307). A essa declaração citada segue-se uma revisão de algumas das modalidades possíveis, inclusive a proliferação de canais de TV de acesso público que "enfraqueceram o poder do oligopólio da rede" e têm "um potencial de acesso reforçado a grupos locais", "estações de rádio e televisão locais sem fins lucrativos" e propriedade de emissoras de rádio por "instituições comunitárias" (uma pequena cooperativa na França é mencionada como exemplo), rádios sustentadas por ouvintes em comunidades locais e assim por diante. Tais

opções realmente desafiam o oligopólio corporativo e o domínio dos ricos em geral. Portanto, só podem ser interpretadas como "controle estatal" por alguém que considera impensável que o público em geral possa, ou deva, ter acesso à mídia como um passo para formular suas próprias questões. Existem várias complexidades e qualificações, é claro, quando passamos de características muito gerais do sistema para detalhes sutis e efeitos menores. Deve-se entender que estas são características de uma análise de qualquer sistema complexo.

[2.] Ver seu *On Democracy*, onde são formuladas consequências mais abrangentes.

[3.] Christopher Hill, *The World Turned Upside Down* (Nova York: Penguin, 1984, p. 60, 71), citando autores contemporâneos.

[4.] Edward Countryman, *The American Revolution* (Nova York: Hill and Wang, 1985, p. 200, 224ff).

[5.] James Curran, "Advertising and the Press", em Curran, ed., *The British Press: A Manifest* (Londres: MacMillan, 1978).

[6.] Lawrence Shoup e William Minter, *Imperial Brain Trust* (Nova York: Monthly Review Press, 1977, p. 130), um estudo do Projeto de Estudos de Guerra e Paz do Conselho de Relações Exteriores e do Departamento de Estado de 1939 a 1945.

[7.] Ver meu *Necessary Illusions* (Cambridge, MA: South End Press, 1989), apêndice II, sec. 1, para uma discussão detalhada.

[8.] Exceções foram toleradas nos primeiros anos por causa da necessidade específica de recuperação dos centros do capitalismo industrial com a exploração de suas ex-colônias, mas isso foi entendido como um expediente temporário. Para detalhes, ver William S. Borden, *The Pacific Alliance: United States Foreign Economic Policy and Japanese Trade Recovery, 1947-1955* (Madison, WI: University of Wisconsin Press, 1984); Andrew J. Rotter, *The Path to Vietnam: Origins of the American Commitment to Southeast Asia* (Ithaca, NY: Cornell University Press, 1987).

[9.] *WP Weekly*, 28 de dezembro de 1987.

[10.] Lippmann e Merz, "A Test of the News", Suplemento, *New Republic*, 4 de agosto de 1920. Citações aqui de James Aronson, *The Press and the Cold War* (Boston: Beacon, 1973), p. 25f.

[11.] Ver *Necessary Illusions*, apêndice II, seção 1.

[12.] H. D. S. Greenway, *Boston Globe*, 8 de julho de 1988. Sobre os antecedentes, ver *Turning the Tide*, p. 194f., e fontes citadas; Christopher Simpson, *Blowback* (Nova York: Weidenfeld & Nicolson, 1988).

[13.] No final dos anos 1960, já estava claro que esses eram os fatores básicos por trás da intervenção dos EUA no Sudeste Asiático, que, no planejamento global dos EUA, deveria ser reconstituído como uma "esfera de coprosperidade" para o Japão, dentro da Grande Área dominada pelos EUA, servindo também como mercado e fonte de matérias-primas e dólares reciclados para a reconstrução do capitalismo da Europa Ocidental. Ver meu *At War with Asia* (Nova York: Pantheon Books, 1970, introdução); *For Reasons of State* (Nova York: Pantheon Books, 1973); Chomsky e

Howard Zinn, eds., *Critical Essays*, vol. 5 *Pentagon Papers* (Boston: Beacon, 1972); e outras obras do período. Ver também, entre outros, Borden, *Pacific Alliance*; Michael Schaller, *The American Occupation of Japan* (Nova York: Oxford University Press, 1985); Andrew Rotter, *Path to Vietnam* (Ithaca, NY: Cornell University Press, 1987).

14. Acheson, *Present at the Creation* (Norton, 1969, p. 374, 489); Borden, op. cit., p. 44, 144.
15. Ver *Necessary Illusions*, apêndice II, seção 2.
16. Carey, "Managing Public Opinion".
17. Ibid., citando Bell, "Industrial Conflict and Public Opinion", em A. R. Dubin e A. Ross, eds., *Industrial Conflict* (Nova York: McGraw-Hill, 1954).
18. Ver *Necessary Illusions*, apêndice V, seção 5.
19. Carey, "Managing Public Opinion". Sobre o expurgo das universidades nos anos 1950, ver Ellen Schrecker, *No Ivory Tower* (Nova York: Oxford University Press, 1986). Para uma pequena amostra do expurgo posterior, ver vários ensaios em Philip J. Meranto, Oneida J. Meranto e Matthew R. Lippman, *Guarding the Ivory Tower* (Denver: Lucha Publications, 1985).
20. Para uma discussão, ver meu artigo "*Democracy in the Industrial Societies*" na *Z Magazine*, janeiro de 1989.
21. O programa Food for Peace (PL 480) é um exemplo notável. Definido por Ronald Reagan como "um dos maiores atos humanitários já realizados por uma nação para os necessitados de outras nações", o PL 480 serviu efetivamente aos propósitos aos quais foi projetado: subsidiar o agronegócio dos EUA; induzir povos a "se tornar dependentes de nós para alimentação" (senador Hubert Humphrey, um de seus arquitetos, atendendo interesses de seu eleitorado agrícola de Minnesota); contribuir para as operações de contrainsurgência; e financiar "a criação de uma rede militar global para apoiar governos capitalistas ocidentais e do Terceiro Mundo" ao exigir que fundos em moeda local das contrapartes sejam usados para rearmamento (William Borden), proporcionando assim um subsídio indireto aos fabricantes de armas dos EUA. Os EUA empregam esses "subsídios à exportação (considerados universalmente como uma prática comercial 'injusta') para preservar seu enorme mercado japonês", entre outros casos (Borden). O efeito sobre a agricultura e a sobrevivência do Terceiro Mundo tem sido quase sempre devastador. Ver Tom Barry e Deb Preusch, *The Soft War* (Nova York: Grove Press, 1988, p. 67f.); Borden, *Pacific Alliance*, p. 182f.; e outras fontes.
22. *New York Times*, 30 de outubro de 1985.
23. Ver *Political Economy of Human Rights* e *Manufacturing Consent*.
24. *New York Times*, 25 de março de 1977; transcrição da entrevista coletiva.
25. *Los Angeles Times*, 25 de outubro de 1988; Robert Reinhold, *New York Times*, no mesmo dia.
26. Para estimativas comparativas na época, ver *Political Economy of Human Rights*, II, cap. 3.
27. *New York Times*, 3 de março de 1985.

28. T. Hunter Wilson, *Indochina Newsletter* (Asia Resource Center), novembro-dezembro de 1987. Mary Williams Walsh, *Wall Street Journal*, 3 de janeiro; George Esper, Associated Press, 18 de janeiro; *Boston Globe*, legenda da foto, 20 de janeiro de 1989.
29. Mary Williams Walsh, *Wall Street Journal*, 3 de janeiro de 1989; Robert Pear, *New York Times*, 14 de agosto; Elaine Sciolino, *New York Times*, 17 de agosto; Paul Lewis, *New York Times*, 8 de outubro; Walsh, *Wall Street Journal*, 1º de setembro de 1988. Em seu artigo de 3 de janeiro de 1989, Walsh observa, com certa tristeza, que "a divulgação dos mapas afegãos poderia até contar como uma pequena vitória de propaganda para o regime de Cabul, já que seus inimigos em Washington" ainda não fizeram isso quatorze anos após sua partida. A vitória da propaganda será muito pequena, pois se reconhece que os EUA deixaram de fornecer essas informações ou tenham qualquer responsabilidade de fazê-lo.
30. Barbara Crossette, *New York Times*, 10 de novembro de 1985.
31. Crossette, *New York Times*, 28 de fevereiro; E. W. Wayne, *Christian Science Monitor*, 24 de agosto de 1988.
32. Anderson, "The Light at the End of the Tunnel", *Diplomatic History*, outono de 1988.
33. Lee H. Hamilton, "Time for a new American relationship with Vietnam", *Christian Science Monitor*, 12 de dezembro de 1988; Frederick Z. Brown, *Indochina Issues* 85, novembro de 1988; *Boston Globe*, 8 de julho de 1988.
34. Francis Jennings, *Empire of Fortune* (Nova York: Norton, 1988), p. 215.
35. Kapeliouk, *Yediot Ahronot*, 7 de abril de 1988; também 1º de abril, p. 15.
36. Ziem, *Indochina Newsletter* (Asia Resource Center), julho e agosto de 1988; Susan Chira, *New York Times*, 5 de outubro de 1988; *Wall Street Journal*, 4 de abril de 1985. Ver *Manufacturing Consent* sobre como as retrospectivas do décimo aniversário (1985) omitiram os efeitos da guerra sobre os sul-vietnamitas, as principais vítimas do ataque dos EUA.
37. NSC 144/1, 1953; NSC 5432, 1954; e muitos outros. Para uma discussão mais detalhada, ver *On Power and Ideology*. Os princípios básicos são reiterados constantemente, muitas vezes com as mesmas palavras.
38. Sobre esse dispositivo de propaganda, voltado para a frente interna, veja Herman e Brodhead, *Demonstration Elections*.
39. Jorge Pinto, *New York Times*, coluna de opinião, 6 de maio de 1981; Ricardo Castañeda, sócio sênior de um escritório de advocacia salvadorenho, Edward Mason Fellow, Kennedy School, Universidade Harvard; "Salvador Groups Attack Paper and U.S. Plant", World News Summary, *New York Times*, 19 de abril de 1980. As informações sobre a cobertura do *Times* são baseadas numa pesquisa do arquivo do *Times* por Chris Burke, do Instituto FAIR.
40. "Sad Tales of La Libertad de Prensa", *Harper's*, agosto de 1988. Ver *Necessary Illusions*, apêndice IV, seção 6, para uma discussão adicional.

41. Deirdre Carmody, *New York Times*, 14 de fevereiro de 1980. Talvez possamos considerar a breve notificação de 19 de abril, citada acima, como uma resposta ao seu pedido.
42. *New York Times*, editorial, 25 de março de 1988.

17. INTRODUÇÃO AO *PROGRAMA MINIMALISTA*

1. Para uma discussão sobre essa questão, ver N. Chomsky, "Bare Phrase Structure", *MIT Occasional Papers in Linguistics* 5 (1994), Departamento de Linguística e Filosofia, MIT, a ser publicado em H. Campos e P. Kempchinsky, eds., *Evolution and Revolution in Linguistic Theory: Essays in Honor of Carlos Otero* (Washington, DC: Georgetown University Press, 1995), também publicado em G. Webelhuth, ed., *Government and Binding and the Minimalist Program* (Oxford: Blackwell, 1995); N. Chomsky, "Naturalism and Dualism in the Study of Language and Mind", *International Journal of Philosophical Studies* 2 (1994): 181-209, referindo-se a Edelman, *Bright Air, Brilliant Fire: On the Matter of the Mind* (Nova York: Basic Books, 1992). Edelman considera a crise séria, se não letal, para a ciência cognitiva em geral, seja computacional, conexionista ou outra qualquer.
2. Adaptado, essencialmente, de N. Chomsky, *The Logical Structure of Linguistic Theory* (Nova York: Plenum, 1975), extraído da revisão de 1956 de 1955 ms., Harvard University e MIT (Chicago: University of Chicago Press, 1985).
3. O termo *articulatório* é muito restrito, pois sugere que a faculdade da linguagem é específica em sua modalidade, com uma relação especial com os órgãos vocais. O trabalho de anos recentes sobre as línguas de sinais abalam essa suposição tradicional. Continuarei a usar o termo, mas sem implicações sobre a especificidade do sistema de saída, e vou me ater ao caso da língua falada.
4. Para uma discussão, ver N. Chomsky, *Essays on Form and Interpretations* (Amsterdam: Elsevier North-Holland, 1977), cap. 1.
5. Ver N. Chomsky, *Lectures on Government and Binding* (Dordrecht: Foris, 1981) para uma formulação.
6. Aqui, *interpretar* deve ser entendido em um sentido interno à teoria. Em um sentido informal mais amplo, as interpretações são atribuídas pela faculdade da linguagem (em um estado específico) a todos os tipos de objetos, incluindo fragmentos, expressões sem sentido, expressões de outras linguagens e possivelmente ruídos não linguísticos também.
7. Ver H. Borer, *Parametric Syntax* (Dordrecht: Foris, 1984); N. Fukui, "A Theory of Category Projection and Its Applications" (tese de doutorado, MIT, 1986), versão revisada publicada como *Theory of Projection in Syntax* (Stanford, CA: CSLI Publications, 1995), distribuída pela University of Chicago Press; N. Fukui, "Deriving the Differences Between English and Japanese: A Case Study in Parametric Syntax", *English Linguistics* 5 (1988), p. 249-70.

8. Ver N. Chomsky, *Knowledge of Language* (Nova York: Praeger, 1986).
9. Assim, o que chamamos de "inglês", "francês", "espanhol" e assim por diante, mesmo sob idealizações para idioletos em comunidades de fala homogêneas, refletem a conquista normanda, a proximidade com áreas germânicas, um substrato basco e outros fatores que não podem ser seriamente considerados como propriedades da faculdade da linguagem. Seguindo o raciocínio óbvio, é difícil imaginar que as propriedades da faculdade da linguagem — um objeto real do mundo natural — sejam instanciadas em qualquer sistema observado. Assunções semelhantes são tidas como certas no estudo de organismos em geral.
10. Ver N. Chomsky, *Aspects of the Theory of Syntax* (Cambridge, MA: MIT Press, 1965).
11. Ver Chomsky, *Logical Structure of Linguistic Theory*, cap. 4.

18. NOVOS HORIZONTES NO ESTUDO DA LINGUAGEM E DA MENTE

1. David Hume, *An Inquiry Concerning Human Understanding*, ed., L. A. Selby-Bigge, 3. ed., rev., P. H. Nidditch (Oxford: Clarendon Press, 1748, 1975), p. 108, sec. 85.
2. Galileu Galilei, *Dialogues on the Great World Systems*, trad. Thomas Salusbury (1632, 1661), fim do primeiro dia.
3. Ver, por exemplo, Noam Chomsky, *Aspects of the Theory of Syntax* (Cambridge, MA: MIT Press, 1965); Chomsky, *Lectures on Government and Binding* (Dordrecht: Foris, 1981); Chomsky, *Knowledge of Language* (Nova York: Praeger, 1986).
4. Ver Noam Chomsky, *The Minimalist Program* (Cambridge, MA: MIT Press, 1995).
5. Samuel Epstein, "UN-principled Syntax and the Derivation of Syntactic Relations", em Samuel Epstein e Norbert Hornstein, eds., *Working Minimalism* (Cambridge, MA: MIT Press, 1999).
6. Noam Chomsky, *The Minimalist Program*; Chomsky, "Minimalist Inquiries: The Framework", ms., MIT, 1998.
7. David Hume, *A Treatise of Human Nature*, ed., L. A. Selby Bigge, 2. ed., rev., P. H. Nidditch (Oxford: Clarendon Press, 1740, 1748), sec. 27.
8. René Descartes, carta (a Morus), em R. M. Eaton, ed., *Descartes Selections* (1649, 1927).
9. Juan Huarte, *Examen de Ingenios*, trad. Bellamy (1575, 1698), p. 3; ver também Noam Chomsky, *Cartesian Linguistics* (Nova York: Harper & Row, 1966).

19. IGNORÂNCIA INTENCIONAL E SEUS USOS

1. Tony Blair, em "A New Generation Draws the Line", *Newsweek*, 19 de abril de 1999; Vaclav Havel, "Kosovo and the End of the Nation-State", *New York Review of Books*, 10 de junho de 1999.

2. Michael Wines, "Two Views of Inhumanity Split the World, Even in Victory", *New York Times*, artigo de abertura da "Week in Review", 13 de junho de 1999; Michael Glennon, "The New Interventionism", *Foreign Affairs*, maio/junho de 1999.
3. Bob Davis, "Cop of the World? Clinton Pledges U.S. Power Against Ethnic Cleansing, but His Aides Hedge", *Wall Street Journal*, 6 de agosto de 1999. William Jefferson Clinton, "A Just and Necessary War", *New York Times*, 23 de maio; 1º de abril, discurso na Base Aérea de Norfolk, *New York Times*, 2 de abril de 1999.
4. Sebastian Mallaby, "Uneasy Partners", *New York Times Book Review*, 21 de setembro de 1997. Formulador sênior de políticas do governo citado por Thomas Friedman, *New York Times*, 12 de janeiro de 1992. Davis, op. cit., parafraseando Sandy Berger em uma entrevista.
5. Relatório do Departamento de Defesa ao Congresso, *Kosovo/Operation Allied Force After-Action Report*, 31 de janeiro de 2000. Tony Blair, Alan Little, "Moral Combat: NATO At War", BBC2 Special, 12 de março de 2000.
6. Declaração da Cúpula do Sul do G-77, 10 a 14 de abril de 2000. Para mais informações, ver *Third World Resurgence* (Penang), n. 117, 2000.
7. Anthony Sampson, "Mandela accuses 'policeman' Britain", *Guardian*, 5 de abril de 2000.
8. Schiff, Amnon Barzilai, *Ha'aretz*, 5 de abril de 2000. Sobre as reações indianas, israelenses e egípcias, ver Noam Chomsky, *The New Military Humanism: Lessons of Kosovo* (Monroe, ME: Common Courage Press, 1999), cap. 6.
9. Sobre esses eventos, ver Noam Chomsky, *Deterring Democracy* (Londres, Nova York: Verso, 1991), e *The New Military Humanism: Lessons of Kosovo*.
10. Ibid. Sobre a Turquia e os curdos, ver *The New Military Humanism: Lessons of Kosovo*, e alguns comentários abaixo.
11. Andrew Kramer, "Putin following Yeltsin's misguided policies, Solzhenitsyn says", AP, *Boston Globe*, 17 de maio de 2000.
12. John Mearsheimer, "India Needs The Bomb", artigo opinativo no *New York Times*, 24 de março de 2000; Samuel Huntington, "The Lonely Superpower", *Foreign Affairs*, março/abril de 1999. Chalmers Johnson, *Blowback* (Nova York: Henry Holt, 2000), p. 59. Michael MccGwire, "Why did we bomb Belgrade?", *International Affairs* (Royal Academy of International Affairs, Londres), 76.1, janeiro de 2000.
13. Christopher Marquis, "Bankrolling Colombia's War on Drugs", *New York Times*, 23 de junho de 2000, último parágrafo.
14. Tamar Gabelnick, William Hartung e Jennifer Washburn, *Arming Repression: U.S. Arms Sales to Turkey During the Clinton Administration* (Nova York e Washington: World Policy Institute and Federation of Atomic Scientists, outubro de 1999). Para mais fontes, ver NMH. Sobre a América Latina e o Caribe, ver Adam Isacson e Joy Olson, *Just the Facts: 1999 Edition* (Washington: Latin America Working Group and Center for International Policy, 1999). Aqui e abaixo, os eternos favoritos Israel e Egito, que pertencem a uma categoria separada, são excluídos. As classificações são para os anos

15. Ver nota anterior. Jonathan Randal, *After Such Knowledge, What Forgiveness: My Encounters with Kurdistan* (Boulder, CO: Westview Press, 1999).
16. Sobre os acontecimentos e sua refração através de prismas doutrinários, ver *The New Military Humanism: Lessons of Kosovo*. Para uma atualização, *Rogue States* (Cambridge, MA: South End Press, 2000), cap. 5.
17. Thomas Cushman, editor, "Human Rights and the Responsibility of Intellectuals", *Human Rights Review*, janeiro-março de 2000; Aryeh Neier, "Inconvenient Facts", *Dissent*, primavera de 2000; em ambos os casos, reação à revisão das atrocidades turcas apoiadas pelos EUA em *The New Military Humanism: Lessons of Kosovo*.
18. Tim Judah, *Kosovo: War and Revenge* (New Haven: Yale University Press, 2000), p. 308.
19. Ferit Demer, Reuters, datado em Tunceli, Turquia, 1º de abril; Chris Morris, *Guardian* (Londres), 3 de abril de 2000. AP, *Los Angeles Times*, 2 de abril de 2000.
20. Ver *Fateful Triangle: US., Israel, and the Palestinians* (Cambridge, MA: South End Press, 1999, atualizado a partir da edição de 1983). O governo libanês e as agências internacionais de ajuda humanitária contam 25 mil mortos desde 1982; o custo humano da invasão de 1982 é estimado em cerca de 20 mil.
21. "Israel, US vote against funding for UN force in Lebanon", AP Worldstream, 15 de junho; Marilyn Henry, "Israel, US angered by Kana clause in UN peacekeeping package", *Jerusalem Post*, 18 de junho de 2000. Sobre as circunstâncias da invasão, ver *Fateful Triangle*. Para documentação detalhada, incluindo os inquéritos da Anistia Internacional e da ONU que concluíram que o bombardeio do complexo foi intencional, ver Shifra Stern, *Israel's Operation "Grapes of Wrath" and the Qana Massacre*, ms., abril-maio de 1996.
22. Federal News Service, Briefing do Departamento de Defesa, secretário William Cohen, "Turkey's Importance to 21st Century International Security", Grand Hyatt Hotel, Washington DC, 31 de março; Charles Aldinger, "U.S. praises key NATO ally Turkey", Reuters, 31 de março de 2000. Judith Miller, "South Asia Called Major Terror Hub in a Survey by U.S.", *New York Times*, 30 de abril de 2000, reportagem principal.
23. Little, op. cit.
24. Ver nota 14.
25. Ver Lars Schoultz, *Comparative Politics*, janeiro de 1981; Schoultz é autor do principal estudo acadêmico sobre direitos humanos e política dos EUA na América Latina. Para confirmação e investigação mais abrangentes, que ajudam a explicar as razões, ver os estudos do economista Edward Herman citados em Chomsky e Herman, *Political Economy of Human Rights* (Cambridge, MA: South End Press, 1979), vol. I, cap. 2.1.1, e Herman, *The Real Terror Network* (Cambridge, MA: South End Press, 1982), p. 126ff. Note-se que essas resenhas precedem os anos Reagan, quando a investigação teria sido supérflua.

26. Carla Anne Robbins, "How Bogota Wooed Washington to Open New War on Cocaine", *Wall Street Journal*, 23 de junho de 2000. Para fontes sobre o que se segue e mais informações e discussões, ver *Rogue States*, cap. 5.
27. Rafael Pardo, "Colombia's Two-Front War", *Foreign Affairs*, julho/agosto de 2000; Pardo foi conselheiro especial do governo para negociações de paz e ministro da Defesa enquanto o partido apoiado pela guerrilha foi destruído por assassinatos.
28. Sean Murphy, "Contemporary Practice of the United States Relating to International Law", *American Journal of International Law* (doravante *AJIL*) 94, n. 1 (janeiro de 2000).
29. William Shawcross, *Deliver Us from Evil: Peacekeepers, Warlords and a World of Endless Conflict* (Nova York: Simon & Schuster, 2000), p. 26 ss. Shawcross atribui este quadro ao vice-secretário de Estado dos EUA Strobe Talbott, mas o adota com pouca qualificação. Em uma resenha crítica, o editor do *Wall Street Journal*, Max Boot, elogia Shawcross por seu "progresso" no entendimento de que os Estados Unidos são uma "força benigna", depois de ter descido ao ponto de criticar "os ataques dos EUA a bases norte-vietnamitas no Camboja" (o termo aprovado para civis cambojanos), *Foreign Affairs*, março-abril de 2000.
30. Correspondente diplomático da *Newsweek*, Michael Hirsh, "The Fall Guy", *Foreign Affairs*, novembro/dezembro de 1999.
31. Richard Butler, "East Timor: Principle v. Reality", *The Eye* (Austrália), p. 7-20, 1999.
32. Sobre o relato do massacre de Racak e as evidências disponíveis, ver Edward Herman e David Peterson, "CNN: Selling Nato's War Globally", em Philip Hammond e Edward Herman, eds., *Degraded Capability: The Media and the Kosovo Crisis* (Londres: Plutão, 2000).
33. Colum Lynch, "US seen leaving Africa to solve its own crisis", *Boston Globe* (doravante *BG*), 19 de fevereiro de 1999. John Donnelly e Joe Lauria, "UN peace efforts on trial in Africa; Annan angry as U.S. holds to limits on military role", *BG*, 11 de maio; Barbara Crossette, "O.N.U. Chief Faults Relutance of U.S. To Help in Africa", *New York Times*, 13 de maio de 2000.
34. Sobre a noção de "credibilidade" e sua natureza e alcance, conforme entendido pelos principais planejadores e intelectuais políticos, ver *The New Military Humanism: Lessons of Kosovo*, cap. 6.
35. Sucesso do PKI, Harold Crouch, *Army and Politics in Indonesia* (Ithaca, NY: Cornell University Press, 1978), p. 351, 155, uma fonte-padrão. Ver cap. 2, "Green Light for War Crimes", e fontes citadas em *A New Generation Draws the Line*.
36. Piero Gleijeses, *Shattered Hope: The Guatemalan Revolution and the United States, 1944-1954* (Princeton, NJ: Princeton University Press, 1991), p.365. Editor de Relações Exteriores James Chace, *New York Times Magazine*, 22 de maio de 1977.
37. Nota 5, acima; depoimento de William Cohen na Audiência do Comitê de Serviços Armados do Senado sobre as operações em Kosovo, 14 de outubro de 1999, Federal News Service.

38. Ivo Daalder e Michael O'Hanlon, "Without the air war, things could have been worse", *Washington Post National Weekly*, 3 de abril de 2000.
39. Ver *The New Military Humanism: Lessons of Kosovo*, cap. 22, e cap. 3 abaixo.
40. Ver *The New Military Humanism: Lessons of Kosovo*, cap. 6; e cap. 3 abaixo.
41. Michael Ignatieff, "What is war for? And should we have done it?", *National Post* (Canadá), 18 de abril de 2000; longos trechos de sua correspondência com Robert Skidelsky, extraídos de seu livro *Virtual War*.
42. "Panorama: War Room", BBC, 19 de abril de 1999.
43. John Goetz e Tom Walker, "Serbian ethnic cleansing scare was a fake, says general", *Sunday Times*, 2 de abril de 2000. Franziska Augstein, "Im Kosovo war es anders", *Frankfurter Allgemeine Zeitung*, 25 de março; também *Die Woche*, 24 de março; *Der Spiegel*, 17 de março; *Sueddeutsche Zeitung*, 4 de abril; *Le Monde*, 11 de abril de 2000. Heinz Loquai, *Der Kosovo-Konflict: Wege in einen vermeidbaren Krieg* (Baden-Baden: Nomos Verlag, 2000).
44. Ruth Wedgwood, "NATO's Campaign in Yugoslavia", *AJIL* 93, n. 4 (outubro de 1999), uma defesa legal do bombardeio; Donald Byman e Matthew Waxman da Rand Corporation, "Kosovo and the Great Air Power Debate", *International Security* 24, n. 4 (primavera de 2000); David Fromkin, *Kosovo Crossing* (Nova York: The Free Press, 1999); Alan Kuperman, "Rwanda in Retrospect", *Foreign Affairs*, janeiro/fevereiro de 2000. Para muitos outros exemplos, ver *NMH* e cap. 3, abaixo.
45. Fouad Ajami, "Wars and Rumours of War", *New York Times Book Review*, 11 de junho de 2000; Aryeh Neier, op. cit., e muitos outros. O argumento de Neier é que é "desonesto" de minha parte (em *The New Military Humanism: Lessons of Kosovo*) ignorar essa verdade autoevidente e manter as justificativas de que foram realmente apresentadas, e continuam a ser, conforme observado.
46. Em depoimento à Comissão Investigadora de Defesa, o segundo mais importante ministro de Defesa da Grã-Bretanha durante a guerra, lorde Gilbert, ministro da Defesa do Estado formalmente responsável pelo serviço de inteligência, ridicularizou a sugestão de que a Otan poderia ter invadido até mesmo em setembro de 1999, informando à Comissão que "uma invasão terrestre de Kosovo teria sido possível em setembro, mas em setembro deste ano [2000], não em setembro do ano passado". Patrick Wintour, "War strategy ridiculed", *Guardian*, 21 de julho de 2000.
47. Ian Williams, "Left Behind: American Socialists, Human Rights, and Kosovo", *Human Rights Review* 1-2 (janeiro-março de 2000).
48. Jiri Dienstbier, BBC Summary of World Broadcasts, 25 de março; Naomi Koppel, "Ground Troops Urged for Yugoslavia". AP Online, 29 de março de 2000; Elizabeth Sullivan, "A Threatening Thaw in the Balkans", *Cleveland Plain Dealer*, 3 de abril; Laura Coffey, *Prague Post*, 29 de março de 2000. MccGwire, op. cit. Dienstbier foi um importante dissidente tcheco, preso no final dos anos 1970 e no início dos anos 1980, depois primeiro ministro das Relações Exteriores pós-comunismo.

49. Donald Fox e Michael Glennon, "Report to the International Human Rights Law Group and the Washington Office on Latin America", Washington, DC, abril de 1985, referindo-se à evasão do Departamento de Estado do terror estatal apoiado pelos EUA em El Salvador.

20. UM MUNDO SEM GUERRA
[sem notas]

21. REFLEXÕES SOBRE O 11 DE SETEMBRO
[sem notas]

22. A LINGUAGEM E O CÉREBRO
1. Ned Block, "The Computer Model of the Mind", em D. N. Osherson e E. E. Smith, eds., *An Invitation to Cognitive Science*, vol. 3, *Thinking* (Cambridge, MA: MIT Press, 1990).
2. "The Brain", *Daedalus*, primavera de 1998.
3. Mark Hauser, *The Evolution of Communication* (Cambridge, MA: MIT Press, 1996).
4. C. R. Gallistel, "Neurons and Memory", em M. S. Gazzaniga, ed., *Conversations in the Cognitive Neurosciences* (Cambridge, MA: MIT Press, 1997); "The Replacement of General-Purpose Learning Models with Adaptively Specialized Learning Modules", em M. S. Gazzaniga, ed., *The Cognitive Neurosciences*, 2. ed. (Cambridge, MA: MIT Press, 1999).
5. David Hume, *Dialogues Concerning Natural Religion*, ed. Martin Bell (Nova York: Penguin, 1990).
6. Noam Chomsky, "Language and Cognition", discurso de boas-vindas na Conferência da Sociedade de Ciência Cognitiva, MIT, julho de 1990, em D. Johnson e C. Emeling, eds., *The Future of the Cognitive Revolution* (Nova York: Oxford University Press, 1997). Chomsky, "Language and Nature", *Mind* 104, n. 413 (janeiro de 1995): 1-61, republicado em Chomsky, *New Horizons in the Study of Language and Mind* (Cambridge: Cambridge University Press, 2000). Ver a mais recente coletânea para muitas fontes não citadas aqui.
7. Alexandre Koyré, *From the Closed World to the Infinite Universe* (Baltimore: Johns Hopkins University Press, 1957).
8. Arnold Thackray, *Atoms and Powers* (Cambridge, MA: Harvard University Press, 1970).
9. Citado por Gerald Holton, "On the Art of Scientific Imagination", *Daedalus*, primavera de 1996, p. 183-208.
10. Citado por V. S. Ramachandran e Sandra Blakeslee, *Phantoms in the Brain* (Londres: Fourth Estate, 1998).

11. Bertrand Russell, *The Analysis of Matter* (Leipzig: B. G. Teubner, 1929).
12. R. D. Hawkins e E. R. Kandel, "Is There a Cell-Biological Alphabet for Simple Forms of Learning?", *Psychological Review* 91 (1984): 376-91.
13. Adam Frank, "Quantum Honeybees", *Discover* 80 (novembro de 1997).
14. Noam Chomsky, resenha de B. F. Skinner, *Verbal Behavior*, *Language* 35, n. 1 (1959): 26-57.
15. R. C. Lewontin, "The Evolution of Cognition", *Thinking: An Invitation to Cognitive Science*, vol. 3, ed. Daniel N. Osherson e Edward E. Smith (Cambridge, MA: MIT Press, 1990), p. 229-46.
16. Terrence Deacon, *The Symbolic Species: The Co-evolution of Language and the Brain* (Nova York: Norton, 1998).
17. Para uma discussão atual desses tópicos, ver Jerry Fodor, *The Mind Doesn't Work That Way: Scope and Limits of Computational Psychology* (Cambridge, MA: MIT Press, 2000); Gary Marcus, "Can Connectionism Save Constructivism?", *Cognition* 66 (1998): 153-82.
18. Ver Chomsky, resenha de B. F. Skinner, *Verbal Behavior*, e para uma discussão mais geral, com foco na linguagem, Chomsky, *Reflections on Language* (Nova York: Pantheon Books, 1975).
19. Sobre a não trivialidade dessa suposição raramente reconhecida, ver Fodor, *Mind Doesn't Work That Way*.
20. C. R. Gallistel, ed., *Animal Cognition*, *Cognition*, edição especial, 37, n. 1-2 (1990).

23. ESTADOS UNIDOS — ISRAEL — PALESTINA

1. Baruch Kimmerling, "Preparing for the War of His Choosing", *Ha'aretz*, 12 de julho de 2001. Disponível online em www.palestinemonitor.org/israelipoli/preparing_for_the_war_of_ his_cho.htm.
2. Ze'ev Sternhell, "Balata Has Fallen", *Ha'aretz*, 7 de março de 2002.
3. Shlomo Ben-Ami, *Makom Lekulam* [Um lugar para todos] (Jerusalém: Hakibutz Hameuchad, 1987). Citado em Efraim Davidi, "Globalization and Economy in the Middle East — A Peace of Markets or a Peace of Flags?" *Palestine-Israel Journal*, vol. 7, n. 1-2 (2002).
4. Kimmerling, op. cit.
5. "Moving Past War in the Middle East", *New York Times*, 7 de abril de 2002.
6. Texto de uma iniciativa de paz autorizada pelo governo de Israel em 15 de maio de 1989 (o plano de coalizão Peres-Shamir, endossado pelo primeiro presidente Bush no plano Baker de dezembro de 1989). Ver meu *World Orders Old and New* (Nova York: Columbia University Press, 1999, p. 231-2) para uma tradução informal dessa iniciativa.
7. John Donnelly e Charles A. Radin, "Powell's Trip Is Called a Way to Buy Time for Sharon Sweep", *Boston Globe*, 9 de abril de 2002, p. A1.
8. Ver *Fateful Triangle: The United States, Israel, and the Palestinians*, ed. atualizada (Cambridge, MA: South End Press, 1999), p. 75.

9. Patrick E. Tyler, "Arab Ministers Announce Support for Arafat", *New York Times*, 7 de abril de 2002, seção 1, p. 17; Agence France Presse, "Israeli Troops Keep Up Offensive as Powell Starts Regional Tour", 8 de abril de 2002; Toby Harnden, "It Is When, Not If, the Withdrawal Will Start", *Daily Telegraph* (Londres), 8 de abril de 2002; Robert Fisk, "Mr. Powell Must See for Himself What Israel Inflicted on Jenin", *The Independent* (Londres), 14 de abril de 2002, p. 25.

10. Melissa Radler, "UN Security Council Endorses Vision of Palestinian State", *Jerusalem Post*, 14 de março de 2002.

11. Ver cap. 8 em *Middle East Illusions* e, para mais detalhes, minha introdução a Roane Carey, ed., *The New Intifada* (Nova York: Verso, 2001). Republicada em Chomsky, *Pirates and Emperors, Old and New: International Terrorism in the Real World* (Cambridge, MA: South End Press, 2002).

12. Fiona Fleck, "114 States Condemn Israelis", *Daily Telegraph* (Londres), 6 de dezembro de 2001; Herb Keinon, "Geneva Parley Delegates Blast Israel", *Jerusalem Post*, 6 de dezembro de 2001.

13. Graham Usher, "Ending the Phony Cease-Fire", *Middle East International*, 25 de janeiro de 2002, p. 4.

14. Geoffrey Aronson, ed., "Report on Israeli Settlements in the Occupied Territories", *Foundation for Middle East Peace* 12, n. 1 (janeiro-fevereiro de 2002); Ian Williams, *Middle East International*, 21 de dezembro de 2001; Judy Dempsey e Frances Williams, "EU Seeks to Reassert Mideast Influence", *Financial Times* (Londres), 6 de dezembro de 2001, p. 7.

15. Francis A. Boyle, "Law and Disorder in the Middle East", *The Link* (Americans for Middle East Understanding) 35, n. 1 (janeiro-março de 2002): 1-13. Texto na íntegra disponível online em www.ameu.org/uploads/vol35_issue1_2002.pdf.

24. A GRANDE ESTRATÉGIA IMPERIAL

1. Casa Branca, *The National Security Strategy of the United States of America*, lançado em 17 de setembro de 2002.
2. John Ikenberry, *Foreign Affairs*, setembro-outubro de 2002.
3. Sobre esta diferença crucial, ver Carl Kaysen, Steven Miller, Martin Malin, William Nordhaus e John Steinbruner, *War with Iraq* (Cambridge, MA: American Academy of Arts and Sciences, 2002).
4. Steven Weisman, *New York Times*, 23 de março de 2003.
5. Arthur Schlesinger, *Los Angeles Times*, 23 de março de 2003.
6. Richard Falk, *Frontline* (India) 20, n. 8 (12-25 de abril de 2003).
7. Michael Glennon, *Foreign Affairs*, maio-junho de 2003 e maio-junho de 1999.
8. Dana Milbank, *Washington Post*, 1º de junho de 2003. Guy Dinmore, James Harding e Cathy Newman, *Financial Times*, 3-4 de maio de 2003.

9. Dean Acheson, *Proceedings of the American Society of International Law*, n. 13/14 (1963). Abraham Sofaer, Departamento de Estado dos EUA, *Current Policy*, n. 769 (dezembro de 1985). Acheson estava se referindo especificamente à guerra econômica dos EUA, mas com certeza sabia sobre o terrorismo internacional.

10. Presidente Clinton, discurso na ONU, 27 de setembro de 1993; William Cohen, *Annual Report to the President and Congress* (Washington, DC: U.S. Government Printing Office, 1999).

11. Memorandum of the War and Peace Studies Project; Laurence Shoup e William Minter, *Imperial Brain Trust* (Nova York: Monthly Review Press, 1977), p. 130ff.

12. Ver Bacevich, *American Empire: The Realities and Consequences of U.S. Diplomacy* (Cambridge, MA: Harvard University Press, 2002), para afirmações pouco comuns a este respeito.

13. George W. Bush, discurso do Estado da União, transcrito no *New York Times*, 29 de janeiro de 2003.

14. Condoleezza Rice, entrevista a Wolf Blitzer, CNN, 8 de setembro de 2002. Scott Peterson, *Christian Science Monitor*, 6 de setembro de 2002. John Mearsheimer e Stephen Walt, *Foreign Policy*, janeiro-fevereiro de 2003. As alegações de 1990, supostamente baseadas em imagens de satélites, foram investigadas pelo *St. Petersburg Times*. Especialistas que analisaram fotos de satélites comerciais não encontraram nada. As conclusões foram negadas, e continuam sendo. Ver Peterson, *Christian Science Monitor*, para uma análise de como "alguns fatos [são] menos factuais". Para uma confirmação independente, ver Peter Zimmerman, *Washington Post*, 14 de agosto de 2003.

15. *Christian Science Monitor* — TIPP poll, *Christian Science Monitor*, 14 de janeiro de 2003. Linda Feldmann, *Christian Science Monitor*, 14 de março de 2003. Jim Rutenberg e Robin Toner, *New York Times*, 22 de março de 2003.

16. Edward Alden, *Financial Times*, 21 de março de 2003; Anatol Lieven, *London Review of Books*, 8 de maio de 2003.

17. Elisabeth Bumiller, *New York Times*, 2 de maio de 2003; transcrição de comentários de George W. Bush, *New York Times*, 2 de maio de 2003.

18. Jason Burke, *Sunday Observer*, 18 de maio de 2003. Ver p. 211.

19. Program on International Policy Attitudes (PIPA), comunicado à imprensa, 4 de junho de 2003.

20. Jeanne Cummings e Greg Hite, *Wall Street Journal*, 2 de maio de 2003; Francis Clines, *New York Times*, 10 de maio de 2003. Grifos de Rove.

21. David Sanger e Steven Weisman, *New York Times*, 10 de abril de 2003; Roger Owen, *Al-Ahram Weekly*, 3 de abril de 2003.

22. Comment and Analysis, *Financial Times*, 27 de maio de 2003.

23. Tribunal Internacional de Justiça, caso do canal de Corfu (Méritos), Julgamento de 9 de abril de 1949.

24. Ver meu recente *New Military Humanism* (Monroe, ME: Common Courage Press, 1999).

25. Ver meu *A New Generation Draws the Line* (Nova York: Verso, 2000), p. 4ff. Declaração do Movimento dos Países Não Alinhados, Kuala Lumpur, 25 de fevereiro de 2003.
26. Aryeh Dayan, *Ha'aretz*, 21 de maio de 2003.
27. Amir Oren, *Ha'aretz*, 29 de novembro de 2002.
28. Suzanne Nossel, *Fletcher Forum*, primavera-inverno de 2003.
29. Richard Wilson, *Nature* 302, n. 31 (março de 1983). Michael Jansen, *Middle East International*, 10 de janeiro de 2003. Imad Khadduri, *Uncritical Mass*, memórias (manuscrito), 2003. Scott Sagan e Kenneth Waltz, *The Spread of Nuclear Weapons* (Nova York: Norton, 1995), p. 18-9.
30. Neely Tucker, *Washington Post*, 3 de dezembro de 2002; Neil Lewis, *New York Times*, 9 de janeiro de 2003.
31. Ed Vulliamy, *Sunday Observer*, 25 de maio de 2003.
32. Ver Chomsky, *Hegemony or Survival* (Nova York: Metropolitan Books, 2003), p. 200.
33. Jack Balkin, *Los Angeles Times*, 13 de fevereiro de 2003, e *Newsday*, 17 de fevereiro de 2003. Nat Hentoff, *Progressive*, abril de 2003.
34. Winston Churchill citado por A. W. B. Simpson, *Human Rights and the End of Empire: Britain and the Genesis of the European Convention* (Nova York: Oxford University Press, 2001), p. 55.
35. Kaysen et al., *War with Iraq*. Michael Krepon, *Bulletin of the Atomic Scientists*, janeiro-fevereiro de 2003.
36. John Steinbruner e Jeffrey Lewis, *Daedalus*, outono de 2002.
37. Ver Chomsky, *Year 501* (Cambridge, MA: South End Press, 1993), cap. 1.
38. James Morgan, *Financial Times*, 25-26 de abril de 1992, referindo ao G7, ao FMI, ao GATT e a outras instituições da "nova era imperial". Guy de Jonquières, *Financial Times*, 24 de janeiro de 2001. Fukuyama citado por Mark Curtis, *The Ambiguities of Power* (Londres: Zed, 1995), p. 183.
39. Bush e Baker citados por Sam Husseini, *Counterpunch*, 8 de março de 2003. Dilip Hiro, *Iraq: In the Eye of the Storm* (Nova York: Thunder's Mouth Press/Nation Books, 2002), p. 102f.
40. Edward Luck, *New York Times*, 22 de março de 2003.
41. Elisabeth Bumiller e Carl Hulse, *New York Times*, 12 de outubro de 2002. Colin Powell citado por Julia Preston, *New York Times*, 18 de outubro de 2002. David Sanger e Julia Preston, *New York Times*, 8 de novembro de 2002. Andrew Card citado por Doug Sanders, *Toronto Globe and Mail*, 11 de novembro de 2002.
42. Mark Turner e Roula Khalaf, *Financial Times*, 5 de fevereiro de 2003.
43. David Sanger e Warren Hoge, *New York Times*, 17 de março de 2003. Michael Gordon, *New York Times*, 18 de março de 2003.
44. Trechos da coletiva de imprensa de George W. Bush, *New York Times*, 7 de março de 2003. Felicity Barringer e David Sanger, *New York Times*, 1º de março de 2003.
45. Alison Mitchell e David Sanger, *New York Times*, 4 de setembro de 2002. Ari Fleischer citado por Christopher Adams e Mark Huband, *Financial Times*, 12-13 de abril de 2003. Jack Straw citado por David Sanger e Felicity Barringer, *New York Times*, 7 de março de 2003.

46. "In Powell's Words: Saddam Hussein Remains Guilty", *New York Times*, 6 de março de 2003. Weisman, *New York Times*, 23 de março de 2003.
47. Condoleezza Rice, *Foreign Affairs*, janeiro-fevereiro de 2000. Citada por John Mearsheimer e Stephen Walt, *Foreign Policy*, janeiro-fevereiro de 2003. Note-se que o 11 de Setembro não teve efeito nessas avaliações de risco.
48. Dafna Linzer, AP, *Boston Globe*, 24 de fevereiro de 2003.
49. Guy Dinmore e Mark Turner, *Financial Times*, 12 de fevereiro de 2003. Jeanne Cummings e Robert Block, *Wall Street Journal*, 26 de fevereiro de 2003.
50. Geneive Abdo, "US Offers Incentives for Backing on Iraq", *Boston Globe*, 13 de fevereiro de 2003. Eric Lichtblau, "Charity Leader Accepts a Deal in a Terror Case", *New York Times*, 11 de fevereiro de 2003. Ver Chomsky, *Hegemony or Survival*, p. 208.
51. Richard Boudreaux e John Hendren, *Los Angeles Times*, 15 de março de 2003.
52. Neil King e Jess Bravin, *Wall Street Journal*, 5 de maio de 2003. Para as atitudes dos EUA citadas aqui, ver pesquisa feita pelo Program on International Policy Attitudes (PIPA) em 18-22 de fevereiro de 2003. Sobre as atitudes do Iraque, ver Susannah Sirkin, diretora interina, Physicians for Human Rights, informando pesquisa do PHR apontando que mais de 85% queriam que a ONU UN "exercesse o papel principal" (Cartas, *New York Times*, 21 de agosto de 2003).
53. John Ikenberry, *Foreign Affairs*, setembro-outubro de 2002. Anatol Lieven, *London Review of Books*, 3 de outubro de 2002.
54. Samuel Huntington, *Foreign Affairs*, março-abril de 1999. Robert Jervis, *Foreign Affairs*, julho-agosto de 2001.
55. Kenneth Waltz em Kim Booth e Tim Dunne, eds., *Worlds in Collision: Terror and the Future of the Global Order* (Nova York: Palgrave Macmillan, 2002). Steven Miller em Kaysen et al., *War with Iraq*. Jack Snyder, *National Interest*, primavera de 2003. Selig Harrison, *New York Times*, 7 de junho de 2003.
56. Bernard Fall, *Last Reflections on a War* (Garden City, NY: Doubleday, 1967).
57. Ver Chomsky, *For Reasons of State*, p. 25, para uma análise do material final dos *Pentagon Papers*, que termina neste ponto.
58. Maureen Dowd, *New York Times*, 23 de fevereiro de 1991.
59. Comunicado à imprensa do Fórum Econômico Mundial, 14 de janeiro de 2003. Guy de Jonquières, *Financial Times*, 15 de janeiro de 2003.
60. Alan Cowell, *New York Times*, 23 de janeiro de 2003; Mark Landler, *New York Times*, 24 de janeiro de 2003. Marc Champion, David Cloud e Carla Anne Robbins, *Wall Street Journal*, 27 de janeiro de 2003.
61. Foreign Desk, "Powell on Iraq: 'We Reserve Our Sovereign Right to Take Military Action'", *New York Times*, 27 de janeiro de 2003.
62. Kaysen et al., *War with Iraq*.
63. Hans von Sponeck, *Guardian*, 22 de julho de 2002.
64. Ken Warn, *Financial Times*, 21 de janeiro de 2003. Sobre pesquisas internacionais, ver Chomsky, *Hegemony or Survival*, cap. 5.

65. Glenn Kessler e Mike Allen, *Washington Post Weekly*, 3 de março de 2003. Fareed Zakaria, *Newsweek*, 24 de março de 2003.
66. Ver Chomsky, *Hegemony or Survival*, cap. 1, nota 6. *Atlantic Monthly*, 1901, citado por Ido Oren, *Our Enemies and Us* (Ithaca, NY: Cornell University Press, 2002), p. 42.
67. Andrew Bacevich, *American Empire*, p. 215ff. Grifos do autor.
68. *The Collected Works of John Stuart Mill*, vol. 21, ed. John M. Robson (Toronto: University of Toronto Press; London: Routledge and Kegan Paul, 1984). Ver *Hegemony or Survival*, p. 44-5. A atitude da Grã-Bretanha em relação à nobreza de seu sucessor foi um pouco diferente; ver *Hegemony or Survival*, p. 149.
69. Andrew Bacevich, *World Policy Journal*, outono de 2002.
70. Michael Glennon, *Christian Science Monitor*, 20 de março de 1986.
71. Sebastian Mallaby, *New York Times Book Review*, 21 de setembro de 1997. Michael Mandelbaum, *The Ideas That Conquered the World* (Nova York: Public Affairs, 2002), p. 195. Formulador de política de alto nível do governo citado por Thomas Friedman, *New York Times*, 12 de janeiro de 1992.
72. Boot, *New York Times*, 13 de fevereiro de 2003. Robert Kagan, *Washington Post Weekly*, 10 de fevereiro de 2003.
73. Sobre o ensaio de Mill e as circunstâncias em que foi escrito, ver meu *Peering into the Abyss of the Future*. Os crimes da Grã-Bretanha na Índia e na China chocaram muitos ingleses, inclusive liberais clássicos como Richard Cobden. Ver Chomsky, *Hegemony or Survival*, cap. 7, nota 52.
74. Henri Alleg, *La Guerre d'Algérie*, citado em Yousef Bedjauoi, Abbas Aroua e Méziane Ait-Larbi, eds., *An Inquiry into the Algerian Massacres* (Plan-les-Ouates [Genebra]: Hoggar, 1999).
75. Walter LaFeber, *Inevitable Revolutions* (New York: Norton, 1983), p. 50ff., 75ff.
76. Mohammad-Mahmoud Mohamedou, *Iraq and the Second Gulf War* (San Francisco: Austin & Winfield, 1998), p. 123.
77. David Schmitz, *Thank God They're on Our Side* (Chapel Hill: North Carolina Press, 1999). "Japan Envisions a 'New Order' in Asia, 1938", republicado em Dennis Merrill e Thomas Paterson, eds., *Major Problems in American Foreign Relations, Volume II: Since 1914* (Nova York: Houghton Mifflin, 2000).
78. Soviet lawyers, ver Sean Murphy, *Humanitarian Intervention* (Filadélfia: University of Pennsylvania Press, 1996). Governo Kennedy, ver Chomsky, *Rethinking Camelot*.
79. Ivan Maisky, janeiro de 1944, citado em Vladimir Pechatnov, *The Big Three After World War II* (Woodrow Wilson International Center, Working Paper n. 13, julho de 1995).
80. Citado por LaFeber, *Inevitable Revolutions*. Robert Tucker, *Commentary*, janeiro de 1975.
81. Citado pelo historiador mexicano José Fuentes Mares em Cecil Robinson, ed. e trad., *The View from Chapultepec: Mexican Writers on the Mexican-American War* (Tucson: University of Arizona Press, 1989), p. 160.
82. Citado por William Stivers, *Supremacy and Oil* (Ithaca, NY: Cornell University Press, 1982).
83. Morgenthau, *New York Review of Books*, 24 de setembro de 1970.

[84.] Ver relatórios periódicos da Human Rights Watch e da Anistia Internacional e, entre muitas publicações, Javier Giraldo, *Colombia: The Genocidal Democracy* (Monroe, ME: Common Courage Press, 1996), e Garry Leech, *Killing Peace: Colombia's Conflict and the Failure of U.S. Intervention* (Nova York: Information Network of the Americas, 2002).

25. POSFÁCIO DE *ESTADOS FRACASSADOS*

[1.] Robert Pastor, *Condemned to Repetition: The United States and Nicaragua* (Princeton: Princeton University Press, 1987), destaques do autor.

[2.] Ali Abdullatif Ahmida, *Forgotten Voice: Power and Agency in Colonial and Postcolonial Libya* (Londres: Routledge, 2005).

[3.] Selig Harrison, *Financial Times*, 18 de janeiro de 2006.

[4.] Ellen Knickmeyer e Omar Fekeiki, *Washington Post*, 24 de janeiro de 2006. Charles Levinson, *Christian Science Monitor*, 30 de janeiro de 2006. Para Osirak, ver *Hegemony or Survival*, p. 25.

[5.] Ver Chomsky, *Failed States* (Nova York: Metropolitan Books, 2006), p. 77; e *Hegemony or Survival* (Nova York: Metropolitan Books, 2003), p. 157-8.

[6.] Anthony Bubalo, *Financial Times*, 6 de outubro de 2005. Shai Oster, *Wall Street Journal*, 23 de janeiro de 2006.

[7.] Aijaz Ahmad, *Frontline* (India), 8 de outubro de 2005. Katrin Bennhold, *International Herald Tribune*, 5 de outubro de 2004. Também Victor Mallet e Guy Dinmore, *Financial Times*, 17 de março de 2005. Daniel Dombey et al., *Financial Times*, 26 de janeiro de 2006. David Sanger e Elaine Sciolino, *New York Times*, 27 de janeiro de 2006.

[8.] Siddharth Varadarajan, *Hindu*, 24 de janeiro de 2006; *Hindu*, 25 de janeiro de 2006; *International Herald Tribune*, 25 de janeiro de 2006. Fred Weir, *Christian Science Monitor*, 26 de outubro de 2005. Ver "Declaration of Heads of Member-States of Shanghai Cooperation Organisation" (China, Federação Russa, Cazaquistão, República do Quirguistão, Tajiquistão, Uzbequistão), 5 de julho de 2005, Astana, Cazaquistão; *World Affairs* (Nova Déli), outono de 2005.

[9.] Para o contexto, ver *Hegemony or Survival*, cap. 6.

[10.] NIC, *Global Trends*. Joel Brinkley, *New York Times*, 25 de outubro de 2005. Dan Molinski, AP, 24 de outubro de 2005. As políticas de Bush conseguiram desagradar até mesmo os australianos, que tradicionalmente apoiam os Estados Unidos. Uma pesquisa de 2005 constatou que a maioria considerava "as ameaças externas representadas pela política externa dos EUA e pelo extremismo islâmico" igualmente preocupantes e equivalentes, em comparação com um terço preocupado com a China. Somente 58% "tinham uma visão positiva dos EUA, em comparação com 94% da Nova Zelândia, 86% da Grã-Bretanha, 84% do Japão e 69% da China". Metade era a favor de um acordo de livre-comércio com a China, e só um terço preferia os Estados Unidos. Tom Allard e Louise Williams, *Sydney Morning Herald*, 29 de março de 2005.

11. Marc Frank, *Financial Times*, 21 de outubro de 2005. John Cherian, *Frontline* (Índia), 30 de dezembro de 2005, citando o *Dawn*, principal jornal diário do Paquistão.
12. Gwynne Dyer, *Guardian*, 25 de outubro de 2005. Adam Thomson, *Financial Times*, 11 de dezembro de 2005. Economista Mark Weisbrot, codiretor do Centro de Pesquisas Políticas e Econômicas (CEPR, Washington), comunicado à imprensa, 28 de janeiro de 2006.
13. Andy Webb-Vidal, *Financial Times*, 3 de janeiro de 2005. Diego Cevallos, IPS, 19 de dezembro de 2005. Weisbrot, comunicado à imprensa do CEPR, 28 de janeiro de 2006. Para mais informações sobre a questão da água, ver William Blum, *Rogue State* (Monroe, ME: Common Courage Press, 2000), p. 77-8.
14. Andy Webb-Vidal, *Financial Times*, 13 de março de 2005. Justin Blum, *Washington Post*, 22 de novembro de 2005. Michael Levenson e Susan Milligan, *Boston Globe*, 20 de novembro de 2005.
15. David Bacon, *Z Magazine*, janeiro de 2006; *Multinational Monitor*, setembro-outubro de 2005.
16. Scott Wilson e Glenn Kessler, *Washington Post*, 22 de janeiro de 2006. Steven Erlanger, *New York Times*, 23 de janeiro de 2006.
17. Walt Bogdanich e Jenny Nordberg, *New York Times*, 29 de janeiro de 2006. Ver referências do cap. 4, nota 14, e p. 154 em *Failed States*. Gregory Wilpert, *Znet Commentary*, dezembro de 2005.

BIBLIOGRAFIA SELECIONADA DE TRABALHOS DE NOAM CHOMSKY

1951. "Morphophonemics of Modern Hebrew". Tese de mestrado, Universidade da Pensilvânia.
1953. "Systems of Syntactic Analysis." *Journal of Symbolic Logic* 18, n. 3 (setembro).
1954. Resenha de *Modern Hebrew*, de E. Reiger. *Language* 30, n. 1 (janeiro-março).
1955. "Logical Syntax and Semantics: Their Linguistic Relevance". *Language* 31, n. 1-2 (janeiro-março).
1955. *Logical Structure of Linguistic Theory*. Manuscript (microfilm). Republicações, Nova York: Plenum Press, 1975; Chicago: University of Chicago Press, 1985.
1955. "Transformational Analysis". Dissertação de Ph.D. Filadélfia: Universidade da Pensilvânia.
1955. "Semantic Considerations in Grammar". Monografia n. 8. Georgetown: Georgetown University Institute of Languages and Linguistics.
1957. *Syntactic Structures*. The Hague: Mouton. Republicações, Berlim e Nova York, 1985; Berlim e Nova York: Mouton de Gruyter, 2002.
1958. "Linguistics, Logic, Psychology, and Computers". *Computer Programming and Artificial Intelligence* (março).
1959. Resenha crítica de *Comportamento verbal* de B. F. Skinner. *Language* 35, n. 1 (janeiro-março).
1961. "Some Methodological Remarks on Generative Grammar". *Word* 17, n. 2 (agosto).
1965. *Aspects of the Theory of Syntax*. Cambridge, MA: MIT Press.
1965. *Cartesian Linguistics*. Nova York: Harper & Row. Republicações, Lanham, MD: University Press of America, 1986; Christchurch, Nova Zelândia: Cybereditions Corporation, 2002; Cambridge: Cambridge University Press, 2008.

1968. Com Morris Halle. *Sound Pattern of English*. Nova York: Harper & Row. Republicação, Cambridge, MA: MIT Press, 1991.

1968. *Language and Mind*. Nova York: Harcourt Brace and World. Ed. ampliada, Nova York: Harcourt Brace Jovanovich, 1972.

1968. "Vietnam: A Symptom of the Crisis in America". *Folio* 6, n. 2 (primavera-verão).

1969. Resenha de *No More Vietnams*, editado por R. M. Pfeiffer. *New York Review of Books*, 2 de janeiro.

1969. *American Power and the New Mandarins*. Nova York: Pantheon Books; Londres: Chatto and Windus. Republicação, Nova York: The New Press, 2002.

1969. "Some Tasks for the Left". *Liberation* 14, n. 5-6 (agosto-setembro).

1969. "Knowledge and Power: Intellectuals and the Welfare-Warfare State". Em *The New Left: A Collection of Essays*, ed. Patricia Long. Boston: Porter Sargent.

1970. *At War with Asia*. Nova York: Pantheon Books. Republicação, Oakland, CA: AK Press, 2005.

1970. "A Visit to Laos". *New York Review of Books* 15, n. 2 (23 de julho).

1970. "In North Vietnam". *New York Review of Books* 15, n. 3 (13 de agosto).

1970. *For Reasons of State*. Nova York: Pantheon Books. Republicação, Nova York: The New Press, 2003.

1970. *Current Issues in Linguistic Theory*. Berlim e Nova York: Mouton de Gruyter.

1971. *Chomsky: Selected Readings*, ed. J. P. B. Allen e Paul Van Buren. Londres: Oxford University Press.

1971. *Problems of Knowledge and Freedom*. Nova York: Pantheon Books. Republicação, Nova York: The New Press, 2003.

1972. *Studies on Semantics in Generative Grammar*. The Hague: Mouton.

1972. "The Pentagon Papers as Propaganda and as History". Em *The Pentagon Papers*, vol. 5, eds. Noam Chomsky e Howard Zinn. Boston: Beacon.

1973. "Endgame: The Tactics of Peace in Vietnam". *Ramparts* 11, n. 10 (abril): 25-8, 5-60.

1973. Com Edward S. Herman. *Counter-Revolutionary Violence: Bloodbaths in Fact and Propaganda*, Module n. 57. Andover, MA: Warner Modular Publications.

1973. "Watergate: A Skeptical View". *New York Review of Books* 20, n. 4 (20 de setembro).

1974. *Peace in the Middle East?* Nova York: Pantheon Books. (Ver abaixo *Middle East Illusions*.)

1975. *Reflections on Language*. Nova York: Pantheon Books. (Ver abaixo *On Language*.)

1976. "Conditions on Rules of Grammar". *Linguistic Analysis* 2, n. 4.

1977. "Human Rights: A New Excuse for U.S. Interventions". *Seven Days* 1, n. 8 (23 de maio).

1977. "Workers Councils: Not Just a Slice of the Pie, But a Hand in Making It". *Seven Days* 1, n. 10 (20 de junho).
1977. "Why American Business Supports Third World Fascism". *Business and Society Review* (outono).
1977. *Essays on Form and Interpretation*. Nova York: Elsevier North-Holland.
1978. *"Human Rights" and American Foreign Policy*. Nottingham: Spokesman Books.
1978. "Against Apologetics for Israeli Expansionism". *New Politics* 12, n. 1 (inverno): 15-46.
1978. *Language and Responsibility*. Nova York: Pantheon Books. (Ver abaixo *On Language*.)
1978. "An Exception to the Rules". Resenha de *Just and Unjust Wars* de Michael Walzer. *Inquiry* (17 de abril).
1979. "The Hidden War in East Timor". *Resist*, janeiro-fevereiro.
1979. Com Edward S. Herman. *The Political Economy of Human Rights. The Washington Connection and Third World Fascism*, vol. 1. *After the Cataclysm: Postwar Indochina and the Reconstruction of Imperial Ideology*, vol. 2. Cambridge, MA: South End Press.
1980. *Rules and Representations*. Nova York: Columbia University Press; Oxford: Basil Blackwell Publisher. Republicação, Nova York: Columbia University Press, 2005.
1981. *Lectures on Government and Binding: The Pisa Lectures*. Holanda: Foris Publications. Republicação, Berlim e Nova York: Mouton de Gruyter, 1993.
1981. "Resurgent America: On Reagan's Foreign Policy". *Our Generation* 14, n. 4 (verão).
1981. "On the Representation of Form and Function". *The Linguistic Review* 1.
1981. *Radical Priorities*, ed. Carlos P. Otero. Montreal: Black Rose Books. Ed. ampliada, Oakland, CA: AK Press, 2003.
1982. *Towards a New Cold War: Essays on the Current Crisis and How We Got There*. Nova York: Pantheon Books. Republicado como *Towards a New Cold War: U.S. Foreign Policy from Vietnam to Reagan*. Nova York: The New Press, 2003.
1982. *Some Concepts and Consequences of the Theory of Government and Binding*. Cambridge, MA: MIT Press.
1983. *The Fateful Triangle: Israel, the United States, and the Palestinians*. Cambridge, MA: South End Press. Ed. ampliada, Cambridge, MA: South End Press, 1999.
1984. *Modular Approaches to the Study of the Mind*. San Diego: San Diego State University Press.
1985. "Crimes by victims are called terrorism". *In These Times*, 24 de julho-6 de agosto.
1985. "Dominoes". *Granta* 15 (primavera).
1985. *Turning the Tide: U.S. Intervention in Central America and the Struggle for Peace*. Cambridge, MA: South End Press. Ed. ampliada, Montreal: Black Rose Books, 1988; Cambridge, MA: South End Press, 2000.

1986. *Knowledge of Language: Its Nature, Origin, and Use*. Nova York: Praeger Publishers.

1986. "The Soviet Union vs. Socialism". *Our Generation* 7, n. 2 (primavera/verão).

1986. *Barriers*. Cambridge, MA: MIT Press.

1986. "Visions of Righteousness". *Cultural Critique*, n. 3 (primavera).

1986. "Middle East Terrorism and the US Ideological System". *Race and Class* 28, n. 1.

1986. *Pirates and Emperors: International Terrorism in the Real World*. Nova York: Claremont Research and Publications; Brattleboro, VT: Amana Books; Montreal: Black Rose Books,

1987. (Ver abaixo *Pirates and Emperors, Old and New*.)

1987. *On Power and Ideology: The Managua Lectures*. Cambridge, MA: South End Press.

1987. *Language and Problems of Knowledge: The Managua Lectures*. Cambridge, MA: MIT Press.

1987. *The Chomsky Reader*, ed. James Peck. Nova York: Pantheon Books.

1988. *The Culture of Terrorism*. Cambridge, MA: South End Press.

1988. *Language and Politics*, ed. Carlos P. Otero. Montreal: Black Rose Books. Ed. ampliada, Oakland, CA: AK Press, 2004.

1988. "Scenes from the Uprising". *Z Magazine*, julho/agosto.

1988. "The Palestinian Uprising: A Turning Point?". *Z Magazine*, maio.

1988. Com Edward S. Herman. *Manufacturing Consent: The Political Economy of the Mass Media*. Nova York: Pantheon Books. Ed. ampliada, Nova York: Pantheon Books, 2002.

1989. *Necessary Illusions: Thought Control in Democratic Societies*. Cambridge, MA: South End Press.

1990. "The Dawn, So Far, Is in the East". *Nation* 250, n. 4 (29 de janeiro).

1991. *On U.S. Gulf Policy*. Open Magazine Pamphlet Series, n. 1. Westfield, NJ: Open Media.

1991. "International Terrorism: Image and Reality". Em *Western State Terrorism*, ed. Alexander George, p. 12-38. Oxford: Polity Press.

1991. "Some Notes on Economy of Derivation and Representation". Em *Principles and Parameters in Comparative Grammar*, ed. Robert Freidin. Cambridge, MA: MIT Press.

1991. *The New World Order*. Open Magazine Pamphlet Series, n. 6. Westfield, NJ: Open Media.

1991. *Deterring Democracy*. Nova York: Verso. Ed. ampliada, Londres: Vintage, 1992; Nova York: Hill and Wang, 1992.

1991. *Media Control: The Spectacular Achievements of Propaganda*. Open Magazine Pamphlet Series, n. 10. Westfield, NJ: Open Media. Ed. ampliada, Nova York: Seven Stories Press/Open Media, 2002.

1992. "'What We Say Goes': The Middle East in the New World Order". Em *Collateral Damage: The "New World Order" at Home and Abroad*, ed. Cynthia Peters. Cambridge, MA: South End Press.

1992. "Language and Mind: Challenges and Prospects". Palestra realizada no Commemorative Lecture Meeting, 1988 Kyoto Prizes, Kyoto, 11 de novembro de 1988. Em *Kyoto Prizes and Inamori Grants, 1988.* Kyoto: Inamori Foundation.

1992. "A Minimalist Program for Linguistic Theory". *MIT Occasional Papers in Linguistics* 1. Cambridge, MA: MIT Working Papers in Linguistics. Republicado em *The View from Building 20*, eds. Kenneth Hale e Samuel Jay Keyser. Cambridge, MA: MIT Press, 1993.

1992. *What Uncle Sam Really Wants.* Berkeley: Odonian Press.

1992. Com David Barsamian. *Chronicles of Dissent.* Monroe, ME: Common Courage Press.

1993. "The Masters of Mankind". *Nation*, 29 de março.

1993. *Enter a World That Is Truly Surreal: President Clinton's Sudden Use of International Violence.* Westfield, NJ: Open Media.

1993. "On US Gulf Policy". Em *Open Fire: The Open Magazine Pamphlet Series Anthology*, eds. Greg Ruggiero e Stuart Sahulka. Nova York: The New Press.

1993. *Letters from Lexington: Reflections on Propaganda.* Monroe, ME: Common Courage Press; Toronto, ON: Between the Lines. Ed. ampliada, Boulder: Paradigm Publishers, 2004.

1993. *Year 501: The Conquest Continues.* Cambridge, MA: South End Press.

1993. *Rethinking Camelot: JFK, the Vietnam War, and U.S. Political Culture.* Cambridge, MA: South End Press.

1993. *Language and Thought.* Wakefield, RI: Moyer Bell.

1993. Com David Barsamian. *The Prosperous Few and the Restless Many.* Berkeley, CA: Odonian Press.

1994. "Humanitarian Intervention". *Boston Review* 18, n. 6 (dezembro de 1993-janeiro de 1994).

1994. *World Orders Old and New.* Cairo: The American University in Cairo Press; Nova York: Columbia University Press. Ed. ampliada, Nova York: Columbia University Press, 1996.

1994. Com David Barsamian. *Keeping the Rabble in Line.* Monroe, ME: Common Courage Press.

1994. Com David Barsamian. *Secrets, Lies and Democracy.* Berkeley, CA: Odonian Press.

1995. "Rollback". Em *The New American Crisis: Radical Analyses of the Problems Facing America Today*, eds. Greg Ruggiero e Stuart Sahulka. Nova York: The New Press.

1995. "Memories". *Z Magazine*, julho/agosto.

1995. *The Minimalist Program*. Cambridge, MA: MIT Press.

1996. Com David Barsamian. *Class Warfare: Interviews with David Barsamian*. Monroe, ME: Common Courage Press.

1996. "'Consent without Consent': Reflections on the Theory and Practice of Democracy". *Cleveland State Law Review* 44, n. 4.

1996. *Powers and Prospects: Reflections on Human Nature and the Social Order*. St. Leonards, Austrália: Allen and Unwin; Cambridge, MA: South End Press.

1996. "Hamlet without the Prince of Denmark". Resenha de *In Retrospect* de Robert McNamara. Em *Diplomatic History* 20, n. 3 (verão).

1997. "The Cold War and the University". Em *The Cold War and the University: Toward an Intellectual History of the Postwar Years*. Nova York: The New Press.

1998. *On Language: Chomsky's Classic Works* Language *and* Responsibility *and* Reflections on Language *in One Volume*. Nova York: The New Press.

1998. Com David Barsamian. *The Common Good*. Monroe, ME: Odonian Press.

1998. "Power in the Global Arena". *New Left Review* 230 (julho/agosto).

1999. *The Umbrella of U.S. Power: The Universal Declaration of Human Rights and the Contradictions of U.S. Policy*. Nova York: Seven Stories Press/Open Media.

1999. *Profit Over People: Neoliberalism and Global Order*. Nova York: Seven Stories Press.

1999. *The New Military Humanism: Lessons from Kosovo*. Monroe, ME: Common Courage Press.

1999. With Heinz Dieterich. *Latin America: From Colonization to Globalization*. Melbourne: Ocean Press.

1999. "The United States and the University of Human Rights". *International Journal of Health Services* 29, n. 3.

1999. "Domestic Terrorism: Notes on the State System of Oppression". *New Political Science* 21, n. 3.

2000. "US Iraq Policy: Motives and Consequences". Em *Iraq Under Siege: The Deadly Impact of Sanctions and War*, ed. Anthony Arnove. Cambridge, MA: South End Press.

2000. *New Horizons in the Study of Language and Mind*. Cambridge: Cambridge University Press.

2000. *Rogue States: The Rule of Force in World Affairs*. Cambridge, MA: South End Press.

2000. *A New Generation Draws the Line: Kosovo, East Timor and the Standards of the West.* Londres e Nova York: Verso.

2000. *Chomsky on MisEducation*, editado por Donaldo Macedo. Lanham, MD: Rowman and Littlefield Publishers.

2000. *The Architecture of Language*, ed. Nirmalangshu Mukherji, Bibudhendra Narayan Patnaik e Rama Kant Agnihotri. Nova Déli: Oxford University Press.

2001. Com David Barsamian. *Propaganda and the Public Mind: Conversations with Noam Chomsky.* Cambridge, MA: South End Press.

2001. "Elections 2000". *Z Magazine*, janeiro.

2001. "Update: Elections". *Z Magazine*, fevereiro.

2001. *9-11*, ed. Greg Ruggiero. Nova York: Seven Stories Press. Ed. ampliada, Nova York: Seven Stories Press, 2002.

2002. *Understanding Power: The Indispensable Chomsky*, eds. Peter R. Mitchell e John Schoeffel. Nova York: The New Press.

2002. *On Nature and Language*, eds. Adriana Belletti e Luigi Rizzi. Cambridge: Cambridge University Press.

2002. Com W. Tecumseh Fitch e Marc D. Hauser. "The Faculty of Language: What Is It, Who Has It, and How Did It Evolve?". *Science* 298 (22 de novembro).

2002. *Pirates and Emperors, Old and New: International Terrorism in the Real World.* Cambridge, MA: South End Press.

2003. *Power and Terror: Post-9/11 Talks and Interviews*, eds. John Junkerman e Takei Masakazu. Nova York: Seven Stories Press.

2003. *Chomsky on Democracy and Education*, ed. Carlos P. Otero. Nova York: RoutledgeFalmer.

2003. *Middle East Illusions*. Lanham, MD: Rowman e Littlefield.

2003. *Hegemony or Survival: America's Quest for Global Dominance*. Nova York: Metropolitan Books. Ed. ampliada, Nova York: Owl Books, 2004.

2003. *Objectivity and Liberal Scholarship*. Nova York: The New Press.

2004. *The Generative Enterprise Revisited: Discussions with Riny Huybregts, Henk van Riemsdijk, Naoki Fukui and Mihoko Zushi*. Berlim e Nova York: Mouton de Gruyter.

2004. "Turing on the 'Imitation Game'". Em *The Turing Test*, ed. Stuart Shieber. Cambridge, MA: MIT Press.

2005. "Three Factors in Language Design". *Linguistics Inquiry* 36, n. 1 (inverno).

2005. "What We Know: On the Universals of Language and Rights". *Boston Review* 30, n. 3-4 (verão).

2005. Com W. Tecumseh Fitch e Marc D. Hauser. "The Evolution of the Language Faculty: Clarifications and Implications". *Cognition* 97, n. 2 (setembro).

2005. *Government in the Future*. Nova York: Seven Stories Press/Open Media.

2005. *Chomsky on Anarchism*. Oakland: AK Press.

2005. *Imperial Ambitions: Conversations of the Post-9/11 World*. Nova York: Metropolitan Books.

2006. *Failed States: The Abuse of Power and the Assault on Democracy*. Nova York: Metropolitan Books. Ed. brochura, Nova York: Owl Books, 2007.

2006. "Latin America at the Tipping Point". *International Socialist Review*, n. 46 (março/abril).

2006. "On Phases". Em *Foundational Issues in Linguistic Theory*, eds. Robert Freidin, Carlos P. Otero e Maria-Luisa Zubizaretta. Cambridge, MA: MIT Press.

2007. Com Gilbert Achcar. *Perilous Power: The Middle East and U.S. Foreign Policy: Dialogues on Terror, Democracy, War and Justice*, ed. Stephen R. Shalom. Boulder: Paradigm Publishers.

2007. *Interventions*. San Francisco: City Lights Books/Open Media Series.

2007. Com Ervand Abrahamian, David Barsamian e Nahid Mozaffari. *Targeting Iran*. San Francisco: City Lights Books/Open Media Series.

2007. *Inside Lebanon: Journey to a Shattered Land with Noam and Carol Chomsky*, ed. Assaf Kfoury. Nova York: Monthly Review Press.

2007. Com David Barsamian. *What We Say Goes: Conversations on U.S. Power in a Changing World*. Nova York: Metropolitan Books.

ÍNDICE REMISSIVO

Abdullah, rei da Arábia Saudita, 524
Abordagem etológica da linguagem, 469
Abrams, Creighton W., Jr., 154
Academia Americana de Artes e Ciências, 452, 500
Acheson, Dean, 194, 296, 343-344, 486, 488
Ackland, Len, 160, 578
Acordo da Linha Vermelha (1928), 226
Acordo Geral sobre Comércio e Serviços (GATS), 435-436, 441
Acordos de Genebra, 168-170, 194-195, 595n36
Acordos de livre-comércio, 429, 441
Acordos de Paris (1973), 180, 198-199
Acordos de paz de Oslo, 478, 480
Acordos de Potsdam, 63
Afeganistão:
    invasão soviética, 220
    e a "guerra ao terror", 427, 428, 447-448, 491, 498
África:
    e a Guerra Fria, 522
    e as políticas dos EUA, 526
    e Israel, 275
África do Sul:
    ajuda à, 275
    e desenvolvimento de armas, 281
    era do apartheid na, 477, 481
África Ocidental, 526
Agência dos EUA para o Desenvolvimento Internacional (USAID), 175, 531
Agente Laranja, 355
Agricultura:
    de capital intensivo, 347
    e o NAFTA, 429
Ahmad, Aijaz, 524
AIFLD, 530
Ajami, Fouad, 418
Albânia, 409
Alemanha:
    analogia de Munique, 82
    "bons alemães", 90
    e a Segunda Guerra Mundial, 223-224, 522
    e o comunismo de conselho, 138
    nazistas, 59-60, 201, 224, 226, 228, 271, 280, 429, 482, 532
    pós-Primeira Guerra Mundial, 136
    rearmamento da, 63
    unificação da, 63
Alienação, problemas de, 76, 131
Allende, Salvador, 238, 296
Alma:
    imortalidade da, 310
    vida interior da, 116
Al-Qaeda, 444, 491, 512
Alsop, Joseph, 193
América Central:
    e movimentos de solidariedade, 9
    ver também América Latina
América do Sul, ver América Latina
América Latina:
    acordos regionais na, 526-529
    católicos radicais da, 116
    comunismo na, 66
    democracia na, 357, 440
    e a China, 526-527
    e a Doutrina Monroe, 166, 219
    e a política externa dos EUA, 174, 211-212, 218-219, 224, 236, 280, 342, 350, 519, 521
    e Israel, 278-279, 281
    e o NAFTA, 431, 436
    Estado de Direito na, 64
    Guerra Fria na, 340-341
    intervenções dos EUA na, 211, 213
    Operação Milagre na, 527
    região dos Andes, 494
    USAID na, 236

ver também países específicos
American Journal of International Law, 405
American Way, 302, 346
Amin, Idi, 275
Anarcossindicalismo, 125, 127
Anarquismo, 7, 8, 125-140
   como anticapitalista, 131
   do século XIX *vs.* século XX, 139
   e a "burocracia vermelha", 129
   e a destruição do poder do Estado, 129
   e o controle pelos trabalhadores, 136
   e o socialismo, 127, 135-138
   e os bolcheviques, 341
   e revolução, 125-126, 134-137
   Guérin sobre, 125, 132, 137-139
   reabilitação do, 138
Anderson, Benedict, 247
Anderson, Jack, 246
Anderson, Terry, 353
Andrews, Bruce, 215
Annan, Kofi, 411
Apaziguamento, perigo do, 83
   aplicação incoerente do, 201
Apple, R.W., 153
Aprendizagem:
   contribuição para o organismo, 13
   disposição inata para, 470-471
   e a redução da motivação, 26-28
   e imitação, 473
   latente, 26-27, 548n30
   motivação para, 27
   pela experiência, 120
   pela observação, 28-29
   processamento de informação na, 31
   reforço na, 29
   teoria geral da, 468
   uso do termo por Skinner, 23-24
   visão modular da, 470
Aprendizagem latente, 26, 548n30
Arábia Saudita:
   e a China, 524
   e o Iraque, 491, 522
   e o Japão, 273n
   e o Plano Fahd, 480
   influência dos EUA na, 208
   interesses britânicos na, 226
   interesses franceses na, 225
   petróleo da, 522
Arafat, Yasir, 480, 531
Aramco, na Arábia Saudita, 226
Arbitrariedade saussureana, 368
Área de Livre-Comércio das Américas (ALCA), 436
Argélia, 284
Argentina:
   e o FMI, 528
   e zonas de comércio, 528-529
   neonazistas na, 342
Aristide, Jean-Bertrand, 532
Aristóteles, 363, 472
Armas de destruição em massa (ADM), 432, 485, 491, 497, 501, 505-506
   como dissuasão contra o poder dos EUA, 394
   proliferação de, 394, 497, 509
"Articulatório", uso do termo, 620n3
Ashcroft, John
Ásia:
   bases militares dos EUA na, 448
   e a "nova ordem", 189
   e a "teoria da maçã podre", 296, 298, 302
   e a teoria do dominó, 189, 296
   e a USAID, 175
   e as fomes de arroz, 243
   e as políticas dos EUA, 221, 256
   e crescimento econômico, 298
   e Israel, 281
   e os princípios da Grande Área, 343
   e revoluções nacionalistas, 79
   segurança da, 82, 525-526
   ver também países específicos
Associação Nacional da Indústria (NAM), 345
Ataques do 11 de Setembro:
   consequências de longo prazo dos, 444
   e a "guerra ao terror", 427
   e a janela de oportunidade, 447
   e ataques por antraz, 443
   e direitos civis de cidadãos dos EUA, 446
   e o militarismo dos EUA, 488
   questões levantadas pelos, 443
   razões para os, 444
   reações apropriadas aos, 445
   responsabilidade pelos, 444
Atenção e comportamento, 16-17
Austrália, 407-408
Autoaperfeiçoamento, faculdade de, 112
Autoclíticos, 41-42
Autorrealização, 113, 116
Autorreforço automático, 23
Azerbaijão:
   e guerras de guerrilha, 62
   e o acesso ao petróleo iraniano, 63
Aznar, José María, 504

B'nai Brith, 265
Baía dos Porcos, 60, 65
Baker, James A. III, 503
Bakunin, Michael, 129-130, 132, 134, 321, 567n12
Balkin, Jack, 499
Ball, George, 583n6, 585n7
Banco Internacional para Reconstrução e Desenvolvimento, 85

Banco Mundial:
  e a Bolívia, 528
  e a Índia, 84-85
  e o Leste da Ásia, 434
  e o mercado de trabalho, 438
Barak, Ehud, 478
Barnea, Nahum, 274n
Batista, Fulgêncio, 175
Baviera, 234
Beattie, James, 53
Beecher, William, 242
Begin, Menachem, 263
Behavior of Organisms (Skinner), 15
Bell, Daniel, 75, 346
Ben-Ami, Shlomo, 478
Ben-Elissar, Eliahu, 288
Ben-Gurion, David, 268, 274
Berger, Sandy, 393, 410, 412
Berle, A. A., 64
Berlusconi, Silvio, 515
Bernays, Edward, 344
Bickerton, Derek, 463
Bin Laden, Osama, 491, 513
Bioterrorismo, 433
Black, Joseph, 457
Blair, Tony:
  e a credibilidade da Otan, 383, 449, 494-495
  e G. W. Bush, 499
  e o bombardeio da Otan na Sérvia, 391, 495
  e o Iraque, 489, 495, 502
Blodgett, A. L., 26
Bloomfield, Leonard, 26
Bohlen, Charles, 202
Bokassa, Jean-Bédel, 275
Bolcheviques, 341
Bolívia, 528-529
Bonaparte, Napoleão, 519
Boot, Max, 515
Borden, William 344
Borón, Atilio, 440
Bósnia, 405, 418-419, 507
Boston Globe, 250, 343, 349
Bracken, Harry, 309
Brasil:
  e a China, 526-527
  políticas dos EUA no, 238
Brinkley, Joel, 526
Browne, Malcolm, 69, 571n14
Buber, Martin, 129
Bullitt, William, 226
Bundy, McGeorge, 69, 177
Bundy, William, 82, 614n6
Burnham, Walter Dean, 219
Burrow, J. W., 115
Bush, George H. W.:
  como embaixador na ONU, 482
  e a opinião pública, 510-511
  governo de, 427, 487, 502
Bush, George W.:
  como ameaça à paz mundial, 484, 513
  declínio da confiança em, 511
  direitos civis pisoteados por, 498-499
  divulgação de propaganda de, 488-497, 511
  e a Estratégia de Segurança Nacional, 500
  e Blair, 499
  e o Irã, 522-524
  e o Iraque, 502-506, 522-523
  e o isolamento dos EUA, 526, 530
  e o terrorismo, 481, 488-492
  e os ataques do 11 de Setembro, 428, 432, 443, 445, 513
  interesses corporativos restritos de, 448, 500
  mensagem ao Estado da União, 487
  objetivo de dominar o mundo, 509, 514
Butler, Richard, 408-410
Byrnes, James F., 292

Calley, William L., 153, 201
Camboja:
  agressão militar dos EUA ao, 155-167, 180-182, 200, 202-204, 221, 257, 295, 300
  ajuda dos soviéticos ao, 257, 603n14
  atividades subversivas dos EUA no, 203-204
  bombardeios dos EUA no, 180, 184, 205-206
  e a ONU, 601n5
  e o incidente do *Mayagüez*, 203, 205, 242, 244
  e o Khmer Vermelho, 343, 353, 494, 586n12, 592n22
  e os MIAs, 353
  guerra química dos EUA no, 354
  indignação da opinião pública em relação ao, 602-603n10
  invasão vietnamita ao, 348
  mercenários tailandeses no, 184, 204-205, 583n6
  refugiados no, 247
Campo de prisioneiros de Guantánamo, 498
Canadá:
  e a Guerra do Vietnã, 347-348
  e falta de confiança nos EUA, 512-513, 526
  e o NAFTA, 526
Capitalismo:
  anarquismo *vs.*, 131
  corporativo, 118
  de Estado, 133, 217-218, 434
  de livre mercado, 321, 346, 356
  direitos do investidor no, 435
  e a concorrência, 131
  e a produção, 133
  e a tecnologia, 121
  e o Estado militarizado, 122

e o trabalho assalariado, 131-132
industrial, 118
limitações do, 121
medidas macroeconômicas, 434
predatório, 121
sem restrições, 119
Caracóis marinhos, aprendizagem nos, 461
Card, Andrew, 504
Carmichael, Stokely, 287
Carothers, Thomas, 521
Carta do Atlântico, 228
Carter, Jimmy, 218, 241, 281
Castro, Fidel, 65-66, 296
Centro de Política Internacional, 353
Centro de Segurança Internacional, 343
Centro pela Integridade Pública, 498
Cérebro:
   atividades neurofisiológicas do, 454
   e a comunicação, 451, 461, 463; *ver também* linguagem
   e a criatividade, 372
   e a evolução, 465-466
   e a inteligibilidade, 455
   e a linguagem, 462
   e as ciências cognitivas, 362, 452, 454, 458, 460-461
   e o problema mente-corpo, 456
   explicação mecânica do, 111-112, 308
   mecanismos de aprendizagem do, 470
   na perspectiva filogenética, 453
   pensamento como produto do, 458
   perspectiva funcional do, 469-470
   propriedades emergentes do. 452-454, 458, 462
   tese metodológica do, 462
Chace, James, 238, 241, 294-295
Chávez, Hugo, 528-529
Chechênia, 400, 410, 428, 447
Cherne, 588n1, 603n14
Chile:
   e a China, 526-527
   e Israel, 610n44
   políticas dos EUA no, 238-239, 276-297, 413
China:
   comunismo na, 71
   desenvolvimento econômico, 86, 298
   doações maciças de capital para, 78
   e a agressão do Japão, 86, 96-97, 18-119, 519, 523
   e a Arábia Saudita, 524
   e a "guerra ao terror", 447
   e a Guerra do Vietnã, 96-97, 187-188, 494
   e a Guerra Fria, 96-97, 240-241
   e a Índia, 525
   e a possibilidade de armas nucleares, 68, 101
   e as guerras do ópio, 54, 516
   e o Chile, 526-527
   e o Irã, 524
   e o petróleo, 526-527
   e o Tibete, 400
   e os EUA, 527
   expansionismo da, 561n29
   fome na, 70
   missionários na, 64
Chomsky, Avram Noam:
   ativismo, 89-103
   influência de, 8
   nascimento e formação, 8
   temas básicos da obra, 8
Christopher, Warren M., 502
Churba, Joseph, 277
Churchill, Winston, 79, 270, 291, 499
CIA:
   e o islamismo radical, 444
   e o Tibete, 581-582n97
   no Camboja, 204
   no Irã, 225
   no Laos, 230-231
Ciência, capacidade de formação de
Ciências, unificação das, 451
Clifford, Clark, 348
Clinton, Bill:
   e a Bósnia, 405
   e a ex-Iugoslávia, 420
   e a Otan, 495
   e o NAFTA, 431
   e o Oriente Médio, 478-479, 502
Clio (deusa da história), 191
Clymer, Adam 283
Coffin, Frank, 236
Coffin, William Sloane, 89n
Cognição, evolução da, 466
Cohen, I. Bernard, 457
Cohen, Joshua, 336
Cohen, William, 393, 402, 412
Colby, William, 167
Colômbia:
   ajuda militar dos EUA para, 398-399, 403-404, 428-430, 520
   e a desobediência civil, 520
   e as relações trabalhistas, 530-531
   e o narcotráfico, 403
   refugiados na, 403
Comércio:
   custos e benefícios. 439
   proteção de tarifas, 439
Comissão Creel, 344
Comissão de Controle Internacional, 580n85
Comissão de Inquérito dos Cidadãos sobre Crimes de Guerra dos Estados Unidos, 152
Comissão Econômica para a América Latina e o Caribe (CEPAL), 434-435

Comissão Trilateral, 215
Comitê de Cidadãos pela Paz com Liberdade, 95
Comitê Internacional de Resgate, 603-604n14
Comitê La Follette, 346
Comitê para Reeleição do Presidente (CREEP), 178
Comitê para Refugiados dos EUA, 351
Comitê pela Integridade das Nações Unidas, 601n5
   como "papo furado", 485, 497, 505
   como ratificação de práticas imperialistas, 148, 374-378
Comportamento:
   aspectos mente-corpo do, 307, 310
   características do, 12
   contribuição do organismo, 13
   definições no estudo do, 12
   e a atenção, 16
   estimulação do, 13
   estrutura de Skinner para a definição do, 16
   fatores envolvidos, 12-16
   formação do, 47
   identificação das unidades do, 19
   leis não testáveis do, 543n5
   observação do, 13-14
   operante, 14
   padrões de, 46-47
   perspectiva cognitiva do, 374-375
   previsão do, 13
   reforço do, 13-16
   textual, 40
   variáveis de controle do, 19-20
   verbal, *ver* comportamento verbal
Comportamento animal:
   aplicabilidade em humanos, 12, 543n4, 545n9
   aprendizagem latente, 26-27
   e considerações mente-corpo, 309
   efeitos de reforço intermitente no, 15-16
   escopo e limitações do, 314
   fatores externos isolados do, 13
   imprinting, 27
   operante, 14-15
   princípio mecânico do, 114
Comportamento operante, 14
Comportamento textual, 40
Comportamento verbal (Skinner), 11
Comportamento verbal:
   análise funcional do, 14
   complexidade do, 28
   previsão do, 12
   sistema de descrição de Skinner para, 31
   unidade do, 19, 553n46
   variáveis de controle, 19
Composição, gramatical, 42
Comuna de Paris, 128, 130
Comunicação:
   comparativa, 463

   e o cérebro, 451-452, 461
   em outras espécies, 465
   evolução da, 453, 463
   humana, *ver* linguagem
Condicionamento:
   lei do, 23
   operante, 544n7
   pavloviano, 549n5
   sensório-sensorial, 27
   uso do termo por Skinner, 25
Condicionamento operante, 25, 544n7
Condicionamento pavloviano, 25, 549n35
Conferência Internacional sobre Perspectivas Alternativas no Vietnã (1965), 73
Congo:
   forças de paz da ONU no, 411
   intervenção dos EUA no, 238
Congresso de Madri (1931), 137
Congresso de Saragoça (1936), 137
Connally, John B., 181
Conselho de Relações Exteriores (CRE), Projeto de Estudos sobre Guerra e Paz, 293
Conselho de Segurança Nacional:
   NSC 48/1, 294-295
   NSC 68, 342
   NSC 5429/2, 595n36
Conselho Nacional de Igrejas, 265, 267
Consenso de Washington, 434
Considerações mente-cérebro, 467, 472, 474, 476
Considerações mente-corpo, 307, 310, 313, 456, 459
Constituição, EUA
Construção das teorias, 322
Contenção, política global, 339
Contrainsurgência, política oficial de, 428-429
Controle:
   aversivo, 33-34
   usos do termo, 22
"Controle aversivo", uso do termo por Skinner, 33
Controle do estímulo, 17
   e tactos, 35
   prévio, 35
Controle do pensamento, 179, 208
Convenção de Haia (1907), 142
Convicção científica *vs*. compromissos ideológicos, 329-330
Cooper, Chester, 168, 202
Cordemoy, Géraud de, 112
Coreia:
   capacidade nuclear da, 396
   crescimento econômico da, 298, 347
   e os interesses nacionais dos EUA, 298
   intervenção dos EUA na (1945), 167
   relatórios da Força Aérea dos EUA sobre (1953), 242-243
   zona desmilitarizada (ZD) na, 242

Corolário de Roosevelt à Doutrina Monroe, 66,
    218-219, 292, 298-299
  capacidade nuclear da, 396
  crescimento econômico da, 298. 347
  e os interesses nacionais dos EUA, 298
  intervenção dos EUA na (1945), 167
  relatórios da Força Aérea dos EUA sobre (1953),
    242-243
  zona desmilitarizada (ZD) na, 242
Corolário de Wilson à Doutrina Monroe, 291
Corpo:
  conceito de, 311-312
  e mecânicas de contato, 307, 309
  mundo físico do, 308
  problema mente-corpo, 310, 313, 456, 459
Costa Rica:
  como modelo de democracia, 357
  e Israel, 280-281
Countryman, Edward, 337
Cranston, Alan, 260
CRE (Conselho de Relações Exteriores), Projeto de
    Estudos sobre Guerra e Paz, 223, 293
Criatividade:
  e a linguagem, 56-57, 114-115, 305-306
  e escolhas, 318-319
  e o cérebro, 455
Crise dos mísseis em Cuba, 486
Crítica radical, 595n36
Crossette, Barbara, 352
Cruz Vermelha Internacional:
  e Israel, 283
  e o campo de prisioneiros de Guantánamo, 487
  e Timor Leste, 246
Cuba:
  Baía dos Porcos, 60, 65
  doações maciças de capital para, 78
  e o socialismo estatal, 297
  na Guerra Fria, 297-298, 484
  no campo de prisioneiros de Guantánamo, 498
Cúpula das Américas, 436, 441
Cúpula do Sul (2000), 393
Curiosidade, natural, 29, 305
Curran, James, 338
Cushman, John H., 166
Cushman, Thomas, 399

Daalder, Ivo, 414
Darwin, Charles, 458, 464-466
Davies, Paul, 459
Davis, Bob, 392
Dayan, Moshe, 275, 284-285
de Cordemoy, *ver* Cordemoy, Géraud de
de Gaulle, Charles, 67
Deacon, Terrence, 467
Declaração da Cúpula do Sul, 393

Declaração da Independência, 343
Decornoy, Jacques, 184
Defesa antimísseis, 433-434
Definição mentalista, 22
Definição, usos do termo, 18, 38
Dellinger, Dave, 93, 95
Dellums, Ronald, 152
Demjanjuk, John, 355
Democracia:
  capitalista, 335-336
  como acordos mútuos livres, 127, 131
  como sociedade aberta, 218-219
  crises da, 488, 591n19
  desgosto com a, 616n1
  e a formação de políticas sociais, 305
  e a garantia dos direitos individuais, 120
  e a liberdade política, 60
  e o controle do povo,
  escolha entre mercadorias na, 441
  formas aceitáveis de, 521
  limitações da, 136, 137
  papel da força de trabalho na, 336, 530
Democracia capitalista, 335-336
  e a contenção de recursos e a contenção de
    demanda, 336
  e a mão de obra, 335
  estabilidade da, 337-338
DePalma, Anthony, 436
Descartes, René:
  e a livre escolha, 314
  e a mecânica do contato, 307, 311
  e a produção da linguagem (o problema de
    Descartes), 305, 324
  e a segunda substância (*res cogitans*), 310
  e considerações mente-corpo (dualismo), 307
  sobre a natureza do homem, 108
  teoria mecânica do universo, 307
Desempenho:
  contribuição para o organismo, 13
  da linguagem, 52
  e a estrutura inata, 30
  e maturação, 30
Desert Storm, ver Tempestado no deserto
Desigualdade econômica
Desobediência civil, 92
Determinismo ambiental, 328-329
Devillers, Philippe, 100, 116
Dewey, John, 487
Dia do Trabalho, 344-345
Dias Internacionais de Protesto (1965), 92
Diderot, Denis, 55
Diego Garcia, 448
Dienstbier, Jiri, 420
"Diferencialmente forçada", uso do termo por
    Skinner, 15

Direito internacional:
    aplicação incoerente do, 201
    aquiescência coagida, 507
    como "papo furado", 485, 497, 505
    como ratificação de práticas imperialistas, 148, 374-378
    desconsiderado para o inimigo, 147
    e a grande estratégia imperial dos EUA, 483
    e a justiça, 142-150
    e as Convenções de Genebra, 147
    e as necessidades militares, 161-168
    e crimes contra a paz, 144, 168
    e crimes de guerra no Vietnã, 151-161
    e guerras de agressão, 144
    e intervenção de grandes potências, 141-176, 484-488
    e o incidente do *Mayagüez*, 202-203, 205, 242, 244
    e o Tribunal de Nuremberg, 143
    novas normas do, 488-497
    sem força moral, 146
    validade do, 142
Direitos humanos, 321
"Discriminação de estímulo", uso do termo por Skinner, 15
Discurso sobre a origem da desigualdade entre os homens (Rousseau), 107
Dispositivo de aquisição da linguagem (DAL), 373
Documentos (papéis) do Pentágono, 164, 181, 195, 197, 228-231, 569n5, 585n7
Doutrina Brezhnev/Brejnev, 171, 583n8
Doutrina Clinton, 392, 397, 409
Doutrina Monroe, 292, 298-299
    corolário de Roosevelt, 218-219
    corolário de Wilson, 292
Doutrina Truman, 271
Dower, John, 298
Du Marsais, C. Ch., 54
Dudman, Richard, 157
Dulles, John Foster, 274
Dunn, James, 246
    e a grande estratégia imperial dos EUA, 483
    e a justiça, 142-150
    e as Convenções de Genebra, 147
    e as necessidades militares, 161-168
    e crimes contra a paz, 144, 168
    e crimes de guerra no Vietnã, 151-161
    e guerras de agressão, 144
    e intervenção de grandes potências, 141-176, 484-488
    e o incidente do *Mayagüez*, 202-203, 205, 242, 244
    e o Tribunal de Nuremberg, 143

Eban, Abba, 267
Educação, autorrealização via, 116

Egito:
    ajuda dos EUA ao, 261-262, 397
    e a Guerra Fria, 296
    e Israel, 274, 289, 397
    e o caso Lavon, 288
    interesses britânicos no, 86
Ehrlichman, John, 181
Eichmann, Karl Adolf, 355
Eisenhower, Dwight D., 61, 63, 295, 445
El Salvador:
    e Israel, 280
    eleições em, 359
    jornais de, 358
    políticas dos EUA em, 280, 297, 358, 429-430
Ellsberg, Daniel, 181
Engels, Friedrich, 128
Ensaio de Mill (*On Liberty*), 115
Epstein, Samuel, 381
Equador, 203, 292, 529
Eritreia, 257-258
Escravidão, 119, 130, 132, 221, 319-320, 330
Espaço, militarização do, 432
Especialistas, culto dos, 72-73, 76-77, 216
Estabelecimento de parâmetros, 304, 322
"Estabilidade", uso do termo, 294
Estado de guerra:
    acadêmicos especialistas em, 79
    e a sociedade pluralista, 75
Estado e revolução (Lênin) (The State and Revolution), 567n10
Estados Unidos:
    ajuda externa, 83, 208, 260, 397
    ajuda militar dos, 169, 175, 260, 279-280, 397, 402-404, 430, 520
    como superpotência malévola, 395
    condenados por terrorismo, 428
    controle mundial como objetivo dos, 224, 293
    e o antiamericanismo, 315
    e o Tratado do Espaço Exterior, 432-433
    eleição presidencial (2000), 440
    Estratégia de Segurança Nacional dos, 468
    gastos militares dos, 512, 533
    "interesses nacionais" dos, 66
    investimentos externos, 69, 83, 224, 231, 236
    liberdades civis desconsideradas nos, 499
    tradição intervencionista dos, 150
Estimulação:
    aversiva, 33-34
    importância da, 13
Estímulo:
    e resposta, 17
    novidade e variedade no, 27
    reforçador, 15
    usos do termo, 22
"Estímulo reforçador", uso do termo por Skinner, 22

Estímulos sinalizadores, respostas a, 30
Estratégia de Segurança Nacional, 483-520
    como experimento em guerra preventiva, 493
    e a ignorância intencional, 514
    e a imposição da hegemonia dos EUA, 484
    e a ONU, 500-508
    e novas normas do direito internacional, 488
    e o objetivo de domínio global permanente, 508
    interesses da elite da política externa, 508-513
    liberdades civis domésticas desconsideradas pela, 498-499
    retórica oficial da, 483
Estrutura da sentença:
    e regras da gramática, 43-44
    ponto de vista de Skinner, 42
Etiópia:
    e a Eritreia, 258
    e a Itália, 518
    e Israel, 275
    guerra na, 258
"Evento reforçador", uso do termo por Skinner, 15
Evolução, 22, 113, 323-324, 357, 372
Evolução darwiniana, 323
Exército de Libertação de Kosovo, 416
Experiência, condições limítrofes estabelecidas por, 376-377
Exxon Mobil, 524

Faculdade da linguagem:
    arquitetura da, 378
    com órgão da linguagem, 372
    estado inicial da, 373, 376-377
    imperfeições da, 475
    níveis de interface da, 377
Faculdade numérica, 331
Falk, Richard, 145, 485
Fall, Bernard:
    sobre a Carta da ONU, artigo, 171-172
    sobre o Vietnã, 145-146, 150
Farer, Thomas J., 145
Farrell, William, 283
Fascismo, veneração do Estado do, 269
Fase econômica de Bretton Woods, 434
FBI:
    atividades durante a Guerra do Vietnã, 348
    e os ataques do 11 de Setembro, 444
    fundação do, 344
Fenômeno da noz salgada, 549n34
Ferber, Michael, 89n
Fernandes, padre Francisco Maria, 606n22
Filipinas:
    intervenção dos EUA nas, 167, 241, 299-300, 517
    pessoas escapando de barco das, 350
Filogênese, 470
Fischer, Adolph, 132

Física quântica, 459
Flapan, Simha, 262
Fleischer, Ari, 505-506
Fonologia, 44, 386
Food for Peace (alimentos pela Paz), 618n21
Força:
    no reforço, 25
    uso do termo por Skinner, 21
Força Aérea, EUA, relatório sobre a Coreia (1953), 243
"Força da resposta", uso do termo por Skinner, 21
Força gravitacional, 311
Ford, Gerald R., 199, 241-242, 246
Foreign Affairs, 69, 238, 244, 295, 392, 446
Fortas, Abe, 291
Fórum Econômico Mundial (FEM), 424
    pesquisa pública sobre, 511
    reuniões em Davos, 511-512
Fórum Social Mundial (FSM), discurso de abertura (2002), 424
Fourier, Charles, 119
França:
    apoio na Revolução Americana, 173
    e a Arábia Saudita, 225-226
    e a Argélia, 516
    e a Indochina, 295, 302, 575n43
    e o comunismo de conselho, 137, 296
    e o império, 101-102, 149-150
    e o Oriente Médio, 293-294
    e o Período do Terror, 111, 134
    e Suez, 273
    e Timor Leste, 406
    e vetos na ONU, 503
    Segundo Império da, 140
France, Anatole, 108
Franck, Thomas M., 171-172
Franco, Francisco, 137
Frankel, Max, 82
Frederika, rainha (Grécia), 271
Friedman, Thomas, 277
Fromkin, David, 417
Fukuyama, Francis, 501
Fulbright, J. William, 67
Fundamentalismo religioso, e Israel, 264-265
Fundo Monetário Internacional (FMI), 528-529
Fundo para a Paz, 353

G-77, 393
Gabinete de Avaliação de Tecnologia (OTA), 429
Galileu Galilei, 454-455
Gallistel, C. R., 453, 470-471
Galluci, Robert, 230
Garcia, Lucas, 611n44
Gelb, Leslie, 661n44
Generalização, 46-47, 553n46

Generalização do estímulo, 29
Giannou, Chris, 287
Gilboa, Amos, 394
Glennon, Michael, 485
Globalização:
   antes da Primeira Guerra Mundial, 431
   e a desigualdade econômica, 430
   e a estabilidade, 432
   e a militarização do espaço, 433-434
   e a oposição da opinião pública, 430
   e a probabilidade de guerra
   e acordos de livre-comércio, 429, 441
   e capital especulativo de curto prazo, 431
   e insegurança de emprego, 438
   e isenções de segurança nacional, 433
   e liberalização do capital, 431
   e os interesses comerciais dos EUA, 433-434
Goering, Hermann, 158
Goldberg, Arthur, 71
Goldman, Francisco, 358
Gonzales, Jorge Napoleón, 359
Goodman, Mitchell, 89n
Goodwin, Richard, 166
   integração econômica internacional, 425
   "mestres do universo", 501
   neoliberal, 438
   verdadeiro programa da, 425
Governo Carter:
   e o foco em direitos humanos, 217-218, 281
   e Timor Leste, 600n3
Governo Clinton:
   ajuda à Turquia, 399
   e a guerra preemptiva (ataque preventivo), 344
   e a ignorância intencional, 400-401
   e a ONU, 411
   e Timor Leste, 311-313
   políticas para a África, 411
Governo Eisenhower:
   e o ódio dos árabes pelos EUA, 445
   na Guerra Fria, 63
Governo Ford:
   e o Timor Leste, 602n2
Governo Kennedy:
   atividades de contrainsurgência, 281
   e a Baía dos Porcos, 60, 65
   e a Guerra do Vietnã, 61, 295-296
   intelectuais no, 280n
   políticas para a América Latina do, 280n
Governo Reagan:
   e a América Latina, 280, 345-346, 359-360, 427, 484, 491, 510-511, 529
   e a economia, 260
   e a "guerra ao terror", 427, 448
   e Israel, 279
   e o desprezo pelo direito internacional, 487
   e o Oriente Médio, 427
   e os custos da Guerra do Vietnã, 350
Governo Roosevelt, 226
Governo Truman:
   e negócios, 346, 591n19
   na Guerra Fria, 63, 194
Governos:
   desmantelamento pelos anarquistas, 126, 136
   e a legitimidade política, 144-145
   e o poder arbitrário, 108
   repressivos, 447, 520
Grã-Bretanha:
   e a Grécia, 171-172, 270-271
   e a Índia, 516
   e a liberdade de investigação, 218
   e a Segunda Guerra Mundial, 223-224
   e ajuda Lend-Lease, 223-224
   e o Afeganistão, 446
   e o comunismo de conselhos, 137-138
   e o império, 86, 102-103, 150, 224, 292
   e o Iraque, 408-409, 488-489, 496, 502
   e o Khmer Vermelho, 494-495
   e o livre-comércio, 347
   e o petróleo do Oriente Médio, 225, 273
   e Suez, 273
   e Timor Leste, 406, 409-410, 418-419
   revolução inglesa (século XVII), 337
Graebner, Norman, 239
Gramática:
   categorias funcionais da, 366-367
   categorias substantivas da, 366-367
   científica, 56
   construção da, 44-45, 304
   e a revolução cognitiva, 388-389
   e competência, 51
   específica, 56
   estruturalista, 53
   gerativa, 57, 366, 377, 388
   inadequações da, 55
   limitações da, 53
   regras da, 31, 57
   regras transformacionais da, 393
   sistemas de, 44-46
   universal, 54, 106, 304, 311, 365, 453
Gramática de Port-Royal, 8, 372
Granada, invasão dos EUA a, 301, 348-349, 484, 492
Grande Área:
   acesso aos recursos pelos EUA, 224
   e a economia dos EUA, 224, 294
   e o controle do mundo, 293-294
   erosão da, 296-297
   força militar para a preservação da, 238, 251
   na Ásia, 229, 298
   outras nações competindo na, 223-224
   planejamento do CRE para, 224, 228, 293-294

reconstituição da, 223
Grande estratégia imperial, *ver* Estratégia de Segurança Nacional
Grécia:
  e a Doutrina Truman, 271, 296
  e a guerra de guerrilha
  e a Guerra Fria, 270-272, 296
Greenspan, Alan, 438
Greenway, David, 354
Gribbin, John, 459
Griffiths, Philip Jones, 161
Guatemala:
  e a política externa dos EUA, 213, 217, 280-281, 297- 298, 413
  e a reforma agrária, 413
  e Israel, 267, 280-282, 611n44
  invasão da, 61, 171, 238
Guérin, Daniel:
  Anarchism, 125, 132, 139
  sobre a Revolução Espanhola, 136-137
Guerra:
  contra inimigos muito mais fracos, 427
  de agressão, 144
  e o bioterrorismo, 433
  entre nações-Estados
  por procuração, 298
  preventiva, 484, 489, 494
  probabilidade de, 101
Guerra, crimes de:
  definições operacionais de, 492-493
  e necessidade militar, 161
  e Nuremberg, 159
  no Vietnã, 159
Guerra, culpa:
  e a guerra preventiva, 484, 490
  e bioterrorismo, 433
  e os ataques de 11 de setembro, 443, 490
  "guerra ao terror", 498
Guerra Civil Espanhola, 59
Guerra Civil, EUA, concentrações de poder no pós-guerra, 218-219
Guerra da Coreia, 243
Guerra das Malvinas, 280
Guerra de agressão, Taylor sobre a, 144-145, 170
Guerra do Golfo (1991), 391, 448
Guerra do Vietnã:
  arquivos secretos da, 144
  atrocidades na, 87, 185
  bombardeio do Natal (1972), 180, 586n12
  como guerra revolucionária do povo, 148
  como um "laboratório" dos EUA, 175
  crimes de guerra na, 151
  custos da, 102, 188
  e a China, 155
  e a economia dos EUA, 345
  e a escalada dos EUA, 185, 404
  e a Frente de Libertação Nacional (FLN), 195, 300
  e a necessidade militar, 161-168
  e a política externa dos EUA, 212-215, 229, 362
  e a recusa dos EUA a permitir um acordo político na, 80
  e a teoria do dominó, 189, 295-296
  e crimes contra a paz, 144, 168
  e o direito internacional, 396, 482, 488
  e o fracasso dos EUA, 165
  e os bombardeios dos EUA, 154-157
  e os Papéis do Pentágono, 282, 569n5, 585n7
  falta de apoio popular para, 151
  história reescrita, 349
  informe oficial na, 169
  lições da, 188-189, 198, 199, 206
  manifestações de protesto contra a guerra, 9
  massacre de Hue, 161
  massacre de Kien Hoa, 201
  massacre de My Lai, 150-151, 154, 572n25
  massacre de Phuqui, 154
  MIAs na, 353
  o incidente do *Mayagüez*, 202-203, 205, 242, 244
  ofensiva do Tet, 160, 164, 180, 202
  Operação Junction City, 153
  Operação Speedy Express, 201
  padrões de Nuremberg aplicados à, 142
  propaganda do governo sobre, 96, 161, 253
  refugiados da, 92, 151, 155
  responsabilidade dos intelectuais, 59, 60, 75, 87
  retirada dos EUA da, 102-103
  simples regra do *gook* na, 153
  sobre a "hipótese do atoleiro", 230
  Winter Soldier Investigation, 152
Guerra Fria:
  a questão do comunismo, 77-78, 162, 216, 342
  comunicações bloqueadas na, 229-230
  contenção na, 335-360
  e a "estratégia de reversão", 342
  e a Grécia, 270-272, 296
  e a ordem internacional pós-guerra 340
  e a propaganda, 61, 65, 96, 161, 282
  e a "teoria da maçã podre", 296, 298, 302
  e a teoria do dominó, 189, 295-296
  na América Latina, 340-341
  na Ásia, 63-64, 96-97, 240-241
  na Europa Central, 62
  negociações evitadas na, 42
Guterres, padre Apolinário, 606n22
Gwertzman, Bernard, 351

Ha'aretz, 263
Hadar, Leon, 264n
Haile Selassie, 275

Haines, Gerald, 432
Haiti, 237, 300, 517
Hamilton, Lee, 353
Hanoi, *ver* Vietnã do Norte
Harkin, Tom, 254
Harris, Zellig, 8
Harrison, Selig, 509, 522-523
Hauser, Mark, 453, 462
Havel, Vaclav, 391, 394, 401
Heidegger, Martin, 60
Heisenberg, Werner, 458
Henderson, Oran, 151
Herman, E. S., 591-592n22
Herzog, Haim, 480
Hezbollah, 507
Hilgard, E. R., 26-27
Hilsman, Roger, 195
Himmler, Heinrich, 201, 280
Hiro, Dilip, 502
Hiroshima, 59
Hitler, Adolf, 200, 517, 522
Ho Chi Minh, 157, 294
Holocausto, 59, 200
Holst, Willem, 83-84
Honduras, 237, 279-282, 413
Hook, Sidney, 212
Hoopes, Townsend, 160, 349
Hough, Jerry, 349
Howard, Michael, 446
Howe, Irving, 268, 286
Huang, James, 368
Huarte, Juan, 389
Hughes, Stuart, 72
Hull, Cordell, 86, 594n24
Human Rights Watch, 436
Humanos:
    como parte do mundo natural, 316
    crescimento físico dos, 304, 317
    e a faculdade numérica, 331-333
    e escolhas criativas, 315
    e o desenvolvimento mental, 318
    e o determinismo ambiental, 328-329
    e o julgamento moral, 319
    faculdade visual dos, 324, 326
    limitações dos, 316
    períodos críticos do crescimento, 325
Humboldt, Wilhelm von, 8
    a linguagem "faz um uso infinito de meios finitos", 49
    Limits of State Action (Os limites da ação do Estado), 130
    sobre a geração da linguagem, 58, 119-121
    sobre a natureza humana, 116
    sobre o Bildung (desenvolvimento do potencial humano), 115
    sobre o papel do Estado, 118
    sobre o poder privado, 118
Hume, David, 372, 454, 456
Humphrey, Hubert H., 618n21
Hungria, 149, 173, 518
Huntington, Samuel, 395, 508, 574n36
Hussaini, Hatem, 287
Hussein, Saddam, 405
    e a "guerra ao terror", 427-428, 447-448, 491, 498
    e o reator nuclear Osirak, 497, 523
    e os ataques de 11 de setembro, 444
Huynh Tan Phat, 196

Ibn Saud, 226
Idealismo, 67
Idealização, 367-368
Ideologia:
    análise marxista da, 75
    fim da, 75
Ignorância, 391-392
    de truísmos morais, 418
    e a ajuda à Colômbia, 403-404, 410
    e a América Latina, 413
    e a limpeza étnica da Turquia, 398-399, 402-403, 410
    e as guerras na África, 410-411
    e o genocídio em Timor Leste, 404, 410, 418-419
    e os bombardeios da Otan, 399, 406
    na grande estratégia imperial dos EUA, 483-520
    nova era da, 391-392, 395-397, 402-405, 408-411, 417, 421
Ikenberry, John, 483
Iluminismo, 130-131
Imitação:
    aprendizado por, 27-30, 39
    e reforço, 551n40
    mimetismo *vs.*, 30
Imprinting, 27
Incidente da China, 59
Incidente do *Mayagüez*, 202-203, 242, 244
Índia:
    e a Rede de Segurança Energética asiática, 524
    e armas nucleares, 395
Indochina:
    e a "teoria da maçã podre", 296, 298, 302
    guerra da França na, 295
    guerra de guerrilhas na, 62
    intervenção dos EUA na, 238, 284, 584n1, 595n36
    ver também Camboja; Laos; Vietnã; Guerra do Vietnã
Indonésia:
    como cliente dos EUA, 249-250, 406, 600n3
    e Israel, 281
    e Timor Leste, 245-258, 281
    golpe militar na, 299, 412-413

relatórios sobre direitos humanos na, 249
Infinidade discreta, 332
Inglaterra, *ver* Grã-Bretanha
Instituto Brookings, 349, 414
Instituto de Política Econômica, 436
Instituto Republicano Internacional, 532
Inteligibilidade, 322, 455-456
Intervenção divina, 313, 318
Invasão de Suez (1956), 273
Irã:
  ataques dos EUA ao, 349
  capacidade nuclear do, 509
  e a China, 524
  e a Guerra Fria, 296
  e a guerra preventiva, 494, 509
  e a segurança regional, 525-526
  e Israel, 274
  e o Iraque, 408-409, 517
  golpe apoiado pela CIA no, 225-226, 238-239
  petróleo no, 63, 225-226, 524
  questões de segurança dos EUA no, 523
Iraque:
  como experimento, 493, 522
  curdos atacados no, 400
  e a guerra preventiva, 446
  e a opinião pública, 510-512
  e armas de destruição em massa (ADM), 485-486, 491, 505
  e o Irã, 408-409, 517
  e o reator nuclear Osirak, 497, 523
  e os ataques de 11 de setembro, 444
  e reuniões do FEM em Davos, 511-512
  Kuwait invadido pelo, 489, 517
  movimento trabalhista no, 530-531
Islã, 444
Israel:
  ajuda dos EUA a, 397
  ajuda externa para, 259-261
  censura em, 482
  cobertura da mídia de, 260, 281
  conflitos árabe-israelenses, 261, 270
  e a África, 275
  e a América Latina, 281
  e a Ásia, 281
  e a lenda de "David e Golias", 284-285
  e a OLP, 266-267, 269, 286
  e a ONU, 259, 283, 477-482
  e a Palestina, 259, 263, 420, 445, 477
  e ataques terroristas a instalações dos EUA, 288-289
  e crimes contra a humanidade, 492-493
  e desenvolvimento de armas do "Quinto Mundo", 281
  e o "direito de existir", 531
  e o Irã, 274
  e o "lobby israelense" nos EUA, 264
  e o nacionalismo radical, 274
  e o petróleo do Oriente Médio, 270-275
  e os kibutzim, 120, 567n13
  e Suez, 273
  interesses estratégicos dos EUA em, 269-270
  invasão do Líbano, 277-278, 285
  reator nuclear Dimona, 497
  relações especiais dos EUA com, 259-289
  serviços subsidiários de, 278
  territórios ocupados, 263-265, 285
Itália:
  e a Guerra Fria, 296
  e o Norte da África, 522
  pós-Primeira Guerra Mundial, 136
Iugoslávia, ex:
  bombardeio da Otan, *ver* Otan
  conselho de trabalhadores na, 120
  investigador especial da ONU para, 420

Jackson, Robert H., 132
Jaegher, R. J. de, 71
Japão:
  como poder estabilizador, 86
  concorrência com, 347
  crescimento econômico do, 298
  e a China, 86, 97, 518, 524
  e a Grande Área, 228-229
  e a guerra do Pacífico, 86
  e o império, 103, 139
  e o Oriente Médio, 273
  e Pearl Harbor, 484
  Nova Ordem como meta do, 518
  recursos energéticos no, 224-225
Jefferson, Thomas, 519
Jennings, Francis, 354
Jervis, Robert, 509
Jespersen, Otto, 363
Johnson, Chalmers, 396
Johnson, Lyndon B.:
  e a América Latina, 295
  e a Guerra do Vietnã, 61, 69, 169, 295
  greve do aço de Johnstown (1937), 345
Jordânia, e Palestina, 275-276, 478, 531
Judah, Tim, 400

Kagan, Robert, 515
Kahn, Herman, *On Thermonuclear War*, 72-73
KAL 007, 350
Kalish, Donald, 93
Kalmar (pesqueiro polonês), 203
Kamm, Henry, 253
Kandel, Eric, 461
Kant, Immanuel, 111, 130, 310
Kapeliouk, Amnon, 354

Karni, Yoav, 275n
Karnow, Stanley, 255
Kendall, Walter, 137
Kennan, George, 239, 241
Kennedy, Edward "Ted", 204-205, 242
Kennedy, John F., 343, 518
Kenney, David, 600n3
Khadduri, Imad, 497
Khanh, general, 196, 585n7
Khmer Vermelho, 204, 343, 353, 494, 592n21, 586n12
Khomeini, aiatolá Ruhollah, 272
Kimche, Jon, 268n
Kimmerling, Baruch, 477-478
Kirchner, Néstor, 427
Kirk, Donald, 577n60
Kissinger, Henry A.:
    e a América Latina, 203
    e a Guerra do Vietnã, 61, 106, 176, 352, 510-511
    e o incidente do *Mayagüez*, 202-203, 205
    e o petróleo do Oriente Médio, 207, 225, 270, 272, 526
    e Timor Leste, 245
    realpolitik de, 230
    sobre a "era dos especialistas", 217
    sobre a ordem internacional, 340
    sobre a prática de um estadista, 589n16
    sobre democracia, 336
    sobre o uso da força, 242
    sobre política externa e poder privado, 591n19
Klare, Michael, 276
Kleindienst, Richard, 181
Kolko, Gabriel, 233
Komer, Robert W., 165-166
Kosovo:
    atenção da mídia para, 405
    bombardeios da Otan ao, 393, 406-407
    como precedente, 417-418
    e a Sérvia, 408
    limpeza étnica em, 393
    Operação Ferradura em, 413
    população albanesa em, 416
    refugiados de, 393
Koyré, Alexander, 456
Kraft, Joseph, 214
Kristol, Irving, 67-68, 71, 75
Kuperman, Alan, 417
Kuwait, 208, 277, 489

La Crónica, El Salvador, 358-359
La Prensa, Nicarágua, 358
Lacouture, Jean, 592-593n22
LaFeber, Walter, 517
Landauer, Carl, 234
Lange, Friedrich, 456
Langguth, A. J., 255
Lansing, Robert, 519
Laos:
    agressão militar ao, 148-149, 157, 183-184, 221, 300-301, 351, 355, 584n1
    comunistas no, 172-173
    Mercenários tailandeses no, 184
    Planície de Jars no, 157, 351
Laqueur, Walter, 297
Lashley, K. S., 43-46
Lavon, Pinhas, 274n, 288
Lei de Ajuda Externa (2000), 397
Lei de condicionamento, 22-23
Lei de efeito, 22-23
Lei de Liberdade de Informação, 218
Lei de Segredos Oficiais, 218
Lei Suplementar de Segurança Doméstica (2003), 498-499
Leis da dinâmica, 17
Lelyveld, Joseph, 152
LeMay, Curtis, 92
LeMoyne, James, 359
Lend-Lease, 223-224
Lênin, V. I., 136
Leninismo, 129
Lens, Sidney, 93
Lewis, Anthony, 199, 205, 430
Lewontin, Richard, 466
Líbano:
    e a ONU, 401
    intervenção dos EUA no, 238
    invasão israelense do, 283
Liberalismo clássico, 8, 130
Liberdade:
    consciência da, 112
    de pensamento, 112, 115
    do espírito, 106
    e a contradição da necessidade, 121
    e a filosofia, 106
    e a linguagem, 112, 115-116, 120, 123-124
    e a propriedade, 107, 110
    maturidade da, 130
    problemas da, 107
    Rousseau, sobre a, 108-114
    valor da, 109-110
Líbia, bombardeio da, 446
Lifschutz, Lawrence, 220
Liga Antidifamação, 265, 267, 277
Liga Árabe, 478, 480
Liga das Nações, 519
Limites de ação do Estado (*Limits of State Action*) (Humboldt), 130-131
Limites entre sintaxe e a morfologia, 367
Lin Piao, 97
Lindholm, Richard, 86

Linguagem:
    abordagem etológica da, 462-463
    adequação descritiva da, 55, 363-365, 368, 376
    adequação explanatória da, 363-366
    aquisição da, 29
    aspectos gerais da, 371-374
    c-comando na, 381
    como espelho da mente, 122-124, 311
    como expressão, 123
    competência na, 516
    condições de legibilidade da, 379
    condições gerais satisfeitas pela, 367-368
    construção da teoria da, 322, 333
    desempenho da, 374
    e a cognição humana, 322, 324
    e a livre expressão, 179
    e a posse pelos humanos
    e a psicologia behaviorista, 11, 326
    e a relação com o mundo externo, 386
    e a revolução cognitiva, 374-375, 458
    e a sintaxe, 41, 49
    e analogia, 34
    e considerações mente-corpo, 307, 310, 313
    e liberdade, 234
    e o cérebro humano, 453
    e o problema de Descartes, 305-307, 314, 318, 324
    e superveniência, 460
    elementos da, 39, 318, 324, 387
    estabelecimento de parâmetros na, 322
    evolução da, 465-467
    filosofia da, 388
    gramática da, 374
    Humboldt sobre a, 120
    "inaprendível", 316
    infinitude discreta da, 332-333, 372
    inflexão como propriedade da, 382-383
    internalizada, 373
    léxico da, 465
    mecanismos biológicos da, 470
    mecanismos da, 463
    medida simplicidade interna à teoria da, 369
    modelo de princípios e parâmetros (P&P), 363
    naturalidade conceitual na, 361, 370
    níveis de interface da, 379
    ontogênese da, 463
    origem da, 113
    perfectibilidade da, 114
    perspectiva filogenética da, 453
    perspectiva funcional da, 453, 464, 470
    princípios redundantes da, 366
    processo de criação da, 120
    Programa Minimalista da, 361
    propriedade de deslocamento da, 382-384, 386, 475
    propriedades básicas da, 376
    propriedades da, 106, 122, 330, 363
    propriedades semânticas da, 383
    referência simbólica na, 469
    sistema articulatório-perceptual, 363
    sistema conceitual-intencional, 363
    teoria do caso abstrato, 368
    unificação da, 385, 451
    uso figurativo da, 55
    usos da, 307-308, 314, 455
    variações na, 367-368
Linguet, Simon, 119
Linguística:
    descritiva, 53
    e gramática universal, 54
    processos criativos da, 56-57
Lippmann, Walter, 67, 96, 100, 341
Locke, John, 458
Lodge, Henry Cabot, 196, 271, 571n14
Lógica, 315-316
López Fuentes, Mario, 279
Loquai, Heinz, 415-416
Lowell, Robert, 93
Luck, Edward, 503
Lula da Silva, Luiz Inácio, 527-528
Lustick, Ian, 261

Macarthismo, 346, 499
MacArthur, Douglas, 225
Macdonald, Dwight, 59-60, 87, 93
Macedônia, tropas da OTAN na, 302
MacVeagh, Lincoln, 271
Maechling, Charles, 280
Mailer, Norman, 95
Maioria Moral, 265
Mandela, Nelson, 394-395, 495
Mandelbaum, Michael, 515
Mandos:
    como comandos, 32-33
    formas de, 33
    pseudo, 34
    uso do termo por Skinner, 32
"Mandos mágicos", uso do termo por Skinner, 34
Mansfield, Mike, 91, 205
Mão de obra
    como exploração, 117
    como mercadoria, 76
    diminuição da renda, 438
    e a insegurança do emprego, 438
    e a mídia, 337-338
    e a propaganda, 346
    e estresse no local de trabalho, 438
    e o AIFLD, 530
    e o anarquismo, 125
    e o anticomunismo pós-guerra, 343
    e o socialismo, 120

e solidariedade, 345
especialização da, 439
greves, 8, 102, 345
livre atividade, 132
livre circulação da, 431
movimento de controle dos trabalhadores, 138
na democracia capitalista, 335
Mao Tsé-tung, 97
Máquinas:
    comportamento inteligente das, 309-310
    uso do termo, 454-455
Marcos, Imelda, 278n
Markham, James, 254
Marr, David, 461
Marrocos, 297, 502
Marroquin Rojas, Clemente, 175
Marx, Karl, 75, 131-132, 134, 136
    humanos como produto da história e da sociedade, 327
    sobre a Comuna de Paris, 130
    sobre tragédia como farsa, 516
    teoria da alienação no trabalho, 131
Marxismo, 129, 135, 239, 252, 327, 413
Materialismo, 456
Maturação, e desempenho, 30
Maugham, Somerset, 464
Mavromichalis, Petros, 271
McCain, John, 354, 393
McCarthy, Joseph, 179, 183
MccGwire, Michael, 396, 420
McCloskey, Paul, 157
McDermott, John, 101
McGrory, Mary, 181
McKinley, William, 150, 167
McNamara, Robert S., 97, 159
McNaughton, John, 164
Meagher, Robert, 83
Mearsheimer, John, 395
Mecânica de contato, 307
Mecanismo *vs.* mentalismo, 554-555n1
Meir, Golda, 266
Mentalismo, 554-555n1
Mente:
    modularidade da, 326
    teoria clássica da, 475
    tradição empirista da, 327
Mercosul, 527-528
Merz, Charles, 341
Metternich, Klemens von, 299
México:
    e a fronteira com os EUA, 431
    e o NAFTA, 431, 436-437
Mídia, *ver* mídia de massa; *mídias específicas*
Mídia de massa:
    a perversidade da, 64

controlada pelo Estado, 335
e a Guerra do Vietnã, 206
e a indústria de relações públicas, 440
e a propaganda, 96, 161, 173, 188, 195, 213-215, 359
e Israel, 261, 281-282, 288-289
e o controle do pensamento, 340
e o culto da especialidade, 216-217
e o oligopólio corporativo, 335
e Timor Leste, 248, 255-257
estrangeira, intervenções dos EUA na, 357-358
fatos ignorados pela, 255-257, 359-360
fatos ocultados pela, 301-302
modelos democráticos da, 335
trabalhista, 338
Mikoyan, Anastas Ivanovich, 69
Mill, John Stuart, 130-131
    ensaio sobre a liberdade (*On liberty*), 115
    sobre intervenções humanitárias, 516
Miller, Judith, 402
Miller, Steven, 509
Milosevic, Slobodan, 405, 413-415, 419
Milson, Menachem, 263
Mimetismo *vs.* imitação, 29-30
Missão de Verificação de Kosovo (MVK), 414
Mobutu Sese Seko, 275, 278
Modelo cartesiano, *ver* Descartes, René
Modelo de linguagem princípios e parâmetros (P&P), 363, 366-369
Modelo do Laos, 195
Mohr, Charles, 81
Monge, Luis Alberto, 280
Moorer, Thomas H., 289
Morales, Evo, 528
Morgenthau, Hans, 86, 100, 218, 520
Motivação:
    novidade e variedade de estímulos como, 25-27
    reforço como, 16
Movimento de Libertação Timorense, 251
Movimento dos direitos civis, 95
Movimento estudantil, 138
Movimento pela paz, 98, 589n9
Moynihan, Daniel Patrick, 189-190
Mueller, Robert, 444
Munique, 82, 517
Musharraf, Pervez, 527
Muskie, Edmund, 177, 185
Mussolini, Benito, 517-518
Muste, A. J., 103

Nação-Estado, 391
NAFTA, 429, 431, 436-438, 441, 526
Nagasaki, 59, 569n3
Nanquim, estupro de, 86
Nasser, Gamal Abdel, 274
Nation, The, 255

National Guardian, 179
Nazistas:
   atrocidades dos, 482
   comparações com, 83, 200-201, 248
Neier, Aryeh, 399, 418
Nelson, Bryce, 575n46
Neoliberalismo, 433
Neoplatônicos, 310
Neurofisiologia, 458
Neutralização:
   do Vietnã do Sul, 584n7
   uso do termo, 578n71
New Deal, 346
New Republic, 200, 205
New York Times:
   e Israel, 276, 281, 283
   e McCarthy, 179
   sobre a América Latina, 212-213, 358
   sobre a Guerra do Vietnã, 95, 191, 299
   sobre o petróleo do Oriente Médio, 207, 273
   sobre os bolcheviques, 341
   sobre Timor Leste, 255-256
   sobre Watergate, 178
Newsweek, 253
Newton, Isaac, 311, 314, 456-459, 461-462, 475
Ngo Dinh Diem, 158-159, 197
Nguyen Van Thieu, 198-199
Nicarágua:
   e a política dos EUA, 152, 280, 297-298, 300, 341, 532, 598n46
   e Israel, 279
   eleições na, 532
Niebuhr, Reinhold, 213
Nighswonger, William, 158
Nimitz, Chester W., 143
Nitze, Paul, 343
Nixon, Richard M.:
   e a Guerra do Vietnã, 152, 180, 197, 241-242
   e a Realpolitik, 295
   e o impeachment, 181
   e poderes presidenciais, 181-182
   e política externa, 239, 295, 413
   e Watergate, 177
   lista dos inimigos de, 9, 177
Nossiter, Bernard, 256, 283
Nova era, 391-392, 395-397, 402, 404-405, 408, 421
Nova Esquerda, 76, 107, 285-286
Nova fronteira, 432

O'Hanlon, Michael, 414
Oberdorfer, Don, 160
observação, aprendizagem por, 28-29
"Observáveis", uso do termo, 12
Ocampo, José Antonio, 435
"Ocasião", uso do termo por Skinner, 14

On Thermonuclear War (Kahn), 72
Operação Ferradura, 413-415, 417
Operação Junction City, 153
Operação Milagre, 527
Operação SPEEDY EXPRESS, 201
Operação Tempestade no Deserto, 449
"Operante discriminado", uso do termo por Skinner, 15, 37
"Operante ecoico", uso do termo, 39
Operante verbal:
   tacto como, 35
   uso do termo, 35
Operantes:
   autoclíticos, 41
   discriminados, 15, 37
   ecoicos, 39
   intraverbais, 40
   uso do termo por Skinner, 14-15
   verbais, 19, 32
Opinião pública como "segunda superpotência", 510
Ordem social:
   e o anarquismo, 130
   visão da, 122
Organização das Nações Unidas, 62, 203, 248
   Carta da, 483-485
   Conferência sobre Desarmamento, 433
   e a África, 411
   e a ex-Iugoslávia, 420
   e a "guerra ao terror", 445-446
   e a OLP, 283, 480
   e direitos humanos, 420
   e Israel, 259
   e o incidente do *Mayagüez,* 202-203
   e o Iraque, 485, 493, 502
   e o Líbano, 401
   e o Terceiro Mundo, 256
   e o Tratado do Espaço Exterior, 432
   e os direitos dos palestinos, 479, 481
   e Timor Leste, 256
   EUA condenados por terrorismo pela, 428
   recorde de vetos na, 501
Organização Mundial do Comércio (OMC), 424
Organização para Libertação da Palestina (OLP), 259, 266-267, 269, 282, 286, 479-480
Organização Sionista da América, 265
Organização Sionista Mundial, 265
Oriente Médio:
   conflito árabe-israelense, 262
   e a "guerra ao terror", 427-428, 447-448, 491
   e a Tempestade no Deserto, 449
   e negociações de paz, 267
   e o nacionalismo árabe, 274
   Força de Mobilização Rápida dos EUA no, 276
   Petróleo no, 63-64, 207-208, 225, 267-268, 270, 272-276, 293-294, 507-508, 524, 526

ver também países específicos
Orwell, George, 295
Osborne, John, 205
OSCE (Organização para Segurança e Cooperação na Europa), 415
OTA (Gabinete de Avaliação de Tecnologia), 429, 437
Otan:
  credibilidade da, 393, 396
  e a estabilidade da Europa Oriental, 393
  na Turquia, 398
  quinquagésimo aniversário da, 398
  Sérvia bombardeada pela, 391
Owen, Roger, 493
Oz, Amos, 289

Pahlevi, Reza xá, 273
Pal, Radhabinod, 569n3
Palestina:
  direitos da, 601n5
  e a Jordânia, 275, 479
  e Israel, 415, 445
  e o Hamas, 523
  e votos dos EUA, 260
  eleições na, 531
Panini, 49
Pannekoek, Anton, 135, 137
Paquistão, 494, 526-527
Paquistão Oriental, invasão pela Índia, 494
Partido Comunista:
  ataques do pós-guerra ao, 178
  e o Dia do Trabalho, 345
  e o macarthismo, 346, 499
  e o Perigo Vermelho, 341
  e os tumultos de Haymarket (1886), 344-345
Partido Comunista Britânico, 136
Partido da Fretilin, Timor Leste, 246, 252
Partido Socialista dos Trabalhadores, 178
Partido Trabalhista Socialista, 136
Pássaros, canto dos, 28
Pastor, Robert, 421n
Pat, Gidon, 275n
Patterson, Robert P., 292
Paul, William, 136-137
Pauling, Linus, 457-459
Paulo, rei da Grécia, 271-272
Pausas de hesitação, 552n45
Paxson, Frederic, 344
Pearl Harbor, 484
Peck, Jim, 95
Pedido, como um mando, 35
Pedidos, como comando, 35
Peirce, Charles, 323
Peled, Mattityahu, 262, 276
Pelloutier, Fernand, 129

Percy, Charles, 260
Peres, Shimon, 480
Perguntas, como comando, 35
Perigo Vermelho, 341
Períodos críticos do crescimento, 325
Perlmutter, Nathan e Ruth, 265
Petróleo:
  acordo da Linha Vermelha, 225-226
  busca pelo controle dos EUA, 207, 225, 235, 270, 272, 506-507, 528
  em Timor Leste, 407
  na Arábia Saudita, 207
  na Venezuela, 527
  no Irã, 63, 226-227
  no Oriente Médio, 207, 225, 270, 272, 293-294, 526
  Política do Petróleo dos Estados Unidos, 225
  preço do, 587n21
  Rede de Segurança Energética asiática, 524
Pike, Douglas, 97, 148, 150, 196, 589n9
Pinker, Steven, 465
Pinto, Jorge, 358
Plano Fahd, 480
Plano Marshall, 235
Plano Mitchell (2011), 481
Platão, 304
Podhoretz, Norman, 348
Poincaré, Jules-Henri, 460
Pol Pot, 353, 494, 592n22
Polanyi, Karl, 118
Política do Petróleo dos Estados Unidos (1944), 225
Política externa, 211-244
  análise empírica da, 220, 221
  crimes do Estado *vs.* crimes dos inimigos oficiais, 221-222
  e a censura do Estado, 234-235
  e a centralização do poder, 230
  e a estrutura social doméstica, 211, 221
  e a influência corporativa, 218-221, 232, 237
  e a intelligentsia/intelectualidade, 188, 190, 244
  e a preocupação com a democracia, 216
  e a propaganda, 161, 173, 188, 234-235, 243
  e o petróleo, *ver* petróleo
  e o planejamento da Grande Área, *ver* Grande Área
  e o propósito nacional, 217-218, 234
  e o setor estatal militarizado, 217
  e os princípios wilsonianos, 239-240
  e teorias conspiratórias, 220-221
  em países subdesenvolvidos, 227, 239-240
  na África, 184, 275, 410-411
  na América Latina, *ver* América Latina
  no Vietnã, *ver* Vietnã; Guerra do Vietnã
  pós-Segunda Guerra Mundial, 222-229, 231
  tomada de decisões executivas, 231

Políticas econômicas keynesianas, 356
Polônia, incidente com o pesqueiro *Kalmar*, 203
Post, E. L., 58
Powell, Colin, 481, 503, 505
Presidência, EUA:
    centralização de poder na, 182, 231, 499-500
    como além do alcance da lei, 181-182
    e impeachment, 182-183
Pressberg, Gail, 287
Priestley, Josep, 312, 454
Primeira Guerra Mundial:
    Baviera pós-guerra, 234
    Comissão Creel, 344
    pós-guerra e anticomunismo, 343
Princípio criativo, 114
Princípio da Porta Aberta, 225
Princípio da rigidez, 325
Princípios wilsonianos de paz, 239-240
Printz, Charles, 352
"Privação", uso do termo por Skinner, 32-33
"Probabilidade", uso do termo por Skinner, 18, 20
Professores Americanos pela Paz no Oriente Médio (APPME), 286-287
Propostas de Camp David, 261, 478
Propriedade:
    abolição, 134
    anarquismo *vs*., 128, 131
    direito à, 133
    uso do termo por Skinner, 17
Protocolos de Kyoto, 533
Proudhon, Pierre-Joseph, 133
Prouty, Fletcher, 571n14, 581n97
Psicologia comportamental:
    definição dos termos na, 11-12
    e a linguagem, 11, 17, 43
    e as faculdades mentais humanas, 13-14
Psicologia da Gestalt, 310
Putin, Vladimir, 506

Quezon, Manuel, 579n78
Quinta Liberdade, 294, 296-297, 302

Rabin, Yitzhak, 265, 171n
Racionalismo, 8, 121-122
Racismo, 309
Rahman, Hassan, 287
Rahv, Philip, 211
Randal, Jonathan, 398
Rankin, Karl, 271
Ratos, limitações dos, 314
Ray, Dennis M., 232-233
Reagan, Ronald:
    sobre o Dia da Lei, 345
    sobre o Império do Mal, 343, 356
Rebelião de Shays (1786), 338

Recrutamento seletivo, 99
Recursos da bacia do Atlântico, 526
Rede de Bin Laden, 419
Rede de Segurança Energética asiática, 524
Redução da motivação, 26-28
Referência simbólica, 469
Reforçador:
    primário, 15
    uso do termo por Skinner, 15
"Reforçador secundário", uso do termo por Skinner, 542n3
Reforço:
    autorreforço automático, 23
    contingências do, 25-26
    diferencial, 29-30
    e a redução da motivação, 26
    e imitação, 551n40
    e intenção, 21
    força no, 25
    importância do, 12
    intermitente, 15
    na aquisição da linguagem, 29-30
    teorias do, 28
    usos do termo, 15, 22-23, 30, 32
Reforço diferencial, 28-29
Região dos Andes, 494
Regras obrigatórias, 329-330
Regras opcionais, 45-46
Relações de percepção e emissão de informações, estudo das, 12
Repertório ecoico, 36, 39
Representação fonética, 379
República Dominicana, intervenção dos EUA na, 64, 187-188, 238, 517
Resistência, 89-103, 283
    a declarações oficiais do governo, 9
    ampliação do círculo da, 90
    como desobediência civil, 92-99, 103, 206, 520
    como responsabilidade moral, 102
    Dias Internacionais do Protesto, 92
    formas de, 96
    manifestações pela paz (1967), 91
    propósitos da, 95-96
    transição de dissenso para, 89
    transição para a violência, 135
Resistência ao recrutamento, 90, 96, 102
Resolução de problemas, faculdade mental de, 323
"Respondentes", uso do termo por Skinner, 15
Responsabilidade dos intelectuais, 59-87
    e a desigualdade econômica, 76
    e a Guerra do Vietnã, 67
    e a propaganda velada, 233-234
    e a subordinação ao poder, 520
    e Israel, 286-287

e o "conhecimento especializado" nas questões mundiais, 68
e o "desejo de poder" dos EUA, 115-116
e o expansionismo dos EUA, 66, 188
e o governo Kennedy, 280n
e o Irã, 63
em escrever a história, 329
em movimentos de protesto, 71
mídia de massa *vs.*, 65-66
na Ásia, 60, 64, 66, 205-206
na construção da democracia, 532, 592
na Guerra Fria, 60-61, 138
na política externa, 229-232, 241-243
no mundo subdesenvolvido, 64, 77-78
nos círculos acadêmicos, 306
"orientada pela política" *vs.* "orientada por valores", 215-220
para expor mentiras, 61
para falar a verdade, 60
Resposta:
    autoclítica, 41
    e estímulo, 13-14
    frequência da, 20
    usos do termo, 11-12
Reston, James, 177
Retroalimentação, 31
Revolução:
    ação espontânea da, 117
    contágio da, 299
    e censura, 233-235
    e desigualdade, 107
    e liberdade, 106
    e o anarquismo, 128-129
    elementos democráticos na, 78
    guerras de libertação nacional, 173
    guerras popular, 137-148
    na sociedade industrial, 120
    nacionalista, 79
    no Terceiro Mundo, 107
    normativa, 494
    Rousseau sobre, 107
    social, 127, 135
    usos do termo, 106
    ver também países específicos
Revolução Americana, 174, 298, 337
Revolução científica, 454, 456
Revolução cognitiva, 374-375, 458
Revolução Espanhola, 128, 137
Revolução Francesa, 111, 130-131
Revolução industrial, 77
Revolução Russa, 129
Rice, Condoleezza, 450, 506
Rice, monsenhor, 93
Ridenhour, Ronald L., 152
Rios Montt, José Efraín, 279

Roberts, Chalmers, 62
Robertson, Walter, 71
Robinson, Donald, 175
Rocker, Rudolf, 125
Rodésia, 275
Rogers, Joel, 326
Romantismo, 320-321
Romero, Archbishop Oscar, 359
Roosevelt, Franklin D., 484
Roosevelt, Theodore, 219,
Rosenberg, Ethel e Julius, 179
Rostow, Eugene, 96
Rostow, Walt:
    sobre a Guerra do Vietnã, 64, 101-103, 159
    sobre as políticas dos EUA para a Ásia, 66
    sobre guerra de guerrilha, 62
    sobre o desenvolvimento do Terceiro Mundo, 183
    sobre o Irã, 63-64
Rousseau, Jean-Jacques, 311
    Discurso sobre a origem da desigualdade entre os homens, 107
    ideias libertárias de, 311-312, 320-321
    sobre a natureza do homem, 108
    sobre a ordem social racional, 122
    sobre a origem da linguagem, 114
    sobre a razão, 115
    sobre o autoaperfeiçoamento, 116
Rove, Karl, 492
Rowe, David N., 70
Rusk, Dean, 81, 96, 102
Russell, Bertrand, 36, 460
Rússia:
    e a "burocracia vermelha", 129
    e a Chechênia, 400, 410, 428, 447
    e a Europa Central, 61-62
    e a "guerra ao terror", 327, 428, 447
    e a Otan, 406-407
    e a Segunda Guerra Mundial, 224, 407
    e império, 149
    e o apoio à guerra de guerrilha, 62
    e os bolcheviques, 341
    expurgos na, 59
    ver também União Soviética

Sadat, Anwar, 444
Sadr, Muqtada al-, 523
Safran, Nadav, 260
Said, Edward, 287
Saigon, *ver* Vietnã do Sul
Santillan, Diego Abad de, 128
Saussure, Ferdinand de, 52, 56
Scharping, Rudolf, 416
Schedules of Reinforcement (Ferster e Skinner), 16
Schelling, Thomas, 64
Schiff, Ze'ev, 394

Schlesinger, Arthur:
   sobre a Baía dos Porcos, 60, 65
   sobre a Guerra do Vietnã, 61, 64, 212
   sobre a invasão do Iraque, 484
   sobre direitos humanos, 218
Schwab, Klaus, 511
Scowcroft, Brent, 600n2
Segunda Guerra Mundial:
   comparações com, 165
   e Nuremberg, *ver* Tribunal de Nuremberg
   e o Holocausto, 101
   e os bombardeios aéreos, 143
   e Pearl Harbor, 484
   evidências documentais na, 223
   interesses nacionais na, 232
   ordem internacional pós-guerra, 340
   Política dos EUA pós-guerra, 144
Segunda substância, 114
Seleção natural, 323, 331, 465
sem força moral, 146
Série de Fibonacci, 466
Serra Leoa, 411
Sérvia:
   bombardeio da Otan à, 391
   e Kosovo, 408-409, 415
   limpeza étnica na, 417
   vítimas inocentes dos, 443
Serviço de Pesquisas do Congresso, 249
Sexismo, 309, 320
Shahak, Israel, 287
Shamir, Yitzhak, 278
Shannon, William, 212
Shaplen, Robert, 158, 570n14
Sharett, Moshe, 610n38
Sharon, Ariel, 263, 279, 288, 480
Shawcross, William, 405, 624n29
Sheehan, Neil, 154
Shelton, Henry, 393, 412
Shipman, Barbara, 462
Shultz, George, 427
Significado:
   cognitivo *vs.* emotivo, 550n36
   uso do termo por Skinner, 37
Significado cognitivo, 550n36
Significado emotivo, 550n36
Similaridade, 45
Simonofsky, Elsie, 8
Sindicato dos Siderúrgicos da América, 531
Síndrome do Vietnã, 281, 348-349, 353, 356, 437
"Sinonímia", uso do termo por Skinner, 38
Sintaxe, teoria da, 49
Sionismo, 262n, 265
Síria, 494, 519
Sistema articulatório-perceptual, 363
Sistema conceitual-intencional, 363

Sistema fonêmico, 36
Situação, e atenção, 16
Skinner, B. F.:
   Behavior of Organisms, 15
   Comportamento verbal, 11-47, 18-20, 24-25, 28
   extrapolação por, 20-21
   inconsistência de resultados de, 16-17
   latitude de interpretação de, 22
   limitações experimentais de, 543n4
   sobre a lei de condicionamento, 23
   sobre aprendizagem, 20
Smith, Adam, 321, 425, 431, 500
Smith, Gaddis, 233
Smith, Richard, 288n
Socialismo:
   de Estado, 127
   e anarquismo, 127
   e comunismo de conselho, 136
   e o trabalho, 127
   libertário, 120, 130-131, 137-138, 140, 321
   revolucionário, 135-137
   visão de Engels, 128
   visão de Rocker do, 125, 127
Socialismo libertário, 120-121, 130-131, 137-138, 140, 321
Sociedade Americana de Direito Internacional, 486
Sociedade civil, Rousseau sobre, 108
Sofaer, Abraham, 486
Solzhenitsyn, Alexander, 395, 398
Somoza Debayle, Anastasio, 267, 280-281, 300, 521
Souchy, Augustin, 137
Spock, Benjamin, 93
Stálin, Joseph, 79, 266
Stalinismo, 269
Sterling, Claire, 297
Sternhell, Ze'ev, 477
Stevenson, Adlai E., 83, 518
Stiglitz, Joseph E., 434
Stilwell, Joseph, 97
Stimson, Henry L., 281
Stone, I. F., 169, 267
Straw, Jack, 505
Strout, Richard, 200
Substância pensante, 310
Suharto, 406
Superveniência, 460
Symington, Stuart, 101

"Tactos", uso do termo por Skinner, 35
Tailândia, golpe militar na, 167
Taiwan, 97, 276, 281
Taylor, Maxwell, 175
Taylor, Telford, 141
   e aplicabilidade dos padrões de Nuremberg na Guerra do Vietnã, 141

e o "silêncio de Nuremberg" sobre a guerra
    aérea, 146, 148
e o Tribunal de Nuremberg, 143
sobre a guerra de agressão, 144-146, 170-171
sobre a legitimidade da Guerra do Vietnã, 162
sobre a responsabilidade da intelligentsia, 159
sobre causação na Guerra do Vietnã, 163
sobre crimes de guerra, 141, 152
Tchecoslováquia, 141, 284, 517
Tecnologia:
    sem juízo de valor, 79
    subsídio do governo à, 349
Televisão, 29, 217, 287, 325, 335
Tempestade no Deserto, 449
Teologia da libertação, 427
Teoria da maçã podre, 296
Teoria do dominó, 295-296
Teoria estética, 121
Teoria linguística, 57
Teoria mecânica do universo, 307
Terceiro Mundo:
    acesso dos EUA ao, 83, 357
    acumulação de capital no, 77
    construção da democracia no, 79
    e a ONU, 256
    e o movimento dos não alinhados, 495
    EUA serão impostos pela força no, 82-83, 212--213, 356
    guerras de guerrilha revolucionárias no, 562n33
    ideólogos do, 77
    nacionalismo no, 187, 284
    revolução no, 120
    tecnologia no, 433
Terrorismo, 94, 159, 175
Tese da emergência, 454, 458
Tese empírica, 362
Tese factual, 455
Tese metodológica, 455, 462, 469
Teste de Turing, 310, 456
The State, Its Origins and Function (Paul), 136
Thompson, D'Arcy, 475
Thorpe, Benjamin, 28
Tibete, 410
Tillman, Seth, 264, 266
Timor Leste:
    busca da autodeterminação de, 248-249, 255
    como colônia de Portugal, 246, 251, 405
    destruição das plantações (colheitas) em, 247, 250, 257
    e a ajuda militar dos EUA, 249-250
    e a Indonésia, 245-297, 281
    e a ONU, 248
    e a soberania, 404-405, 409
    partidos políticos em, 246
    petróleo em, 407

refugiados de, 221, 246
silêncio e viés da mídia, 250, 257, 263
Tinbergen, Nikolaas, 453, 462-463, 470
Tocqueville, Alexis de, 133
Torczyner, Jacques, 265
Totalitarismo, 78, 179, 517
Tratado do Espaço Exterior (1967), 432
Tratado Naval de Londres (1930), 143
TRB (Richard Strout), 200
Tregaskis, Richard, 146
Tribunal de Nuremberg:
    arquivos secretos do, 144
    como julgamento por parte dos vitoriosos, 492
    e a necessidade militar, 143, 161, 166-167
    e crimes contra a humanidade, 155, 158, 493
    e crimes contra a paz, 144, 168
    e crimes de guerra, 155, 159, 352, 484, 492-493, 502
    e guerras de agressão, 144-146, 170, 172, 188
    e o direito internacional, 141-144, 151, 174, 204, 283, 396, 492
    silêncio de, sobre bombardeios aéreos, 146-147
Tribunal Internacional de Justiça, 406, 495, 533
Tribunal Penal Internacional, 533
Trujillo Molina, Rafael Leónidas, 65-66
Truong Chinh, 148
Tucídides, 488
tumultos de Haymarket (1886), 344-345
Turing, Alan, 310, 455, 475
Turki, Fawaz, 287
Turley, William S., 230
Turquia:
    ajuda militar dos EUA à, 398
    bases da Otan na, 343
    curdos dizimados na, 395, 398-400
    e a "guerra ao terror", 427-428, 448, 498
    e a Guerra Fria, 296
    e a ONU, 502
    e a política externa dos EUA, 402
    e Israel, 274
    e o bombardeio da Sérvia pela Otan, 391

U Thant, 174
União Europeia (UE):
    e a China, 526
    e o Irã, 522
União Soviética
    Afeganistão invadido pela, 214, 340, 350 -351, 444, 448-449, 588n1
    colapso da, 423
    como "Império do Mal", 343
    e a ordem internacional, 340
    na Guerra Fria, 63, 90-91, 240, 296-297, 340
Unidade da consciência, 310
Unificação:

da linguagem, 384-385
das ciências, 451
United States Army Field Manual, 158
Universo, teoria mecânica do, 307
URSS, *ver* União Soviética
USS *Abraham Lincoln,* 492
USS *Liberty,* 288

Valeriani, Richard, 255
validade do, 142
Vance, Cyrus, 336
Vann, John Paul, 162
Venezuela:
 e acordos regionais, 527-528
 e Cuba, 527
 e o Mercosul, 527
 eleições na, 532
 fracasso dos EUA em depor o governo da, 530
 petróleo na, 526-527
Vennema, Alje, 151
Verdade:
 a busca pela, 60
 desconsideração pela, 64, 216, 221-222
 doutrina *vs.,* 329-330
 e mentiras, 60
 na perspectiva histórica, 82
Vergnaud, Jean-Roger, 368
Vieira do Rego, padre Leoneto, 250
Vietcongue:
 apoio popular ao, 161-162
 número de, 168
Vietnã:
 ajuda dos EUA ao, 86-87
 Camboja invadido pelo, 494
 coalizão do governo do, 75
 destruição das plantações, 156
 e a ONU, 601n5
 e os interesses nacionais dos EUA, 340
 movimento nacionalista do, 294
 unificação do, 168-169
Vietnã do Norte:
 autodefesa coletiva contra, 145
 bombardeio dos EUA, 69, 90, 95, 132, 585n7
 e a guerra de guerrilha, 62, 169, 652n33
 interesses nacionais do, 282
 negociações buscadas pelo, 63
 ver também Guerra do Vietnã
Vietnã do Sul:
 ação militar dos EUA no, 81-82
 como base militar dos EUA, 82
 e a Frente de Libertação Nacional (FLN), 80, 98, 148, 153, 162, 195, 300, 584n1, 585n7
 e o GVN, 148, 165
 e o Partido Revolucionário do Povo (PRP), 585n7

 e o regime de Diem, 158, 194-195
 e o regime de Thieu, 180
 incapacidade de competir, 81
 intervenção dos EUA em assuntos internos, 196--197, 215, 249, 340, 572n18, 589n9
 "zonas liberadas para bombardeios" no, 69
 ver também Guerra do Vietnã
Visão, estudo da, 324
Volição e comportamento, 16

Walker, Edward, 480
Wall Street Journal, 257
Waltz, Kenneth, 497, 509
Washington, George, 196
Washington Post, 193, 204, 341, 513, 523
Watergate, 177-185, 214
Watson, John B., 36
Watson, Thomas, 177
Watts, David, 252
Weir, Fred, 526
Welles, Sumner, 517
West, Richard, 161
Westing, Arthur, 156
Westmoreland, William, 99, 154, 196-197
Wiesel, Elie, 268
Wieseltier, Leon, 591n22
Williams, Ian, 420
Williams, William Appleman, 233
Williamson, Richard, 351
Wilson, Dagmar, 93
Wilson, E. O., 452
Wilson, Richard, 497
Wilson, Woodrow, 64, 344, 519
Winter, Roger, 350-351
Winter Soldier Investigation, 152
Wolf, Charles, 79-80
Woodrow Wilson Center, 437-438
World Trade Center, ataques ao (1993), 444

Xá do Irã. *Ver* Pahlevi, Reza xá

Yaakov, Gad, 275n
Yamashita, general, 201

Zaire, 275, 278-279
Ziem, Grace, 355
Zinn, Howard, 90
Zogby, James, 287

**Acreditamos
nos livros**

Este livro foi composto em Adobe Garamond
Pro e impresso pela Geográfica para a Editora
Planeta do Brasil em janeiro de 2024.